BUR
Rizzoli

IL CORANO

Introduzione, traduzione e commento
di Alessandro Bausani

BUR Rizzoli grandi classici

Pubblicato per

BUR
Rizzoli

da Mondadori Libri S.p.A.

ISBN 978-88-17-01336-9

Prima edizione BUR: 1988
Decima edizione Grandi classici BUR: marzo 2021

INTRODUZIONE

L'ambiente storico geografico. Muḥammad.

L'ambiente geografico nel quale si formò il Corano è la regione nota col nome di Ḥiǧāz, *altopiano desertico (il nome significa "barriera") lungo la costa occidentale dell'Arabia prospiciente al Mar Rosso; l'ambiente storico i primi decenni del secolo VII della nostra Era. Accanto ad oasi fiorenti, situate specialmente nel* wādī al-qurà, *"valle dei villaggi (o meglio delle 'oasi')", già nel secolo VI, quando nacque* Muḥammad, *si trovavano nel* Ḥiǧāz *due centri abitati da popolazione sedentaria, formata per lo più da mercanti, Mecca e* Yaṯrib *(poi detta Medina). Popolazione sedentaria si trovava anche nella fertile* Arabia Felix *dei classici, lo Yemen, che aveva avuto ed aveva frequenti scambi mercantili e culturali con la vicina Etiopia cristiana. Influssi cristiani giungevano quindi in Arabia da due parti, da sud (la celebre spedizione dell'elefante, alla quale accenna anche il Corano, sura CV, sarebbe giunta fino alle porte della Mecca verso il 570) e da nord, dove fiorivano dei "regni" cristiani arabi presso il* limes *bizantino e persiano, quello cioè nestoriano di* Ḥīra *vassallo dell'Impero Persiano e quello monofisita di* Ġassān *vassallo dell'Impero Bizantino. Da queste regioni non solo più o meno precise idee cristiane, ma anche monaci vaganti penetravano fin nelle regioni interne d'Arabia. Si aggiunga poi che colonie ebraiche eran frequenti sia nello Yemen che nelle "città-oasi" dell'Arabia occidentale: a* Yaṯrib, *la futura Medina, abitava un forte nucleo di varii "clan" ebrei. Ma è importante osservare che l'eco delle grandi religioni monoteistiche non giungeva in Arabia, data la sua posizione periferica, in forma molto chiara. Del cristianesimo in particolare, giungevano fino alla Mecca idee e notizie piuttosto vaghe sulla trinità, sul monachesimo e sull'ascetismo dei cristiani, e qualche più o meno leggendaria notizia sulla vita di Gesù, filtrata attraverso fonti nestoriane, monofisite, o gnostiche.*

Quanto al politeismo arabo, esso non differiva gran che dal comune politeismo semitico. Fonti arabe e bizantine ci hanno lasciato un quadro, per vero non troppo preciso, del paganesimo delle tribù arabe preislamiche. Tra gli oggetti che si ritenevano abitati da potenze divine erano in modo speciale le pietre. Il Corano (LXXI, 23) cita nomi di idoli quali Wadd, Suwā', Yaġūṯ, Ya'ūq, Nasr, *facendoli risalire addirittura ai tempi dei contribuli pagani di Noè. Alla Mecca particolare venerazione e prestigio godeva la pietra nera, forse un meteorita; il dio* Hubal, *di cui esisteva un idolo vicino alla pietra, aveva raggiunto tale importanza da esser chiamato per antonomasia* Allāh *(il dio). Particolare onore vi godevano le divinità femminili* Manāt, al-'Uzzà *e* Allāt *(femminile di* Allāh*) (Corano LIII, 19-20). Dal modo di esprimersi del Corano sembra poi evidente che anche gli Arabi pagani avessero un più o meno vago concetto di Essere Supremo, al quale attribuivano gli dèi e le dèe del loro panteon come "figli" e "figlie", ma al quale non tributavano culto speciale. Un qualcosa insomma di simile al* deus otiosus *comune a vari popoli primitivi; ma non vanno dimenticati, per gli Arabi preislamici, i contatti con ebrei e cristiani, che possono aver modificato o precisato tale antica concezione. La situazione commerciale privilegiata della Mecca, situata sulla via che univa l'*Arabia Felix *al mondo bizantino, le grandi fiere annuali che si svolgevano nelle sue vicinanze (particolarmente frequentata quella di* 'Ukāẓ, *luogo di convegno di tutta la vita araba preislamica) e il culto della pietra nera nel santuario detto* Ka'ba *("edificio cubico") contribuirono a dare alla città una grande importanza religiosa che culminava nella cerimonia del* pellegrinaggio, *di valore panarabico. Tra i riti più significativi che si compivano alla Mecca erano infatti la* 'umra, *pellegrinaggio al santuario del dio* Hubal *con relative cerimonie, quali la circumambulazione (*ṭawāf*) intorno al luogo sacro al grido di* labbayka *("eccomi, eccoci a Te!") e il pellegrinaggio,* ḥaǧǧ, *alla vicina* 'Arafāt *con la "corsa impetuosa" verso la località prossima di Muzdàlifa. Normali anche i sacrifici (qualche tradizione farebbe pensare in antico anche a sacrifici umani). Il santuario era circondato da un terreno sacro dove vigevano speciali regole di tabù. Il servizio della* Ka'ba *era affidato a personaggi delle famiglie più influenti della Mecca (IX, 17-19 e note) che si tramandavano questi lucrosi incarichi (dar da bere ai pellegrini,* siqāya; *servizio del tempio,* sidāna, *ecc.) di padre in figlio. Ma una vera e propria forma di sacerdozio è difficilmente reperibile nella vita religiosa dell'Arabia preislamica. Il termine* kāhin, *che presso fenici ed ebrei (*kōhēn*) prese il senso di "sacerdote", qui significa ancora piuttosto un indovino che prevede il futuro, o vede l'ignoto. Frequenti erano del resto le pratiche magiche (ad es. II, 189; V, 103; CXIII, 4 ecc.) e la credenza, accolta dal Corano e ancor oggi vivissima fra il popolo, in folletti buoni e cattivi (*ǧinn*) di ambo i sessi che abitavan la terra e potevano aver rapporti con gli uomini. Una credenza precisa nella vita futura è pressoché indimostrabile: contrarissimi, come riferisce il Corano (passim), erano i pagani di Arabia all'idea della resurrezione dei corpi, da loro schernita come follia.*

L'importanza maggiore dunque del paganesimo preislamico al tempo di Muḥammad *non sta tanto nella sua religiosità, di carattere primitivo e di scarso significato spirituale, quanto nel maturarsi di una coscienza nazionale e razziale panaraba che si veniva for-*

mando in taluni centri religiosi (primo fra tutti il santuario della Mecca) e alla quale ben presto non sarebbero più bastati, per consolidarsi e vivere vita più rigogliosa, i riti, ormai vuoti di senso vivo del divino, di un tradizionale politeismo rozzo e particolaristico. La miglior prova che questa insufficienza del politeismo era già sentita in Arabia a quest'epoca, è l'esistenza, documentata dalla tradizione e dal Corano stesso (almeno per il nome, cfr. II, 135 e nota), di persone, i cosiddetti ḥanīf *(nome di incerta etimologia) che poco prima di* Muḥammad *o contemporaneamente a lui erano giunti a un monoteismo che si distingueva sia da quello ebraico che da quello cristiano: fra i più noti citiamo il poeta* Umayya ibn Abī 'ṣ-Ṣalt *e quel* Wàraqa ben Naufal *che* Ḫadīğa *avrebbe, secondo la tradizione, informato delle prime visioni del novello Profeta.*

Nell'ambiente che sopra abbiamo sommariamente descritto nacque Muḥammad, *il profeta dell'Islàm, colui "su cui fu fatto scendere il Corano" come tutto l'Islàm si esprime, ché chiamar* Muḥammad *"autore del Corano" sarebbe per un musulmano frase blasfema, come meglio vedremo in seguito. Le fonti per la conoscenza storica della vita del Profeta sono due: il Corano stesso, per quegli scarsi accenni autobiografici che può contenere, ed è fonte autentica, e la raccolta immensa di tradizioni (*ḥadīṯ*) formatasi nei secoli successivi: la compilazione più antica che possediamo, per quanto riguarda le tradizioni "biografiche", è la cosiddetta* Sīra *("vita-modello") di* Ibn Isḥāq *(nato a Medina nel 704, dunque 72 anni dopo la morte del Profeta, e morto in Iraq nel 768), rielaborata però da* Ibn Hišām *(m. 834) di Bàssora. Personalmente non condivido il grande scetticismo di tutti o quasi gli orientalisti sulla validità storica della tradizione biografica islamica. Questo scetticismo è accentuato al massimo dal Caetani (m. 1935), il quale nei suoi monumentali* Annali dell'Islàm *arriva alla conclusione che non si può trovar quasi nulla di vero su* Muḥammad *nella tradizione e si possono scartare come apocrifi tutti i materiali che pos-*

sediamo. Applicando con grande coerenza il suo metodo critico estremo anche in altri campi il Caetani giungeva fino ad accettare, per esempio, la ben nota teoria del Drews-Couchoud sulla inesistenza storica di Gesù di Nazareth. Lo segue il dottissimo gesuita Lammens (m. 1937) che, noncurante delle conseguenze del suo metodo se applicato alla storia del cristianesimo primitivo e alla figura stessa del Cristo, sostiene che la tradizione biografica non è null'altro che una costruzione a posteriori elevata dal pio fervore degli esegeti musulmani e nulla ci dice di storico su Muḥammad. *Anche volendo prescindere dal tono di fresca autenticità di certe parti della* Sīra *con i suoi particolari così ingenui e talvolta perfino poco onorevoli per il Profeta stesso, sembra impossibile che in un popolo di così potente memoria e così avido di aneddoti e notizie annalistiche quali l'arabo, non sia rimasta nessuna notizia autentica, dopo appena una ottantina d'anni dalla morte, di una personalità così grandiosa e così venerata. Anche attraverso la rielaborazione di* Ibn Hišām *è per me indubbio che la* Sīra *deve contenere un certo nucleo di verità storiche sufficientemente accettabili. Comunque, nel breve disegno biografico che segue mi attengo, fino dove è possibile, ai dati del Corano stesso, seguendo in ciò l'equilibrato sistema del Blachère.*

L'unico eventuale accenno a una data, nel Corano, è il passo (X, 16): "Se Dio avesse voluto, io non vi avrei recitato questa Scrittura, non ve la avrei fatta conoscere. E del resto son rimasto una vita intera d'uomo ('umr*) fra voi, prima. Non comprendete?". Ma quanti anni implica una vita d'uomo? La risposta la troviamo in un altro passo coranico (XLVI, 15): "E Noi abbiam prescritto all'uomo bontà verso i suoi genitori: lo portò sua madre in seno a fatica e lo ha partorito a fatica e trenta mesi durano la sua gestazione e il suo svezzamento, finché, quando abbia raggiunta la maturità (*ašuddahu*) e* abbia raggiunto i quarant'anni, *egli dice: Signore, permettimi che ti ringrazi per la grazia ch'hai concesso a me... ecc.". Mi sembra quindi molto probabile l'attribuire* *a quel* 'umr *il valore di circa quarant'anni, tanto più che quel ringraziamento generico che ogni uomo fa a Dio all'età di quaranta anni può esser stato da* Muḥammad *sentito come parallelo alla sua esperienza religiosa avuta appunto a quell'età. Dunque, se accettiamo questi dati coranici,* Muḥammad *sarebbe stato risvegliato al divino verso i quarant'anni. Il che porterebbe la data della sua nascita, ove si accetti il 612 come la data d'inizio della missione pubblica di* Muḥammad *(data proposta dalla tradizione, accettata per lo più dagli orientalisti), a verso il 572. Le contraddizioni che alcuni vedono fra questi dati e altre tradizioni che fanno morire il profeta a 63 o 65 anni e che costringono quindi a spostarne la data di nascita fino al 567 o 569, rientrano in quelle abitudini di cui è ben conscio chi abbia viaggiato in Oriente o conosciuto orientali: la scarsa precisione nel computo della propria e altrui età. Si può quindi con una certa sicurezza porre la data di nascita del Profeta fra il 567 e il 572 A. D. Le altre due date certe della vita di* Muḥammad *sono quella dell'Ègira o emigrazione a Medina (622 A. D.) e quella della sua morte 632. Molto oscuri e circondati, nella tradizione, di tratti leggendari sono gli anni precedenti alla missione pubblica di* Muḥammad, *i quarant'anni della sua vita d'uomo. Egli avrebbe appartenuto alla grande tribù dei* Qurayš, *Coreisciti, praticamente i signori della Mecca, e la tradizione ne dà elaborate genealogie fino ad Adamo. Secondo qualche orientalista (Caetani) la contraddizione fra la presunta appartenenza alla potente tribù e le ripetute descrizioni della sua povertà e indigenza nei primi anni della sua esistenza sarebbero una prova che egli fosse in realtà un trovatello. Sempre secondo la tradizione il padre* 'Abdallāh *sarebbe morto prima della nascita del figlio e la madre* Āmina, *al momento della nascita del futuro profeta, avrebbe avuto miracolose visioni di gloria. Rimasto orfano anche di madre a sei anni (il Corano conferma la sua condizione di orfano, XCIII, 6) sarebbe stato educato dal nonno paterno* 'Abd al-Muṭṭalib *che morì anch'egli dopo due anni, così che* Muḥammad *passò sotto la tutela di suo zio* Abū Ṭālib. *Il futuro profeta, date le difficili condizioni finanziarie della sua famiglia, dovette lavorare per vivere e servì come pastore presso alcuni parenti. Tradizione questa che in sé non ha nulla di impossibile, benché la tradizione stessa altrove dichiari che tutti i profeti son stati pastori (v. anche* Amos *I, 1), il che può far pensare a un tratto agiografico.*[1]

Un capovolgimento nella situazione finanziaria del futuro profeta avvenne col suo matrimonio con la ricca vedova Ḫadīǧa, *fatto universalmente affermato dalla tradizione e la cui unica eco coranica può essere XCIII, 8. La tradizione vuole che* Ḫadīǧa *avesse dapprima impiegato* Muḥammad *come suo fiduciario, dato che egli era famoso per la sua fidatezza e onestà e che in questa qualità egli abbia fatto numerosi viaggi con le carovane della sua futura moglie fino in Siria.* Ḫadīǧa *sarebbe stata di ben circa 15 anni più vecchia di lui. Priva di importanti eventi è la vita di* Muḥammad *fra il matrimonio con* Ḫadīǧa *e il giorno "in cui scese su di lui la rivelazione", per un periodo cioè di circa 15 anni secondo la tradizione. Ma si possono ora porre queste domande. Fu* Muḥammad *in questo periodo "pagano", cioè accettò genericamente le tradizioni del paganesimo locale? Il Corano dichiara esplicitamente di sì. Basta*

---

[1] Non manca in queste leggende un episodio che ha interessanti punti di riscontro nei ben noti riti "di passaggio" e di "iniziazione" presso popoli primitivi (cfr. Schrieke, op. cit. in Bibliografia; A. Van Gennep, *Les Rites de passage...*, Paris, 1909; V. Propp, *Le radici storiche dei racconti di fate*, trad. it. Torino, 1949, pagg. 151-158; dove si riferiscono casi simili a quello della leggenda agiografica musulmana). Il Profeta bambino, cioè, mentre con altri coetanei pascolava il gregge, fu afferrato da due uomini (angeli) vestiti di bianco, che lo gettarono a terra; gli aprirono il petto (*Cor.* XCIV, 1 sarebbe secondo la Tradizione un accenno a questo), ne estrassero un grumo di sangue nero, e, presa un po' di neve che avevano portato con sé in una tazza d'oro, ne lavarono il cuore e il ventre. Poi, richiuso il seno di *Muhammad*, scomparvero.

leggere passi come quello XCIII 7: "Non t'ha trovato errante e t'ha dato la Via?" e ancor più esplicitamente XLII, 52: "Così noi rivelammo a te del Nostro spirito: tu non sapevi cosa fosse Libro, non sapevi cosa fosse Fede (īmān)", senza contare i numerosi passi coranici in cui è nettamente dichiarata la qualità puramente umana del Profeta e la sua possibilità anche di errore (non naturalmente nelle rivelazioni, che son opera non sua ma di Dio), passi tutti raccolti in nota a IV, 79. Anche l'altra affermazione tradizionale, divenuta quasi un dogma fra i musulmani, che cioè Muḥammad non sapesse né leggere né scrivere, sembra non reggere alla critica, inquantoché nel passo coranico XXV, 5 gli empi così dicono di Muḥammad e delle sue rivelazioni: "Sono favole antiche che si è scritto sotto dettatura, mattina e sera!"; il che dimostra che per lo meno si riteneva dai suoi concittadini che egli sapesse scrivere. Del resto, malgrado le contraddizioni, ben spesso più apparenti che reali, che gli orientalisti europei scoprono nelle conoscenze di Muḥammad sulle Sacre Scritture cristiane ed ebraiche, sembra che egli avesse delle medesime una cognizione non sempre imprecisa e, certo, stupefacente per il livello medio della cultura ambiente (vedi ad es. nota a II, 248).

Siam giunti così alla data fatidica delle prime rivelazioni. Esse furono, secondo la tradizione, precedute da lunghi e periodici "ritiri spirituali", taḥannuṯ, non ignoti anche al paganesimo preislamico: la parola sembra implicare pratiche espiatorie e impetratorie compiute generalmente in luoghi solitari e caverne. Il Corano dà chiara notizia di due visioni differenti in LIII, 1-18, mentre il passo LXXXI, 22-23 può ben essere un accenno alla prima delle due visioni suddette, anziché a una visione separata, come fa anche pensare la similarità dell'espressione. Si tratta di un angelo, non bene specificato (solo in parti più tarde del Corano si parlerà di Gabriele). Per queste visioni, che possono forse aver preceduto le manifestazioni auditive, il Corano non parla infatti di "rivelazione", *di* parole *divine. Vale invece la pena di riportare il brano di* Ibn Isḥāq-Ibn Hišām *sulle prime esperienze teopatiche del Profeta; brano che a mio parere ha un forte sapore di autenticità, non contraddice in nulla al Corano ed è di grande interesse storico-religioso:* "*Dormivo — narra* Muḥammad *stesso secondo queste antiche tradizioni — quando Gabriele mi portò un panno di seta coperto di lettere e mi disse: 'Leggi!'. Risposi: 'Che devo leggere?'. Allora mi strinse nel panno in modo tale che credetti morire. Poi mi lasciò libero e mi disse ancora: 'Leggi!...' (la scena si ripetè tre volte). Alfine domandai che cosa dovevo leggere, per timore che mi trattasse ancora come aveva fatto, ed egli disse: 'Leggi, in nome del Tuo Signore, che ha creato, ha creato l'uomo da un grumo di sangue. Leggi, ché il tuo Signore è il Generosissimo, colui che ha insegnato l'uso del calamo, ha insegnato all'uomo ciò che non sapeva!' (XCVI, 1-5). Così io lessi, e Gabriele mi lasciò. Mi svegliai, ed era come se quelle parole mi si fossero impresse nel cuore. Uscii dalla caverna e mentre stavo ritto sul monte udii una voce dal cielo che chiamava:* 'Muḥammad! *Tu sei l'inviato di Dio e io sono Gabriele!'. Alzai il capo per vedere chi mi parlava e vidi Gabriele in figura d'un uomo alato, coi piedi sull'orizzonte e chiamava:* 'Muḥammad! *Tu sei l'Inviato di Dio e io sono Gabriele!'. Rimasi immobile sul posto a guardarlo senza poter né avanzare né retrocedere, poi distolsi lo sguardo da lui volgendolo lungo l'orizzonte, ma non c'era punto dove non lo vedessi in quella guisa". Specialmente questo tratto finale, riscontrato storicamente anche in estatici moderni, e non facilmente inventabile da chi non l'abbia in qualche modo provato, dà al brano un tale carattere di autenticità che sembra difficile dubitare sia della sua genuinità nelle linee essenziali, sia della sincerità della esperienza teopatica di* Muḥammad. *E del resto nessuno più ora ne dubita fra gli orientalisti più seri, né penso vi sia più bisogno di una difesa quale quella coraggiosa e intelligente del Carlyle.*

Un passo coranico che ci può dare qualche indizio del meccanismo fisico delle rivelazioni sembra LXXV, 16-18: "E tu non muover la lingua ad affrettarlo (il Corano, la 'recitazione') — chè a Noi sta raccoglierlo e recitarlo — e quando lo recitiamo seguine la recitazione — poi a Noi spetta dichiararlo", dove si sottolinea la obbiettività della esperienza teopatica di Muḥammad. *Egli sentiva cioè una vera e propria "dettatura" di Dio (o dell'Angelo), se pur qualche volta era tentato di affrettar la lingua precorrendo, nella dettatura, con un intuito puramente umano la eterogenea ed "altra" parola di Dio. Non solo la iniziale misteriosa "ispirazione" più o meno vaga della Parola spetta a Dio, ma persino la forma esatta delle parole, il loro ordine, la loro dichiarazione e spiegazione in forme intelligibili agli uomini. Qualche accenno ai fenomeni di febbre, di freddo e di tremito che spesso accompagnavano le rivelazioni, e di cui ci parla la tradizione, può anche trovarsi nelle sure LXXIII, 1 e LXXIV, 1. La tradizione narra che* Muḥammad, *quando veniva investito dalla Rivelazione divina, cadeva febbricitante a terra e gridava* zammilūnī, zammilūnī! *"avvolgetemi in un manto!". Essa ci narra anche (l'unica possibile conferma coranica potrebbe essere il senso di scoraggiamento momentaneo testimoniato da XCIII, 3) che dopo le primissime rivelazioni di cui si è parlato, il flusso della parola divina cessò per un certo tempo (questo intervallo, "indebolimento" della vicinanza col divino, noto anche ad altre esperienze mistiche, è chiamato nella tradizione col termine di* fatra*). L'ispirazione riprese appunto con la sura XCIII sopra citata ponendo fine a uno stato di grande scoramento confinante con la disperazione.*

Quanto alla data di tali prime rivelazioni la tradizione abbonda di particolari spesso in contrasto. Basandosi su passi coranici come XCVII, 1 e XLIV, 3, si pretende che il Corano sia stato rivelato nella "notte del Qadr" fissata al 27 ramaḍān; *poichè questo è in contraddizione con altri espliciti passi del testo (XXV, 32 e LXXVI, 23) dove il Corano si dichiara rivelato volta per volta, s'è voluto sostenere che esso, dopo la iniziale rivelazione totale nella notte sopradetta, fu ripreso e rivelato a brani al Profeta. Probabilmente i passi riguardanti la notte benedetta accennano alla* prima *rivelazione. Comunque, per circa tre anni, le rivelazioni ricevute dall'angelo furono da* Muḥammad *comunicate solo a pochi intimi, sicché si è chiamato questo periodo il periodo* pre-apostolico *della carriera del Profeta. I primi convertiti furono, secondo la tradizione, sua moglie* Ḫadīǧa, *suo cugino* 'Alī, *figlio di* Abū Ṭālib, *suo figlio adottivo* Zayd, *e i due futuri califfi* 'Oṯmān *e* Abū Bakr. *Su quale sia stata la prima delle rivelazioni, la tradizione più diffusa è quella già riportata sopra secondo la quale la prima rivelazione sarebbero stati i primi cinque versetti della sura XCVI. Ma vi sono altre fonti che sostengono siano stati i primi versetti della sura LXXIV.*

Verso la fine del 612 una visione avrebbe ordinato a Muḥammad *di iniziare il suo apostolato pubblico: tema centrale di queste prime rivelazioni, è, più ancora che il monoteismo, l'annuncio del giorno del giudizio e della resurrezione dei corpi e della conseguente necessità di una purificazione, di un miglioramento etico. Si parla spesso di un' "ora che sopravviene", di un cataclisma finale, della vittoria definitiva di Dio. Da alcuni passi (si legga ad es. l'episodio LXXX, 1-10) sembrerebbe che in questi primissimi tempi* Muḥammad *avesse cercato di accattivarsi le simpatie dei dirigenti della Mecca e solo un po' più tardi avesse preso un atteggiamento nettamente avverso: sono però appigli esilissimi e poco se ne può dedurre di veramente sicuro.*[1]

Una cosa che colpisce è la rarità, non solo in questo periodo,

---

[1] Lo stesso si dica per la famosa tradizione tramandata da varie fonti e raccolta anche dal noto commentatore *al-Bayḍāwī* (v. oltre) secondo la quale dopo il versetto 20 di sura LIII in luogo dei 21-23 ci sarebbero stati dei versetti che suonavano pressoché così: "Sono dèe sublimi e la loro intercessione è augurabile certo", versetti poi abrogati e scomparsi dal testo. La tradizione è però considerata insicura anche da orientalisti così poco favorevoli a *Muḥammad* come il Caetani.

ma in tutto il Corano, di nomi propri di persone, luoghi ecc. atti a far luce su certe circostanze. Quale nemico particolarmente accanito fra i meccani è nominato solo Abū Lahab *e sua moglie (CXI). Appare chiaro dal Corano che le accuse principali che i suoi contribuli presero a fargli furono quelle di essere un mago o un poeta (LXXIV, 24-25; LXIX, 38-42); di avere inventato lui personalmente le "rivelazioni" (LII, 33-34); di dir sciocchezze parlando di resurrezione dei morti (LXXIX, 10-14) e dell'Ora finale (ibid., 42-46). La sura CIX sembra segnare in ogni caso una rottura chiara ed aperta con la oligarchia coreiscita della Mecca. Da questo momento in poi le persecuzioni contro* Muḥammad *e lo sparuto gruppo dei suoi seguaci aumentano. I coreisciti, che ben comprendevano come una eventuale vittoria del monoteismo muḥammadico avrebbe significato la fine del loro predominio politico-religioso cominciarono a rendergli la vita impossibile alla Mecca.*

Le rivelazioni del cosiddetto secondo periodo meccano vanno sempre più rapidamente accentuando l'unicità divina, e criticando il politeismo. Nascono delle omelie più o meno lunghe che ricordano, ad incuorare i seguaci e minacciare i persecutori, le identiche persecuzioni di profeti del passato. La persecuzione, che la tradizione ha alquanto esagerato, doveva essere in buona parte basata su tentativi e lusinghe per far apostatare i credenti: tale è più o meno il senso del vocabolo fitna *che riccorre nelle sure di questo periodo. In ogni caso non troppo facile deve esser stata la situazione dei credenti se, per consiglio del Profeta stesso e sotto la guida di* Ǧa'far ibn Abī Ṭālib, *cugino del profeta, circa sessanta-ottanta persone decisero di emigrare nella cristiana Abissinia. Benché circondata di particolari leggendari (intervista col Negus, ecc.), tale emigrazione, avvenuta pare nel 615, può considerarsi storica. Poco dopo avvenne un fatto importante per la giovane e perseguitata comunità: la conversione cioè di una forte personalità come quella di* 'Omar. *Una tradizione narra che* 'Omar *si sarebbe convertito leggendo per caso, in casa della sorella segretamente musulmana che egli era andato a punire del suo misfatto, l'inizio della sura* XX *(e precisamente i vv. 14 o 16). La situazione ora precipita, le persecuzioni assumono la forma di esclusione dei musulmani dai diritti tribali, provvedimento gravissimo data la organizzazione sociale dell'epoca e del luogo, dove l'unica garanzia di protezione era l'appartenenza a un clan tribale. Sembra però che il potente* Abū Ṭālib, *zio di* Muḥammad, *sia riuscito a sventare o almeno a rendere inoperante per un certo tempo questa misura.*[1]

Il 619 vede la morte di Ḫadīǧa *e di* Abū Ṭālib*: colpo molto grave per il Profeta che viene a perdere la sua prima consolatrice e prima credente e uno dei suoi più potenti protettori. Ormai l'idea di allontanarsi dalla Mecca deve esser penetrata nel suo animo. Dopo un tentativo fallito di convertire la ricca oasi-città di* Ṭā'if *(la tradizione collega al viaggio a* Ṭā'if *la predicazione ai* ǧinn *di cui è cenno nella sura* LXXII, *1-15), nel 620, durante il tradizionale pellegrinaggio alla* Ka'ba, *si convertono alla predicazione di* Muḥammad *alcuni abitanti di* Yaṯrib, *la futura Medina. Ormai la scelta è fatta: la città del Profeta sarà* Yaṯrib, *dove sono numerosi nuclei di monoteisti, gli ebrei, e dove la continua lotta fra le due grandi tribù-fazioni degli* Aus *e dei* Ḫazraǧ *fa sentire agli abitanti stessi la necessità di un capo imparziale. Dopo un primo convegno*

---

[1] Più o meno verso quest'epoca la tradizione pone il famoso e miracoloso viaggio notturno a Gerusalemme seguito dall'ascensione in Cielo, il cui unico appiglio coranico (e in effetti può ben esserci stato un " sogno " di *Muḥammad* che diede origine alla leggenda) è XVII, 1 segg. Una comparazione con materiale etnografico mostra che si tratta di reminiscenza di riti di purificazione: di grande interesse è qualche tradizione meno diffusa che collega il leggendario episodio con l'iniziatica apertura del petto di cui sopra abbiamo parlato, spostandolo a una data molto anteriore, addirittura a prima della Missione profetica, di cui verrebbe così ad essere preparazione purificatoria. (Cfr. SCHRIEKE, op. cit. in Bibliografia).

ad 'Aqaba, altura presso la Mecca, nel 621, nel giugno del 622 si conclude quello che la tradizione chiama il "patto di al-'Aqaba": Muḥammad vi è riconosciuto capo dagli abitanti di Yaṯrib, città dove il paganesimo tradizionale era del resto già in gran decadenza e che non aveva, come la Mecca, interessi economico-politici ad esso collegati da difendere. Siamo così all'ègira, erroneamente chiamata "fuga a Medina" da alcuni. Nell'arabo hiğra è invece centrale, oltre al senso di "allontanarsi", quello di rescissione dei legami tribali. La tradizione pone a poco prima della sua partenza un tentativo, non provato con sicurezza, di uccidere Muḥammad da parte dei coreisciti. Comunque, se l'episodio nella sura IX, 40 si riferisce, come sostiene la tradizione, al viaggio fra Mecca e Yaṯrib (quando Muḥammad e il suo compagno Abū Bakr si rifugiarono in una caverna per sfuggire agli inseguitori e Dio miracolosamente ordinò a un ragno di tesser la tela sull'entrata per sviare i persecutori), se ne deve dedurre che il viaggio non sia stato del tutto indisturbato.

Il 20 o il 25 settembre Muḥammad giunge a Yaṯrib; che sarà nota col nome di Madīnat an-nabī, "la città del Profeta", o Medina per antonomasia. Solo una ventina di musulmani, per varie ragioni, restano alla Mecca. Il Profeta perseguitato è ormai capo riconosciuto di Yaṯrib. Ma la sua situazione non è ancora facilissima: è nella soluzione pratica dei numerosi problemi inerenti alla sua nuova posizione che si rivela un altro aspetto del carattere e della personalità di Muḥammad, accanto a quello della profonda e intensa passione religiosa; intendo parlare della sua consumata abilità di politico, di pastore di uomini, di conoscitore del cuore umano. È di appena un anno dopo il suo arrivo l'editto (considerato autentico anche dagli orientalisti europei e trasmesso dalla tradizione) col quale vengon regolati i nuovi rapporti fra i vari gruppi che formano ora la popolazione di Medina: i muhāğirūn (musulmani emigrati dalla Mecca), gli anṣār ("ausiliari", cioè musulmani di

Medina), i pagani di Medina e gli ebrei della stessa città, riuniti nei tre grossi clan dei Naḍīr, Qurayẓa, *e* Qaynuqā'. *Nell'interessante documento si dichiara con rivoluzionaria innovazione rispetto alle antiche usanze basate sulla affinità del sangue, che "i credenti fra i* Qurayš *e quelli di Medina e quelli che li seguono e si affiliano a loro e che insieme con loro combattono" formano "un solo popolo, distinto da tutti gli altri uomini". Così tutti gli obblighi, i patti di scambievole difesa e protezione, ecc. che prima vigevano fra membri di uno stesso clan vigono ora trapiantati nel nuovo "popolo" diremo così artificiale, religioso, che sono i "credenti". Nel documento si fa capir chiaramente che nessun credente può prender le difese di un non credente, anche se del suo stesso clan tribale, contro il suo più vero "contribulo", quello della fede. "Gli ebrei dei* banū 'Auf *— vi si dice ancora — formano un popolo solo con i credenti, essi mantengono la loro fede e i musulmani la loro", a meno che non commettano tradimento. Lo stesso avviene per altri clan ebrei. Gli ebrei e i musulmani si impegnano inoltre ad aiutarsi scambievolmente in caso di aggressione. Tale atteggiamento di comprensione di* Muḥammad *verso gli ebrei, che egli considerava sostanzialmente d'accordo religiosamente con la sua predicazione, spiega meglio l'amarezza della delusione da lui in seguito provata, e la durezza delle sue rappresaglie allorché gli ebrei tradirono il patto qui sopra accennato.*

Capo e sovrano di tale comunità è Dio stesso, in continuo contatto con gli uomini attraverso il suo Profeta. Nel meccanismo delle rivelazioni medinesi si può scorgere un certo cambiamento: Dio spesso interviene, per bocca del Profeta, per risolvere questioni pratiche, per rispondere talvolta a domande dei credenti. Ma, giustamente osserva il Blachère, sarebbe errato sospettare la sincerità di Muḥammad *anche in tali occasioni. Di fronte a una difficoltà* Muḥammad *è "ossessionato" da una determinata idea: nel momento dell'estasi teopatica la difficoltà è risolta da una rivelazione, e quel*

Dio, di cui egli aveva sperimentato a Mecca in forma forse più impetuosa i favori, diventa ora per lui una guida permanente.

Naturalmente, come capo di una comunità teocratica, Muḥammad non poteva non utilizzare tutti i mezzi che la società di allora gli offriva per organizzare, difendere e consolidare la comunità stessa: prima fra tutte la "razzia", la rapida spedizione guerriera a scopo di bottino, necessità imprescindibile per la conservazione, in quelle circostanze, del suo nuovo "popolo". Una prima razzia di musulmani la cui eco rimase nel Corano (II, 217) suscitò grave scandalo negli ambienti di Medina per avere i musulmani attaccato i pagani durante un mese "sacro" (raǧab, dicembre 623). Ma la prima clamorosa vittoria musulmana fu quella di Badr (nominata esplicitamente nel Corano III, 13, 123; VIII, 5-19; VIII, 42-44), località a circa 105 km. da Medina, dopo una battaglia svoltasi a metà marzo 624 fra i musulmani e la retroguardia della grande carovana dei Qurayš che tornava carica di merci dalla Siria. Merita di esser ricordata la potente e semplice preghiera che la tradizione attribuisce a Muḥammad prima della battaglia; essa rivela fra l'altro i motivi di necessità economica di queste prime guerre musulmane: "Signore! I miei compagni sono a piedi: dona loro delle cavalcature. Sono nudi: vestili. Hanno fame: saziali!". La scarsità di numero dei musulmani, che con indomabile valore sconfissero un numero molto superiore di coreisciti (circa un migliaio, sembra) fece parere agli occhi dei credenti d'allora, e poi di tutto l'Islàm, la scaramuccia di Badr un evento miracoloso.

L'inizio dell'attività guerriera di Muḥammad fu anche l'inizio di un atteggiamento man mano diffidente e poi sempre più ostile dei suoi confederati ebrei, e di certi convertiti tiepidi di Medina (quasi tutti i pagani della città erano, per opportunismo, presto divenuti musulmani), che ben presto avranno il nome di munāfiqūn, "ipocriti", che ricorre spesso nelle sure medinesi del Corano. Un mese dopo Badr, vengono confiscati i beni alla tribù ebrea dei Qaynuqā'. *Nel 625 i coreisciti si prendono la rivincita di* Badr *a* Uḥud. *Poco mancò che la sconfitta non si tramutasse in un disastro:* Muḥammad *stesso fu lievemente ferito e si diffuse fra alcuni suoi seguaci la notizia che fosse morto (III, 121-22; 144-55). A settembre dello stesso anno gli ebrei* Naḍīr *vengono espulsi da Medina e i loro beni confiscati (LIX, 1-10). Seguono razzie punitive contro tribù beduine; durante una di esse fu rivelata la disposizione riguardante la preghiera canonica in momenti di pericolo (IV, 101-103).*

Importanti sono le disposizioni coraniche di questo periodo iniziale della vita di Muḥammad *capo di Stato: la ostilità degli ebrei e la speranza ormai perduta di convincerli che l'Islàm non è che ebraismo confermato e perfezionato porta* Muḥammad *a cambiare la direzione della preghiera (*qibla, *direzione verso la quale si volge l'orante, uso comune a varie religioni) da Gerusalemme verso la* Ka'ba*; la qual* Ka'ba Muḥammad *con geniale intuito politico-religioso dichiara esser stata il primo tempio monoteistico, quello costruito dal profeta Abramo, che non era né ebreo né cristiano, ma* ḥanīf, *puro monoteista. L'Islàm non è che rinascita e riproposizione per mezzo del profeta arabo,* Muḥammad, *di quel primitivo culto monoteistico, i cui dettami erano stati man mano corrotti e da ebrei e da cristiani. Con tal gesto* Muḥammad, *che si dichiarava annunziato e nella* Tōrāh *(VII, 157) e nel Vangelo (LXI, 6) non solo fonda definitivamente una comunità religiosa separata e "ultima", destinata cioè a succedere al cristianesimo come era questo successo all'ebraismo nella direzione spirituale dell'umanità, ma rivàluta, in modo che non poteva non attrargli simpatie fra la nazione araba, il palladio nazionale della Mecca, insozzato dal paganesimo posteriore ma inizialmente dedicato anch'esso, anzi esso primo fra tutti i santuari, al vero e unico Iddio.*

Frattanto Muḥammad, *dopo la morte di* Ḫadīğa, *aveva sposato varie nuove mogli fra le quali la giovanissima* 'Ā'iša *(nel 623), che avrà parte importante nella successiva storia dell'Islàm, e, nella primavera del 626,* Zaynab, *moglie di suo figlio adottivo* Zayd *da quest'ultimo divorziata (Corano XXXIII, 37). Certo orientalismo europeo tendenzialmente antiislamico si è compiaciuto nell'accentuare la "sensualità" di* Muḥammad, *dimentico delle particolari circostanze di tempo e di luogo e soprattutto del fatto, riconosciuto da uno spirito equilibrato come il Blachère, che molti di quei matrimoni furon fatti a scopo politico e non per passione: a difesa del troppo calunniato* Muḥammad *si può portare il singolare fatto che egli fu fedele fino alla bella età di più di 50 anni alla sua prima moglie* Ḫadīǧa *e che, dopo, tutte le sue mogli furono, strano a dirsi, vedove, ad esclusione della giovanissima* 'Ā'iša *figlia dell'influente* Abū Bakr.

Nel novembre-dicembre 626 avvenne ad 'Ā'iša *un incidente che, apparentemente insignificante, lasciò ampi strascichi nella storia successiva. In una spedizione,* 'Ā'iša, *lasciata per isbaglio indietro dalla carovana, fu ritrovata da un giovane cammelliere che la riportò a casa il mattino seguente. Ben presto si diffusero dicerie ovvie. Sembra che* 'Alī *abbia consigliato il Profeta di divorziarla (l'episodio è accennato nel Corano XXIV, 11-26) ma* Muḥammad *la riprese con sé dopo una rivelazione che la assolveva. Tuttavia la inimicizia fra* 'Ā'iša *e il partito di* 'Alī *restò, e fu una delle cause occasionali delle amare lotte di successione che portarono allo scisma fra sunniti e sciiti.*

Nel marzo del 627 i coreisciti tentarono un ultimo sforzo contro Muḥammad, *radunando una confederazione (le "fazioni alleate" di sura XXXIII) di beduini (circa 10.000 uomini), appoggiati, come al solito, all'interno di Medina dagli ebrei e dai* munāfiqūn *("ipocriti"). Medina fu assediata e si salvò, sembra, solo per l'abile costruzione di un fossato o trincea* (ḫandaq), *opera del persiano* Salmān, *un liberto convertito all'Islàm. Dopo la vittoria e la ritirata dei confederati l'ira di* Muḥammad *contro i traditori ebrei, appartenenti all'ultimo clan ebraico rimasto in città,* i Qurayẓa, *fu durissima: quasi nessuno sfuggì al massacro. Meno duramente furon trattati gli ipocriti; un'eco della indignazione di* Muḥammad *per il loro contegno si trova nella sura che appunto da loro prende il nome (LXIII) dove vengono maledetti nel modo più reciso e vien loro negato (v. 6) ogni perdono divino.*

Con il successo della "campagna del fossato" (così fu chiamato poi il memorabile avvenimento) finisce il periodo di difesa e di consolidamento dello stato musulmano di Medina, e comincia quello che si può chiamare di espansione. Numerose tribù beduine, visto il successo della nuova fede si convertono in massa, spesso per puro opportunismo (cfr. XLIX, 14). Ai primi di aprile del 628 Muḥammad *ha una visione (XLVIII, 27) nella quale Iddio gli annuncia che fra breve i suoi seguaci potranno compiere il pellegrinaggio al Santuario abramico della* Ka'ba. *Malgrado i timori di alcuni suoi seguaci, specie beduini convertiti recentemente (XLVIII, 11), egli inizia i preparativi per il viaggio verso la Mecca. In effetti quell'anno il pellegrinaggio si rivela impossibile, ma, nei pressi della Mecca, a* Ḥudaybiya, Muḥammad *ottiene due successi: uno, di portata relativa, è il famoso giuramento di fedeltà,* bay'a *(XLVIII, 10) sotto il tradizionale albero, dove, in un momento difficile, fra i suoi seguaci scoraggiati dal fatto di non riuscire ad entrare nella città santa ben difesa da un distaccamento Meccano e le voci di uccisione di* 'Oṯmān, *messo musulmano nella città,* Muḥammad *riesce a rincuorare i credenti e a ottener da loro un particolarmente solenne giuramento di fedeltà assoluta come al portavoce di Dio. E ben ebbe bisogno di tale fedeltà quando, poco dopo, concluse con i coreisciti una tregua apparentemente umiliante (ma in realtà formidabile successo diplomatico) secondo la quale, pur firmandosi semplicemente* Muḥammad, *senza aggiungere il suo abituale titolo di* rasūl Allāh, *"inviato di Dio", cosa che stupì e scandalizzò qualche più zelante seguace, otteneva il permesso di compiere nell'anno successivo pacificamente il pellegrinaggio al santuario della*

Ka'ba *con i suoi fedeli. In cambio prometteva di ritirarsi, e i coreisciti si impegnavano a lasciarlo in pace per dieci anni.*

È anche più o meno in quest'epoca che la tradizione pone le famose ambascerie e lettere ai principali sovrani dell'epoca, all'imperatore di Bisanzio, a quello di Persia e al misterioso muqauqis *(forse il patriarca copto?) di Egitto, lettere che la critica moderna ritiene apocrife. È dello stesso anno la presa della ricca oasi ebraica di* Ḫaybar *(vi accenna il Corano XLVIII, 20 e forse LIX, 7) che diede occasione a precisazioni sulla divisione del bottino. Nel 629* Muḥammad, *con una schiera di circa duemila seguaci poté, come era stato stipulato l'anno prima a* Ḥudaybiya, *entrare alla Mecca e compiere nella città deserta il pellegrinaggio minore o "visita"* ('umra) *al santuario.*

Ormai la sorte dei pagani della Mecca era segnata. Persino alti esponenti della oligarchia coreiscita si preparavano ad accettare, sia pure più o meno ipocritamente, la nuova fede. Prima della definitiva conquista della città si pongono altre spedizioni, fra le quali la più importante è quella di Mu'ta *al* limes *bizantino (agosto 629) che finì con una sconfitta musulmana (ne parlano anche le fonti bizantine e in particolar modo Teofane). Ma la sconfitta non tolse nulla al prestigio del Profeta, il quale, alla fine di quello stesso anno, iniziò con circa diecimila seguaci (secondo la tradizione) la marcia sulla Mecca, considerando esser stata violata la tregua di* Ḥudaybiya *dai meccani che avevan sostenuto una tribù ostile all'Islàm. Entrò nella città santa nel gennaio del 630 senza colpo ferire, e il suo comportamento fu estremamente tollerante. Nessuno (se si escludono solo sei dei suoi più feroci nemici) pagò con la vita la ostilità alla nuova fede. Solo il santuario fu "purificato" dagli idoli e dal culto idolatrico e ogni privilegio e ufficio semi-sacerdotale fu tolto ai pagani (IX, 17-19). È interessante, e depone a favore del suo senso politico-psicologico, che* Muḥammad *non volle stabilire la sua capitale nella città santa ma volle tornare a Medina. Prima però intraprese una spedizione contro la confederazione beduina dei* Hawāzin, *attorno a* Ṭā'if. *La battaglia, dapprima d'esito incertissimo, fu miracolosamente (Corano IX, 25-26) vinta a* Ḥunayn *presso* Ṭā'if. *A metà di marzo, dopo aver compiuto i riti del pellegrinaggio, tornò a Medina. Seguono campagne per la sottomissione di tribù beduine, e conversioni più o meno sincere di altre. Del 630 è la lunga spedizione verso* Tabūk, *in Transgiordania, forse per vendicare la sconfitta di* Mu'ta, *spedizione che è accennata nel Corano (ad essa si riferiscono secondo la tradizione i passi IX, 81-87 e altri della stessa sura) e dalla quale, pur senza gravi combattimenti,* Muḥammad *trasse importanti vantaggi.*

Prima e dopo questa spedizione s'accenna nel Corano a uno scisma che si sarebbe manifestato fra i musulmani con la costruzione di una moschea per così dire "non autorizzata" (IX, 107-110), scisma sul quale la tradizione ha ricamato particolari più o meno leggendari. Nel 631, l'anno dopo la conquista, Muḥammad *non si reca personalmente per il pellegrinaggio alla Mecca, ma vi invia (secondo la tradizione) a rappresentarlo* Abū Bakr, *seguito da* 'Alī *latore di un messaggio del Profeta conservato nella sura IX, 3-5. È la definitiva condanna del politeismo, la dichiarazione di guerra contro il paganesimo, considerato per sempre fuori legge, mentre i seguaci di altre religioni monoteistiche godono della ben nota posizione di tolleranza (cfr., per questo periodo, XXII, 17). Seguono infatti varie campagne contro i beduini pagani:* Muḥammad *è virtualmente il signore di tutta l'Arabia.*

L'anno seguente il Profeta si reca invece, come spinto da un presentimento, a guidare egli stesso il pellegrinaggio nel mese prescritto (febbraio-marzo 632). È il pellegrinaggio noto nella tradizione come "pellegrinaggio d'addio", e la minuziosa descrizione che se ne fa è servita e serve di base per la fissazione definitiva delle modalità rituali di quella importante cerimonia. La tradizione, da fonti antiche e in buona parte autentiche, ci ha tramandato il bel discorso che Muḥammad *tenne ai credenti in quella occasione sul colle di* 'Arafāt, *e una cui eco sarebbe anche nelle parole di Cor. V, 3* "*Oggi v'ho reso perfetta la vostra religione, e ho compiuto su voi i Miei favori, e M'è piaciuto darvi per religione l'Islàm!*".

"*O Uomini! — disse in quella circostanza il Profeta — udite le mie parole, perché non so se potrò di nuovo incontrarvi qui il prossimo anno. Abbiate sacri i vostri beni e la vostra vita finché incontrerete il Signore... Chi ha beni in deposito renda il suo deposito fedelmente... Satana ha perduto ormai ogni speranza d'esser più adorato in questo vostro paese... Voi avete dei diritti verso le vostre donne, ma anche le vostre donne hanno dei diritti su di voi. Trattatele bene, esse sono il vostro aiuto... Meditate bene, o uomini, le mie parole. Io ho compiuto la mia missione e vi lascio una guida, se vi atterrete alla quale, non potrete sbagliare: il Libro di Dio e l'Esempio del suo Inviato. Uomini! Sappiate che un musulmano è fratello dell'altro, tutti i credenti sono fratelli, e a nessuno è permesso prender da un altro quel che non gli dia di sua volontà: non commettete ingiustizia contro voi stessi! O Dio mio: ho compiuto io fedelmente la mia missione?*". *La tradizione aggiunge che il popolo in coro gridò:* "*Sì, l'hai compiuta!*". *E* Muḥammad *aggiunse:* "*Signore! Siine tu testimonio!*". *La morte di* Muḥammad *avvenne pochi mesi dopo, a Medina, l'8 giugno 632 fra le braccia della moglie* 'A'iša *che si dice abbia così riferito lo storico evento:* "*In quel giorno l'Inviato di Dio tornò a me rientrando dalla contigua moschea e si sdraiò di fianco sul pavimento appoggiandosi al mio grembo. Entrò da me allora un uomo della famiglia di* Abū Bakr *con in mano un* siwāk *(specie di ramoscello usato per nettarsi i denti) verde. L'inviato di Dio guardò la mano di colui in modo ch'io intesi che lo desiderava, sicché gli domandai: 'O Inviato di Dio vuoi che ti dia questo* siwāk*?' Rispose: 'Sì'. Allora lo presi, lo masticai per lui sinché lo ebbi reso tenero; poi glie lo diedi e con esso egli si pulì i denti usando il massimo di forza ch'io gli avessi mai veduto adoperare in ciò; indi* *lo depose. Io sentii l'Inviato di Dio farsi pesante sul mio grembo, gli guardai il viso, ed ecco che il suo sguardo era divenuto fisso, mentre egli mormorava: 'Al contrario, voglio il Compagno Sommo dal Paradiso'. Allora esclamai: 'Ti è stata data la scelta fra la terra e il Cielo e tu, per Colui che ti ha mandato ad apportare il Vero, hai scelto!'. L'Inviato di Dio era spirato".*

Descrizione del Corano qual è ora.

Una definizione sunnita del Corano, dice: "I sunniti (ahl as-sunna wa 'l-ǧamā'a) *sostengono che il Corano o per antonomasia 'Il Libro' è la Parola di Dio Altissimo, increata, scritta nei nostri volumi, conservata nelle nostre memorie, letta dalle nostre lingue, udita dai nostri orecchi, ma in questi non incarnata (o 'discesa,* ḥāll, *nella sua essenza') cioè non incarnata nei volumi, non nei cuori, non nelle lingue, non nelle orecchie, poichè la Parola di Dio non è omogenea alle lettere ed ai suoni, tutti accidentali* (ḥādiṯa) *mentre la Parola di Dio è attributo coeterno* (azaliyya, qadīma) *a Dio significante il contrario del silenzio, sia nel senso di astensione dal parlare mentre si avrebbe la forza di farlo, sia nel senso di una disgrazia che porti a una impotenza degli strumenti: bensì essa è un Significato preesistente* (qadīm) *inerente all'essenza* (qā'im bi-ḏāt) *di Dio, pronunciabile ed udibile in costruzioni che lo indicano e apprendibile a memoria in forma immaginativa* (bi 'n-naẓm al-muḫayyal) *e scrivibile in caratteri e forme rappresentanti le lettere che lo indicano: così come si dice che il fuoco è una sostanza comburente menzionabile in espressioni verbali e scrivibile con la penna senza che ne derivi una reale presenza del fuoco nel suono e nelle lettere". Una tale macchinosa definizione teologica, che sarebbe fuori luogo analizzare qui a fondo (dietro ogni termine c'è un periodo di* Dogmengeschichte *islamica) mostra soprattutto con chiarezza, anche a prima vista, due punti: in primo luogo cioè il Corano è con-*

siderato dall'ortodossia islamica non come un libro composto da Muḥammad, *sia pure sotto una pur potentissima ispirazione divina, bensì presente* ab aeterno *nella sostanza divina, coeterno a Dio come i suoi attributi e da Dio* dettato letteralmente *al Profeta. In secondo luogo, che la posizione ortodossa sunnita è intermedia fra quella degli antropomorfisti estremi che sostenevano che quasi fisicamente il Libro* è presso Dio *in senso strettamente letterale, e quella dei* mu'taziliti, *a torto chiamati i "razionalisti dell'Islàm" ma che applicarono il ragionamento umano a vari punti di teologia, i quali sostennero essere il Corano non coeterno a Dio ma creato da questi in un sostrato, che può essere la "tavola preservata" del cielo, o il Profeta ecc. È comunque comune a tutto l'Islàm la credenza che il Corano è un miracolo inimitabile, anzi* stricto sensu *l'unico vero e proprio* miracolo *di* Muḥammad, *per il che ci si basa sui noti versetti quali XVII, 88 e altri simili. Il massimo di "liberalismo" cui il pensiero islamico giunse a questo proposito è forse l'opinione del mu'tazilita* an-Naẓẓām *il quale sostenne che in sé e per sé il Corano è imitabile e che il miracolo sta nel fatto che Dio distoglie gli uomini dall'imitarlo, giacché è ben un miracolo che l'uomo non riesca a fare mai quel che pur potrebbe fare. Non è mai esistita nell'Islàm una "critica coranica" nel senso di discussione sulla più o meno grande validità e autenticità di ispirazione delle varie parti o passaggi del Libro, così come è avvenuto persino in ambienti ortodossi delle varie confessioni cristiane. Lo ha impedito il peculiare concetto sopra accennato che il mondo islamico e già* Muḥammad *aveva della ispirazione divina. Sì che anche i più estremi dei movimenti modernistici dell'Islàm ricorrono magari a complicatissimi arzigogoli allegorici ma non mettono mai in dubbio che il Corano tutto parola per parola sia da Dio.*

Fra le caratteristiche della inimitabilità coranica i trattatisti citano le predizioni di avvenimenti futuri (ad es. XXX, 1-3), le relazioni di avvenimenti passati (es. XII, 102), il fatto che nessuno si stanchi leggendolo, il fatto che esso diventa ogni volta più interessante malgrado che non sia in forma strettamente poetica. La sacralità del Corano è agli occhi dei musulmani tale che essi, basandosi su una interpretazione errata del passo LVI, 79, sostengono che solo mani purificate dalla abluzione rituale possono toccarlo e evitano di darlo in mano, o peggio venderlo, a infedeli.

Che cosa il Corano dice di se stesso? Esso è un Libro rivelato da Dio al Profeta mediante un angelo (XXVI, 193) e derivato da un celeste Archetipo (XLIII, 4), rivelato in una notte benedetta (XLIV, 3), ma poi successivamente a frammenti (XVII, 106), sì che un frammento posteriore può anche abrogarne (II, 106; XIII, 39 ecc.) uno anteriore, da leggere salmodiando (LXXIII, 4, 20). Il Corano conferma i messaggi profetici contenuti nelle Scritture precedenti (II, 41; III, 3; V, 48 ecc.) ed è rivelato a Muḥammad *gratuitamente (XVII, 86) e insperatamente (XXVIII, 85-86). È inimitabile (XVII, 88) e l'uomo non lo può alterare (X, 15; XVIII, 27). Non fu suggerito a* Muḥammad *né da se stesso (X, 37-38) né da uno straniero (XVI, 103; XXV, 4) né da demoni (XXVI, 210-212) tanto più che è in lingua araba chiara (XLIII, 1-3). Tuttavia esso contiene parti chiare e parti oscure e allegoriche, dal troppo sottilizzar sulle quali i credenti sono sconsigliati (III, 7). Il Corano è infallibile (XLI, 42) e la sua recitazione può aver forza incantatoria (LIX, 21) o medicinale (XLI, 44). È destinato agli uomini tutti (LXXXI, 27; LXVIII, 52; III, 96 ecc.). (Il che è contestato da vari orientalisti europei).*

*Esteriormente il Corano quale ora lo possediamo (per quanto riguarda problemi di formazione del testo e cronologia delle singole parti si veda qui sotto) si presenta come un volume (*muṣḥaf, *parola di origine etiopica) diviso in 114 capitoli detti* sūra, *a sua volta divisi in* āyāt *(pl. di* āya*) versetti. La parola Corano* (Qur'ān) *significa in origine lettura ad alta voce, proclamazione, predicazione, e in tal senso, che par derivato dal siriaco* qeryānā, *è usata per lo* *più nel Corano stesso, ma ben presto venne anche a designare il* libro *contenente la predicazione.*

Il Corano ha numerosi altri appellativi meno usati quali furqān *(redenzione, o distinzione fra il bene e il male),* hudà *(retta guida),* ḏikr *(mònito) ecc. La parola* sūra, *che nel testo coranico (cfr. IX, 64 ecc.) ha il senso di brano della predicazione, più o meno come* Qur'ān, *è di etimologia incerta, mentre* āya *(versetto) che significa anche "segno", "miracolo" è dalla stessa radice di ebraico* ōt. *La divisione del Corano in sure è molto antica e probabilmente risale alla recensione di* Abū Bakr *(v. sotto). Più recente (secondo la tradizione verso la fine del VII secolo) è la divisione dell'intero testo coranico in trenta* ǧuz' *(parti) uguali, senza alcun rispetto pel senso del testo, dovuta a bisogni liturgici. Ancor più tarda è la divisione in sessanta* ḥizb *(originariamente nel senso di "frammento per pio esercizio personale di lettura"). Le divisioni in* ḥizb *e in* ǧuz' *sono indicate nella più parte dei testi orientali del Corano. Le sure coraniche sono, ad eccezione della prima, la breve "Sura Aprente"* (fātiḥa) *ordinate, con criterio puramente esteriore, per lunghezza: le più lunghe al principio, le più brevi in fine. Poiché, come vedremo in seguito, generalmente le sure più lunghe sono cronologicamente le più recenti, ne consegue una notevole confusione e farragine. La divisione in versetti delle sure non è così generalizzata e accettata come quella delle sure e la numerazione dei versetti varia secondo le edizioni e le versioni. Ogni sura è, ora, preceduta dal titolo, generalmente preso da una parola caratteristica contenuta nel testo della sura stessa, spesso del tutto incongruente col contenuto generale. I titoli delle sure, che sembra non facessero parte dei Corani più antichi (molte sure hanno, nelle varie versioni ed edizioni, più di un titolo) non sono però troppo recenti, perché già S. Giovanni Damasceno* (Patrologia Graeca *XCIV, 769, 772) nel II secolo dell'Ègira, cita nomi di sure del Corano, fra cui anche una non identificata "Sura del cammello". Al titolo seguono, ancor più tarde, notizie varie:*

generalmente si dice se la sura è meccana o medinese, ed eventualmente si cita il numero dei versetti chè fanno eccezione alla designazione generale, e il nome della sura dopo *la quale la sura in questione è stata rivelata. In modo che anche il lettore musulmano possa più o meno ristabilire l'ordine cronologico del Sacro Testo.*

Tutte le sure, ad eccezione della sura IX, la quale anticamente faceva tutt'uno con la sura VIII, cominciano con la formula rituale "Nel nome di Dio, clemente misericordioso" (in arabo bismi 'llāhi 'r-raḥmāni 'r-raḥīm*). Tale formula si chiama comunemente* bàsmala *e pare di origine ebraica (v. nota al v. 1 di Sura 1) e già da* Muḥammad *era usata e sentita come formula propiziatoria (cfr. XI, 41; XXVII, 30). È pressoché certo, e confermato dalla tradizione, che tale formula non si trovava all'inizio delle primissime sure coraniche e che l'uso di aprire tutte le sure con tale formula è posteriore a* Muḥammad*: il che spiega anche le discussioni dei vari "lettori" (*qurrā'*) se la* bàsmala *debba esser contata quale versetto integrante del testo sacro o non.*

Subito dopo la bàsmala*, all'inizio di ben ventinove sure, tutte appartenenti, ad eccezione delle medinesi II e III, al terzo periodo meccano, si trovano delle strane lettere isolate (così appunto chiamate in arabo,* ḥurūf al-muqaṭṭa'āt *o anche* al-fawātiḥ*, lettere iniziali), la cui interpretazione ha dato molto da fare ai dotti sia musulmani che europèi. Sono in tutto quattordici lettere dell'alfabeto arabo che compaiono sia sole, sia in gruppi da due a cinque. Le spiegazioni che dotti arabi o europei ne han dato sono fra l'altro: che si tratti di sigle abbreviative; che abbiano valore mistico-cabalistico ritrovabile coi ben noti metodi del calcolo del valore numerico delle lettere; che si tratti di un accenno mistico all'Archetipo celeste del Corano; che si tratti di abbreviazioni del nome di possessori di singole parti del Corano prima della sua definitiva raccolta; che si tratti di suoni più o meno indistinti che avvertivano il Profeta dell'avvicinarsi della rivelazione e che furono più o meno esattamente* *tramandati dagli ascoltatori, ecc. ecc. Comunque, nella recitazione attuale, le lettere staccate vengon lette col loro* nome *per intero.*

La lingua del Corano, come dice ripetutamente il testo, portando il fatto a prova della divina rivelazione di esso, è l'arabo, arabo chiaro ('arabī mubīn, *XXVI, 195). Ma quale arabo? Non è qui, in una introduzione divulgativa, il caso di parlare a lungo di questo problema linguistico che presupporrebbe nel lettore la conoscenza delle lingue semitiche. Solo diremo che mentre i musulmani sostengono che il Corano fu rivelato nel dialetto dei* Qurayš *della Mecca, studiosi europei (Vollers) vollero che il testo originario coreiscita del Corano fosse rimaneggiato dai "lettori" adattandolo alla lingua classica della poesia preislamica panaraba o (Blachère) che esso fosse originariamente proclamato da* Muḥammad *nella lingua classica della poesia dato il prestigio panarabo che essa al suo tempo avrebbe già goduto o* (Ṭāhā Ḥusayn) *che all'inverso la poesia classica preislamica non sia che un insieme di apocrifi o nella migliore delle ipotesi di testi rimaneggiati per metterli in armonia con la lingua coranica. Esteriormente l'ortografia del testo coranico ha caratteri piuttosto arcaizzanti, entrare nei dettagli dei quali ci porterebbe in un terreno troppo tecnico. Solo aggiungeremo, per completare la descrizione di un testo originale attuale del Corano, che vi si trovano sovrascritti a certe parole dei segni convenzionali abbreviativi per aiutare il lettore in certe particolarità della lettura salmodiata, e in margine, oltre, come detto, alle divisioni dei* ḥizb *e dei* ǧuz' *e dei quarti di* ḥizb, *delle indicazioni su gesti rituali da compiere durante la lettura ufficiale.*

Cronologia e autenticità del testo.

Già sopra accennammo al singolare criterio esteriore con cui furono ordinate le sure coraniche dopo la morte del Profeta. Se si considera che i musulmani, e già il Corano stesso, ammettono la singolare teoria della abrogazione di alcuni passi mediante passi posteriori cronologicamente, si comprenderà quale importanza anche teologica dovette avere una classificazione cronologica il più possibile esatta delle sure coraniche. Fin dai primi secoli dell'Islàm gli esegeti si interessarono di questo problema, ma le liste cronologiche di sure date dalle varie scuole sono abbastanza discordanti fra loro: sostanzialmente unanime è però l'attribuzione delle sure al periodo meccano o medinese della attività profetica di Muḥammad, *salvo qualche eccezione, ed essa concorda del resto grosso modo con i risultati cui son giunti poi gli orientalisti europei. Per comodità del lettore riportiamo qui in forma di tabella la classificazione cronologica musulmana seguita dalla vulgata cairina di re* Fu'ād:

Sure Meccane: XCVI - LXVIII - LXXIII - LXXIV - I - CXI - LXXXI - LXXXVII - XCII - LXXXIX - XCIII - XCIV - CIII - C - CVIII - CII - CVII - CIX - CV - CXIII - CXIV - CXII - LIII - LXXX - XCVII - XCI - LXXXV - XCV - CVI - CI - LXXV - CIV - LXXVII - L - XC - LXXXVI - LIV - XXXVIII - VII - LXXII - XXXVI - XXV - XXXV - XIX - XX - LVI - XXVI XXVII - XXVIII - XVII - X - XI - XII - XV - VI - XXXVII - XXXI - XXXIV - XXXIX - XL - XLI - XLII - XLIII - XLIV - XLV - XLVI - LI - LXXXVIII - XVIII - XVI - LXXI - XIV - XXI - XXIII - XXXII - LII - LXVII - LXIX - LXX - LXXVIII - LXXIX - LXXXII - LXXXIV - XXX - XXIX - LXXXIII.

Sure Medinesi: II - VIII - III - XXXIII - LX - IV - XCIX - LVII - XLVII - XIII - LV - LXXVI - LXV - XCVIII - LIX - XXIV - XXII - LXIII - LVIII - XLIX - LXVI - LXIV - LXI - LXII - XLVIII - V - IX - CX.

Tale classificazione, e quelle più o meno discordanti di altre scuole esegetiche islamiche, è basata su "tradizioni" raccolte con infinita pazienza ma non sempre con troppa acribia. Metodi nuovi, se pur anch'essi non infallibili, adoperò l'orientalismo europeo del secolo scorso, basandosi su criteri di evidenza interna, stile, lessico, allusioni. Già il Weil (nel 1844) impostava il problema con grande precisione dividendo il periodo meccano in tre sottoperiodi. Sulle orme del Weil il Nöldeke nel suo dottissimo e, in certo modo definitivo, studio Geschichte des Qorans *(v. Bibliografia) dava una classificazione cronologica delle varie sure (secondo i differenti periodi e all'interno dei medesimi) che è generalmente accettata dagli orientalisti europei almeno come ipotesi di lavoro. Eccola:*

Sure Meccane

Primo Periodo Meccano: XCVI - LXXIV - CXI - CVI - CVIII - CIV - CVII - CII - CV- XCII - XC - XCIV - XCIII - XCVII - LXXXVI - XCI - LXXX - LXVIII - LXXXVII - XCV - CIII - LXXXV - LXXIII - CI - XCIX - LXXXII - LXXXI - LIII - LXXXIV - C - LXXIX - LXXVII - LXXVIII - LXXXVIII - LXXXIX - LXXV - LXXXIII - LXIX - LI - LII - LVI - LXX - LXXV - CXII - CIX - CXIII - CXIV - I.

Secondo Periodo Meccano: LIV - XXXVII - LXXI - LXXVI - XLIV - L - XX- XXVI - XV - XIX - XXXVIII - XXXVI - XLIII - LXXII - LXVII - XXIII - XXI - XXV - XVII - XXVII - XVIII.

Terzo Periodo Meccano: XXXII - XLI - XLV - XVI - XXX - XI - XIV - XII - XL - XXVIII - XXXIX - XXIX - XXXI - XLII - X- XXXIV - XXXV - VII - XLVI - VI - XIII.

Sure Medinesi.

II - XCVIII - LXIV - LXII - VIII - XLVII - III - LXI - LVII - IV - LXV - LIX - XXXIII - LXIII - XXIV - LVIII - XXII - XLVIII - LXVI - LX - CX - XLIX - IX - V.

Si è anche calcolato che le sure del primo periodo meccano abbracciano 1219 versetti (circa il 9% del testo coranico); quelle del secondo periodo, con 1898, sono circa il 23% del testo, quelle del terzo il 33% con 1656 versetti, mentre il periodo medinese ha prodotto il 35% del testo con 1462 versetti.

Ma non si illuda il lettore che una volta più o meno fissata la cronologia delle sure si sia ottenuto gran che: infatti le sure stesse, tutte le più lunghe e anche molte di quelle relativamente brevi, sono testi compositi, sì che in una sura di un periodo si posson trovare aggiunte di un altro. La stessa esegesi islamica lo ha notato e l'indicazione di versetti medinesi in sure meccane o viceversa si trova, quando è il caso, dopo il titolo della sura nelle migliori edizioni moderne, sebbene raramente tali indicazioni tradizionali corrispondano ai risultati della critica occidentale. Il lettore troverà nella breve introduzione in nota a ciascuna sura le divisioni interne adottate dal più recente esegeta e traduttore europeo del Corano, il Blachère, che ha fatto tesoro di tutte le ricerche precedenti.

Questa opera critica, questa indagine storica sul Corano hanno portato gli esegeti a dubitare della sua autenticità? La risposta è nettamente negativa. Fra tutti i libri sacri delle religioni tradizionali il Corano è quello che più fedelmente riproduce la parola del Fondatore, o, secondo i musulmani, la parola stessa di Dio. Le notizie dateci da antiche fonti arabe e soprattutto dal prezioso Kitāb al-Fihrist *("Indice") di* an-Nadīm *(m. 995) su altre raccolte extracanoniche (v. sotto) delle sure coraniche riferiscono che in quella di* Ubayy *esistevano altre due sure, due preghiere che ricordano la sura I e delle quali daremo sotto una traduzione, mentre in quella di* Ibn Mas'ūd *mancavano sia la "sura aprente" (I) sia le due ultime brevi sure-scongiuro CXIII e CXIV. È interessante che tutte e cinque questi brani in discussione sono preghiere e formule che non hanno alcun carattere specificamente islamico, sì che mentre la sura I e le due sure aggiunte del* corpus *di* Ubayy *ricordano preghiere ebraiche, le due ultime del* corpus *vulgato ricordano scongiuri magici preislamici. Ma è ben difficile da questi semplici dati dedurre qualcosa di positivo: anche la presenza o l'assenza di tutte e cinque* queste sure dal Corano autenticamente muḥammadico ben poco, anzi nulla, cambierebbe al suo contenuto generale. Alcuni attacchi alla integrità del Corano venuti da certi ambienti musulmani sono nettamente da respingere: così ad es. gli eresiografi musulmani ci tramandano che in certi ambienti di puritani ḫāriğiti la sura di Giuseppe (XII) era considerata una frivola storia d'amore indegna di stare nel Corano e quindi apocrifa. In circoli mu'taziliti, sotto l'influsso forse di idee cristiane, ma più ancora obbedendo alla loro generale tendenza di togliere a Dio tutto quel che troppo sapesse d'umano, venivano considerati spurî dei versetti dove Iddio troppo duramente maledice i nemici di Muḥammad. Ma i più grandi critici (in ambiente islamico) del presente testo coranico vulgato furono gli sciiti, cui certo spiaceva non veder nel Corano nessuna allusione alla divina luogotenenza di 'Alī. Essi sostennero pertanto che l'attuale Corano vulgato è stato in parte mutilato dal malvagio 'Uṯmān nemico di 'Alī e vi mancherebbero addirittura intere sure. Ma le due pretese sure mancanti che vengon citate in ambienti sciiti cioè la sūrat an-nūrayn ("sura delle due luci") e la sūrat alwilāya ("sura della luogotenenza") appaiono agli occhi di ogni spirito critico una evidente falsificazione. In mancanza di meglio tuttavia, e dato che anche fra loro non regna accordo sul numero e la qualità delle sure o versetti tolti dal "vero" Corano, essi usano la vulgata 'uṯmāniana sostenendo che il vero Corano viene esotericamente comunicato a ogni imām (discendenti del profeta e sovrani legittimi della comunità) al suo successore e, scomparsi gli imām terreni secondo la dottrina sciita, alla fine dei tempi sarà apertamente proclamato dall'ultimo imām, tornato in aspetto di mahdī. Ognun vede come tali idee aprono la via sia ad una amplissima esegesi allegorica del testo sacro (ta'wīl) sia alla possibilità di fondazione di vere e proprie religioni con nuovi Testi Sacri, in quella "fine dei tempi" che può esser considerata anche la fine di un "ciclo profetico". Questo è storicamente avvenuto, e proprio in *ambiente sciita, nel secolo scorso con la nascita della religione universalistica* Bābī-Bahā'ī *e con la proclamazione del* Bayān *del* Bāb *(m. 1850) e del* Kitāb al-Aqdas *di* Bahā'u'llāh *(m. 1892) come i più veri "Corani" riassunto e abrogazione dell'antico.*

Gli studiosi europei hanno fin dall'antico impostato su basi strettamente critiche il problema della autenticità del presente testo coranico e già il grande orientalista francese S. De Sacy nel 1832, riferendosi alla ben nota tradizione secondo la quale 'Omar *alla morte del profeta non vi avrebbe creduto ritenendola impossibile, volle sostenere che non doveva essere esistito allora il v. III, 144, che sarebbe stato inventato da* Abū Bakr *per controbattere l'idea di* 'Omar. *Ma il tutto è basato su una tradizione non troppo sicura e le critiche del De Sacy e di qualche altro studioso (Weil) sono ormai nettamente abbandonate dall'orientalismo moderno. Più probabile sembra invece che qualche brano autenticamente muḥammadico non sia stato, sia perché perdutosi nella sua forma precisa sia per altre eventuali ragioni, incluso nel testo vulgato: ma si tratterebbe in ogni caso di qualche versetto (come il cosiddetto "versetto della lapidazione" dove si prescrive, contro parere diverso espresso nella sura XXXIII, tale pena per l'adulterio), che ben poco aggiungerebbe al Corano attuale. Il quale dunque è nelle linee generali autentico, salvo forse, secondo alcuni orientalisti, qualche insignificante aggiunta esplicativa o spostamento di frase. Un problema a parte pone la diversità delle "lezioni" basate sulla peculiare scrittura dell'arabo, di cui parleremo in seguito.*

Ma se l'autenticità muḥammadica del Corano è fuor di dubbio, ad ampia discussione si presta la autenticità dell'ordine interno dei versetti nelle singole sure. Cioè in altre parole le sure quali noi le abbiamo risalgono nella loro forma attuale a Muḥammad *o sono frammenti autenticamente muḥammadici cuciti insieme da altri dopo la sua morte?*

Vi sono delle interessanti tradizioni (cfr. ad es. Suyūṭī, Itqān, *p. 142) che fanno pensare che in qualche caso* Muḥammad *stesso "per ispirazione divina" abbia cucito versetti assieme, o spostato versetti da un luogo all'altro. Comunque il problema non si pone per le sure più brevi che sono certamente unitarie, né per alcune più lunghe quali la XII ("sura di Giuseppe") contenente un racconto continuato o la LV ("sura del Misericordioso") dove il ritornello che si ripete per tutta la sura è sufficiente garanzia di unitarietà. Personalmente ritengo (e del resto già una autorità come quella del Nöldeke ammoniva in questo senso gli ipercritici) che bisogna andar molto cauti a dichiarar ricucimenti posteriori certe sure solo perché al nostro giudizio o secondo i nostri gusti letterari o sintattici contengono troppi salti o confusioni di contenuto. Anche qui può aiutarci un parallelo storico: a proposito di uno scritto quale il* Kitāb al-Aqdas *di* Bahā'u'llāh, *il Profeta-fondatore della religione* Bahā'ī, *al critico europeo che lo leggesse senza sapere che è stato scritto negli anni 1871-74 nella piena luce della storia e esistendone ancora controllabili manoscritti, sembrerebbe assolutamente impossibile che esso sia stato redatto proprio così come è, in una mescolanza inestricabile (e talvolta superiore a quella dello stesso Corano) di precetti legali, brani di preghiera, ammonimenti ecc. e forse il nostro critico sarebbe disposto a costruirvi sopra elegantissime e dottissime quanto infondate ricostruzioni e rappezzamenti. Il problema rimane, così come giudiziosamente annota il Buhl, definitivamente insolubile.*

Trasmissione e correzione del testo. Le "lezioni".

Secondo la tradizione, già prima della morte del Profeta brani della Rivelazione eran stati scritti su materiali di fortuna: pietre piatte, scapole di montone o di cammello, pelli ecc. ma molto era quello che si conservava a memoria da pii fedeli. Quando nella battaglia di 'Aqraba *contro il "falso profeta"* Musaylima *(inizi del 633) numerosi credenti che conoscevano a memoria il Corano furono uccisi, sorse più impellente il bisogno di raccogliere per iscritto nella sua totalità il sacro testo. Sembra si possa dedurre da qualche passo della tradizione che fossero già esistite delle scelte parziali e personali (forse a questo, secondo qualche orientalista, si riferiscono le sigle misteriose poste agli inizi di qualche sura).* 'Omar *avrebbe allora proposto a* Zayd ben Ṯābit, "*scriba*" *del Profeta (ma secondo certe tradizioni egli avrebbe avuto dieci anni nel 622!) di raccogliere tutto il possibile del Corano, sia scritto sia conservato nella memoria, e copiarlo su* ṣuḥuf, "*fogli*". *Dopo una certa riluttanza, dovuta soprattutto al fatto che questo, non essendo stato promosso né iniziato dal Profeta stesso, gli sembrava una "innovazione" pericolosa,* Zayd *eseguì il suo difficile compito (fra le parti miracolosamente salvate all'oblio dalla memoria di un fedele si cita la fine della sura IX, vedi nota ivi) e consegnò i fogli al califfo* Abū Bakr, *allora capo della comunità musulmana, il quale li lasciò al suo successore* 'Omar, *dal quale a sua volta passarono in deposito a sua figlia* Ḥafṣa, *che era stata moglie del Profeta. Tale tradizione, unanimamente ammessa dai musulmani (ne esiste del resto un'altra isolata che sostiene che il Corano fu raccolto la prima volta sotto* 'Omar*) offre vari punti oscuri, che non è qui il caso di analizzare in dettaglio. Ma la tradizione dà anche chiara notizia della esistenza di* corpus *coranici paralleli a quello semi-ufficiale di* Abū Bakr *(dico semi-ufficiale perché a quanto sembra era considerato proprietà privata di* Abū Bakr, *poi di* 'Omar *e di* Ḥafṣa, *anziché proprietà della comunità). Esemplari o riproduzioni di tali* corpus *sarebbero esistiti, più o meno difettosamente copiati, ancora alla fine del secolo IV dell'Ègira (X E. v.) e in un palinsesto comperato a Suez nel 1895 Lewis e Mingana (v. Bibliografia) hanno voluto vedere dei frammenti di un* corpus *coranico di quest'epoca, ma la loro "scoperta" è lungi dall'essere accettata come valida da molti studiosi. Comunque sono abbastanza numerosi nella tradizione* *i nomi di autori di raccolte coraniche, fra i compagni del Profeta. I due* corpus *più interessanti, perché se ne conosce qualche cosa di più degli altri specialmente attraverso il già citato* Kitāb al-Fihrist, *sono quelli di* Ubayy ben Ka'b, *un medinese che si convertì all'arrivo di* Muḥammad *in quella città (m. 643) e del meccano* Ibn Mas'ūd *(m. 650) un convertito della prima ora. Il testo delle due sure in più presenti nel* corpus *di* Ubayy *ci è conservato fra l'altro in* Suyūṭī (Itqān).

Eccolo:

Sura del Ripudio: *Nel nome di Dio, Clemente Misericordioso! Signore! A Te chiediamo aiuto, a Te perdono! — Noi Ti lodiamo e non Ti rinneghiamo! — E chi Ti smentisce, ripudiamo e abbandoniamo.*

Sura dell'Affrettarsi: *Nel Nome di Dio, Clemente Misericordioso! O Dio, Te noi adoriamo, — a Te noi preghiamo, a Te ci prostriamo — a Te noi corriamo, a Te ci affrettiamo — Speranzosi della misericordia Tua — del Tuo castigo timorosi — ché il Tuo castigo certo afferrerà i Negatori!*

La raccolta di Ibn Mas'ūd *mancava, come accennammo, delle sure I, CXIII e CXIV. Ambedue i* corpus, *e probabilmente anche gli altri aberranti, differivano poi e nell'ordine e in numerose varianti delle sure da quello di* Abū Bakr *(o per meglio dire dalla nostra attuale Vulgata).*

Una ulteriore e definitiva recensione del Corano fu compiuta sotto il califfo 'Uṯmān. *Narrano gli storici musulmani che al tempo di quel califfo (verso il 650) dei* corpus *particolari del Corano avevano assunto particolare importanza in vari centri politico-militari dell'impero e rispettivamente cioè il* corpus *di* Ubayy *a Damasco, quello di* Miqdād *a Homs, quello di* Abū Mūsà *a Bàssora e quello di* Ibn Mas'ūd *a* Kūfa. *A Medina esistevano poi i famosi fogli di* Ḥafṣa. *Durante la campagna di Armenia sorsero questioni e discussioni fra gli arabi di Siria e quelli dell'Iraq sul valore delle loro rispettive versioni del Corano. Quando, al ritorno della spedizione, furon fatte presenti al califfo queste difficoltà, egli ordinò la compilazione di un testo unico basato sulla sopra citata e più antica redazione di* Zayd, *e volle che questo testo, una volta stabilito, fosse mandato in varie copie nelle città principali e si procedesse alla distruzione di quelli aberranti. Quest'ordine trovò non poche resistenze, come è ovvio, ma man mano il testo 'uṯmāniano finì per esser accettato da tutti, benché per lungo tempo fossero considerati canonici e divini anche gli altri* corpus *privati. Particolarmente dura fu l'opposizione di* Ibn Mas'ūd *a tale decisione. Comunque, anche con l'accettazione della vulgata 'uṯmāniana, che è in sostanza quella che ora abbiamo, le difficoltà non erano finite: infatti la scrittura araba dell'epoca era ancor più difettosa (nella notazione dei suoni specialmente vocalici e per altri particolarità) di quella attuale; la mancanza di segni per le vocali, la mancanza o scarsità di punti diacritici per la distinzione di varie consonanti fra loro e altri motivi "tecnici" coi quali non vogliamo tediare il lettore non specialista, rendevano estremamente difficile una unità anche di "lettura". È interessante il fatto, ad es., che generalmente il Corano veniva letto solo da chi già lo sapesse a memoria: il testo, quasi stenografica notazione scheletrica dei suoni "principali", serviva solo da guida alla memoria.*

Una ulteriore revisione divenne man mano più urgente e la tradizione unanime ne parla come opera del califfo ommiade 'Abdal-Malik *(m. 705) o meglio del famoso governatore ommiade dell'Iraq*, al-Ḥaǧǧāǧ. *Probabilmente fu anche di quest'epoca una maggiore normalizzazione della ortografia coranica, benché sia degno di nota che ancora alla fine del III sec. dell'H. (inizi del X E. v.) si discute la liceità della introduzione della* scriptio plena *di certe vocali, e soprattutto della notazione delle vocali brevi, nei Corani. Anzi per distinguerle dal testo sacro, le vocali brevi sono scritte sopra e sotto le consonanti con inchiostri di colore diverso (rosso generalmente) nei più antichi testi che le hanno.*

Se comunque al principio del sec. X/IV i partigiani della unificazione avevano trionfato ormai sulle libertà di recitazione (si dice che un lettore di Bagdad Ibn Sanadūd *nel 939/328 fu fatto bastonare perché introduceva arbitrariamente nella sua lettura varianti non compatibili col testo di* 'Uṯmān*!) nel senso di una accettazione universale del testo 'uṯmāniano, le sopra accennate difficoltà ortografiche unite al fatto che l'insegnamento del Corano era basato sulla tradizione orale, lasciavano una certa libertà nelle varie lezioni* entro il testo 'uṯmāniano stesso. *Nacque forse in questo periodo la tradizione, attribuita al Profeta, che il Corano era stato rivelato in sette* aḥruf, *parola che fu intesa come "lezione", "variante". Si usa per lezione anche il termine* qirā'a *(pl.* qirā'āt*) e il lettore professionista del Corano è chiamato* qāri' *o* muqri', *pl.* qurrā'. *Fu* Ibn Muǧāhid *(m. 935/324) che arbitrariamente restrinse a sette il numero delle lezioni autorizzate e cercò anche di sistematizzarle. Queste sette lezioni risalgono a:* Nāfi' *di Medina (m. 785/169);* Ibn Kaṯīr *della Mecca (m. 737/120);* Abu 'Amr ibn al-'Alā *(m. ca. 770/154) di Bàssora;* Ibn 'Āmir *di Damasco (m. 736/118);* 'Āṣim *di Kufa (m. 744/127);* Ḥamza *di Kufa (m. 772/156);* al-Kisā'ī *anche di Kufa (m. 804/189). Esistono comunque anche liste di 10 e di 14 "lettori" autorizzati. È interessante notare che i trattati musulmani di "letture" coraniche ricorrono soprattutto, secondo una nota abitudine islamica, a prove testimoniali e tradizionali* orali *per la fissazione di questa o quella lettura: la "prova scritta" anche dal punto di vista giuridico è nell'Islàm classico ritenuta inferiore a quella auditiva. Queste varianti o lezioni canoniche non hanno per l'intelligenza del testo un valore eccessivo e solo in casi abbastanza rari introducono variazioni di effettiva importanza teologica e giuridica nel Libro Sacro. Comunque tutte queste* *lezioni hanno conservato almeno in teoria la loro importanza e un* qāri' *professionista dovrebbe conoscerle tutte.*

Manca una "edizione critica" fatta con criteri moderni scientifici, del Corano. Nel 1930-34 i tedeschi Bergsträsser e Pretzl (v. Bibliografia), iniziarono i lavori preparatorî per tale edizione la cui utilità verrebbe ad essere, dal punto di vista strettamente islamologico, relativa, e potrebbe quasi interessare più il credente musulmano che lo studioso europeo.

Il contenuto del Corano. Teologia, giurisprudenza, rito, morale. Sue fonti. L'arte e lo stile.

Del contenuto del Corano si può ancora con piena ragione ripetere coll'antico nostro Marracci: "Vix dici potest quid determinate contineat Alcoranus: est enim miscella et farrago innumerarum rerum" *(*Prodr. *I, 225). I commentatori musulmani generalmente dividono la materia del Corano in tre grandi parti:* aḥkām, *cioè precetti, leggi, disposizioni legali varie,* qiṣaṣ, *"storie" racconti vari specialmente riguardanti i profeti, leggende quali quella dei "sette dormienti di Efeso" (sura XVIII) ecc., e* mawā'iz, *esortazioni e ammonimenti, ai quali si aggiungano anche inni, spesso bellissimi, alla gloria e alla potenza di Dio.*

Cronologicamente parlando il contenuto del Corano si può grosso modo sommariamente analizzare come segue, nei quattro periodi sopra distinti. Le sure del primo periodo meccano, rivelate nei primi quattro anni della attività pubblica del Profeta alla Mecca, con versetti brevi ed ansimanti, rime abbondanti e precise, costellate di giuramenti per oggetti strani, allusivi o misteriosi (ad es. XCV, 1; LXXIX, 1 segg.; LXXXIX, 3 ecc.), invitano alla penitenza, alla castità, alla carità verso i poveri e gli orfani. V'ha gran parte la descrizione del Dì del Giudizio (cfr. LXXXI) e la contrapposta visione della felicità dei beati e dell'infelicità dei dannati,

(LXXXIV, 1-14; LVI, 27-44). Non manca, benchè meno accentuata che in sure posteriori, la proclamazione della Unità Divina (LII, 39-43; LXXIII, 9) e già v'è appena abbozzata la "preghiera" (ṣalāt) *(LII, 48-49) da compiersi, sembra, all'alba, alla sera e in mezzo alla notte (v. anche LXXVI, 25-26)* e *già vi si potrebbe scorgere un accenno (LXXXI, 27) ad una "universalità" della predicazione coranica. Possenti vi sono le risposte alle accuse dei miscredenti e le dichiarazioni sulla resurrezione dei corpi. Il Giudizio, in questo periodo (LIV, 1; LXX, 6-7) e più ancora in qualche passo posteriore, è considerato prossimo. Con un annuncio dell'imminenza dell'"Ora" (LIV, 1) iniziano le sure del secondo periodo meccano, anni quinto e sesto della attività pubblica del profeta alla Mecca: sono anni in cui si configura più netto il distacco dal politeismo e la lotta contro i persecutori. E in effetti, se si considera il v. XX, 15, dove, parlando Dio a Mosè, non può trattarsi di "Ora" nel senso di giudizio cosmico fisico e si confronta con i paralleli annunci a* Muḥammad *della vicinanza dell'Ora, vien fatto di pensare che, almeno in certi contesti, non sia estranea al concetto di "Ora" in questo periodo il senso di "giudizio di Dio sui pagani",* vittoria *del Profeta. Un parallelo con la problematica cristiana della* parousia, *come quello impostato da certi orientalisti (Casanova), mi sembra fuori luogo. La vicinanza dell'ora si ritrova infatti anche nelle sure medinesi (come XXXIII, 63) dove mi sembra molto probabile si tratti della Vittoria finale sul paganesimo. In ogni modo la tematica di queste sure del secondo periodo si arricchisce di narrazioni sulle vite dei profeti precedenti come esempio di intervento divino contro i malvagi, nelle quali non mancano tratti autobiografici riportati a quelle antiche epoche (cfr. LXXI, 22-23 ecc.). Vi si configura la teoria, probabilmente di origine manicaica, delle rivelazioni successive e la polemica con gli avversari ha in queste sure parte molto grande. In quelle del terzo periodo (anni VII-X della missione profetica di* Muḥammad*) v'è una notevole unità*

stilistica: vi abbondano le omelie tripartite come la sura XI, composte di un preambolo dottrinale o parenetico, di un insieme di storie di profeti antichi e di una conclusione. Ar-Raḥmān, "*il Misericordioso*", *vi diviene epiteto più raro di Dio e vi abbondano le parabole,* amṯāl, *spesso assai efficaci. Oltre all'unicità, anche l'onniscienza e l'onnipotenza divina sono fra i temi più frequenti di queste sure. Vi si trovano le prime menzioni di interdizioni alimentari (XVI, 114 segg.; X, 59; VII, 157, ecc.). Fra le prescrizioni rituali sono chiaramente specificate la preghiera* (ṣalāt) *e la decima* (zakāt). *Le sure medinesi, dallo stile così chiaramente differente da quelle meccane, con i loro versetti lunghi e prosaici dalle rime approssimate e talvolta sforzate, dal tono di proclami di un capo di Stato, contengono teologicamente la definitiva precisazione del concetto delle rivelazioni successive e di* Muḥammad *quale restauratore del monoteismo abramico, giuridicamente una gran congenie di disposizioni su eredità, divorzio, matrimonio, divisione del bottino, affiliazione, la guerra santa ecc. e ritualisticamente la precisazione di pratiche quali il digiuno di* ramaḍān *e il pellegrinaggio. Il numero delle preghiere canoniche sembra sia rimasto, fino alla morte del Profeta, di tre al giorno (cfr. II, 238 e nota).*

Riassumendo il Corano contiene l'abbozzo di una teologia, di una giurisprudenza, di una liturgia, di una morale, ma è ben lungi dall'essere sufficiente alla comprensione dell'attuale sistema teologico, giuridico e liturgico musulmano come alcuni profani a questi studi credono. La teologia coranica è forse fra le più radicali formulazioni di teismo personalistico di tutta la storia delle religioni. L'Iddio coranico è persona assolutamente libera e le sue azioni sono totalmente arbitrarie: nulla gli si può chiedere, non è tenuto a darne ragione agli uomini. È continuamente attivo (LV, 29), la sua creazione non è esaurita (L, 15; XXXV, 16, ecc.), egli aggiunge alla sua creazione ciò che vuole (XXXV, 1). L'idea greca di un universo fisso, regolato da leggi naturali è profondamente estranea al Corano:

tutto è opera diretta del Dio-Persona, senza causae secundae. *Caratteristici sono passi come II, 164 dove le navi che corrono sul mare sono messe sullo stesso piano dei fenomeni della natura: la relazione fra il mondo delle attività umane e Dio e fra questo e il mondo della natura è sentita come identica. Abbondano, riferiti ad attività umana, i verbi passivi e neutri: nel linguaggio coranico "tornerete" è "sarete fatti ritornare". Ma poiché un Dio pur così onnipotente è sentito, con robusto antropomorfismo, come* persona, *il concetto impersonale di Fato è estraneo al Corano. Il Dio coranico può anche cambiare idea, abrogare quel che aveva detto poc'anzi; anzi, generalmente, quasi tutte le prescrizioni coraniche, quasi a voler sempre rammentare questa libertà di Dio, sono corrette da frasi che suonano "a meno che Dio non voglia altrimenti" e simili. Quindi è inesatto parlare di "fatalismo coranico": sì bene bisogna parlare di libertà assoluta di Dio e di dipendenza totale dell'uomo dell'unico e vero motore ed attore dell'universo. Anzi nemmeno gli angeli stessi hanno speciali prerogative di libertà; Dio sembra si diverta a umiliarli all'uomo (II, 34) perché sappiano che debbono obbedire non a "leggi" ma a Lui, e anch'essi, come tutti gli esseri senza distinzione ("salvo chi Dio vorrà..." XXVII, 87) saranno annientati al suono delle trombe del giudizio finale. Questa teologia così radicalmente anti-umanistica, anti-classica e teocentrica è stata, nell'Islàm posteriore a* Muḥammad *e specialmente dopo il contatto col pensiero neoplatonico, notevolmente razionalizzata e grecizzata; ma l'ortodossia islamica, a diversità della cristiana che nel cattolicesimo ha assunto l'aristotelismo tomistico come filosofia ufficiale, ha sempre sentito il pensiero greco come incompatibile col Corano. Quella che è stata definita la più originale contribuzione dell'Islàm alla filosofia, cioè la teoria atomistica, non è che un tentativo razionale di abolire ogni forma di* causae secundae, *in sostanziale fedeltà allo spirito del Corano.*

La giurisprudenza coranica è anch'essa teocentrica. La "comu-

nità" non è sentita come originata né da un contratto sociale, né da vincoli naturali e razziali, non è né physei *né* thesei. *La comunità è un complesso d'uomini oggetto di un piano personale di Dio e a Lui uniti da un Patto. Se Dio avesse voluto avrebbe fatto degli uomini una nazione sola (V, 48): ma così non ha voluto, per certi suoi fini. L'idea di una separazione fra politica e religione, fra sacro e profano è nettamente estranea al Corano. Dio è il capo dello Stato. Quindi tutti i membri della comunità di Dio sono fratelli (III, 103; IX, 71; XLIX, 10) ed uguali (LIX, 9-10; VIII, 72; IX, 11; XLIX, 13). Quello che è nella tradizione giuridica occidentale, greco-romana,* civitas, polis, *è nel linguaggio coranico tradotto con* Allāh, *Dio: in seguito ma in modo perfettamente aderente al Corano, il tesoro pubblico si chiamerà "il tesoro di Dio", l'esercito è "l'esercito di Dio", "diritto pubblico" sono "i diritti di Dio". La legge non è la norma di diritto sancita dal popolo, ma è la parola di Dio. Le norme sull'eredità, per es., non sono che un altro aspetto delle esortazioni alla purità morale o alla fede. Dio governa la sua comunità senza intermediari. Il Santillana* (Istituzioni di Diritto Musulmano Malichita..., *vol. I, p. 5) ha potuto con ragione scrivere che "il Protestantesimo più rigido sembra quasi una religione sacerdotale di fronte a questo monoteismo". Il Profeta è capo della Comunità solo in quanto fa udire ad essa, quasi come un perfetto trasmettitore, la voce di Dio; a lui spetta obbedienza (IV, 59) ma, secondo una tradizione, quando un capo tribù convertitosi all'Islàm dice al Profeta: "Tu sei il nostro Principe!" egli risponde immediatamente: "Il Principe è Dio, non io" (Caetani,* Annali dell'Islàm, *a. 8 H., par. 18).*

Dato questo è chiaro come la liturgia coranica assuma forme molto semplici, asacerdotali e regolate da norme che si confondono con le norme giuridiche. In effetti i manuali di giurisprudenza islamica si aprono con prescrizioni, per esempio, sulla preghiera (canonica, non la libera preghiera del cuore) e le sue modalità ecc.

Ma nemmeno Muḥammad *sfuggì al fascino sacro della preislamica* Ka'ba *e dei riti con essa connessi. Il pellegrinaggio, i sacrifici che vi si compiono, la sacralità della "casa di Dio", sia pure redenta dal paganesimo (ma proprio perché fatti risalire ad Abramo i riti pagani vengono praticamente accettati) sono fra gli elementi del Corano più — per dir così — in contrasto con un monoteismo assolutamente e teoricamente puro. Come è noto i "riti" islamici sono classificati dai trattatisti in cinque pilastri* (arkān): *la Professione di Fede* (šahāda) *la Preghiera* (ṣalāt) *il Digiuno* (ṣaum) *il Pellegrinaggio* (ḥaǧǧ) *la Dècima* (zakāt). *Sui particolari di questi riti si può consultare qualche buon manuale di islamologia (ad es.* Islamologia *di Pareja-Bausani-Hertling, Roma, 1951).*

La morale coranica è stata spesso criticata in occidente, a mio parere non di rado a torto. Essa si potrebbe chiamare una morale di mesotes *ed è ottimamente riassunta nel precetto* kulū wa 'šrabū wa lā tusrifū *(VII, 31): "bevete e mangiate (godete delle cose del mondo) senza mai eccedere". Nel Corano c'è molto chiaro il senso della debolezza dell'uomo, che non saprebbe sopportare una morale "eroica" ed "ascetica", e della relativa indulgenza di Dio: "misericordioso", "indulgente" e simili sono gli attributi divini più frequentemente citati nel Libro Sacro. Un bel riassunto dei precetti morali del Corano si può leggere in II, 177: "La pietà non consiste nel volger la faccia verso l'oriente o verso l'occidente, bensì la vera pietà è quella di chi crede in Dio e nell'Ultimo Giorno e negli Angeli, e nel Libro e nei Profeti e dà dei suoi averi per amor di Dio ai parenti e agli orfani e ai poveri e ai viandanti e ai mendicanti e per riscattar prigionieri, di chi compie la Preghiera e paga la Decima, di chi mantiene le proprie promesse quando le ha fatte, di chi nei dolori e nelle avversità è paziente e nei dì di strettura; questi sono i sinceri, questi i timorati di Dio!". L'ascetismo e il monachesimo sono sconsigliati (V, 87; IX, 31; LVII, 27), le differenze sociali sono accettate come dati di fatto senza che questo intacchi il principio della assoluta eguaglianza dei credenti e la loro fratellanza nella fede (è nettamente da respingere l'interpretazione "socialista" del Grimme). Quello che più irritava* Muḥammad *sembra sia stata l'esagerazione (cfr. Cor. VI, 141), anche nel bene: la tradizione narra che quando un piissimo fra i suoi compagni,* Abū Ḏarr al-Ġifārī *si diede a distribuire tutti i suoi beni ai poveri e a vivere in costante preghiera e in attesa del dì del giudizio, portando al limite alcune raccomandazioni pur muḥammadiche, il Profeta lo rimproverò e lo sconsigliò dal compiere "stravaganze". (L'episodio è stato in tempi recenti citato dall'università teologica dell'*Azhar *in Egitto contro certe tendenze al comunismo. V.* Islamologia, *pp. 490-91). Come è noto il Corano non è un libro pacifista, ma molto in occidente si è esagerato sulla guerra santa. "Meglio la guerra che la* fitna" *(tentazione all'apostasia, scandalo, anarchia, stato di corruzione) vi si dice, ma la guerra vi è considerata un mezzo per resistere all'oppressione (XXII, 39; II, 190) anche se, una volta accettata, va condotta con esemplare durezza (IV, 91). Comunque, nella morale individuale, anche nel Corano sopportare le ingiurie e le violenze senza rispondere (XVI, 125-127) è la cosa migliore: il male ha da esser respinto col bene (XXIII, 96).*

Sulla morale sessuale, si è voluta vedere nel Corano una eccessiva indulgenza per certe debolezze della natura umana. Certo non v'è nel Corano una morale ascetica, come dicemmo, ma la fissazione a quattro delle mogli legittime (IV, 3) è già un progresso sulla anarchia sessuale del paganesimo. Del resto nella stessa sura dove è detto che è meglio prender una sola moglie se si teme di non esser giusti con tutte alla pari (IV, 3) è anche detto (IV, 129): "Anche se lo desiderate non potrete agire con equità con le vostre mogli". Il fatto è stato notato dai modernisti che sostengono che implicitamente così il Corano viene a raccomandare la monogamia. In realtà, con la solita "indulgenza", si confida in Dio (v. seguito del v. 129). Più grave è la licenza di aver libere relazioni sessuali con le schiave o concubine ("ciò che le vostre destre posseggono") ma è anche detto esplicitamente (II, 221) che "una schiava credente è meglio di una pagana libera". Il Corano raccomanda ripetutamente come opera meritoria la liberazione degli schiavi (tali erano sostanzialmente i prigionieri di guerra) e se anche, come del resto nel Nuovo Testamento stesso, la schiavitù non vi è ufficialmente abolita ma accettata come un dato di fatto sociale, quale la ricchezza e la povertà, vi è fortemente mitigata dal concetto della eguaglianza di tutti i credenti, schiavi e liberi, di fronte a Dio. "La condizione di schiavo fra i musulmani — scrive il gesuita P. F. M. Pareja (Islamologia, *p. 428) — non ha avuto quel carattere di durezza ed inumanità frequente nell'impero romano o nelle piantagioni d'America; dai dati concordi forniti da viaggiatori e scrittori può arguirsi che in molti casi gli schiavi occupavano nelle famiglie musulmane una posizione di confidenza e di privilegio comparabile a quella dei vecchi servitori nelle antiche famiglie nobili europee".*

Quanto al problema delle fonti *del materiale teologico, giuridico, liturgico, morale, contenuto nel Corano, esso è amplissimo e complicato e qui possiamo solo accennarne le linee generali. Le fonti principali del Corano sono l'Antico e il Nuovo Testamento, seppur sembra non direttamente conosciuti da* Muḥammad, *le leggende cristiane, e giudaiche non canoniche (apocrifi, Talmud, ecc.), il mondo religioso-sociale del paganesimo preislamico, ed elementi iranici manichei e zoroastriani penetrati per varie vie. Per non citare che degli esempi singoli, sono attinti all'Antico Testamento vari tratti delle storie dei profeti, al Nuovo forse qualche brano come VII, 40, agli Apocrifi cristiani i racconti all'inizio della sura XIX, al Talmud, per es. V, 31, al paganesimo preislamico tutto quel che riguarda la* Ka'ba, *i mesi sacri, il pellegrinaggio ecc., al manicheismo e allo gnosticismo il concetto delle rivelazioni successive, allo zoroastrismo molto dell'escatologia (sia pure probabilmente filtrato attraverso altre fonti) e l'idea del primitivo patto pretemporale con Dio in VII, 172,*[1] *alla leggenda mesopotamica di Gilgameš (passata attraverso vari filtri e fusa con altri elementi) il brano XVIII, 60 segg. Per tutte queste questioni rimandiamo il lettore alle opere specialistiche citate in Bibliografia (Sidersky, Geiger ecc.).*

Solo vogliamo aggiungere che talvolta qualche interessante luce può portare a qualche passo coranico il paragone anche con cicli culturali più lontani. Già il Pettazzoni (v. Bibliogr.) fece notare la singolare coincidenza della sura LVIII, 7 con un passo dell'Atharvaveda (4. 16, 2) e, sia pure solo formalmente, con Matteo XVIII, 20. Aggiungo, per curiosità e perché non mi sembra sia stato notato da altri, che un passo coranico abbastanza difficile quale XXXIII, 72 ("Noi abbiam proposto il Pegno ai Cieli e alla Terra e ai Monti ed essi rifiutaron di caricarsene, e n'ebber paura. Ma se ne caricò l'uomo e l'uomo è ingiusto e d'ogni legge ignaro!") presenta una singolare affinità con un mito Nupe (neo-sudanesi che abitano a nord del Niger) secondo il quale mito Dio (Soko) *non diede, creando, la vita alle pietre, ma chiese prima loro: "Volete anche voi avere dei bambini e poi morire?". Esse risposero negativamente e così esse sono eterne, ma sterili, al contrario degli uomini che muoiono ma sono fecondi.*[2] *Tale leggenda contribuisce a mio parere non poco a chiarire il senso del versetto coranico: il misterioso "pegno" sembra esser la Vita con le sue responsabilità, e forse il motivo era diffuso nell'Arabia preislamica. Un interessante esempio di quanto possano essere utili avvicinamenti del genere è dato nell'articolo dello Schrieke (citato in Bibliografia) che esamina comparatisticamente alcuni elementi della leggenda (legata a XVII, 1 segg.) del viaggio celeste di* Muhammad, *che si dimostra imparentata con antichi miti e riti di iniziazione.*

---

[1] H. S. Nyberg,, *Questions de cosmogonie et de cosmologie mazdéenne* (in "Journal Asiatique", avril-juin 1929, pp. 236-37).

[2] Cfr. R. Pettazzoni, *Miti e leggende*, Torino, 1948, vol. I, pp. 269-70.

Data la particolare concezione islamica della ispirazione letterale e le proteste del Corano contro i poeti (XXVI, 224-26) e il netto rifiuto di Muḥammad *di essere considerato un poeta, (LXIX, 41, ecc.) nessun musulmano ortodosso s'è mai posto il problema dell'"arte" del Corano e parlare e giudicare troppo dettagliatamente di certi aspetti della "bellezza" del libro divino sembra ai musulmani un'empietà. In effetti il Corano ha importanza massima nella letteratura araba, e in tutte le letterature musulmane, anche come opera d'arte. Non, si badi, che esso sia stato mai letterariamente imitato se si esclude qualche tentativo in sette ereticali, o altri rarissimi, senza reale importanza letteraria (v. articolo di Goldziher in Bibliografia); ma ha quell'importanza centrale che può avere un libro, imparato a memoria, letto e riletto fin dall'infanzia, sentito leggere nelle moschee, citato a torto e a ragione in ogni occasione.*

Non a caso esso è chiamato in certi paesi qāmūs al-fuqarā' *il vocabolario dei poveri. E di fatto non c'è persona ignorante e miserabile fra i musulmani che non sappia qualche versetto almeno del Corano a memoria e che non senta come stile particolarmente supremo e sublime quello del Corano. Diciamo subito che più ancora che qualsiasi altro capolavoro letterario di lingue più accessibili seppur straniere, la bellezza del Corano è del tutto incomprensibile in traduzione: esso, come è stato ben detto "è un libro musicale piuttosto che pittorico; è fatto per essere recitato, salmodiato ad alta voce, non per essere letto con gli occhi" e v'è, come vedremo fra poco, tutta un'arte tradizionale di lettura salmodiata del Libro. Intanto bisogna tener presente che il Corano è scritto in una forma pressoché sconosciuta alle lingue europee: il* sağ', *la prosa rimata e ritmata già usata con effetti infinitamente inferiori dagli indovini e maghi* (kāhin) *dell'Arabia preislamica nei loro oracoli. Rime e ritmo non scompaiono del tutto nemmeno nelle sure medinesi e come ben scrive il P. Abd el-Jalil* (Brève Histoire de la Littérature Arabe, *p. 77*) *la cui esperienza di musulmano colto convertito alla religione e alla cultura dell'Occidente è particolarmente preziosa, "dans la dernière periode mecquoise et dans la période médinoise... le rythme musical du Coran n'existe plus que dans les memoires qui, toutes jeunes, se sont bercées de cadences qui animent pour elles les pages les plus ternes et le plus sèches, et réalisent l'unité et l'inimitabilité littéraire du Coran". Contestare tali due qualità, aggiunge egli poco oltre, non può essere, per chi conosca l'arabo, altro che frutto di malafede.*

La protesta coranica contro i poeti e la poesia è del resto ben giustificata: lo stile coranico è lontanissimo dal freddo e raffinato classicismo formale della poesia preislamica e anzi si potrebbe considerare il primo e unico vero esempio di "romanticismo" nella letteratura araba e forse in tutte le letterature musulmane. Anzi si potrebbe sostenere che coi suoi voli pindarici, con gli avvicinamenti inattesi di concetti, col disordine stesso del periodare, l'arte coranica sia forse più vicina a certa moderna che ai classicismi delle varie letterature islamiche, che molto hanno perduto dalla impossibilità teologica della imitazione del Libro Sacro. A torto poi molti orientalisti europei ripetono il luogo comune che le prime sure meccane soltanto presentano qualche valore di effettiva vigoria artistica. Ché, a mio parere, una sura come la XVI, del terzo periodo meccano, è, anche nel suo insieme piuttosto lungo, bellissima, con la sua glorificazione di una natura tutta traslucida di azione divina. E, fra le medinesi, la stessa lunga sura II contiene dei brani espressivamente notevoli (II, 255; 285-286) e lo stesso si dica di sura XXIV, 34-45 ecc.

Certo particolarmente sgradevole è per un orecchio europeo moderno lo stile "narrativo" del Corano, ma se esso è certamente inferiore alle parti innologiche o parenetiche, mi sembra un po' esagerato definire, come fa il Gabrieli, "guazzabuglio che mette a dura prova la pazienza del lettore" l'episodio di Mosè e Ḫiḍr in XVIII, 60-82. Bisogna cercare di porci nella mentalità araba per la quale sembra che il nesso logico e costruttivo degli avvenimenti abbia un valore secondario rispetto alla vivida e allusiva rappresentazione dei singoli particolari. L'insieme assomiglia più a una slegata ed arbitraria serie di istantanee che a una cinematografia ben connessa, ma, specie chi lo possa leggere in arabo, non gli può negare un valore evocativo sacrale abbastanza notevole, proprio forse per la stessa oscurità frammentaria della espressione. In tal modo anche nello stile risalta quella caratteristica centrale di tutta la Weltanschauung coranica: la inesistenza cioè di un ordine autonomo sia nel mondo che nella sua rappresentazione artistica; l'unità c'è ma è da fuori, è nell'operare di Dio. Lo stile coranico è una delle esemplificazioni letterarie più rappresentative di un'arte basata sulla trascendenza. La sura stessa di Giuseppe (XII), relativamente uno fra i più unitari e coerenti "racconti" coranici, dal soggetto del resto semplicissimo e lineare, è presentata in forma tale che sembra che l'Autore voglia a bella posta spezzare, frammentare, rendere inafferrabile un legame logico, autonomo, interno degli avvenimenti; ben poco è dato comprendere per esempio, dal racconto coranico, sulle ragioni dell'imprigionamento e poi della liberazione di Giuseppe: bisogna dedurre che Dio lo ha messo in prigione e poi ve lo ha tolto. Eppure quel racconto fece una enorme impressione su tutti i popoli musulmani e le loro letterature, e per Muḥammad stesso (XII, 3) è aḥsan al-qiṣaṣ, "la più bella delle storie". Innumerevoli sono i poemi che essa ha ispirato in tutte le letterature islamiche. Se il giudizio estetico deve avere, e non può non averlo, un obiettivo valore sociale, non si potrà, anche se a qualcuno di noi personalmente sembri strano, negare un valore espressivo a un brano che di fatto è stato sì apprezzato ed ha evocato tante immagini di poesia.

Una parola va detta anche sulla ripetizione, sgradevolissima al gusto moderno occidentale (ma meno già a quello medievale). Essa solo in parte è motivata dalla frammentarietà della rivelazione del testo sacro, che quindi ripete, per esempio, innumerevoli *volte, con varianti più o meno grandi, le storie di Mosè, di Abramo ecc., le descrizioni dell'inferno e del paradiso e certe esortazioni morali. In effetti la ripetizione litanica (v. come esempio la sura LV) ha nella recitazione salmodiata un grande effetto magico-sacrale che ormai l'arte del mondo moderno ha pressoché totalmente dimenticato, e, ripetiamolo, si sarà sempre incapaci di capire il possente effetto "artistico" che il Corano fa sui suoi uditori credenti senza abbandonare certe nostre idee abituali, quali quella che sia centrale per l'arte la sempre nuova vividità d'espressione. Del resto il Corano è testo volutamente e anche ricercatamente eloquente; il linguaggio sacro, proprio perché Dio non è l'uomo ma è "oltre", ha da essere qualcosa di diverso, pel musulmano, dal linguaggio "comune" d'ogni giorno, e non ultima ragione dell'effetto del Corano sugli ascoltatori fu, ed è, la sua "difficoltà", la sua peculiare forza retorica. A chi conosca l'arabo, una lettura del Vangelo (la cui "bellezza" è tanto lodata in Europa) in questa lingua fa un effetto di insopportabile sciatteria, ed è questa una causa non ultima dell'insuccesso delle missioni cristiane presso i musulmani.*

Parlammo dell'influsso del Corano sulle letterature islamiche. Non è facile cogliere con precisione quale esso sia stato con esattezza. Ma se più della metà delle parole persiane sono prese dall'arabo, se la sintassi stessa di una lingua aria come la persiana ha degli strani semitismi, e lo stile presenta ellissi o ridondanze inesistenti nel persiano preislamico, questo è, almeno in parte, opera del Corano. E certo stile narrativo di varie lingue musulmane, con la sua incapacità a cogliere l'insieme e la sua schematicità, il suo curioso disordine logico, si può studiare e capire a fondo solo da chi conosca il perioware coranico. Ma in un altro modo singolare il Corano entra nella poesia e nella prosa d'arte musulmane: sotto forma cioè di citazioni ellittiche di una o più parole arabe allusive a un versetto, di cui solo il conoscitore del Corano afferra il significato e che stanno nel verso come ideogrammi, come cifre simboliche. Queste citazioni, la cui decifrazione è talvolta non poco difficile a chi non sia più che familiare col testo coranico (se ne veda un interessante esempio in E. G. Browne, A Literary History of Persia from Firdusi to Sa'di, *pp. 254-55) sostituiscono in parte, nell'arte fiorita arabo-persiana, così demitologizzata, le allusioni mitologiche delle nostre letterature: a un'immagine visiva nostra si sostituisce qui l'accenno auditivo-musicale alla Parola sacra.*

Le scienze coraniche tradizionali. I commentari. Edizioni e traduzioni.

Attorno al Corano sono nate, in ambiente islamico, varie "scienze" specializzate, delle quali faremo qui un accenno. Una è la "scienza delle 'letture'" 'ilm al-qirā'āt, *che si occupa delle varianti canoniche e non canoniche delle quali sopra abbiamo discusso. I trattatisti sull'argomento distinguono fra le letture autentiche ed accettate che sono quelle dei sette lettori sopra citati che hanno a loro favore il* consensus *dei compagni del Profeta e una sufficiente catena di testimoni che ne confermano l'autenticità; le letture aberranti* (qirā'āt šādda) *ma autentiche che hanno in proprio favore solo il* consensus *dei compagni del profeta senza sufficienti catene di testimonianze, cioè quelle di* Ibn Mas'ūd *e di* Ubayy; *e quelle aberranti, che sono innovazioni personali e miglioramenti testuali di critici famosi, che pretendevano in questo a quel diritto alla libera scelta* (iḫtiyār) *che l'ortodossia posteriore, specie con l'opera di* Ibn Muǧāhid *(m. 936/324), ha rigettato. Dopo questo autore le opere più famose di scienza delle letture sono quelle di* Abū 'Amr ad-Dānī, *m. 1053/444 e di* Abū Muḥammad al Makī, *m. 1045/437, ambedue spagnoli. Del trattato delle sette letture* (Ǧāmi' al-bayān fī 'l-qirā'āt as-sab') *di* ad-Dānī *esiste persino un rinfacimento in versi e commentari sul medesimo. Un'opera minore di* ad-Dānī, Taysīr fī 'l-qirā'āt as-sab' *è edita dal Pretzl nel tomo II della* Bibliotheca Islamica *(Istambul, 1930). Sulla scienza islamica delle letture il lettore curioso e sufficientemente preparato può consultare l'ottimo studio del* Pretzl *stesso (v. Bibliografia).*

Ma se per lettura intendiamo la retta ed elegante pronuncia del Corano salmodiato, con le sue pause, i suoi toni, i suoi ritmi, le sue nasalizzazioni e sfumature melodiche, la sua pronunzia speciale di certe vocali e consonanti, dobbiamo ricorrere alla scienza detta del tağwīd, ʻilm at-tağwīd. *Tale scienza è coltivata in scuole speciali e moltissimi sono gli scritti che vi si riferiscono. La recitazione coranica è di tre specie:* tartīl, *recitazione lenta;* ḥadr, *recitazione rapida;* tadwīr, *recitazione media. I versetti coranici, divisi nei testi arabi da un segno, ma, generalmente, salvo qualche edizione recente, non numerati, non sempre implicano una pausa nella recitazione; questa e altre avvertenze son date al lettore mediante segni abbreviativi posti fra le righe del testo. Nelle buone edizioni moderne, alla fine del libro, vi è una tavola con le spiegazioni di tali abbreviazioni. Il lettore troverà un'ampia bibliografia sulla scienza del* tağwīd *in appendice all'articolo omonimo di Ben Cheneb* (tadjwīd) *in* Handwörterbuch des Islam. *Secondo lo Snouck Hurgronje un europeo buon conoscitore d'arabo abbisognerebbe di almeno una settimana di studio e d'esercizio per poter recitare passabilmente i sette versetti della Sura Aprente (I). In ogni modo l'effetto che una sapiente recitazione salmodiata fatta da ottimi lettori (ne esistono ora anche buone riproduzioni fonografiche) produce sull'ascoltatore orientale e persino europeo è molto forte: la letteratura araba è piena di aneddoti, per noi spesso incomprensibili o grotteschi, di persone morte di commozione nel sentir recitare in modo perfetto brani del Libro di Dio, e già il Corano stesso parla dell'effetto (raggricciamento della pelle) che produce la sua lettura (XXXIX, 23). Quando degli ottimi* qurrā', *lettori, recitano davanti a grandi folle, le pause sono sottolineate dagli uditori, commossi, da sospiri e da esclamazioni di* yā rabbī, yā 'llāh *(o mio Signore!*

o Dio!), che equivalgono ai nostri applausi. Del resto l'effetto della parola detta è stato sempre potentissimo nella società araba da tempi antichissimi: non si dimentichi che, secondo gli orientalisti, l'etimologia di sayyid, *il capo tribù beduino, è "parlatore, eloquente".*

In un campo più contenutistico ci porta la scienza dell'esegesi, tafsīr. *Delle varie tendenze esegetiche che in mille anni si son sviluppate nel campo dell'Islàm il lettore potrà avere un ampio e preciso quadro nell'ottimo trattato del Goldziher, citato nella Bibliografia. Qui ci accontentiamo di dare un cenno generale e citare i più utili e reperibili degli innumerevoli e spesso voluminosissimi* tafsīr *coranici, sul cui valore da un punto di vista scientifico occidentale, piuttosto scarso, si veda Blachère,* Introduction. *La lettura di un* tafsīr *nell'originale riesce particolarmente penosa anche perché, nei più ampi, molte delle spiegazioni vi assumono la tradizionale forma del* hadīṯ *("tradizione" attribuita al Profeta) con relativa catena di testimoni auricolari citata in pieno; e spesso più varianti di una medesima interpretazione esegetica sono riprodotte con le loro relative catene di testimoni* (isnād) *il tutto di seguito senza alcun segno di interpunzione. Frase per frase il testo vi è analizzato dal punto di vista tradizionistico, grammaticale, filologico, talvolta con lunghi* excursus, *citazioni di antichi poeti per confermare il senso di una parola o di una espressione ecc. Fra i commentatori più famosi citiamo i seguenti (cfr. Pareja-Bausani-Hertling,* Islamologia, *p. 385):*

a) aṭ-Ṭabarī, *m. 923/311, autore di un* tafsīr *in trenta volumi, il* Ǧāmi' al-bayān fī tafsīr al-Qur'ān *("Raccolta di dichiarazioni a proposito del commento del Corano"). È particolarmente prezioso per la sua relativa antichità e per la sterminata mole di materiale che contiene. Malgrado gli errori di stampa ne consigliamo l'edizione cairina detta* maymūniyya *(1903/1321; l'altra più recente, l'*'āmiriyya *è del 1911/1330) perché su di essa è basato il* Register zum Korankommentar des Tabari *del Haussleiter, indice indispensabile per raccapezzarsi nella* indigesta moles *del testo arabo.*

b) az-Zamaḫšarī, *m. 1144/538, autore del* Kaššāf an ḥaqā'iq at-tanzīl *("Lo svelatore delle verità della rivelazione") pubblicato in due grossi volumi dal Nassau Lees a Calcutta (1856); è di tendenza, relativamente antitradizionalistica, mu'tazilita.*

c) ar-Rāzī (Faḫr ad-Dīn*) m. 1209/606, che tentò, con un razionalismo insolito al suo tempo, di conciliare filosofia e tradizione religiosa. Il suo commentario* Mafātīḥ al-ġayb *("Le chiavi dell'arcano") è però una risposta dal punto di vista della ortodossia* aš'arita *(malgrado che il Goldziher vi abbia scoperto varie influenze mu'tazilite) al precedente di* Zamaḫšarī. *Esso rimase incompleto alla sua morte e fu terminato da due suoi discepoli. Contiene digressioni su argomenti filosofici, letterari, giuridici che assumono la forma di vere monografie e fu ripetutamente stampato in Oriente (tre edizioni cairine, 1862, in sei volumi; 1892, rist. 1906, in otto volumi; 1909 in otto volumi e una di Istambul, 1889, anche in otto volumi). Fortunatamente ne esiste un indice europeo del Mc Neile.*[1]

d) al-Baiḍāwī *m. circa fine sec. XIII/VII compose un* tafsīr *intitolato* Anwār at-tanzīl wa asrār at-ta'wīl *("Le luci della Rivelazione e i misteri dell'Interpretazione") basato per lo più su quello di* Zamaḫšarī, *che egli volle epurare delle tendenze mu'tazilite e migliorare, senza sempre riuscirvi. Negli ambienti sunniti il* tafsīr *di* Baiḍāwī *è considerato molto a torto il migliore ed è stato più volte stampato e ristampato e a sua volta commentato. Ha avuto una edizione europea di H. O. Fleischer.*[2] *D. S. Margoliouth ne ha pubblicato una* Chrestomathia Baidawiana[3] *e degli utili* Indices *sono stati pubblicati da W. Fell.*[4]

---

[1] R. P. Mc Neile, *An Index to the Commentary of Fakhr al-Razi*, London, 1933.
[2] Edito a Lipsia in due volumi (1846-48).
[3] Edito a Londra nel 1894.
[4] W. Fell, *Indices ad Beidhawii Commentarium*, Lipsiae, 1878.

e) Abū Ḥayyān an-Naḥwī al-Andalusī, *m. 1344/745, scrisse un Commentario dal titolo* al-Baḥr al-Muḥīṭ *("L'Oceano") che citiamo perché rappresenta la tradizione esegetica del Magreb. L'edizione egiziana del 1910/1328, in otto volumi, fu infatti pubblicata a spese del sultano del Marocco.*

f) Usitatissimo in Oriente è il piccolo commento noto come Tafsīr al-Ǧalālain, "*Commentario dei due* Ǧalāl", *cioè* Ǧalāl ad-Dīn al-Maḥallī *(m. 1459/864) e il suo discepolo* Ǧalāl ad-Dīn as-Suyūṭī *(m. 1505/911). È stato più volte stampato, ma è insufficiente a uno studio profondo del testo sacro.*

Fra i commentari sciiti il più accessibile è il Maǧma' al-bayān fī tafsīr al-qur'ān *("Raccolta di dichiarazioni sul commento del Corano") di* al-Ṭabarsī, *m. 1153/548, litografato a Teheran in due volumi nel 1858/1275 e nel 1896/1314. Esso, come gli altri commentari sciiti, abbonda di interpretazioni allegoriche.*

Per la šī'a *estrema (ismailiti) dal 1944 in poi R. Strothmann viene pubblicando col titolo di* Ismailitischer Koran-Kommentar, *in vari fascicoli, quello parziale di* Ḍiyā' ad-Dīn Ismā'īl ben Hibatullāh.[1] *Rivaleggiano con quelli sciiti nell'uso amplissimo dell'allegoria i commentari sorti in ambienti mistici* (ṣūfī).

Interessante è l'esegesi "modernista": oltre al commentario, restato incompleto, di Muḥammad 'Abduh *continuato da* Muḥammad Rašīd Riḍā *e pubblicato a puntate nella rivista cairina modernista* al-Manār *(fondata nel 1898) citiamo, perché piuttosto diffusi in Europa, quello annesso alla traduzione inglese del Corano dell'ahmadiyya lahori (su questa setta modernista indiana vedi* Islamologia, *già citata, p. 588-90)* Muḥammad Ali, *quello sciita moderno di A. F. Badshah, quello sunnita del musulmano inglese*

---

[1] R. Strothmann, *Ismailitischer Korankommentar*, in "Abhandlungen d. Akademie d. Wiss. in Göttingen" (Phil. Hist. Kl., III, 31 segg.) 1944 e anni successivi.

M. Pickthall e quello di 'Abdullāh Yūsuf 'Alī, *tutti pubblicati insieme alla traduzione e talvolta al testo arabo. (Su di essi si veda Bibliografia). Molti modernisti non disdegnano, per trovar nel testo coranico passi a conforto della loro tesi, il più spinto allegorismo. Così quelli del gruppo modernista* salafiyya *del Cairo vedono nei* ǧinn *un simbolo dei "microbi" (*sic*).*

Un'appendice della scienza esegetica sono le altre numerose "scienze" quali quella "dell'abrogante e dell'abrogato" ('ilm an-nāsiḫ wa'l-mansūḫ) *che studia quale dei versetti ne abroghi altri, e secondo quali modalità, quella dei "luoghi e momenti" della rivelazione, che 'studia' le distinzioni, puramente esteriori, fra sure rivelate di giorno e di notte, in viaggio o in sosta, a piedi o a cavallo, ecc. Le citiamo solo per dare una pallida idea della venerabonda accuratezza e pedanteria con la quale il testo sacro è stato dai musulmani notomizzato fin nei minimi particolari. Naturalmente, come è anche avvenuto della Bibbia, ne sono stati accuratamente contati i versetti, le parole, le lettere e persino i punti. Alcune sètte cabalistiche fra le quali spicca quella dei* ḥurūfī *(sulla quale si veda C. Huart,* Textes persans relatifs à la secte des houroufis)[1] *hanno trovato significati cabalistico-numerologici nelle lettere del testo sacro calcolate nei più svariati modi secondo il loro valore numerico.*

Un ottimo riassunto manualistico di tutte le scienze coraniche, per chi conosca l'arabo, è l'opera del fecondissimo poligrafo egiziano Ǧalāl ad-Dīn as-Suyūṭī *m. 1505/911,* al-Itqān fī 'ulūm al-Qur'ān *("la Perfezione nelle Scienze Coraniche").*[2]

I Corani furono in Oriente riprodotti per secoli mediante la scrittura a mano (anzi, come sopra dicemmo, con una ortografia particolar-

---

[1] In *Gibb Memorial*, vol. IX, Leiden, 1909.

[2] Pubblicato nella "Bibliotheca Indica" dai *maulawī* Sadeedood-Deen e Basheerood-Deen, Calcutta 1857, e ristampato più volte. Ve n'è una recente edizione cairina del 1368 H.

mente arcaizzante) e solo dopo molte difficoltà l'ortodossia conservatrice accettò l'idea di stampare *il testo sacro. Anzi, copiare il Corano e farlo copiare fu, e in alcune zone ancora è, considerato come un'opera pia di particolare merito: molti sono i sovrani che copiarono il Sacro Testo di propria mano. La prima edizione a stampa del Corano per i musulmani fu quella di Pietroburgo nel 1787 e quelle di Kazan dal 1803 in poi. Le prime edizioni litografiche persiane sono del 1828, a Teheran, e del 1833, a Tabriz. Numerose sono le edizioni litografiche che seguirono in India e a Istambul (la prima ivi del 1877). Non poche difficoltà si dovettero superare per stampare in Egitto con caratteri mobili quella che è a tutt'oggi la più perfetta edizione del Corano, uscita per iniziativa del re* Fu'ād I *nel 1923. Le obiezioni vertevano sul fatto della facilità di errori di stampa, più evitabili nella litografia. Comunque, curato come fu con la massima attenzione, questo "Corano di re* Fu'ād*", come è comunemente chiamato, sia nell'edizione maggiore che in quella di formato ridotto, è riuscito impeccabilmente. Ne sono ormai state fatte numerose riproduzioni e sta divenendo di uso comune fra i musulmani, i quali però, nel culto delle moschee, continuano ad usare vecchi esemplari manoscritti.*

Più gravi difficoltà incontrò in ambiente musulmano l'idea di tradurre *il Corano in lingue straniere: il dogma della inimitabilità e il timore di interpretazioni personali rende infatti difficile a un musulmano l'accettazione di una traduzione del Libro Sacro. La difficoltà, che causò anche incidenti (sul problema si veda articolo di M. M. Moreno citato in Bibliografia) fu da alcuni risolta considerando la traduzione esplicativa come una dichiarazione, un commento, del* testo *arabo, che ha da essere sempre presente insieme alla traduzione stessa. Man mano comunque anche in questo campo i pregiudizi teologici sembra vadano scomparendo, nell'interesse stesso della diffusione del Corano.*

In Europa le prime edizioni stampate del Corano furono quelle di Venezia del 1530, distrutta, si dice, per ordine del papa Paolo III e quella di Amburgo, del Hinckelmann, del 1694, e quella patavina del Marracci (v. Bibliografia) del 1698. Ma l'edizione più diffusa ed adoperata dagli orientalisti fino ad oggi è quella lipsiense del Flügel, del 1834, poi più volte ristampata. Ha il grave difetto di non rispecchiare nessuna "lezione" ordinaria usata dai musulmani ma di fonderne varie arbitrariarmente e di avere una divisione in versetti, riproducente per lo più quella antica del Hinckelmann, che non corrisponde a nessuna di quelle in uso in Oriente. Sì che va ora sempre più facendosi strada negli ambienti scientifici europei l'uso di citare i versetti coranici secondo la numerazione dell'edizione di re Fu'ād. *Dal Flügel è tratta la* Chrestomathia *del Nallino*[1] *con note e glossario, molto utile ai principianti di arabo coranico.*

Le prime traduzioni europee del Corano furono naturalmente in latino, quali quella di cui Pietro il Venerabile abate di Cluny all'inizio del XII secolo incaricò l'inglese Roberto di Kennet e che fu stampata quattro secoli più tardi, accompagnata da refutazioni di vari autori e da una prefazione di Melantone, dallo zwingliano Buchmann (Bibliander) (Basel 1543 e 1550); e quella di Lodovico Marracci, pubblicata a Padova, nel 1698, dopo ben quaranta anni di studio del Corano e di utilizzazione di fonti arabe di prima mano. Se anche una coscienza moderna non se la sente di seguire il Marracci nelle "refutazioni" del suo Prodromus *e di buona parte delle note, l'esattezza filologica della traduzione marracciana, se si tiene presente l'epoca in cui fu scritta, potrebbe quasi definirsi prodigiosa: ad essa attinsero spesso, senza citarla, molte traduzioni posteriori in lingue europee (ad es. l'inglese Sale) e non è azzardato affermare che malgrado il grande progresso degli studi islamici e filologici la sua consultazione ne è ancora oggi consigliabile agli studiosi.*

---

[1] C. A. Nallino, *Chrestomathia Qorani Arabica*, Lipsiae, 1893.

In questo secolo e nel secolo scorso il Corano è stato tradotto in pressoché tutte le lingue europee. Le principali traduzioni sono citate nella Bibliografia, ma vogliamo qui ricordare, fra le migliori che esistano, quella inglese del Bell, e quella francese del Blachère,[1] *delle quali, e specialmente della seconda, mi sono ampiamente servito come ausilio in passi difficili e specialmente come utilissimo compendio recente della migliore esegesi orientale ed occidentale. Fra le italiane la migliore è quella del Bonelli, ora esaurita, ma troppo letterale e con note insufficienti.*

Vanno infine citate, come utilissimo strumento per lo studio del Corano, le "concordanze" che permettono di ritrovar facilmente nella congerie del testo un brano sol che se ne conosca almeno una parola. Le più usate dagli orientalisti europei sono le Concordantiae Corani Arabicae *di G. Flügel. Buone quelle di Kazem Beg, Ahmad Shah e Fayḍ Allāh.*[2]

La presente traduzione è condotta sul testo arabo della edizione cairina di re Fu'ād *(1923/1342), la quale segue la* lettura *kufense di 'Āṣim (v. sopra). Ho completamente abbandonato la ormai antiquata e inaccettabile numerazione flügeliana dei versetti, adottando in pieno quella orientale. Ho tradotto anche i sottotitoli delle sure; il lettore che abbia letto l'introduzione sa comunque che essi non fanno parte del testo sacro come tale. Le note sono state per praticità raggruppate in fine al volume, e divise per sure. In esse ho cercato di dire l'indispensabile a una migliore intelligenza del testo, cercando una via di mezzo fra la estrema scarsità del Bonelli e la scientifica ricchezza del Blachère. Quanto alla traduzione, ho cercato di far sì che essa fosse una* traduzione, *non un "traduttore"*

---

[1] Citato spesso nel commento sotto la forma abbreviata Bl.

[2] Edite rispettivamente: il Flügel a Lipsia, 1869; il Kazem Beg a Pietroburgo, 1859; l'Ahmad Shah a Benares, 1906; il Fayḍ Allāh al Cairo, 1346/1927.

o ausilio per la lettura del testo originale. Spero pertanto che gli specialisti mi perdoneranno qualche libertà che qua e là mi sono preso, ma che non va oltre l'aggiunta di qualche aggettivo e la scelta di determinati vocaboli a scopo ritmico, ecc.; sistemi d'adattamento estetico di una lingua all'altra che sarebbero ovvii e nemmeno degni di citazione se non fosse invalso negli ambienti scientifici un tipo di traduzione del Corano talmente letterale che è talvolta un tradimento della espressività del testo originale altrettanto grave quanto quello di una traduzione filologicamente errata. Anche mettendoci tutta la buona volontà non sono riuscito a tradurre sempre con lo stesso vocabolo italiano alcuni termini tecnici arabi. Si noti comunque in generale quanto segue: kāfir *l'ho tradotto quasi ovunque "negatore". Il nostro "miscredente", col colorito di volteriana indifferenza che è venuto prendendo, non corrisponde affatto al senso del termine coranico, che invece, presuppone una maligna e pervicace opposizione e negazione attiva dei segni di Dio (si cfr. LX, 4 dove il verbo* kàfara *ha l'esatto senso di "rinnegare"). Non me la sono sentita di tradurre — come con esattezza letterale, ma con risultato esteticamente poco felice fa il Blachère —* mušrik *con "associatore" e mi son contentato dell'a noi abbastanza familiare "pagano" o "idolatra". Sempre per evitare l'introduzione di termini tecnici arabi nel contesto, ho tradotto "di fede pura" il vocabolo* ḥanīf, *facendo rilevare in nota il suo significato storico, mentre* muslim, *a meno che non sia in opposizione molto netta con "cristiano" ed "ebreo", tradotto, secondo il suo senso, "dato a Dio". Così ho anche spesso tradotto* al-āḫira *con "l'Oltre", per il valore allusivo della parola e per l'uso che se ne va facendo anche in moderne tendenze religiose del nostro tempo: "Oltre" è del resto anche filologicamente non troppo lontano dal termine originale arabo.* Rasūl *ho sempre tradotto con "Messaggero", sembrandomi "apostolo" troppo legato a concetti tradizionali cristiani. Potrà forse sembrare troppo precisa la traduzione costante di* zakāt *con "dècima": il senso di* zakāt e i problemi che suscita sono comunque meglio accennati in nota. Sia nella Introduzione, sia nel testo e nelle note ho preferito lasciare, pel nome del Profeta, l'originale arabo Muḥammad anziché il medievale e talvolta ironico "Maometto".

Molte altre scelte del genere le giustificherà, o criticherà, il lettore specialista, alla cui clemenza di giudizio mi affido, dichiarando che il mio scopo non è stato di far cosa filologicamente nuova, che a questo non mi sarebbero bastate le forze, ma piuttosto di presentare al pubblico in una forma letterariamente più accessibile questo capolavoro del genio religioso semitico.

Nell'interpretazione di passi controversi mi sono attenuto per lo più alla più diffusa interpretazione sunnita basata sul textus receptus, non tenendo per principio conto di correzioni o miglioramenti del testo ad opera di orientalisti europei, essendo mio scopo far conoscere il Corano qual'è sentito e letto e vissuto dalla comunità musulmana anziché le correzioni al testo, anche se spesso fondate, degli scienziati europei. Quasi unica eccezione è LIII, 14-16, dove ho considerato al-Muntahà e al-Ma'wà come nomi di luoghi, accettando la tesi dello Sprenger, del Müller e del Bell. In ogni modo, in nota, sia in questo caso che nei casi inversi, ho dato anche l'opinione contraria.

In qualche nota ho parcamente citato qualche interpretazione allegorica, se non altro di interesse storico-religioso, di certe correnti religiose "eterodosse".

Per quanto riguarda la trascrizione ho seguìto, nei limiti del possibile, quella internazionale scientifica degli orientalisti, spiegata in Islamologia, pp. 7-9, aggiungendo per comodità del lettore italiano qualche accento tonico (segnato con l'accento grave).

Per finire consiglierei il lettore non avvezzo a questo genere di testi, di non cominciare la lettura continuata dal principio ma di leggere piuttosto le sure nell'ordine cronologico, spiegato nella tabella a p. XXXVI.

Colgo l'occasione per ringraziare il Prof. R. Pettazzoni per il suo incoraggiamento e agli inizi e nel seguito del mio lavoro, e i Proff. G. Levi della Vida e F. Gabrieli per aver gentilmente consentito a rivedere la Introduzione e le bozze dell'opera dandomi consigli preziosi.

BIBLIOGRAFIA

Questa Bibliografia contiene le principali opere su *Muhammad* e sul Corano, ma è lungi dall'essere completa. Ne sono escluse per principio: *a*) le opere in lingue orientali, *b*) le traduzioni coraniche in lingue diverse da italiano, inglese, francese e tedesco (di queste si danno solo le principali), *c*) articoli su riviste orientalistiche, che rivestano un carattere troppo particolare, a meno che non abbiano una certa ampiezza o un soggetto particolarmente interessante, *d*) gli articoli di Enciclopedie e i trattati generali di Islamistica, *e*) le opere già citate nel corso dell'Introduzione.

Per le Enciclopedie si consultino particolarmente gli articoli connessi con *Muhammad* e il Corano nelle *Enciclopedia Italiana*, *Encyclopedie de l'Islam* (Leiden, 1913-36, 4 voll.) e *Handwörterbuch des Islam* (Leiden, 1941).

I principali trattati di islamistica si troveranno elencati nell'opera *Islamologia* già più volte citata. Ivi il lettore troverà una ottima introduzione anche alla dogmatica e alla giurisprudenza postcoranica.

N. ABBOTT, *The Rise of North Arabic Script and its Kur'ānic Development...*, Chicago, 1939 (Univ. of Chicago Oriental Institute Publ. L.).

J. M. ABD-EL-JALIL, *La vie de Marie selon le Coran et l'Islam* (in DU MANOIR, *Marie*, t. I, pp. 185-211), Paris, 1949.

MIRZA ABUL FAZL, *The Koran arranged chronologically and translated*, Allahabad, 1900.

P. ACHARD, *Mahomet*, Paris, 1942.

I. G. C. ADLER, *Descriptio codicum quorundam cuficorum partes Corani exhibentes...*, Althonae, 1780.

K. AHRENS, *Muhammed als Religionsstifter*, Leipzig, 1935.

K. AHRENS, *Christliches im Qorān* (in "ZDMG", N. F. Bd. 9, 1930, pp. 15-68; 148-190).

T. ANDRAE, *Muhammed, hans liv och hans tro*, Stockholm, 1930 (trad. ital. F. Gabrieli, *Maometto, la sua vita e la sua fede*, Bari, 1934).

T. ANDRAE, *Der Ursprung des Islam und das Christentum*, Upsala, 1926.

T. ANDRAE, *Die Person Muhammeds in Lehre und Glauben seiner Gemeinde*, Stockholm, 1928.
A. J. ARBERRY, *The Holy Koran*, London, 1953 (antologia).
A. J. ARBERRY, *The Koran interpreted*, 2 voll., London, 1955.
J. C. ARCHER, *Mystical elements in Mohammed*, New Haven, 1924.
A. F. BADSHAH HUSSAIN, *The Holy Koran with commentary in English*, Lucknow, 1924.
J.M.S. BALJON, *Modern Muslim Koran Interpretation, 1880-1960*, Leiden, 1961.
H. M. BALYUZI, *Muhammad and the Course of Islam*, Oxford, 1976.
J. BARTH, *Studien zur Kritik und Exegese des Qorans* (in "Der Islam", 1916, pp. 113-148).
H. BAUER, *Über die Anordnung der Suren und über die geheimnisvollen Buchstaben im Qoran* (in "ZDMG", LXXV, 1921, pp. 1-20).
A. BAUMSTARK, *Das Problem eines vorislamischen christlichen kirchlichen Schrifttums in arabischer Sprache* (in "Islamica" IV, 1931, pp. 562-575).
A. BAUMSTARK, *Lebenstragik Mohammeds* (in "Zeitschr. für Missionswiss. u. Religionswiss." 22, 1932, pp. 325 segg.).
E. BECK, *Studien zur Geschichte der kufischen Koranlesung in den beiden ersten Jahrhunderten* (in "Orientalia", 17, 1948, pp. 326-355).
E. BECK, *Die Kodizesvarianten der Amṣār* (in "Orientalia", 16, 1947, pp. 353-376).
E. BECK, *Die Sūre ar-Rūm* (30) (in "Orientalia", 13, 1944, pp. 334-355; 14, 1945, pp. 118-142).
C. BECKER, *Prinzipielles zu Lammens's Sīrastudien* (in "Der Islam", IV, 1913, pp. 263-269).
R. BELL, *The Qur'ān, translated with a critical rearrangement of the sūrahs*, Edinburgh, 1937-39, 2 voll.
R. BELL, *Introduction to the Qur'ān*, Edinburgh, 1953.
R. BELL, *The origin of Islam in its Christian environment*, Edinburgh, 1925.
R. BELL, *The style of the Qur'ān* (in "Transact. of the Glasgow Univ. Oriental Soc.", XIV, 1942-44, pp. 9-15).
R. BELL, *Muhammad's Knowledge of the Old Testament*, Glasgow, 1945 (in "Studia Semitica et Orientalia", II).
R. BELL, *Muhammad's Visions* (in "The Moslem World", XXIV, 1934, pp. 145-154).
R. BELL, *Mohammed's Call* (in "The Moslem World", XXIV, 1934, pp. 13-19).
R. BELL, *Who were the Ḥanīfs?* (in "The Moslem World", XX, 1930, pp. 120-124).
G. BERGSTRAESSER, *Plan eines Apparatus Criticus zum Koran* (in "Sitzungsber. d. Bayer. Ak. d. Wiss. Phil-Hist. Abt.", 1930, Heft 7).
G. BERGSTRAESSER, *Koranlesung in Kairo* (in "Der Islam", 1932, pp. 1-42; 1933, pp. 110-140).
E. BERTHELS, *Die paradiesischen Jungfrauen* (Hùrîs) *im Islam* (in "Islamica", I, 1925, pp. 263-287).

A. A. Bevan, *Mahomet and Islam*, Cambridge, 1913 (in "The Cambridge Medieval History", vol. II, cap. X).
A. A. Bevan, *Muhammad's Ascension to Heaven* (in "Beihefte zur Zeitschr. für die alttestam. Wiss.", XXVII, p. 51 segg.).
H. Birkeland, *The legend of the opening of Muhammad's breast*, Oslo S.U.N. V.-A., 1955.
H. Birkeland, *Opposition against the interpretation of the Koran*, Oslo, ibid., 1955.
H. Birkeland, *The Lord guideth. Studies on primitive Islam*, Oslo, ibid., 1956.
R. Blachère, *Le Problème de Mahomet. Essai de biographie critique du fondateur de l'Islam*, Paris, 1952.
R. Blachère, *Le Coran. Traduction selon un essai de reclassement des sourates*, Paris, 1947-51 (3 voll.).
L. Bonelli, *Il Corano*, Milano, 1940 (II ed.).
P. Boneschi, *Kasaba* et *iktasaba*: *leur acception figurée dans le Qor'ān*, (in "RSO", XXX (1955), pp. 17-53).
Boulainvilliers (comte de), *La vie de Mahomet avec des réflexions sur la religion mahométane et les coutumes des Musulmans*, Londres, 1730, Amsterdam, 1731.
F. Buhl, *Muhammeds Liv, med en Inledning om Forholdene i Arabien for Muhammeds Optraeden*, Köbenhavn, 1903 (trad. ted. di H. H. Schäder. *Das Leben Muhammads*, Leipzig, 1930).
F. Buhl, *Muhammeds religiöse Forkyndelse efter Quranen*, Köbenhavn, 1924.
L. Caetani, *Annali dell'Islam*, Milano, 1905-26, 10 voll. (interessa spec. il I vol.).
L. Caetani, *Studi di Storia Orientale*, Milano, 1914 (voll. I e III).
P. Casanova, *Mohammed et la fin du monde*, Paris, 1911.
P. Caussin de Perceval, *Essai sur l'histoire des arabes avant l'islamisme, pendant l'époque de Mahomet jusqu'à la réduction de toutes les tribus sous la loi musulmane*, Paris, 1847-48, II ed., 1902.
E. Cerulli, *Il "Libro della Scala"*, Città del Vaticano, 1949 ("Studi e Testi", 150) (sulla leggenda dell'ascensione in cielo di Muhammad e rapporti con la Divina Commedia dantesca).
A. Chastel, *La légende de la reine de Saba* (in "Rev. de l'Hist. des Rel.", CXIX, 1939, pp. 204-225; CXX, pp. 27-44; 161-174).
V. Chauvin, *Bibliographie des ouvrages arabes ou relatifs aux arabes publiés dans l'Europe chrétienne de 1810 à 1885*. t. X: *Le Coran et la Tradition*; t. XI: *Mahomet*, Liège-Leipzig, 1907, 1908, 2 voll.
L. Cheikho, *Quelques légendes musulmanes antéislamiques*, Köbenhavn, 1908 (in "Actes du XV.e Congrès Int. des Orient.").
C. Clemen, *Muhammads Abhängigkeit von der Gnosis* (in "Harnack-Ehrung", Leipzig, 1921, pp. 249-262).
Clermont-Ganneau, *La Lampe et l'Olivier dans le Coran* (in "Rev. de l'Hist. des Rel.", LXXXI, 1920, pp. 213-259).
J. A. Decourdemanche, *La légende d'Adam chez les Musulmans* (in "Rev. de l'Hist. des Rel.", V, 1882, pp. 371 segg.).

J. A. DECOURDEMANCHE, *La légende d'Alexandre chez les Musulmans* (in "Rev. de l'Hist. des Rel.", VI, 1882, pp. 98 segg.).
J. A. DECOURDEMANCHE, *Les légendes évangeliques chez les Musulmans* (in "Rev. de l'Hist. des Rel.", VII, 1883, pp. 213 segg.).
H. DEL PORTE, *Vie de Mahomet, d'après le Coran et les historiens arabes*, Paris, 1874.
V. H. DERENBOURG, *Bibliographie primitive du Coran par Michele Amari* (in *Centenario della nascita di Michele Amari*, Palermo, 1910, pp. 1-22).
E. DERMENGHEM, *La vie de Mahomet*, Paris, 1929 (II ed., 1950).
M. DEVIC, *Une traduction inédite du Coran* (in "J. As.", 8.e s. t. I, 1883, pp. 343-346).
I. DI MATTEO, *Tahrīf od alterazione della Bibbia secondo i musulmani* (in "Bessarione", XXXVIII, 1922, pp. 64-111; 223-260).
M.-A. DRAZ, *La morale du Coran*, Paris, 1930.
M.-A. DRAZ, *Initiation au Coran*, Paris, 1951.
B. DUCATI, *Vita di Maometto*, Firenze, 1929.
W. EICKMANN, *Die Angelologie und Dämonologie des Korans...*, N. York, Leipzig, 1908.
P. A. EISCHLER, *Die Dschinn, Teufel und Engel im Koran*, Leipzig, 1928.
B. FARES, *L'Honneur chez les arabes avant l'Islam. Etude de sociologie*, Paris, 1932.
N. A. FARIS - H. W. GLIDDEN, *The Development of the meaning of the Koranic Hanīf* (in "Journ. of the Palestine Oriental Soc.", XIX, 1939, pp. 1-13).
A. FISCHER, *Muhammad und Ahmad, die Namen des Arabischen Propheten*, in "Ber. üb. d. Verh. d. Sächs. Ak. d. Wiss., Phil.-Hist. Kl., 84, 3, Leipzig, 1932.
A. FISCHER, *Der l   t der vorhandenen Koranübersetzungen und Sure 111* ibid. 89, 2, 1937
G. FLUEGEL, *Corani Textus Arabicus...*, Lipsiae, 1834 (successive ristampe).
A. FRACASSI, *Il Corano*, Milano, 1914 (sconsigliabile).
J. FUECK, *Die Originalität des arabischen Propheten* (in "ZDMG", N. F. 15, 1936, pp. 509-525).
F. GABRIELI, *Maometto*, Novara, 1972.
G. GABRIELI, *Intorno alla primitiva biografia di Maometto* (in "Bessarione", 1917, 37 pagg.).
G. GABRIELI, *Ancora intorno alla primitiva biografia di Maometto*, Roma, 1919.
J. GAGNIER, *La vie de Mahomet, traduite et compilée de l'Alcoran, des traditions authentiques de la Sonna et des meilleurs auteur arabers*, Amsterdam, 1732.
M. GARCIN DE TASSY, *Chapitre inconnu du Coran...* (in "J. As.", III s. t. XIII, pp. 431-439) (sulla *sūrat an-nūrayn* sciita).
W. R. W. GARDNER, *The quranic doctrine of salvation*, Madras, 1914.
W. R. W. GARDNER, *The quranic doctrine of sin*, Madras, 1914.
M. GAUDEFROY-DEMONBYNES, *Contribution à l'étude du pèlerinage à la Mekke*, Paris, 1923.
M. GAUDEFROY-DEMONBYNES, *Sur quelques noms d'Allah dans le Coran*

(in "Bull. de l'Ecole Prat. des Hautes Etudes", Sect. Sc. Rel., 1929, pp. 1-21).
G. GEIGER, *Was hat Mohammed aus dem Judentum aufgenommen?*, Bonn, 1835 (rist. 1902).
C. F. GEROCK, *Versuch einer Darstellung der Christologie des Korans*, 1839.
E. P. GOERGENS, *Mohammed, ein Charakterbild. Auf Grund der Darstellung von Termidi*, Berlin, 1878.
I. GOLDZIHER, *Muhammedanische Studien*, Halle, 1889-90 (2 voll.). Specialmente: I, pp. 219 segg. *Was ist unter al-gāhiliyya zu verstehen?* II, pp. 401 segg. *Nachahmungen des Koran.*
I. GOLDZIHER, *Die Richtungen der islamischen Koranauslegung*, Leiden, 1920.
I. GOLDZIHER, *Islamisme et Parsisme* (in "Rev. de l'Hist. des Rel.", XLIII, 1901, pp. 1-29).
E. GOOSSENS, *Ursprung und Bedeutung der koranischen Siglen* (in "Der Islam", 1923, pp. 191-226).
H. GRIMME, *Mohammed*, Münster, 1892-95, 2 voll. (Altra ed. München, 1904).
H. GRIMME, *Einleitung in den Koran*, Münster i. W., 1895.
G. VON GRUENEBAUM, *Von Muhammad's Wirkung und Originalität* (in "WZKM", XLIV, 1937, pp. 29-50).
I. GUIDI, *L'Arabie antéislamique*, Paris, 1921.
M. GUIDI, *Storia e Cultura degli Arabi fino alla morte di Maometto*, Firenze, 1951.
A. GUILLAUME, *Where was al-masyid al-aqsà?* (in "al-Andalus", XVIII, 1953, pp. 323-336).
A. GUILLAUME, *The Life of Muhammad*, London, 1955.
A. HAQQ, *Abrogations in the Koran*, Lucknow, s. d.
R. HARTMANN, *Die Himmelsreise Muhammads*, Leipzig ("Bibl. Warburg, Vorträge", 1928-29) 1930, pp. 42-65.
M. HENNING, *Der Koran*, Leipzig, 1901.
J. HENNINGER, *Spuren christlicher Glaubenswahrheiten im Koran*, Schöneck-Beckenried (Schweiz), 1951.
H. HIRSCHFELD, *Jüdische Elemente im Koran*, Berlin, 1878.
H. HIRSCHFELD, *Beiträge zur Erklärung des Korans*, Leipzig, 1886.
H. HIRSCHFELD, *New researches into the composition and exegesis of the Qoran*, London, 1902.
H. HIRSCHFELD, *Essai sur l'histoire des Juifs à Médine* (in "Rev. des Et. Juives", X, 1885, pp. 10-31).
H. HOLMA, *Mahomet, prophète des Arabes*, Paris, 1946.
F. HOMMEL - N. RHODOKANAKIS - D. NIELSEN - A. GROHMANN - E. LITTMANN, *Handbuch der altarabischen Altertumskunde*, Paris-København-Leipzig, 1927.
J. HOROVITZ, *Koranische Untersuchungen*, Berlin, 1926.
J. HOROVITZ, *Das koranische Paradies* (in "Scripta Univ. et Bibl. Hierosolymit."), Jerusalem, 1923.
J. HOROVITZ, *Quran* (in "Der Islam", XIII, 1923, pp. 66-69).

J. Horovitz, *Zur Muhammedlegende* (in "Der Islam", V, 1914, pp. 41-53).
J. Horovitz, *Biblische Nachahmungen in der Sīra* (in "Der Islam", XII, 1922, pp. 184-189).
J. Horovitz, *Salmān al-Fārisī* (in "Der Islam", XII, 1922, pp. 178-183).
J. Horovitz, *Jewish proper names and derivatives in the Koran* (in "Hebrew Union College Annual", II, 1925, pp. 190 segg.).
C. Huart, *Une nouvelle source du Qoran* (in "J. As.", 1904, I, pp. 125-167).
Ibn Hišam, *Das Leben Mohammed's nach Mohammed Ibn Ishak bearbeitet von Abd el-Malik Ibn Hischam*. Aus dem Arabischen übersetzt von Dr. Gustav Weil. Stuttgart, 1864 (2 voll.).
Ibn Saad, *Biographien Muhammeds, seiner Gefährten und der späteren Träger des Islams...*, Leiden, 1904.
W. Irving, *The Life of Mahomet*, N. York, 1849 (succ. rist. London, 1949).
G. Jacob, *Altarabisches Beduinenleben*, Berlin, 1897.
A. Jeffery, *Materials for the history of the text of the Qur'ān*, Leiden, 1937.
A. Jeffery, *The Qur'ān as Scripture*, New York, 1952.
A. Jeffery, *The foreign vocabulary of the Qur'ān*, Baroda, 1938.
P. Jensen, *Das Leben Muhammads und die David-Sage* (in "Der Islam", XII, 1922, pp. 84-97).
J. Jomier, *La place du Coran dans la vie quotidienne en Egypte*, Tunis, 1952.
Mahmud Mohtar, Katirjioglou, *La Sagesse Coranique... Versets choisis réflétant la philosophie morale, religieuse et sociale de l'Islam, suivis d'un exposé synoptique des enseignements du Coran*, Paris, 1935.
M. Kazem-Beg, *Observations sur le chapitre inconnu du Coran, traduit et publié par Garcin de Tassy* (in "J. As.", IVs., t. II, 1843, p. 373-429).
M. Kazimirski, *Le Koran, Traduction*, Paris, 1852 (altra ed. 1909).
Klamroth, *Die fünfzig ältesten Suren des Korans in gereimter deutscher Übersetzung*, Hamburg, 1890.
W. Knieschke, *Die Erlösungslehre des Qorân*, Berlin, 1910.
L. Krehl, *Das Leben des Muhammad*, Leipzig, 1884.
D. Kunstlinger, *Islam, Muslim, Aslama im Korān*, in "Rocznik Orientalistyczny", 11/1935, pp. 1-10.
D. Kunstlinger, *Rācinā*, in BSOS 5/1928-30, pp. 877-82.
E. Lamairesse, G. Dujarric, *Vie de Mahomet, d'après la tradition*, 2 voll., Paris, 1897-98.
H. Lammens, *Le Berceau de l'Islam*, Rome, 1914.
H. Lammens, *La Mecque à la veille de l'Hégire*, Beyrouth, 1923.
H. Lammens, *L'Arabie occidentale avant l'Hégire*, Beyrouth, 1928.
H. Lammens, *La cité arabe de Tāif à la veille de l'Hégire*, Beyrouth, 1922.
H. Lammens, *Fātima et les filles de Mahomet*, Rome, 1912.
H. Lammens, *Les sanctuaires préislamiques dans l'Arabie occidentale*, Beyrouth, 1926.

H. LAMMENS, *L'âge de Mahomet et la chronologie de la Sira* (in " J. Ars. ", X s., t. XVII, 1911, pagg. 209-250).
H. LAMMENS, *Qoran et Tradition. Comment fut composée la " vie " de Mahomet* (in " Recherches de science rel. ", n. 1, 1910).
J. LE BEAUME, *Le Koran analysé*, Paris, 1878.
E. LEHMANN - J. PEDERSEN, *Der Beweis für die Auferstehung im Koran* (in " Der Islam ", V, 1914, pp. 54-61).
LESZYNSKY, *Die Juden in Arabien zur Zeit Mohammeds*, Berlin, 1910.
G. LEVI DELLA VIDA, *Frammenti coranici in caratteri cufici nella Bibioteca Vaticana*, Città del Vaticano, 1947 (" Studi e Testi ", 132).
G. LEVI DELLA VIDA, *Recenti studi su Maometto e le origini dell'Islam* (in "Bilychnis", XXI, 1923, pp. 181-195).
D. LOTH, *Tabari's Koranscommentar* (in " ZDMG ", XXXV, 1881, pp. 588-628).
C. J. LYALL, *The words " hanif " and " muslim "* (in " JRAS ", 1903, pp. 771-784).
G. MARÇAIS, *Mahomet et l'expansion de l'Islam*, Paris, 1944 (in *Histoire Générale*, vol. III, cap. IV).
D. S. MARGOLIOUTH, *Mohammed and the Rise of Islam*, New York-London, 1905.
D. S. MARGOLIOUTH, *The relations between Arabs and Israelites prior to the rise of Islam*, London, 1924.
L. MARRACCI, *Prodroums ad refutationem Alcorani*, Romae, 1691, 4 voll.
L. MARRACCI, *Alcorani textus universus*, Patavii, 1698 (2 voll. il primo dei quali è il *Prodromus* di cui sopra).
D. MASSON, *Le Coran et la révélation judéo-chretienne*, Paris, 2 voll., 1958.
G. MÉLAMÈDE, *The meetings at al-'Aqaba* (in " Le Monde Oriental ", XXVIII, 1934, pp. 17-58).
J. L. MERRICK, *The Life and Religion of Mohammed as contained in the Sheeah tradition of the Hyat al-Kuloob...* Boston, 1850.
D. von MIKUSCH, *Muhammad. Tragödie des Erfolgs*, Leipzig, 1932.
A. MINGANA, *Syriac influence on the style of the Kur'ān*, Manchester, 1927.
A. MINGANA, *An ancient translation of the Kur'ān* (in " Bull. of the John Rylands Libr. ", IX, genn. 1925).
A. MINGANA, *The transmission of the Kur'ān* (in " Journ. of the Manchester Egyptian and Oriental Soc. ", 1915-16).
A. MINGANA - A. LEWIS, *Leaves from three ancient Qurans possibly pre-'othmānic*, Cambridge, 1914.
E. MONTET, *Le Coran, traduction nouvelle*, Paris, 1929.
M. M. MORENO, *È lecito ai musulmani tradurre il Corano?* (in " Oriente Moderno ", V, 1925, pp. 532-543).
M. MUHAMMAD ALI, *The Holy Qur-ān*, Woking, 1917.
M. MUHAMMAD ALI, *Muhammad the Prophet*, Lahore, 1924 (II ed., 1933).
W. MUIR, *Life of Mahomet*, London, 1858-61, 4 voll. (n. ed. curata da Weir, Edinburgh, 1923).
W. MUIR, *The Coran*, London, 1888.

C. A. NALLINO, *Vita di Maometto*. Ed. postuma di due letture, Roma, 1946.
C. A. NALLINO, Articoli vari sul Corano e materie affini in *Raccolta di scritti editi ed inediti* a cura di M. Nallino. Vol. II: L'Islam-Dogmatica-Sufismo-Confraternite, Roma, 1940.
C. A. NALLINO, *Il prof. Gabrieli e una inedita dissertazione di laurea intorno ad una fonte araba della biografia di Maometto*, Roma, 1918.
S. NOJA, *Maometto profeta dell'Islam*, Fossano (Cuneo), 1974.
TH. NÖLDEKE, *Geschichte der Perser und Araber zur Zeit der Sassaniden*, Leiden, 1879.
TH. NÖLDEKE, *Die Ghassanischen Fürsten aus dem Hause Gafna's*, Berlin, 1887.
TH. NÖLDEKE, *Das Leben Muhammeds nach den Quellen populär dargestellt*, Hannover, 1863.
TH. NÖLDEKE, *Der Koran* (in "Orientalische Skizzen", Berlin, 1892, pp. 21-62).
TH. NÖLDEKE, *Geschichte des Qorans*, Leipzig, 1860 (2. Auflage bearbeitet von F. Schwally, G. Bergsträsser, O. Pretzl), Leipzig, 1938.
TH. NÖLDEKE, *Die Tradition über das Leben Muhammads* (in "Der Islam", V, 1914, pp. 160-170).
TH. NÖLDEKE, *Remarques critiques sur le style et la syntaxe du Coran. Traduit avec une postface: Observations sociologiques sur le dogme de la précellence du Coran*, par G.-H. BOUSQUET, Paris, 1953.
O. OBBINK, *De heilige oorlog volgens den Koran* (La guerra santa secondo il Corano), Leiden, 1901 (tesi di laurea all'Univ. di Utrecht).
J. OBERMANN, *The Islamic Origins* in "The Arab Heritage", ed. W. A. Faris, Princeton (1944), 1946, pp. 58-120.
DE LACY, O' LEARY, *Arabia before Muhammad*, London 1927.
K. OPITZ, *Die Medizin im Koran*, Leipzig, 1906.
TH. O' SHAUGHNESSY, *The Development of the Meaning of Spirit in the Koran*, Rome, 1953 (in "Orientalia Christiana Analecta", 139).
TH. O' SHAUGHNESSY, *The Koranic Concept of the Word of God*, Roma, 1948 (in "Biblica et Orientalia", XI).
E. H. PALMER, *The Qur'ān*, Oxford, 1880 (in "SBE", 2 voll.).
R. PARET, *Das Geschichtsbild Mohammeds* (in *Die Welt als Geschichte*, 1951, pp. 214-224).
R. PARET, *Grenzen der Koranforschung*, Stuttgart, 1950.
O. E. A. PAUTZ, *Muhammads Lehre der Offenbarung quellenmässig unter sucht*, Leipzig, 1898.
R. PETTAZZONI, *Il Corano e l'Atharvaveda* (in "St. e Mat. di Storia delle Rel.", I, 1925, pp. 133-135).
M. PICKTHALL, *The Meaning of the Glorious Koran*, London, 1930.
O. PRETZL, *Die Fortführung des Apparatus Criticus zum Koran*, München, 1934.
RECKENDORF, *Mohammed und die Seinen*, Leipzig, 1907.
H. S. REHM, *Muhammad und die Welt des Islams*, Leipzig, 1915.
G. RICHTER, *Der Sprachstil des Koran* (herausgeg. von O. Spies), Leipzig, 1940.

R. ROBERTS, *Das Familien- Sklaven- und Erbrecht im Qoran* (in "Leipziger Semitische Studien", II, 1908).
R. ROBERTS, *The social laws of the Qoran*, London, 1925.
M. RODINSON, *Mahomet*, Paris, 1961.
A. RODWELL, *The Koran* (II ed. London, 1876, varie ristampe).
F. ROSENTHAL, *Some minor problems in the Qur'ān*, New York, 1953 (Repr. from *The Joshua Starr Memorial Volume*).
E. DENISON ROSS, *Ludovico Marracci* (in "BSOS", II, 1921, pp. 117-123).
G. ROTHSTEIN, *Die Dynastie der Lahmiden in Hīra*, Berlin, 1899.
W. RUDOLPH, *Die Abhängigkeit des Qorans von Judenthum und Christenthum*, Stuttgart, 1922.
F. RUECKERT, *Der Koran im Auszüge*, 1888.
G. RYCKMANS, *Les religions arabes préislamiques*, 2. ed., Louvain, 1951.
T. SABBAGH, *La métaphore dans le Coran*, Paris, 1943.
G. SACCO, *Le credenze religiose di Maometto. Loro origine e rapporto con la tradizione giudaico-cristiana*, Roma, 1922.
G. SALE, *The Koran... to which is prefixed a Preliminary Discourse*, London, 1734 (Ristampa a cura di E. Denison Ross, London, 1921).
E. SAVARY, *Le Coran... précédé d'un abrégé de la vie de Mahomet tiré des écrivains orientaux les plus éstimés*, Paris, 1783.
E. SAYOUS, *Jésus-Christ d'après Mahomet*, Paris, 1880.
I. SCHAPIRO, *Die Haggadischen Elemente im erzählenden Teil des Korans*, Frankfurt, 1907.
B. SCHRIEKE, *Die Himmelsreise Muhammads* (in "Der Islam", VI, 1916, pp. 1-30).
E. SELL, *The historical Development of the Koran*, Madras, 1898.
W. G. SHELLABEAR, *Is Sale's Koran reliable?* (in "The Moslem World", XXI, 1931, pp. 126-142).
D. SIDERSKY, *Les origines des légendes musulmanes dans le Coran et dans les vies des prophètes*, Paris, 1933.
M. SISTER, *Metaphern und Vergleiche im Koran*, Berlin, 1931.
W. ROBERTSON SMITH, *Kinship and Marriage in early Arabia*, London, 1885 (II ed. 1903).
SNOUCK HURGRONJE, *Het Mekkaansche Fest* (I ed. 1880. Raccolta poi insieme ad altri scritti interessanti il Corano e Muhammad in *Verspreide Geschriften*, 6 voll., Bonn-Leiden, 1921 segg.).
J. SPERBER, *Die Schreiben Muhammads an die Stämme Arabiens* (in "MSOS" Westas., XIX, 1916, pp. 1-93).
A. SPITALER, *Die Verszählung des Koran nach islamischer Ueberlieferung*, München, 1935 (in "Sitzungsber. d. Bayer. Ak. d. Wiss. Phil.-Hist. Abt.", Heft 11).
A. SPITALER, *Was bedeutet "baqīja" im Koran?* (in "Westöstliche Abb. R. Tschudi zum 70. Geburtstag überreicht", Wiesbaden, 1954, pp. 137-146).
A. SPRENGER, *Das Leben und die Lehre des Muhammed*, Berlin, 1861-65 (II ed., 1869, 3 voll.).

H. U. W. Stanton, *The teaching of the Qur'an*, London, 1919.

Syed Ameer Ali, *Life of Mohammed*, London, 1873.

W. St. Clair Tisdall, *Original sources of the Quran I*, Cawnpore, 1905.

Ch. Torrey, *The commercial-theological terms in the Koran*, Leiden, 1892.

Ch. Torrey, *Three difficult passages in the Koran*, Cambridge, 1922 (in *A volume of Oriental Studies presented to E. G. Browne*, pp. 457 segg.).

Ch. Torrey, *The Jewish foundations of Islam*, New York, 1933.

L. Ullmann, *Der Koran*, Krefeld, 1840 (nuove ristampe).

V. Vacca, *Le ambascerie di Maometto ai sovrani secondo Ibn Isḥāq e al-Wāqidī* (in "RSO", 1923-25, pp. 87-109).

V. Vacca, *Antologia del Corano*, Firenze, 1943.

N. Des Vergers, *Vie de Mohammed... d'Aboul Féda*, Paris, 1837.

S. F. G. Wahl, *Der Koran*, Halle, 1828.

J. Walker, *Bible Characters in the Koran*, Paisley, 1931.

W. Montgomery Watt, *Free Will and Predestination in Early Islam*, London, 1949.

W. Montgomery Watt, *Muhammad at Mecca*, Oxford, 1953.

W. Montgomery Watt, *Economic and social Aspects of the Origin of Islam* (in "The Islamic Quarterly", London, July 1954, pp. 90-103).

J. M. Wehner, *Mohammed, der Roman seines Lebens*, München, 1952.

G. Weil, *Mohammad der Prophet. Sein Leben und seine Lehre*, Stuttgart, 1843.

G. Weil, *Mahomet savait-il lire et écrire?* (in "Atti del IV Congr. Intern. degli Orient.", vol. I, Firenze, 1880, pp. 359-60).

G. Weil, *Historisch-Kritische Einleitung in der Koran*, Leipzig, 1872 (II ed.).

G. Weil, *Biblische Legenden der Musulmänner*, Frankfurt a. M., 1845.

J. Wellhausen, *Medina vor dem Islam. Muhammads Gemeinde. Ordnung von Medina etc.*, Berlin, 1903.

J. Wellhausen, *Wākidī's Kitāb al-Maghāzī*. Berlin, 1882.

J. Wellhausen, *Reste arabischen Heidenthums*, Berlin, 1927 (II ed.).

A. J. Wensick, *Mohammed en de Joden te Medina*, Leiden, 1908.

A. J. Wensick (in "Acta Orientalia", II, Leiden, 1924, pp. 191 segg. sull'epiteto coranico *ummī* applicato a Muhammad).

E. M. Wherry, *A comprehensive Commentary on the Quran: comprising Sale's translation and Preliminary Discourse with additional Notes and Emendations*, Boston, 1882-86 (4 voll.).

G. Widengren, *Muhammad, the Apostle of God and his Ascension, ...* Uppsala, 1955.

W. Sage Woolworth jr., *Bibliography of Koran Texts and Translations* (in "The Moslem World", XVII, 1927, pp. 279-289).

F. Wuestenfeld, *Die Chroniken der Stadt Mekka*, Leipzig, 1858-61 (4 voll. Raccolta di testi arabi con rielaborazione in tedesco).

A. Yusuf Ali, *The Holy Quran*, Lahore, 1934 (2 voll.).

A. Yusuf Ali, *The Holy Qur-ān. Text, Translation and Commentary*, New York, 1946 (2 voll.).

AGGIORNAMENTO BIBLIOGRAFICO

E. ABDELGADIR HAMID, *The Qur'an and Politics*, The International Institute of Islamic Thought, Washington and London 2004.

M. ABDEL HALEEM, *Understanding the Qur'an: Themes and Style*, I.B. Tauris, London 1999.

M. ABDUH, *Trattato sull'Unicità divina*, a cura di G. Soravia, Il Ponte, Bologna 2003.

N. ABU ZAYD, *Islam e storia*, Bollati Boringhieri, Torino 2002.

N. ABU ZAYD, *Rethinking the Qur'an: Towards a Humanistic Hermeneutics*, Humanistics University Press, Utrecht 2004.

N. ABU ZAYD, *Reformation in Islamic Thought*, Amsterdam University Press, Amsterdam 2006.

M. ARKOUN, *Lectures du Coran*, Paris 1982.

M. ARKOUN, *The Unthought in Contemporary Islamic Thought*, Al-Saqi and the Institute of Ismaili Studies, London 2002.

K. ARMSTRONG, *Muhammad: a Biography of the Prophet*, London 1995.

K. ARMSTRONG, *Maometto. Vita del Profeta*, Il Saggiatore, Milano 2004.

A. BAUSANI, *L'Islam*, Milano 1999.

M. BENNABI, *The Qur'anic Phenomenon. An Essay of a Theory on the Qur'an*, Islamic Book Trust, Kuala Lumpur 2004.

J. BERQUE, *Le Coran. Essai de Traduction de l'arabe*, Paris 1990.

J. BERQUE, *Relire le Coran*, Paris 1993.

H. BOBZIN, *Maometto*, Einaudi, Torino 2002.

U. BONANATE, *Bibbia e Corano*, Torino 1995.

I.J. BOULLATA (ed.), *Literary Structure of Religious Meaning in the Qur'an*, Curzon, Richmond 2000.

P. BRANCA, *Introduzione all'Islam*, Cinisello Balsamo 1995.

P. BRANCA, *Il Corano*, Il Mulino, Bologna 2001.

J. BURTON, *The Collection of the Qur'an*, Cambridge 1977.

M. CAMPANINI, *La Surah della Caverna*, Firenze 1986.

M. CAMPANINI, *Il Corano e la sua interpretazione*, Laterza, Roma-Bari 2004.

R. CARATINI, *Mahomet*, Paris 1993.

M. COOK, *Il Corano*, Einaudi, Torino 2001.

K. CRAGG, *The Events of the Qur'an: Islam in its Scripture*, Oxford 1995.

P. DALL'OGLIO, *Speranza nell'Islam*, Genova 1991.

A. DI NOLA, *Maometto*, Roma 1996.

M. DRAZ, *Introduction to the Qur'an*, Tauris, London and New York 2000.

H. ENNAIFER, *Les Commentaires Coranique Contemporains*, Roma 1998.

F. ESACK, *Qur'an. Liberation and Pluralism*, Oneworld, Oxford 1997.

F. Esack, *The Qur'an. An Introduction*, Oneworld, Oxford 2002.
M. Fakhry, *The Qur'an*, Reading 1996.
H. Gätje, *The Qur'an and its Exegesis*, Oxford 1996.
Al-Ghazali, *Le perle del Corano*, a cura di M. Campanini, BUR, Milano 2000.
C.M. Guzzetti, *Il Corano*, Torino 1989.
C.M. Guzzetti, *Bibbia e Corano*, Cinisello Balsamo 1995.
F. Haeri, *Keys to the Qur'an*, Reading 1993 (5 voll.).
M. Hamidullah, *Le Saint Coran*, Maryland 1989.
G.R. Hawting (ed.), *Approaches to the Qur'an*, London 1993.
G.R. Hawting e A. Shareef, *Approaches to the Qur'an*, Routledge, London 1993.
T. Izutsu, *God and Man in the Qur'an*, Salem 1987.
T. Izutsu, *Ethico-Religious Concepts in the Qur'an*, Mc Gill University Press, Montreal 2002.
J. Jomier, *Dieu et l'homme dans le Coran*, Cerf, Paris 1996.
"Journal of Qur'anic Studies", semestrale, pubblicato dalla School of Oriental and African Studies di Londra, primo anno 1999.
N. Kermani, *Gott ist schön. Das ästhetische Erleben des Koran*, Beck, München 2000.
O. Leaman (ed.), *The Qur'an, An Encyclopaedia*, Routledge, London and New York 2006.
M. Lings, *Il profeta Muhammad. La sua vita secondo le fonti più antiche*, Trieste 1988.
C. Lo Jacono, *Maometto, l'inviato di Dio*, Roma 1995.
D.A. Madigan, *The Qur'an's Self-image*, Princeton University Press, Princeton 2001.
G. Mandel, *Il Corano*, Utet Libreria, Torino 2004.
D. Masson, *Le Coran*, Paris 1967.
Al-Mawdudi, *Towards Understanding the Qur'an*, The Islamic Foundation, Leicester 1998.
J. McAuliffe (ed.), *Encyclopaedia of the Qur'an*, Brill, Leiden 2001.
A. Merad, *L'Exégèse Coranique*, P.U.F., Paris 1998.
J. Minces, *Le Coran et les Femmes*, Paris, 1996.
M.M. Moreno, *Il Corano*, Torino 1967.
S. Noja, *L'Islam e il suo Corano*, Milano 1988.
S. Noja, *Il Corano più antico*, Padova 1991.
P. Nwyia, *Exégèse Coranique et Language Mystique*, Beirut 1970.
T. O'Shaughnessy, *Creation and the Teachings of the Qur'an*, Roma 1985.
F. Peirone, *Il Corano*, Milano 1979.
H. Piccardo, *Il Corano*, Newton Compton, Roma 1996.
S. Qutb, *In the Shade of the Qur'an*, The Islamic Foundation, Leicester 1999.

F. Rahman, *La religione del Corano*, Milano 1968.
A. Rippin (ed.), *Approaches to the History of the Interpretation of the Qur'an*, Oxford 1988.
A. Rippin (ed.), *The Qur'an: Formative Interpretation*, Aldershot, Ashgate 1999.
A. Rippin (ed.), *The Qur'an: Style and Contents*, Aldershot, Ashgate 2000.
A. Rippin, *The Qur'an and its Interpretative Tradition*, Aldershot, Ashgate 2001.
N. Robinson, *Discovering the Qur'an: a Contemporary Approach to a Veiled Text*, SMC Press, London 2003.
U. Rubin, *Between Bible and Qur'an. The Children of Israel and the Islamic Self-Image*, The Darwin Press, Princeton 1999.
A. Saeed, *Interpreting the Qur'an. Towards a Contemporary Approach*, Routledge, London and New York 2006.
A. Saeed, *Approaches to the Qur'an in Contemporary Indonesia*, Oxford University Press and the Institute of Ismaili Studies, London 2005.
M.A. Salahi, *Muhammad, Man and Prophet*, Shaftesbury 1995.
A. Scarabel, *Preghiera sui nomi più belli. I novantanove nomi di Dio nella tradizione islamica*, Marietti, Genova 1996.
M. Sells, *Approaching the Qur'an: The Early Revelations*, White Cloud Press, Ashland 1999.
F. Sherif, *A Guide to the Contents of the Qur'an*, Reading 1995.
Tabari, *Vita di Maometto*, Milano 1985.
S. Taji-Farouki (ed.), *Modern Muslim Intellectuals and the Qur'an*, Oxford University Press and the Institute of Ismaili Studies, London 2004.
R. Tottoli, *I profeti biblici nella tradizione islamica*, Paideia, Brescia 1999.
R. Tottoli (ed.), *Corano e Bibbia*, Atti del Convegno, Morcelliana, Brescia 2000.
A. Ventura, *Al-Fâtiha – L'Aprente, la prima sura del Corano*, Genova 1992.
A. Wadud, *Qur'an and Woman*, Fajar Bakti, Kuala Lumpur 1992.
J. Wansbrough, *Quranic Studies: Sources and Methods of Scriptural Interpretation*, Oxford 1977.
W. Montgomery Watt, *Muhammad at Medina*, Oxford 1956.
W. Montgomery Watt, *Muhammad Prophet and Statesman*, Oxford 1974.
W. Montgomery Watt, *Companion to the Qur'an*, Oxford 1994.
W. Montgomery Watt – R. Bell, *Introduction to the Qur'an*, Edinburgh 1970.
S. Wild (ed.), *The Qur'an as Text*, Leiden 1996.
B. Wheeler, *Prophets in the Qur'an*, Continuum, London and New York 2002.

IL CORANO

I. LA SURA APRENTE

(*Meccana, di 7 versetti. Rivelata dopo la Sura dell'Avvolto nel Mantello*)

1 Nel nome di Dio, clemente misericordioso! – 2 Sia lode
a Dio, il Signor del Creato, – 3 il Clemente, il Misericordioso,
– 4 il Padrone del dì del Giudizio! – 5 Te noi adoriamo, Te
invochiamo in aiuto: – 6 guidaci per la retta via, – 7 la via
di coloro sui quali hai effuso la Tua grazia, la via di coloro
coi quali non sei adirato, la via di quelli che non vagolano
nell'errore! –

II. LA SURA DELLA VACCA

(Medinese, eccetto il v. 281, rivelato a Minà nel Pellegrinaggio d'Addio. Di 286 versetti. È la prima Sura rivelata a Medina)

Nel nome di Dio, clemente misericordioso!

1 A.-L.-M. – 2 Questo è il Libro scevro di dubbi dato come guida per i timorati di Dio, – 3 i quali credono nell'Invisibile, eseguono la Preghiera ed elargiscono di ciò che loro abbiamo donato; – 4 e che credono in ciò che è stato rivelato a te e in ciò che è stato rivelato prima di te e son certi del mondo dell'Oltre. – 5 Questi sono i ben guidati dal loro Signore, questi son coloro che prospereranno! – 6 Ché in verità, quanto a coloro che non credono, è per loro indifferente che tu li ammonisca o non li ammonisca: mai crederanno. – 7 Iddio ha suggellato loro il cuore e l'udito: e la vista loro è velata, e avranno castigo tremendo. –

8 V'è poi gente che dice: "Crediamo in Dio e nell'Ultimo Giorno", eppure non sono credenti. – 9 Cercano d'ingannare Iddio e coloro che credono, ma, incoscienti, ingannano solo se stessi. – 10 Hanno una malattia nel cuore, e questa malattia Iddio l'accresce e avranno un castigo doloroso, per la loro menzogna. – 11 E quando si dice loro: "Non portate corruzione sulla terra!", essi rispondono: "Anzi, vi portiamo il bene!" – 12 E invece sono dei corruttori, e non se ne rendono conto! – 13 E quando si dice loro: "Credete dunque, come credono gli altri!", essi rispondono: "Dovremmo forse credere come credono gli sciocchi?" Loro, loro sono

gli sciocchi, e non lo sanno! – 14 E quando incontrano i
credenti dicono loro: "Anche noi crediamo", e quando son
soli coi loro dèmoni dicono: "Siate certi che siamo con voi,
scherzavamo!" – 15 Ma è Dio che scherzerà con loro e li
lascerà ancora un po' vagolare alla cieca nel loro ribelle er-
rore. – 16 Essi son quelli che han comprato l'Errore pagan-
dolo con la Rettitudine, ma l'affare che han fatto non porterà
loro guadagno alcuno e non avranno la Guida! – 17 È come
se uno abbia acceso un fuoco e, quando questo fuoco ha
illuminato tutti i dintorni, Iddio toglie loro la luce e li lascia
ciechi nelle tenebre: – 18 sordi muti ciechi, non recedono dal-
l'errore! – 19 Oppure è come se venisse nel cielo una nuvola
gravida di pioggia, piena di tenebra e di tuoni e di fulmini,
ed essi allora si mettono le dita nelle orecchie per non sen-
tire il fragore delle saette, per timor della morte, mentre Dio
circonda i Negatori possente. – 20 La luce dei lampi quasi ra-
pisce loro la vista, e quando li illumina camminano a quella
luce, e quando si fa di nuovo nero si fermano; e se Dio vo-
lesse potrebbe toglier loro la vista e l'udito, perché Dio è
onnipotente! –

21 O uomini! Adorate dunque il vostro Signore che ha
creato voi e coloro che furono prima di voi, a che possiate
divenir timorati di Dio, – 22 il quale ha fatto per voi della
terra un tappeto e del cielo un castello, e ha fatto scendere
dal cielo acqua con la quale estrae dalla terra quei frutti che
sono il vostro pane quotidiano; non date dunque a Dio degli
eguali, mentre voi sapete tutto questo! – 23 E se avete dei
dubbi su ciò che abbiamo rivelato al Nostro Servo, produ-
cete una sura simile a quelle e chiamate i vostri testimoni
altri che Dio, se siete sinceri! – 24 Ma se non lo fate, e certo
non lo farete, temete quel fuoco che avrà per alimento uomini
e sassi e che fu preparato a quanti rifiutan la Fede. – 25 Ma
dà, o *Muḥammad*, a coloro che credono e che fanno il bene,
la buona novella che vi sono per loro Giardini alla cui ombra
scorrono i fiumi, e quando si ciberanno di quei frutti diranno

ogni volta: " Questo è il cibo che avevamo anche prima! ";
ma sarà solo in apparenza simile a quel cibo; ed avranno ivi
spose purissime, e vi resteranno in eterno! – 26 Ché certo
Iddio non si vergogna di usare similitudini, anche di un mo-
scerino o di qualcosa di ancor più piccolo: quelli che cre-
dono sanno che è verità che viene dal loro Signore, e quelli
che non credono diranno: " Che cosa voleva intendere Iddio
con questa parabola? " E così Dio travierà molti e molti
guiderà al Vero, ma chi travierà non saranno che gli empi, –
27 i quali violano il Patto di Dio dopo averlo accettato, spez-
zano ciò che Dio ha ordinato sia unito e portano la corru-
zione sulla terra: e questi son coloro che pèrdono. – 28 Ma
come potete voi rinnegare Iddio, mentre voi non eravate che
morti ed egli vi ha suscitato a vita, e vi farà poi morire, e
ancora vi farà rivivere e poi a Lui tornerete? – 29 Egli è
Colui che ha creato per voi tutto quanto v'è sulla terra, e
poi si volse al cielo, ch'Egli foggiò in sette cieli: Egli è
Colui che sa tutto. –

30 E quando il tuo Signore disse agli Angeli: " Ecco, io
porrò sulla terra un Mio Vicario ", essi risposero: " Vuoi
metter sulla terra chi vi porterà la corruzione e spargerà il
sangue, mentre noi cantiamo le Tue lodi ed esaltiamo la Tua
santità? " Ma Egli disse: " Io so ciò che voi non sapete ". –
31 Ed insegnò ad Adamo i nomi di tutte le cose, poi le pre-
sentò agli Angeli dicendo loro: " Or ditemi dunque i lor
nomi, se siete sinceri ". – 32 Ed essi risposero: " Sia gloria
a Te! Noi non sappiamo altro che quel che Tu ci hai inse-
gnato, poiché Tu sei il Saggio Sapiente ". – 33 Ed Egli disse:
" O Adamo, dì loro dunque i nomi di tutte queste cose! "
E quando Adamo li ebbe edotti dei nomi, Iddio disse agli
Angeli: " Non vi dissi che io conosco l'arcano dei cieli e
della terra e so ciò che voi manifestate e ciò che celate in
voi? " – 34 E quando dicemmo agli Angeli: " Prostratevi avanti
ad Adamo! ", tutti si prosternarono salvo *Iblīs*, che rifiutò
superbo e fu dei Negatori. – 35 E dicemmo: " O Adamo,

abita, tu e la tua compagna, questo giardino, e mangiatene
abbondantemente e dove volete, ma non vi avvicinate a que-
st'albero, che non abbiate a divenir degli iniqui ". – 36 Ma
Satana li fece scivolar di lì e dalla lor condizione li tolse.
Così dicemmo loro: "Andatevene a odiarvi l'un l'altro come
nemici; sulla terra avrete una sede e godimento d'un'ora ". –
37 E Adamo ricevette Parole dal Signore, il quale lo perdonò,
poiché egli è il Perdonatore, il Misericordioso. – 38 Dicemmo
dunque loro: " Via tutti dal giardino, e quando riceverete
da me una Guida, coloro che seguiranno la Mia Guida non
avranno timore, né tristezza. – 39 Ma coloro che non crede-
ranno e i Miei Segni smentiranno, ebbene sono del Fuoco,
nel quale rimarranno in eterno ". –

40 O figli d'Israele! Ricordate i favori che vi elargii, siate
fedeli al Mio Patto e io sarò fedele al vostro, e Me solo te-
mete! – 41 E credete in ciò ch'Io ho rivelato a conferma dei
vostri Libri e non siate voi i primi a rinnegarli; non barat-
tate dunque i Miei Segni per poco prezzo e temete Me solo! –
42 Non rivestite di menzogna la verità e non nascondetela
mentre voi ben la conoscete; – 43 eseguite la Preghiera, pa-
gate la Dècima, e prostratevi come gli altri in preghiera. –
44 Potete forse invitare gli altri a esser pii dimenticando voi
stessi, mentre pur leggete le Scritture? Siete forse privi di
intelletto? – 45 Aiutatevi con la pazienza e con la Preghiera,
che son cose gravi, ma non per gli umili, – 46 i quali pensano
che incontreranno un giorno il Signore e infine torneranno
a Lui! –

47 O figli d'Israele! Ricordate i favori che vi elargii, e
come io vi resi nobili su tutti i popoli della terra, – 48 e te-
mete un Giorno nel quale nessun'anima potrà pagar per un'al-
tra in nulla e non sarà accettata intercession di nessuno, né
compensazione, e i malvagi non troveranno aiuto. – 49 E
quando vi salvai dalla gente di Faraone che vi infliggeva
crudele tormento sgozzando i vostri figli e risparmiando solo
le vostre donne, dura prova questa mandatavi dal vostro Si-

gnore; – 50 e di quando dividemmo il mare e salvammo voi e facemmo annegare la gente di Faraone davanti ai vostri occhi; – 51 e quando patteggiammo con Mosè per quaranta notti ed in sua assenza voi vi sceglieste come dio il vitello, agendo da iniqui; – 52 ma Noi vi perdonammo nella speranza che, poi, Ci avreste ringraziato. – 53 E di quando demmo a Mosè il Libro e la Salvazione, che potesse servirvi di Guida; – 54 e di quando Mosè disse al suo popolo: " O popol mio! Voi avete fatto ingiustizia a voi stessi scegliendovi a dio il vitello, volgetevi dunque pentiti al vostro Creatore, uccidete i colpevoli. È questa la cosa migliore presso Chi vi ha creato! " Così Egli perdonò loro: ché, in verità, Egli è Colui che sempre perdona, il Benigno! – 55 E quando diceste: " O Mosè! Non ti crederemo finché non vedremo Dio faccia a faccia " e vi colpì il fulmine mentre stavate guardando. – 56 E poi, morti, vi risuscitammo, nella speranza che Ci foste riconoscenti. – 57 E vi ombreggiammo di nubi e facemmo scendere su voi la manna e le quaglie: " Mangiate, dicemmo, delle cose buone che vi abbiam destinato! " Ed essi, nella loro perversità non Noi offesero, ma se stessi. – 58 E quando dicemmo: " Entrate in questa città e mangiate quel che volete, in abbondanza, ma entrate per la porta prostrandovi e dicendo: 'Perdono!' e Noi perdoneremo i vostri peccati e saremo larghi coi buoni! " – 59 Ma gli iniqui cambiarono quella parola in una diversa da quella che era stata loro ordinata, e sugli iniqui Noi inviammo un castigo dal cielo per la lor corruzione. – 60 E quando Mosè chiese acqua per il suo popolo e gli dicemmo: " Batti la roccia con la tua verga " e ne sgorgarono dodici sorgenti e ogni tribù seppe a quale doveva bere. Bevete e mangiate ciò che Iddio vi manda e non portate malignamente corruzione sulla terra! – 61 E quando diceste: " O Mosè! Non possiam più sopportare un cibo unico: prega dunque per noi il tuo Signore che produca per noi frutti della terra come legumi, cetrioli, aglio, lenticchie e cipolle! " E Mosè rispose: " Preferite forse il peggio al meglio? Tornate in Egitto, e lì troverete ciò che chiedete!" E li colpì l'abiezione e la miseria e incorsero nell'ira di Dio, e questo perché essi rifiutavano i Segni di Dio e uccidevano i Profeti ingiustamente, questo perché si ribellarono a Dio e passarono i limiti. – [62] Ma quelli che credono, siano essi ebrei, cristiani o sabei, quelli che credono cioè in Dio e nell'Ultimo Giorno e operano il bene, avranno la loro mercede presso il Signore, e nulla avran da temere né li coglierà tristezza. – [63] E ricordatevi ancora di quando stringemmo con voi il Patto e levammo possente su voi il Sinai: "Stringete forte quel che v'abbiam dato e ricordate quel che contiene, sì che possiate temere Iddio!" – [64] Ma, dopo, ancora vi allontanaste e se non fosse stato per il favore di Dio e la Sua misericordia per voi, avreste tutto perduto; – [65] eppur sapete quel che accadde a coloro di voi che disobbedirono violando il sabato e ai quali dicemmo: "Siate scimmie spregevoli!" – [66] e ne facemmo castigo esemplare per i presenti e pei posteri e monito pei timorati di Dio. – [67] E quando Mosè disse al suo popolo: "Iddio vi comanda di sacrificare una vacca!" ed essi risposero: "Ti prendi gioco di noi?" Ribatté: "Mi guardi Iddio dall'essere insensato!" – [68] "Allora prega il Signore, gli dissero, che ci precisi come questa vacca ha da essere". E Mosè riferì loro che doveva essere una vacca né vecchia né giovane, bensì di età media. "Fate, aggiunse, quel che vi è stato ordinato". – [69] E dissero: "Prega ancora per noi il tuo Signore che ci dica di che colore ha da essere!" Ed egli rispose: "Iddio dice che ha da essere di color giallo vivo che rallegri la vista!" – [70] Ma essi chiesero: "Prega il tuo Signore che ci dica di quale vacca si tratta, perché tutte le vacche ci sembrano simili; saremo così, se piace a Dio, ben guidati!" – [71] E Mosè ancora: "Egli dice che ha da essere una vacca che non sia stata domata pel lavoro dei campi o l'irrigazione, sana, senza segni sul pelo". Risposero: "Ora ci hai portato una descrizione precisa!" e sacrificarono la vacca, mentre poco mancava che non lo facessero. –

72 E quando uccideste un uomo e discuteste di questo e Iddio rese manifesto ciò che celavate, – 73 allorché vi dicemmo: "Colpitelo con una parte di essa". Così Iddio risuscita i morti e vi mostra i Suoi Segni a ché comprendiate. – 74 Ma in seguito i cuori vostri s'indurirono e divennero come le pietre, anzi più duri ancora, ché vi son pietre dalle quali sgorgano i fiumi, ed altre si spaccano e n'esce l'acqua, ed altre crollano pel terrore di Dio; ma Iddio non è ignaro di ciò che voi fate! –

75 Vi piacerebbe forse che essi credessero per dar gusto a voi, mentre c'è fra loro una banda di gente che ascoltano la parola di Dio per poi alterarla scientemente, dopo averla ben compresa? – 76 E quando incontrano i credenti dicono: "Crediamo!" e quando si ritrovano soli fra loro dicono: "Racconterete dunque loro quel che Iddio ci ha rivelato perché lo usino per argomentare con voi al cospetto del vostro Signore?" Non comprendete? – 77 Ma non sanno dunque che Iddio sa ciò che tengon segreto e ciò che manifestano? – 78 Fra loro ci son poi dei Gentili che non conoscon la Santa Scrittura ma solo delle invenzioni sulle quali vanamente congetturano. – 79 Ma guai a coloro che scrivono il Libro con le proprie mani e poi dicono: "Questo è da Dio" per barattarlo a vil prezzo. Guai a loro per quel che le lor mani hanno scritto! Guai a loro per il guadagno che ne hanno cavato! – 80 Essi dicono: "Il fuoco non ci toccherà che per pochi giorni". Rispondi loro: "Avete forse ricevuto qualche promessa da Dio? In questo caso Iddio non romperà la sua promessa! Oppure dite di Dio quel che non sapete?" – 81 Ché anzi chi acquista del male ed è irretito nel peccato sarà dannato al fuoco ove rimarrà in eterno! – 82 Mentre quelli che credono ed operano il bene saran del Giardino, ove rimarranno in eterno. –

83 E ricordatevi ancora quando facemmo un patto coi

figli d'Israele, che non avessero ad adorare altri che Dio, che beneficassero i genitori, i parenti, gli orfani e i poveri, e che dicessero parole buone a tutti, che compissero la Preghiera e pagassero la Dècima; eppure voi, eccetto pochi, avete voltato le spalle e v'opponeste al Patto. – [84] E quando facemmo un patto con voi, che non aveste a sparger sangue e a cacciarvi dalle case a vicenda, allora voi confermaste quel patto e ne foste testimoni. – [85] E siete proprio voi che vi uccidete l'un l'altro e scacciate dalle loro dimore alcuni dei vostri, spalleggiandovi criminosamente l'un l'altro contro a loro per opprimerli, e poi quando vengono a voi prigionieri li riscattate, mentre anche il solo cacciarli dalle case loro era per voi proibito. Credete dunque in una parte della Scrittura rinnegando l'altra? Ma la punizione di quelli di voi che così agiscono non può essere altro che l'ignominia in questa vita terrena e al dì della Resurrezione saran gittati nel più crudele castigo, perché Iddio non è ignaro di ciò che voi fate! – [86] Costoro son quelli che barattano la vita terrena con l'altra e il tormento non sarà loro alleggerito, né troveran chi li aiuti. –

[87] In verità noi demmo a Mosè il Libro e gli facemmo successivamente seguire gli altri Messaggeri, e demmo a Gesù figlio di Maria prove evidenti e lo confermammo con lo Spirito di Santità. Ma dunque ogni qual volta un Messaggero vi porta ordini non graditi, voi superbamente vi ribellate e alcuni ne smentite, altri ne uccidete? – [88] Dicono; "I nostri cuori sono incirconcisi!" Anzi li maledica Iddio per la loro miscredenza: quanto poco essi credono! – [89] E quando giunse loro un Libro da Dio che confermava quel che già essi avevano, mentre prima invocavano vittoria sugli empi, quando giunse loro quel che già ben conoscevano, lo rinnegarono, maledica Iddio i Negatori! – [90] Che pessimo baratto han fatto dell'anime loro, rinnegando ciò che Iddio ha rivelato, invidiosi del fatto che Dio rivela la sua grazia a chi Egli vuole di fra i suoi servi; e sono incorsi così in ira

su ira, ché i Negatori avranno tormento turpe. – 91 E quando
si dice loro: "Credete dunque in ciò che Iddio ha rivelato!",
essi rispondono: "Crediamo in quel che fu rivelato a noi"
rinnegando ciò che è venuto dopo, mentre non è che la
Verità che conferma quella che essi già hanno. Dì dunque
loro: "Perché allora, se siete credenti come dite, uccideste
anche prima i Profeti?" – 92 Mosè vi aveva portato segni evi-
denti e voi avete preferito il Vitello, in sua assenza, iniqui! –
93 E quando stringemmo con voi il Patto e levammo alta la
Santa Montagna su di voi: "Stringete forte, dicemmo, ciò
che v'abbiam dato, ed ascoltate!" ed essi: "Ascoltiamo, ma
ci ribelliamo!" e furono in cuor loro abbeverati del vitello,
per l'empietà loro. Dì dunque: "Che turpi ordini vi dà la
fede vostra, se davvero credete!" – 94 E dì loro ancora:
"Se davvero la dimora futura presso Dio è riservata per voi
all'infuori di ogni altro, auguratevi allora la morte se siete
sinceri!" – 95 Ma no, non lo faranno mai, per tutto quel che
han commesso le loro mani, ché Dio è ben informato degli
iniqui! – 96 Anzi troverai che son bramosi di vita più di ogni
altro, perfino più dei Pagani; a qualcuno di loro piacerebbe
esser lasciato in vita magari mille anni, ma viva pur mill'anni,
non sfuggirà al tormento d'Inferno, perché Dio vede quel
ch'essi fanno! –

97 Dì: "Chi sarà nemico di Gabriele (fu lui che depose
il Corano nel tuo cuore, col permesso di Dio, a conferma
dei precedenti messaggi, Guida divina e Buona Novella ai
credenti) – 98 chi, dico, è nemico di Dio e dei suoi Angeli
e de' suoi Messaggeri e di Gabriele e di Michele, ebbene è Dio
il nemico degli empi!" – 99 Perché in verità t'abbiam rivelato
dei Segni evidenti che solo gli empi potrebbero negare. –
100 O che forse ogni volta che stringono un patto, alcuni di
loro han da violarlo? Anzi, la più parte fra loro non credono
a nulla! – 101 E quando venne loro un Messaggero da Dio,
che confermava la rivelazione data a loro, parte di quei che
avevan ricevuto il Libro si gettarono il Libro di Dio dietro

le spalle, come se nulla sapessero. – [102] Ma seguono le invenzioni dei dèmoni contro il Regno di Salomone. Non fu Salomone un Negatore, bensì i dèmoni, i quali insegnavano agli uomini la magìa e quel che fu rivelato ai due angeli, *Hārūt* e *Mārūt*, a Babilonia, i quali tuttavia non insegnavano nulla a nessuno senza prima dirgli: "Bada che noi siamo una tentazione, empio non essere dunque!" Gli uomini appresero da loro sortilegi per disgiungere l'uomo dalla sua donna (ma quegli angeli non danneggiavano alcuno se non col permesso di Dio) e appresero ancora ciò ch'era loro di danno e non di vantaggio, pur sapendo che chi avesse acquistato quell'arte non avrebbe avuto parte nell'altra vita. A che turpe prezzo si son dunque venduti, se lo avesser saputo! – [103] Ché se avesser creduto e avessero temuto Iddio, migliore sarebbe stato il loro premio dappresso a Dio, oh, se avesser saputo! –

[104] O voi che credete! Non dite *rā'inā*, ma piuttosto *unẓurnā!* Ascoltate questo ammonimento, ché agli empi toccherà castigo cocente! – [105] Quelli fra la gente del Libro che non credono, e i pagani, non amano che il Signore vostro vi elargisca de' suoi favori; ma Dio trasceglie nella Sua misericordia chi Egli vuole e Dio ha grazia grande. – [106] Non abrogheremo, né ti faremo dimenticare, alcun versetto senza dartene uno migliore od uguale: non sai dunque che Iddio è onnipotente? – [107] Non sai che a Dio appartiene il regno dei cieli e della terra e che voi non avete protettore ed amico altri che Dio? – [108] O vorreste forse chiedere al vostro Messaggero quel che fu chiesto in tempi andati a Mosè? Ma chi scambia l'empietà con la fede ha smarrito la via piana. – [109] A molti della Gente del Libro piacerebbe farvi tornar miscredenti dopo che voi avete accettato la Fede, per l'invidia che nasce loro nell'animo allorché vedono manifesta la verità; perdonate loro e lasciateli in pace, finché Dio non mandi il Suo ordine, ché Dio è, in verità, onnipotente. – [110] Eseguite la Preghiera, pagate la Dècima, e il bene che opererete per

le anime vostre lo troverete presso Dio, ché Iddio vede ciò
che voi fate. –
111 Dicono: "Non entreranno nel Paradiso altro che gli
ebrei o i cristiani" Questo è quel che essi vorrebbero! Ri-
spondi loro: "Portatene la prova se siete sinceri!" – 112 Anzi
è chi si dà intiero a Dio e fa il bene che avrà la sua ricom-
pensa presso il Signore, né lo coglierà tristezza o paura. –
113 Gli ebrei dicono: "I cristiani non san nulla!" e i cri-
stiani: "Non san di nulla gli ebrei" rispondono, eppure
recitano e gli uni e gli altri lo stesso Libro. E come loro
dicono anche i pagani ignoranti; ma sarà Dio a giudicare
dei loro dissensi, il dì della Resurrezione. – 114 E chi è più
iniquo di coloro che impediscono che nei luoghi d'orazione
sia menzionato il nome di Dio e tentano anzi distruggerli,
mentre dovrebbero entrarvi pieni di timore? Costoro avranno
in questo mondo ignominia e nell'altro castigo cocente. –
115 A Dio appartiene l'oriente e l'occidente, e ovunque vi
volgiate ivi è il volto di Dio, ché Dio è ampio sapiente. –
116 E dicono: "Dio s'è scelto un figlio". Gloria a Lui! Tutti
quei che sono nei cieli e sulla terra, tutti servono Lui, –
117 creatore nuovissimo de' cieli e della terra, che quando ha
decretato una cosa non fa che dire: "Sii!" ed essa è. – 118 E i
pagani ignoranti dicono: "Crederemmo, se Dio ci parlasse
o ci venisse da Lui un Segno...". Similmente parlarono quei
che furon prima di loro: i lor cuori si rassomigliano, ma Noi
abbiam mandato Segni chiari a gente che fermamente crede. –
119 Ti abbiamo infatti inviato portatore di Verità, Nunzio di
buona novella e Ammonitore, ma non ti verrà chiesta ragione
dei dannati d'Inferno. – 120 E certo né ebrei né cristiani saran
contenti di te finché tu non seguirai la loro religione, ma tu
rispondi: "È la guida che viene da Dio che è la vera Guida!",
ché, se t'arrendessi ai loro desideri dopo che tu hai saputo
quel che hai saputo, non avrai aiuti né protettori di contro
all'ira di Dio. – 121 Coloro cui demmo il Libro e lo recitano

come si deve, quelli sono i veri credenti, ma coloro che lo rinnegano, quelli sono i perdenti. –

122 O figli d'Israele! Ricordatevi i favori ch'Io vi elargii e come vi resi nobili sopra tutti i popoli della terra – 123 e temete un giorno nel quale nessun'anima potrà pagar per un'altra, in nulla, e non sarà accettata intercession di nessuno, né compensazione, e i malvagi non troveranno aiuto. – 124 E quando il suo Signore provò Abramo con certe ingiunzioni ed egli le obbedì e Dio gli disse: " In verità io ti farò principe del popolo ", ed egli chiese: " E che ne sarà della mia posterità? " " Il Mio patto, rispose Iddio, non s' applica agli empi ". – 125 E quando facemmo della Santa Casa luogo di riunione e di sicuro rifugio per gli uomini (prendete dunque il luogo dove ristette Abramo, per oratorio!) ed ingiungemmo ad Abramo e ad Ismaele: " Purificate la mia Casa per coloro che attorno vi correranno venerabondi, vi pregheranno devoti, vi s'inchineranno e si prostreranno reverenti ". – 126 E quando Abramo disse: " Signore! Fa di questo paese un luogo di sicuro rifugio e dona provvido dei Tuoi frutti ai suoi abitanti, a quelli di loro che credono in Dio e nell'ultimo giorno! " E Iddio disse: " Quanto poi a chi rinnega, gli farò godere per un breve tempo la vita e lo trascinerò poi nel tormento del fuoco, oh, quale tristo andare! " – 127 E quando Abramo e Ismaele ebbero levato le fondamenta della Casa, invocarono: "Accettala da noi, o Signore! Tu che tutto ascolti e conosci! – 128 O Signor nostro! Fa che noi possiamo darci tutti a Te, e fa della nostra progenie una nazione a Te devota, mostraci i Tuoi santi riti, e volgiti benigno verso di noi, o Tu clemente, che sempre perdoni! – 129 O Signor nostro! Suscita fra loro un Messaggero della loro stirpe, che reciti loro i Tuoi segni e che apprenda loro la Scrittura e la Sapienza e li faccia puri, poiché Tu sei il Potente, il Saggio! " – 130 E chi se non lo stolto potrebbe mai avversare la Nazione d'Abramo? Poiché Noi lo abbiamo eletto in questo mondo, e nell'altro egli è fra i

Buoni. – 131 Quando il suo Signore gli disse: "Datti a Me!" Egli rispose: "Ecco tutto a Te mi son dato, al Signor del Creato!" – 132 E questa fede Abramo raccomandò ai suoi figli e Giacobbe ancora: "Figlioli miei, Iddio v'ha scelto la Sua religione, e non morite in altra fede che non sia la dedizione a Lui!" – 133 Eravate forse presenti quando venne a Giacobbe la morte ed egli disse ai figli suoi: "Che cosa adorerete, quando io non ci sarò più?" Risposero: "Adoreremo il tuo Dio, l'Iddio dei tuoi padri, l'Iddio d'Abramo, d'Ismaele e d'Isacco, un Dio solo, al quale noi ci diamo!" – 134 Ma questa fu una nazione ormai passata, che avrà quel che s'è guadagnata, come voi avrete quel che avrete guadagnato, né sarà chiesta ragione a voi di ciò che essi operarono. –

135 Vi diranno ancora: "Diventate ebrei o cristiani e sarete ben guidati!" Ma tu rispondi: "No, noi siamo della Nazione d'Abramo, ch'era un *ḥanīf*, e non già un pagano". – 136 E dite loro ancora: "Noi crediamo in Dio, in ciò ch'è stato rivelato a noi e in ciò che fu rivelato ad Abramo, a Ismaele, a Isacco, a Giacobbe, e alle Dodici Tribù, e in ciò che fu dato a Mosè e a Gesù, e ai profeti dal Signore; non facciamo differenza alcuna fra loro e a Lui tutti ci diamo!" –

137 E se ebrei e cristiani avranno questa stessa vostra fede saranno ben guidati, ma se vi volgeranno le spalle si porranno in aperta scissione e allora ti basterà Dio contro di loro, Dio che ascolta e conosce. – 138 Ecco la tintura di Dio! E chi può tingere meglio di Dio? Lui solo noi adoriamo. – 139 Dì loro: "Volete discutere di Dio con noi? Ma Dio è il nostro e vostro Signore, noi abbiamo le nostre opere e voi le vostre, ma noi siamo sinceri con Lui. – 140 O pretendete voi che Abramo e Ismaele e Isacco e Giacobbe e le Dodici Tribù fossero ebrei o cristiani?" E dì loro ancora: "Ne sapete più voi o Dio? E chi è più iniquo di chi cela una testimonianza ch'ebbe da Dio? Ma Egli non è ignaro di ciò che voi fate! – 141 Questa fu una nazione ormai passata, che avrà quel che

s'è guadagnata, come voi avrete quel che avrete guadagnato
né sarà chiesta ragione a voi di ciò che essi operarono". –
142 Gli stolti diranno: "Che cosa li ha stornati dalla *qibla*
che avevano prima?" Rispondi dunque: "A Dio appartiene
l'oriente e l'occidente, Egli guida chi vuole alla retta via". –
143 Abbiam fatto di voi una nazione che segue il medio cam-
mino acciocché siate testimoni di fronte a tutti gli uomini e
il Messaggero di Dio sia testimone di fronte a voi. E fis-
sammo la *qibla* che avevi dapprima solo per distinguere chi
seguiva il Messaggero di Dio da chi se ne allontanava, e
questa fu cosa dura salvo che per i ben guidati da Dio; ma
Dio non intendeva distruggere la fede vostra, ché Dio è
affettuoso e misericorde con gli uomini. – 144 Vediamo che
tu volgi la faccia verso il cielo, ma ti doneremo ora una
qibla che ti piacerà: volgi dunque il volto verso il Tempio
Sacro, rivolgetevi tutti, ovunque siate, verso quella direzione.
Certo coloro cui fu dato il Libro sanno che questa è verità
che viene dal loro Signore, e Dio non è incurante di quello
ch'essi fanno. – 145 Anche se apportassi a coloro cui fu dato
il Libro ogni sorta di Segni divini, essi non seguirebbero la
tua *qibla*, né tu devi seguire la loro, né del resto essi stessi
seguono la *qibla* gli uni degli altri. Ma se tu obbedissi alle
loro voglie dopo quanto hai appreso di scienza certa, saresti,
in verità, fra gli iniqui. – 146 Coloro cui demmo il Libro lo
conoscono come conoscono i figli loro, ma una banda fra
loro tien nascosta la verità, scientemente; – 147 ma la verità
viene dal Signore, non siate dunque dubbiosi! – 148 Ognuno
ha una direzione verso la quale Dio li volge nella preghiera:
ma dovunque vi troviate gareggiate nel fare il bene e Dio
vi riunirà tutti insieme, ché Egli è sovra ogni cosa potente. –
149 E da qualunque luogo tu esca volgi la faccia verso il
Sacro Tempio: questa è la Verità data dal tuo Signore, e Dio
non è incurante di quel che operate. – 150 Dunque, da qualun-
que luogo tu esca volgi la faccia verso il Sacro Tempio, e
dovunque voi siate volgetevi a quella direzione, a ché la

gente non trovi pretesti contro di voi. Lo faranno solo gli
iniqui, ma non temeteli, temete Me piuttosto, ed Io farò
perfetta su voi la Mia grazia, nella speranza che voi troviate
la retta Via. - [151] E così appunto abbiamo inviato fra voi un
Messaggero della vostra gente, che vi recita i Miei Segni, e
vi purifica e vi insegna il Libro e la Sapienza e vi insegna ciò
che prima non sapevate. – [152] Ricordatevi dunque di Me ed
io Mi ricorderò di voi, siate grati a Me e non Mi rinnegate. –

[153] O voi che credete, cercate aiuto nella pazienza e nella
Preghiera, ché Dio è coi pazienti. – [154] E non dite di coloro
che son stati uccisi sulla via di Dio: "Son morti". No! Che
anzi essi sono viventi, senza che voi li sentiate. – [155] Noi vi
metteremo alla prova col terrore, con la fame, con la priva-
zione dei beni e della vita e dei frutti della terra. Ma dà, o
Muhammad, una buona novella ai pazienti! – [156] I quali, quando
li colga disgrazia, esclamano: "In verità noi siamo di Dio ed
a Lui ritorniamo!" – [157] Avranno benedizioni dal loro Si-
gnore e misericordia: son essi i ben diretti nella Via! –

[158] I colli di *Ṣafā* e di *Marwa* son segni di Dio, e non
sarà male, per chi fa il pellegrinaggio alla Casa di Dio o la
visita, di girarvi attorno; perché chi fa volontariamente un'o-
pera buona, Dio lo sa e gli è grato. –

[159] Quelli poi che nascondono le prove evidenti e la retta
Guida che Noi rivelammo, dopo che le dichiarammo agli
uomini nel Libro, saranno maledetti da Dio e dagli uomini. –
[160] Eccetto coloro che si pentiranno e faranno ammenda e
dichiareranno la Verità: verso di loro Io mi volgerò beni-
gno, poiché sono il Misericordioso, Colui che sempre per-
dona. – [161] Ma coloro che Mi rinnegano e muoiono negando,
saranno maledetti da Dio, dagli Angeli e dagli uomini in-
sieme. – [162] In questa maledizione essi resteranno in eterno,
non sarà loro alleggerito il tormento né sarà data loro dila-
zione alcuna. – [163] Ché l'Iddio vostro è un dio Unico, non
c'è altro dio che Lui, il Misericordioso, il Clemente. –

[164] In verità, nella creazione dei cieli e della terra, nell'al-

ternarsi della notte e del giorno e nelle navi che solcano il mare cariche di cose utili agli uomini, e nell'acqua che Dio fa scender dal cielo vivificandone la terra morta, nella quale Egli dissemina ogni sorta di bestie, e nel cangiare de' venti e delle nubi soggiogati fra il cielo e la terra, vi son Segni per gente dotata d'intelletto. – [165] Ma vi son uomini che danno a Dio degli eguali, che essi amano come Dio; però quei che credono, più forte di loro amano Dio, anche se gli iniqui vedranno, quando si troveranno avanti al castigo, che la forza appartiene tutta a Dio e che Dio violentemente castiga. – [166] Quando i duci abbandoneranno i loro seguaci, vedranno il castigo, e ogni corda tra loro sarà rotta. – [167] E diranno i seguaci: " Ah, se noi potessimo tornar sulla terra, ci sbarazzeremmo di loro com'essi ora si son sbarazzati di noi! " Così Iddio mostrerà loro le loro azioni a cocente rimpianto, ma non usciranno dal fuoco! –

[168] O uomini! Mangiate quel che di lecito e buono v'è sulla terra e non seguite le orme di Satana, ch'è vostro evidente nemico. – [169] È lui che v'invita al male e alla turpitudine e a dir di Dio quel che non potete sapere. – [170] Quando si dice loro: " Seguite quel che Dio ha rivelato ", rispondono: " Preferiamo seguire le tradizioni che avemmo dai padri nostri ", anche se i padri loro non capivano nulla ed eran privi di guida! – [171] Questa gente che non crede è come quando uno grida e chi lo ascolta non percepisce che voce indistinta d'invito: sordi, muti, ciechi, non intendono nulla! – [172] O voi che credete! Mangiate delle cose buone che la Provvidenza Nostra v'ha dato, e ringraziatene Iddio, se Lui solo adorate! – [173] In verità Iddio v'ha proibito gli animali morti e il sangue e la carne di porco e animali macellati invocando altro nome che quello di Dio. Ma chi sarà per necessità costretto contro sua voglia e senza intenzione di trasgredire la legge, non farà peccato, perché Dio è perdonatore e clemente. – [174] Invero coloro che nascondono parte delle Scritture rivelate, lucrandone vil prezzo, non divore-

ranno altro che fuoco nei loro ventri, e Dio non parlerà
loro il dì della Resurrezione, né li purificherà, ma avranno
cocente tormento. – 175 Essi sono coloro che han barattato
l'errore con la Retta Guida, e il castigo col perdono. Quanto
amaro sarà il fuoco per loro! – 176 Questo perché Iddio ha
rivelato una Scrittura di verità, e coloro che dissentono sulla
Scrittura, se ne strappano via, lontano. –

177 La pietà non consiste nel volger la faccia verso l'oriente
o verso l'occidente, bensì la vera pietà è quella di chi crede
in Dio, e nell'Ultimo Giorno, e negli Angeli, e nel Libro, e
nei Profeti, e dà dei suoi averi, per amore di Dio, ai parenti
e agli orfani e ai poveri e ai viandanti e ai mendicanti e per
riscattar prigionieri, di chi compie la Preghiera e paga la
Dècima, chi mantiene le proprie promesse quando le ha fatte,
di chi nei dolori e nelle avversità è paziente e nei dì di stret-
tura; questi sono i sinceri, questi i timorati di Dio! –

178 O voi che credete! In materia d'omicidio v'è prescritta
la legge del taglione: libero per libero, schiavo per schiavo,
donna per donna; quanto a colui cui venga condonata la pena
dal suo fratello si proceda verso di lui con dolcezza; ma
paghi un tanto, con gentilezza, all'offeso. Con questo il vo-
stro Signore ha voluto misericordiosamente alleggerire le
precedenti sanzioni; ma chi, dopo tutto questo, trasgredisca
la legge, avrà castigo cocente. – 179 La legge del taglione è
garanzia di vita, o voi dagli intelletti sani, a che forse acqui-
stiate timor di Dio. –

180 Quando a qualcuno di voi si presenti la morte, v'è
prescritto, se lascia dei beni, di farne testamento ai genitori
e ai parenti con equità; è un dovere questo per gli uomini
timorati di Dio. – 181 Se qualcuno, ascoltato il testamento,
lo altererà, la colpa ricadrà sui contraffattori, perché Dio
ascolta e sa. – 182 Ma chi teme che il testatore abbia com-
messo un'ingiustizia o un'iniquità e mette concordia fra gli
eredi, non commette peccato, perché Dio è perdonatore
misericordioso. –

183 O voi che credete! V'è prescritto il digiuno, come fu
prescritto a coloro che furono prima di voi, nella speranza
che voi possiate divenir timorati di Dio, – 184 per un numero
determinato di giorni; ma chi di voi è malato o si trovi in
viaggio, digiunerà in seguito per altrettanti giorni. Quanto
agli abili che lo rompano, lo riscatteranno col nutrire un
povero. Ma chi fa spontaneamente del bene, meglio sarà per
lui; il digiuno è un'opera buona per voi, se ben lo sapeste! –
185 E il mese di *Ramaḍān*, il mese in cui fu rivelato il Corano
come guida per gli uomini e prova chiara di retta direzione
e salvazione, non appena ne vedete la nuova luna, digiunate
per tutto quel mese, e chi è malato o in viaggio digiuni in
seguito per altrettanti giorni. Iddio desidera agio per voi, non
disagio, e vuole che compiate il numero dei giorni e che
glorifichiate Iddio, perché vi ha guidato sulla retta Via, nella
speranza che Gli siate grati. –

186 Quando i Miei servi ti chiedono di Me, Io sono vicino; ed esaudirò la preghiera di chi prega quando Mi prega; ma essi Mi rispondano e credano in Me, a che possano esser nel vero. –

187 V'è permesso, nelle notti del mese del digiuno, d'accostarvi alle vostre donne: esse sono una veste per voi e voi una veste per loro. Iddio sapeva che voi ingannavate voi stessi, e s'è rivolto misericorde su di voi, condonandovi quel rigore; pertanto ora giacetevi pure con loro e desiderate liberamente quel che Dio vi ha concesso, bevete e mangiate, fino a quell'ora dell'alba in cui potrete distinguere un filo bianco da un filo nero, poi compite il digiuno fino alla notte e non giacetevi con le vostre donne, ma ritiratevi in preghiera nei luoghi d'orazione. Questi sono i termini di Dio, non li sfiorate. Così Iddio dichiara i suoi Segni agli uomini, nella speranza ch'essi Lo temano. –

188 Non consumate fra voi le vostre ricchezze invano, e non fatevene un mezzo per corrompere i giudici perché de-

fraudino peccaminosamente parte della gente dei loro beni, sapendo il male che fate. –

[189] Ti chiederanno delle lunazioni. Rispondi: "Esse sono periodi stabiliti a vantaggio degli uomini e per il pellegrinaggio". La pietà non consiste nel rientrare in casa dalla parte posteriore, ma la vera pietà sta nel temere Iddio. Perciò entrate in casa dalla porta e temete Iddio, sì che abbiate a prosperare. – [190] Combattete sulla via di Dio coloro che vi combattono ma non oltrepassate i limiti, ché Dio non ama gli eccessivi. – [191] Uccidete dunque chi vi combatte dovunque li troviate e scacciateli di dove hanno scacciato voi, ché lo scandalo è peggio dell'uccidere; ma non combatteteli presso il Sacro Tempio, a meno che non siano essi ad attaccarvi colà: in tal caso uccideteli. Tale è la ricompensa dei Negatori. – [192] Se però essi sospendono la battaglia, Iddio è indulgente e misericorde. – [193] Combatteteli dunque fino a che non ci sia più scandalo, e la religione sia quella di Dio; ma se cessan la lotta, non ci sia più inimicizia che per gli iniqui. – [194] Il mese sacro per il mese sacro e tutti i luoghi sacri seguono la legge del taglione; chi in quei luoghi vi aggredisce aggreditelo come egli ha aggredito voi, temete Iddio e sappiate che Dio è con chi Lo teme. – [195] Erogate dei vostri beni sulla via di Dio e non gettatevi in perdizione con le vostre stesse mani, ma fate del bene, perché Dio ama i benèfici.

[196] Compite il pellegrinaggio e la visita ai luoghi santi per amore di Dio, ma se ne siete trattenuti, andranno bene in cambio le offerte che potrete con facilità inviare, e, finché l'offerta non sia giunta a destinazione, non radetevi la testa. Se però qualcuno di voi è malato o ha un inconveniente alla testa, dovrà riscattare l'obbligo con un digiuno, o con una elemosina, o dei sacrifici. Quando siete al sicuro, chi profitta della visita per fare il pellegrinaggio, farà quelle offerte che potrà e se non gli riesce, digiunerà tre giorni durante il pellegrinaggio e sette al ritorno, il che fa dieci giorni completi. Questo è d'obbligo per chi non abbia la famiglia presente nel

Sacro Tempio, ma temete Iddio e sappiate che Iddio con violenza punisce. – [197] Il pellegrinaggio si compirà nei mesi già noti: chiunque in quei mesi compie l'obbligo del pellegrinaggio, durante quel periodo non dovrà accostarsi a donne, né commettere atti osceni, né risse; il bene che farete, Iddio lo saprà; preparatevi provviste pel viaggio, ma la miglior provvista è il timor di Dio: temeteMi dunque, o voi dagli intelletti sani! – [198] Non sarà peccato se voi cercherete di guadagnarvi grazia di Dio durante il pellegrinaggio, e, quando avrete fatto la *ifāḍa* da *'Arafāt*, menzionate il nome di Dio presso il monumento sacro, e ricordate com'Egli v'ha mostrato la Via, mentre prima eravate traviati. – [199] Compiete quindi la *ifāḍa* da dove la compiono tutti e chiedete perdono a Dio, che perdona, misericordioso. – [200] E quando avrete compiuto i riti, menzionate il nome santo di Dio con la stessa venerazione che il nome dei vostri padri o più ancora. C'è gente che chiede a Dio: " Signore! Dacci delle cose del mondo! ", e non avran parte nell'altro. – [201] E altri chiedono: " Dacci in questo mondo cosa buona, e nell'altro cosa buona, e preservaci dal castigo del fuoco! " – [202] Questi avran parte in quel che si son meritati, ché Dio è rapido al conto. – [203] E menzionate il nome di Dio in giorni numerati; ma chi si affretterà nei due primi giorni, non farà peccato, come non farà peccato chi s'indugerà, se teme Dio. Temete dunque Iddio e sappiate che avanti a Lui sarete tutti adunati. – [204] E fra gli uomini v'è qualcuno di cui ti piacerà il modo di parlare della vita terrena e che chiamerà Dio a testimonio di quel che ha nel cuore, eppure è il tuo più insistente avversario – [205] e quando ti volge le spalle corre per tutta la terra a portarvi la corruzione e a rovinar le messi e gli armenti, ma Dio non ama la corruzione – [206] e quando gli si dice: " Temi Dio! ", lo prende orgoglio peccaminoso. Gli basterà l'Inferno, ma che orrendo giaciglio! – [207] Ma c'è anche fra gli uomini chi si sacrifica bramoso del compiacimento di Dio, e Dio è dolce coi servi. –

208 O voi che credete! Entrate tutti nella Pace e non se-
guite le orme di Satana, ch'è vostro nemico chiaro. – 209 Ma
se scivolerete di nuovo nell'errore dopo che avrete ricevuto
prove evidenti della Fede, sappiate che Dio è potente e sag-
gio. – 210 Stan forse attendendo altra cosa che un soprav-
venire di Dio in ombre di nubi, e degli Angeli insieme? Ma
tutto è ormai deciso e a Dio ritornan le cose. – 211 Domanda
ai figli di Israele quanti Segni chiari abbiam loro inviati, ma
chi adultera la grazia di Dio che gli è giunta, ebbene Dio
violentemente castiga. – 212 È tutta adorna, per quei che non
credono, la vita del mondo, per quelli che scherniscono i
credenti. Ma coloro che temono Dio saranno alti sopra di
loro nel giorno della Resurrezione, ché Dio dà della Sua
provvidenza a chi vuole, senza contarla. –

213 Erano un tempo, gli uomini, una nazione sola; e Dio
mandò i Profeti, araldi e ammonitori, e con loro rivelò il
Libro pieno di verità per giudicare delle divergenze sorte
fra gli uomini; e le divergenze sorsero proprio sul Libro fra
quelli cui esso fu dato, dopo le prove chiare che ebbero,
per mutua gelosia. Ma Dio guidò quei che credettero verso
quel Vero sul quale, col suo permesso, eran stati discordi,
perché Dio guida chi vuole al retto sentiero. – 214 Credete
forse di entrare in Paradiso senza che vi tocchino cose si-
mili a quelle avvenute a coloro che v'han preceduti? Li colse
angustia ed angoscia, e tentennarono, sì che disse il Messag-
gero di Dio insieme con quei che credettero: "Quando verrà
il soccorso di Dio? Non è dunque il soccorso di Dio vicino?" –

215 Ti chiederanno che cosa dovran dar via dei loro beni.
Rispondi: "Quel che date via delle vostre sostanze sia per
i genitori, i parenti, gli orfani, i poveri, i viandanti; tutto
ciò che farete di bene, Dio lo saprà". –

216 V'è prescritta la guerra anche se ciò possa spiacervi:
ché può darsi vi spiaccia qualcosa che è invece un bene per
voi, e può darsi vi piaccia qualcosa, mentre invece è un
male per voi, ma Dio sa e voi non sapete. – 217 Ti chiede-

ranno se è lecito far guerra nel mese sacro. Rispondi: " Far
guerra in quel mese è peccato grave. Ma più grave è agli
occhi di Dio stornare dalla via di Dio, bestemmiare Lui e il
Sacro Tempio e scacciarne la Sua gente, poiché lo scandalo
è peggiore dell'uccidere, e costoro non cesseranno di com-
battervi fino a quando loro riuscisse di farvi apostatar dalla
fede; quanto a quelli di voi che avranno abbandonato la fede
e saran morti negando, vane saranno tutte le opere loro in
questo e nell'altro mondo, e saran dannati al fuoco, dove
rimarranno in eterno. – 218 Ma quelli che credettero, e che
emigrarono, e lottarono sulla via di Dio, posson sperare la
misericordia di Dio, ché Dio perdona misericorde". –

219 Ti domanderanno ancora del vino e del *maysir*. Ri-
spondi: " C'è peccato grave e ci sono vantaggi per gli uomini
in ambe le cose: ma il peccato è più grande del vantaggio ".
Ti domanderanno quanto dovranno dare in elemosina. Ri-
spondi: " Date il superfluo. Così Iddio vi dichiara i suoi
segni acciocché meditate, – 220 sulle cose di questo mondo
e del mondo dell'Oltre ". E ancora ti chiederanno degli orfani.
Rispondi: "Amministrare bene le loro sostanze è bene. E se
mescolate i vostri affari con i loro sappiate che son vostri
fratelli, e Dio distingue chi amministra male da chi ammini-
stra bene, e se Dio volesse potrebbe duramente punirvi, ché
è potente e saggio ". –

221 Non sposate donne idolatre finché non abbian cre-
duto, ché è meglio una schiava credente che una donna ido-
latra, anche se questa vi piace, e non date spose donne cre-
denti a idolatri finché essi non abbian creduto, perché lo
schiavo credente è meglio di un uomo idolatra, anche se
questi vi piaccia. Quelli invitano al fuoco, ma Iddio invita
ai giardini del cielo e al perdono, se vuole; e dichiara i Suoi
segni agli uomini a ché essi si rammentin di Lui. – 222 Ti do-
manderanno ancora delle mestruazioni. Rispondi: " È cosa
immonda. Pertanto astenetevi dalle donne durante le me-
struazioni e non avvicinatevi loro finché non si siano purifi-

cate, e quando si saranno purificate accostatevi a loro dalla
parte che Dio v'ha comandato, poiché Dio ama i pentiti,
ama i puri". – 223 Le vostre donne sono come un campo per
voi, venite dunque al vostro campo a vostro piacere, ma
premettete qualche atto pio, utile a voi, e temete Iddio, e
sappiate che lo incontrerete: dànne la lieta novella ai cre-
denti. – 224 Non fate di Dio l'oggetto dei vostri giuramenti,
che sarete giusti, che temerete Dio e che metterete pace fra
gli uomini, poiché Dio sa ed ascolta. - 225 Dio comunque
non vi riprenderà per una svista nei vostri giuramenti, bensì
vi riprenderà per ciò che avranno inteso fare i vostri cuori,
e Dio è misericordioso e benigno. –

226 A coloro che giurano di separarsi dalle loro donne è
imposta un'attesa di quattro mesi. Se ritornano sul loro pro-
posito, ebbene Dio è indulgente e perdona, – 227 e se poi
saran confermati nella loro decisione di divorziarle, Iddio
ascolta e conosce. – 228 Quanto alle divorziate, attendano,
prima di rimaritarsi, per tre periodi mestruali. E non è loro
lecito nascondere quel che Iddio ha creato nel loro ventre,
se esse credono in Dio e nell'Ultimo Giorno. Ché è più giu-
sto che i loro mariti le riprendano quando si trovano in que-
sto stato, se vogliono rappacificarsi. Esse agiscano coi mariti
come i mariti agiscono con loro, con gentilezza; tuttavia
gli uomini sono un gradino più in alto, e Dio è potente e
saggio. –

229 Il ripudio v'è concesso due volte: poi dovete o rite-
nerla con gentilezza presso di voi, o rimandarla con dolcezza;
e non v'è lecito riprendervi nulla di quel che avete loro dato;
a meno che ambedue non temano di non poter osservare le
leggi di Dio, ché se temono di non poter osservare le leggi
di Dio, non sarà peccato se la moglie si riscatterà pagando
una somma. Questi sono i termini di Dio: non oltrepassateli,
ché quelli che oltrepassano i termini di Dio, sono gli empi. –
230 Dunque se uno ripudia per la terza volta la moglie essa
non potrà più lecitamente tornare da lui se non sposa prima

un altro marito; il quale se a sua volta la divorzia, non sarà peccato se i due coniugi si ricongiungano, se pensano di poter osservare le leggi di Dio. Questi sono i termini di Dio che Egli dichiara a uomini che comprendono. – [231] E quando ripudiate le donne e sian giunte al termine fissato per il ripudio, ritenetele con gentilezza o con gentilezza rimandatele, e non trattenetele a forza trattandole iniquamente, perché chi fa ciò fa ingiustizia a se stesso. Non prendete dunque a gabbo i Segni di Dio, ma siate grati per la grazia che Dio v'ha elargito, per il Libro che v'ha rivelato, e pei savii precetti coi quali v'ammonisce, e temete Iddio e sappiate che Dio sa tutto. – [232] E quando ripudiate le donne e sian giunte al termine fissato pel ripudio, non impedite loro di sposare i loro mariti, se s'accordano fra loro umanamente; con queste parole s'ammoniscono coloro fra voi che credono in Dio e nell'Ultimo Giorno: questa è infatti per voi la cosa più pura e pulita da farsi, ma Dio sa e voi non sapete. –

[233] E le madri divorziate allatteranno i loro figli per due anni pieni se il padre vuole completare l'allattamento, e il padre è obbligato a fornir loro gli alimenti e le vesti, con gentilezza; comunque nessuno può essere obbligato a fare più di quanto può: né la madre soffra danno per il figlio, né il padre; e l'erede ha gli stessi obblighi. Se poi i due coniugi vorranno interrompere l'allattamento di comune accordo, e dopo essersi insieme consultati, non faranno alcun peccato; né farete peccato se darete ad allattare i vostri figli a una nutrice, se consegnerete il prezzo pattuito, gentilmente. Temete dunque Iddio e sappiate che Iddio osserva ciò che voi fate. –

[234] Se qualcuno di voi muore e lascia delle mogli, queste attenderanno per quattro mesi e dieci giorni; trascorso questo periodo, non avrete, o tutori, alcuna responsabilità di quello ch'esse vorran far di se stesse onestamente. Badate che Dio sa ciò che fate! – [235] Non v'è nulla di male se farete in questo periodo proposte di matrimonio a queste donne, o

se celerete questa intenzione nei vostri cuori, Dio sa infatti che vi ricorderete poi di esse. Ma non impegnatevi in promesse segrete, bensì dite solo parole oneste, e non decidete di unirvi con loro in matrimonio finché la prescrizione non sia giunta al suo termine, e sappiate che Dio conosce quel che avete in cuore, badate! Ma sappiate che Dio è pietoso e clemente. – [236] Non v'è nulla di male se ripudierete le donne prima di averle toccate o prima di aver loro fissato una dote; ma assegnate loro mezzi per vivere, ricchi o poveri ciascuno secondo le sue possibilità, in modo umano: è un dovere, questo, per chi è benefico. – [237] E se le ripudierete prima di averle toccate, ma avete già assegnata loro una dote, una metà di questa resterà a loro, a meno che non vi rinuncino, o non vi rinunci colui che ha in mano il vincolo del matrimonio. Ma è più vicino al timor di Dio che rinunciate voi. Non dimenticate mai la generosità, nei rapporti fra voi, ché Dio osserva ciò che voi fate. –

[238] Eseguite accuratamente le Preghiere, e la Preghiera di mezzogiorno: devotamente ritti in piedi volgetevi a Dio. – [239] Se temete qualche pericolo pregate a piedi o a cavallo, quando poi state al sicuro menzionate il nome di Dio, com'Egli vi ha insegnato, mentre prima non sapevate. – [240] Quelli di voi che moriranno lasciando delle mogli, assegnino per testamento alle loro mogli beni sufficienti per vivere per un anno dopo la loro morte, sì da non costringerle ad essere cacciate di casa. Se poi esse stesse se ne andranno, voi non avete alcuna colpa delle decisioni che esse prenderanno per sé, con onestà, ché Dio è potente e saggio. – [241] Alle ripudiate spettano mezzi di sussistenza secondo onestà: è un dovere per i timorati di Dio. – [242] Così Iddio vi dichiara i Suoi Segni, acciocché possiate comprendere. –

[243] Non hai visto coloro che a migliaia uscirono dalle loro case per timor della morte e Dio disse loro: "Morite!", poi li risuscitò, poiché Dio è generoso con gli uomini, seppure la maggior parte di essi non è grata a Lui. –

244 Combattete sulla via di Dio e sappiate che Dio ascolta
e conosce. – 245 Chi è colui che vorrà fare a Dio un prestito
bello, un prestito che gli sarà restituito raddoppiato di molti
doppi? Dio stringe ed allenta, e a Lui tutti sarete fatti tor-
nare. –
246 Non hai visto il consesso dei figli d'Israele quando,
dopo la morte di Mosè, dissero a un loro profeta: " Sùsci-
taci un re e noi combatteremo sulla via di Dio! " Ed Egli ri-
spose: " Potrebbe mai accadere che, se vi fosse prescritto com-
battere, non combattereste? " Ed essi replicarono: " Come
potremmo non combattere sulla via di Dio, mentre siamo
stati scacciati dalle nostre case e dai nostri figli? " Eppure
quando fu loro prescritta la guerra tutti volser le spalle, salvo
pochi. Ma Dio sa quali sono gli iniqui. – 247 E disse loro il
Profeta: " In verità Dio vi ha suscitato Saul a re ". Dissero:
" Come potrebbe mai regnare su di noi, mentre siamo più
degni noi di lui di regnare, ché non gli fu data abbondanza
di beni? " E rispose il Profeta: " Ma Dio lo ha eletto su di
voi, gli ha elargito distesa di scienza e di forza, ché Dio dà
il regno a chi vuole: è ampio, sapiente " – 248 E disse loro il
Profeta: " In verità segno del suo regnare sarà questo, che verrà
a voi l'Arca nella quale dimorerà Divina Presenza inviata dal
Signore vostro e un resto di ciò che lasciaron la gente di
Mosè e la gente d'Aronne: sarà portata dagli Angeli. In questo,
certo, v'è un Segno per voi, se siete credenti ". – 249 E quando
Saul partì con le truppe, disse: " Iddio vi metterà alla prova
con l'acqua di un fiume, e chi ne berrà non sarà dei miei,
mentre chi non ne gusterà affatto, a meno che non ne prenda
un sorso nel cavo della mano, sarà dei miei ". E ne bevvero
tutti, eccetto pochi; quando dunque egli, e quei che con lui
credettero, ebbero trovato il fiume, gli altri dissero: " Oggi
non abbiam forza alcuna di resistere a Golia e ai suoi eser-
citi ". Ma quei che pensavano che un giorno avrebbero in-
contrato Dio dissero invece: " Quanti piccoli eserciti non
han vinto un esercito numeroso, col permesso di Dio! Ché

Iddio è coi pazienti". – [250] E quando scesero in campo contro Golia e i suoi eserciti dissero: "Signor nostro! Infondici pazienza, fa saldi i nostri piedi, e dacci vittoria sul popolo infedele!" – [251] E li misero in fuga, col permesso di Dio, e David uccise Golia, e Dio gli diede il Regno e la Saggezza e gli insegnò quel che volle; e se Dio non respingesse gli uomini gli uni mediante gli altri, la terra si corromperebbe, ma Dio è pieno di grazia pel mondo. – [252] Questi sono i Segni di Dio che noi ti recitiamo con verità, poiché tu sei, certo, uno dei Messaggeri di Dio. –

[253] Di tali Messaggeri Divini alcuni li abbiam resi superiori ad altri; fra essi c'è chi parlò con Dio, ed Egli ne ha elevati alcuni di vari gradi. Così demmo a Gesù figlio di Maria prove chiare e lo confermammo con lo Spirito di Santità; e se Dio avesse voluto, coloro che li seguirono non si sarebbero uccisi l'un l'altro, dopo aver ricevuto prove così evidenti; ma essi furon discordi; ci fu chi credette, ci fu chi negò, ma se Dio avesse voluto non si sarebbero uccisi l'un l'altro. Dio però, fa ciò che vuole. –

[254] O voi che credete! donate parte dei beni che la Nostra provvidenza vi ha elargito, prima che sopravvenga un giorno in cui non ci saranno vendite, né amicizie, né intercessioni, e gli infedeli non saranno null'altro che iniqui. – [255] Dio! Non v'è altro Dio che Lui, il Vivente, che di Sé vive: non lo prende mai né sopore né sonno, a Lui appartiene tutto ciò che è nei cieli e tutto ciò che è sulla terra. Chi mai potrebbe intercedere presso di Lui senza il Suo permesso? Egli conosce ciò che è avanti a loro e ciò che è dietro di loro, mentre essi non abbracciano della Sua scienza se non ciò che Egli vuole. Spazia il suo trono sui cieli e sulla terra, né Lo stanca vegliare a custodirli: è l'Eccelso, il Possente! – [256] Non vi sia costrizione nella Fede: la retta via ben si distingue dall'errore, e chi rifiuta *Ṭāġūt* e crede in Dio s'è afferrato all'impugnatura saldissima che mai si può spezzare, e Dio ascolta e conosce. – [257] Dio è il patrono di coloro

che credono e che Egli trae dalle tenebre alla luce, mentre coloro che rifiutano Dio avran per patroni i *Ṭāġūt* che li traggon dalla luce alle tenebre. Questi sono i dannati al fuoco, dove rimarranno in eterno. –

258 Non hai tu visto colui che argomentava del suo Signore con Abramo, poiché Dio gli aveva dato il supremo potere? Quando Abramo disse: " È il mio Signore colui che dà la vita e dà la morte! ", quello rispose: " Sono io che dò la vita e dò la morte! " E Abramo replicò: " Iddio certo fa sorgere il sole dall'oriente. Tu dunque fallo nascere dal ponente! " Così il Negatore restò scornato, ché Dio non guida gli iniqui. – 259 O come avvenne a colui che passò presso una città distrutta dalle fondamenta e disse: " Potrebbe mai Iddio far rinascere una città così morta? " Allora Dio lo fece morire e restar così per cento anni, poi lo risuscitò e gli chiese: " Quanto tempo sei restato così? ", rispose: " Ci sarò restato un giorno o parte d'un giorno ". E Dio gli disse: " No, che anzi ci sei restato cent'anni; guarda dunque il tuo cibo e la tua bevanda che non si sono ancora ammuffite, e guarda il tuo asino. Ma il Nostro scopo era quello di far di te un Segno per gli uomini. E guarda anche le ossa come Noi le richiamiamo alla vita e le rivestiamo di carne ". E quando tutto questo gli fu chiaramente mostrato disse: " Riconosco ora che Dio è sovra tutte le cose potente! " – 260 E quando Abramo disse: " Signore! Mostrami come Tu ridoni vita ai morti! " " Non credi tu dunque? " disse Dio. " Sì, disse Abramo, ma Te'l chiedo perché sia sicuro il mio cuore " E disse Dio: " Prendi allora quattro uccelli e traili a te; poi falli a brani e mettine un pezzo su ogni montagna, poi chiamali ed essi verranno a te a corsa veloce, e sappi che Iddio è potente e saggio! " –

261 E quando uno dona dei suoi beni sulla via di Dio è come un granello che fa germinare sette spighe, ognuna delle quali contiene cento granelli; così Dio darà il doppio a chi vuole, e Dio è ampio sapiente. – 262 Coloro che donano dei

propri beni sulla via di Dio e in seguito non rinfacciano quello che hanno donato e non offendono, avranno la loro ricompensa presso il Signore; nessun timore essi avranno né li coglierà tristezza. – [263] Una parola gentile e di perdono è meglio di un'elemosina seguita da offesa; Dio è ricco e clemente. – [264] O voi che credete, non rovinate le vostre elemosine rinfacciandole e offendendo, come colui che dona i suoi beni per farsi veder dalla gente e non crede in Dio e nell'Ultimo Giorno. Di lui sarà come d'una roccia coperta di terriccio, che la colpisce un acquazzone e la lascia nuda: così quelli non avranno alcun potere su ciò che avran guadagnato, ché Dio non guida gente infedele! – [265] Invece, di quelli che donano dei loro beni bramosi solo di soddisfare Iddio e di confermare se stessi, sarà come di un giardino sopra un'altura, che lo colpisce un acquazzone e produce i suoi frutti due volte tanti. E se non lo colpirà un acquazzone vi cadrà leggera la rugiada. Ché Iddio ciò che fate l'osserva. – [266] Piacerebbe forse a qualcuno di voi possedere un giardino di palme e vigneti alle cui ombre scorran ruscelli, pieno d'ogni specie di frutta, e lo cogliesse ivi la vecchiaia circondato di figli ancor deboli e che lo colpisse un uragano infuocato e tutto s'abbruciasse? Così Iddio vi dichiara i Segni acciocché possiate meditare. – [267] O voi che credete, donate delle cose buone che avete guadagnato e che Noi abbiam fatto germinare per voi dalla terra, e non proponetevi di dar via il cattivo, quel che voi stessi non prendereste altro che chiudendoci sopra un occhio, e sappiate che Dio è ricco e lodato. – [268] Satana vi minaccia la povertà e vi ingiunge l'avarizia, ma Dio vi promette perdono e abbondante grazia, ché Dio è vasto sapiente. – [269] Egli dà la saggezza a chi vuole e colui cui è stata data la saggezza ha avuto un bene abbondante, ma questo non lo ricordano che gli uomini di sano intelletto. – [270] Qualsiasi cosa diate in elemosina e qualsiasi voto facciate, Dio lo sa, e gli ingiusti non avranno alleati. – [271] Se le elemosine le farete pubblicamente, buona cosa è

questa; ma se le farete in segreto dando dei vostri beni ai po-
veri, questa è cosa migliore per voi e servirà d'espiazione per
le vostre colpe, ché Dio è bene informato di quello che fate. –
272 Non sei tu, o *Muḥammad*, che devi guidarli, ma è
Dio che guida chi vuole; quel che donerete di bene sarà a
vostro vantaggio, ma dovete donare soltanto per desiderio
del volto di Dio, e quel che di buono donerete vi sarà ripa-
gato, e non sarete frodati. – 273 E dovete dare a quei poveri
divenuti tali sulla via di Dio e che non posson percor-
rer la terra per commerciare; chi è ignaro di loro li crede
ricchi, per la loro dignitosa modestia. Ma li riconoscerai da
questo segno: essi non chiedono importunamente l'elemosina
alla gente. Dunque quel che di buono donerete, certo Dio
lo conosce. – 274 Coloro che donano dei loro beni di notte
e di giorno, in segreto e apertamente, avranno la loro ricom-
pensa presso il Signore, non ci sarà timore per loro, né li
coglierà tristezza. –
275 Coloro che praticano l'usura, il dì della Resurrezione
sorgeran dai sepolcri come chi è reso epilettico dal contatto
di Satana. Questo perché essi hanno detto: "La compra-
vendita è come l'usura". Ma Dio ha permesso la compra-
vendita e ha proibito l'usura. E colui cui arrivi questo av-
vertimento divino e desista da questo peccato, gli sarà con-
donato quel ch'è passato, e la sua causa sarà giudicata da
Dio; coloro però che tornano a praticar l'usura, saran dan-
nati al fuoco, nel quale rimarranno in eterno. – 276 Ma Dio
distruggerà l'usura e moltiplicherà il frutto dell'elemosine,
ché Dio non ama nessun negatore perverso. – 277 In verità
coloro che credono ed operano il bene, e compiono la Pre-
ghiera, e pagano la Dècima, avranno la loro ricompensa presso
il Signore, non ci sarà timore per loro né li coglierà tristezza. –
278 O voi che credete! Temete Dio e lasciate ogni resto d'u-
sura, se siete credenti! – 279 E se non lo fate, ascoltate la
dichiarazione di guerra da parte di Dio e del Suo Messag-
gero; se vi pentite, i vostri capitali resteranno a voi, non

froderete né sarete frodati. – [280] Se il vostro debitore si trova in difficoltà, gli sia accordata una dilazione fino a che una facilità gli si presenti; ma se rimetterete il debito, sarà meglio per voi, se sapeste! – [281] E temete un giorno nel quale sarete tutti riportati a Dio e ad ogni anima sarà pagato quel che s'è guadagnata, e non sarà frodata. –

[282] O voi che credete, quando contraete un debito a scadenza fissa, scrivetelo, e lo scriva fra voi uno scrivano, con giustizia, e non rifiuti lo scrivano di scrivere come Iddio gli ha insegnato; che scriva dunque sotto dettatura del debitore, e tema Iddio, il suo Signore, e non ne diminuisca nulla; se poi il debitore è deficiente o debole di mente o non possa dettare egli stesso, detti allora il suo tutore con giustizia; convocate due testimoni, uomini della vostra gente, e se non ci sono due uomini, un uomo e due donne, scelti fra coloro che accettate come testimoni, cosicché se una delle donne sbagliasse, l'altra le possa ricordare il fatto; i testimoni, quando sono invitati a testimoniare, non si rifiutino di farlo; non vi disgusti metter per iscritto il debito, piccolo o grande che sia, fissandone il termine di scadenza: questo è cosa più giusta presso Dio e più acconcia alla testimonianza, e più facile a non farvi venir dubbi. Ma se l'oggetto del contratto è merce pronta che fate girare fra di voi non ci sarà nulla di male se non metterete la cosa per iscritto. Chiamate comunque dei testimoni quando fate un atto di compravendita, e non si faccia violenza né a scrivani né a testimoni, ché se lo farete sarà una turpitudine; temete dunque Iddio e Dio vi istruirà, ché Egli conosce tutte le cose. – [283] Se siete in viaggio e non trovate uno scrivano, si ricevano pegni; ma se qualcuno di voi affida a un altro una cosa, il depositario restituisca il suo deposito e tema Iddio, suo Signore. Non nascondete cose che avete da testimoniare, ché chi lo fa ha il cuore peccaminoso, e Dio sa ciò che fate. –

[284] A Dio appartiene ciò che è nei cieli e ciò ch'è sulla terra e sia che manifestiate o nascondiate quel che avete in

cuore, Dio ve ne chiederà conto, e perdonerà chi vuole e castigherà chi vuole, ché Dio è sovra tutte le cose potente. –
285 Il Messaggero di Dio crede in ciò che gli è stato rivelato dal suo Signore e così tutti i credenti credono ciascuno in Dio e nei Suoi Angeli, nei Suoi Libri, nei Suoi Messaggeri. " Non facciamo distinzione alcuna, essi professano, fra i Messaggeri tutti che Dio ha inviato ". E dicono: " Abbiamo udito e obbediamo: perdono, o Signore! Ché tutti a Te ritorniamo! " –
286 Iddio non imporrà a nessun'anima pesi più gravi di quel che possa portare. Quel che si sarà guadagnata sarà a suo vantaggio e quel che si sarà guadagnata sarà a suo svantaggio. Signore! Non ci riprendere se dimentichiamo e sbagliamo. Signore! Non ci imporre un carico pesante come quel che imponesti a coloro che furon prima di noi. Signore! Non ci caricare di quel che non abbiamo la forza di portare. Condona, perdona, abbi pietà di noi: Tu sei il Protettore nostro, dacci vittoria sulla gente infedele! –

III. LA SURA DELLA FAMIGLIA DI ‘IMRĀN

(*Medinese, di 200 versetti. Rivelata dopo la Sura del Bottino*)

Nel nome di Dio, clemente misericordioso!
[1]A.-L.-M. – [2] Dio! Non c’è altro dio che Lui, il Vivente,
che di sé vive. – [3] Egli t’ha rivelato il Libro, con la Verità,
confermante ciò che fu rivelato prima, e ha rivelato la *Tōrāh*
e il Vangelo, – [4] prima, come guida per gli uomini, ed ha
rivelato ora la Salvazione. In verità coloro che smentiscono
i Segni di Dio avranno castigo violento, ché Dio è forte e
sa vendicarsi! – [5] E certo a Dio non è nascosto niente sulla
terra, niente nel cielo. – [6] Egli è Colui che vi plasma nel
ventre delle madri, come vuole, non c’è altro dio che Lui,
il potente, il saggio. – [7] Egli è Colui che ti ha rivelato il
Libro: ed esso contiene sia versetti solidi, che sono la Madre
del libro, sia versetti allegorici. Ma quelli ch’hanno il cuore
traviato seguono ciò che v’è d’allegorico, bramosi di portar
scisma e di interpretare fantasiosamente, mentre la vera inter-
pretazione di quei passi non la conosce che Dio. Invece gli
uomini di solida scienza diranno: “Crediamo in questo Li-
bro; esso viene tutto dal Signore nostro!” Ma su questo
non meditano che gli uomini di sano intelletto. – [8] O Signor
nostro! Non far deviare i nostri cuori dopo che li guidasti
al Vero: donaci dal Tuo cielo misericordia, ché tu sei largo
nel dare! – [9] O Signor nostro! Certo tu adunerai gli uomini
tutti in un giorno sul cui sopravvenir non v’ha dubbio, ché

Dio la sua promessa non rompe. – 10 In verità quelli che han
negato la Fede, non serviran loro a nulla le loro ricchezze,
né i loro figli, contro Dio; saranno alimento del fuoco. –
11 Come il contegno della gente di Faraone e di quelli che
vissero prima di loro, che smentirono i Nostri segni, e per-
ciò Dio li colse in flagrante peccato, e Dio è violento a pu-
nire. – 12 Dì a quelli che negan la Fede: "Voi sarete scon-
fitti e radunati nell'Inferno: qual tristo giaciglio!" – 13 E vi
fu certo un Segno di Dio per voi nei due eserciti che si scon-
trarono combattendo l'uno sulla via di Dio e l'altro infedele:
e agli occhi di questi i credenti apparvero in numero doppio
del loro; ché Dio conferma col suo aiuto vittorioso chi vuole.
In verità in questo è un esempio per chi la vista ha chiara. –
14 Fu reso adorno agli occhi degli uomini l'amor dei pia-
ceri, come le donne, i figli, e le misure ben piene d'oro e
d'argento, e i cavalli di purissima razza, e i greggi e i campi.
Questi son beni di questa vita terrena, ma presso a Dio è la
mèta buona. – 15 Ma vi narrerò di cose migliori di quelle:
Presso Dio vi son pei credenti giardini alle cui ombre scorrono
i fiumi, dove rimarrete in eterno, e spose purissime e il com-
piacimento di Dio, ché Dio osserva i Suoi servi. – 16 I quali
dicono: "Signore! In verità noi abbiamo creduto, perdonaci
i nostri peccati, e preservaci dal castigo del Fuoco!", – 17 pa-
zienti, sinceri, devoti, generosi, chiedenti grazia ad ogni
alba. – 18 Iddio stesso è testimonio che non c'è altro dio che
Lui, e gli angeli, e i signori della scienza testimoniano an-
cora: "Non c'è altro dio che Lui, il Governante con giu-
stizia, il Potente, il Saggio!" –

19 In verità la Religione, presso Dio, è l'Islàm, e coloro
cui fu dato il Libro furon dilaniati da scismi solo dopo che
venne a loro la scienza, per invidie sorte fra loro. Ma chi
rifiuta i Segni di Dio sappia che Dio è rapido al conto. –
20 E se essi argomentano con te, rispondi loro: "Ho dato
tutto me stesso a Dio, io e chi mi segue". E dì a coloro
cui fu dato il Libro e ai gentili: "Vi date a Dio?" E se si

saran dati a Lui saranno ben guidati, ma se ti volteranno le spalle, ebbene, tu non devi che portare il Messaggio, e Dio osserva i suoi servi. – [21] E a coloro che rifiutano i Segni di Dio e uccidono i Profeti ingiustamente, e uccidono coloro fra gli uomini che invitano all'equità, annuncia castigo cocente. – [22] Quelli sono coloro le cui azioni tutte vanno perdute in questo mondo e nell'altro, né avranno protettori. – [23] Non vedesti tu dunque coloro cui fu data una parte del Libro? Quando sono invitati al Libro di Dio, a che giudichi fra essi, un gruppo di loro volgon le spalle e s'allontanano. – [24] Questo perché dicono: " Non ci toccherà il Fuoco altro che per giorni contati ", e così sono ingannati nella loro religione dalle loro stesse invenzioni. – [25] E che avverrà allora quando li raduneremo tutti, in un Giorno sul cui sopravvenir non v'ha dubbio e ad ogni anima sarà pagato quanto avrà guadagnato e non ci saranno frodi? – [26] Dì: " O mio Dio! Padrone del Regno! Tu dai il Regno a chi vuoi, e strappi il Regno a chi vuoi, esalti chi Tu vuoi, umilii chi Tu vuoi: in mano Tua è il Bene, e Tu sei sovra tutte le cose potente! – [27] Insinui la notte nel giorno e il giorno nella notte, estrai il vivo dal morto e il morto dal vivo, doni cibo a chi vuoi, senza conto ". – [28] I credenti non si scelgano a patroni gli infedeli a preferenza dei fedeli; chi fa questo non è da Dio; a meno che non abbiate motivi di timore da parte loro. Ma Dio stesso vi metterà in guardia contro sé stesso, e a Dio è il grande Ritorno. – [29] Dì: " Sia che nascondiate quel che avete in cuore, o che lo manifestiate, Iddio lo conosce, e conosce ciò che è nei cieli e ciò ch'è sulla terra, e Dio è sovra tutte le cose potente ". – [30] Il Giorno in cui ogni anima troverà tutto quel che ha fatto di bene trattole avanti agli occhi, e tutto quel che ha fatto di male, allora vorrebbe che fra essa e quella cosa una distesa immensa vi fosse; ma Dio stesso vi metterà in guardia, ché Dio è gentile coi servi. – [31] Dì: " Se veramente amate Dio, seguite me e Dio v'amerà e vi perdonerà i vostri peccati, ché Dio è indulgente, pietoso ". –

32 Obbedite a Dio e al Suo Messaggero, e se voi gli volge-
rete le spalle, sappiate che Dio non ama i Negatori. –
33 In verità Iddio ha eletto Adamo e Noè e la gente
d'Abramo e la gente di *'Imrān* sovra tutto il creato – 34 come
progenie gli uni degli altri, e Dio sa ed ascolta. – 35 Quando
disse la moglie di *'Imrān*: " O Signore! Io voto a Te ciò ch'è
nel mio seno, sarà libero dal mondo e dato a Te! Accetta
da me questo dono, ché Tu sei Colui che ascolta e cono-
sce!" – 36 E quando la partorì, disse: " Signore! ecco che
io ho partorito una femmina!" (Ma Dio sapeva meglio di
lei Chi essa aveva partorito). " Il maschio non è come la
femmina, ma io l'ho chiamata Maria, e la metto sotto la Tua
protezione, lei e la sua progenie, contro Satana, il reietto!" –
37 E il Signore l'accettò, d'accettazione buona, e la fece ger-
mogliare, di germoglio buono. E Zaccaria la prese sotto la
sua tutela, e ogni volta che Zaccaria entrava da lei nel san-
tuario vi trovava del cibo e le diceva: " O Maria, donde ti
viene questo?" Ed essa rispondeva: " Mi viene da Dio, per-
ché Dio dà della Sua provvidenza a chi vuole, senza conto." –
38 E là Zaccaria pregò il suo Signore, dicendo: " O Signore!
Concedimi dal Tuo cielo una buona progenie, ché Tu esau-
disci le preci". – 39 Allora gli angeli lo chiamarono mentre
stava ritto in preghiera nel Santuario, e gli dissero: " Dio ti
dà la buona novella della nascita di Giovanni, che confer-
merà una Parola venuta da Dio, e onorevole e casto, e pro-
feta fra i Buoni". – 40 E disse Zaccaria: " O Signore, come
potrò io avere un figlio, ché m'è già sopraggiunta la vec-
chiaia, e mia moglie è sterile?" E l'angelo rispose: " Eppure
Dio fa ciò che vuole". – 41 Disse ancora: " O Signore, dammi
un segno". E Dio disse: " Il tuo segno sarà che non potrai
parlare alla gente per tre giorni, altro che a gesti, ma tu men-
ziona spesso il nome del Signore, e glorificalo, alla sera e al
mattino". –

42 E quando gli angeli dissero a Maria: " O Maria! In
verità Dio t'ha prescelta e t'ha purificata e t'ha eletta su tutte

le donne del creato. – [43] O Maria, sii devota al tuo Signore, prostrati e adora con chi adora!" – [44] Questa è una delle notizie del mondo invisibile che Noi ti riveliamo, perché tu non stavi con loro quando tiravano a sorte con le canne per sapere chi si sarebbe preso cura di Maria, non eri con loro quando discutevano di questo. – [45] E quando gli angeli dissero a Maria: "O Maria, Iddio t'annunzia la buona novella d'una Parola che viene da Lui, e il cui nome sarà il Cristo, Gesù figlio di Maria, eminente in questo mondo e nell'altro e uno dei più vicini a Dio. – [46] Ed egli parlerà agli uomini dalla culla come un adulto, e sarà dei Buoni". – [47] "O mio Signore!, rispose Maria, Come avrò mai un figlio se non m'ha toccata alcun uomo?" Rispose l'angelo: "Eppure Dio crea ciò ch'Ei vuole: allorché ha deciso una cosa non ha che da dire: 'Sii!' ed essa è". – [48] Ed Egli gli insegnerà il Libro e la Saggezza e la *Tōrāh* e il Vangelo – [49] e lo manderà come Suo Messaggero ai figli d'Israele, ai quali egli dirà: "Io vi porto un Segno del vostro Signore. Ecco che io vi creerò con dell'argilla una figura d'uccello e poi vi soffierò sopra e diventerà un uccello vivo col permesso di Dio; e guarirò anche, col permesso di Dio, il cieco nato e il lebbroso e risusciterò i morti e vi dirò anche quel che mangiate e quel che conservate nelle vostre case. In tutto questo vi sarà un Segno per voi, se siete credenti. – [50] E son venuto a confermare quella *Tōrāh* che fu rivelata prima di me, per dichiararvi lecite alcune cose che v'erano state proibite, e v'ho portato un segno da Dio; pertanto temete Dio e obbeditemi. – [51] Poiché certo Dio è il mio Signore e il vostro Signore. Adoratelo: questa è la retta via". – [52] Ma quando Gesù sentì il loro ribelle rifiuto, si chiese: "Chi saranno gli ausiliari miei verso Dio?" "Noi, risposero gli apostoli, siamo gli ausiliari di Dio, noi crediamo in Dio e tu vedi che a Lui tutti ci diamo! – [53] O Signore nostro! Noi crediamo in quel che hai rivelato e abbiam seguito il Tuo Messaggero, scrivici dunque fra quelli che testimoniano

della sua verità ". – 54 E gli altri insidiarono, e Dio insidiò,
e Dio è fra gli insidiatori il migliore! – 55 Quando Dio disse:
" O Gesù, io ti farò morire, e poi ti innalzerò fino a me, e
ti purificherò dagli infedeli e porrò coloro che ti hanno se-
guito alti sopra agli infedeli fino al dì della Resurrezione;
poi a Me tutti tornerete e Io giudicherò fra voi delle vostre
discordie. – 56 Quanto a quelli che rifiutaron la Fede, li
punirò di pena violenta in questo mondo e nell'altro; e non
avranno aiuti. – 57 Quanto poi a coloro che credono e ope-
rano il bene, Dio pagherà loro il compenso dovuto, ché Dio
non ama gli ingiusti ". – 58 Queste sono le Sante Parole che
noi ti recitiamo e memoriale di saggezza. – 59 E in verità,
presso Dio, Gesù è come Adamo: Egli lo creò dalla terra,
gli disse: " Sii! " ed egli fu. – 60 Questa è verità che viene
da Dio. Non esser dunque, tu, dei dubbiosi. – 61 E a quelli
che argomenteranno con te su Gesù, dopo quanto tu n'hai
saputo, dì: " Venite, chiamiamo i nostri figli e i vostri figli
e le nostre donne e le vostre donne, e noi stessi e voi stessi,
e invochiamo insieme la maledizione di Dio sui mendaci! " –
62 Questa è la narrazione vera e non c'è dio altri che Dio e
in verità Dio è potente, sapiente. – 63 E se essi ti volgon le
spalle, certo Dio conosce chi porta la corruzione. –

64 Dì: " O gente del Libro! Venite a un accordo equo fra
noi e voi, decidiamo cioè di non adorare che Dio e di non
associare a Lui cosa alcuna, di non sceglierci fra noi padrone
alcuno che non sia Dio ". Se poi non accettano dite loro:
" Testimoniate almeno che noi ci siam dati tutti a Dio! " –
65 O gente del Libro! Perché discutete su Abramo, mentre
e la *Tōrāh* e il Vangelo son stati ambedue rivelati dopo di
lui? Non capite dunque? – 66 Ecco, voi siete quelli che di-
scutete su ciò di cui avete nozione, ma perché mai discutete
di ciò di cui non avete nozione alcuna? Dio sa e voi non
sapete! – 67 Abramo non era né ebreo, né cristiano: era un
ḥanīf, dedito intieramente a Dio e non era idolatra. – 68 E certo
i più vicini ad Abramo degli uomini tutti, sono coloro che

lo seguirono, e questo Profeta e quei che credono in lui; e Dio è l'amico di chi crede. – [69]A una parte della gente del Libro piacerebbe traviarvi; ma, nella loro incoscienza, non traviano che se stessi. – [70] O gente del Libro! Perché rifiutate fede nei Segni di Dio, che pur vi vedete davanti? – [71] O gente del Libro! Perché rivestite la verità di veli d'errore e la verità la celate, conoscendola? – [72]Altri poi, fra la gente del Libro, dicono: " Credete in quel che fu rivelato ai credenti, al sorger del giorno, e smentitelo al calar della sera: così forse apostateranno; – [73] e credete solo a chi segue la vostra religione (Dì: " ma la retta guida la dà Dio e Dio solo! ") a che non venga data ad altri una rivelazione simile a quella data a voi, o che non abbiano a discuter con voi presso il vostro Signore ". Dì: " Nella mano di Dio v'è grazia sovrabbondante ed Egli la dà a chi vuole: ché Iddio è ampio sapiente! " – [74] Egli trasceglie per la sua misericordia chi vuole: Iddio possiede grazia immensa. –

[75] Tra la gente del Libro ci sono di quelli che, se affidi loro un quintale d'oro te lo restituiscono, e altri che, se affidi loro un denaro non te lo rendono che dopo che tu stia loro sopra per riaverlo; e questo perché dicono: " Noi non siamo obbligati a mantenere impegni coi gentili ", e così dicendo mentiscono scientemente contro Dio. – [76]Anzi, chi mantiene il suo impegno e teme Dio, sappia che Dio ama quei che lo temono. – [77] In verità, coloro che comprano dei beni miserabili a prezzo della rottura del Patto con Dio e dei loro giuramenti, non avran parte nella vita dell'Oltre e Dio non rivolgerà loro la parola e non li guarderà, il giorno della Resurrezione, e non li purificherà, e avranno castigo cocente. – [78] Ci sono poi alcuni di loro che contorcono il testo del Libro, per farvi credere che quel che dicono sia nel Libro mentre non è nel Libro e dicono: " Questo è da Dio " mentre non è da Dio e così mentiscono contro Dio, scientemente. – [79] È impossibile che un uomo cui Dio abbia dato il Libro e la Sapienza e la Profezia, possa poi dire agli uomini: " Siate

servi miei, anziché di Dio!" Ma dirà piuttosto: "Siate mae-
stri della Legge Divina, dato che la insegnate e la studiate!" –
80 Dio non vi ordina di sceglervi a padroni gli Angeli e i
Profeti. Vi potrebbe mai Egli invitare all'infedeltà, dopo
che vi siete dati a Lui? –
81 E quando Iddio strinse un patto con i Profeti, dicendo:
"Ecco un Libro e una Sapienza che vi ho dati: un Messag-
gero vi sarà, poi, inviato a confermare la rivelazione che voi
già avete. Credetegli e sostenetelo". E disse ancora: "Con-
fermate e accettate il mio patto a questa condizione?" Rispo-
sero: "Confermiamo!" Ed Egli disse: "Testimoniate e io
testimonierò con voi. – 82 E quelli che, dopo aver accettato
questo patto, si trarranno indietro saranno empi". – 83 De-
siderano forse una religione altra che la Religione di Dio,
mentre si sottomette a Lui, volente o nolente, tutto ciò che
è nei cieli e sulla terra e a Lui tutti saran fatti tornare? –
84 Dì: "Crediamo in Dio e in quel ch'è stato rivelato a noi
e in quel ch'è stato rivelato ad Abramo e a Ismaele e a Isacco
e a Giacobbe e alle Tribù, e in ciò che fu dato a Mosè, e
a Gesù e ai Profeti dal loro Signore senza far distinzione
alcuna fra loro, e a Lui noi tutti ci diamo. – 85 E chiunque
desideri una religione diversa dall'Islàm, non gli sarà accet-
tata da Dio, ed egli nell'altra vita sarà fra i perdenti". – 86 Come
può mai Iddio guidare degli uomini che hanno respinto la
Fede dopo averla accettata, dopo aver reso testimonianza che
il Messaggero era messaggero di Verità, dopo che avevan
ricevuto prove chiarissime? Dio non guida la gente ingiusta! –
87 La loro ricompensa sarà che essi si trarranno addosso la
maledizione di Dio e degli angeli e degli uomini insieme, –
88 e vi rimarranno in eterno, non sarà loro alleggerito il ca-
stigo e non saranno guardati, – 89 eccetto coloro che si saran
pentiti, dopo aver fatto questo, e avranno rettificato il loro
operare, ché Dio è indulgente pietoso. – 90 In verità, coloro
che rifiutan la Fede dopo averla accettata, e aggiungono
infedeltà a infedeltà, il loro pentimento non sarà accolto: essi

son quelli che han perso la via. – [91] E così quelli che rifiu-
tan la Fede e muoiono negando, non sarebbe accettato da
loro nemmeno tutto l'oro che può contenere la terra se lo
offrissero per riscattarsi; avranno un tormento cocente e nes-
suno che li aiuti. – [92] Non avrete parte della virtù finché
non donerete delle cose che amate, e qualsiasi cosa voi do-
nerete, Dio lo saprà. –

[93] Ogni cibo era lecito ai figli d'Israele, eccetto quelli che
Israele si interdisse prima che fosse rivelata la *Tōrāh*. Dì:
" Portate dunque la *Tōrāh*, e leggetela, se siete sinceri! " –
[94] E chi, dopo tutto questo, forgerà menzogne contro Dio,
sarà un iniquo! – [95] Dì: " Dio è verace! Seguite quindi la
religione d'Abramo, che era un *ḥanīf*, non era un pagano ". –
[96] In verità il primo Tempio che sia stato fondato per gli uomini
è, certo, quello che è in Bakka, benedetto, e Guida per tutto
il Creato; – [97] vi si trovano Segni evidenti, come la stazione
di Abramo, e chi v'entra è in sicurtà. E gli uomini debbono
a Dio il pellegrinaggio al Tempio, quelli di loro che abbian
la possibilità di fare quel viaggio. Quanto poi a chi rifiuta
la Fede, ebbene Dio non ha bisogno degli uomini! – [98] Dì:
" O gente del Libro! Perché rifiutate fede ai Segni di Dio,
mentre Dio stesso è testimone di ciò che operate? " – [99] Dì:
" O gente del Libro! Perché distogliete coloro che credono
dalla Via di Dio? Voi cercate di renderla torta mentre siete
voi stessi testimoni che essa è la Via retta. Ma Dio non è
incurante di quel che voi fate " – [100] O voi che credete! Se
darete ascolto a taluno di quelli cui fu dato il Libro, essi vi
ridurranno a infedeli, dopo che avete creduto. – [101] E come
potrete mai farvi infedeli, mentre vi si recitano i Segni di
Dio e avete fra voi il Suo Messaggero? Ma chi si afferra a
Dio, Dio lo guiderà sul retto sentiero. – [102] O voi che cre-
dete, temete Dio del timor che Gli spetta e morite da musul-
mani! – [103] Afferratevi insieme tutti alla corda di Dio e non
disperdetevi, e ricordate le grazie che Dio v'ha largito: era-
vate nemici e v'ha posto armonia in cuore e per la Sua grazia

siete divenuti fratelli; eravate sull'orlo di una fossa di fuoco
e v'ha salvato; così Iddio vi dichiara i Suoi Segni a che pos-
siate trovare la giusta Via. – 104 E si formi da voi una na-
zione d'uomini che invitano al bene, che promuovono la
giustizia e impediscono l'ingiustizia. Questi saranno i fortu-
nati. – 105 E non siate come quelli che si divisero e dissen-
tirono fra loro dopo aver ricevuto le prove evidenti. Essi
avranno castigo immane, – 106 in un Giorno in cui alcuni
volti saran bianchi e alcuni volti saranno neri. E a quelli i
cui volti saranno anneriti, sarà detto: "Non avete rifiutato la
Fede, dopo averla accettata? Gustate ora il castigo del vo-
stro rifiuto!" – 107 Quanto poi a quelli i cui volti saranno
bianchi essi saranno nella misericordia di Dio, dove reste-
ranno in eterno. – 108 Questi sono i Segni di Dio che vi reci-
tiamo con verità: ché Dio non vuole che sia fatta ingiustizia
alle creature. – 109 A Dio appartiene tutto quel che è nei
cieli e quel che è sulla terra; a Lui tutto vien ricondotto. –
110 Voi siete la migliore nazione mai suscitata fra gli uomini:
promuovete la giustizia e impedite l'ingiustizia, e credete in
Dio. Ché se la gente del Libro anche credesse, meglio sa-
rebbe per loro. Fra di loro vi sono anche credenti, ma i più
sono degli empi. – 111 Essi non riusciranno che a danneggiarvi
leggermente, e se combatteranno contro di voi, vi volge-
ranno le terga, e non troveranno aiuto! – 112 Verrà loro im-
presso un marchio di infamia dovunque li troveremo, a meno
che non s'afferrino a una corda di Dio o a una corda d'uomini;
e incorreranno nell'ira di Dio e sarà loro scagliata addosso
pur l'indigenza. Questo perché hanno smentito i Segni di
Dio e hanno ucciso i Profeti ingiustamente. Questo perché
si son ribellati e hanno passato i limiti. – 113 Non tutti però
sono uguali: ché fra la gente del Libro ve n'ha di retti che
recitano i Segni di Dio nelle ore della notte, prostrati in
adorazione; – 114 essi credono in Dio e nell'ultimo giorno,
promuovono la giustizia e impediscono l'ingiustizia e gareg-
giano nell'opere pie: quelli sono fra i Buoni. – 115 Quel che

fanno di bene non sarà loro rifiutato, ché Dio conosce i pii. – [116] Ma quei che rifiutan la Fede, ebbene non varranno loro nulla le ricchezze né i figli di fronte a Dio: saranno dannati al fuoco, ove rimarranno in eterno. – [117] E sarà di quel ch'essi donano in questa vita terrena, come di un vento pregno di gelo che colpirà il campo di coloro che han fatto ingiustizia a se stessi e lo annienterà, e con ciò Dio non li avrà trattati male, saranno anzi loro che avran maltrattato se stessi. – [118] O voi che credete! Non sceglietevi come intimi amici persone estranee alla Fede ché questi non mancheranno di mandarvi a rovina. Ad essi piacerebbe mettervi in imbarazzo, e l'odio sgorga loro dalla bocca, e quel che celano in cuore è ancora peggiore. Noi vi abbiam dunque dichiarato i Segni, oh, se voi comprendeste! – [119] Ecco, voi li amate, ma essi non vi amano, e mentre voi credete nel Libro tutto intero, essi quando vi incontrano dicono: "Crediamo!", ma poi quando son soli si mordon le dita per la rabbia che han contro di voi. Dì loro: "Morite nella vostra rabbia, ché certo Dio conosce il fondo dei cuori". – [120] Se vi tocca qualcosa di buono questo li addolora, e se vi coglie qualche male se ne rallegrano, ma se sarete pazienti e temerete Dio, nessun danno potran farvi le loro trame, ché Dio abbraccia tutto ciò che essi fanno. –

[121] Ricorda quando partisti di buon mattino dalla tua casa per preparare ai credenti le posizioni per la battaglia (Dio tutto ascoltava e sapeva) – [122] quando due dei vostri reparti vollero perdersi d'animo, ma Dio era il loro custode; in lui confidino dunque i credenti. – [123] Dio vi diede la vittoria a Badr, mentre eravate deboli, temete dunque Dio sì che possiate esserGli grati. – [124] E ricorda quando dicesti ai credenti: "Non vi basta che Dio vi mandi in aiuto tremila angeli in schiere calanti dal cielo?" – [125] Anzi, se sarete pazienti e se temerete Dio, e se i nemici vi verranno addosso così d'improvviso, cinquemila angeli vi manderà in aiuto il Signore, liberi a volo. – [126] E di questo, Dio non ha fatto altro che

un annuncio di gioia per voi, per tranquillare i vostri cuori,
ché la vittoria non vien che da Dio, il Potente, il Saggio, –
127 e per tagliar via una parte di coloro che rifiutan la Fede
o per umiliarli, perché se ne tornasser delusi. – 128 Tu non
v'hai alcuna parte, sia che Dio li perdoni sia che li punisca,
ché certo son degli iniqui. – 129 E a Dio appartiene quel
ch'è nei cieli e quel ch'è sulla terra: Egli perdona chi vuole
e punisce chi vuole. Dio è il Misericordioso, il Clemente! –

130 O voi che credete! Non praticate l'usura, doppiando
e raddoppiando, e temete Dio sì che possiate esser felici –
131 e temete il fuoco che fu apparecchiato per gli empi –
132 e obbedite a Dio e al Suo Messaggero, che Dio possa
aver pietà di voi – 133 e gareggiate a corsa verso il Perdono
del vostro Signore e un giardino ampio come i cieli e la
terra apparecchiato ai timorati di Dio, – 134 i quali donano dei
propri beni nella prosperità e nell'avversità, e che reprimono
l'ira e perdonano agli offensori, ché Dio ama chi fa il bene; –
135 coloro che, quando han commesso qualche turpitudine o
han fatto torto a se stessi, si ricordano di Dio, chiedono perdono dei loro peccati (e chi mai potrebbe perdonare i peccati se non Dio?) e non s'ostinano nel male che han fatto,
scientemente. – 136 La loro ricompensa sarà il perdono del
loro Signore e giardini alla cui ombra scorrono i fiumi, nei
quali resteranno in eterno. Quanto è bella la mercede di chi
opera il bene! – 137 Già avete avuto esempi in antico: vagate
sulla terra e guardate quale è stata la fine di quelli che smentirono Dio! –

138 Questa è una dichiarazione per gli uomini e una guida
e un ammonimento pei timorati di Dio. – 139 Non scoraggiatevi, non rattristatevi, poiché avrete voi il sopravvento,
se avrete fede. – 140 E se una ferita v'affligge, una simile ferita
ha già afflitto altri; e noi alterniamo fortuna e sfortuna fra
gli uomini, perché Dio possa riconoscer coloro che credono
e trasceglierne Martiri; ma Dio non ama gli iniqui – 141 e perché Dio possa purificare quelli che credono e annientare chi

nega. – [142] Immaginate forse di poter entrare in Paradiso senza che Dio abbia prima riconosciuto quali fra voi abbian lottato per Lui e quali sian stati pazienti nelle afflizioni? – [143] Voi desideravate la morte, prima d'averla sperimentata, ed ora l'avete vista e ve ne state a guardarla. – [144] *Muḥammad* non è che un Messaggero di Dio come quelli che lo han preceduto in antico. Orbene, se egli morirà o sarà ucciso ve ne tornereste voi indietro? Ma chi si ritira non farà a Dio alcun danno, mentre Dio compenserà chi Gli è grato. – [145] Non è possibile che alcuno muoia altro che col permesso di Dio stabilito e scritto a termine fisso; e chi vuole ricompense mondane glie ne daremo, e chi vuole ricompense ultramondane, glie ne daremo: daremo la loro mercede a chi Ci è grato. – [146] Quanti profeti combatterono contro chi possedeva immensi eserciti, e non si scoraggiarono per quel che li colse sulla via di Dio, non s'infiacchirono, non s'umiliarono, ché Dio ama i pazienti. – [147] E non dissero che questo: " Signore! Perdonaci i nostri peccati e gli eccessi che abbiamo commessi, fortifica i nostri piedi e dacci la vittoria sugli empi ". – [148] E Dio diede loro la ricompensa in questo mondo e anche ricompensa buona nell'altro, poiché Dio ama chi fa il bene. – [149] O voi che credete! Se date ascolto agli infedeli, essi vi faran tornare sui vostri passi, e ve n'andrete indietro in perdizione. – [150] Anzi, è Dio il vostro patrono, e degli alleati il migliore. – [151] Getteremo il terrore nei cuori degli infedeli, perché hanno associato a Dio esseri che Dio non ha investito di autorità alcuna: il loro rifugio sarà il fuoco; quale orrendo albergo agli iniqui! – [152] Eppure Dio già v'è stato sincero nella Sua promessa, quando col Suo permesso sgominaste i nemici, fino al momento che disperaste e discuteste gli ordini, e così vi ribellaste, quando già v'aveva fatto vedere quel che bramavate; e allora, poi che fra voi ci sono alcuni che desiderano i beni di questo mondo e altri che desiderano i beni dell'altro, Iddio, per provarvi, vi ha fatto fuggire innanzi a loro; ma poi v'ha perdonato, ché Dio ha grazia grande per chi crede. – [153] Rammentate quando saliste il colle fuggendo senza nemmen voltarvi a guardare nessuno, mentre il Messaggero di Dio vi chiamava, dietro, a combattere, e così v'ha compensato d'un dolore con un altro dolore, perché non v'attristaste per il bene che vi sfuggì e per la disgrazia che vi colse; e Dio sa bene quel che voi fate. – [154] E poi, dopo il dolore, Iddio vi ispirò sicurezza, un sopore che avvolse alcuni di voi, mentre altri, preoccupati solo di se stessi, pensavan di Dio cose indegne, pensieri pagani, dicendo: " Che vantaggio abbiam noi da questa impresa?" Rispondi: "L'impresa, ogni impresa, è di Dio!" Ma essi celavano in cuore quel che non osavano manifestarti, dicevano cioè: " Se c'era qualche vantaggio in questa impresa, non saremmo stati uccisi qui ". Rispondi ancora: " Ma anche se foste rimasti a casa, coloro di voi dei quali era scritto che sarebbero uccisi, sarebbero scesi in battaglia verso i luoghi ove giacciono morti. Ma Dio ha fatto questo per provare quel che avete nel petto, per purificare quel che avete nel cuore, ché Dio conosce ciò che è fondo nel petto ". – [155] E quelli di voi che, il dì che si scontraron gli eserciti, si trassero indietro, fu Satana a farli cadere, per qualche colpa che avevan commesso; ma Dio ha loro perdonato, perché Dio è clemente indulgente. – [156] O voi che credete, non siate come gli infedeli che dicono dei loro fratelli partiti a viaggiar sulla terra o a fare incursioni: " Se fossero rimasti qui con noi non sarebbero morti, non li avrebbero uccisi!" Dio fa questo per metter loro triste rimpianto nel cuore. È Dio che fa vivere e uccide, è Dio che osserva tutto ciò che fate! – [157] E sia che siate stati uccisi sulla via di Dio o siate morti, il perdono di Dio e la Sua misericordia sono migliori di tutte le loro ricchezze – [158] e, che moriate o siate uccisi, tutti sarete adunati innanzi a Dio. – [159] Per misericorde ispirazione di Dio tu li trattasti con dolcezza, e se fossi stato crudele e duro di cuore si sarebbero dispersi e allontanati da te; perdonali dunque e prega che Iddio li perdoni, e consigliati con loro sul da farsi, e quando hai preso una decisione confida in Dio, ché Dio ama quei che confidano in lui. – [160] Se Dio vi aiuta nessuno può vincervi e se Dio v'abbandona chi v'aiuterà allora? Confidino dunque in Dio, i credenti! – [161] Non s'addice a un Profeta la frode, perché chi froda porterà con sé quel che avrà frodato, il dì della Resurrezione, e allora sarà pagato ad ognuno quel che avrà guadagnato e nessuno sarà trattato ingiustamente. – [162] O forse chi ha seguito il beneplacito di Dio sarà lo stesso che chi è incorso nell'ira di Dio? Questi avran per dimora l'Inferno: qual tristo andare! – [163] Quelli avranno gradi diversi presso Dio, e Dio osserva quel che voi fate. – [164] Grande grazia ha concesso Iddio ai credenti quando ha suscitato fra loro un suo Messaggero, uno della loro gente, che recita loro i Suoi Segni, e li purifica e insegna loro il Libro e la Saggezza, anche se erano prima, certo, in manifesto errore. – [165] Come! Quando vi colse un malanno (e ne avevate voi inferto prima uno doppio ai nemici), diceste: " Donde mai ci viene questo?" Rispondi: "Da voi stessi, perché Dio è sovra tutte le cose potente!" – [166] E quel che vi colse il dì che si scontraron gli eserciti, avvenne col permesso di Dio, perché Egli potesse riconoscere i credenti – [167] e perché potesse riconoscere gli ipocriti. Quando a questi fu detto: " Venite, combattete sulla via di Dio, o difendetevi!", essi: " Se sapessimo combattere, vi seguiremmo ". In quel giorno, essi furon più vicini all'infedeltà che alla fede. Dicevano infatti con la bocca quel che non avevano in cuore, ma Dio conosce meglio di chiunque quel che nascondono dentro. – [168] E a coloro che rimasti comodi in casa dissero ai loro fratelli: " Non sarebbero stati uccisi, se ci avessero dato ascolto!", tu dì: " Respingete dunque da voi la morte, se siete sinceri!" – [169] E non chiamare morti coloro che son stati uccisi sulla via di Dio, anzi, vivi sono, nutriti di grazia presso il Signore! – [170] Felici per il favore loro concesso da Dio e lieti perché coloro che ancora non son venuti a raggiungerli e moriranno dopo di loro non avranno timore, non tristezza veruna; – 171 lieti per la grazia grande e il favore di Dio, e perché Dio non manda perduta la mercede dei credenti, – 172 i quali risposero all'invito di Dio e del Suo Messaggero dopo che l'aveva colpiti ulcera di sconfitta: e quelli di loro che fanno il bene e temono Dio avranno ricompensa immensa. – 173 Quelli cui dice la gente: " S'adunano per perdervi i nemici, temeteli! ", tali discorsi non fanno che accrescerne la fede e rispondono: " Ci basta Dio, ed è buon protettore! " – 174 E se n'andaron così colmi della grazia e del favore di Dio, senza che li cogliesse male alcuno; seguirono il beneplacito di Dio, e Dio è ricco d'immenso favore. –

175 Certo quel demonio cerca di spaventarvi con i suoi aiutanti. Non temete loro, temete Me, se siete credenti! – 176 Non ti rattristino quei che gareggiano nel rifiuto alla Fede: essi non potran fare danno alcuno a Dio e Dio ha deciso di non destinar loro nessuna parte nell'altra vita, ma avranno castigo immenso. – 177 Coloro che han barattato l'infedeltà con la Fede, non faranno a Dio danno alcuno, ma avranno castigo cocente. – 178 E non credano quei che rifiutan la Fede, che il prolungamento di vita che loro concediamo sia un bene per loro. Anzi, Noi prolunghiamo loro la vita perché aumenti il loro delitto, e avranno castigo turpe. – 179 Dio non ha alcuna intenzione di lasciare i credenti così come siete voi, ma separerà alla fine il cattivo dal buono; e Dio non intende informarvi dell'Ignoto, bensì Dio sceglie fra i suoi Messaggeri chi vuole. Credete dunque in Dio e nei suoi Messaggeri e se crederete, e se temerete, avrete compenso immenso. – 180 E non credano coloro che sono avari della grazia che Dio ha loro dato, che questo sia bene per loro; no, che anzi sarà male e il dì della Resurrezione sarà loro appeso come collare al collo ciò di cui furono avari: a Dio appartiene l'eredità dei cieli e della terra e Dio è bene informato di quel che voi fate! –

181 State pur certi che Dio ha udito le parole di quelli

che han detto: "Dio è povero e noi siamo ricchi!" Le scriveremo, quelle parole, e che hanno ucciso i profeti ingiustamente e diremo loro: "Gustate ora il tormento del rogo!" –
182 Questo, per quel che hanno commesso le vostre mani, e perché Iddio non è ingiusto coi servi. – 183 E a quelli che dicono: "Iddio ha pattuito con noi che non avessimo a credere a nessun Suo Messaggero finché non ci porti una vittima sacrificale che un fuoco dal cielo consumi", ebbene rispondi: "Son venuti a voi prima di me Messaggeri con prove chiarissime e anche con la prova che dite; perché allora li avete uccisi? Ditemelo, se siete sinceri!" – 184 Se essi poi ti smentiscono, sappi che già prima di te s'ebber smentita Messaggeri di Dio che portarono prove chiarissime, e i Salmi e il Libro che Illumina. –

185 Ogni anima gusterà la morte, ma vi saran pagate le vostre mercedi il dì della Resurrezione e chi sarà allontanato dal Fuoco e tratto al Giardino, quegli avrà ottenuto la mèta, ché la vita del mondo non è che un bene illusorio. –
186 Sarete provati nelle vostre ricchezze e nelle vostre persone e molti insulti udirete da coloro cui fu dato il Libro prima di voi e dai pagani; ma se pazienterete e temerete Dio, questa è la ferma condotta da seguir nelle imprese. – 187 E quando Iddio ebbe stipulato il patto con coloro cui fu dato il Libro, con l'ordine di dichiararlo agli uomini e di non tenerlo nascosto, essi se lo gettaron dietro le spalle e lo vendettero a vil prezzo; ben turpe è quel che hanno comprato! –
188 Non credere che quelli che si rallegrano di ciò che hanno prodotto e che amano d'esser lodati per quel che non han fatto, non credere che siano al riparo dal castigo, anzi avran castigo cocente. – 189 Ma a Dio appartiene il regno dei cieli e della terra e Dio è sovra tutte le cose potente. –

190 E in verità, nella creazione dei cieli e della terra e nell'alternarsi del giorno e della notte vi sono segni per quei che han sano intelletto, – 191 i quali rammentano il nome Santo di Dio, in piedi, seduti o coricati sui fianchi e meditano sulla

creazione dei cieli e della terra così: "O Signore! Non hai creato tutto questo invano! Sia gloria a Te, e preservaci dal castigo del Fuoco! – [192] O Signore! Colui che Tu farai entrare nel Fuoco, lo coprirai di vergogna, e gli iniqui non avranno alleati. – [193] O Signore! Abbiamo udito la voce di Uno che chiamava alla Fede gridando: 'Credete nel vostro Signore!' E abbiamo creduto. O Signor nostro! Perdonaci dunque i nostri peccati, purificaci dalle nostre colpe e facci morire coi giusti! – [194] O Signore! Dacci quel che Tu ci promettesti per bocca dei Tuoi Messaggeri, e non ci svergognare il dì della Resurrezione, ché certo Tu non manchi alla parola!" – [195] E il Signore li esaudisce e risponde: "Non manderò perduta una sola opera di voi che operate, siate maschi o siate femmine, ché gli uni vengon dagli altri, e coloro che andarono in esilio, e furon scacciati dalle loro case, e furon perseguitati sulla Mia via, che combatterono e furono uccisi, giuro che li purificherò delle loro colpe e li farò entrare in Giardini alle cui ombre scorrono i fiumi, compenso da Dio, e presso Dio c'è compenso buono". – [196] Non ti inganni la facilità negli affari degli infedeli, sulla terra: – [197] poca cosa, e poi, l'ultimo rifugio, l'Inferno; qual tristo giaciglio! – [198] E invece coloro che temono il loro Signore avranno Giardini alla cui ombra scorrono i fiumi, nei quali rimarranno in eterno: dono ospitale da Dio, e quel che è presso Dio è la cosa migliore pei giusti. – [199] Ma certo anche fra la gente del Libro v'è chi crede in Dio e in quel che è stato rivelato a voi e in quel che è stato rivelato a loro, umili di fronte a Dio, che non vendono i Segni di Dio a vil prezzo. Questi avranno la loro mercede presso il Signore, ché Dio è rapido al conto. – [200] O voi che credete! Pazientate e con pazienza trattatevi, state saldi e temete Dio, sì che possiate esser felici! –

IV. LA SURA DELLE DONNE

(*Medinese, di 176 versetti. Rivelata dopo la Sura dell'Esaminata*)

Nel nome di Dio, clemente misericordioso!

1 O uomini! Temete Iddio, il quale vi creò da una per-
sona sola. Ne creò la compagna e suscitò da quei due esseri
uomini molti e donne; temete dunque quel Dio nel nome
del quale vi chiedete favori l'un l'altro, e rispettate le viscere
che vi hanno portato, perché Dio è su voi che v'osserva. –
2 E date agli orfani i loro beni e non scambiate il buono col
cattivo, e non incamerate i loro beni ai vostri ché questo è
peccato grande. – 3 Se temete di non esser equi con gli or-
fani, sposate allora di fra le donne che vi piacciono, due o tre o
quattro, e se temete di non esser giusti con loro, una sola, o
le ancelle in vostro possesso; questo sarà più atto a non farvi
deviare. – 4 Date spontaneamente alle donne la dote; e se
loro piace farvene partecipi godetevela pure in pace e tran-
quillità. – 5 Non date agli stolti i beni di cui Dio v'ha posto
a custodi, piuttosto nutriteli di quei beni, vestiteli, e dite loro
parole gentili. – 6 Sperimentate gli orfani finché giungano
all'età del matrimonio, e, se li troverete capaci, rendete loro
i loro beni, e non consumateli scialacquando impazientemente,
prima che sian giunti alla maggiore età; se il tutore è ricco
se ne astenga del tutto, se è povero usi di quelle sostenze
con discrezione; quando poi restituite loro i beni, prendete
dei testimoni a vostro discarico, ma Dio è sufficiente esti-
matore. –

7 Agli uomini spetta una parte di ciò che han lasciato i genitori e i parenti; ma anche alle donne spetta una parte di ciò che han lasciato i genitori e i parenti, una parte determinata sia dei lasciti piccoli che dei grandi. – 8 Quando siano presenti alla divisione dell'eredità i parenti, gli orfani, i poveri, datene loro parte e dite loro parole gentili. – 9 E si preoccupino degli orfani coloro che, ove morissero lasciando figli deboli, temerebbero per loro. Temano dunque Iddio e parlino rettamente. – 10 In verità coloro che consumano iniquamente i beni degli orfani, consumano fuoco nei loro ventri e saranno alimento del fuoco dell'Inferno. –

11 Riguardo ai vostri figli Iddio vi raccomanda di lasciare al maschio la parte di due femmine: se i figli sono solo femmine e più di due, loro spettano i due terzi dell'eredità; se è una femmina sola le spetta la metà; i genitori del defunto avranno ciascuno un sesto dell'eredità, se il defunto abbia un figlio; se invece non ha figli e i suoi genitori ereditano i beni, a sua madre spetta un terzo; se egli però, ha fratelli, la madre avrà un sesto, dopo che siano stati pagati eventuali lasciti, o debiti; ché, fra i vostri genitori e i vostri figli voi non sapete quale è a voi più utile; questa è una prescrizione divina, ché Dio è sapiente e saggio. – 12 A voi spetta poi la metà di quel che lasciano in eredità le vostre mogli, se esse non hanno figli, e, se li hanno, a voi spetterà un quarto di quel che esse avran lasciato, dopo che sian stati pagati eventuali lasciti o debiti; ed esse avranno a loro volta un quarto di quel che voi morendo lascerete, se non avete figli; ché se li avrete, ad esse spetterà un ottavo, dopo che siano stati pagati eventuali lasciti o debiti; e se un uomo, o una donna, che non abbiano né ascendenti né discendenti, lasciano un'eredità ed hanno un fratello o una sorella, a ciascuno di questi spetterà un sesto; se questi fratelli sono in numero maggiore partecipano al terzo dell'ere-

dità dopo che siano stati pagati eventuali lasciti o debiti, che non arrechino danno ad altri; questo è un precetto di Dio, e Dio è sapiente indulgente. – [13] Questi sono i termini di Dio e chi obbedisce a Dio e al Suo Messaggero, Dio lo farà entrare in giardini alle cui ombre scorrono i fiumi, nei quali resterà in eterno: questo è il Successo supremo; – [14] ma chi si ribella a Dio e al Suo Messaggero e oltrepassa i Suoi termini, Iddio lo farà entrare in un fuoco nel quale resterà in eterno: avrà castigo turpe. –

[15] Se alcune delle vostre donne avran commesso atti indecenti portate quattro vostri testimoni contro di loro, e se questi porteranno testimonianza del fatto, chiudetele in casa fin che le coglierà la morte o fin quando Dio apra loro una via. – [16] E se due di voi commettano atto indecente puniteli; ma se si pentono e migliorano la loro condotta lasciateli stare, ché Dio è perdonatore benigno. – [17] Il perdono s'addice a Dio solo verso coloro che fanno il male per ignoranza e poi presto si convertono; allora solo Iddio si converte a loro, ché Dio è sapiente, saggio. – [18] Ma non si addice a Dio il perdono verso coloro che fanno il male finché, quando sopraggiunge a un di loro la morte, dice: " Ecco, ora mi pento! "; né verso coloro che muoiono negando: per questi abbiam preparato castigo cocente. –

[19] O voi che credete! Non vi è lecito ereditare mogli contro la loro volontà, né di impedire loro di rimaritarsi allo scopo di riprendervi parte di quel che avete loro dato, a meno che non abbian commesso infamia provata; trattatele comunque con gentilezza, ché, se le trattate con disprezzo, può darsi che voi disprezziate cosa in cui Dio ha invece posto un bene grande. – [20] E se vorrete scambiare una moglie con un'altra e avrete dato a una di esse una quantità d'oro, non riprendetene nulla; ne detrarreste forse qualcosa con calunnia o con colpa evidente? – [21] E come potreste detrarne qualcosa mentre avete già usato insieme, ed esse han stipulato con voi un patto solenne? – [22] E non sposate

le mogli già sposate ai vostri padri, salvo quanto già è avvenuto: ché questo è una turpitudine, un'abbominio, un abietto costume. – [23] V'è proibito prendere in spose le vostre madri, le vostre figlie, le vostre sorelle, le vostre zie paterne e materne, le figlie del fratello e le figlie della sorella, le nutrici che vi hanno allattato, le vostre sorelle di latte, le madri delle vostre mogli, le vostre figliastre che son sotto vostra tutela, figlie di vostre mogli con le quali abbiate avuto rapporti maritali (ché, se non avrete avuto con loro rapporti, non sarà peccato), e le legittime mogli dei vostri figli, i quali sono dei vostri lombi; e v'è proibito anche di prendere in moglie due sorelle insieme, salvo quanto già sia avvenuto; certo, Dio è pietoso e misericorde; – [24] e tutte le donne maritate vi sono anche interdette, escluse le ancelle in vostro possesso: questo è quanto Dio vi prescrive. Escluso tutto questo vi è permesso cercare spose dando loro in dote dei vostri beni, vivendo in castità e senza darvi al libertinaggio; e a quelle di cui godiate come spose date la loro dote come prescritto, anzi non sarà male che di comune accordo aggiungiate ancora qualcosa al prescritto; che certo Dio è saggio sapiente. – [25] Chi di voi non avrà mezzi sufficienti per sposare donne libere e credenti, sposi, scegliendole fra le ancelle, delle fanciulle credenti; Dio conosce meglio la vostra fede, e voi provenite gli uni dagli altri; sposatele dunque, col permesso dei loro padroni, e date loro onestamente la dote; che siano però caste, non libertine e non di quelle che si prendon degli amanti. Se però, dopo sposate, commettano una turpitudine, s'abbiano metà della pena stabilita per le donne libere. Questo è detto per chi tema di far male; se però v'asterrete dallo sposare ancelle, sarà meglio per voi; Dio è indulgente e misericorde. – [26] Iddio vuole spiegarvi chiaramente le cose, dirigervi negli usi di coloro che vissero prima di voi, e trattarvi con benignità: Dio è saggio sapiente. – [27] Dio vuole trattarvi benignamente, ma invece quelli che seguono le passioni vogliono che voi incliniate proni al male. – [28] Ma Dio vuol rendervi i pesi leggeri, ché l'uomo fu creato debole. –

[29] O voi che credete, non consumate fra voi i vostri beni vanamente, ma piuttosto vi sia un traffico di comune accordo fra voi, e non uccidete voi stessi; Dio, certo, sarà con voi clemente. – [30] E chi faccia questo per ribelle iniquità, lo faremo bruciare in un Fuoco; cosa ben facile a Dio! – [31] Se eviterete i peccati gravi che vi è stato proibito commettere, Noi vi purificheremo delle vostre colpe e vi faremo entrare in un glorioso ingresso. – [32] E non aspirate a quei favori speciali coi quali Iddio ha esaltato alcuni di voi sugli altri: gli uomini avranno la sorte che si saran meritata con le loro azioni e le donne avranno la sorte che si saran meritata con le loro azioni; chiedete dunque a Dio della Sua grazia, ché conosce tutte le cose. – [33] Per ognuno abbiam stabilito dei prossimi cui spetta parte dell'eredità di genitori e parenti; e quelli con cui avrete stretto un patto, ricevano da voi la loro parte, poiché Dio è di tutte le cose testimone. – [34] Gli uomini sono preposti alle donne, perché Dio ha prescelto alcuni esseri sugli altri e perché essi donano dei loro beni per mantenerle; le donne buone sono dunque devote a Dio e sollecite della propria castità, così come Dio è stato sollecito di loro; quanto a quelle di cui temete atti di disobbedienza, ammonitele, poi lasciatele sole nei loro letti, poi battetele; ma se vi ubbidiranno, allora non cercate pretesti per maltrattarle; ché Iddio è grande e sublime. – [35] E se temete una rottura fra marito e moglie, nominate un arbitro della parte di lui e uno della parte di lei, e se i due coniugi desiderano riconciliarsi, Dio metterà armonia fra loro, poiché Dio è sapiente e di tutti ha notizia. – [36]Adorate dunque Iddio e non associateGli cosa alcuna, e ai genitori fate del bene, e ai parenti e agli orfani e ai poveri e al vicino che v'è parente e al vicino che v'è estraneo e al compagno di viaggio e al viandante e allo schiavo, poiché Dio non ama chi è superbo e vanesio – [37] né coloro che sono avari e invitano gli uomini all'avarizia e tengono

nascosta la grazia che Egli ha loro donato; un castigo turpe
abbiamo apparecchiato per gli empi! – 38 Né ama Iddio coloro
che donano dei loro beni per farsi veder dalla gente e non
credono in Dio e nell'Ultimo Giorno. E chi ha per compa-
gno il Demonio, ha un ben cattivo compagno! – 39 E che
avrebbe loro costato se avessero creduto in Dio e nell'ul-
timo giorno e avessero donato della provvidenza di Dio?
Ma Dio li conosce. – 40 Ma Dio non farà torto nemmeno
pel peso d'un atomo, e se c'è un'opera buona egli la raddop-
pierà e ne darà, nella Sua grazia, ricompensa immensa. –
41 E che avverrà mai quando Noi addurremo un testimonio
da ogni popolo e addurremo te come testimonio contro di
loro? – 42 In quel giorno coloro che rifiutaron la Fede e si
ribellarono al Messaggero di Dio vorrebbero che li ricoprisse
la terra; ma non potranno allora nascondere a Dio avveni-
mento alcuno. –

43 O voi che credete, non accingetevi alla preghiera in
stato di ebbrezza, ma attendete di poter sapere quello che
dite; né in stato di impurità (a meno che non siate in viag-
gio) prima di aver fatto l'abluzione; ma quando siate malati
o in viaggio, o esca uno di voi dalla latrina, o abbiate avuto
rapporti con donne e non troviate acqua, prendete della sab-
bia pura e passatevela sul volto e sulle mani, ché Dio è indul-
gente clemente. – 44 Non hai visto quel che fanno coloro
cui fu data una parte del Libro? Essi vendono la perdizione
e vorrebbero che anche voi perdeste la via. – 45 Ma Dio sa
meglio di voi chi sono i vostri nemici: basta Dio per patrono,
basta Dio per vittorioso alleato! –

46 Alcuni dei giudei storpiano le parole della Scrittura
cambiando loro senso e dicono: *sami‘nā wa ‘aṣaynā* e *’sma‘
ġayra musma‘* e *rā ‘inā*, torcendo la loro lingua e diffamando
la religione, ma se invece dicessero: *sami‘nā wa aṭa‘nā* e
’sma‘ e *’nẓurnā*, sarebbe meglio per loro e cosa più retta;
ma Dio li ha maledetti per la loro pertinace infedeltà e solo
pochi di loro crederanno. – 47 O voi che avete ricevuto il

Libro! Credete in quel che abbiamo rivelato a conferma di
quel che voi già avete, prima che Noi cancelliamo i vostri
volti tramutandoli in parti posteriori, prima che vi maledi-
ciamo come maledicemmo quelli del sabato: ché l'ordine di
Dio sempre si compie. – 48 In verità Dio non sopporta che
altri vengano associati a Lui: tutto il resto Egli perdona a
chi vuole, ma chi associa altri a Dio forgia suprema colpa. –
49 Non hai visto coloro che credono di purificarsi da sé stessi?
No, è Dio che purifica quelli ch'Ei vuole e a loro non sarà
fatto torto nemmeno tanto quanto una fibra d'osso di dat-
tero. – 50 Guarda come inventano menzogne contro Dio!
Basta questo a dimostrare l'evidente delitto. – 51 Non hai
visto coloro cui fu data una parte del Libro, che cre-
dono nei *Ǧibt* e nei *Ṭāġūt* e dicono di coloro che rifiutan la
Fede: " Questi camminano su più giusta via di coloro che
credono "? – 52 Ma essi sono coloro che Dio ha maledetti,
e per chi è maledetto da Dio non troveresti mai alleati. –
53 Dovrebbe forse tal gente aver parte del Regno, quando
non regalano ai loro simili nemmeno una scalfittura d'osso
di dattero? – 54 Invidiano forse i credenti per il favore che
Dio ha loro concesso? Eppure noi abbiamo dato alla gente
d'Abramo il Libro e la Saggezza e abbiam dato loro un
Regno immenso, – 55 e fra di loro c'è chi crede in Lui e c'è
chi da Lui s'allontana. A questi l'Inferno sarà sufficiente bra-
ciere! – 56 Perché in verità coloro che avran rifiutato fede ai
Nostri segni, li faremo ardere in un Fuoco e non appena la
loro pelle sarà cotta dalla fiamma la cambieremo loro in altra
pelle, a che meglio gustino il tormento, perché Dio è potente
e saggio. – 57 Ma coloro che credono e operano il bene li
faremo entrare in Giardini alle cui ombre scorrono i fiumi
dove resteranno in eterno, sempre, e avranno ivi spose pu-
rissime, e li faremo entrare in ombrosa ombra. –

58 Iddio vi comanda di restituire i depositi fiduciari agli
aventi diritto e, quando giudicate fra gli uomini, di giudi-
care secondo giustizia. Quanto è sublime quel che Dio vi

esorta a fare! Ché Dio ode e vede. – 59 O voi che credete!
Obbedite a Dio, al Suo Messaggero e a quelli di voi che
detengono l'autorità. E se v'accade di disputare su qualche
cosa, riferitela a Dio e al Suo Messaggero, se voi credete
in Dio e nell'Ultimo Giorno. Questo è preferibile, ed è la
interpretazione migliore. –
60 Non hai visto coloro che pretendono di credere in
quel che a te è stato rivelato e in ciò che è stato rivelato
prima di te, e che vogliono rimettersi al giudizio dei *Ṭāġūt*,
mentre è stato loro ordinato di rinnegarli? È Satana che vuole
farli errare d'errore lontano. – 61 E quando si dice loro:
"Venite a quel che ha rivelato Iddio e al Suo Messaggero",
tu vedi gli ipocriti che si scostan da te scontrosi. – 62 Che
faranno dunque quando li colpirà un malanno per quel che
le loro mani avranno commesso? Allora verranno a te giu-
rando per Dio: "Non volevamo che il bene e la concordia!" –
63 Quella è gente nel cuore della quale Dio ben sa che cosa
si trova. Allontanati da loro, ammoniscili e parla di loro con
penetranti parole. – 64 Non mandammo alcun Messaggero se
non perché fosse, col permesso di Dio, obbedito: dunque se
essi, dopo aver fatto torto a se stessi, fossero venuti a te e
avessero chiesto perdono a Dio, e il Messaggero di Dio avesse
pregato per il loro perdono, avrebbero trovato Dio perdo-
natore e clemente. – 65 Ma no! Per il tuo Signore! Essi non
crederanno finché non ti avranno costituito giudice delle loro
discordie e allora non troveranno alcun imbarazzo ad accet-
tare la tua decisione e a sottomettervisi di sottomissione
piena. – 66 Ma se avessimo loro prescritto: "Uccidetevi!"
o "Abbandonate le vostre case!", non lo avrebbero fatto che
pochi di loro. Ma se avessero fatto ciò cui li esortammo
sarebbe stato meglio per loro e più potentemente li avrebbe
confermati – 67 e allora avremmo loro dato mercede im-
mensa, – 68 li avremmo allora guidati per la retta Via. –
69 Coloro che obbediscono a Dio e al Suo Messaggero, sa-
ranno insieme con quei Profeti, quei Giusti, quei Martiri,

quei Santi cui Dio elargì i suoi favori: compagni, invero, sublimi! – 70 Questa è la grazia di Dio e Dio basta per tutto conoscere. –

71 O voi che credete! Statevi in guardia! Lanciatevi contro il nemico in gruppi dispersi, o in massa serrata! – 72 Certo fra voi c'è qualcuno che rimane indietro e se vi colpisce disgrazia dice: “ Iddio mi ha fatto la grazia, che non son stato presente alla battaglia con loro! ” – 73 E se invece vi tocca il favore divino quello dice, come se nessun legame d'affetto esistesse fra lui e voi: “ Volesse il cielo che fossi stato con loro ottenendo supremo successo! ” – 74 Combattano dunque sulla via di Dio coloro che volentieri cambiano la vita terrena con l'Altra, ché a colui che combatte sulla via di Dio, ucciso o vincitore, daremo mercede immensa. – 75 Che avete dunque che non combattete sulla via di Dio e per difendere quei deboli, quelle donne, quei bambini, che dicono: “ Signore! Facci uscire da questa città d'iniqui abitanti, dacci per tua grazia un patrono, dacci per tua grazia un alleato! ” – 76 Coloro che credono combattono sulla via di Dio, e coloro che rifiutan la Fede combattono sulla via dei *Ṭāġūt*, combattete dunque gli alleati di Satana, ché l'insidia di Satana è debole insidia. – 77 Non hai visto coloro cui fu detto: “ Deponete le armi, attendete alla Preghiera e fate l'Elemosina! ”, e quando vien loro prescritto di combattere ecco che parte di loro temono gli uomini tanto quanto temono Dio e più ancora e dicono: “ Signore! Perché ci hai prescritto la guerra? Non avresti potuto concederci una dilazione fino alla nostra prossima morte? ” Dì loro: “ Vile è la merce del mondo, ben migliore è l'Altra per chi teme Iddio, e ivi non vi sarà fatto torto nemmeno per la pellicina dell'osso d'un dattero. – 78 Dovunque siate vi coglierà la morte, anche se foste su altissime torri ”. Quando tocca loro un bene dicono: “ Viene da Dio! ” e quando tocca loro un male dicono: “ Viene da te, o *Muḥammad*! ” Rispondi: “ Tutto viene da Dio! ” Ma che ha dunque questa gente che quasi

non comprendono discorso alcuno? – [79] Ogni bene che ti coglie viene da Dio, e ogni male che ti coglie vien da te stesso, ma Noi t'abbiam mandato agli uomini come Messaggero, a testimone ne basta Dio solo! – [80] Chi obbedisce al Messaggero obbedisce a Dio e chi se ne allontana s'allontana da Dio. Noi non t'abbiamo inviato come lor protettore. –

[81] Essi dicono: " Obbediamo! ", ma poi, quando escono di casa tua, tramano alcuni di loro la notte cose diverse da quelle che tu dici. Ma Dio scrive ciò ch'essi tramano nelle tenebre; allontanati quindi da loro e appoggiati a Dio, ché Dio è sufficiente appoggio. – [82] Non esaminano dunque il Corano? Se venisse da altri che da Dio vi troverebbero contraddizioni numerose. – [83] E quando giunge loro qualche notizia rassicurante o inquietante, essi la divulgano; se invece la riferissero al Messaggero e a quelli di loro che detengono l'autorità, coloro che desiderano informarsi le conoscerebbero dalla loro bocca. Ma se non fosse per la grazia di Dio su di voi e la Sua misericordia, tutti voi, salvo pochi, avrebbero seguito il Demonio. – [84] Combatti dunque sulla via di Dio, ché solo della tua anima ti sarà chiesto conto, ed incoraggia i credenti, ché forse Iddio respingerà il coraggio degli infedeli, ché Dio è di più violento coraggio, più violento a esemplari castighi. –

[85] Chi intercede con buona intercessione avrà parte di quella, e chi intercede con cattiva intercessione n'avrà il doppio in peggio, ché Dio vigila su tutte le cose. – [86] Quando vi salutano d'un saluto, salutate con uno migliore, o rendete quel saluto, perché Dio d'ogni cosa tien conto. – [87] Dio! Non c'è altro dio che Lui! Egli vi radunerà certo tutti per il giorno della Resurrezione, giorno su cui non v'ha dubbio. E chi mai è più verace di Dio nel parlare? –

[88] E nell'agir con gli ipocriti, perché fra voi due partiti? Iddio li ha già ricacciati nella loro primiera turpitudine per le loro malvage azioni. Volete forse guidare alla Via chi Dio

ha traviato? Per chi Dio ha traviato non troverai strada veruna. – [89] Essi vorrebbero che voi rifiutaste la Fede come loro l'han rifiutata e che diveniste uguali. Ma non prendetevi patroni di fra loro finché non abbian lasciato le loro case sulla via di Dio, e se poi volgon le spalle, prendeteli e uccideteli dove li trovate, ma non prendete patroni né alleati fra loro. – [90] Eccettuato il caso di coloro che sian legati a una gente che abbia un patto con voi o di quelli che sian venuti a voi col cuore serrato per dover combattere contro di voi o combattere contro la loro gente; se Dio avesse voluto avrebbe loro dato potere su di voi e vi avrebbero combattuto. Se dunque essi si tengono in disparte da voi e non vi combattono e vi offrono la pace, Dio non vi dà facoltà di combatterli. – [91] Ne troverete altri che desiderano vivere tranquilli con voi e tranquilli coi loro, e questi, ogni volta che fossero ricondotti a metter male fra voi, nel male saran ricacciati; e se non si tengono in disparte da voi e non vi offron la pace e non gettan le armi, prendeteli e uccideteli dovunque li troviate. Su questi noi vi diamo chiaro e preciso potere. –

[92] Non è ammissibile che un credente uccida un credente, altro che per errore; e chi uccide un credente per errore, espierà liberando uno schiavo credente e consegnando il prezzo del sangue alla famiglia dell'ucciso, a meno che non glielo condonino. Se poi la vittima appartiene a una gente a voi ostile, ma è credente, l'uccisore libererà uno schiavo credente. Se invece l'ucciso appartiene a una gente che ha un patto con voi, l'uccisore dovrà pagare il prezzo del sangue alla famiglia dell'ucciso e liberare uno schiavo credente. Chi non ha i mezzi di far questo digiunerà per due mesi consecutivi come penitenza impostagli da Dio; ché Dio è sapiente e saggio. – [93] Ma chi uccide un credente di proposito, ne avrà in compenso l'Inferno, dove resterà eternamente, e Dio si adirerà con lui, lo maledirà e gli preparerà castigo immenso! –

[94] O voi che credete! Quando v'ingaggiate nella via di Dio, state bene attenti, e non dite a chi vi porge il saluto di "Pace!", "Tu non sei credente!" per desiderio dei beni effimeri del mondo. Anzi, presso Dio c'è bottino abbondante. Così voi facevate prima, ma ora Dio v'ha colmato dei suoi favori. State dunque bene attenti, ché Dio ha buona notizia di quel che voi fate. – [95] Non sono uguali agli occhi di Dio quelli fra i credenti che se ne restano a casa (eccettuati i malati) e quelli che combattono sulla via di Dio dando i beni e la vita, poiché Dio ha esaltato d'un grado coloro che combattono sulla via di Dio dando i beni e la vita, sopra quelli che se ne restano in casa. A tutti Iddio ha promesso il Bene Supremo, ma ha preferito i combattenti ai non combattenti per una ricompensa immensa, – [96] gradi sublimi da lui concessi e perdono e misericordia, perché Dio è il perdonatore misericorde. – [97] Quanto a coloro che gli angeli richiameranno mentre facevan torto a sé stessi, chiederanno loro: "Qual fu la condizione vostra?" ed essi risponderanno: "Fummo deboli sulla terra", ma verrà loro risposto: "Non era la terra di Dio vasta abbastanza perché voi emigraste?" E il loro asilo sarà l'Inferno: qual tristo andare! – [98] Eccettuati saranno i deboli, uomini, donne, fanciulli che non avran potuto usare espedienti e non saran stati guidati sulla retta via, – [99] quelli può darsi che Dio li perdoni, perché Egli è il clemente, il pietoso. – [100] Chiunque s'allontani dai suoi sulla via di Dio troverà sulla terra numerosi luoghi d'asilo e spazio ampio, e chi esce dalla sua casa andando verso Dio e il Suo Messaggero e lo coglie la morte, Dio s'impegna a ricompensarlo, ché Dio è pietoso clemente. –

[101] Quando percorrete la terra, non sarà peccato se abbrevierete la preghiera, se temete che gli infedeli vi disturbino, ché gli infedeli son per voi un manifesto nemico. – [102] E quando tu ti trovi alla loro testa in una spedizione e dirigi per loro la Preghiera, stia ritto al tuo fianco un gruppo, ma prendano le loro armi con sé, e quando avranno compiuto la prostrazione,

prendano posto dietro di voi; allora s'avanzi un altro gruppo di soldati che non abbiano ancora pregato e preghino con te prendendo le precauzioni dovute e con le armi in pugno. Piacerebbe agli infedeli che voi trascuraste le vostre armi e le vostre salmerie, per irrompere su di voi tutt'a un tratto. Non sarà peccato se deporrete le armi se siete disturbati dalla pioggia o malati: state in guardia tuttavia. Dio ha certo preparato per gli infedeli castigo turpe. – [103] E quando avrete compiuto la Preghiera menzionate il nome di Dio, in piedi, seduti o sdraiati; quando poi starete al sicuro eseguite regolarmente la Preghiera, ché la Preghiera è per i credenti una prescrizione da osservare al tempo fissato. – [104] Non vi stancate d'inseguir quella gente, e pensate che, se soffrite, essi soffrono come voi, ma voi sperate da Dio quel ch'essi non sperano, e Dio è sapiente e saggio. –

[105] In verità noi ti abbiam rivelato il Libro apportatore di Verità, perché tu giudichi fra gli uomini secondo quanto Iddio t'ha mostrato; non disputare a favore dei traditori, – [106] ma invoca il perdono di Dio, ché Dio è perdonatore pietoso. – [107] E non discuter con Noi a favore di quelli che tradiscono se stessi, ché Dio non ama i frodolenti peccatori. – [108] Cercano di nascondersi agli uomini, ma non si nasconderanno a Dio: Egli è con loro mentre ruminano nelle tenebre discorsi, discorsi a Lui sgraditi; ma Dio abbraccia tutto ciò ch'essi operano. – [109] Ecco chi siete voi! Prendete le loro difese in questa vita mondana, ma chi prenderà le loro difese con Dio il giorno della Resurrezione! O chi sarà il loro avvocato? – [110] Chiunque fa del male, e fa quindi torto a se stesso, e poi chiede perdono a Dio, troverà Dio indulgente pietoso. – [111] Chiunque s'acquista una colpa se l'acquista contro se stesso, e Dio è sapiente saggio – [112] e chiunque s'acquista un errore o un peccato e poi lo rigetta su un innocente, si carica di una calunnia e di un peccato evidente. – [113] E se non fosse stata la grazia che Dio ti ha elargita e la Sua misericordia alcuni di essi avrebbero cer-

cato di traviarti, ma non traviano che se stessi e non ti fanno danno alcuno. E Iddio ha rivelato a te il Libro e la Saggezza e t'ha insegnato quel che non sapevi, e la grazia di Dio è stata su di te, immensa. – 114 Non c'è nulla di buono nella maggior parte dei loro conciliaboli, eccetto che qualcuno non inviti a un'elemosina o a una buona azione o a metter pace fra gli uomini; e a chiunque faccia questo per desiderio di piacere a Dio, daremo mercede immensa. – 115 E chi si stacca dal Messaggero di Dio, dopo che è apparsa limpida al suo sguardo la retta Via, e segue un sentiero diverso da quello dei credenti, Noi gli volgeremo le spalle come egli le ha volte a Noi e lo faremo bruciar nell'Inferno: quale tristo andare! –

116 In verità Iddio non sopporta che altri venga associato a Lui: tutto il resto Egli perdona a chi vuole, ma chi associa altri a Dio erra d'errore lontano. – 117 Essi non invocano altro che femmine all'infuori di Dio, non invocano altro che un dèmone ribelle, – 118 che Iddio maledica, il quale ha detto: "Di sicuro mi prenderò una determinata porzione dei Tuoi servi! – 119 Io li svierò, io ecciterò in loro desideri vani; io darò ordini, ed essi mozzeranno le orecchie delle bestie dei greggi; io darò ordini, ed essi cambieranno la creazione di Dio". Ma chi si sceglie il Demonio a patrono, all'infuori di Dio, si vota a irrevocabile perdita. – 120 Egli fa loro promesse ed eccita in loro desideri vani, ma ciò che il Demonio promette non è che illusione. – 121 Quelli avran per asilo l'Inferno e non troveranno scampo, – 122 ma quelli che credono e operano il bene, li faremo entrare in Giardini all'ombra dei quali scorrono i fiumi, dove rimarranno in eterno, sempre. La promessa di Dio è Verità, e chi è più verace di Dio nel parlare? – 123 E questo avverrà non secondo i vostri desideri o secondo i desideri della gente del Libro, bensì chi avrà fatto del male ne sarà ripagato e non troverà all'infuori di Dio alleato o patrono. – 124 E chiunque, maschio o femmina, opererà il bene, e sarà credente, entrerà nel Pa-

radiso e non gli sarà fatto torto nemmeno per una scalfittura d'osso di dattero. – 125 E chi mai potrebbe scegliere una religione migliore che quella di darsi tutto a Dio e far bene ai suoi simili e seguire la comunità d'Abramo, in pia fede? Ché Dio scelse Abramo per Amico. – 126 A Dio appartiene ciò che è nei cieli e quel che è sulla terra e Dio abbraccia tutte le cose. –

127 Ti chiederanno il tuo parere sulle donne. Rispondi: " È Dio che vi darà istruzioni su di loro, e anche su quel che a voi si legge nel Libro a proposito delle orfane, alle quali voi non date quel che è prescritto per loro mentre desiderate di maritarle, e dei ragazzi deboli, e che dovete aver cura degli orfani con equità. Tutto quel che fate di bene, certo Dio lo conosce ". – 128 E se una donna teme maltrattamenti o avversione da parte di suo marito non sarà male per essi che si mettan d'accordo fra loro, in pace; poiché la pace è bene. Gli animi son portati all'avidità, ma se farete del bene e temerete Iddio, Dio ben conoscerà quel che voi fate. – 129 Anche se lo desiderate non potrete agire con equità con le vostre mogli; però non seguite in tutto la vostra inclinazione, sì da lasciarne una come sospesa. Se troverete un accordo e temerete Iddio, Dio è misericordioso e clemente. – 130 Se poi marito e moglie si separeranno, Dio arricchirà ambedue della sua abbondanza ampia ché Dio è ampio sapiente. –

131 A Dio appartiene ciò che è nei cieli e quel che è sulla terra: già raccomandammo a coloro cui fu dato il Libro prima di voi e a voi stessi di temere Dio, e se rifiuterete la Fede, ebbene Dio possiede tutto quel che è nei cieli e sulla terra, ed è Colui che di nulla abbisogna, il Degno di lode. – 132 A Dio appartiene tutto quanto è nei cieli e quel che è sulla terra, ed è sufficiente patrono. – 133 Se volesse egli vi annienterebbe, o uomini, e porterebbe sulla terra un'altra stirpe d'esseri: Dio di far questo ha pieno potere. – 134 Chi desidera la ricompensa di questo mondo, sappia che presso Dio è la ricompensa di questo mondo e dell'altro, e Dio

ascolta e guarda. – [135] O voi che credete! Operate con ferma giustizia quando testimonierete avanti a Dio, anche se contro voi stessi, o contro i vostri genitori e contro i vostri parenti, siano essi poveri o ricchi, ché Dio è all'uno e all'altro più vicino di voi. Non seguite quindi le passioni che vi fan deviare dal giusto, e se voi storpierete la testimonianza o vi rifiuterete a darla, sappiate che Dio ben conosce quel che voi fate. –

[136] O voi che credete! Credete in Dio e nel Suo Messaggero e nel Libro che Egli ha rivelato al Suo Messaggero, e nel Libro che rivelò prima; e chi rinnega Dio, i Suoi Angeli, i Suoi Libri, i Suoi Messaggeri e il Giorno Ultimo, erra d'errore lontano. – [137] Quanto a coloro che credettero, poi rifiutaron la Fede, poi credettero, poi rifiutaron la Fede, poi crebbero in infedeltà ancora, Iddio non potrà più perdonarli né guidarli per una retta Via. – [138] Annunzia agli ipocriti che avranno castigo cocente. – [139] Coloro che preferiscono prender per patroni gli infedeli anziché i credenti, cercano forse presso di quelli gloria? Ma la gloria è tutta di Dio! – [140] Ed Egli ha già rivelato a voi nel Libro che quando udite che si rinnegano i Segni di Dio o si deridono, non rimaniate con quei che fan questo, finché non entrino in altro discorso, altrimenti sareste come loro; ma Dio riunirà gli ipocriti e gli infedeli, tutti assieme, nell'Inferno. – [141] Questi ipocriti son coloro che stanno a osservarvi e quando vi viene da Dio una vittoria dicono: "Non eravamo con voi?" e se la buona sorte capita agli Infedeli dicono: "Non abbiam forse fatto meglio noi? Non vi abbiam difeso dai credenti?" Ma sarà Dio a giudicare fra voi il dì della Resurrezione, e Dio non darà modo agli infedeli di prevaler sui credenti. – [142] Certo gli ipocriti cercano di ingannare Dio, mentre è Dio che li sta ingannando, e quando si levano per la Preghiera, si levano pigramente e solo per farsi veder dalla gente, e non invocan che poco il nome di Dio. – [143] Penzolano qua e là non appartenendo né a questi né a quelli, ma chi Dio

svia, non troveresti per lui via di salute. – 144 O voi che cre-
dete! Non preferite prender per patroni gli infedeli piuttosto
che i credenti. Volete forse fornire a Dio una prova evidente
contro voi stessi? – 145 Certo gli ipocriti staranno nel vortice
più fondo del fuoco, né troveresti per loro alleato veruno. –
146 Eccettuati coloro che si pentono e si correggono e si
aggrappano a Dio, e a Dio rivolgono un culto sincero: que-
sti saranno assieme ai credenti, e Dio darà ai credenti mer-
cede immensa. – 147 Che se ne fa Dio del tormentarvi, se
siete grati a Lui e se credete? Dio è grato e sapiente. – 148 Dio
non ama la maldicenza, eccettuato il caso di qualcuno cui
sia stato fatto torto, ché Dio sa ed ascolta. – 149 Sia che voi
manifestiate o nascondiate il bene che fate, o se passate sopra
al male degli altri, sappiate che Dio è indulgente e possente. –
150 In verità coloro che negan fede a Dio e ai Suoi Mes-
saggeri, e vogliono far distinzione fra Dio e i Suoi Messag-
geri, dicendo: "Crediamo in alcuni e altri ne rifiutiamo",
e vorrebbero prendere una strada intermedia, – 151 questi sono
i veri infedeli, e per gli infedeli abbiam preparato castigo
turpe. – 152 Ma coloro che credono in Dio e nei Suoi Mes-
saggeri, e non fanno distinzione alcuna fra di loro, a quelli
Dio darà la loro mercede, e Dio è indulgente clemente. –
153 La Gente del Libro ti chiederà di far scender su loro un
Libro dal cielo. A Mosè già chiesero cosa ancor più grande
dicendogli: "Facci vedere Dio faccia a faccia!", e li colpì
il fulmine, per la loro empietà. Poi si scelsero a dio il Vitello,
dopo che avean ricevuto le Prove Evidenti, eppur passammo
sopra anche a questa empietà e demmo a Mosè autorità ma-
nifesta. – 154 Elevammo alto il Sinai sopra di loro in segno
d'alleanza e dicemmo loro: "Entrate per la porta proni!"
Dicemmo loro: "Non trasgredite il sabato!" e stipulammo
con loro solidissimo patto. – 155 Dunque, poiché essi hanno
violato il patto e hanno rinnegato i Segni di Dio e hanno
ucciso i profeti ingiustamente e hanno detto: "I nostri cuori
sono incirconcisi" (ché anzi è Dio che vi ha stampato l'incre-

dulità, sì che di loro non credon che pochi) – [156] e ancora per la loro incredulità e per aver detto contro Maria calunnia orrenda – [157] e per aver detto: "Abbiamo ucciso il Cristo, Gesù figlio di Maria, Messaggero di Dio", mentre né lo uccisero né lo crocifissero, bensì qualcuno fu reso ai loro occhi simile a Lui (e in verità coloro la cui opinione è divergente a questo proposito son certo in dubbio né hanno di questo scienza alcuna, bensì seguono una congettura, ché, per certo, essi non lo uccisero – [158] ma Iddio lo innalzò a sé, e Dio è potente e saggio; – [159] e non c'è nessuno della Gente del Libro che non crederà in lui, prima della sua morte, ed Egli nel dì della resurrezione sarà testimonio contro di loro) – [160] per la empietà, infine, di questi giudei abbiam loro proibito delle cose buone che prima eran loro lecite e perché han deviato dalla via di Dio, di molto – [161] e perché han praticato l'usura che pur era stata loro proibita, per aver consumato i beni altrui falsamente; e abbiam preparato per i Negatori fra loro castigo cocente. – [162] Ma quelli fra loro che son saldi nella scienza, i credenti che credono in ciò che è stato rivelato a te e in quel che è stato rivelato prima di te, quelli che fanno la Preghiera e pagano la Dècima, i credenti in Dio e nell'Ultimo Giorno, a quelli daremo mercede immensa. – [163] In verità Noi t'abbiamo dato la rivelazione come l'abbiam data a Noè e ai profeti che lo seguirono, e l'abbiam data ad Abramo e a Ismaele, e a Isacco e a Giacobbe, e alle Tribù e a Gesù e a Giobbe, e a Giona e ad Aronne e a Salomone, e a Davide demmo i Salmi. – [164] E così inviammo messaggeri dei quali già t'abbiam narrato la storia e messaggeri dei quali non t'abbiam nulla narrato, ma con Mosè Iddio parlò a viva voce, – [165] e messaggeri mandammo annunziatori e ammonitori, perché gli uomini non avesser più alcun argomento da portare contro Dio, dopo l'invio dei Messaggeri divini; e Dio è potente e saggio. – [166] Ma Dio testimonia di quel che ha rivelato a te, che lo ha rivelato per la Sua scienza, e ne testimoniano gli angeli; ma Dio solo basta a testimoniare. – [167] In verità coloro che rifiutan la Fede e sviano dalla via di Dio, errano d'errore lontano. – [168] In verità coloro che rifiutan la Fede e agiscono iniquamente, Dio non è disposto a perdonarli né a guidarli per Via veruna – [169] eccetto la via dell'Inferno nel quale rimarranno in eterno, sempre, e questo è ben facile a Dio. –

[170] O uomini! È venuto a voi il Messaggero con la Verità data dal vostro Signore. Credete dunque e sarà meglio per voi. Ma se rifiutate la Fede, sappiate che di Dio è tutto ciò che è nei cieli e che è sulla terra e Dio è saggio sapiente. – [171] O Gente del Libro! Non siate stravaganti nella vostra religione e non dite di Dio altro che la Verità! Ché il Cristo Gesù figlio di Maria non è che il Messaggero di Dio, il Suo Verbo che egli depose in Maria, uno Spirito da Lui esalato. Credete dunque in Dio e nei suoi Messaggeri e non dite: "Tre!" Basta! E sarà meglio per voi! Perché Dio è un Dio solo, troppo glorioso e alto per avere un figlio! A Lui appartiene tutto quel ch'è nei cieli e quel ch'è sulla terra, Lui solo basta a proteggerci! – [172] Il Cristo non ha disdegnato d'essere un semplice servo di Dio, e così gli Angeli Cherubini, e coloro che sdegneranno il Suo servizio, in ribellione superba, Egli li adunerà a sé, tutti. – [173] E a coloro che credono ed operano il bene Egli pagherà le loro mercedi, e più ancora darà del Suo favore, mentre quei che disdegnano e insuperbiscono li punirà di cocente castigo, e non troveranno, oltre Dio, patrono alcuno e alleato. – [174] O uomini! V'è giunta ormai una prova da parte del vostro Signore, e su voi abbiam fatto calare chiarissima Luce. – [175] Quanto a coloro che credono in Dio e s'aggrappano a Lui fiduciosi, li farà entrare nella misericordia Sua e nella Sua grazia e li guiderà a Sé per un retto sentiero. –

[176] Chiederanno il tuo parere. Rispondi: "È Dio che vi dichiara il Suo parere sulla eredità di chi muore senza lasciare né ascendenti né discendenti. Se dunque un uomo muore senza lasciar figli, ma ha una sorella, a questa spetta

la metà dell'eredità, e se essa muore prima, egli eredita da lei, se essa non ha figli. Se le sorelle sono due, a loro spettano i due terzi della sua eredità. Se egli ha dei fratelli e delle sorelle, a ogni maschio spetterà una porzione doppia di quella di una femmina. Iddio vi dà spiegazione affinché non abbiate ad errare, ché Dio è su tutte le cose sapiente ". –

V. LA SURA DELLA MENSA

(*Medinese, eccetto il versetto 3 rivelato a 'Arafāt durante il Pellegrinaggio d'Addio. Di 120 versetti, rivelata dopo la Sura della Vittoria*)

Nel nome di Dio, clemente misericordioso!

1 O voi che credete, adempite ai patti. Vi sono permessi
gli animali dei greggi eccetto quelli che ora vi diremo, e
non dovete permettervi la caccia mentre vi trovate in stato
sacro: Dio certo decreta ciò ch'Egli vuole. – 2 O voi che
credete! Non profanate i riti di Dio, né il mese sacro, né le
vittime sacrificali, né le loro collane, né quelli che si dirigono
al Sacro Tempio desiderosi della grazia del loro Signore e del
Suo beneplacito. Quando poi sarete tornati allo stato profano,
andate pure a caccia. Ma l'odio contro certa gente che vi ha
escluso dal Sacro Tempio non vi spinga a trasgredire la legge
divina, ma piuttosto aiutatevi l'un l'altro a praticare la pietà
e il timor di Dio, e non appoggiatevi gli uni agli altri per
commettere iniquità e prevaricazioni. Temete Dio, ché Dio
è nel castigare violento. –

3 Vi son dunque proibiti gli animali morti, il sangue, la
carne di porco, gli animali che son stati macellati senza l'invocazione del nome di Dio, e quelli soffocati o uccisi a bastonate, o scapicollati o ammazzati a cornate e quelli in parte divorati dalle fiere, a meno che voi non li abbiate finiti sgozzandoli, e quelli sacrificati sugli altari idolatrici; e v'è anche proibito di distribuirvi fra voi a sorte gli oggetti: questo è una empietà. Guai, oggi, a coloro che hanno apostatato dalla

vostra Religione: voi non temeteli, ma temete Me! Oggi v'ho reso perfetta la vostra religione, e ho compiuto su voi i Miei favori, e M'è piaciuto darvi per religione l'Islàm. Quanto poi a chi vi è costretto per fame e senza volontaria inclinazione al peccato, ebbene Dio è misericorde e pietoso. –

[4] Ti domanderanno che cosa sia lecito mangiare. Rispondi: "Vi sono lecite le cose buone e quel che avrete insegnato a prendere agli animali da preda portandoli a caccia a mo' di cani (ché del resto non avete fatto che insegnare a loro ciò che Dio ha insegnato a voi). Mangiate dunque ciò che loro avranno preso per voi, menzionandovi sopra il nome di Dio; e temete Iddio, ché Dio è rapido al conto!" – [5] Oggi vi son dichiarate lecite le cose buone, e lecito è per voi il cibo di coloro cui fu dato il Libro, così come il vostro cibo è lecito a loro; e vi sono permesse, come mogli, le donne oneste di fra le credenti, come anche le donne oneste di fra coloro cui fu dato il Libro prima di voi, purché diate loro le doti, vivendo castamente, senza fornicare e prendervi amanti. E, chi rinnega la fede, andrà in rovina ogni sua opera e, nell'aldilà, sarà fra chi perde. –

[6] O voi che credete, quando vi levate a pregare lavatevi il volto e le mani fino ai gomiti, e strofinate con la mano bagnata la testa e i piedi fino alle caviglie, e se siete in stato di impurità, purificatevi; e se siete malati o in viaggio, o se uscite dalla latrina o avete avuto rapporti con donne e non trovate acqua, usate allora buona sabbia e passatevela sul volto e sulle mani. Iddio non vuole imporvi alcunché di gravoso, bensì purificarvi e compiere su voi la Sua grazia a ché voi siate a Lui riconoscenti. – [7] Ricordatevi della grazia che Iddio v'ha elargito e del Patto che avete stretto con Lui, quando diceste: "Abbiamo ascoltato e siam pronti a ubbidire", e temete Iddio, ché Egli conosce l'intimo dei cuori. – [8] O voi che credete! State ritti innanzi a Dio come testimoni d'equità e non vi induca l'odio contro gente empia ad agire ingiustamente. Agite con giustizia, ché questa è la cosa più

vicina alla pietà, e temete Dio, poiché Dio sa quel che voi
fate. – 9 Iddio ha promesso a coloro che credono e operano
il bene, perdono e mercede immensa, – 10 mentre coloro che
rifiutan la Fede e i Nostri Segni smentiscono, son dell'In-
ferno. – 11 O voi che credete! Ricordatevi della grazia che
Iddio v'ha elargito: quando alcuni s'apprestavano a stendere
contro di voi le loro mani, Egli stornò da voi quelle mani;
temete dunque Iddio, in Dio confidino i credenti! –

12 E in verità Iddio strinse un patto coi figli d'Israele e
suscitò dal loro seno dodici capi, e Dio disse: " Ecco, io
sarò con voi. E se voi eseguirete la Preghiera e pagherete
la Decima, e crederete ai Miei inviati e li assisterete, facendo
così a Dio un prestito bello, vi purificherò delle vostre colpe
e vi farò entrare in giardini all'ombra dei quali scorrono i
fiumi; e chi di voi, dopo tutto questo, rifiuterà la Fede, avrà
smarrito la via piana ". – 13 Ma poiché essi ruppero il loro
patto, li abbiamo maledetti e indurimmo i loro cuori, sì che
essi hanno stravolto il retto senso della Parola e hanno obliato
parte di quel che fu loro insegnato. Tu t'accorgerai conti-
nuamente di qualche perfidia da parte loro, salvo pochi; ma
Tu perdona loro e sii indulgente, ché Dio ama i buoni! –
14 Anche con coloro che dicono: " Siamo cristiani ", abbiamo
stretto un patto, ma hanno dimenticato una parte di quel
che fu loro insegnato, e Noi abbiamo suscitato fra loro un'i-
nimicizia e un odio che dureranno fino al dì della Resurre-
zione, quando Iddio li informerà di quel che hanno operato. –
15 O gente del Libro! Ecco ch'è venuto a voi il Nostro Mes-
saggero a spiegarvi molte parti del Libro che avevate na-
scoste e per abrogarne molte. Ecco è venuta a voi da Dio
una Luce, un Libro Limpido – 16 col quale Iddio guida chi
segue il Suo compiacimento sulle vie della Pace, e li trae
fuori dalle tenebre verso la luce col Suo permesso, e li con-
duce su un retto sentiero. – 17 Rifiutan fede a Dio quelli che
dicono: " Il Cristo, figlio di Maria, è Dio ". Rispondi loro:
" Chi potrebbe impedirlo a Dio, se Egli volesse annientare

il Cristo figlio di Maria, e sua madre e tutti coloro che sono
sulla terra? A Dio appartiene il dominio dei cieli e della
terra e dello spazio fra essi; Egli crea ciò che vuole, e Iddio
è sovra ogni cosa potente". – 18 E dicono anche i giudei e i
cristiani: "Noi siamo i figli di Dio e i suoi amici". Do-
manda dunque loro: "Perché allora vi tortura per i vostri
peccati? No! Voi non siete che uomini come gli altri che
Egli ha creato: Egli perdona chi vuole e tormenta chi vuole.
A Dio appartiene il dominio dei cieli e della terra e dello
spazio fra essi e a Lui il Divenire è diretto". – 19 O gente del
Libro! Ecco v'è giunto il Nostro Messaggero a istruirvi,
dopo un'interruzione nell'invio dei Messaggeri Divini, affin-
ché non abbiate a dire: "Nessun Messaggero c'è giunto,
nessun Ammonitore è venuto a noi!" No! È venuto a voi
un Messaggero, un Ammonitore, e Dio è sovra ogni cosa
potente! –

20 E ricordatevi di quando Mosè disse al suo popolo:
"O popol mio! Ricordate la grazia che Iddio v'ha elargita,
ponendo fra di voi dei Profeti, facendo di voi dei Re e dan-
dovi quel che non aveva dato a niun altro nel mondo! –
21 O popol mio! Entrate nella Terra Santa che Iddio v'ha
destinata e non volgetevi addietro, andandovene in perdi-
zione!" – 22 Ed essi dissero: "O Mosè! In quella terra c'è
un popolo di giganti crudeli e noi non v'entreremo finché non
saranno usciti loro; se essi usciranno, noi v'entreremo!" –
23 E dissero due uomini timorati di Dio e che Iddio avea
riempiti dei suoi favori: "Entrate contro di loro passando
per la porta e quando voi sarete entrati per questa porta
avrete vinto, e in Dio solo confidate, se siete credenti". –
24 Ed essi dissero: "O Mosè, non entreremo mai in quella
terra finché quelli saranno là. Va tu e il tuo Signore a com-
batterli, ché noi qui resteremo". – 25 E disse Mosè "O Si-
gnore! Io non rispondo che di me e di mio fratello. Sepa-
raci, dunque, da questa gente perversa!" – 26 E disse Iddio:
"Ebbene, quel paese è loro interdetto. Per quaranta anni essi

erreranno vaganti sulla terra, ma tu non ti crucciare per
quella gente perversa ". –
27 E recita loro la storia dei due figli di Adamo, secondo
verità, quando essi offrirono a Dio un sacrificio, e quello
dell'uno fu accetto e non fu accetto quello dell'altro. E que-
sti disse: " Io t'ucciderò! " ma il fratello rispose: " Iddio
non accetta che il sacrificio dei pii! – 28 E certo se tu sten-
derai la mano contro di me per uccidermi, io non stenderò
la mia mano su di te per ucciderti, perché temo Iddio, il
Signor del Creato! – 29 Io voglio che tu ti accolli e il mio
peccato e il tuo e che tu sia del Fuoco, che è la ricompensa
degli oppressori! " – 30 E la sua passione lo spinse a ucci-
dere il suo fratello, e lo uccise, e fu ~~in~~ perdizione. – 31 E Id-
dio mandò un corvo, che grattò la terra per mostrargli come
nascondere la spoglia di suo fratello. Ed egli disse: " O me
infelice! Che son stato incapace perfin d'essere come questo
corvo e nasconder la spoglia di mio fratello! " E divenne
perseguitato dai rimorsi. – 32 Per questo prescrivemmo ai
figli d'Israele che chiunque ucciderà una persona senza che
questa abbia ucciso un'altra o portato la corruzione sulla
terra, è come se avesse ucciso l'umanità intera. E chiunque
avrà vivificato una persona sarà come se avesse dato vita
all'umanità intera. Son dunque venuti a loro i nostri In-
viati con prove evidenti, eppure molti di loro, con tutto ciò,
furon sfrenati peccatori sulla terra. – 33 In verità la ricom-
pensa di coloro che combattono Iddio e il Suo Messaggero
e si danno a corrompere la terra è che essi saranno massacrati,
o crocifissi, o amputati delle mani e dei piedi dai lati op-
posti, o banditi dalla terra: questo sarà per loro ignominia
in questo mondo e nel mondo avvenire avranno immenso
tormento, – 34 eccetto quelli che si pentiranno prima che voi
vi impadroniate di loro. Ma sappiate che Dio è misericor-
dioso indulgente. – 35 O voi che credete! Temete Dio e cer-
cate i mezzi di avvicinarvi a Lui e combattere sulla Sua via,
ché per avventura siate fra coloro che prosperano. – 36 In

verità quelli che rifiutan fede a Dio, anche se possedessero tutto quel che è sulla terra e ancora altrettanto per riscattarsi dal tormento del giorno della Resurrezione, non sarebbe accettato da loro. No, avranno castigo crudele! – [37] Vorrebbero uscire dal Fuoco! Ma non lo potranno e avranno tormento che dura. – [38] Quanto al ladro e alla ladra, tagliate loro le mani in premio di quel che han guadagnato, come castigo esemplare da parte di Dio, ché Dio è potente e saggio. – [39] E chi, dopo l'ingiustizia che ha commesso, vi rinuncia e fa del bene, anche Dio rinuncerà alla Sua ira su di lui, perché Dio è clemente pietoso. – [40] Non sai forse che a Dio appartiene il dominio dei cieli e della terra, che punisce chi vuole e perdona chi vuole, e che Dio è sovra tutte le cose potente? –.

[41] O Messaggero di Dio! Non rattristarti al vedere coloro che si precipitano nell'empietà, fra quelli che dicono: "Abbiamo creduto!" con le loro bocche, ma non credono i loro cuori, e fra i Giudei con l'orecchie sempre tese ad ascoltar la menzogna, con l'orecchie pronte ad ascoltar altri che non vengono a te, che distorcono le Parole dal loro senso, che dicono: "Se questo vi è stato dato prendetelo, se non vi è stato dato, state in guardia!" Perché, chi Dio vuole confondere, tu non potrai nulla per lui presso Dio. Sono esseri i cuori dei quali Iddio non ha voluto purificare: essi avranno in questo mondo ignominia e nell'altro tormento immenso. – [42] Gente con l'orecchie tese alla menzogna, proni ad illecita venalità; se questi vengono a te, fa da arbitro fra di loro o storna da essi il volto, ché se stornerai da loro il volto non potranno nuocerti in nulla, e se fai da arbitro fra di loro giudica secondo giustizia, perché Iddio ama i giusti. – [43] Come del resto posson venire a chiederti arbitraggi, quando hanno la *Tōrāh*, che contiene il giudizio di Dio? Ed essi, dopo averti chiesto arbitraggio, se ne vanno e non credono. – [44] In verità Noi abbiam rivelato la *Tōrāh*, che contiene retta guida e luce, con la quale giudicavano i Profeti tutti dati a

Dio fra i giudei, e i maestri e i dottori con il Libro di Dio, di cui era stata loro affidata la custodia, e di cui erano testimoni. Non temete dunque questa gente, ma temete Me e non vendete i Miei Segni a vil prezzo! Coloro che non giudicano con la Rivelazione di Dio, son quelli i Negatori. – [45] E, nella *Tōrāh*, prescrivemmo a voi anima per anima, occhio per occhio, naso per naso, orecchio per orecchio, dente per dente, e per le ferite la legge del taglione. Ma chi dà in elemosina il prezzo del sangue, ciò sarà per lui di purificazione. E coloro che non giudicano con la Rivelazione di Dio, sono gli iniqui. – [46] E facemmo seguir loro Gesù, figlio di Maria, a conferma della *Tōrāh* rivelata prima di lui, e gli demmo il Vangelo pieno di retta guida e di luce, confermante la *Tōrāh* rivelata prima di esso, retta guida e ammonimento ai timorati di Dio. – [47] Giudichi dunque la gente del Vangelo secondo quel che Iddio ha ivi rivelato, ché coloro che non giudicano secondo la Rivelazione di Dio, sono i perversi. – [48] E a te abbiam rivelato il Libro secondo Verità, a conferma delle Scritture rivelate prima, e a loro protezione. Giudica dunque fra loro secondo quel che Dio ha rivelato e non seguire i loro desideri a preferenza di quella Verità che t'è giunta. A ognuno di voi abbiamo assegnato una regola e una via, mentre, se Iddio avesse voluto, avrebbe fatto di voi una Comunità Unica, ma ciò non ha fatto per provarvi in quel che vi ha dato. Gareggiate dunque nelle opere buone, ché a Dio tutti tornerete, e allora Egli vi informerà di quelle cose per le quali ora siete in discordia. – [49] Giudica dunque fra il popolo secondo quanto Iddio ha rivelato e non seguire i loro desideri, e bada che essi non ti seducano e ti stornino da parte di ciò che Dio t'ha rivelato! E se ti volgeranno le spalle sappi che Iddio vuole colpirli per qualche loro peccato, e per vero, molti degli uomini son dei perversi. – [50] Un giudizio pagano, ecco quel ch'essi vogliono! Ma per chi è pieno di certezza quale miglior giudizio che il giudizio di Dio? –

51 O voi che credete! Non prendete i giudei e i cristiani
come alleati: alleati essi sono gli uni con gli altri, e chi di
voi si alleerà loro diverrà dei loro. In verità Dio non guida
il popolo degli ingiusti. – 52 Tu vedi coloro che hanno un
morbo nel cuore correre a loro e dire: " Temiamo che ci
colpisca qualche rovescio ". Ma forse Iddio apporterà la Vit-
toria o qualche suo Ordine, ed essi si pentiranno di quel che
hanno celato nelle anime loro, – 53 e così quei che credono
diranno: " Son questi coloro che giurarono per Dio e con
giuramento solenne che sarebbero stati con voi? Vane son
state le azioni loro e a perdere sono venuti!" – 54 O voi che
credete! Se qualcuno di voi rinnega la sua religione, ebbene,
Iddio susciterà uomini che Egli amerà come essi ameranno
Lui, umili coi credenti, fieri coi miscredenti, combattenti
sulla via di Dio, impavidi di fronte ad ogni biasimo; questa
è grazia che Dio dona a chi vuole, ché Dio è ampio, saggio. –
55 Vostri alleati sono Dio, il Suo Inviato, e coloro che cre-
dono, coloro che compiono la Preghiera e pagano la Decima,
chini in adorazione – 56 e coloro che prendono per alleato
Dio, il Suo Inviato e coloro che credono: ecco il Partito di
Dio, i Vittoriosi! – 57 O voi che credete! Non prendetevi
per alleati quelli, fra coloro cui già prima fu dato il Libro
e gli infedeli, che si prendon gioco e burla della vostra reli-
gione, e temete Iddio, se siete credenti! – 58 Quando voi
chiamate il popolo alla preghiera, se ne prendon gioco e
burla, perché sono gente senza intelletto. – 59 Dì: " O gente
del Libro! Di che altro potete biasimarci se non di credere
in Dio e in quel che ha rivelato a noi, e in quel che ha rive-
lato prima di noi? Per certo i più di voi sono perversi ". –
60 Dì: " Posso forse annunciarvi peggior ricompensa di questa
da parte di Dio? Quella di coloro che Dio ha maledetto, coi
quali s'è adirato, che ha trasformato in scimmie ed in porci,
coloro che hanno adorato *Ṭāġūt*? " Costoro hanno il luogo
più turpe e più lungi errano dalla via piana del Vero. –
61 Quando vengono da voi dicono: " Crediamo ". Ma entra-

rono pieni di miscredenza e uscirono pieni di miscredenza, e
Dio sa meglio quel ch'essi celavano. – 62 Tu vedi molti di
loro precipitarsi nel peccato, nell'ingiustizia, nello sfruttar
beni illeciti: quanto è turpe quello che fanno! – 63 Perché
i loro maestri e i loro dottori non proibiscon loro di dire il
peccato e di sfruttare beni illeciti? Quanto è turpe quel che
essi operano! – 64 Dicono i giudei: "La mano di Dio è
ora chiusa". Siano le loro mani chiuse e incatenate e siano
maledetti per quel che hanno detto! Che anzi ambe le
mani di Dio sono aperte e ampie ed egli elargisce grazia a
chi vuole, e certo quel che è stato rivelato a te dal tuo Si-
gnore aumenta in molti di loro la pervicace ribellione e l'em-
pietà: abbiamo suscitato fra loro ostilità e odio fino al dì
della Resurrezione. Ogni volta che accenderanno un fuoco
di guerra lo spegnerà Iddio; ed essi faranno ogni sforzo per
seminare corruzione sulla terra, ma Dio non ama i corrut-
tori! – 65 Ma se la Gente del Libro credesse e temesse Iddio,
noi li purificheremmo delle loro malvagità e li faremmo en-
trare nei giardini di delizie. – 66 E se essi mettessero in pra-
tica la *Tōrāh* e il Vangelo, e quel che è stato loro rivelato dal
loro Signore, godrebbero dei frutti che hanno sulle loro
teste e sotto i loro piedi. C'è fra loro una comunità che segue
una via di mezzo, ma molti di loro quanto male agiscono! –
67 O Messaggero! Comunica agli uomini ciò che t'è stato
rivelato dal tuo Signore, ché se non lo farai non avrai adem-
piuto la tua Missione. Ma Iddio ti renderà immune dalle
offese degli uomini: in verità Dio non guida al bene i Nega-
tori. – 68 Dì: "O gente del Libro! Voi non farete nulla di
buono finché non metterete in pratica la *Tōrāh* e il Vangelo
e quel che v'è stato rivelato dal vostro Signore". Ma in molti
di loro ciò che a te è stato rivelato dal tuo Signore aumen-
terà la pervicace ribellione e l'empietà. Non ti crucciare per
questa gente empia! – 69 Ma coloro che credono, e i giudei
e i sabei e i cristiani (quelli che credono in Dio e nell'Ul-
timo Giorno e che operano il bene) nulla essi han da temere,

e non saranno attristati. – [70]Abbiamo stretto un patto con i figli di Israele e abbiamo loro inviato dei Messaggeri; ma ogni volta che venne un Messaggero recando ordini contrari alle loro passioni, alcuni ne hanno sbugiardati, altri uccisi. – [71] E credettero che questo non avrebbe portato a scandalo alcuno, ma son stati ciechi e sordi. Poi Dio ritornò su quel che aveva deciso contro di loro, ma di nuovo molti di essi divennero ciechi e sordi: ma Dio sta a osservare quel che essi operano. – [72] Certo sono empi quelli che dicono: "Il Cristo, figlio di Maria, è Dio" mentre il Cristo disse: "O figli di Israele! Adorate Dio, mio e vostro Signore" E certo chi a Dio dà compagni, Dio gli chiude le porte del paradiso: la sua dimora è il Fuoco, e gli ingiusti non avranno alleati. – [73] E sono empi quelli che dicono: "Dio è il terzo di Tre" Non c'è altro dio che un Dio solo, e se non cessano di dire simili cose un castigo crudele toccherà a quelli di loro che così bestemmiano. – [74] Non si convertiranno mai dunque a Dio chiedendo il Suo perdono? Dio è indulgente clemente. – [75] Il Cristo figlio di Maria non era che un Messo di Dio come gli altri che furono prima di lui, e sua madre era una santa, ma ambedue mangiavano cibo. Guarda come noi spieghiamo chiari ad essi i Segni, e guarda come essi si allontanan dal Vero. – [76] Dì: "Adorerete voi forse, oltre Dio, ciò che non può portarvi né vantaggio né danno? Dio ascolta e sa". – [77] Dì: "O gente del Libro! Non siate stravaganti nella vostra religione cercando altro che il Vero e non seguite i desideri di un popolo che già prima errò, e molti fece errare, lontani dalla Via Piana" – [78] Coloro fra gli israeliti che si diedero all'empietà furon già maledetti per bocca di David e di Gesù figlio di Maria, perché furon ribelli e prevaricatori – [79] e non si sconsigliavano a vicenda di fare il male, anzi, quanto turpemente agirono! – [80] Puoi vederne molti che prendono ad alleati i Negatori: quanto turpe è ciò che le loro passioni li spingono a fare! Pertanto Iddio s'è adirato con loro e nel castigo resteranno eterni. – [81] Ma

se credessero in Dio e nel Profeta e in ciò che a Lui fu rive-
lato, non prenderebbero quelli come alleati; ma molti di fra
loro sono perversi. –

82 Troverai che i più feroci nemici di coloro che credono
sono i giudei e i pagani, mentre troverai che i più cordial-
mente vicini a coloro che credono sono quelli che dicono:
" Siamo cristiani! " Questo avviene perché fra di loro vi
sono preti e monaci ed essi non sono superbi – 83 ma anzi,
quando ascoltano quel che è stato rivelato al Messaggero di
Dio li vedi versar lacrime copiose dagli occhi, a causa di
quella verità che essi conoscono, e li odi dire: " O Signor
nostro! Crediamo! Annoveraci fra i testimoni del Vero! –
84 E come poi potremmo non credere in Dio e nella Verità
che c'è giunta, noi che bramiamo che il Signor nostro ci
faccia entrare, coi Santi, nel Paradiso? " – 85 E li ricompensa
Iddio, per quel che essi han detto, con giardini alla cui om-
bra scorrono i fiumi, dove resteranno in eterno. Questa è la
mercede di chi opera il bene. – 86 Ma quei che rifiutan fede
e smentiscono i Nostri Segni, essi son dell'Inferno. –

87 O voi che credete! Non privatevi, come fossero ille-
cite, delle buone cose che Iddio v'ha reso lecite, senza però
passar la misura, ché Dio non ama i trasgressori. – 88 Man-
giate delle cose lecite e buone che Dio vi dà provvidente e
temete quel Dio in cui credete! – 89 Dio non vi riprenderà
per una svista nei vostri giuramenti, bensì vi riprenderà per
aver concluso giuramenti che poi avete violato: in tal caso
l'espiazione sarà il nutrire dieci poveri con cibo medio di
cui nutrite le vostre famiglie, o il vestirli, o l'affrancamento
di uno schiavo. Chi non troverà mezzi di far questo, digiuni
tre giorni. Questa è l'espiazione per aver violato i vostri
giuramenti quando vi sarete impegnati. Mantenete dunque i
vostri giuramenti! Così Iddio vi dichiara i Suoi Segni affinché
per avventura Gli siate riconoscenti. – 90 O voi che credete!
In verità il vino, il *maysir*, le pietre idolatriche, le frecce divi-
natorie sono sozzure, opere di Satana; evitatele, a che per

avventura possiate prosperare. – 91 Perché Satana vuole, col vino e col *maysir*, gettare inimicizia e odio fra di voi, e stornarvi dalla menzione del Santo Nome di Dio e dalla Preghiera. Cesserete dunque? – 92 Obbedite a Dio, obbedite al Suo Messaggero, e badate; ché, se gli volgerete le spalle, sappiate che il Nostro Messaggero non può far altro che comunicare un chiaro messaggio! –

93 Non v'è alcuna colpa, per coloro che credono e operano il bene, in quel che mangeranno, se temono Iddio, credono, e operano il bene e ancora se temono Iddio e credono, e ancora se temono Iddio e sono buoni col prossimo, perché Dio ama i benèfici. – 94 O voi che credete! Dio vi metterà alla prova con qualche preda di caccia che voi prenderete con le mani o le lance, perché Dio sappia chi è che lo teme nel segreto del cuore. Chi dopo che è stato promulgato violerà questo precetto, avrà tormento cocente. – 95 O voi che credete! Non uccidete selvaggina trovandovi in stato sacrale. Chi di voi la ucciderà intenzionalmente, la pena che dovrà pagare, in forma di sacrificio da portare alla *Ka'ba*, sarà un animale del suo gregge equivalente a quello da lui ucciso, e ne giudicheranno due uomini giusti fra voi; oppure per espiazione dovrà nutrire un povero o fare espiazione equivalente in forma di digiuno, perché il trasgressore gusti il danno che viene dal suo atto. Dio perdona il peccato passato, ma Dio prenderà vendetta del recidivo, ché Dio è vendicatore possente. – 96 V'è lecita la pesca e il cibo che il mare contiene perché voi e i viaggiatori possiate goderne, ma vi è proibita la selvaggina terrestre finché siate in stato sacrale; temete quel Dio avanti al quale sarete tutti radunati! –

97 Dio ha fatto della *Ka'ba*, la Casa Sacra, un sostegno per gli uomini e ha istituito il Mese Sacro, e le Vittime Sacrificali, e i loro Ornamenti, e questo perché voi sappiate che Dio conosce ciò che è nei cieli e ciò ch'è sulla terra, e che Dio è onnisciente. – 98 Sappiate che Dio è terribile nel castigare, che Dio è pietoso e clemente. – 99 Il Messaggero

di Dio non ha altro obbligo che trasmettere il Suo messaggio, e Dio sa quel che palesate e quel che celate. – 100 Dì: "Non sono pari il cattivo e il buono, benché ti piaccia molto di quel che è cattivo. Temete Dio, o gente di sano intelletto, che per avventura possiate prosperare!" – 101 O voi che credete! Non chiedeteci di cose che, se vi fossero manifeste, vi farebbero male. Ma se domanderete di esse quando sarà rivelato il Corano nella sua compiutezza, vi saranno manifestate. Dio vi perdona questo, ché Dio è mite e clemente. – 102 Già chiese di queste cose un popolo prima di voi e poi finirono per rinnegarle. – 103 Dio non ha istituito né *baḥīra*, né *sā'iba*, né *waṣīla*, né *ḥāmī*. Ma sono i miscredenti che inventano menzogne contro Dio e i più di loro non hanno intelletto. – 104 E quando si dice loro: "Venite a quel che Dio ha rivelato e al Suo Messaggero", rispondono: "Ci basta la tradizione dei nostri padri!" E se i loro padri non avessero avuto scienza alcuna, e non avessero seguito la retta via? –

105 O voi che credete! Non curatevi che di voi stessi, ché nessun danno vi faranno quelli che errano, se voi siete sulla via giusta. A Dio tornerete tutti ed allora Egli vi informerà di quel che avrete operato. – 106 O voi che credete! Siano presenti dei testimoni quando chi fra voi è per morire farà testamento. Dovranno essere due uomini giusti di fra voi, o altri due che non sian dei vostri, se voi state in viaggio per la terra e vi colpisca la calamità della morte. Dopo aver compiuto la Preghiera li tratterrete ed essi giureranno in nome di Dio, se avete dei dubbi su di loro, con queste parole: "Non venderemo la nostra testimonianza a nessun prezzo, anche se si tratti di un parente prossimo, e non celeremo la testimonianza di Dio. In verità dichiariamo che se lo facessimo saremmo dei peccatori". – 107 Ma se si scopre che quei due incorrono in accusa di peccato, si sostituiranno con altri due testimoni, i due più vicini parenti fra gli aventi diritto e giureranno in nome di Dio: "In verità la nostra testimonianza è più vera di quella di questi due. Noi non

trasgrediremo e, se lo facessimo, saremmo fra gli empi ". –
108 Questo è il modo migliore perché gli uomini prestino una
testimonianza decente o temano che altri testimoni sian chia-
mati a giurare dopo di loro. Temete Iddio e ascoltate! Ché
Dio non guida al bene i perversi! –

109 Il giorno in cui Iddio radunerà tutti i Suoi Messag-
geri e chiederà loro: " Che cosa v'è stato risposto? " Essi
diranno: " Scienza nessuna ne abbiamo: Tu solo sei il fondo
conoscitor degli arcani! " –

110 E quando Iddio disse: " O Gesù figlio di Maria, ri-
corda il mio favore verso di te e verso la madre tua, quando
io ti confermai con lo Spirito Santo, e tu parlavi alla gente
dalla culla come un adulto, e quando ti insegnai il Libro e
la Sapienza e la *Tōrāh* e l'Evangelo, e quando plasmavi dal
fango come una figura d'uccello, col Mio permesso, e vi
soffiavi sopra e diventava un uccello, col Mio permesso, e
quando tu guaristi il cieco nato e il lebbroso, col Mio per-
messo, e quando risuscitavi i morti, col Mio permesso, e
quando Io allontanai da te i figli d'Israele allorché tu venisti
a loro con le Prove Evidenti, quando gli increduli di tra loro
dissero: ' Questa è evidente magia! ' – 111 E quando rivelai
agli Apostoli: ' Credete in Me e nel Mio Inviato! ' ed essi
dissero: ' Crediamo! Attesta dunque che noi siamo tutti dati
a Te! ' " – 112 E quando gli Apostoli dissero: " O Gesù figlio
di Maria, può il tuo Signore far discendere su di noi una
mensa dal cielo? " E Gesù rispose: " Temete Dio, se siete cre-
denti! " – 113 E dissero gli Apostoli: " Noi vogliamo man-
giar di quella mensa e che si rassicurino i nostri cuori e che
sappiamo che tu sei stato sincero con noi e possiamo testi-
moniarne ". – 114 E disse Gesù figlio di Maria: " Dio mio!
Signor nostro! Fa discendere su di noi una tavola dal cielo
che sia per noi una festa, per il primo di noi e per l'ultimo
di noi, che sia un Segno che da Te ci viene, dacci della Tua
provvidenza, Tu che sei dei Provvidi il più buono! " – 115 E
Dio disse: " Io la farò discendere su di voi, ma chi di voi,

dopo questa grazia, rifiuterà fede, io lo castigherò d'un castigo tale che non infliggerò mai a nessuno di quanti sono nell'universo!" – [116] E quando Dio disse: "O Gesù figlio di Maria! Sei tu che hai detto agli uomini: 'Prendete me e mia madre come dèi oltre a Dio'?" E rispose Gesù: "Gloria a Te! Come mai potrei dire ciò che non ho il diritto di dire? Se lo avessi detto Tu lo avresti saputo: Tu conosci ciò ch'è nell'intimo mio, e io non conosco ciò che è nell'intimo Tuo. Tu solo sei il fondo conoscitor degli arcani! – [117] Io non dissi loro se non quello che Tu mi ordinasti di dire, cioè: 'Adorate Iddio, mio Signore e Signor vostro' e fui testimone contro di loro finché fui tra loro e, quando Tu mi chiamasti a Te, restasti Tu allora a spiarli, poiché Tu osservi ogni cosa. – [118] Se li punisci, ebbene sono Tuoi servi. Se li perdoni, ebbene Tu sei il Possente, il Sapiente!" – [119] Disse Dio: "Questo è il Giorno in cui gioverà ai veridici la veridicità loro: avranno Giardini alla cui ombra scorrono i fiumi, dove resteranno in eterno, sempre. Dio sarà soddisfatto di loro ed essi saranno soddisfatti di Dio: ecco il Supremo Successo". – [120] A Dio appartiene il Regno dei cieli e della Terra e di tutto quel che è in essi. Egli è su tutte le cose potente. –

VI. LA SURA DEI GREGGI

(Meccana, eccetto i versetti 20, 23, 91, 93, 114, 141, 151, 152 e 153 che son medinesi. Di 165 versetti. Rivelata dopo la Sura di al-Ḥiğr)

Nel nome di Dio, clemente misericordioso!

[1] Sia lode a Dio, il quale creò il cielo e la terra e stabilì le tenebre e la luce. Eppure quei che rifiutan la Fede danno al loro Signore degli eguali! – [2] Egli è Colui che vi ha creato dalla creta e ha decretato per ciascun di voi un termine, un termine fisso presso di Lui. Eppure voi dubitate! – [3] Ed Egli è Dio, nei cieli e sulla terra; conosce di voi quel ch'è segreto e quel ch'è palese, conosce quel che voi operate. – [4] Ma non giunge mai loro alcun Segno, di fra i Segni del loro Signore, che essi non se n'allontanino sdegnosi. – [5] E già tacciaron di menzogna la Verità quando venne a loro. Or presto giungerà loro l'annuncio di quel che prendevano a gabbo. – [6] Non han forse visto quante generazioni annientammo prima di loro? Generazioni che pure avevamo stabilito sulla terra più solidamente di voi, sulle quali riversammo dal cielo pioggia copiosa, ai cui piedi facemmo scorrere i fiumi. Eppure li sterminammo per i loro peccati, e facemmo nascere, dopo di loro, altre generazioni. – [7] Anche se facessimo discendere su di te un Libro di pergamena e lo toccassero con le loro mani, direbbero i Negatori: "Questo non è che evidente magìa!" – [8] Dicono: "Almeno gli fosse inviato un angelo!" Ma se avessimo inviato un angelo sarebbe finita per loro, non sarebbe concessa dilazione! – [9] E se di *Muhammad* avessimo fatto

un angelo, gli avremmo dato forma d'uomo, e lo avremmo rivestito delle stesse loro vesti. – 10 "Del resto già prima di te furon scherniti altri Messaggeri divini, ma potentemente soffocò gli sghignazzanti Ciò che essi schernivano!" – 11 Dì: "Viaggiate per tutta la terra, e guardate quale è stata la fine di chi ha smentito Dio!" – 12 Dì: "A chi appartiene dunque quel che è nei cieli e quel che è sulla terra?" Rispondi: "A Dio! Egli per vero s'è prescritta la misericordia, per trascinarvi tutti uniti al Dì del Giudizio, giorno la cui venuta è sicura. Quelli che avran perduto le proprie anime non crederanno. – 13 A Lui appartiene tutto quel ch'abita nella notte e quel ch'abita nel giorno: Egli ascolta e conosce". – 14 Dì: "Dovrei forse scegliermi a patrono altri che Dio, il creatore dei cieli e della terra, Colui che tutti nutre e da nessuno è nutrito?" Dì: "In verità mi è stato ordinato di essere il primo di coloro che si danno a Dio, non siate voi dunque idolatri!" – 15 Dì: "Certo io temo, se disobbedisco al mio Signore, il castigo d'un giorno supremo". – 16 Ma chi da quel castigo, in quel giorno, sarà tenuto lungi, Dio avrà avuto pietà di lui: questo è il Successo lucente. – 17 Se Iddio ti tocca con una disgrazia, nessuno te la potrà togliere se non Lui; e se Iddio ti tocca con una Sua grazia, Egli è l'Onnipotente. – 18 Egli è il Soggiogatore sovrano dei Suoi schiavi, il Saggio che tutto conosce. – 19 Dì: "Qual è la cosa che più di tutte vale come Testimonianza?" Rispondi: "Iddio è testimonio fra me e voi, e mi è stata rivelata questa Celeste Predicazione perché con questa ammonisca voi e quelli cui perverrà. Testimonierete voi forse che con Dio ci sono altri dèi?" Rispondi: "No, non lo farò! No! Egli è il solo Dio, io sono innocente del loro paganesimo empio!" – 20 E quelli cui abbiam dato il Libro, lo conoscono come conoscono i propri figli; ma quei che han perso le anime loro non crederanno. – 21 E chi è più ingiusto di colui che forgia menzogne su Dio o smentisce i Suoi segni? Certo non prospereranno gli ingiusti. – 22 Pensate al giorno in cui li raccoglie-

remo tutti insieme e diremo a quelli che han dato compagni
a Dio: " Dove sono i vostri compagni, che v'illudevate esi-
stessero?" – 23 E allora non avranno altra scusa che dire:
" Giuriamo per Iddio nostro Signore che noi non fummo
idolatri ". – 24 Guardate come essi mentiscono contro se stessi
e come le loro false invenzioni son corse via lungi da loro! –
25 Ci sono fra loro di quelli che ti stanno ad ascoltare: ma
abbiam posto loro dei veli sul cuore perché non intendano,
e sordità nelle loro orecchie, e se anche vedessero ogni sorta
di Segni non crederebbero. Dicono perfino, quando vengono
a discutere con te, quelli che rifiutano fede: " Queste non
son altro che favole antiche! " - 26 Impediscono agli altri
di ascoltare la Divina Predicazione, ed anch'essi se ne allon-
tanano: ma così facendo non fanno che mandare in perdizione
se stessi, senza nemmeno accorgersene. – 27 Ah, se potessi
vederli, quando, trattenuti sul fuoco, diranno: " Oh potes-
simo ritornar sulla terra, e allora non smentiremmo i Segni
del nostro Signore e saremmo credenti! " – 28 Ma sarà ormai
chiara e palese la perversità che prima nascondevano, e se
anche fossero rinviati sulla terra, tornerebbero ancora a quel
che era stato loro proibito. Sono e saranno mentitori. –
29 Essi dicono: " Non c'è altro che questa nostra vita ter-
rena, e non saremo risuscitati ". – 30 Ah, potessi tu vedere
quando saran trattenuti avanti al volto del loro Signore,
ed Egli dirà loro: " Ebbene, non è questa la verità? " e ri-
sponderanno: " Sì, per il nostro Signore! ", e allora Egli
dirà: " Dunque, gustate il tormento, poiché avete rifiutato
la Fede! " – 31 Sono perduti coloro che negano che in-
contreranno Dio. Così che, quando li coglierà improvvisa
l'Ora, diranno: "Ahimè! Noi disgraziati, che l'abbiam tra-
scurata! " E porteranno i loro pesi sulle spalle, e quanto
orribile sarà il peso che porteranno! – 32 Non è la vita del
mondo altro che un gioco vano, e l'Altra Dimora è molto
migliore, per coloro che temono Dio! Non comprendete
dunque? –

33 Ben sappiamo che ti angustia quel che dicono di te
i miscredenti, ma non te essi smentiscono, bensì gli iniqui
ricusano i Segni stessi di Dio. – 34 Già prima di te altri Di-
vini Messaggeri furono smentiti, e pazientarono contro tutte
le smentite e le persecuzioni finché giunse loro la Vittoria
da parte Nostra. Ché non v'ha alcuno che possa mutare le
parole di Dio, e tu stesso hai ricevuto qualche notizia di que-
sti antichi Inviati. – 35 Certo è grave e dura per te la loro
incredulità, e se tu potessi vorresti riuscire a scavare un pozzo
nella terra o a innalzare una scala nel cielo, per portar così
loro un Segno. Ma se Iddio avesse voluto, li avrebbe tutti
riuniti sulla retta via: non esser quindi anche tu fra gli igno-
ranti! – 36 Certo, rispondono alla tua chiamata solo quelli
che ascoltano; quanto ai morti, Iddio li susciterà e torneranno
a Lui. – 37 E dicono: "Almeno fosse stato a lui inviato un
Segno miracoloso dal suo Signore!" Rispondi: "Sì, Dio ha
il potere di inviare un Segno, ma i più di loro non lo sanno". –
38 Non vi sono bestie sulla terra né uccelli che volino con l'ali
nel cielo che non formino delle comunità come voi. Noi non
abbiamo trascurato nulla nel Libro. Poi, avanti al loro Signore
saran tutti raccolti. – 39 Ma quelli che smentiscono i Nostri
Segni son sordi e muti, vagolanti nelle tenebre. Chi Dio
vuole perde, e chi Dio vuole pone sulla retta via. – 40 Dì:
"Che ve ne pare? Quando verrà a voi il castigo di Dio o
vi coglierà l'Ora, invocherete voi forse altri che Dio? Dite-
melo, se siete veritieri!" – 41 No! È Lui che voi invocherete,
e, se Egli vorrà, dissolverà gli errori che voi propagate, e
voi dimenticherete, se Egli vuole, quel che a Lui ora asso-
ciate. – 42 In verità già inviammo messaggi a comunità di
te più antiche e l'abbiamo colpite d'afflizione e d'angustia,
a che, forse, s'umiliassero. – 43 Perché non si sono umiliati
quando li ha colpiti il Nostro male? Ma anzi, i cuori loro
si sono induriti e Satana ha loro abbellito quel che stavan
facendo. – 44 E quando dimenticarono quel ch'era stato loro
rammentato, aprimmo loro le porte d'ogni cosa, e mentre

lieti si rallegravano di quel ch'avevano ricevuto, li afferrammo d'un tratto, ed ecco caddero nella disperazione. – 45 Fu tagliato anche l'ultimo resto del popolo degli iniqui, e ne sia ringraziato Iddio, il Signor del Creato! – 46 Dì: "Che ve ne pare, se Dio vi togliesse l'udito e la vista, e ponesse un suggello sui vostri cuori, quale divinità che non sia Dio ve li ridonerebbe?" Considera come esponiamo i Nostri Segni, ed essi volgono altrove la faccia! – 47 Dì: "Che ne direste se il Castigo di Dio venisse a voi tutto a un tratto e apertamente? Chi ne sarebbe annientato, se non il popolo degli iniqui?" – 48 I Messaggeri che inviamo non son altro che Nunzi e Ammonitori: chi crede e si corregge non avrà timore alcuno, né tristezza – 49 mentre quelli che avranno smentito i Nostri Segni li toccherà il Castigo per la perversità loro. –

50 Dì: "Io non vi dico: 'Ho in mio potere i tesori di Dio'. Io non conosco gli arcani dell'aldilà. Io non vi dico di essere un angelo: io non seguo che quel che m'è rivelato". Dì: "Ma è forse la stessa cosa il cieco e il veggente? Non riflettete?" – 51 E ammonisci con questo tuo Messaggio coloro che temono di esser radunati avanti al loro Signore, ch'essi non avranno altro patrono o intercessore che Dio, sì che forse sian timorati. – 52 Non respingere coloro che pregano il loro Signore mattina e sera, per desiderio del Suo volto; non sei Tu che devi domandar conto a loro, né loro a te. Ché se tu li respingerai sarai fra gli iniqui. – 53 E così noi li abbiam messi alla prova gli uni con gli altri perché dicessero: "Questi sono dunque quelli di noi sui quali Iddio ha elargito i suoi favori?" Ma non conosce Dio meglio di tutti coloro che Gli sono grati? – 54 E quando vengon da te coloro che credono nei Nostri Segni dì loro: "La pace sia con voi! Iddio s'è prescritto la misericordia, cosicché chi di voi ha fatto del male per ignoranza, ma poi s'è pentito e s'è migliorato, ebbene Dio è pietoso e clemente". – 55 Così specifichiamo i Santi Segni, acciocché sia chiara la via dei perversi. –

[56] Dì: " M'è stato proibito di adorare quelli che voi invocate all'infuori di Dio ". Dì: " Non seguirò i vostri desideri, altrimenti perderei la retta via e non sarei più fra i ben guidati dal Signore! " – [57] Dì: " Io ho una prova evidente da parte del mio Signore, ma voi la tacciate di menzogna. Non è in mio potere quel che voi sollecitate, perché il Giudizio non appartiene che a Dio: Egli dice il Vero, Egli è il migliore dei giudici! – [58] Se fosse in mio potere quel che voi sollecitate, sarebbe ormai deciso fra me e voi, ma Dio meglio conosce gli ingiusti. – [59] E presso di Lui sono le chiavi dell'Arcano, che nessuno conosce se non Lui: Egli conosce quel ch'è sulla terraferma e quel ch'è nel seno del mare, non cade foglia ch'Ei non lo sappia, e non v'è granello nelle tenebre della terra, né nulla d'umido o di secco, che non sia registrato in un Libro Chiaro. – [60] È Lui che vi richiama a sé di notte e sa quel che avete operato durante il giorno, e poi vi risveglia al mattino perché un termine fisso si compia. E poi tornerete a Lui e vi darà contezza di tutte le vostre azioni. – [61] È Lui il Soggiogatore sovrano dei Suoi servi, e invia a custodirvi degli angeli finché, quando la morte coglie uno di voi, i Nostri messaggeri celesti lo richiamano a Dio, e non mostrano nella loro opera negligenza alcuna. – [62] E gli uomini tutti saran poi ricondotti a Dio, loro Signore Vero. Non spetta a Lui il giudizio? Egli è di tutti il più veloce nel conto ". – [63] Dì: " Chi vi salverà dalle tenebre della terra e del mare? Quando siete in pericolo voi pregate Dio umilmente e in segreto e dite: ' Certo se ci salva da questa distretta gli saremo riconoscenti! ' " – [64] Dì: " Iddio vi salverà da questa e da altre afflizioni, eppure, dopo, voi di nuovo darete a Lui degli eguali! " – [65] Dì: " Egli ha il potere di mandarvi un castigo che vi colpisca dall'alto o da sotto i vostri piedi, o di dividervi in partiti avversi e di far gustare agli uni l'odio degli altri! " Considera come noi esponiamo i Nostri Segni nella speranza che essi comprendano! –

[66] Il tuo popolo ha tacciato tutto questo di menzogna,

mentre è la Verità. Dì loro: " Io non sono il vostro avvocato. - [67] Ogni annuncio ha il suo tempo determinato e ben presto voi lo saprete ". - [68] E quando vedi che la gente si mette a discutere dei Nostri Segni, allontanati da loro finché non cambian discorso. Ma certo il demonio ti farà dimenticare di questo. Comunque, dopo averli ammoniti, non startene con gli iniqui. - [69] I timorati di Dio non hanno alcun conto da chiedere agli infedeli: non han da far altro che ammonirli, nella speranza che essi abbiano a temere Iddio. - [70] Lascia andare quelli che han preso la loro religione per scherzo e per gioco e che la vita terrena ha sedotti. Ammoniscili, con questa Divina Predicazione, che ogni anima si perderà per quel che avrà acquistato operando: essa non ha altro patrono e intercessore che Dio, e se anche essa offrirà un compenso pari a sé stessa, non sarà accettato. Coloro che si saranno perduti per quel che si saranno meritati con le loro azioni, avranno bevanda bollente e tormento crudele per la loro empietà. - [71] Dì: " Dovremmo forse pregare, invece di Dio, esseri che non posson giovarci in nulla e in nulla danneggiarci, ed esser così rigettati indietro dopo che Dio ci ha guidati sulla retta via, come chi è fascinato dai dèmoni e vaga come ristupidito sulla terra, e ha attorno dei compagni che lo richiamano alla retta via: 'Vieni a noi!'? " Dì: " In verità solo la guida di Dio è la Guida, e a noi è stato ordinato di darci tutti al Signor del Creato ". - [72] Compite la Preghiera e temete Iddio: Egli è colui davanti al quale tutti sarete raccolti, ed Egli è Colui che ha creato il cielo e la terra con Verità d'intento e il giorno in cui dice a una cosa: " Sii! " ed essa è, - [73] la Sua parola è Verità. A Lui appartiene il Regno, il dì che squillerà la tromba. Egli è Colui che conosce l'Invisibile e il Visibile, il Saggio che di tutto ha contezza. -

[74] E rammenta quando Abramo disse a suo padre *Āḏar*: " Prenderai tu degli idoli per dèi? Io vedo te e il tuo popolo in manifesto errore! " - [75] E così mostravamo ad Abramo

il Regno dei cieli e della terra perché fosse di quei che soli-
damente sono convinti. – 76 E quando l'avvolsero le tene-
bre della notte, vide una stella, e disse: "Ecco il mio Si-
gnore!" Ma quando la stella tramontò disse: "Non amo
ciò che tramonta". – 77 E quando vide la luna levarsi dall'o-
rizzonte, disse: "Ecco il mio Signore!" Ma quando anch'essa
fu tramontata esclamò: "Se il mio Signore non mi guida,
sarò anch'io fra i traviati!" – 78 E quando vide il sole na-
scente gridò: "Ecco il mio Signore! Questo è ben il più
grande!" Ma quando anch'esso tramontò, gridò Abramo:
"O popol mio, sono innocente della vostra idolatria! –
79 Io volgo la faccia verso Colui che ha creato i cieli e la
terra, in purezza di fede, e nessun compagno a Lui voglio
dare!" – 80 E il suo popolo prese ad argomentare contro di
lui, ed Egli ribatté: "Argomenterete voi forse su Dio con
me, mentre Iddio mi ha diretto alla Via Giusta? Io non ho
paura dei compagni che voi date a Dio; solo il mio Signore
può, semmai, farmi del male. Il mio Signore abbraccia con la
Sua scienza ogni cosa. Non riflettete voi dunque? – 81 E come
dovrei temere i compagni che voi date a Dio, mentre voi
non temete di darGlieli senza alcuna autorità che da Lui vi
sia data? Quale dei due partiti è più degno di sicurtà? Ri-
spondetemi, se lo sapete! – 82 Coloro che credono e non
vestono la loro fede d'ingiustizia, di quelli è la sicurtà, essi
sono i ben guidati". – 83 Questo è l'argomento che noi demmo
ad Abramo contro il suo popolo. Noi eleviamo a diversi
gradi quei che vogliamo: in verità il tuo Signore è saggio
sapiente. –

84 E ad Abramo Noi donammo Isacco e Giacobbe, cia-
scuno dei quali Noi dirigemmo sulla giusta via. E prima
ancora guidammo al Vero Noè e, fra i suoi discendenti Da-
vid e Salomone e Giobbe e Giuseppe, e Mosè e Aronne:
così noi compensiamo i benèfici. – 85 E anche Zaccaria e
Giovanni e Gesù e Elia, ciascuno dei quali fu annoverato
fra i santi, – 86 e Ismaele ed Eliseo e Giona e Lot, e ciascuno

levammo al di sopra d'ogni altra creatura – [87] e anche alcuni dei loro padri, discendenti e fratelli. Li prescegliemmo e li guidammo su una giusta via. –.[88] Questa è la Guida di Dio con la quale Ei dirige chi vuole di tra i Suoi servi. Ché se avessero dato dei compagni a Dio vane sarebbero state tutte le loro azioni. – [89] Quelli sono coloro cui abbiamo dato il Libro, e il Giudizio, e la Profezia, e se questi rifiutano fede, ebbene, ecco, ne abbiamo incaricato un altro popolo che fede in ciò non rifiuta. – [90] Quelli sono coloro che Dio ha ben diretto; segui l'esempio della loro Guida, e dì agli infedeli: "Io non vi chiedo per questa Divina Predicazione un salario: essa non è che Ammonizione per ogni creatura". –

[91] E non apprezzano Dio nella giusta misura quando dicono: "Dio non ha rivelato nulla a nessun uomo". Rispondi: "E chi allora ha rivelato il Libro che Mosè propose come Luce e Guida per gli uomini, che voi raccogliete in rotoli di pergamena e che mostrate al popolo, ma ne nascondete anche gran parte, pur ora che vi è stato insegnato quel che né voi né i vostri antenati sapevano?" Dì: "È Dio!", e poi lasciali gingillarsi nelle loro discussioni. – [92] E questo è un Libro che abbiam rivelato, benedetto, confermante le scritture di prima, ad ammonizione della Madre delle Città e di quanti le sono d'attorno. Coloro che credono nell'aldilà credono anche in questo Libro ed osservano la Preghiera. – [93] E chi v'è di più empio che colui che inventa menzogne contro Dio o dice di aver ricevuto una rivelazione mentre nulla gli è stato rivelato o che dice: "Rivelerò una Scrittura come quella che Dio ha rivelato?" Oh, se potessi vedere gli iniqui quando saranno negli abissi della morte e gli angeli con le braccia stese grideranno: "Fuori le vostre anime! Oggi sarete puniti col tormento dell'abiezione per aver detto falsità contro Dio ed esservi superbamente stornati dai Suoi Segni! – [94] Eccovi venuti a Noi, soli così come vi abbiamo creati la prima volta, e vi siete lasciati dietro le spalle tutto quel che vi abbiamo concesso, e non vediamo con voi i

vostri intercessori, che voi vi illudevate fossero vostri soci! S'è spezzato ogni legame fra voi e lungi da voi son corsi quelli che v'illudevate fossero i soci di Dio!" –

95 In verità è Dio che spacca il granello e il nocciolo e fa uscire il vivo dal morto e il morto dal vivo. Ecco chi è Dio: come dunque v'allontanate da Lui? – 96 È Lui che spacca il cielo all'aurora e ha fatto della notte riposo e del sole e della luna mezzi pel conto del tempo. Così ha decretato il Potente, il Saggio. – 97 Ed è Lui che ha fatto per voi le stelle perché con loro possiate guidarvi nelle tenebre della terra e del mare. Noi precisiamo i Nostri Segni per gente capace di conoscere. – 98 Ed è Lui che v'ha fatto nascere da un solo individuo e v'ha dato un ricettacolo ed un deposito: precisiamo i Nostri Segni a gente capace di comprendere. – 99 Ed è Lui che fa discendere acqua dal cielo con la quale Noi facciam spuntare germogli d'ogni specie e da essi verde fogliame e da questo granelli agglomerati, e dalle spate delle palme grappoli bassi di datteri, e giardini di vigne, e olivi e melograni, simili e dissimili. Guardate il loro frutto quando nella sua stagione matura, ché certo in tutto questo v'han Segni per gente che crede! –

100 Nella loro ignoranza hanno dato dei *ğinn* per compagni a Dio, mentre essi sono stati da Dio creati, e hanno inventato figli e figlie di Dio. Ben più glorioso ed eccelso Egli è di quel ch'essi Lo fanno! – 101 Creatore nuovissimo dei cieli e della terra, come potrebbe egli avere un figlio se non ha una compagna e se è Lui solo che ha creato tutte le cose, e tutte le cose Ei solo conosce? – 102 Ecco chi è Dio, il vostro Signore, non c'è altro dio che Lui, creatore di tutte le cose. Adorate Lui, che è di tutte le cose il curatore. – 103 Non l'afferrano gli sguardi ed Egli tutti gli sguardi afferra. È di sguardo sottile e di tutto ha notizia. – 104 E dal vostro Signore vi son giunti mezzi per la percezione del Vero. Chi è veggente l'è a suo vantaggio, chi è cieco l'è a suo danno: Io non sono il vostro custode. – 105 Così noi precisiamo i

Nostri Segni, affinché ti dicano: "Tu li hai studiati" e per
dichiarare questo a gente che sa. – 106 Segui quel che t'è
stato rivelato dal tuo Signore, non c'è altro dio che Lui;
allontanati dunque dagli idolatri. – 107 E se Dio avesse vo-
luto essi non avrebbero associato altri a Lui. Ma noi non
abbiam fatto di te un custode per loro né tu sei il lor cura-
tore. – 108 Non ingiuriare gli idoli ch'essi adorano accanto a
Dio, che essi a lor volta non abbiano a ingiuriare Dio ostil-
mente nella loro ignoranza. Così Noi abbiamo fatto sembrar
belle le azioni di ogni comunità, poi tutti torneranno al Si-
gnore ed Ei darà loro contezza di quel che operavano. –
109 Ed essi hanno giurato in nome di Dio, con giuramento
solenne, che se fosse lor giunto un Segno vi avrebber cre-
duto. Dì: "I Segni sono presso Dio, e che cosa vi fa pensare
che, allorché venga il Segno, non crederanno?" – 110 Ma Noi
sconvolgeremo loro il cuore e la vista come quando non
credettero la prima volta e li lasceremo vagare a tastoni nella
loro empietà pervicace. – 111 Ché se anche avessimo loro
mandato gli angeli, o parlassero loro i morti, e se aves-
simo radunato al loro cospetto tutte le cose a schiera a
schiera, non crederebbero se non in tanto in quanto Iddio
voglia. Ma i più di loro ignorano questo. – 112 E così ponemmo
accanto a ogni Profeta un Nemico, esseri satanici fra gli
uomini e i *ǧinn*, gli uni dei quali ispirano agli altri parole
adorne per sedurli: se però il tuo Signore non lo volesse,
non lo farebbero. Lasciali dunque alle loro invenzioni bu-
giarde! – 113 Dian pure loro ascolto i cuori di coloro che
non credono nell'aldilà, lo accettino pure, commettano pure
quel che stan commettendo! – 114 Dovrei forse cercare altro
arbitro che Dio, mentr'egli vi ha rivelato la Scrittura in Segni
precisi? Coloro cui abbiam dato la Scrittura ben sanno che
essa discende dal tuo Signore, con Verità: non siate dunque
dubbiosi! – 115 È compiuta la parola del tuo Signore in ve-
rità e giustizia: nessuno può cambiare le Sue parole: Egli
sa ed ascolta! – 116 E se tu obbedisci alla maggioranza degli

uomini che sono sulla terra, ti travieranno dalla Via di Dio, poiché essi non seguono altro che congetture e non fan che mentire. – [117] In verità il tuo Signore conosce meglio d'ogni altro chi devia dal Suo sentiero, e conosce meglio di tutti chi è rettamente guidato. –

[118] Mangiate delle cose sulle quali è stato nominato il nome di Dio, se credete nei Suoi Segni. – [119] E perché non dovreste mangiare quei cibi sui quali sia stato nominato il nome di Dio, quando Egli vi ha ben precisato quel che vi ha proibito (salvo casi di necessità)? Certo molti traviano altri, nella loro ignoranza, seguendo i loro desideri vani. Ma il vostro Signore meglio di chiunque conosce i trasgressori. – [120] Lasciate il peccato esteriore e il peccato interiore, poiché quelli che s'acquistano il peccato saranno puniti per quel che si son guadagnati. – [121] Non mangiate cibi sui quali non sia stato nominato il nome di Dio: questo sarebbe certo perversità. Certo i dèmoni ispirano ai loro alleati di discuter con voi. Se date loro ascolto sarete pari ai pagani. – [122] E che forse colui che era morto e che Noi abbiam suscitato a vita e a cui abbiam dato una Luce con la quale incede fra gli uomini, è da considerar simile a chi sta nelle Tenebre senza che possa uscirne? In tal modo è stato fatto sembrar bello a coloro che rifiutan la Fede quel ch'essi operavano sulla terra. –

[123] E così abbiam posto in ogni città dei Grandi, che sono di quella città i peggiori peccatori, per tendervi insidie ai credenti; ma in realtà non tendono insidie che a se stessi, senza che se ne rendano conto. – [124] E quando vien loro un Segno dicono: "Non crederemo fin quando non ci sarà dato quel che è stato dato ai Messaggeri di Dio". Ma Dio sa meglio di loro dove inviare il Suo messaggio; e quei che commiser peccato, li colpirà umiliazione presso Dio e violento tormento per le loro trame insidiose. – [125] Perché colui che Dio vuole guidare al Bene, gli apre il petto a che si dia tutto a Lui, e colui che vuole traviare, gli rende stretto il petto ed ansioso, come di chi salga in alto nel cielo. Così

Iddio impone sozzura a quei che non credono. – [126] È questa la Via del tuo Signore, dritta. E noi abbiam precisato i Segni a gente che sa meditare. – [127] Per questi è la Dimora di Pace presso il loro Signore, ed Egli sarà il loro Patrono in compenso del bene ch'essi operavano. –

[128] E il giorno in cui li radunerà tutti, dirà ai *ğinn*: "O consesso di *ğinn*, voi molto foste insieme con gli uomini!" E gli uomini che furono loro alleati diranno: "O Signor nostro! Abbiam tratto vantaggio gli uni dagli altri e siamo giunti al fine ultimo, il fine che ci hai prefissato!" E dirà Dio: "Il fuoco è la vostra dimora e lì rimarrete in eterno, salvo che Dio voglia altrimenti". In verità il tuo Signore è saggio sapiente. – [129] Così noi poniamo gli iniqui in relazione di patroni a clienti gli uni degli altri, per quel che si sono acquistati con il loro operare. – [130] "O consesso di *ğinn* e d'uomini, non son venuti a voi Messaggeri Divini della vostra stessa stirpe a narrarvi i Miei Segni e ad ammonirvi che avreste visto questo vostro giorno?" Ed essi risponderanno: "Ne siamo testimoni, contro noi stessi", ma la vita della terra li sedusse, e testimoniarono, contro sé stessi, d'aver rifiutato la Fede. – [131] E questo ti dica che il tuo Signore non distrugge le città per l'iniquità ivi commessa, se la gente loro n'è inconsapevole. – [132] Ma ognuno sarà compensato in gradi diversi per quel che avrà fatto: e il tuo Signore non trascura quel ch'essi operano. – [133] E il tuo Signore non ha bisogno di voi, è ricco di misericordia, e se volesse vi farebbe scomparire e vi darebbe i successori che vuole, così come ha suscitato voi dalla discendenza d'altre genti passate. – [134] In verità, quel che v'è stato promesso sta venendo, e voi non potrete fermare Dio! – [135] Dì: "O popol mio! Operate pure secondo la vostra maniera, che Io sto operando secondo la Mia maniera: saprete poi chi avrà per suo ultimo fine la Casa del Cielo; per vero, non prospereranno gli iniqui!" –

[136] E destinano a Dio una parte di quel che Dio ha fatto germinare delle sementi e dei greggi e dicono: "Questo è

per Dio (così si illudono) e questo è per i nostri soci ", ma quello che è destinato ai soci loro non arriva a Dio, mentre quello che è di Dio, lo fanno arrivare ai loro soci. Come pessimamente essi giudicano! – [137] E così i loro soci han fatto sembrar bello a molti degli idolatri d'uccidere i propri figli, per perderli e ottenebrare la loro religione; ma, se Dio volesse, non farebbero questo. Lasciali dunque alle loro menzogne. – [138] E così, pieni di vane illusioni, essi dicono: " Questi son bestiami e biade illecite, non può mangiarne se non chi noi vogliamo ", e " Il dorso di questo bestiame è interdetto ", e su certo bestiame, macellandolo, non menzionano il nome di Dio, inventando menzogne contro di Lui: ma Egli li ricompenserà per le menzogne che inventano. – [139] E dicono ancora: " Quel ch'è nel ventre di questo bestiame è lecito per i nostri maschi, illecito per le nostre mogli ", ma se il piccolo nasce morto se ne cibano insieme maschi e femmine. Dio li compenserà per quel ch'essi immaginano di Lui, Egli è il saggio sapiente. – [140] Perduti sono coloro che uccidono scioccamente nella loro ignoranza i propri figli e si privano dei doni della provvidenza di Dio, inventando menzogne contro Dio! Sono usciti dalla via giusta, non hanno la retta guida! –

[141] Egli è Colui che ha fatto crescere giardini, vigneti a pergolato e senza pergolato, e palme, e cereali vari al mangiare, e olive e melograni simili e dissimili. Mangiate del frutto loro, quando vien la stagione, ma datene il dovuto ai poveri, il dì del raccolto, senza prodigalità stravaganti, ché Dio gli stravaganti non ama. – [142] Del bestiame, alcuni animali sono da soma, altri da macello: mangiate di quel che la Provvidenza di Dio v'ha dato, e non seguite i passi di Satana, ch'è per voi chiaro nemico. – [143] Otto coppie; due ovini, due caprini. Chiedi loro: " Ma Dio avrebbe proibito due maschi o due femmine o quel che c'è nell'utero delle femmine, sia femmina o maschio? Informatemi con cognizione di causa, se siete sinceri! " – [144] Due cammelli e due bovini: Dì: " Ma

Dio avrebbe proibito due maschi o due femmine o quel che c'è nell'utero delle femmine, sia femmina o maschio? Eravate voi presenti quando Dio vi prescrisse questo? E chi è più iniquo di chi inventa menzogne contro Dio, per traviare nella sua ignoranza gli uomini? Ma Iddio non guida al bene la gente iniqua!" – [145] Dì: "Io non trovo in quel che m'è stato rivelato nessuna cosa proibita a un gustante che voglia gustarla, eccetto bestie morte, sangue versato, o carne di porco (ché questo è sozzura) o abominio su cui sia stato invocato altro nome che quello di Dio. Quanto però a chi vi è costretto, senza provarne desiderio e senza intenzione di peccare, ebbene il tuo Signore è misericordioso e indulgente". – [146] Ai giudei avevamo proibito tutti gli animali aventi unghia non spaccata, e dei bovi e dei montoni avevamo proibito loro il grasso salvo quello della schiena e dei visceri e quello misto ad ossa. Questo facemmo in punizione pel loro prevaricare. In verità Noi siamo sinceri. – [147] E se essi ti smentiscono dì loro: "Il vostro Signore è Dio di misericordia ampia, ma impossibile è stornare l'ira Sua da un popolo di scellerati!" – [148] E gli idolatri pure diranno: "Se Dio avesse voluto, non gli avremmo dato compagni e non avrebbero fatto questo i nostri padri, e non avremmo dichiarato illecito nulla". Così i popoli che furon prima di loro smentivano i loro Profeti, finché gustarono la Nostra ira. Dì loro: "Ma avete voi cognizioni precise? Presentatecele allora! Ma no, voi non seguite altro che delle congetture e non fate che mentire". – [149] Dì: "Ma è Dio che possiede l'Argomento Efficace, e, se avesse voluto, vi avrebbe tutti guidati al Vero". – [150] Dì: "Su, portate i vostri testimoni che testimonino che Dio ha proibito tutto questo!" E se essi testimoniano, tu non testimoniare con loro e non seguire i desideri di coloro che hanno smentito i Nostri Segni, che non credono all'aldilà e fanno altri eguali al loro Signore. – [151] Dì: "Venite e vi reciterò io quello che il vostro Signore vi ha proibito: cioè di non darGli alcun compagno, d'esser buoni con i vostri genitori, di non uccidere i vostri figli per paura della miseria (Noi provvederemo a voi e a loro!), di non accostarvi alle turpitudini sia esteriori che interiori, di non uccidere il vostro prossimo che Dio ha reso sacro, se non per una giusta causa. Questo Egli vi ha prescritto, nella speranza che voi ragioniate. – [152] E di non accostarvi ai beni dell'orfano, se non nel modo migliore, finché egli non raggiunga la maturità, di dar giusta misura e buon peso, con equità, (Noi non imponiamo ad alcuno che quel che può portare) e d'esser giusti quando parlate, anche se si tratti di difendere un parente, e d'esser fedeli al Patto di Dio. Questo Egli vi ha prescritto, nella speranza che riflettiate. – [153] E sappiate che questa è la Mia via, diritta. Seguitela, e non seguite i sentieri che vi disperderebbero dal Suo Sentiero. Questo Egli vi ha prescritto, nella speranza che Lo temiate ". –

[154] E poi demmo la Scrittura a Mosè come complemento di grazia per chi fa del bene, precisazione chiara d'ogni cosa, retta guida e misericordia, nella speranza ch'essi credano che incontreranno il loro Signore. – [155] È questa una Scrittura benedetta che abbiam rivelato: seguitela e temete Dio, ché abbiate a provarne la misericordia. – [156] E questo perché non aveste a dire: " La Scrittura è stata rivelata solo a due comunità prima di noi, e noi fummo ignari dei loro studi ". – [157] O perché non aveste a dire: " Se anche a noi fosse stata rivelata una Scrittura saremmo stati più retti di loro ". Ma ora è venuta a voi una prova chiara dal vostro Signore e una Guida e una Misericordia: chi è più iniquo di colui che smentisce i Segni di Dio e se ne allontana? Ma, per il loro allontanamento, quelli che dai Nostri Segni s'allontanano compenseremo con maligno tormento. – [158] Essi aspettano niente meno che gli angeli vengan da loro o che venga loro il tuo Signore, o che vengano loro certi Segni del tuo Signore. Ma il giorno nel quale certi Segni del tuo Signore verranno, a nulla servirà credere, allora, a chi non avrà creduto prima o a chi non si sarà acquistato del bene con la propria fede.

Dì loro: "Attendete pure: Noi anche attendiamo!" – [159] Per vero quelli che han ridotto in frammenti la loro religione formando sètte diverse, tu non hai nulla a che fare con loro. Se ne occuperà Dio, e li informerà di quel che hanno fatto. – [160] Chi fa il bene ne avrà il decuplo e chi fa il male sarà compensato solo con un castigo equivalente; non sarà fatto loro torto. – [161] Dì: "Me il mio Signore ha guidato alla Via Diritta, in una religione solida e vera, la fede d'Abramo, che fu un *ḥanīf*, e non certo un de' pagani". – [162] Dì: "In verità la mia Preghiera, il mio culto, la mia vita e la mia morte appartengono a Dio, il Signor del Creato – [163] che nessuno ha per compagno. Questo m'è stato ordinato, e io sono il primo di quei che si son dati tutti a Lui. – [164] Che altro Signore oltre Dio dovrei desiderare, Lui, che di tutte le cose è il Signore?" Ogni anima, se s'acquista il male non lo fa che contro se stessa e nessun'anima carica sarà caricata del carico altrui. E infine al vostro Signore tutti ritornerete e vi informerà Lui di tutto quello ch'ora vi fa discordi. – [165] È Lui che vi ha costituiti eredi dei popoli primi, sulla terra, e v'ha innalzati per gradi gli uni sugli altri, per provarvi in quel ch'Egli vi ha dato. In verità il tuo Signore è veloce al castigo, in verità Egli è clemente pietoso. –

VII. LA SURA DEL LIMBO

(Meccana, eccetto i versetti 163-170 che son medinesi.
Di 206 versetti, rivelata dopo la Sura del Ṣād)

Nel nome di Dio, clemente misericordioso!

1 A. L. M. Ṣ. – 2 È questa una Scrittura a te rivelata (non
sia angustiato il tuo petto per essa) acciocché tu ammonisca
con quella gli uomini e sia per i credenti edificazione. –
3 Seguite quel che v'è stato rivelato dal vostro Signore e
non seguite pàtroni diversi da Lui: ma quanto poco voi
riflettete! – 4 Quante città distruggemmo e sopravvenne loro
l'ira Nostra di notte o mentre la gente v'era assopita a mez-
zodì. – 5 E il loro grido, quando sopraggiunse l'ira nostra,
non fu che questo: "Siamo stati iniqui!" – 6 Certo, interro-
gheremo quelli cui inviammo i Nostri Messaggeri, e i Mes-
saggeri pure interrogheremo, – 7 certo racconteremo loro tutte
le loro azioni, e bene e chiare, perché non eravamo assenti. –
8 E quel giorno l'unico peso sarà la Verità e quei che avranno
le bilance pesanti quelli saranno i fortunati – 9 e quelli che
avranno le bilance leggere, quelli saranno coloro che avran
perduto se stessi, per esser stati ingiusti contro i Nostri Segni. –

10 Eppur Noi vi abbiam stabiliti sulla terra e v'abbiam
dato i mezzi per viverci: quanto poco siete riconoscenti! –
11 Eppure vi abbiam creati, poi vi abbiam formati, poi ab-
biam detto agli angeli: "Prostratevi avanti ad Adamo!" E si
prostrarono tutti, eccetto *Iblīs*, che fra i prostrati non fu. –
12 E disse Iddio: "Che cosa t'ha impedito di prostrarti,

quando Io te l'ho ordinato?" E quegli rispose: "Io sono migliore di lui: me Tu creasti di fuoco e lui creasti di fango!" – 13 E rispose Dio: "Via di qui! Non t'è lecito, qui, fare il superbo! Fuori! Ché tu sei ormai un essere spregevole". – 14 Disse: "Lasciami attendere, fino al giorno in cui gli uomini saranno risuscitati". – 15 Rispose il Signore: "Ebbene, ti sia concesso d'attendere fino a quel giorno". – 16 E disse ancora *Iblīs*: "Poiché Tu mi hai fatto errare, io mi apposterò sulla Tua Via Diritta – 17 e apparirò loro davanti, e di dietro, e a destra, e a sinistra! E non certo molti di loro troverai che ti saranno grati!" – 18 E disse Iddio: "Fuori di qui, esci di qui spregiato e rejetto! Di quei che t'avranno seguito, di voi tutti, empirò la gehenna!" – 19 "E tu, o Adamo, abita con la tua sposa il Giardino e mangiate donde vorrete, ma non avvicinatevi a quest'albero commettendo così iniquità". – 20 Ma Satana sussurrò ad essi nel cuore per mostrar loro le loro vergogne fin'allora coperte agli occhi loro e disse: "Il vostro Signore v'ha proibito d'accostarvi a quest'albero, solo perché non abbiate a diventar angeli e vivere in eterno". – 21 E giurò loro: "In verità io son per voi un consigliere sincero". – 22 Li trascinò così in errore, e quando ebbero gustato dei frutti dell'albero, apparvero loro le loro vergogne, e presero a coprirsi con foglie del Giardino. E li chiamò il loro Signore dicendo: "Non v'avevo io proibito d'accostarvi a quell'albero, e non avevo forse detto che Satana è il vostro chiaro nemico?" – 23 Risposero: "O Signor nostro! Abbiam fatto torto a noi stessi: se Tu non ci perdoni e non hai pietà di noi, andremo in perdizione!" – 24 Rispose Iddio: "Scendete di qui, nemici gli uni per gli altri: avrete sulla terra una sede e ne godrete fino a tempo determinato". – 25 E ancora disse: "Su di essa vivrete, su di essa morrete, e da essa sarete tratti fuori". – 26 O figli d'Adamo! V'abbiam donato vesti che copron le vostre vergogne, e piume; ma il vestito della Pietà è di tutto questo migliore; è questo uno dei Segni di Dio a ché essi riflettano. – [27] O figli d'Adamo! Non vi seduca Satana, come fece quando gettò fuori i vostri padri dal Giardino, togliendo loro le vesti per mostrar loro le loro vergogne. Sappiate che lui vi vede, lui e la sua banda, da dove voi non potete vederli; in verità noi abbiam fatto dei dèmoni i patroni di coloro che non credono. – [28] Quando commettono qualche turpitudine, questi dicono: "Abbiam trovato che i nostri padri seguivan quest'uso, è Dio che ce lo ha ordinato". Rispondi: "Ma Iddio non ordina la turpitudine! State dicendo contro Dio cose che non sapete?" – [29] Dì: "Il mio Signore ha piuttosto comandato l'equità: drizzate quindi il volto devoti al Signore in qualsiasi luogo di preghiera e invocateLo in sincerità di culto. Come vi ha dato principio, così a Lui tornerete. – [30] Alcuni di voi Egli ha guidato al Bene, altri hanno ben meritato il traviamento perché si son scelti come patroni i dèmoni anziché Dio, e credono d'esser nel vero". –

[31] O figli d'Adamo! Adornatevi, quando vi recate in un luogo di preghiera qualsiasi, mangiate e bevete, senza eccedere, perché Dio non ama gli stravaganti. – [32] Dì: "Chi ha proibito gli ornamenti di Dio, ch'egli ha preparato per i suoi servi e le buone cose della Sua provvidenza?" Dì: "Tutto questo è destinato a quelli che credono, qui nella vita terrena, e nel modo più puro il dì della Resurrezione. Così Noi precisiamo i Segni per gente che possa conoscere". – [33] Dì: "In verità il mio Signore ha proibito le turpitudini, e quelle visibili e quelle intime e invisibili, e il peccato e il desiderio ingiusto, e di associare a Dio esseri che Dio non v'ha autorizzato ad associarGli, e di dire contro Dio cose che non sapete. – [34] E ogni comunità ha un termine assegnato e quando questo termine giunge, nemmen d'un'ora possono rimandarlo, né anticiparlo d'un'ora". – [35] O figli di Adamo! Certo verranno a voi Messaggeri, uomini come voi, che vi narreranno i Miei Segni. Quanto a chi teme Iddio e si corregge, non avran nulla da temere, né li coglierà tristezza. –

[36] Ma quelli che smentiranno i Nostri Segni e se n'allontane-
ranno superbi, quelli saranno del Fuoco e vi resteranno in
eterno. – [37] E chi è più iniquo di colui che forgia menzogne
su Dio e smentisce i Segni Suoi? Questi avranno nel mondo
una parte di bene secondo il divino decreto, ma quando
verranno i Nostri Messaggeri a farli morire, diranno: "Dove
sono coloro che invocavate al posto di Dio?" Ed essi do-
vran rispondere: "Lungi da noi se ne sono andati!" e te-
stimonieranno contro se stessi, d'esser stati infedeli. – [38] E dirà
Dio: "Entrate insieme con le altre comunità di *ǵinn* e d'uo-
mini, che v'hanno preceduto, nel fuoco!" E ogni volta che
una comunità entrerà laggiù maledirà la sua sorella finché,
quando vi si ritroveranno tutte, l'ultima dirà indicando la
prima: "Signor nostro! Sono questi che ci hanno traviato!
A loro spetta un tormento doppio!" E Dio risponderà:
"Sì, a ognuna doppio, e voi ancora non lo sapete!" – [39] E la
prima dirà all'ultima: "Nessuna superiorità avete voi su di
noi: gustate il tormento che vi siete acquistato colle vostre
opere!" – [40] In verità coloro che hanno smentito i Nostri
Segni, e superbamente se ne sono allontanati, non saranno
spalancate per loro le porte del cielo e non entreranno nel
Giardino del Paradiso prima che il cammello sia entrato nella
cruna d'un ago: così Noi ricompensiamo gli scellerati. –
[41] Avranno nella gehenna dei giacigli e, sopra, delle coperte
ardenti: così Noi ricompensiamo gli iniqui. – [42] Quelli invece
che avranno creduto e avran compiuto opere buone (ché
Noi non imponiamo a nessuna anima altro che quant'essa
può portare) saranno del Paradiso ed ivi resteranno in eterno. –
[43] E strapperemo quel che ancor restava di rancore dai loro
petti; scorreranno ai loro piedi i ruscelli e diranno: "Sia
lode a Dio, che ci ha guidato a questo, ché non saremmo
riusciti a stare nella retta Guida se non ci avesse guidati
Iddio. E infatti son giunti a noi Messaggeri del nostro Si-
gnore con la Verità". E si griderà loro: "Ecco il Giardino
che v'è stato dato in retaggio per le opere che avete com-

piuto ". – 44 E quei del Giardino chiameranno con grida quei
del Fuoco: " Noi abbiam trovato vero quel che il nostro
Signore ci aveva promesso! Avete voi trovato vero quel che
il Signore vostro aveva promesso a voi? " E urleranno:
" Sì! " E allora si leverà fra loro il grido d'un araldo: " La
maledizione di Dio sia sugli iniqui, – 45 che allontanano gli
uomini dalla via di Dio, bramosi di sentieri contorti, e ri-
fiutano fede nel mondo venturo! " – 46 E fra loro ci sarà
un velo e sull'alto Limbo uomini, che conoscono tutti, giu-
sti ed iniqui, dal loro aspetto, e chiameranno così verso quelli
del Giardino: " Pace su di voi! ", ma ancora non sono en-
trati, essi, nel Giardino, pur bramandolo ardentemente. –
47 E quando i loro sguardi si volgeranno a quelli del Fuoco,
diranno: " Signor nostro! Non ci porre col popolo degli
iniqui! " – 48 E quelli del Limbo chiameranno verso uomini
che essi riconoscono dal loro aspetto e diranno: "A che vi
è servito tutto il vostro raccogliere e il vostro affannarvi
superbo? – 49 Non son quelli coloro di cui giuravate che
Iddio non avrebbe loro concesso la Sua misericordia? E voi,
o Beati, entrate nel Giardino del Cielo, senza timore alcuno,
senza che vi colga tristezza! " – 50 E quelli del Fuoco chia-
meranno verso quelli del Giardino: " Versate su di noi del-
l'acqua o di quel che la provvidenza di Dio colà vi dona ".
E risponderanno: " Queste cose Iddio le ha interdette agli
empi – 51 i quali hanno preso la loro religione a scherzo e
gioco e la vita della terra li ha sedotti ". E in quel giorno
Noi li dimenticheremo così come essi dimenticarono che avreb-
ber visto questo loro giorno, e perché rinnegarono i Nostri
Segni. – 52 E pure avevam dato loro una Scrittura chiara-
mente precisata secondo scienza, come Guida e misericordia
per un popolo che crede. – 53 Che cosa attendono se non la
sua interpretazione? Ma il giorno in cui l'interpretazione
verrà, diranno quelli che l'avranno prima dimenticata: " Già
vennero i Messaggeri del nostro Signore con la Verità! Po-
tremo ora avere degli intercessori che intercedano per noi, o

potremo almeno esser riportati sulla terra per operare altrimenti da come abbiamo oprato?" No, ché hanno ormai perduto se stessi, ed i falsi dèi che inventarono li hanno abbandonati! –

[54] In verità il vostro Signore è Dio, che ha creato i cieli e la terra in sei giorni e poi s'è assiso sul Trono. Egli copre il giorno del velo della notte che avida l'insegue; e il sole e la luna e le stelle creò, soggiogate al Suo comando. Non è a Lui che appartengono la Creazione e l'Ordine? Sia benedetto Iddio, il Signor del Creato! – [55] Invocate il vostro Signore umilmente, in segreto; Egli non ama i trasgressori. – [56] E non portate la corruzione sulla terra dopo che fu da Dio creata giusta e invocateLo in timore e desiderio, ché la misericordia di Dio è vicina a chi opera il bene. – [57] Ed è Lui che manda i vènti messaggeri di buone novelle avanti alla Sua misericordia, finché, quando essi son carichi di nuvole pregne, le spingiamo a un paese morto, e l'irroriamo d'acqua suscitando con essa ogni specie di frutti: così susciteremo i morti, a che, forse, riflettiate. - [58] E la terra buona, vi crescono piante molte col permesso di Dio, ma se è cattiva crescono rare. Così precisiamo i Nostri Segni a gente capace d'esser grata. –

[59] Noi già inviammo Noè al suo popolo, e disse: "O popol mio! Adorate Dio! Non avete altro dio che Lui, e io temo per voi il tormento d'un giorno terribile". – [60] Ma i maggiorenti del suo popolo dissero: "Ci sembra che tu sia in traviamento evidente". – [61] Ed egli rispose: "O popol mio! Non v'è traviamento in me, ma io sono un Messo dal Signor del Creato – [62] che v'annunzio i messaggi del mio Signore e vi dò dei consigli e so, per volere di Dio, cose che voi non sapete. – [63] Vi stupite dunque che sia giunto a voi un avvertimento dal vostro Signore, per tramite di un uomo che è dei vostri, acciocché possa ammonirvi e voi possiate temere Iddio che abbia a prender pietà di voi?" – [64] Ed essi lo smentirono, ma noi lo salvammo, lui e quei

ch'eran con lui nell'Arca e affogammo coloro che smentirono i Nostri Segni, poiché erano un popolo di ciechi. –

65 E agli *'Ād* inviammo il loro fratello *Hūd*, che disse loro: " O popol mio! Adorate Dio! Non avete altro dio che Lui, non lo temerete dunque? " – 66 E i maggiorenti, gli increduli del popolo dissero: " Ci sembra che tu stia commettendo una sciocchezza, e pensiamo che tu sia un bugiardo! " – 67 Ed egli rispose: " O popol mio! Non v'è in me traccia di sciocchezza, bensì io sono un Messo dal Signor del Creato – 68 che v'annunzio i messaggi del mio Signore, e sono per voi un consigliere fidato. – 69 Vi stupisce forse che sia venuto a voi un avvertimento dal vostro Signore per tramite di un uomo dei vostri, acciocché vi ammonisca? Ricordate che il Signore v'ha fatto successori del popolo di Noè e vi ha dato una corporatura gigantesca. Ricordatevi dunque dei benefici di Dio, a che possiate prosperare ". – 70 " Sei dunque venuto a noi, risposero, perché noi adoriamo un Dio solo e abbandoniamo gli dèi che i nostri padri adoravano? Mostraci dunque quel che ci prometti, se sei sincero! " – 71 Rispose *Hūd*: " Cada su voi turpitudine e ira da parte del vostro Signore! Disputerete dunque con me sui nomi che avete dato ai vostri falsi dèi, voi e i vostri padri? Nessuna autorità ne aveste da Dio! Attendete pure, ed io attenderò con voi ". – 72 E salvammo lui e quei ch'eran con lui con un atto della nostra misericordia, e sterminammo dalla radice quelli che avevano smentito i Nostri Segni e non avevan creduto. –

73 E ai *Ṯamūd* inviammo il loro fratello *Ṣāliḥ*, che disse loro: "O popol mio! Adorate Dio! Non avete altro dio che Lui. V'è giunta una chiara prova dal vostro Signore, la cammella di Dio, che sarà per voi un segno. Lasciatela pascolare sulla terra di Dio, e non le fate alcun male, altrimenti vi coglierà un tormento crudele. – 74 E ricordate come Dio vi ha fatto successori del popolo degli *'Ād*, e v'ha dato una dimora sulla terra, sulle cui piane costruite castelli e i cui

monti scavate per farvene case. Ricordate i benefici di Dio e non commettete scelleratezze sulla terra, portandovi la corruzione ". – [75] E i maggiorenti, insuperbiti, del popolo, dissero a quei che eran creduti deboli, a quelli di loro cioè che avevan creduto: " Siete voi certi che *Ṣāliḥ* sia un inviato del suo Signore? " Risposero: " In verità noi crediamo alla missione della quale è investito! " – [76] E superbi dissero: " E noi rifiutiamo fede a quel che voi invece credete! " – [77] Tagliarono quindi i garretti della cammella e protervamente si ribellarono all'ordine del loro Signore, e dissero: " O *Ṣāliḥ*, mostraci dunque quello di cui ci minacci, se davvero sei un Inviato di Dio! " – [78] E li sorprese il terremoto, e giacquero morti al mattino nelle loro case. – [79] E *Ṣāliḥ* stornò da loro lo sguardo e disse: " O popol mio! Io v'ho annunziato i messaggi del mio Signore, e buoni consigli v'ho dato, ma voi non amate chi vi consiglia! " –

[80] E Lot, quando disse al suo popolo: " Compirete forse voi questa turpitudine, tale che mai nessuno la commise prima di voi al mondo? – [81] Poiché voi vi avvicinate per libidine agli uomini anziché alle donne, anzi voi siete un popolo senza freno alcuno ". – [82] Ma la risposta del suo popolo non fu che questa: " Cacciateli fuori della vostra città! Sono uomini che voglion farsi passare per puri! " – [83] E Noi salvammo lui e la sua gente, eccetto sua moglie che fu fra quei che rimasero indietro. – [84] E facemmo piovere su loro una pioggia distruggitrice: considera dunque quale fu la fine degli scellerati. –

[85] E ai *Madyan* inviammo il loro fratello *Šu'ayb*, che disse: " O popol mio! Adorate Iddio. Non avete altro dio che Lui. Vi è giunta una prova chiara dal vostro Signore: date quindi giusta misura e giusto peso, non frodate la gente nelle loro cose e non portate la corruzione sulla terra dopo che Dio la creò pura. Questo sarà meglio per voi, se voi siete credenti! – [86] E non appostatevi su ogni via minacciosi, allontanando dal Sentiero di Dio chi crede in Lui, bramosi di torcere al male

quella via, e ricordatevi di quando eravate pochi e Dio vi
ha moltiplicato, e considerate quale fu la fine dei corruttori. –
87 Se un gruppo di voi avrà creduto nel mio messaggio, e
un altro gruppo non avrà creduto, pazientate, finché Iddio
giudicherà fra di voi: Egli è il migliore dei giudici!" – 88 E
dissero i maggiorenti, i superbi, del suo popolo: "Noi ti
cacceremo fuori, o *Šu'ayb*, te e quelli che con te hanno cre-
duto, dalla nostra città, a meno che non rientriate nella no-
stra religione". E chiese *Šu'ayb*: "Come! Anche contro la
nostra volontà? – 89 Inventeremmo menzogna contro Dio se
rientrassimo nella vostra religione dopo che Dio ce ne ha
salvato! E non è in nostro potere tornare alla vostra reli-
gione, a meno che Dio, il nostro Signore, non lo voglia.
Il Signore nostro abbraccia tutte le cose nella Sua scienza:
in Lui noi confidiamo. O Signore! Decidi, fra noi e il nostro
popolo, con la Verità: perché certo Tu sei il migliore dei
decisori!" – 90 E dissero allora i maggiorenti, gli increduli
di fra il suo popolo: "Se seguite *Šu'ayb* sarete perduti!" –
91 E li sorprese il terremoto, e giacquero morti al mattino
nelle loro case. – 92 E in quelle case, quelli che smentirono
Šu'ayb, fu come non avessero mai abitato; quelli che smenti-
rono *Šu'ayb* furono loro, i perduti! – 93 E *Šu'ayb* stornò il
volto da loro e disse: "O popol mio! Io v'ho annunziato
i messaggi del mio Signore e buoni consigli v'ho dato; come
potrei ora affliggermi per un popolo di increduli protervi?" –
94 E ogni qual volta inviammo un Profeta in qualche
città, colpimmo la sua gente con calamità e afflizione, nella
speranza che si umiliassero, – 95 poi cambiammo il male col
bene sì che essi cancellarono dalla loro memoria l'antica pu-
nizione e dissero: "Anche ai nostri padri toccò naturalmente
avversità e prosperità!" Ma allora li annientammo d'un tratto
senza che neppur se ne avvedessero. – 96 E se la Gente delle
Città avesser creduto e avesser temuto Dio avremmo river-
sato su di loro benedizioni dal cielo e dalla terra. Ma ci hanno
smentito e allora li abbiamo annientati in ricompensa di quel

che s'erano acquistati col loro operare. – [97] E che? Son forse al sicuro gli Abitanti delle Città, che li colpisca l'ira Nostra di notte mentre dormono? – [98] E che? Son forse al sicuro gli Abitanti delle Città che li colpisca l'ira Nostra nel chiaro del giorno, mentre si divertono lieti? – [99] E che? Son forse al sicuro dall'astuzia di Dio? Contro l'astuzia di Dio si senton sicuri solo i perduti. – [100] E non è forse una guida, per coloro che ereditano la terra dopo la scomparsa di chi prima la possedeva, il sapere che se volessimo potremmo colpirli per i loro peccati? Ma metteremo un suggello sui loro cuori, ed essi non sentiranno. – [101] Queste sono le Città delle cui storie ti narriamo: giunsero ad essi i lor Messaggeri con prove evidenti, ma essi non furon capaci di credere in quello che prima avean tacciato di menzogna. Così Iddio imprime un suggello sui cuori dei miscredenti protervi. – [102] Non trovammo nella maggior parte di quella gente alcuna fedeltà al Patto, anzi trovammo i più di loro esser perversi. –

[103] Poi inviammo, dopo di loro, Mosè con i Nostri Segni a Faraone e al suo Consiglio, ma essi agirono iniquamente verso i Segni Nostri; considera però quale fu la fine dei corruttori. – [104] E disse Mosè: "O Faraone! In verità io sono un Messo che viene dal Signor del Creato, – [105] degno di non dire di Dio altro che la Verità! Io v'ho portato una prova chiara da parte del vostro Signore. Lascia partire quindi con me i Figli d'Israele!" – [106] "Se veramente hai portato una prova, disse Faraone, mostrala, se sei sincero!" – [107] Allora Mosè gettò la sua verga, ed ecco questa si trasformò visibilmente in serpente. – [108] E trasse la mano, ed ecco, essa apparve bianca agli astanti. – [109] E disse il Consiglio della gente di Faraone: "Certo costui è un saggio incantatore – [110] che vuole cacciarvi fuori della vostra terra! Che cosa dunque decidete?" – [111] E dissero ancora: "Rimandalo a più tardi, lui e suo fratello, e invia nelle città dei messi che raccolgano – [112] e ti portino ogni incantatore sapiente". – [113] E vennero gli incantatori da Faraone e dissero: "Certo

dovremo avere una ricompensa, se saremo noi i vincitori!" -
114 Rispose Faraone: " Sì certo, e diverrete miei favoriti! " -
115 Ed essi dissero a Mosè: " O Mosè! Getta dunque la tua
verga, oppure preferisci che noi la gettiamo per primi? " -
116 Rispose: " Gettàtela voi! " E quando ebbero gettate le
loro verghe, incantarono gli occhi della gente e li terroriz-
zarono e produssero incantesimo grande. - 117 E noi rive-
lammo a Mosè: " Getta ora tu la tua verga ". Ed ecco, essa
divorò i loro menzogneri incantesimi. - 118 E fu stabilita la
Verità e vanificato quel che loro facevano, - 119 e furono vinti
allora e si trovarono umiliati. - 120 E gli incantatori si get-
tarono a terra prostrati - 121 e dissero: " Crediamo nel Signor
del Creato, - 122 il Signore di Mosè e di Aronne! " - 123 E
disse Faraone: "Avete voi creduto in Lui prima che io ve
ne dessi il permesso? Questa è certo una macchinazione che
avete macchinato nella città per espellerne gli abitanti, e ben
presto lo saprete! - 124 Vi farò tagliare a ciascuno alterni una
mano ed un piede e poi vi farò crocifiggere tutti ". - 125 Ed
essi dissero: " Certo noi ritorneremo al Nostro Signore! -
126 E tu ti vendichi di noi solo perché abbiam creduto ai
Segni del nostro Signore quando ci son pervenuti. Signore!
Versa pazienza nei nostri cuori e facci morire tutti dati a
Te! " - 127 E disse il Consiglio del popolo di Faraone: " La-
scerai tu che Mosè e la sua gente portino la corruzione sulla
terra e abbandonino te e i tuoi dèi? " Rispose: " Uccide-
remo i loro figli lasciando vive le loro donne. Noi siamo
sovrani possenti sopra di loro ". - 128 E Mosè disse al suo
popolo: " Cercate aiuto in Dio e pazientate, poiché la terra
è di Dio ed ei la dà in retaggio a chi vuole dei Suoi servi, e
ai timorati di Dio spetta la Vittoria finale! " - 129 Risposero:
" Molto siam stati tormentati prima che tu venissi a noi, e
anche dopo! " E Mosè disse: " Può darsi che il vostro Si-
gnore faccia perire il vostro nemico e vi faccia succedere a
lui sulla terra e poi starà a guardare quel che farete ". -
130 Così colpimmo la gente di Faraone con sterilità e care-

stia di frutti, nella speranza che riflettessero. – [131] E quando giunse loro il bene dissero: "Nostro è questo!" mentre se li colpiva il male ne traevano cattivo auspicio contro Mosè e quelli ch'eran con lui. Ma per vero il loro cattivo auspicio era presso Dio, pur se i più di loro non lo sapevano. – [132] "Per quanti segni tu possa mostrarci per incantarci, noi non crederemo in te!" – [133] E allora Noi mandammo contro di loro l'uragano, e le locuste, e i pidocchi, e le rane, e il sangue, segni chiari e precisi, ma s'inorgoglirono e furono un popolo di scellerati. – [134] E quando cadde su di loro l'ira di Dio, dissero: "O Mosè! Invoca per noi il tuo Signore, dato che ha stretto un patto con te, e se storneraì da noi l'Ira di Dio, crederemo in te e ti manderemo via con i figli d'Israele". – [135] E quando ebbimo stornato da loro l'Ira fino a un termine fisso che avrebbero dovuto osservare, ecco che essi violarono le loro promesse. – [136] E Noi ci vendicammo di loro e li affogammo nel mare, perché avevan smentito i Nostri Segni e li avevan trascurati. – [137] E demmo in retaggio al popolo umiliato le terre d'Oriente e le terre d'Occidente, che noi benedicemmo; e si compì la parola bellissima del tuo Signore per i figli d'Israele, per la loro pazienza; e distruggemmo tutte le opere di Faraone e della sua gente e le loro costruzioni dagli alti tetti. – [138] E traversammo coi figli d'Israele il mare, ed essi s'imbatterono in un popolo d'uomini che adoravano certi loro idoli. "O Mosè!, dissero i figli d'Israele, fa anche a noi un dio come i loro!" "Voi siete un popolo d'ignoranti!" rispose Mosè. – [139] "Poiché quel che questa gente ritiene vero sarà distrutto, e sarà vanificato quel ch'essi fanno". – [140] E aggiunse: "Dovrei andar in cerca, per voi, d'altre divinità che Dio, mentre Egli v'ha preferito a tutte le creature?" – [141] E rammentate come vi salvammo dalla gente di Faraone, che v'imponeva tormento durissimo, uccidendo i figli vostri, e lasciando vive solo le vostre donne: in questo era una tribolazione inviatavi dal vostro Signore, una tribolazione grande. – [142] E stabilimmo a

Mosè trenta notti e le completammo poi con altre dieci, perché fosse completo in quaranta notti il convegno del suo Signore. E disse allora Mosè a suo fratello Aronne: " Sii tu mio vicario fra il mio popolo, agisci rettamente e non seguire la via dei corruttori ". – 143 E quando Mosè venne al Nostro convegno e il suo Signore ebbe parlato con lui, disse Mosè: " O Signore! Mostrati a me, che io possa rimirarti! " Rispose: " Non mi vedrai. Ma guarda il monte, e se esso rimarrà fermo al suo posto, ebbene, tu mi vedrai! " Ma quando Iddio si manifestò al monte lo ridusse in polvere e Mosè cadde fulminato. E quando ritornò in sé disse: " Sia gloria a Te! Io a Te mi converto e sono il primo dei credenti! " – 144 E disse Iddio: " O Mosè! Io t'ho eletto sopra tutti gli uomini dandoti a portare il Mio messaggio e il Mio Verbo. Prendi dunque ciò che t'ho dato e siimi riconoscente! " – 145 E scrivemmo per lui, sulle Tavole, di tutte le cose un'ammonizione e per tutte le cose una spiegazione precisa. " Prendile con forza e ordina al tuo popolo che ne prendano il meglio, o vi mostrerò il soggiorno degli empi. – 146 E stornerò dai Miei Segni coloro che s'inorgogliscono sulla terra senza ragione: se anche vedranno ogni sorta di segni non vi crederanno e se anche vedranno la Via della Rettitudine non la sceglieranno a loro via, e se vedranno la via dell'aberrazione, quella per loro via sceglieranno. Questo perché hanno smentito i Nostri Segni e i Nostri Segni hanno trascurato. – 147 E coloro che avranno smentito i Nostri Segni e l'incontro con Dio nella vita dell'Oltre, vane saranno le loro opere: che ricompensa avranno essi se non di quello che avranno operato? " –

148 Ma, dopo, gli uomini di Mosè si fecero un vitello con i loro ornamenti, un corpo che emetteva muggiti: ma come non videro che quello non parlava loro e non li guidava nella Via? E pure se lo scelsero come dio, e furono iniqui. – 149 E quando si furon pentiti e capirono d'aver errato dissero: " Certo se il nostro Signore non ha pietà di noi e non

ci perdona, saremo tutti perduti!" – [150] E quando Mosè tornò al suo popolo, corrucciato e dolente, disse: "Quanto turpemente avete agito in mia assenza! Avete forse voluto affrettare l'ordine del mio Signore?" Poi gettò a terra le tavole, e prese per la testa suo fratello traendolo a sé. E Aronne gridò: "O figlio di mia madre! Il popolo mi ha umiliato e furon sul punto di uccidermi. Non far sì che i miei nemici si rallegrino della mia disgrazia, e non pormi con la gente iniqua!" – [151] E Mosè pregò: "O mio Signore! Perdona me e mio fratello, e facci entrare nella Tua misericordia, poiché sei il più misericordioso dei misericordiosi! – [152] Quelli che si son scelti il Vitello come dio, saranno colti da un'esplosione d'ira del loro Signore e da una abiezione nella vita terrena". Così Noi compensiamo i bugiardi. – [153] Ma coloro che compiono opere malvage, ma poi si pentono e credono, ebbene Dio, poi, sarà pietoso clemente. – [154] E quando in Mosè si fu taciuta la collera, egli riprese le Tavole; la copia delle quali contiene Retta Guida e Misericordia per coloro che paventano il loro Signore. – [155] E Mosè scelse di fra il suo popolo settanta uomini per l'ora del convegno con Noi. E quando li colse il terremoto egli disse: "Signore! Se Tu avessi voluto li avresti annientati già prima, essi e me. Ma ci annienterai Tu a causa di quel che han fatto gli stolti fra noi? Non è questa altro che una tentazione Tua, per la quale Tu travii chi vuoi e guidi chi vuoi. Tu sei il nostro Patrono. Perdonaci e abbi pietà di noi, ché Tu sei dei Perdonatori il migliore! – [156] E ascrivici il Bene nella vita terrena e nell'altra: ecco noi siam tornati a Te, pentiti!" E disse Dio: "Col Mio castigo io colpisco chi voglio e la Mia misericordia abbraccia ogni cosa. Io la ascriverò a coloro che Mi temono, che pagano la Dècima, e a coloro che nei Nostri Segni credono. – [157] Coloro che seguiranno il Mio Messaggero, il Profeta dei Gentili che essi troveranno annunciato presso di loro nella *Tōrāh* e nell'Evangelo, che ordinerà loro azioni lodevoli e le biasimevoli proibirà, che dichiarerà loro lecite le cose buone e illecite le immonde e li alleverà dei legami e delle catene che pesano su di loro; e coloro che crederanno in lui, che lo onoreranno, che lo assisteranno, e che seguiranno la Luce scesa con lui dal cielo: quelli saranno i fortunati ". – [158] Dì: " O uomini! Sono io il Messaggero di Dio a voi tutti inviato, da Dio, che possiede il Regno dei cieli e della terra; non c'è altro dio che Lui, Colui che vivifica e uccide. Credete dunque in Dio e nel Suo Messaggero, il Profeta dei Gentili che crede in Dio e nelle Sue parole, e seguitelo, a che per avventura possiate esser diretti al Bene ". – [159] E fra il popolo di Mosè c'è una comunità che si dirige secondo la Verità e secondo la Verità agisce con giustizia. – [160] E i figli d'Israele li dividemmo in dodici tribù, in dodici comunità, e rivelammo a Mosè, quando il suo popolo gli chiese da bere: " Batti con la tua verga la roccia! " E dodici sorgenti ne sgorgarono, e tutti gli uomini seppero dove dovevano bere; e li ombreggiammo con la Nube e facemmo scendere su loro la Manna e le Quaglie, dicendo loro: " Mangiate delle buone cose che la Nostra provvidenza vi dona! " Ma non a Noi essi fecero torto, bensì a se stessi. – [161] E rammenta quando fu detto loro: "Abitate questa città e godetevi come volete! E dite: ' Perdono! ' entrando per la porta con prostrazioni. Allora vi perdoneremo i vostri peccati e farem prosperare quelli che oprano il bene! " – [162] Ma gli iniqui fra di loro misero altre parole al posto di quelle che eran state loro dette, e Noi mandammo contro di loro un flagello dal cielo, per le loro iniquità. – [163] E chiedi loro di quella città ch'era sulla riva del mare, di quando laggiù violavano il sabato, di come venivano a loro i pesci, quando essi osservavano il sabato, a fior d'acqua, mentre non venivano il giorno ch'essi violavano il sabato: così noi li provammo, per la loro empietà. – [164] E di quando alcuni di loro dicevano: " Perché ammonite voi un popolo che Dio sta per distruggere, o sta per castigare di violento castigo? " Rispondevano: " Perché serva almeno di scusa per noi di fronte al Signore, e nella speranza ch'essi temano Iddio". – [165] E quando ebbero dimenticato gli avvertimenti che eran stati loro dati, Noi salvammo coloro che sconsigliavano il male e colpimmo di castigo crudele gli iniqui, per le loro perversità. – [166] E quando con proterva insolenza si rifiutaron di desistere da quel che loro era stato proibito, dicemmo loro: "Siate scimmie abbiette!" – [167] E di quando il tuo Signore proclamò che avrebbe mandato, certo, contro di loro, prima del Dì della Resurrezione, chi li avrebbe oppressi con crudele tormento. Ché rapido al castigo è il tuo Signore, ma anche clemente pietoso. – [168] E li disperdemmo sulla terra divisi in nazioni, buone e pie alcune, altre il contrario: e le mettemmo alla prova con la prosperità e con l'avversità, nella speranza che si ravvedessero. – [169] E seguirono a loro dei successori che ereditarono la Scrittura: si tennero i beni effimeri di questo mondo basso, dicendo: "Tutto questo ci sarà perdonato!" E pure se venissero loro altri beni effimeri come quelli, li prenderebbero. Ma non fu stretto con loro il Patto della Scrittura, cioè che non dicessero di Dio altro che la Verità? Eppure quel ch'è nella Scrittura essi l'hanno studiato, e la dimora dell'Aldilà sarà la cosa migliore per quelli che temono Dio; non capite dunque? – [170] E per quelli che si tengono stretti alla Scrittura, che compiono la preghiera: Noi non manderemo perduta la mercede dei rettamente operanti. –

[171] E rammentati anche di quando squassammo il Monte alto sopra di essi, come un padiglione, e pensarono che stesse per cadere loro addosso, e disse una Voce: "Prendete con forza la Scrittura che v'abbiam dato e ricordate bene quel che contiene, a che abbiate a temere Iddio!" – [172] E quando il tuo Signore trasse dai lombi dei figli d'Adamo tutti i lor discendenti e li fece testimoniare contro se stessi: "Non sono Io, chiese, il vostro Signore?" Ed essi risposero: "Sì, l'attestiamo!" E questo facemmo perché non aveste poi a dire, il Giorno della Resurrezione: "Noi tutto questo non lo sapevamo!" – [173] Oppure: "I nostri padri, già prima,

davan dei compagni a Dio, e noi siam la loro progenie, venuta dopo di loro. Or ci annienterai Tu per quel ch'hanno fatto i vanificatori?" – [174] Così Noi precisiamo i Segni, a che abbiano a ravvedersi. –

[175] Narra loro la storia di colui al quale Noi facemmo conoscere i Nostri Segni, ma se ne dispogliò e perciò lo seguì Satana e fu tra gli erranti. – [176] Che se avessimo voluto certo lo avremmo elevato in alto, ma egli s'attaccò alla terra e seguì la sua passione, e la similitudine sua è quella del cane che se lo assali ansima con la lingua di fuori e se lo lasci stare continua ad ansimare con la lingua di fuori. Questa è la similitudine di coloro che smentirono i Nostri Segni: narra dunque loro le antiche storie, acciocché riflettano! –

[177] Ma a che turpe cosa assomigliano coloro che smentirono i Nostri Segni, e a se stessi, così, fecero torto! – [178] Colui che Iddio guida è il Ben Guidato, e colui che Dio travia, è perduto. – [179] E molti dei *ǧinn* e degli uomini abbiam creato per la gehenna, esseri che hanno cuori con i quali non comprendono, hanno occhi con i quali non vedono, hanno orecchi con i quali non sentono: sono come armenti, anzi di quelli ancor più traviati; son coloro che tutto trascurano. – [180] E Dio possiede i nomi più belli, invocatelo dunque con quei nomi, e abbandonate coloro che quei nomi usano perversamente: saranno ricompensati per quel ch'essi fanno. – [181] E fra coloro che abbiam creato ci sono alcuni che guidano rettamente i loro compagni con la Verità e con Verità agiscono giustamente. – [182] Coloro invece che smentiscono i Nostri Segni, a grado a grado lentamente li trasciniamo in basso senza ch'essi lo sappiano. – [183] Lungo tempo Io li tollererò, ché ben congegnata è la mia insidia! – [184] E che? Non han forse riflettuto? Il loro compagno non è posseduto dai *ǧinn*: non è che un ammonitore chiarissimo! – [185] E che? Non han forse guardato al regno dei cieli e della terra e alle cose tutte che Dio ha creato, e non han pensato che forse si sta rapida avvicinando l'ora loro finale? E in quale altra

Parola crederanno poi? – [186] Coloro che Dio travia non
avran più nessuno che li guidi e Iddio li lascerà brancolare
nella loro superba ribellione. – [187] E ti chiederanno dell'Ora:
" Per quando è fissata?" Rispondi: " Lo sa solo il mio Signore,
e a suo tempo nessun altro che Lui la manifesterà". Essa pesa
opprimente sui cieli e sulla terra e non vi coglierà che all'im-
provviso. Te lo chiederanno, questo, come se tu ne fossi
bene informato. Ma rispondi: " Lo sa solo Iddio, ma i più
degli uomini questo non sanno". – [188] Io non ho alcun potere
su di me, a mio favore o a mio danno, se non in quanto
Dio lo voglia. Se io conoscessi l'Arcano, godrei abbondanza
di beni e il male non potrebbe colpirmi; ma io non sono che
un Ammonitore e un Messaggero di buone novelle a gente
che crede. – [189] Egli è Colui che v'ha creato da una sola per-
sona e ne trasse la sua compagna perché abitasse con lei, e
quando egli l'ebbe coperta essa portò un peso leggero col
quale poteva anche camminare, ma quando il fardello si fu
fatto pesante essi così invocarono Dio loro Signore: " Se Tu
ci dai un figlio buono, noi Ti saremo riconoscenti!" –
[190] Ma quando il Signore ebbe loro donato un figlio buono,
in ricompensa essi diedero dei compagni a Dio. Quanto più
eccelso è Dio di quel che gli associano! – [191] Associeranno
dunque a Dio esseri che non creano, ma che sono essi creati –
[192] esseri che non possono assisterli e che assistere non pos-
sono nemmeno se stessi? – [193] Se voi li invitate alla Retti-
tudine, essi non vi seguono. È per essi eguale che li invi-
tiate o che ve ne restiate silenti. – [194] Coloro che voi invocate
in luogo di Dio sono, certo, dei servi di Dio come voi. Invo-
cateli pure! E che v'esaudiscano, se siete sinceri! – [195] Hanno
forse dei piedi con i quali camminano? Hanno mani con le
quali afferrano, hanno occhi con i quali vedono, hanno orec-
chi con i quali ascoltano? Dì: " Sì, invocate pure i vostri
compagni, poi insidiatemi pure, non mi fate aspettare! –
[196] Poiché il mio Patrono è Dio, il quale ha rivelato la Scrit-
tura, e che s'incarica di proteggere i buoni! – [197] Mentre co-

loro che voi invocate in luogo di Dio non possono assistervi e assistere non possono nemmeno se stessi ". – [198] E se tu inviti gli infedeli alla Rettitudine, non ascoltano, e tu li vedi che ti stanno a guardare e pur non ti vedono. –

[199] Pratica il perdono! Invita al Bene! Allontanati dagli ignoranti! – [200] E certo t'affliggerà tentazione da Satana: cerca allora rifugio in Dio poiché Egli ascolta e conosce. – [201] In verità coloro che temono Dio, quando li tocca un visitatore notturno venuto da Satana, si rammentano dei precetti di Dio ed ecco, vedono chiaro. – [202] Quanto ai loro fratelli, i dèmoni li portano sempre oltre nell'aberrazione e non cessano mai dal male. – [203] E quando tu non porti loro un versetto ti dicono: " Non l'hai ancora scelto? " Rispondi: " Io seguo solo quel che mi vien rivelato dal mio Signore! " Ecco, son, queste, visioni chiare ispirate dal vostro Signore, e Guida e Grazia a chi crede. – [204] E quando vien recitato il Corano ascoltatelo in silenzio, a che Dio abbia pietà di voi. – [205] Menziona il nome del tuo Signore, nell'intimo tuo, in umiltà e reverenza, e a bassa voce, la mattina e la sera, e non esser di coloro che trascurano Dio. – [206] E sappi che persino Coloro che in cielo son vicini al Signore non si sentono troppo grandi per adorarLo e celebrano le Sue lodi e si prostrano a Lui! –

VIII. LA SURA DEL BOTTINO

(Medinese, eccetto i versetti 30-36 che son meccani.
Di 75 versetti, rivelata dopo la Sura della Vacca)

Nel nome di Dio, clemente misericordioso!

[1] Ti chiederanno del bottino. Rispondi: " Il bottino spetta
a Dio e al Suo Messaggero. Temete dunque Dio, rettificate
i rapporti fra voi, e obbedite a Dio e al Suo Messaggero, se
siete veri credenti ". – [2] In verità veri credenti sono coloro ai
quali, quando si nomina il nome santo di Dio, trema il cuore,
e quando i Suoi santi Segni vengan loro recitati, questi au-
mentan loro la Fede, e che confidano nel loro Signore –
[3] Coloro che compiono la Preghiera, ed elargiscono di quanto
la Nostra Provvidenza ha loro donato. – [4] Questi sono i cre-
denti veri: essi hanno gradi di dignità presso il loro Signore,
e perdòno, e generosa provvidenza. –

[5] Rammenta come il Signore ti fece uscire dalla tua casa
per la Verità, mentre una parte dei credenti repugnava. –
[6] Disputavano con te sulla Verità dopo ch'essa era apparsa
chiarissima, come se fossero spinti verso la morte e già la
vedessero chiara dinnanzi. – [7] E quando Dio vi prometteva
di dare in vostro potere una delle due truppe e voi preferi-
vate che fosse vostra quella non armata; ma Dio voleva
verificare la Verità con le sue Parole e distruggere alla radice
i miscredenti, – [8] per verificare la Verità e vanificare la vanità,
anche a dispetto degli scellerati. – [9] E quando chiedevate
aiuto al vostro Signore ed egli vi rispose: " Son Io che vi

aiuterò con mille angeli accorrenti a schiere!" – 10 E questa
promessa Dio vi fece sol per darvi buona novella e per tran-
quillarvi il cuore. Il trionfo non è che da Dio, ché Dio è
potente sapiente. – 11 E quando vi avvolse nel velo della
sonnolenza, in segno di sicurtà, e fece scender su voi acqua
dal cielo per purificarvi e detergervi dalla turpitudine di Sa-
tana, per confermarvi il cuore, per rafforzare i passi vostri. –
12 E quando il tuo Signore rivelò agli angeli: "In verità Io
sono con voi! Confermate coloro che credono! E Io get-
terò il panico nel cuore dei miscredenti. Percuotete, percuo-
tete dunque le cervici, percuotete e spezzate ogni dito!" –
13 Questo perché essi si son tagliati via da Dio e dal Suo
Messaggero e chi si taglia via da Dio e dal Suo Messaggero,
sappia che Dio è nel castigare violento. – 14 Ecco quel che
vi spetta! Gustatelo! E sappiate che chi rifiuta Fede avrà il
tormento del Fuoco! – 15 O voi che credete! Quando incon-
trerete quei che repugnano alla Fede in marcia contro di voi,
non volgete loro le spalle. – 16 Chiunque, in quel giorno,
mostrerà loro le spalle (a meno che non si distacchi dagli
altri per combattere, o non si unisca a un'altra schiera com-
battente), incorrerà nell'ira di Dio e sua dimora sarà la gehenna:
qual tristo andare! – 17 Ma non voi li uccideste, bensì Dio li
uccise, e non eri tu a lanciar frecce, bensì Dio le lanciava;
e questo per provare i credenti con prova buona, poiché Dio
è ascoltatore sapiente. – 18 Ecco, e Dio annienta le insidie dei
Negatori. –

19 Se cercate, o Meccani, una soluzione, ecco, la Solu-
zione è venuta; se poi smettete di opporvi a Dio, meglio
sarà per voi; se riattaccate, riattaccheremo anche Noi e
a nulla vi gioveranno i vostri eserciti, anche se fossero
molti e grandi, ché Dio è coi credenti. – 20 O voi che
credete! Obbedite a Dio e al Suo Messaggero e non vol-
tategli le spalle, mentre ascoltate i suoi richiami. – 21 E non
fate come quelli che dissero: "Abbiamo inteso" e nulla in-
tendevano. – 22 E sappiate che i peggiori animali all'occhio

di Dio son quelli sordi e muti, privi d'intelletto. – 23 E se
Dio avesse saputo che v'era qualcosa di buono in loro avrebbe
loro dato l'udito, ma anche se avesse dato loro l'udito avreb-
bero volto le spalle e si sarebbero allontanati. – 24 O voi che
credete! Date ascolto a Dio e al Suo Messaggero allorché vi
chiama a ciò che vi dà vita, e sappiate che Dio s'intromette
fra l'uomo e il suo cuore e che a Lui sarete tutti raunati. – 25 E
guardatevi dallo scandalo; esso non colpirebbe solo le per-
sone di quelli che agiscono iniquamente fra voi. E sappiate
che Dio è nel castigare violento. – 26 E rammentate quando
voi eravate pochi e disprezzati sulla terra, timorosi che gli
altri vi portassero via, e Dio vi diede asilo e vi confermò
colla Sua trionfale assistenza e vi provvide delle cose buone,
a che foste a Lui riconoscenti. – 27 O voi che credete! Non
tradite Dio e il Suo Messaggero, poiché così facendo tradi-
reste i pegni in voi riposti da Dio, e voi lo sapete. – 28 E sap-
piate che le vostre ricchezze e i vostri figli sono una tenta-
zione, e che presso Dio v'è premio immenso. – 29 O voi che
credete! Se temerete Iddio, Egli vi darà Salvazione e vi pu-
rificherà delle vostre colpe e vi perdonerà, ché Dio è padrone
di innumeri grazie. –

30 E rammenta quando quelli che rifiutaron Fede t'insi-
diavano per trattenerti, o per ucciderti o per espellerti: essi
insidiavano, e intanto Dio insidiava, Dio, il migliore degli
insidiatori! – 31 E quando venivan loro letti i Nostri Segni
dicevano: "Abbiamo udito; se volessimo saprem dire anche
noi cose simili: non sono che favole antiche!" – 32 E di
quando dicevano: "O Dio! Se questa è proprio verità che
viene da Te, fa piovere su di noi una pioggia di pietre dal
cielo, o mandaci un crudele castigo!" – 33 Ma Dio non inten-
deva castigarli mentre tu eri fra loro, né Dio li castiga men-
tre chiedon perdono. – 34 Come del resto non dovrebbe Dio
castigarli mentre essi distolgono i credenti dal Tempio Sacro,
e non sono Suoi amici? Perché gli amici di Dio non sono
che coloro che Lo temono; ma i più di loro non sanno. –

35 E la loro preghiera presso la Casa di Dio non consiste che
in sibili e battimani: gustate dunque il castigo in premio
del vostro ripugnare alla Fede! – 36 In verità coloro che ri-
fiutan Fede spendono le loro ricchezze per stornare gli uomini
dalla Via di Dio: le spenderanno, poi li coglierà rimpianto,
poi saranno sconfitti. E coloro che rifiutan Fede saranno, poi,
raunati nella gehenna, – 37 perché Dio possa scegliere il mal-
vagio dal buono, e mettere i malvagi gli uni sugli altri, am-
mucchiarli tutti e tutti gettar nella gehenna: quelli saranno i
perduti. – 38 Dì a coloro che rifiutan Fede che, se desisteranno,
quel ch'è ormai passato sarà loro perdonato, ma se riattac-
cano, sappiano che già gli antichi ebbero punizione esem-
plare. – 39 Combatteteli dunque finché non vi sia più scan-
dalo e il culto tutto sia reso solo a Dio. Se desistono, ebbene
Dio scorge acuto quel ch'essi fanno. – 40 Se volgon le spalle
sappiate che vostro patrono è Dio. Quale sublime patrono,
qual sublime soccorritore al trionfo! –
41 E sappiate che, del bottino che voi prendete, un quinto
spetta a Dio e al Suo Messaggero, ai di lui parenti, agli or-
fani, ai poveri, ai viandanti, se voi davvero credete in Dio
e in quel che rivelammo al Nostro servo nel giorno della
Salvazione, nel giorno quando si scontrarono i due eserciti;
ché Dio è, su tutte le cose, potente. – 42 Quando voi eravate
sul versante più vicino e gli altri sul versante più lontano e
i cavalieri stavan più abbasso: anche se vi foste dati un con-
vegno sareste stati discordi sul luogo e sull'ora. Invece Id-
dio decise che fosse realtà quel che avea destinato, affinché
chi doveva perire perisse per una ragione e per una ragione
vivesse chi era destinato a vivere, perché Dio è, in verità,
ascoltatore sapiente. – 43 E rammenta come Dio te li mostrò
in sogno pochi di numero, ché se te li avesse mostrati in
gran numero, vi sareste sfiduciati e avreste cominciato a di-
scutere sulla questione, ma Dio vi ha salvato: in verità Ei
conosce quel che sentono i cuori. – 44 E di quando, al mo-
mento dello scontro, fece apparir scarsi i nemici ai vostri

occhi, e li diminuiva agli occhi vostri per far realtà quel che aveva destinato: a Dio si riportano tutte le cose. – [45] O voi che credete! Quando incontrerete una schiera nemica, state saldi, e menzionate il santo nome di Dio spesso, a che possiate avere successo. – [46] Obbedite Dio e il Suo Messaggero! Non disputate, altrimenti perdereste fiducia e vigore e girerebbe il vento che v'ha favorito. Pazientate, ché Dio è coi pazienti! – [47] E non fate come quelli che uscirono dalle loro case con petulante ostentazione e distolgono gli uomini dalla Via di Dio; ma Dio abbraccia quel che essi fanno. – [48] Rammenta ancora quando Satana abbellì agli occhi loro quel che facevano dicendo: "Nessun uomo, oggi, vi potrà vincere! Io vi starò vicino!" E quando le due schiere furono in vista l'una dell'altra Satana si trasse indietro dicendo: "Io non son responsabile di quel che voi fate. Io vedo quel che voi non vedete. Io ho paura di Dio. Dio è, quando castiga, crudele". – [49] E quando gli Ipocriti e quelli dal cuore malato dicevano: "La loro religione li ha ingannati!" Ma chi confida in Dio, ebbene Dio è possente sapiente. – [50] Oh! Se potessi vedere quando gli angeli faran morire quelli che si rifiutarono alla Fede, colpendoli in volto e sul dorso: "Gustate il tormento dell'incendio orrendo! – [51] Questo meritate per quel che le vostre mani han commesso: ché certo Dio non fa torto ai Suoi servi!" – [52] Avverrà di loro come della gente di Faraone e di coloro, che, ancor prima, smentirono i Segni di Dio e Dio li colpì pei loro peccati, ché Dio è forte, violento al castigo. – [53] Questo perché Iddio non cambia il favore di cui ha favorito un popolo fin quando essi non cambiano quel che hanno in cuore, poiché Dio è ascoltatore sapiente. – [54] E allora avviene come alla gente di Faraone e a quelli prima ancora di loro, che smentirono i Segni del loro Signore e li distruggemmo pei loro peccati e affogammo la gente di Faraone, tutta fatta d'uomini iniqui. – [55] In verità i peggiori animali all'occhio di Dio sono quelli che han repugnato alla Fede, e s'ostinano a non credere. – [56] Coloro con i quali fai un patto e poi ad ogni momento lo violano senza timore alcuno di Dio. – [57] E se li sorprenderai in battaglia disperdili e fanne esempio salutare per coloro che li seguono, a che possan riflettere. – [58] E se temi tradimento da parte di un popolo, rigetta la loro alleanza com'essi han fatto con la tua, perché Dio non ama i traditori. – [59] E non credano coloro che repugnano alla Fede, d'averci sopravanzato: non prevarranno! – [60] Allestite contro di loro forze e cavalli quanto potete, per terrorizzare il nemico di Dio e vostro, e altri ancora, che voi non conoscete ma Dio conosce, e qualsiasi cosa avrete speso sulla via di Dio vi sarà ripagata e non vi sarà fatto torto. – [61] Ma se essi preferiscono la pace, preferiscila, e confida in Dio, ch'è in verità l'ascoltatore sapiente. – [62] Se poi tentan d'ingannarti, ebbene ti basti Dio! È Lui che già ti confermò col Suo aiuto trionfale e colla forza dei credenti – [63] e ha loro conciliato i cuori. Tu, anche se avessi dato via tutte le ricchezze della terra, non li avresti riconciliati quei cuori, ma Dio, Egli li ha conciliati: è il Potente, il Sapiente. – [64] O Profeta! Ti basti dunque Iddio, Iddio solo basti ai credenti che t'hanno seguito! – [65] O Profeta! Incita alla battaglia i credenti! Venti uomini pazienti dei vostri, ne vinceranno duecento; cento dei vostri, ne vinceranno mille di quelli che han repugnato alla Fede, ché questi son gente che nulla comprende. – [66] Ora Iddio vi ha alleggerito il compito, perché sa che v'è debolezza fra voi: cento uomini pazienti dei vostri ne vinceranno duecento, e mille, col permesso di Dio, ne vinceranno duemila: Dio è coi pazienti! – [67] Non è degno d'un Profeta il posseder prigionieri prima d'aver duramente colpito sulla terra i nemici di Dio. Voi volete i beni del mondo, ma Dio vuole per voi quelli dell'Altro, e Dio è potente sapiente; – [68] e se non fosse stato per una prescrizione precedente di Dio, v'avrebbe colpito, per quel che vi siete preso, un castigo terribile. – [69] Mangiate, del bottino preso, le cose lecite e buone e temete Dio, perché Dio è indulgente clemente. – [70] O Profeta! Dì ai prigionieri caduti nelle vostre mani: " Se Dio riconosce qualcosa di buono nei vostri cuori, vi darà cose migliori di quelle che vi son state prese e vi perdonerà, ché Dio è indulgente clemente ". – [71] Se vogliono tradirti, ebbene già hanno prima tradito Dio e Dio te li ha dati in tuo potere: Dio è saggio sapiente. –

[72] In verità coloro che sono emigrati e han combattuto, con i loro beni e le loro persone, sulla Via di Dio, e quelli che han loro dato asilo e assistenza, sono gli uni affiliati agli altri, mentre con coloro che hanno creduto, ma non sono emigrati, voi non avete alcun rapporto di affiliazione finché non emigrino anch'essi; ma se vi chiedono aiuto per cose della religione è dover vostro aiutarli, a meno che non si tratti di combatter contro gente con la quale siate legati da un patto d'alleanza: Dio scorge tutto quello che fate. – [73]Anche quelli che han repugnato alla Fede sono gli uni affiliati degli altri e se voi non farete altrettanto vi sarà scandalo sulla terra, e corruzione grande. – [74] E coloro che hanno creduto, e sono emigrati, e han combattuto sulla Via di Dio, e coloro che han dato loro asilo e assistenza, questi sono i Credenti veri; e avranno presso Dio perdono e provvidenza sontuosa. – [75] E quelli che, in seguito, hanno accettato la Fede e sono emigrati e han combattuto con voi, anch'essi sono dei vostri. In ogni caso i consanguinei son più vicini gli uni agli altri nel decreto di Dio. In verità Dio è di tutte le cose sapiente. –

IX. LA SURA DELLA CONVERSIONE

(*Medinese, eccetto i due ultimi versetti, che son meccani. Di 129 versetti, rivelata dopo la Sura della Mensa*)

[1] Immunità da parte di Dio e del Suo Messaggero per quegli idolatri coi quali abbiate stretto un patto: – [2] "Viaggiate pure sulla terra per quattro mesi, ma sappiate che non riuscirete a vincere Dio e che Dio coprirà d'obbrobrio i Negatori". – [3] Ed ecco un proclama da parte di Dio e del Suo Messaggero, agli uomini, pel giorno del Gran Pellegrinaggio: Dio non è responsabile degli idolatri, e così il Suo Messaggero. E se vi convertirete, meglio sarà per voi, ma se volgerete le spalle a Dio, sappiate che non riuscirete a sopraffarLo; annunzia ai miscredenti un castigo cocente! – [4] Esclusi quei pagani coi quali avete stretto un patto e che in nulla hanno poi mancato contro di voi, né prestato soccorso contro di voi ad alcuno. Osservate fino all'ultimo, allora, il patto con loro, fino al termine prestabilito, poiché Dio ama quei che Lo temono. – [5] Quando poi saran trascorsi i mesi sacri, uccidete gli idolatri dovunque li troviate, prendeteli, circondateli, appostateli ovunque in imboscate. Se poi si convertono e compiono la Preghiera e pagano la Dècima, lasciateli andare, poiché Dio è indulgente clemente. – [6] E se qualche idolatra ti chiede asilo, accordaglielo, acciocché oda la Parola di Dio, e poi, se non crede, rinvialo in luogo per lui sicuro. Fa così, perché è gente, quella, che nulla conosce. – [7] Come potrebbero aver gli idolatri un patto con Dio e col

Suo Messaggero, eccettuati quelli coi quali pattuiste un patto
presso il Tempio Sacro? Ma finché son giusti con voi, siate
giusti con loro, ché, certo, Dio ama quanti lo temono. –
8 E come dunque potrebbero aver quel Patto? Se essi preva-
lessero contro di voi non guarderebbero né a parentele né
a alleanze: vi contenteranno a parole, ma renitente sarà il
loro cuore, e i più di loro sono degli empi, – 9 che han ven-
duto i Segni santi di Dio a vil prezzo, allontanando gli uomini
dalla Sua Via. Eccoli: quanto malvagio è il loro operare! –
10 Non guardano, con un credente, né a parentele né a alleanze:
sono i Prevaricatori! – 11 Ma se si convertono e compiono
la Preghiera e pagano la Dècima, siano per voi fratelli nella
Fede: noi precisiamo i Segni Nostri a gente capace di cono-
scere. – 12 E se violeranno i loro giuramenti dopo aver stretto
il patto e insulteranno la vostra Religione, combattete i prín-
cipi dell'empietà (non c'è giuramento che valga agli occhi
loro!) così, forse, desisteranno dal loro agire malvagio! –
13 E come non dovreste combattere della gente che violò i
propri giuramenti, s'affannò a scacciare il Messaggero di Dio,
e v'attaccò per prima? Avete forse paura di loro? Ma è di
Dio che piuttosto dovete aver paura, se siete credenti! –
14 Combatteteli, dunque, e Iddio li castigherà per mano vo-
stra e li coprirà d'obbrobrio, e vi assisterà a trionfo contro
di loro, e guarirà il petto dei credenti – 15 e scaccerà loro
la collera via dal cuore, e Dio si convertirà benigno a chi
Egli vuole e Dio è saggio sapiente. – 16 Credete forse che
sarete abbandonati, e che Dio non conosca chi è fra voi
che ha combattuto e non s'è scelto altri amici che Dio, il
Suo Messaggero e i fratelli credenti? Dio ha buona contezza
di quello che fate! – 17 Non s'addice agli idolatri visitare i
Templi di Dio testimoniando contro se stessi la propria em-
pietà. Vane sono le opere loro e nel fuoco resteranno in
eterno. – 18 Soli visiteranno i Templi di Dio quelli che cre-
dono in Dio e nel Giorno Estremo, e compiono la Preghiera
e pagano la Dècima, e non han paura d'altri che Dio. Questi

può darsi sian da Dio guidati al Bene. – [19] O che forse dar
da bere ai pellegrini e servire il Tempio Sacro li mettete alla
pari col merito di chi ha creduto in Dio e nel Giorno Estremo
e ha lottato sulla Via di Dio? No, non sono uguali agli occhi
di Dio, e Dio non guida al Bene la gente degli Empi. – [20] Ché
coloro che han creduto e sono emigrati e han combattuto
sulla Via di Dio coi loro beni e colle loro persone son d'un
grado più alti presso Dio: sono coloro cui arrise il Successo
supremo. – [21] Il Signore annunzia loro misericordia e accet-
tazione e giardini dove godranno permanente delizia – [22] dove
rimarranno in eterno, sempre; in verità presso Dio v'è im-
mensa mercede. –

[23] O voi che credete! Non prendete per patroni e alleati
i vostri padri e i vostri fratelli se questi preferiscono l'em-
pietà alla Fede. Chi di voi li prenderà per patroni e alleati,
sarà degli Iniqui. – [24] Dì: "Se i vostri padri e i vostri figli
e i vostri fratelli e le vostre mogli e la vostra tribù e i beni
che avete acquistato e un commercio che temete possa an-
dare in rovina, e le case che amate, vi sono più care di Dio
e del Suo Messaggero e della lotta sulla Sua Via, allora aspet-
tate finché Dio vi porterà il Suo Ordine distruttore: Dio non
ama la gente perversa!" – [25] In molti campi di battaglia già
v'ha soccorsi al trionfo Iddio! E nel giorno di *Ḥunayn* quando
vi compiacevate del vostro grande numero, ma a nulla vi
servì, allorché l'ampio terreno della valle vi parve angusto
e fuggiste, le spalle al nemico. – [26] E allora Dio fece discen-
dere la sua Divina Pace sul Suo Messaggero e sui credenti
e fece scendere eserciti invisibili a voi e castigò coloro che
avean repugnato alla Fede: ecco il premio di quei che non
credono. – [27] E, poi, Dio si convertirà benigno verso chi
Egli vorrà, ché Dio è indulgente clemente. – [28] O voi che
credete! In verità gli idolatri sono sozzura, e non s'accostino
dunque al Tempio Sacro dopo questo loro anno. Se temete
che ne derivi impoverimento, ebbene Iddio vi farà ricchi coi
tesori del Suo favore, se Egli vuole, ché Dio è saggio sa-

piente. – [29] Combattete coloro che non credono in Dio e nel
Giorno Estremo, e che non ritengono illecito quel che Dio e
il Suo Messaggero han dichiarato illecito, e coloro, fra quelli
cui fu data la Scrittura, che non s'attengono alla Religione
della Verità. Combatteteli finché non paghino il tributo uno
per uno, umiliati. –

[30] I giudei han detto: "'*Uzayr* è il figlio di Dio!" e
han detto i cristiani: "Il Cristo è il figlio di Dio!" Questo
dicono con la loro bocca imitando il dire di coloro che prima
di loro repugnarono alla Fede. Dio li maledica! In quale
grave errore son caduti! – [31] Si son presi i loro dottori e i
loro monaci e il Cristo figlio di Maria come "Signori" in
luogo di Dio, mentre eran stati esortati a adorare un Dio
solo: non c'è altro Dio che Lui, glorificato e esaltato oltre
quel che a Lui associano! – [32] Vorrebbero spegnere la Luce
di Dio con gli aliti della loro bocca, ma Dio nol consente:
Egli vuole render perfetta la Sua Luce, anche se vi ripu-
gnino gli empi. – [33] Egli è Colui che ha inviato il Suo Mes-
saggero con la retta guida e la Religione della Verità perché
prevalga sulle religioni tutte, anche a dispetto degli idola-
tri. – [34] O voi che credete! Certo molti dei dottori e dei mo-
naci consumano i beni altrui in cose vane e allontanano gli
uomini dalla Via di Dio. Orbene, a coloro che ammucchiano
l'oro e l'argento e non lo spendono sulla Via di Dio annun-
cia castigo cocente, – [35] il giorno in cui questi metalli saranno
arroventati nel fuoco della gehenna e se ne imprimerà un mar-
chio sulla loro fronte, sui loro fianchi e sui loro dorsi: "Ecco
quel che ammucchiaste per voi! Gustatelo, ora, quel che avete
ammucchiato!" –

[36] In verità il numero dei mesi, presso Dio, è di dodici
mesi segnati nella Scrittura di Dio il giorno in cui creò i
cieli e la terra. Fra di essi quattro sono sacri: questa è la reli-
gione retta. E durante quei quattro mesi non fate torto a
voi stessi. Ma gli idolatri combatteteli totalmente come essi
vi combattono totalmente, e sappiate che Iddio è con quei

che Lo temono. – [37] Quanto al mese intercalare, esso è un dippiù d'empietà col quale si traviano gli empi: essi lo dichiarano profano in un anno e sacro in un altro per far combaciare il numero dei mesi dichiarati da Dio sacri, e profanano così quel che Dio ha dichiarato sacro; la malvagità delle loro azioni è stata fatta bella agli occhi loro, ma Dio non guida il popolo degli empi. –

[38] O voi che credete! Che avete, che quando vi si dice: "Lanciatevi in battaglia sulla Via di Dio!" rimanete attaccati alla terra? Preferite forse la vita terrena piuttosto che quella dell'Oltre? Ma il godimento della vita terrena, di fronte alla Vita dell'Oltre non è che poca cosa! – [39] Se non vi lancerete in battaglia, Iddio vi castigherà di castigo crudele, vi sostituirà con un altro popolo, e voi non gli farete alcun danno, ché Dio è su tutte le cose potente! – [40] Se voi non lo assisterete, ebbene già lo ha assistito Iddio quando gli infedeli lo scacciarono, lui con un solo compagno, e quando essi eran nella caverna, e quando ei diceva al suo compagno: "Non t'attristare! Dio è con noi!" E Dio fece scendere su di lui la Sua Divina Pace e lo confermò con schiere invisibili, e la parola di coloro che repugnarono alla fede la ridusse in basso, e levata in alto fu la parola di Dio, e Dio è certo potente sapiente. – [41] Lanciatevi dunque in battaglia, armati con armi leggere, armati con armi pesanti! Combattete con i vostri beni e con le vostre persone sulla via di Dio! Questo è il meglio per voi, se voi lo sapeste! – [42] Se d'un vantaggio prossimo si fosse trattato, e d'un viaggio breve, t'avrebber seguito, ma lunga è parsa loro la distanza! Essi giureranno per Dio: "Se avessimo potuto saremmo con voi a batterci!" Ma essi distruggono se stessi, perché Dio sa che sono bugiardi! – [43] Dio ti perdoni! Perché hai tu permesso loro di restarsene indietro prima che ti fosse chiaro quali erano i sinceri, prima che sapessi quali fossero i bugiardi? – [44] Non chiedon certo il tuo permesso, coloro che credono in Dio e nell'Ultimo Giorno, per combattere

con i loro beni e con le loro persone, e Dio ben conosce chi Lo teme! – [45] Ma quei che ti chiedono il permesso di restarsene a casa sono coloro che non credono in Dio e nell'Ultimo Giorno e hanno il cuore dubbioso e nel dubbio loro stanno esitanti. – [46] Se avessero voluto partir per la guerra vi si sarebbero preparati; ma spiacque a Dio che si muovessero, così li trattenne e fu loro detto: " Restatevene con quelli che restano! " – [47] Se fossero usciti a combattere con voi vi sarebbero stati più che altro d'impaccio, sarebbero corsi qua e là a seminar zizzania e avrebbero trovato fra voi chi li avrebbe ascoltati; ma Dio ben conosce gli iniqui. – [48] Già da prima essi cercarono di seminar zizzania, mettendo la confusione nelle tue cose, finché giunse la Verità e apparve chiaro l'Ordine di Dio, a loro dispetto. – [49] Fra loro ce ne sono che dicono: " Lasciami restare; non mettermi in tentazione! " Ma in questa tentazione non ci son già caduti? Per vero la gehenna abbraccerà gli infedeli! – [50] Se ti capita una fortuna questa li addolora. Se una disgrazia ti coglie dicono: " Già ci avevamo pensato prima! " e ti voltan le spalle tutti lieti. – [51] Rispondi loro: " Non ci capiterà che quel che Dio ha decretato per noi. È Lui il nostro Padrone: in Dio dunque confidino i credenti! " – [52] E dì loro ancora: " Che altro potete attender per noi se non una delle due grazie più belle: la vittoria o il martirio? Ma noi, per voi, ci attendiamo che Dio vi colpisca con un castigo Suo, o per mano nostra; attendete dunque, ché noi attendiamo con voi! " – [53] Dì: " Elargite pure dei vostri beni di buona o mala voglia, ma la vostra generosità non sarà accettata, perché siete una massa di perversi ". – [54] E quel che impedisce che le loro elargizioni siano accettate è semplicemente che essi rifiutan fede in Dio e nel Suo Messaggero e non compiono la Preghiera che pigramente, e non danno dei loro beni che contro voglia. – [55] E non ti stupiscano i loro abbondanti beni e i loro figli, ché anzi con quelli Dio intende tormentarli nella vita della terra, e che diano l'ultimo respiro mentre ancor repugnano alla Fede. – [56] E giureranno per Dio d'esser dei vostri; ma non sono dei vostri, è gente che ha paura di voi! – [57] Ché se trovassero un rifugio, o caverne, o un buco qualsiasi vi si precipiterebbero a corsa. –

[58] E fra loro c'è chi ti biasima a proposito delle Dècime: se ne ricevono loro una parte son soddisfatti e se non ne ricevono, eccoli che s'adirano. – [59] Quanto meglio se fossero invece soddisfatti di quel che ha dato loro Dio e il Suo Messaggero e dicessero: "Dio ci basta! Dio ci darà dai tesori della Sua grazia, e il Suo Messaggero ancora. A Dio supplici ci volgiamo!" – [60] Perché il frutto delle Dècime e delle elemosine appartiene ai poveri e ai bisognosi, e agli incaricati di raccoglierle, e a quelli di cui ci siam conciliati il cuore, e così anche per riscattar gli schiavi e i debitori, e per la lotta sulla Via di Dio e pel viandante. Obbligo questo imposto da Dio, e Dio è saggio sapiente. – [61] E fra loro v'ha di quelli che molestano il Profeta e dicono: "È tutt'orecchi!" Rispondi: "È un orecchio di bene per voi. Egli crede in Dio e crede nei credenti, ed è una Grazia Divina per coloro fra voi che hanno creduto. Ma quelli che molestano il Messaggero di Dio avranno castigo duro". – [62] Vi giurano per Dio per accontentarvi, ma sarebbe meglio che si preoccupassero di contentare Dio e il Suo Messaggero, se fosser credenti! – [63] Non hanno ancora compreso che chi argomenta contro Dio e il Suo Messaggero avrà senza dubbio il fuoco della gehenna, dove rimarrà in eterno, obbrobrio supremo? – [64] Gli ipocriti hanno paura che venga rivelata una sura che li informi di quel che hanno in cuore. Dì loro: "Continuate pure a schernire. In verità Dio sta per palesare quel che temete!" – [65] E se li interroghi certo ti risponderanno: "Ma facevamo così per dire e per celiare!" Rispondi: "Ma dunque è di Dio, e dei Suoi Segni, e del Suo Messaggero che vi prendevate gioco?" – [66] Non scusatevi! Voi avete rifiutato la Fede dopo averla accettata, e se anche perdoneremo ad alcuni di voi altri ne puniremo, perché furono scellerati! –

67 Gli Ipocriti e le Ipocrite s'invitano l'un l'altro ad atti riprovevoli e s'impediscon di compiere atti lodevoli, e serran le mani. Hanno dimenticato Dio e Dio s'è dimenticato di loro, poiché gli Ipocriti sono i perversi. – 68 Iddio ha promesso agli Ipocriti e alle Ipocrite e ai Negatori il fuoco della gehenna, nel quale rimarranno in eterno. Questo è il loro sufficiente compenso. Li maledica Iddio! Avranno un permanente tormento! – 69 Così avvenne a quelli che furono prima di voi. Più forti di voi erano, e più ricchi di beni e di figli, e han goduto della loro parte. Così voi avete goduto della vostra come prima di voi quelli han goduto della loro, e avete chiacchierato come han chiacchierato quelli. Vanificate furono l'opere loro e in questo mondo e nell'altro. Furono i Perduti. – 70 Non è dunque giunta ad essi notizia di quelli che furono prima di loro, del popolo di Noè e di *'Ād* e di *Ṯamūd* e del popolo d'Abramo e della gente di *Madyan* e delle Città Everse? Giunsero, i Messaggeri loro inviati da Dio, con prove chiare, e Dio non intendeva far loro torto, bensì essi a se stessi fecero torto. – 71 Ma i credenti e le credenti sono l'un l'altro amici e fratelli, invitano ad atti lodevoli e gli atti biasimevoli sconsigliano, e compiono la Preghiera e pagano la Dècima e obbediscono a Dio e al Suo Messaggero: di questi Dio avrà misericordia, ché Egli è potente sapiente. – 72 Iddio ha promesso ai credenti e alle credenti Giardini alla cui ombra scorrono i fiumi, dove rimarranno in eterno, e dimore buone nei giardini di Eden: ma il compiacimento di Dio sarà per loro il dono più grande. Questo è il Successo supremo! – 73 O Profeta! Combatti i miscredenti e gli ipocriti, duramente: il loro asilo sarà la gehenna. Qual tristo andare! – 74 Giurano per Dio di non aver detto quel ch'hanno detto, mentre hanno certo detto la parola del Rifiuto, hanno rifiutato la Fede dopo che s'eran dati a Dio, e han tentato un disegno che non è loro riuscito; e biasimarono quell'attentato solo perché Dio li arricchì di un po' della Sua grazia, Dio e il Suo Messaggero. Se si conver-

tiranno sarà meglio per loro, e se volgeranno le spalle li tormenterà Iddio con un castigo crudele, in questo mondo e nell'altro, e sulla terra non troveranno né alleati né soccorritori. – [75] Ve n'ha fra loro alcuni che han stretto questo patto con Dio: "Se Egli ci darà della Sua grazia, daremo elemosine e saremo pii". – [76] Ma quando Iddio diede loro della Sua grazia, ne furono avari e volsero le spalle sdegnosi. – [77] E allora, a cagione di questa avarizia, Dio ha ispirato l'ipocrisia nei loro cuori fino al dì in cui Lo incontreranno, poiché hanno violato la promessa che fecero a Dio, e perché hanno mentito. – [78] Non sanno forse che Dio sa il loro segreto e i loro conciliaboli, che Dio è il Conoscitor degli Arcani? – [79] E quelli che biasimano i credenti che danno elemosine spontanee e chi non trova da dare altro che il frutto della sua fatica, e si prendono gioco di loro, ebbene è Dio che s'è preso gioco di loro e avranno castigo cocente. – [80] È indifferente che tu chieda perdono per loro o che non lo chieda: se chiederai perdono per loro anche settanta volte Dio non li perdonerà. E questo perché hanno rifiutato fede a Dio e al Suo Messaggero, e Dio non guida al bene la gente perversa! –

[81] Eran tutti lieti, quelli restati nelle loro case, d'esser stati lasciati addietro dal Messaggero di Dio, e repugnavano a combattere con i loro beni e le loro persone sulla Via di Dio e dicevano: "Non uscite in campo nella calda stagione!" Dì: "Il fuoco della gehenna è ben più bruciante di caldo!" Ah, se comprendessero! – [82] Ridano dunque, qui, un poco, e piangano, poi, molto, in premio di quel che hanno operato! – [83] Se Dio ti riconduce, dopo la battaglia, e qualcuno di quelli ti chiede il permesso di uscir di nuovo a combattere, rispondi: "Non uscirete in campo con me, mai più! E non combatterete con me nemico alcuno. Già preferiste restarvene a casa la prima volta: restatevene dunque anche ora con gli ignavi!" – [84] E non pregare per nessuno di loro ove lo colga la morte, e non ti fermare presso la sua tomba,

poiché essi hanno rifiutato fede a Dio e al Suo Messaggero e son morti da perversi. – [85] E non ti stupiscano i loro beni e i figli loro. Iddio li intende come una punizione in questo mondo e intende che esalino l'ultimo respiro da empi. – [86] E quando discende una sura che ordina: " Credete in Dio e combattete insieme col Suo Messaggero! " i più influenti fra loro ti chiederanno permessi e diranno: " Lascia che restiamo con gli esentati! " – [87] Han preferito dunque restare con gli ignavi: è stato stampato un suggello sui loro cuori ed essi nulla comprendono. – [88] Ma il Messaggero di Dio e coloro che, con Lui, hanno creduto, hanno lottato con i loro beni e le loro persone; a loro spettano i veri Beni, loro saranno i Fortunati! – [89] Dio ha preparato per loro Giardini alle cui ombre scorrono i fiumi, dove rimarranno in eterno: ecco il Successo supremo! – [90] Alcuni Beduini son venuti a scusarsi, a chiedere esenzioni, e coloro che han trattato da impostori Dio e il Suo Messaggero se ne son restati a casa; ma castigo cocente colpirà quelli di loro che han repugnato alla Fede! – [91] Nessuna colpa tuttavia sarà da imputarsi ai deboli e ai malati e a coloro che non han mezzi per armarsi, purché siano leali verso Dio e il Suo Messaggero; non vi sarà luogo a rimprovero contro quelli che fanno il bene: Dio è indulgente clemente; – [92] e neppure contro quelli che quando vennero a te perché li portassi con te ebbero in risposta: " Non trovo cavalcature per portarvi con me! " e se ne ritornarono con gli occhi traboccanti di lacrime per la tristezza, per non poter trovar nulla da dare sulla Via di Dio. – [93] Ma c'è luogo a rimprovero, invece, per coloro che ti chiederanno esenzioni pur essendo ricchi, e preferiranno restarsene con gli ignavi: Dio ha stampato un suggello sui loro cuori ed essi nulla conoscono. – [94] Quando ritornerete si scuseranno con voi. Rispondi loro: " Non scusatevi, ché noi non vi crediamo. Dio ci ha già ben informati della vostra storia, Dio vedrà l'agir vostro e lo vedrà il Suo Messaggero. Poi sarete riconsegnati tutti a Colui che vede l'Invisibile e il

Visibile e allora vi informerà Lui di quel che operavate sulla terra! " – [95] Sì, quando ritornerete fra loro vi scongiureranno in nome di Dio di star lontani da loro. Statene pure lontani, perché sono una sozzura e il loro asilo sarà la gehenna, in premio di quel che hanno operato. – [96] E vi scongiureranno anche, in nome di Dio, di approvare il loro operato. Ma se anche voi lo approvaste, non lo approverà Iddio l'operato della gente perversa! –

[97] I Beduini sono i più incalliti nella miscredenza e nella ipocrisia e i più inetti a conoscere i termini rivelati da Dio al Suo Messaggero; ma Dio è saggio sapiente. – [98] Tra i Beduini ci son di quelli che considerano le loro oblazioni come una multa e aspettano che vi colga qualche rovescio. Loro colpisca il rovescio maligno! Dio sa ed ascolta. – [99] Ma fra i Beduini v'ha anche di quelli che credono in Dio e nell'Ultimo Giorno e che considerano le loro oblazioni come mezzi d'avvicinarsi a Dio ed ottener le preghiere del Suo Messaggero. E non sono infatti, per loro, mezzi d'avvicinarsi a Dio? Egli li farà entrare nella Sua misericordia. In verità Dio è indulgente clemente. – [100] E i Precursori, i primi fra gli Emigranti e gli Ausiliari e coloro che li seguirono nel loro benefico agire, Iddio s'è compiaciuto di loro ed essi si son compiaciuti di Dio, ed Egli ha loro preparato Giardini alle cui ombre scorrono i fiumi, dove rimarranno in eterno, sempre; ecco il Successo supremo. – [101] Fra i Beduini che sono attorno a voi, come pure fra la gente di Medina, vi sono degli Ipocriti, protervi nella loro ipocrisia: tu non li conosci, ma Noi li conosciamo. Li puniremo due volte, poi saran consegnati a un tormento immenso. – [102] Altri invece hanno riconosciuto i loro peccati, e han mescolato a opere pie altre malvage. Può darsi che Dio si converta benigno a loro, perché Dio è indulgente clemente. – [103] Preleva sulle loro ricchezze una Dècima per purificarli e mondarli, e prega per loro, perché le tue preghiere saran per essi sollievo, e Dio conosce ed ascolta. – [104] Non sapete ancora che Dio solo

accetta la conversione dai Suoi servi, ed è Lui che riceve le
elemosine, e che Dio è il Revocatore, l'Indulgente? – 105 E tu
dì: "Agite, e Dio vedrà le vostre azioni e le vedrà il Suo
Messaggero e le vedranno i credenti e sarete riconsegnati a
Colui che conosce l'Invisibile e il Visibile e vi informerà,
Lui, di quel che facevate sulla terra". – 106 Altri ancora son
tenuti in sospeso in attesa dell'ordine di Dio, il quale o li
punirà o si volgerà loro benigno; e Dio è saggio sapiente. –

107 E vi sono alcuni che si son costruiti un tempio, per
recar danno, per empietà, per seminar scisma fra i credenti,
come comodo posto d'agguato per chi già prima combattè
Dio e il Suo Messaggero: "Non abbiam voluto che far
bene!", giureranno costoro, ma Dio è testimone che sono
dei mentitori! – 108 Non pregar mai in quel tempio! C'è un
tempio che è stato fondato sul timor di Dio, sin dal primo
giorno: questo è più degno che tu vi stia in preghiera. Lo
frequentano uomini che amano purificarsi, e Dio ama i puri. –
109 Chi dunque è meglio? Chi ha fondato il suo edificio sul
timor di Dio e sul Suo santo compiacimento, o chi ha fondato
il suo edificio su un orlo sottile di terra friabile franta con lui
giù nel Fuoco d'inferno? Ma Dio la gente iniqua non guida! –
110 L'edificio che si son costruiti sarà permanente fonte di
dubbio nei cuori, a meno che non s'infrangano penitenti, quei
cuori, e Dio è saggio sapiente. –

111 In verità Iddio ha comprato ai credenti le loro persone
e i loro beni pagandoli coi giardini del Paradiso: essi com-
battono sulla Via di Dio, uccidono o sono uccisi. Dio l'ha
promesso, con promessa solenne e obbligante, nella *Tōrāh* e
nell'Evangelo e nel Corano. Or chi v'ha più di Dio fedele
ai patti? Rallegratevi dunque del contratto di vendita che
avete concluso. Questo è il Successo supremo. – 112 Coloro
che si convertono, che adorano, che lodano, che pregano,
che si chinano, che si prostrano, che invitano al Bene, che
sconsigliano il male, che osservano i termini di Dio! Dà la
buona novella ai credenti! – 113 Non s'addice al Profeta e ai

credenti di chieder perdono per gli idolatri, anche se prossimi parenti, dopo che è apparso chiaro che son gente d'inferno. – [114] E il perdono che Abramo implorò per suo padre non fu che in seguito a una promessa che gli aveva fatta; ma quando gli apparve chiaro che egli era un nemico di Dio, si sciolse da ogni responsabilità: eppure Abramo era pietoso e mite. – [115] E non s'addice a Dio di traviare un popolo dopo che l'ha guidato al bene prima di mostrargli chiaro che cosa debba temere. In verità Dio è su tutte le cose sapiente. – [116] In verità a Dio appartiene il Regno dei cieli e della terra. Egli vivifica e uccide: e voi non avrete all'infuori di Dio né alleato né soccorritore. – [117] Benigno si convertì Iddio sul Profeta e sugli Emigrati e sugli Ausiliari, i quali lo seguirono nell'ora dell'avversità, quando i cuori di qualcuno stavan per deviare; sì, si convertì benigno su di loro, poiché Egli è con loro dolce misericordioso; – [118] e anche sui tre che furon lasciati addietro fino a che, quando la terra si strinse agli occhi loro malgrado le sue distese ampie, e si strinsero d'angustia le anime, e pensarono che non v'era altro rifugio contro Dio che in Dio, allora Egli si convertì benigno a loro, perch'essi si convertissero a Lui. Perché Dio è il Revocatore Misericorde. –

[119] O voi che credete! Temete Iddio e state con i sinceri! – [120] Non s'addice alla gente di Medina e ai beduini attorno di rimanere indietro dal Messaggero di Dio e di preferire la propria vita alla sua. E infatti né sete né stanchezza né fame li coglieranno, sulla Via di Dio. Ogni passo che calcheranno a corruccio dei miscredenti, ogni colpo che riceveranno dal nemico sarà ascritto a loro favore come opera pia; certo Dio non lascia andar perduta la mercede dei buoni! – [121] Ed ogni spesa piccola ed ogni spesa grande e ogni valle che avran traversato, sarà ascritta a lor favore perché Dio possa ricompensarli per il meglio di quel che hanno operato. – [122] Non occorre che i Credenti escano in campo tutti. Perché piuttosto non potrebbe uscire a battersi un gruppo di ogni

loro tribù per istruirsi nella religione e poi, tornati, ammo-
nire la loro gente, acciocché stiano in guardia? –
123 O voi che credete! Combattete i Negatori che vi stan
vicini! Che possan trovare in voi tempra durissima! E sap-
piate che Dio è con coloro che Lo temono! – 124 Quando
vien rivelata una sura c'è fra loro chi dice: "A chi di voi
questa sura ha accresciuto la Fede?" Orbene in coloro che
credono s'accresce la Fede e son tutti pieni di letizia, – 125 men-
tre in coloro che hanno il cuore malato s'accresce sozzura
su sozzura e muoion da empi. – 126 E come? Non vedono
che son sottoposti a dure prove ogni anno una o due volte?
Eppure non si convertono e non riflettono. – 127 E quando
vien rivelata una sura si guardano l'un l'altro come per dire:
"Vi vede qualcuno?", e poi s'allontanano. Allontani Iddio
i loro cuori dal bene, son gente incapace di comprendere! –
128 Or v'è giunto un Messaggero Divino, di fra voi, uno
cui pesa il vostro male, avido del vostro bene, e coi credenti
dolce e indulgente. – 129 S'essi ti volgon le spalle dì: "Mi
basti Iddio! Non c'è altro dio che Lui, in Lui ho posto la
mia fiducia; è il Signore del Trono Sublime!" –

X. LA SURA DI GIONA

(*Meccana, eccetto i versetti 40, 94, 95 e 96 che son medinesi. Di 109 versetti, rivelata dopo la Sura del Viaggio Notturno*)

Nel nome di Dio, clemente misericordioso!

1 A. L. R. Questi sono i Segni della Scrittura Sapiente. –
2 Tanto strano è dunque per gli uomini che Noi abbiam
rivelato a un uomo come loro di ammonire il suo popolo
e di dare ai credenti la buona novella ch'essi hanno mercede antichissima di Verità presso il loro Signore? Ma gli
empi dicono: "È chiaro! Non è che uno stregone costrui!" –
3 In verità il vostro Signore è Dio, che ha creato i cieli e la
terra in sei giorni e poi s'è assiso sul Trono a governare la
Causa. Non v'è alcuno che interceda presso di Lui se non col
Suo permesso. Ecco chi è Dio, il vostro Signore: adorateLo dunque, non volete riflettere? – 4 A Lui voi tornerete,
tutti, secondo la Promessa di Dio, vera. In verità Egli dà
cominciamento al Creato e poi lo fa tornare a Sé, per compensare quelli che credettero e operarono il bene, con equità:
mentre quelli che repugnarono alla Fede avranno bevanda
bollente e castigo cocente per il loro pervicace rifiuto. –
5 Egli è Colui che fece del sole uno Splendore e della luna
una Luce e ne stabilì le dimore nel cielo perché voi sapeste
il numero degli anni e il conto del tempo: questo Iddio
creò solo con Verità d'intento. Egli precisa i Suoi Segni a
gente capace d'intendere. – 6 E in verità nel variar della notte
e del giorno e nelle cose tutte che Dio ha creato nei cieli e

sulla terra vi sono dei Segni per i timorati del Signore. –
7 E in verità coloro che non hanno la speranza di incontrarCi
e son soddisfatti della vita della terra, e tranquilli ne godono,
e coloro che nessun caso fanno dei Nostri Segni – 8 ebbene,
avranno per asilo il Fuoco, per quel che hanno operato. –
9 Ma quelli che hanno creduto, e piamente hanno oprato,
per certo il Signore li dirigerà nella loro Fede: ai loro piedi
scorreranno i fiumi in giardini di delizie. – 10 Ed ivi sarà
il loro grido: "Sia gloria a Te, o Dio mio!", ed ivi il loro
saluto: "Pace!", ed ivi così terminerà la loro preghiera:
"La lode è di Dio, il Signor del Creato!" –

11 Se Dio affrettasse per gli uomini il male tanto quanto
essi desidererebbero affrettare il loro bene, sarebbe già finita
per loro. Ma invece Noi lasciamo che coloro che non hanno
la speranza di incontrarCi brancolino ciechi nella loro tra-
cotanza. – 12 Quando l'uomo è dalla sventura colpito egli
C'invoca ovunque si trovi, sdraiato, in piedi o seduto, ma
quando Noi dalla sventura l'abbiamo salvato, egli passa oltre
come se non Ci avesse mai invocato, come se nulla gli fosse
occorso di male. Così, agli occhi dei gaudenti, sembran belle
le proprie azioni. – 13 Ma già prima di voi molte generazioni
distruggemmo, quando fecero ingiustizia, e vennero loro i
Messaggeri con prove chiare, ed essi non furon disposti a
credere: così noi compensiamo gli scellerati! – 14 Poi abbiamo
fatto di voi gli eredi loro sulla terra, per vedere come, voi,
vi comporterete. – 15 E quando vengon recitati loro i Segni
Nostri chiarissimi, quelli che non hanno la speranza di incon-
trarCi dicono: "Portaci un Corano diverso da questo, op-
pure cambialo!" Rispondi: "Non a me s'addice cambiarlo,
di mia iniziativa. Io non seguo che quello che m'è rivelato,
e per certo temo, se mi ribello a Dio, il castigo di un giorno
tremendo". – 16 Se Dio avesse voluto io non vi avrei recitato
questa Scrittura, non ve l'avrei fatta conoscere. E del resto
son rimasto una vita intera d'uomo fra voi, prima; non com-
prendete? – 17 Chi è più ingiusto di colui che forgia menzo-

gne contro Dio e smentisce i Suoi Segni? Certo gli scellerati non prospereranno! – [18] Ed essi adorano in luogo di Dio esseri che non portan loro né giovamento né danno, e dicono: " Questi sono i nostri intercessori presso Dio! " Rispondi: " Informerete dunque Dio di quel che Egli non sa nei cieli e sulla terra? Glorificato ed esaltato è il Signore, ben oltre i compagni che a Lui date! " – [19] E gli uomini formavan dapprima una comunità sola: poi sorsero dissensi fra loro e se non fosse stato per un Decreto Antico del tuo Signore, sarebbero già stati decisi i loro dissensi. – [20] E dicono: " Se almeno il suo Signore gli inviasse un Segno! " Rispondi: " L'Invisibile è di Dio, attendete dunque, io attendo qui con voi? " – [21] E allorché facciam gustare agli uomini un segno della Nostra misericordia dopo un'angustia che li abbia colpiti, ecco ch'essi tramano insidie contro i Nostri Segni. Dì loro: " Più rapida della vostra è l'insidia di Dio! I Nostri Angeli scrivono tutte le vostre insidie ". – [22] Egli è Colui che vi fa andare sulla terraferma e sul mare, e quando siete sulle navi, e quelle vi portano lieti con vento buono, ecco le coglie un uragano e l'onde da tutte le parti l'assalgono e voi già vi pensate d'esserne avvolti; allora invocate Dio con fede sincera: " Se ci salvi da questo disastro Te ne saremo grati per sempre! " – [23] E quando li ha salvati, ecco che vanno tracotanti per la terra iniquamente. O uomini! La vostra tracotanza si volgerà contro voi stessi. Godrete per un po' la vita della terra, poi a Noi tornerete e Noi vi informeremo di quel che facevate laggiù! – [24] La vita della terra somiglia ad acqua che facciam discender dal cielo e che si mescola all'erbe della terra, che nutrono gli uomini e i greggi, così che quando la terra si veste dei suoi ornamenti e s'adorna di lussureggiante bellezza e quelli che l'abitano s'illudono di possederla, le giunge un Ordine nostro, nelle tenebre della notte o nel chiarore del giorno, ed eccola mietuta e la ricchezza di ieri come non fosse stata. Così Noi precisiamo i Nostri Segni per gente capace di meditare. – [25] E Dio chiama

alla Dimora della Pace e guida chi vuole sul retto sentiero. –
26 A chi avrà fatto il bene, supremo bene sarà dato e più
ancora, e negrume non offuscherà loro il volto né ignomi-
nia. Avranno il Giardino del cielo, dove rimarranno in eterno. –
27 E quei che avran compiuto male azioni, ebbene il male sarà
pagato col male. Li offuscherà l'ignominia, nessuno li proteg-
gerà contro Dio, e sarà come se pezzi di notte coprano loro
il volto di tenebra. Avranno il Fuoco, dove resteranno in
eterno! – 28 E il giorno in cui li rauneremo assieme tutti e
poi diremo a quelli che han dato compagni a Noi: "Al vo-
stro posto voi, coi vostri campagni!" e li separeremo gli uni
dagli altri e i loro compagni diranno: "Non noi, non noi
voi adoravate! – 29 Basta Dio solo a testimonio fra noi e
voi, che noi, per certo, nulla curammo la vostra adora-
zione!" – 30 Colà ogni anima sperimenterà le sue antiche
azioni, e saran resi a Dio, loro Padrone Vero, e fuggiran da
loro gli dèi bugiardamente inventati. –

31 Chiedi loro: "Chi vi provvede di beni dal cielo e
dalla terra? Chi domina l'udire e il vedere? Chi trae il vivo
dal morto, chi il morto dal vivo? Chi governa la Causa?"
E diranno: "Dio!" E allora dì: "E voi non lo temete?" –
32 Ecco chi è Dio, il vostro Signore, il Vero. E che vi è
fuori della Verità altro che l'Errore? Come potete da Lui
fuggire? – 33 Così s'è verificata la Parola del Tuo Signore
contro coloro che furon perversi, perché non credono. –
34 C'è fra i vostri compagni qualcuno che dà cominciamento
al creato e poi lo fa tornare a sé? Dì: "È Dio che dà al creato
cominciamento e poi lo fa tornare a sé! Come dunque po-
tete mentire così?" – 35 Dì: "C'è fra i vostri compagni qual-
cuno che guida al Vero?" Dì: "È Dio che guida al Vero!
E chi è più degno d'esser seguito, Colui che guida al Vero o
chi non può guidare se non è guidato? Che avete? Come
potete giudicare così?" – 36 Ma i più di loro non seguono
che una congettura, ma a nulla serve la congettura di fronte
alla Verità, e Dio ben conosce quel che essi fanno. – 37 E que-

sto Corano non può essere inventato da altri che Dio, anzi esso è conferma dei messaggi anteriori, e spiegazione precisa della Scrittura che, non v'ha dubbio, viene dal Signor del Creato. – [38] O dicono essi: "Lo ha inventato Lui!"? Rispondi: "Portate allora voi una sura come queste, chiamate chi potete, che non sia Dio, se siete sinceri!" – [39] Invece han tacciato di menzogna quel che la loro scienza non può abbracciare e di cui non è ancor giunta loro la spiegazione. Così anche quelli che vissero prima di loro tacciaron di menzogna le sacre Scritture, e considera quale fu la fine degli iniqui! – [40] C'è fra loro chi crede in questo Corano, e chi non vi crede, ma il tuo Signore conosce meglio chi sono i corruttori. – [41] Se ti smentiscono dì loro: "Io mi tengo le mie azioni e voi tenetevi le vostre. Voi siete innocenti di quello che io faccio, e io sono innocente di quel che voi fate". – [42] E v'è, anche, fra loro, chi ti sta ad ascoltare. Ma potresti tu dar l'udito ai sordi, quando essi nulla capiscono? – [43] E v'è anche, fra loro, chi ti sta a guardare. Ma potresti tu guidare i ciechi, quando essi nulla vedono? – [44] In verità Dio non farà torto a nessuno, in nessuna cosa, ma son gli uomini che a se stessi fan torto. – [45] E il giorno in cui li radunerà Iddio, sarà come se non fosser rimasti nella tomba che un'ora sola del giorno; allora tutti si riconosceranno l'un l'altro e saranno perduti quelli che avevan negato che avrebber mai incontrato Dio, privi della retta Guida. – [46] Sia che ti mostriamo qualcuna delle pene che andiam loro promettendo, sia che ti facciam morire prima, certo è che essi torneranno a Noi, e allora Dio sarà testimone delle opere loro. –

[47] Ogni comunità ha un Messaggero Divino, e quando quel Messaggero Divino giunge, si decide fra loro con giustizia e non vien fatto loro torto. – [48] E diranno: "Quando s'avvererà questa promessa? Se voi siete veridici, ditecelo!" – [49] Rispondi: "Non ho potere su di me, né a danno, né a vantaggio, se non in quanto piaccia a Dio. Ogni comunità ha un termine fisso. Quando giunge il termine loro, non

potranno anticiparlo, e non ritardarlo, d'un'ora". – 50 Dì: "Che
ne pensate? Quando il Suo castigo vi giungerà, di notte, o
di giorno, avran forse voglia d'affrettarlo, gli scellerati? –
51 E ancora, quando quel momento sarà realtà, vi crederete
allora? Ora, ecco che voi lo state affrettando!" – 52 E allora
sarà detto agli iniqui: "Gustate il tormento dell'eternità!
E di che sarete compensati se non di quel che avete ope-
rato?" – 53 Voglion sapere da te se tutto questo è vero.
Rispondi: "Certo, per il mio Signore, è vero, e voi non
prevarrete!" – 54 E se ogni persona che fece ingiustizia posse-
desse tutte le ricchezze della terra, vorrebbe allora riscattarsi,
spendendole tutte. Confideranno allora a tutti il loro penti-
mento, quando vedranno il Castigo. Ma fra loro sarà deciso
con giustizia e non sarà loro fatto torto alcuno. – 55 O non
è forse di Dio tutto quanto è nei cieli e sulla terra? O non è
forse Verità la Promessa di Dio? Ma i più fra loro, ahimè,
non sanno! – 56 Egli vivifica e uccide e a Lui finirete col
tornare. –

57 O Uomini! V'è giunto un ammonimento dal vostro
Signore, e guarigione del male nascosto nei petti, e Retta
Guida e Misericordia pei credenti. – 58 Dì: "Del favore di
Dio, della Sua misericordia, di questo si rallegrino gli uomini!
Ché certo val meglio dei beni che stanno ammassando". –
59 Dì: "Che ve ne sembra? Della provvidenza che Iddio v'ha
inviato e che avete distinto in lecita e illecita...." Chiedi loro:
"È Dio che ve l'ha permesso o state inventando menzogne
contro a Lui?" – 60 E nel Dì della Resurrezione quali sa-
ranno le opinioni e le congetture di coloro che inventan
menzogne contro Dio? Certo Dio è ampio di grazia agli
uomini, ma i più di loro non Lo ringraziano! – 61 E d'ogni
affare di cui t'occuperai, e d'ogni brano del Corano che tu
reciterai, e d'ogni fatto che voi farete, ecco Noi ne siamo,
sopra, testimoni, mentre vi siete intenti; e nulla sfugge al
tuo Signore, sia pur del peso d'un atomo, nulla sulla terra,
nulla nel cielo, nulla che sia più piccolo o più grande d'un

granello di polvere. Tutto è segnato in un limpido Libro. –
62 No! Per gli amici di Dio nessun timore, nessuna tristezza! –
63 Coloro che hanno creduto, e che temono Dio – 64 avranno
la Buona Novella in questa vita terrena e nell'Altra. Non
mutano le Parole di Dio! Questo è il Successo supremo! –
65 Non ti rattristino, no, i loro discorsi, ché la Potenza e la
Gloria appartiene a Dio, tutta; Egli è l'Ascoltatore sapiente! –
66 O che non appartiene a Dio chiunque si trovi nei cieli o
sulla terra? E quelli che invocano degli idoli in luogo di
Dio, che cosa seguono? Non seguono che le lor congetture
vane, non fanno che immaginar menzogne. – 67 Egli è co-
lui che ha fatto la Notte perché voi vi gustaste il riposo,
e il Giorno che tutto fa chiaro. In verità, ecco dei Segni,
per gente che sappia ascoltare. – 68 Han detto: "Iddio s'è
preso un Figlio!" Sia Gloria a Lui! Egli è Colui che Basta
a Se stesso, a Lui appartiene tutto quel ch'è nei cieli e sulla
terra. No, voi non potete dir questo! Direte forse di Dio
quel che non sapete? – 69 Dì: "Per certo, coloro che inven-
taron menzogne contro Dio, non prospereranno! – 70 Go-
dranno per un po' dei beni del mondo, poi a Noi torne-
ranno, poi farem loro gustare il Castigo Tremendo pel loro
empio rifiuto alla Fede!" –

71 Recita loro la storia di Noè, quando disse al suo po-
polo: "O popol mio! Se v'è gravoso il mio star qui fra voi,
il mio ricordarvi tenace i Segni di Dio, ebbene, io ho confi-
dato in Dio, raunate dunque tutti i vostri sforzi e i vostri
soci, non sia doloroso e difficile il vostro agire con me, fa-
tela pur finita con me, non mi fate aspettare! – 72 Ma se mi
volgerete le spalle, sappiate che io non v'ho chiesto com-
pensi. Alla mia ricompensa pensa Iddio: ho ricevuto l'ordine
di darmi tutto a Lui!" – 73 Ma lo tacciaron d'impostore, ma
Noi lo salvammo, lui e chi era con lui, nell'Arca, e li costi-
tuimmo successori della gente più antica, e affogammo co-
loro che avevano smentito i Nostri Segni. Considera qual fu
la fine di chi Noè ammoniva! – 74 E poi, dopo di lui, man-

dammo altri Messaggeri al loro popolo: portarono prove chiare, ma non eran disposti quei popoli a credere in quel che già prima gli altri avevan tacciato d'inganno. Così noi mettiamo un suggello sul cuore dei tracotanti. – [75] E poi, dopo di loro, mandammo ancora Mosè e Aronne a Faraone e al suo Consesso, coi Nostri Segni. E si levaron superbi, e furono un popolo scellerato. – [76] E quando giunse loro la Verità Nostra, dissero: "Non è che evidente magìa!" – [77] Disse Mosè: "Direte forse alla Verità quando vi sarà giunta: 'È magìa'? Ma i maghi non prospereranno!" – [78] Dissero: "Sei tu venuto per distoglierci dalle tradizioni dei Padri, per prendervi, voi due, il potere sulla terra? No, non crederemo in voi!" – [79] E allora disse Faraone: "Fate venire ogni mago sapiente!" – [80] E quando vennero i maghi disse loro Mosè: "Gettate dunque quel che avete!" – [81] E quando l'ebbero fatto disse Mosè: "Quel che avete prodotto è magìa e per certo la vanificherà Iddio, perché Dio non fa buone le azioni dei corruttori! – [82] E verificherà Iddio la Verità, per le Sue parole, anche a gran dispetto degli empi". – [83] Ma in Mosè non credette che la progenie del suo popolo, perché avevan paura di Faraone e del suo Consesso, che duramente li provassero, ché alto era Faraone sulla terra, e perverso. – [84] E disse Mosè: "O popol mio! Se aveste creduto in Dio avreste posto in Lui la vostra fiducia, se tutti dati a Lui foste veramente!" – [85] E risposero: "In Dio abbiam confidato! O Signor nostro, non porci alla mercè della persecuzione d'un popolo d'iniqui! – [86] E salvaci, per la Tua misericordia, da un popolo di empi infedeli!" – [87] E rivelammo a Mosè e a suo fratello: "Preparate al vostro popolo delle case in Egitto, e fate delle case vostre un centro d'Orazione, eseguite la Preghiera! E dà buone novelle ai credenti!" – [88] E disse Mosè: "Signore, Tu hai dato a Faraone e al suo Consesso splendore e ricchezza in questa vita terrena, Signore, e così dal Tuo sentiero allontanano gli uomini. Signore! Annienta le loro ricchezze, indurisci i

loro cuori, sì che non credano finché non avran visto il ca-
stigo cocente! " – 89 Disse Iddio: " La vostra preghiera è
esaudita. Perseverate sulla via diritta e non seguite il sentiero
di color che non sanno! " – 90 Facemmo allora passare il
mare ai figli d'Israele e li inseguirono Faraone e i suoi eser-
citi in accanita corsa, fino a che, sul punto d'essere inghiot-
tito dall'acque, disse Faraone: " Credo ora che non c'è altro
Dio che quello in cui han creduto i Figli d'Israele, ed io tutto
mi rimetto a Lui! " – 91 " Solo ora? Mentre ti ribellasti,
prima, e fosti fra i corruttori! " – 92 Ma pure, oggi, Noi
salveremo il tuo cadavere, perché Tu sia un Segno per chi
succederà a te. Ma molti degli uomini i Nostri Segni tra-
scurano! –

93 Certo noi preparammo ai Figli d'Israele una dimora
di fede sincera e li provvedemmo delle buone cose del mondo,
e non furon discordi se non quando venne loro la Scienza.
Ma le loro discordie le deciderà Iddio nel dì della Resurre-
zione. – 94 E se tu sei in dubbio su qualcosa che ti abbiam
rivelato, domandane a quelli che leggono la Scrittura antica.
Il tuo Signore t'ha mandato la Verità, non esser dunque
perplesso e dubbioso! – 95 Non far come quelli che smenti-
scono i Segni di Dio, altrimenti sarai perduto! – 96 In verità
coloro contro i quali s'è verificata la Parola del tuo Signore
non crederanno, – 97 anche se vedessero Segni d'ogni specie,
finché vedranno il castigo cocente. – 98 Quale infatti la città
che credette e le giovò la sua fede? Non avvenne questo
che al popolo di Giona: quando ebber creduto allontanammo
da loro il castigo dell'Ignominia nella vita terrena, e ve li
lasciammo a godere per qualche tempo. – 99 E se il tuo
Signore avesse voluto, avrebbero creduto tutti quanti son
sulla terra. Ma potresti tu costringere gli uomini ad esser
credenti a loro dispetto? – 100 No, nessun'anima può credere se
non col permesso di Dio, ed Egli porrà la sua abomina-
zione su quelli che non comprendono. – 101 Dì: " Guardate
quel che c'è in cielo e sulla terra! " Ma né segni né ammo-

nimenti serviranno a nulla con gente incapace di credere! – [102] Che cosa aspettano se non giorni d'ira, giorni come quelli che colpirono quelli che furono prima di loro? Attendete, ché Io attendo con voi! – [103] Poi Noi salveremo i Nostri Messaggeri e quelli che avranno creduto; così è obbligo Nostro salvare i credenti. – [104] Dì: "O uomini! Se avete qualche dubbio sulla mia Religione, ebbene, io non adoro quel che voi adorate in luogo di Dio, ma adoro Dio, che vi richiamerà a Lui: da Lui ho ricevuto l'ordine d'essere fra i credenti". – [105] Mi fu detto: "Rendi a Dio culto puro, e non essere un dei pagani, – [106] e non invocare in luogo di Dio chi non può darti né giovamento né danno. Se lo farai sarai fra gli iniqui. – [107] E se Dio ti colpisce d'un danno, nessuno potrà togliertelo se non Lui, e se ti vuol fare del bene, nessuno potrà volgere altrove la Sua grazia: Egli l'invia a chi vuole fra i Suoi servi. Egli è l'Indulgente il Clemente". – [108] Dì: "O uomini! V'è giunta la Verità mandatavi dal Signore; ed ora chi è sulla retta via lo è a suo vantaggio, e chi è nell'errore lo è a suo danno: io non posso essere il vostro avvocato". – [109] Segui dunque quanto ti vien rivelato e pazienta fin quando giudicherà Dio, ed Egli è il migliore dei Giudicatori! –

XI. LA SURA DI HŪD

(Meccana, eccetto i versetti 12, 17 e *114 che son medinesi. Di 123 versetti, rivelata dopo la Sura di Giona)*

Nel nome di Dio, clemente misericordioso!

1 A. L. R. Libro dai saldi Segni, Segni chiaramente spiegati da un Conoscitore Sapiente, – 2 che vi dice: "Non adorate che Dio! Ed io ve ne sono nunzio e ammonitore" –
3 e: "Chiedete perdono al vostro Signore, poi convertitevi a Lui, che vi provveda provvigione buona fino a un termine fisso, e conceda il favor Suo a chi di favore è degno. Ma se volgete le spalle, temo per voi il castigo di un Giorno Tremendo. – 4 A Dio voi tornerete ed Egli è su tutte le cose potente". –

5 Non piegano essi il loro cuore per nascondervi dentro la loro malvagità, ch'Ei non la veda? Ma, anche quando si coprono delle vesti, Iddio certo conosce quel che celano e quel che manifestano: Egli conosce il segreto dei cuori. –
6 Non c'è animale sulla terra, cui Dio non si curi di provvedere il cibo, ed Egli conosce la sua casa e la sua tana: tutto è scritto in un Libro chiaro. – 7 È Lui che ha creato i cieli e la terra in sei giorni, mentre il Suo trono si librava sull'acque, per provarvi, e vedere chi di voi avrebbe meglio operato. Ma se tu dici loro: "Voi sarete, dopo la morte, resuscitati" diranno quelli che rifiutaron la Fede: "Non è questa che evidente magìa!" – 8 E se rimandiamo il loro castigo a un tempo determinato, diranno: "Che cosa dunque Lo

trattiene? ", ma il giorno in cui arriverà, nessuno potrà stornarlo, e le cose ch'essi schernivano li avvolgeran d'ogni parte. – 9 E se facciam gustare all'uomo un favore, e poi di nuovo glie lo togliamo, eccolo disperato ed ingrato. – 10 E se gli facciam gustare delizia dopo un danno che l'abbia colpito, ecco che dice: " I mali se ne sono andati! " tutto lieto e fiero. – 11 Ma quelli che pazientano ed operano il bene, avranno perdono e mercede grande. – 12 E forse ti vien voglia di lasciare parte di quel che ti vien rivelato, e il tuo petto è angustiato dal sentirli dire: "Almeno gli fosse stato mandato un tesoro dal cielo, o un angelo fosse venuto con lui! " Ma tu non sei che un Ammonitore, e Dio è sopra tutte le cose custode. – 13 Ovvero diranno: " Lo ha inventato lui! " Rispondi loro: " Portate dunque dieci sure simili a queste, inventate da voi, e invocate chi potete in luogo di Dio, se siete sinceri! " – 14 E se non sarete esauditi sappiate che questo Libro è stato rivelato dalla scienza di Dio e che non v'è altro Dio che Lui: vi darete allora tutti a Dio? – 15 Chi preferisce la vita della terra con tutti i suoi adornamenti, sulla terra noi ripagheremo loro le loro azioni e non verranno, sulla terra, defraudati. – 16 Ma son quelli che nella vita dell'Oltre non avranno che fuoco, e annullate saranno le opere loro fatte nel mondo, e vanificate le loro azioni. – 17 Sarà forse simile a loro colui che si basa su una prova chiara venutagli dal Signore e che ha dietro di sé un Testimonio divino e avanti a sé il Libro di Mosè, guida e misericordia? Questi credono in Lui, ma quelli delle Fazioni che repugnano alla Fede, avran convegno nel Fuoco; tu non dubitarne. È questa la Verità rivelata dal Signore, ma i più fra gli uomini non vi credono. – 18 E chi è più iniquo di quei che forgian menzogne contro Dio? Questi saranno presentati al loro Signore e diranno i Testimoni: " Ecco quelli che hanno smentito il Signore! " Non cadrà forse la maledizione di Dio sugli iniqui, – 19 i quali allontanan gli altri dalla Via di Dio e la bramano torta e rifiutano la vita dell'Oltre? – 20 Co-

storo non prevarranno, sulla terra, e non avranno, senza Dio,
alleati. Sarà loro raddoppiato il castigo: non han saputo
udire, non han saputo vedere. – 21 Son questi coloro che han
perduto sé stessi, e lungi da loro fuggirono gli idoli che
aveano inventato. – 22 E non v'ha dubbio che nell'Altra Vita
saran quelli che han perso di più. – 23 Ma quelli che avran
creduto e avranno operato il bene e si saranno umiliati avanti
al loro Signore, avranno il Giardino del cielo dove reste-
ranno in eterno. – 24 Somiglian questi due partiti al cieco e
al sordo, e a chi vede e sente. Son forse pari al paragone?
Non riflettete dunque? –

25 E già inviammo Noè al suo popolo e disse: " Io sono
per voi un chiaro ammonitore, – 26 a che non adoriate che
Dio solo! Io temo per voi il castigo d'un Giorno Tre-
mendo! " – 27 E così gli rispose il Consesso degli empi del
suo popolo: " Ci sembra che tu sia un uomo come noi, e
non ti vediamo seguito che dai più miserabili fra noi, gente
che agisce a primo impulso. Non ci sembra che abbiate su
di noi superiorità alcuna, anzi pensiamo che voi siate degli
impostori! " – 28 Ed egli disse: " O popol mio! Che ne pen-
sate voi? Se mi fondo su una prova chiara che il mio Signore
m'ha data, m'ha data come Segno Suo di grazia, e v'è rimasta
oscura, dovrò forse costringervi a credere a vostro dispetto? –
29 O popol mio! Io non vi chiedo in cambio ricchezze. Il mio
compenso non me lo deve che Dio ed io non posso scac-
ciare da me quelli che credono che un dì incontreranno il
loro Signore. Mi sembra che voi siate gente ignorante! –
30 O popol mio! Chi mi aiuterebbe contro l'ira di Dio se
io li scacciassi da me? Non riflettete? – 31 Io non vi dico
di possedere i tesori di Dio, non vi dico di conoscere l'inco-
noscibile, non vi dico d'essere un angelo, io non dico a quelli
che i vostri occhi spregiano che Dio non darà loro alcun
bene. Iddio sa meglio quel che celano l'anime loro. No, se
facessi questo, sarei tra gli iniqui " – 32 Risposero: " O Noè,
hai disputato anche troppo con noi: mostraci ora quello di

cui ci minacci, se sei sincero!" – 33 Disse: "Ve lo mostrerà
Dio, se vuole, e voi non prevarrete contro di Lui! – 34 E non
vi gioverebbe il mio consiglio, se volessi consigliarvi mentre
Dio vuol traviarvi. È Lui il vostro Signore, e a Lui sarete
riconsegnati". – 35 O diranno gli increduli: "Lo ha inventato
lui!". Rispondi: "Se io l'ho inventato ricada su me il mio
delitto, ma io dei delitti vostri sono innocente!" – 36 E fu
rivelato a Noè: "In verità non crederanno, del tuo popolo,
altri che quelli che han già creduto, ma tu non ti affliggere
per quel che essi fanno, – 37 e costruisci l'Arca davanti ai
Nostri occhi e secondo quanto ti abbiam rivelato, e non mi
rivolger più parola in favore degli iniqui, poiché saran tutti
affogati". – 38 E Noè si mise a costruire l'Arca, e quando i
capi del suo popolo gli passavano accanto lo schernivano.
E disse loro: "Se voi ora ci schernite, poi noi scherniremo
voi come voi ora schernite noi! – 39 E presto saprete su chi
cadrà un castigo obbrobrioso, su chi scenderà un castigo
eterno!" – 40 Fino a che, quando giunse l'ordine Nostro e
traboccò l'acqua dalla fornace ardente, dicemmo a Noè:
"Porta nell'Arca d'ogni animale un paio, e la tua famiglia,
eccetto colui contro il quale fu già detta la parola di con-
danna, e tutti quei ch'han creduto!" Ma solo pochi credet-
tero con lui. – 41 E Noè disse: "Salite! In nome di Dio sia
il viaggio e l'ormeggio! Che certo il mio Signore è indul-
gente clemente!" – 42 Ed essa correva con loro sull'onde
simili ai monti; e Noè gridò al figlio suo ch'era rimasto
in disparte: "Figliuol mio! Sali con noi e non restartene con
gli infedeli!" – 43 Rispose: "Mi rifugerò su una montagna
che mi difenda dall'acque!" "Non v'è oggi difensore, disse
Noè, contro l'ordine di Dio, se non Colui che solo è miseri-
cordioso!" E si frappose fra loro l'onda, ed ei s'annegò
con gli altri. – 44 E s'udì una Voce: "O terra, ingoia le tue
acque!" e "O cielo, risucchiale!" E decrebbero l'acque, e
il decreto fu compiuto. E si posò l'Arca sul monte *al-Ǧūdī*
e disse una Voce: "Lungi di qui la stirpe degli iniqui!" –

45 E gridò Noè al suo Signore: "Signore! Il figlio mio era
della mia famiglia, e la Tua promessa è vera, e Tu sei il più
giusto dei giudici!" – 46 Ma Dio gli rispose: "O Noè! Tuo
figlio non era della tua famiglia; quel che ora tu fai non è
giusto; non chiedermi quel che tu non conosci: te ne avverto
perché non abbia a divenire come uno degli ignoranti!" –
47 E disse Noè: "Signore, io mi rifugio in Te, non Ti chie-
derò quel che non conosco, e se Tu non mi perdoni e non
hai pietà di me, sarò perduto!" – 48 E venne a Lui una Voce:
"O Noè! Scendi da questo monte con la Nostra Pace e le
Nostre benedizioni, su te e sui popoli che usciranno da quelli
che sono con te. Ad altri popoli farem godere dei beni del
mondo, poi li coglierà, da Noi mandato, un castigo co-
cente". – 49 Questa è una delle storie arcane che Noi ti ri-
veliamo e tu non le avresti conosciute da solo, né il tuo po-
polo prima d'ora. Pazienta dunque! Alla fine sarà dei pii la
Vittoria! –

50 E agli *'Ād* mandammo il loro fratello *Hūd*, che disse:
"O popol mio! Adorate Iddio! Non avete altro Dio che
Lui! Ma voi non siete che dei mentitori! – 51 O popol mio!
Non vi chiedo, per questo, mercede alcuna; la mia mercede
è solo presso Colui che mi ha creato. Non comprendete?" –
52 E ancora: "O popol mio! Chiedete perdono al vostro
Signore, poi convertitevi a Lui, ed Ei vi manderà dal cielo
piogge copiose e accrescerà in voi forza a forza; non volge-
teGli dunque le spalle come scellerati!" – 53 Risposero:
"O *Hūd!* Tu non ci hai portato nessuna prova chiara, e
noi non lasceremo i nostri dèi per quel che tu ci dici: noi
non ti crediamo! – 54 L'unica cosa che possiam dire è che
qualcuno dei nostri dèi ti colpì d'un malore!" Rispose:
"Chiamo a testimonio Iddio e testimoniatel voi pure, che
io nulla ho a che fare con gli esseri che voi date a Dio per
compagni, – 55 altri dèi. Tramate pure insidie contro di me,
tutti assieme, e non fatemi attendere – 56 ché io ho confidato
in Dio, mio Signore e Signor vostro. Non v'ha animale che

cammini sulla terra che Egli non lo tenga saldo pel ciuffo: in verità il mio Signore cammina su un retto sentiero! –
57 Se voi Gli voltate le spalle, ebbene io v'ho comunicato quello per cui son stato a voi inviato: il mio Signore farà succedere a voi un altro popolo, e voi non riuscirete a farGli alcun danno, perché il mio Signore è su tutte le cose custode ". – 58 E quando calò su di loro l'ordine Nostro, Noi salvammo *Hūd* e quei che con lui avevan creduto, per Nostra misericordia, e li salvammo da un castigo duro. – 59 Son quelli gli *'Ād* che avevano repugnato ai Segni del loro Signore, s'eran ribellati ai Suoi messaggeri, proni invece agli ordini di ogni tiranno protervo. – 60 Furon così inseguiti, nel mondo, da maledizione, e nel Dì della Resurrezione dal grido: " Non hanno gli *'Ād* rifiutato fede al loro Signore? Non han fatto questo? Via, lontano, gli *'Ād*, popolo di *Hūd*! " –

61 E ai *Ṯamūd* mandammo il loro fratello *Ṣāliḥ*, che disse: " O popol mio! Adorate Iddio! Non avete altro dio che Lui! È Lui che v'ha fatto nascer dalla terra e sulla terra v'ha dato dimora. ChiedeteGli dunque perdono, poi convertitevi a Lui. In verità il mio Signore è vicino, pronto a esaudire! " –
62 Risposero: " O *Ṣāliḥ!* Tu già a lungo abitasti fra noi, oggetto di nostra speranza. Vorrai vietarci ora di adorare coloro che i padri nostri adoravano? Dubbiosi molto noi siamo per questo tuo invito, dubbiosi! " – 63 Disse: " O popol mio! E che ne pensate voi? Quando io avessi dal mio Signore prova lucente, e mi avesse dato della Sua grazia un Segno, chi mi aiuterebbe contro Dio, se poi a Lui fossi ribelle? Voi non potreste accrescere allora altro che la mia rovina! – 64 O popol mio! Ecco la cammella di Dio, ecco un Segno per voi. Lasciatela pascere libera sulla terra di Dio, e non le fate alcun male, che non v'incolga un pronto castigo! " – 65 Ma quelli le tagliarono i garetti. E allora egli disse: " Godete ora nelle vostre case, tre giorni. Poi sarà la fine. E questa è un'infallibile Promessa! " – 66 E quando

calò su di loro l'ordine Nostro, Noi salvammo *Ṣāliḥ* e quelli che avean creduto con lui, per Nostra misericordia, dall'ignominia di quel giorno. E certo il tuo Signore è il Forte, il Potente. – [67] E sorprese gli iniqui il Grido, e al mattino giacevano tutti bocconi, nelle loro case. – [68] E fu come non le avessero abitate mai. " Non hanno i *Ṯamūd* rifiutato fede al loro Signore? Non han fatto questo? Via, lontano, i *Ṯamūd*! " –

[69] E portarono i nostri angeli la buona novella ad Abramo: " Pace! " gli dissero. Rispose: " Pace! ", e subito portò loro un vitello arrostito. – [70] Ma quando vide che le lor mani non lo toccavano, si insospettì di loro e ne concepì timore. Ma gli dissero: " Non aver paura. Noi siam stati mandati al popolo di Lot ". – [71] E sua moglie, ritta lì presso, rise; ma le demmo la buona novella di Isacco, e, dopo di lui, di Giacobbe. – [72] Disse: "Ahimè! Dovrò io partorire mentre son vecchia, ed ecco, il mio signore è un vegliardo? Certo è questa una cosa strana! " – [73] " Strano ti sembra, le dissero, l'Ordine di Dio? La misericordia di Dio e le Sue benedizioni sian su di voi, gente di questa casa. Egli è in verità degno di lode e di gloria! " – [74] E quando si fu dissipato lo spavento di Abramo e gli fu giunta la buona novella, egli prese a disputare con Noi pel popolo di Lot, – [75] perché Abramo era mite dolce pietoso. – [76] " O Abramo, cessa dal far questo, ché è giunto già l'ordine del tuo Signore, e a quelli sta per sopravvenire irrevocabil castigo ". – [77] E quando i nostri angeli vennero da Lot, s'addolorò per loro e troppo deboli gli eran le braccia, e diceva: " Ecco un giorno tremendo! " – [78] E venne il suo popolo a lui, d'assalto, gente che già da prima aveva commesso atti turpissimi. E disse loro: " O popol mio! Ecco le mie figlie, esse son cosa per voi più pura. Temete Iddio e non mi svergognate avanti ai miei ospiti. Non c'è dunque tra voi un sol uomo d'animo retto? " – [79] Risposero: " Tu ben sai che noi non abbiamo sulle tue figlie diritto alcuno; tu sai bene che cosa voglia-

mo! " – 80 "Ahimè, disse, avessi almeno forze abbastanza, o
potessi trovar rifugio presso qualche capo potente! " –
81 Dissero gli ospiti: " O Lot! Noi siamo angeli del tuo Si-
gnore; costoro non potranno toccarti. Ma tu porta via, di
notte, la tua famiglia e nessuno di voi si volga indietro.
Solo tua moglie lo farà, e la coglierà il castigo che coglierà
costoro. Per vero il loro convegno con l'ira divina è il mat-
tino. E non è vicino forse il mattino? " – 82 E quando giunse
l'ordine Nostro, mettemmo la città sottosopra, e facemmo
piover su di essa pietre d'argilla infocata, a strati – 83 impresse
del marchio del tuo Signore. E non son lontane dagli iniqui! –
84 E alla gente di *Madyan* mandammo il loro fratello *Šu-
'ayb*, che disse: " O popol mio! Adorate Iddio! Non avete
altro dio che Lui. Non ingannate sul peso e sulla misura.
Perché io vi vedo in prospero stato, ma ho paura per voi
del castigo d'un giorno avvolgente ". – 85 E ancora: " O po-
pol mio! Date giusto peso e giusta misura, e non defraudate
gli uomini delle cose loro, non portate scellerata corruzione
sulla terra! – 86 Meglio per voi sarà la rimanenza di Dio, se
siete credenti! Ma io non sono il vostro guardiano ". – 87 E
dissero: " O *Šu'ayb*, t'ordina forse la tua Preghiera che noi
dobbiam lasciare quel che adoravano i nostri padri, o che
non possiam fare quel che vogliamo di quel che ci appar-
tiene? Eppure tu sei uomo mite, dall'animo retto! " – 88 " O
popol mio, disse *Šu'ayb*, che ne pensate? Se io mi fondo su
una prova chiara venutami dal Signore, che m'ha dato della
Sua provvidenza parte buona, e mi oppongo a voi vietandovi
di fare certe azioni, lo faccio solo perché voglio rendervi
migliori, per quanto posso; ma il mio successo non dipende
che da Dio: in Lui ho confidato, a Lui mi rivolgo fidente! –
89 O popol mio! Non vi induca in peccato l'odio che mi
portate, che non abbia a cogliervi qualcosa di simile a quel
che colse il popolo di Noè, o il popolo di *Hūd*, o il popolo
di *Ṣāliḥ* (e non è molto lungi da voi il popolo di Lot). –
90 Chiedete perdono al vostro Signore, poi convertitevi a

Lui; certo il mio Signore è dolce pietoso". – [91] Dissero: "O *Šu'ayb*, molto non comprendiamo di quanto ci vieni dicendo. Ci sembri debole tu fra di noi, e se non fosse per la tua famiglia ti lapideremmo, e tu non prevarrai contro di noi!" – [92] Rispose egli: "O popol mio! La mia famiglia v'è forse più cara di Dio? L'avete forse preso, Iddio, come cosa trascurabile, da gettar via? Ma il mio Signore abbraccia quel che voi fate! – [93] O popol mio, disse ancora, agite pure da parte vostra come vi pare, ed io agirò come a me pare. E presto saprete a chi sopravverrà ignominioso castigo e chi è il bugiardo. State pure a guardare: ecco, io guardo con voi!" – [94] E quando giunse l'ordine Nostro Noi salvammo *Šu'ayb* e coloro che con lui avean creduto, per Nostra misericordia, e gli iniqui colpì il Grido, ed eccoli al mattino bocconi nelle loro dimore. – [95] E fu come non vi avessero abitato mai. "Lungi da Noi la gente di *Madyan*!" Così sarà loro gridato, come già prima i *Ṯamūd* Noi scacciammo lontani. –

[96] E mandammo ancora Mosè, coi Nostri Segni e con potenza limpida, – [97] a Faraone e al suo Consesso. Ma costoro seguirono gli ordini di Faraone, e gli ordini di Faraone non erano giusti. – [98] Egli andrà avanti al suo popolo, il dì della Resurrezione, li farà scender nel fuoco, orribile scesa a chi scende! – [99] E in questa vita li perseguì maledizione, e nel dì del giudizio orribile dono donato! –

[100] Una delle storie è questa, che ti narriamo, delle antiche città: alcune ne restano ritte, altre già furon mietute! – [101] E non Noi facemmo loro torto, ma essi a se stessi fecero torto. Non valsero loro a nulla gli dèi che invocavano in luogo di Dio, quando giunse l'ordine del tuo Signore: non accrebbero che la loro perdizione. – [102] Tale è la stretta di Dio quando strinse le Città tiranne nel suo castigo: la stretta Sua fa male veemente. – [103] Ed in questo, certo, v'è un Segno per chi teme il castigo dell'Oltre. Sarà quello un giorno in cui saran raunati gli uomini tutti, sarà quello un giorno che

tutti vedranno. – [104] E Noi non lo rimandiamo che fino a un termine fisso. – [105] Sarà quello un giorno che, quando sarà venuto, nessuno potrà parlare senza il Suo permesso sovrano: vi saranno allora fra gli uomini i disgraziati e i felici. – [106] Quanto a quei che saran disgraziati, dimoreranno nel Fuoco tra turpi ragli e singhiozzi; – [107] vi resteranno immortali finché durino i cieli e la terra, a meno che non decreti altrimenti il Signore, ché, per certo, può far quel che vuole. – [108] Quanto a quei che saranno felici, dimoreran nel Giardino, e là resteranno immortali finché durino i cieli e la terra, a meno che non decreti altrimenti il Signore: incorruttibile dono! – [109] Ma non essere in dubbio su quel ch'essi adorano. Non adoran costoro che quello che i padri loro adoravano prima; Noi pagheremo loro la lor parte senza detrimento alcuno. – [110] E già demmo a Mosè il Libro; ma nacquero dissensi su quel Libro, e se non fosse un Decreto già prima pronunciato dal tuo Signore, già sarebbe deciso fra loro ogni dissenso: perciò stanno ancora in dubbio dubbiosi. – [111] E a ognuno, certo, il Signore pagherà le sue azioni: di tutto quel ch'essi fanno Egli ha buona contezza. – [112] Resta quindi sul retto sentiero, come t'è stato ordinato, tu e quelli con te che si son convertiti a Dio. Non prevaricate! Egli, quel che fate, tutto l'osserva! – [113] E non v'appoggiate agli iniqui, che non v'abbia a toccare il Fuoco. Non avete altri amici che Dio, né alcuno vi darà aiuto. – [114] E compi la Preghiera nelle due parti del giorno e all'entrar della notte; perché le buone azioni scacciano le cattive: avvertenza per gli avvertiti! – [115] Pazienta dunque, ché Dio non manda perduta la mercede dei buoni. – [116] Ma perché non vi furono, fra le generazioni antiche, uomini dotati d'un resto di pietà che lottassero contro la corruzione sulla terra, salvo pochi di quei che salvammo? Ma gli iniqui seguirono le loro sfrenatezze, e furono scellerati. – [117] Il tuo Signore non è Uno che distrugga le città ingiustamente, quando i loro abitanti operino il bene. – [118] Ma se il tuo Signore avesse voluto, avrebbe fatto di tutti gli uomini una sola nazione; ma essi continueranno nelle loro discordie, – [119] eccetto quelli di cui Egli avrà pietà; per questo li ha creati. E che s'adempia la parola del tuo Signore: "Per certo riempirò la gehenna di *ğinn* e d'uomini, assieme". – [120] E tutte le storie dei Nostri Messaggeri che qui ti narriamo son per confermarti il cuore; in queste antiche storie t'è giunta la Verità, e ammonizione e avvertenza ai credenti. – [121] E dì a coloro che non credono: "Agite come potete, ecco Noi agiamo; – [122] attendete, ecco Noi anche attendiamo". – [123] E a Dio appartiene l'Arcano dei cieli e della terra, a Lui si riconduce ogni cosa: adoraLo e confida in Lui, ché Egli non trascura quel che voi fate. –

XII. LA SURA DI GIUSEPPE

(*Meccana, eccetto i versetti 1, 2, 3 e 7 che son medinesi.*
Di 111 versetti, rivelata dopo la Sura di Hūd)

Nel nome di Dio, clemente misericordioso! –
1 A. L. R. Ecco i Segni del Libro Chiarissimo: – 2 ecco,
l'abbiam rivelato in dizione araba a che abbiate a compren-
derlo. – 3 Noi ti narreremo ora la più bella delle storie, col
rivelarti questa Lettura, nonostante che tu, prima, sia stato
fra i noncuranti. – 4 Quando Giuseppe disse a suo padre:
" O padre mio, ho visto undici stelle e il sole e la luna, li
ho visti che avanti a me si prostravano ". – 5 Rispose il
padre: " Figliuol mio, non raccontare il tuo sogno ai tuoi
fratelli, che non abbiano a insidiarti d'insidie, poiché certo
Satana è per l'uomo un chiaro nemico. – 6 E così il tuo Si-
gnore ti trasceglierà, t'insegnerà l'interpretazione dei detti
oscuri, e compirà su di te la Sua grazia, e sulla famiglia di
Giacobbe, come già la compì sui tuoi padri Abramo ed Isac-
co, da prima. In verità il tuo Signore è saggio sapiente ". –
7 E per certo vi sono, in Giuseppe e nei suoi fratelli, dei Segni
pei cercatori del Vero. – 8 Allorchè dissero: " Certo Giusep-
pe e suo fratello son più cari a nostro padre di noi, ma noi
siamo molti, e certo nostro padre è in manifesto errore. –
9 Uccidete Giuseppe, o scacciatelo in una terra lontana, e
allora gli sguardi di vostro padre saran solo per voi e gli
succederete, gente pia e rispettata, alla sua morte ". - 10 Ma
disse uno di fra loro: " Non uccidete Giuseppe, ma getta-

telo nel fondo del pozzo: se così farete, qualche viandante
lo raccoglierà ". – 11 Dissero allora al padre: " O padre
nostro, che hai tu che non ci affidi mai Giuseppe, mentre
noi saremmo per lui amici sinceri? – 12 Mandalo con noi do-
mani a spassarsela e a giocare. Ti promettiamo di fargli
buona guardia! " – 13 Rispose: " Mi sento triste a lasciarlo
andar via con voi, ho paura che lo mangi il lupo, in un mo-
mento di vostra negligenza! " – 14 " Se lo mangia il lupo,
dissero, mentre noi siamo tanti, saremmo ben vili ed ab-
bietti! " – 15 E quando l'ebber portato con sé ed ebber de-
ciso di lasciarlo nel fondo del pozzo, Noi rivelammo a Lui:
" Verrà un giorno in cui tu rinarrerai questa loro azione
a costoro, di te ignari ". – 16 E tornarono al padre loro la
sera, piangenti: – 17 " O padre nostro, dicevano, eravamo
andati a fare una corsa e avevamo lasciato Giuseppe a guar-
dare la nostra roba, e il lupo l'ha mangiato! Ma sembra che
tu non ci credi, e invece noi siamo sinceri! " – 18 E gli mo-
strarono la sua tunica intinta di sangue mentito, ma disse
Giacobbe: " No, a qualche azione cattiva v'ha spinto l'ani-
mo vostro. Ma dolce pazienza mi resta, e l'aiuto chiedere
a Dio, contro i vostri falsi racconti. " – 19 Passarono poi
presso al pozzo dei viaggiatori e mandarono uno a attinger
acqua. Fece calare il suo secchio in fondo al pozzo e gridò:
" Ohè, buona novella! C'è qua un ragazzo! " E lo nascosero
per venderlo poi come merce; ma intanto Dio sapeva quel
che facevano. – 20 E lo vendettero a vil prezzo, per poche
dramme, come se non desiderassero tenerlo. – 21 E l'Egi-
ziano che lo comprò disse a sua moglie: " Dagli una dimora
onorata, può darsi ch'ei ci sia utile un giorno o che lo adot-
tiam come figlio ". E così Noi demmo un rango importante
a Giuseppe in quella terra, anche per istruirlo nell'interpre-
tazione dei detti oscuri; ché Dio vince sempre nell'eseguir
il Suo Piano, ma i più non lo sanno, fra gli uomini. – 22 E
quando giunse all'età matura demmo a Lui saggezza e scien-
za, poiché così compensiamo quelli che oprano il bene. –

23 Ora la donna, nella cui casa egli abitava, gli chiese che si
desse a lei, e chiuse tutte le porte, e disse: “ Vieni qui! ”
Ma egli rispose: “ Mi rifugio in Dio! Il mio Signore, in ve-
rità, m’ha dato asilo buono, e certo gli iniqui non prospe-
reranno! ” – 24 Ed essa lo desiderava, e la avrebbe deside-
rata egli pure, se non fosse ch’ei aveva visto la Prova del
Signore: così noi allontanammo da lui il male e la turpitu-
dine, perchè egli era uno dei nostri servi puri. – 25 E corsero
ambedue verso la porta ed essa lo afferrò e gli strappò la
tunica per di dietro; e fuor della porta incontrarono il signore
di lei, al quale essa disse: “ Quale sarà la punizione di chi
ha attentato all’onore della tua famiglia, altro che la pri-
gione o un castigo cocente? ” – 26 “ Fu costei, disse Giuseppe,
che m’ha chiesto di darmi a lei! ” e un testimonio della fa-
miglia della donna testimoniò così: “ Se la sua tunica è stata
strappata pel davanti, essa ha ragione e lui è un mentitore. –
27 Se invece la tunica è strappata per di dietro è lei che men-
tisce ed egli è un uomo sincero ”. – 28 E quando il marito
vide che la tunica era strappata per di dietro, esclamò: “ Ecco
una delle vostre femminili astuzie! Immensa è la vostra
astuzia, o donne! – 29 Allontanati di qui, Giuseppe, e tu,
o donna, chiedi perdono della tua colpa, ché tu sei stata
peccatrice! ” – 30 E dicevano certe donne per la città: “ La
moglie del principe è presa d’amore pel suo garzone! Egli
l’ha infiammata d’amore: a noi sembra che si stia chiara-
mente traviando! ” – 31 E quando essa udì le loro dicerie
segrete, mandò ad invitarle, e preparò loro un banchetto,
diede a ciascuna di loro un coltello, poi disse a Giuseppe:
“ Esci e mostrati ad esse! ” Quando quelle lo videro, gran-
demente lo ammirarono, e si tagliuzzavan le mani, e dice-
vano: “ Dio ce ne guardi! Costui non è un uomo, costui
è un angelo sublime del cielo! ” – 32 E la donna disse loro:
“ Ecco, questo è colui pel quale mi biasimavate; sì, io ho
bramato ch’egli si desse a me, ma costui ha rifiutato. Ma,
se non farà quel che voglio, sarà imprigionato e sarà fra i

miserabili! ” – 33 Ed egli disse: “ O Signore! Amo meglio la prigione che quel cui esse mi invitano; allontana comunque da me la loro astuzia, altrimenti cederò per giovanile impulso alle loro voglie e sarò fra gli ignoranti! ” – 34 E il suo Signore lo esaudì e stornò da lui le loro astuzie: Egli è certo l'ascoltatore sapiente. – 35 In seguito decisero di imprigionarlo, malgrado i Segni che avevano visto, per un certo tempo. – 36 E con lui entrarono nella prigione due giovani, uno dei quali gli disse: “ Io vidi in sogno come spremessi vino ” e l'altro: “ Io vidi in sogno come portassi sulla testa del pane e ne mangiassero gli uccelli. Informaci dell'interpretazione di questi sogni, poiché vediamo che tu sei fra quei che fanno il bene ”. – 37 “ Non riceverete cibo alcuno per nutrirvi, disse Giuseppe, prima ch'io v'abbia informati dell'interpretazione del sogno. Me lo ha appreso il mio Signore, poiché io ho abbandonato la religione di un popolo il quale non crede in Dio e rifiuta fede alla vita ventura. – 38 E ho seguito la religione dei miei padri Abramo, Isacco e Giacobbe: non s'addice a noi d'associare a Dio cosa alcuna. È una grazia questa che Dio ci ha dato, a noi e agli uomini tutti, ma purtroppo i più degli uomini non Gli sono riconoscenti. – 39 O compagni miei di prigione! Signori dispersi e diversi son meglio, o l'Unico Iddio Vittorioso? – 40 Quei che voi adorate in Suo luogo non sono che nomi che voi e i padri vostri avete inventato, e Dio non v'ha dato potere di farlo. Ma il giudizio non spetta che a Dio, che comanda che nessuno adoriate, ma Lui. Questa è la religione retta, ma i più degli uomini, ahimè, non lo sanno! – 41 O compagni miei di prigione! Or quanto al sogno d'uno di voi, egli verserà il vino al suo signore, quanto all'altro, egli verrà crocifisso e mangeran gli uccelli, del suo capo. Quel che voi mi chiedete è ormai decretato ”. – 42 E disse a colui che pensava si sarebbe salvato: “ Menzionami presso il tuo signore ”. Ma Satana, così, gli fece dimenticar la menzione del suo Signore vero, e rimase, così, ancora alcuni anni in prigione. –

43 E disse una volta il re: " Ho visto in sogno sette vacche
grasse, che sette magre divorano, e sette spighe verdi ed
altre secche. O miei consiglieri, interpretatemi questo mio
sogno, se i sogni sapete spiegare! " – 44 Risposero: " Visioni
confuse di sogno, e i sogni noi non sappiamo spiegare! " –
45 Allora disse quello dei due prigionieri che s'era salvato e
alfine s'era ricordato, dopo tanto tempo, di Giuseppe: " Io
vi darò l'interpretazione, ma ora lasciatemi andare " – 46 " O
Giuseppe, o veridico, spiegaci delle sette vacche grasse che
sette magre divorano e delle sette spighe verdi e dell'altre
secche, ch'io possa tornar da quegli uomini e ch'essi possan
sapere ". – 47 Disse: " Seminerete sette anni al modo usuale,
ma quel che avrete mietuto lasciatelo in spiga, salvo un poco,
che mangerete. – 48 Poi verranno sette anni di carestia che
si mangeranno quel che voi avrete preparato per essi, salvo
poco, che conserverete. – 49 Poi, verrà un anno in cui gli
uomini saranno irrigati di piogge e spremeranno vino ". –
50 E il re disse: " Portatemelo qui! " E quando gli giunse
il messo del re, gli disse: " Torna al tuo signore e doman-
dagli che cosa intendevano le donne che si son tagliuzzate
le mani. Certo il mio Signore ben conosce le loro astuzie ". –
51 E il re chiese alle donne: " Che intendevate voi, allorchè
chiedeste a Giuseppe di darsi a voi? " Risposero: " Dio
ce ne guardi! Noi di lui non sappiamo che bene! " E disse
la moglie del principe: " Ora la verità è manifesta: son io
che gli chiesi di darsi a me, ed egli è un uomo sincero! " –
52 E disse Giuseppe: " Questo perché sappia il mio signore
che io non l'ho tradito in segreto, e che Dio non guida a buon
fine l'astuzia dei traditori. – 53 Ma non voglio dichiararmi
del tutto innocente, ché l'anima appassionata spinge al male,
a meno che il mio Signore non abbia pietà, e certo il mio
Signore è indulgente e clemente ". – 54 E disse il re: " Por-
tatemelo, ch'io voglio prenderlo al mio servizio particolare ".
E quando gli ebbe parlato disse: " Da oggi sarai presso noi
onorato e fidato ". – 55 Gli disse Giuseppe: " Ponimi a so-

praintendere i tesori della terra, ché io sono custode sapien-
te ". – 56 E così Noi demmo a Giuseppe autorità su quella
terra, e vi dimorava ovunque gli piacesse; Noi colmiamo
della Nostra misericordia chi vogliamo e non lasciamo andar
perduta la mercede dei bene operanti. – 57 Ma certo la mer-
cede dell'Oltre è ancora migliore per coloro che credono
e temono Dio. –

58 E vennero i fratelli di Giuseppe ed entraron da lui
ed ei li riconobbe, ma essi non conobbero lui. – 59 E quando
li ebbe provvisti della loro provvigione, disse: " Portatemi
un vostro fratello, figlio di vostro padre: non vedete che io
colmo la misura e sono il migliore degli ospiti? – 60 E se
non me lo portate, non vi saran più misure di grano presso
me per voi, e a me mai più vi accosterete ". – 61 Risposero:
" Cercheremo di chiederlo a suo padre, sì, lo faremo! " –
62 E Giuseppe disse ai suoi servi: " Mettete il loro denaro
nei loro sacchi, che se n'abbiano ad accorgere quando ver-
ranno di nuovo alle loro case, e così forse torneranno ". –
63 E quando furon tornati al padre loro, gli dissero: " O
padre nostro! C'è stata rifiutata la misura di grano. Solo se
mandi con noi nostro fratello potrem riuscire a riaverla.
Ti promettiamo di ben custodirlo! " – 64 " Come ve l'affi-
derò? ", disse Giacobbe. " Solo come v'affidai l'altro suo
fratello da prima posso ora questo affidarvi. Ma Dio è il
miglior custode, Dio il più misericordioso dei misericor-
diosi! " – 65 E quando aprirono le loro robe trovaron che i
denari eran stati loro riconsegnati, ed esclamarono: " Padre
nostro, che possiamo desiderare di più? Ecco, i nostri de-
nari ci son stati restituiti: approvvigioneremo la nostra fa-
miglia, e custodiremo il nostro fratello, e ci faremo aggiun-
ger così un altro carico di cammello; vedrai, sarà carico
facile! " – 66 " Non lo manderò, disse, con voi, finchè non
stringiate con me patto saldo avanti a Dio che me lo ripor-
terete, a meno che non siate attorniati da ogni periglio ".
E giurando essi il patto con lui, egli disse: " Dio è patrono

di quel che diciamo ". – 67 E disse ancora: " Figli miei, non entrate per una sola porta, ma per diverse porte entrate. Ma certo in nulla potrei io aiutarvi contro Dio: il supremo giudizio non spetta che a Lui. In Lui io ho confidato, in Lui i fidenti confidino ". – 68 E quando entrarono per dove avea loro consigliato il padre loro, questo non servì loro nulla contro Dio; ma non fu questo altro che un bisogno dell'animo di Giacobbe, ch'ei soddisfece. Egli era dotato di scienza, la scienza che Noi gli insegnammo, ma i più degli uomini questo non sanno. – 69 E quando entrarono da Giuseppe, alloggiò con sè il suo fratello e gli disse: " Io son tuo fratello, non ti angustiare per quel che essi hanno fatto ". – 70 E quando li ebbe provvisti delle lor provvigioni, mise la coppa nel sacco di suo fratello. E allora un araldo gridò: " O voi della carovana! Voi siete dei ladri! " – 71 Risposero quelli, avvicinandosi a loro: " Che cosa vi manca dunque? " – 72 " Ci manca, dissero, la coppa del re, e chi la riporterà avrà un carico di cammello, ed io ne sono garante ". – 73 Risposero: " In nome di Dio! Voi ben sapete che non siamo venuti per far del male in questa contrada e che non siamo dei ladri ". – 74 E chiesero gli altri: " E qual sarà la punizione, se voi avrete mentito? " – 75 Risposero: " Punizione sarà quegli stesso nel cui sacco sarà stata ritrovata la coppa: egli stesso sarà la sua punizione; così noi compensiamo gli iniqui ". – 76 Così Giuseppe cominciò dai loro sacchi prima di arrivare al sacco di suo fratello, e alla fine trasse fuori la coppa dal sacco di suo fratello; così Noi escogitammo un piano per Giuseppe, altrimenti non avrebbe potuto prendere suo fratello, secondo la legge del re, salvo che Iddio non lo avesse voluto. E Noi innalziamo per gradi chi vogliamo, e sopra ogni sapiente v'è un Sapiente Supremo. – 77 Dissero: " Se egli ha ora rubato, già rubò un suo fratello da prima! ". Ma Giuseppe celò tutto nel suo cuore e nulla palesò loro. E disse: " Voi siete in stato ben tristo, e Dio meglio conosce se è vero quanto narrate! " – 78 E quelli dissero: "O principe! Suo padre è avanzato negli anni, vegliardo; prendi dunque uno di noi al suo posto, ché tu ci sembri un uomo che opera il bene". – [79] Rispose Giuseppe: "A Dio non piaccia che prendiamo altri che quello presso cui trovammo la nostra roba, poiché saremmo, allora, ingiusti!" – [80] E come disperarono d'averlo, si ritrassero in segreto colloquio, e disse il maggiore di loro: "Non ricordate che vostro padre ha stretto con voi un patto avanti a Dio, e la vostra colpa prima, con Giuseppe? Io non me ne andrò da questa terra finché non me ne dia il permesso mio padre o finché di me non giudichi Iddio, ché Egli è dei giudicanti il migliore! – [81] Tornate dunque a vostro padre e ditegli: 'O padre nostro! Tuo figlio ha rubato: noi testimoniamo solo quel che sappiamo, né potemmo guardarci dall'imprevedibile; – [82] domanda alla gente della città in cui fummo e alla carovana con cui siamo arrivati, e vedrai che, certo, noi siamo sinceri'". – [83] E disse, all'udir questo, Giacobbe: "No, a qualche azione cattiva v'ha spinto l'animo vostro. Ma dolce pazienza mi resta: può darsi che Dio mi ridoni i figli miei tutti, Egli, ch'è il saggio sapiente!" – [84] Poi andato in disparte da loro diceva: "Ahi triste sventura! Ahi dolor di Giuseppe!" E gli occhi gli si fecero bianchi, per la tristezza, mentr'egli comprimeva il suo dolore. – [85] E gli dicevano i figli: "In nome di Dio! Cesserai di nominar Giuseppe solo quando sarai in languore di morte, o già tra la gente scomparsa!" – [86] E rispondeva: "Avanti a Dio solo mi lamento del mio tormento e del mio dolore, e Dio m'ha svelato cose che voi non sapete. – [87] Figli miei! andate e cercate di Giuseppe e di suo fratello, e non disperate della misericordia di Dio, ché della misericordia di Dio non disperan che gli empi!" – [88] Così quando entraron da lui, dissero: "O principe, ci ha colpito miseria, noi e la nostra famiglia, e con scarso denaro siam venuti: dàcci dunque misura piena e sii caritatevole con noi; i caritatevoli Iddio, per certo, compensa!" – [89] Rispose: "Ma non sapete quel che avete fatto a Giuseppe e a suo fratello, nella vostra malvagia ignoranza?" – [90] E dissero quelli: "Sei davvero tu dunque Giuseppe?" "Si, rispose, io sono Giuseppe, e questo è mio fratello; e Dio ci ha fatto grazia poiché, per certo, chi teme Iddio e fiducioso pazienta, ebbene, Dio non manda perduta la mercede dei bene operanti". – [91] Ed essi esclamarono: "In nome di Dio! Davvero Dio t'ha preferito a noi e davvero noi fummo peccatori". – [92] Ma egli disse: "Nessun rimprovero vi faccio in questo giorno, vi perdoni Iddio, Egli che è il più misericordioso dei misericordiosi. – [93] Portate con voi questa mia tunica e ponetela sul viso di mio padre ed ei vedrà di nuovo; venite poi da me con tutte le vostre famiglie". – [94] E quando fu partita la carovana, disse il padre loro: "Sento l'odor di Giuseppe, sì, anche se voi mi riterrete impazzito!" – [95] Dissero: "In nome di Dio! Sei sempre nel tuo antico errore!" – [96] E quando giunse il messaggero di buone novelle, gli pose la tunica sul viso ed ei riacquistò la vista, e esclamò: "Non vi dissi che Dio m'ha svelato cose che voi non sapete?" – [97] "Padre nostro, gli dissero, chiedi perdono a Dio per i nostri peccati, ché certo noi fummo degli empi". – [98] Disse: "Io chiederò perdono per voi al mio Signore, poiché Egli è indulgente clemente!" – [99] E quando entrarono da Giuseppe, egli accolse presso di sé i suoi genitori dicendo: "Entrate in Egitto, se a Dio piace, sicuri!" – [100] E fece salire i genitori sul suo alto seggio ed essi si prostrarono col volto a terra avanti a lui ed egli disse: "Padre mio, ecco l'interpretazione del mio antico sogno, ecco, il mio Signore l'ha reso vero. Egli fu buono con me quando mi trasse fuori dalla prigione, e vi ha fatti venire dal deserto dopo che Satana ebbe seminato discordia fra me e i miei fratelli. Per vero il mio Signore è benigno a chi vuole: certo Egli è il Saggio Sapiente. – [101] Signore! Tu m'hai fatto partecipe del regno e m'hai insegnato ad interpretare oscure sentenze. O Creatore dei cieli e della terra! Tu sei il mio patrono in questo mondo e nel mondo dell'Oltre: fammi morire tutto dato a Te e uniscimi, allora, coi pii!" –

[102] Questa è una delle storie arcane che Noi ti riveliamo, e tu non eri con loro mentr'essi decidevano il loro piano, mentr'essi tramavano insidie; – [103] e pure i più degli uomini, anche se tu lo brami, non sono credenti. – [104] E pure tu non chiedi loro compenso alcuno per questo; è solo, questo che dici, ammonimento pel mondo! – [105] E quanti Segni nei cieli e sulla terra che essi sfiorano solo e poi se ne scostano ignari! – [106] E i più non credono in Dio se non associandoGli dèi! – [107] Son forse tanto sicuri che non li avvolga improvviso un castigo di Dio, o che non li colga d'un subito l'Ora, mentr'essi di nulla s'accorgono? – [108] Di': "Questa è la mia via, io chiamo a Dio fondandomi su visibile prova, io e quei che mi seguono. Sia gloria a Dio, io non sono un dei pagani". – [109] E già prima di te Noi non inviammo che uomini di fra la gente delle Città, da Noi ispirati. E come non viaggiano sulla terra e non vedono quale è stata la fine di quelli che furon prima di loro? Ma certo la dimora che è oltre la vita è cosa migliore per quelli che temono Dio: non lo comprendono dunque? – [110] Finché, quando già disperavano i Messaggeri divini e pensavano di essere ormai da tutti smentiti, venne il Nostro trionfale soccorso e fu salvato chi volemmo; e non sarà distolta l'ira nostra dal popolo scellerato. – [111] E certo v'è una lezione nelle loro storie, per gli uomini dal sano intelletto. Non è questo un racconto che si possa inventare, ma è conferma di quel che prima è avvenuto, e spiegazione chiara di tutto e retta guida e, per un popolo che crede, misericordia. –

XIII. LA SURA DEL TUONO

(*Medinese. Di 43 versetti. Rivelata dopo la Sura di Muḥammad*)

Nel nome di Dio, clemente misericordioso! –
[1]A. L. M. R. Questi sono i Segni del Libro, e quel che
ti è stato rivelato dal tuo Signore è la Verità: ma ahimè,
i piú degli uomini non credono. – [2] È Dio colui che ha in-
nalzato i cieli senza pilastri visibili, e poi s'assise sul Trono;
e soggiogò il Sole e la Luna, e tutto corre verso un termine
fisso. Egli governa la Causa, Egli precisa i Suoi Segni, a che
possiate con ferma certezza credere che un dì Lo incontre-
rete! – [3] È Lui che ha spianato la terra e v'ha messo mon-
tagne immobili e fiumi, e d'ogni frutto v'ha messo una cop-
pia, e ravvolge il giorno della veste nera della notte. Per certo
vi son Segni, in tutto questo, per gente capace di riflettere. –
[4] E sulla terra vi sono terreni vicini, e giardini di vigne, e
grani, e palme a coppia e sole: e tutto è da una sola acqua
abbeverato, eppure l'una cosa la facciam più buona dell'altra
al palato. Per certo anche in questo vi son Segni per gente
che intenda. – [5]A ragione ti meravigli di loro, ché davvero
meraviglioso è questo lor dire: "Quando saremo terra,
sarem forse ricreati a nuovo?" Son questi coloro che ri-
fiutan fede al loro Signore, son questi gli incatenati pel collo,
son questi la gente del Fuoco, dove resteranno in eterno. –
[6] Ti chiederanno d'affrettare il male, prima del bene, e già
prima d'ora avvennero simili cose in antico, e pure il tuo

Signore è pieno di pietà per gli uomini a malgrado dell'iniquità loro, e pure il tuo Signore è duro al castigo! – 7 E dicono quelli che han rifiutato Fede: "Almeno fosse calato su di Lui un Segno, dal suo Signore!" Ma tu non sei che un Ammonitore, e ogni popolo ha la sua Guida. – 8 Iddio conosce quel che ogni femmina porta in seno, e quando l'utero si restringe e quando s'allarga. Ogni cosa Egli tiene d'appresso, secondo misura. – 9 Conoscitore dell'Invisibile e del Visibile, il Grande, l'Eccelso! – 10 È per Lui indifferente che voi teniate segrete le vostre parole, o le diciate chiare, che vi nascondiate nella notte o viaggiate liberi nel giorno. – 11 Ed esseri innumeri incedono senza sosta avanti all'uomo e dietro l'uomo, a custodirlo per ordine santo di Dio; perché Iddio non muta mai la Sua grazia ad un popolo, avanti ch'essi non mutino quel che hanno in cuore. Ma quando Dio vuole del male ad un popolo, non v'è scampo: nessuno può aiutarli eccetto Lui. – 12 È Lui che vi fa balenare la folgore, folgore di paura, folgore di speranza, è Lui che plasma nel cielo le nuvole grevi di pioggia. – 13 E il tuono canta la Sua lode, e gli angeli pure, pieni di santo spavento; e i fulmini manda sul mondo, e ne colpisce chi vuole, mentre essi discutono di Dio, ed Egli è violento nell'ira! – 14 Lui solo s'invoca davvero, e coloro che invocano altri, invece di Lui, non otterranno da loro risposta, e sarà di loro come chi stende le mani all'acqua per portarsela fresca alla bocca e non riescono a farlo; ché l'invocazione degli empi è solo null'altro che errore. – 15 E a Dio si prostra adorante tutto quel che è sui cieli ed in terra, di buona voglia o a dispetto, e l'ombre loro ancora, al sorger dell'alba e al calar della sera. –

16 Domanda allora: "Chi è il Signore dei cieli e della terra?" Rispondi: "È Dio!" E chiedi ancora: "E pure prendeste in Suo luogo a patroni esseri che neppure a se stessi san portare danno o vantaggio?" E chiedi ancora: "È forse uguale il cieco e il veggente?" O ancora: "Son forse uguali le tenebre e la luce?" O ancora: "Han dato

forse a Dio dei compagni che sappian creare come Lui sa creare, sì che sia simile la loro creazione?" Rispondi: "È Dio il Creatore di tutte le cose, è Lui l'Unico, il Vittorioso!" –
[17] Ha fatto scendere acqua dal cielo e se ne riempiono a corsa, secondo l'ampiezza loro, le valli, e trasporta via la corrente spumeggiante schiuma, come la schiuma che vien dai metalli che gli uomini mettono a fondere al fuoco, bramosi d'utili oggetti o di monili (così Dio paragona in parabole il Vero ed il Falso); e vanisce via la schiuma come inutil detrito e sulla terra rimane quello ch'è utile all'uomo. In
tal modo racconta parabole Iddio. – [18] A coloro che rispon-
dono sì al loro Signore toccherà il Premio più bello; e coloro che rispondono no, anche se avessero tutto quanto v'ha sulla terra, e altrettanto ancora, lo vorrebbero dare in riscatto; ma costoro avran conto cattivo e il loro asilo sarà la
gehenna. Quale orribile culla! – [19] O forse colui che conosce
che quel che t'è stato rivelato dal Signore è la Verità ha da esser come quello ch'è cieco? Ma riflettono solo coloro ch'han
sana la mente, – [20] i quali adempiono al patto di Dio e non
infrangono l'Alleanza; – [21] e coloro che congiungono quel
che Dio ha comandato di congiungere, e temono il loro Si-
gnore e paventano il Conto Cattivo; – [22] e coloro che pazien-
tano pel desiderio del volto del Signore, e compiono la Preghiera ed elargiscono di quel che loro la Nostra provvidenza provvede, in segreto ed in modo palese, e respingono il male
col bene; di questi è la Dimora Finale – [23] i giardini di Eden
in cui essi entreranno insieme ai buoni di fra i loro padri, le loro donne, i loro discendenti; e entreran da loro gli angeli
da tutte le porte – [24] e: "Pace a voi, diranno, poiché avete
atteso saldi e pazienti! Quanto è bella la Dimora Finale!" –
[25] Ma coloro che infrangeranno il Patto di Dio dopo averlo solennemente giurato, e disgiungeranno quel che Dio ordinò di congiungere, e porteranno la corruzione sulla terra, essi
avranno la Maledizione, avranno la Turpe Dimora. – [26] Iddio
allarga la Sua provvidenza a chi vuole e a chi vuole la misura:

essi si son rallegrati della vita del mondo, e la vita del mondo,
di fronte all'Oltre, non è che un godere di poco. –
27 E diranno quelli che han rifiutato la Fede: "Almeno
gli avesse mandato un Segno il suo Signore!" Rispondi:
"In verità Iddio travia chi vuole e guida a Sé chi a Lui si
converte, – 28 coloro che credonc, coloro cui si tranquillano
i cuori al ricordo di Dio (non è col ricordo di Dio che si
tranquillano i cuori?) – 29 coloro che credono, coloro che
operano il bene, ad essi fortuna, ad essi ritorno buono, a
la fine!" – 30 Così Noi ti inviammo fra una nazione venuta
dopo tante nazioni passate da prima, a recitar loro quel che
ti rivelammo; ma rinnegano il Misericordioso. Dì loro:
"Egli è il mio Signore: non c'è altro Dio che Lui, in Lui
ho confidato, a Lui mi rivolgo e ritorno". – 31 E se anche
una Sacra Lettura vi fosse che facesse smuovere i monti e
spezzasse la terra, e parlare i morti,... no! Ma a Dio solo spetta
il Comando, tutto. Non sanno dunque, coloro che credono,
che se Dio avesse voluto avrebbe guidato al Bene gli uomini
tutti? Ma di continuo un flagello colpirà coloro che han
repugnato alla Fede, per quel che hanno operato, o scenderà
vicino alla loro dimora, fino a che s'adempirà la minaccia
di Dio, e per certo Dio alla Sua promessa non manca. –
32 Già molti Messaggeri, prima di te, furono oggetto di
scherno; Io lasciai qualche tempo di respiro a coloro che
repugnarono alla Fede, poi li afferrai: e come fu terribile il
castigo! – 33 O forse Colui che sta sopra ogni anima a sorve-
gliare ogni suo atto, è pari ad altri? Eppure han dato a Dio
dei compagni! Dì loro: "Nominateli! Informerete dunque
Dio di quel che non sa, sulla terra, o con parole chiare?"
Ma è stata fatta bella agli occhi degli empi la loro insidia,
e son stati distolti dalla Via, e colui che Dio travia, nessuno
più lo guida! – 34 E avranno castigo nella vita del mondo,
e certo il castigo nell'altra sarà più duro ancora e non avran-
no, contro Dio, protettori. – 35 S'assomiglia il Giardino pro-
messo ai timorati di Dio a qualcosa sotto la quale scorrono

i fiumi, e i suoi frutti saranno perenni, e la sua ombra. Questa sarà la Dimora Finale di quelli che temono Iddio, ma la Dimora Finale degli empi è il Fuoco. –

36 Coloro cui demmo il Libro si rallietan di quel che a te fu rivelato, ma fra le Fazioni ce n'è alcuni che ne rifiutano parte. Dì loro: " M'è stato ordinato d'adorare Dio e di non dare a Lui alcun compagno. A Lui io chiamo gli uomini, a Lui ancora io tornerò un giorno ". – 37 E così Noi lo rivelammo, decisione chiara in lingua araba, e se tu seguirai i loro desideri dopo quanto t'è giunto di scienza, non avrai contro l'ira di Dio protettore, non avrai patrono! – 38 E già prima di te inviammo Messaggeri e demmo loro donne e progenie, però mai nessun Messaggero poté produrre un Segno se non col permesso di Dio; c'è un Libro Divino a ogni fine d'un'Era, – 39 e Iddio cancella quel che vuole e quel che vuole conferma: a Lui d'accanto è la Madre del Libro. – 40 E sia che ti facciamo vedere avverate parte delle minacce di cui li minacciamo, sia che ti chiamiamo a Noi prima, a te incombe il messaggio, a Noi la resa dei conti. – 41 E che? Non vedono come Noi entriam nella terra e la veniam restringendo loro d'attorno, da tutti i lati? Iddio giudica e non v'è chi al Giudizio s'opponga. Egli è rapido al conto! – 42 Già prima di loro altri tramarono insidie; ma l'insidie son tutte di Dio; Egli conosce quel che s'acquista ogni anima, e sapranno gli empi di chi è la Dimora Finale! – 43 Quelli che repugnano alla Fede ti dicono: " Tu non sei un inviato di Dio! " Rispondi: " Basta Dio a testimonio fra me e voi, basta chi è saggio nelle Sante Scritture! " –

XIV. LA SURA DI ABRAMO

(*Meccana, eccetto i versetti 28 e 29, che son medinesi.*
Di 52 versetti, rivelata dopo la Sura di Noè)

Nel nome di Dio, clemente misericordioso! –
[1]A. L. R. Ecco un Libro che t'abbiam rivelato perché
tu tragga gli uomini fuor delle tenebre alla Luce, col per-
messo del loro Signore, alla Via del Potente, del Degno di
lode! – [2] Iddio è colui che possiede tutto quanto è nei cieli
e tutto quanto è sulla terra; e guai agli empi, castigo violen-
to! – [3]Agli empi, che preferiscono la vita del mondo alla vita
dell'Oltre e distolgono gli uomini dalla Via di Dio e la vo-
gliono torta; costoro errano di erranza lontana. – [4] E non
mandammo nessun Messaggero che non parlasse nella lingua
del suo popolo, che spiegasse loro le cose; ma Dio travia
chi vuole e guida al Vero chi vuole: egli è il Potente Sapiente. –
[5] E già mandammo Mosè coi Nostri Segni: "Trai fuori,
gli dicemmo, il tuo popolo dalle tenebre alla Luce e ricorda
loro le Giornate di Dio. Certo vi sono, in questo, segni per
ogni paziente ch'è grato!" – [6] E quando disse Mosè al suo
popolo: "Ricordate il favore di Dio, che v'ha dato allorché
vi salvò dalla gente di Faraone che v'imprimeva crudele
tormento e sgozzava i vostri figli lasciando vive le vostre
donne: gran prova v'era questa da parte del Signore!" –
[7] E quando il vostro Signore proclamò: "Se Mi sarete grati
v'aumenterò grazia su grazia, e se mi respingerete, sappiate
che il Mio castigo è crudele". – [8] E disse Mosè: "Se anche

rifiutate Dio voi e quanti son sulla terra, tutti, ebbene Dio è Colui che di nulla abbisogna, il Degno di Lode!" – [9] Non v'è giunta ancora notizia di quelli che furon prima di voi, il popolo di Noè, e di *'Ād*, e di *Ṯamūd*, e di quelli che vennero dopo, che solo il Signore conosce? Vennero a loro i Messaggeri Divini con prove chiarissime, ma essi tapparon loro con le mani la bocca dicendo: "Noi rifiutiamo quel che voi foste mandati ad annunziarci; noi siamo in dubbio su quel che voi c'invitate a fare, in dubbio forte!" – [10] E risposero i Divini Messaggeri: "Di Dio dunque dubitate, del Creatore dei cieli e della terra, che vi chiama per perdonarvi i vostri peccati e darvi dilazione fino a termine fisso?" "Voi non siete che uomini, dissero, come noi, e pretendete di distoglierci da quel che i nostri padri adoravano. Portateci almeno autorevole prova!" – [11] E risposero i Divini Messaggeri: "Sì, noi non siamo che uomini come voi, ma Iddio fa grazia a chi vuole fra i Suoi servi, e noi non possiamo portarvi autorevole prova se non col permesso di Dio: in Dio i credenti confidino! – [12] E come potremmo noi non confidare in Dio, mentr'Egli ci ha guidato per le nostre vie? Ma certo noi pazientemente sopporteremo le vostre persecuzioni: in Dio i fidenti confidino!" – [13] E dissero gli empi ai Messaggeri loro inviati: "Vi scaccerem via dalla nostra terra, se voi non tornerete nella nostra religione!" E il loro Signore rivelò loro: "Annienteremo gli iniqui – [14] e faremo abitare la terra a voi, dopo di loro! Questo per chi paventa la Mia presenza, per chi paventa la Mia minaccia!" – [15] E chiesero l'aiuto divino e rimase scornato ogni tiranno protervo. – [16] Da tergo gli si spalancherà la gehenna, sarà abbeverato di liquidi infetti – [17] che assaporerà goccia a goccia senza riuscire a inghiottirli, e la morte gli s'accosterà da ogni lato e pur non potrà morire, e da tergo gli s'appresterà orrendo tormento. – [18] Ed ecco la simiglianza di quelli che han rifiutato fede al loro Signore: le opere loro saran come ceneri sulle quali infurii il vento in giorno di tem-

pesta. Non avranno potere alcuno sulle loro azioni: sarà,
questa, l'erranza lontana. – [19] Non hai visto dunque che Dio
ha creato i cieli e la terra con Verità d'intento? S'Ei volesse,
vi annienterebbe tutti e produrrebbe un nuovo creato –
[20] né questo sarebbe, a Dio, cosa grave. – [21] Compariranno
inanzi a Dio tutti assieme, e allora i deboli diranno agli orgo-
gliosi: "Fummo vostri seguaci: potete servirci ora a qual-
cosa contro il castigo di Dio?" E quelli risponderanno:
"Se Dio ci avesse guidato, noi avremmo guidato voi; ma
ora è indifferente per noi tormentarci o pazientare: non
abbiam via di scampo". – [22] E dirà Satana, quando sarà
decisa ogni cosa: "Iddio vi promise promessa vera, e anch'io
v'ho promesso, ma v'ho ingannato. Non avevo altro potere
su di voi, che quello di chiamarvi, e voi m'avete risposto.
Ora non biasimate me, ma biasimate voi stessi; io non posso
soccorrere voi, voi non potete soccorrere me; io rinnego
quel che voi mi avete associato da prima!" In verità gl'ini-
qui avranno castigo cocente. – [23] Ma quelli che credettero
e operarono il bene saranno introdotti in giardini alle cui
ombre scorrono i fiumi, dove rimarranno in eterno, col
permesso del loro Signore, ed ivi sarà il loro saluto: "Pace!" –
[24] Non vedi come Dio assomiglia una buona parola a un
albero buono che ha radice salda e i rami alti nel cielo – [25] che
dà i suoi frutti in ogni stagione col permesso del Signore?
Iddio propone similitudini agli uomini, a che essi riflettano. –
[26] E la simiglianza d'una parola cattiva sarà come un'albero
cattivo che facilmente si sradica dalla terra, senza solida
base. – [27] Dio conferma coloro che credono con parola ferma
nella vita del mondo e nell'altra, e Dio travia gli iniqui, e
Dio fa ciò che vuole. –

[28] Non hai tu visto coloro che vollero cambiare la Grazia
di Dio con il Rifiuto e trascinarono il loro popolo nella di-
mora della Perdizione – [29] nella gehenna, dove bruceranno,
orrendo soggiorno? – [30] Essi han fabbricato a Dio dei com-
pagni, per traviare gli uomini dalla Sua via. Dì loro: "Spas-

satevela pure, ora, ma la vostra fine sarà nel Fuoco!" –
31 E dì ai miei servi che hanno creduto, che compiano la
Preghiera ed elargiscano di quel che la Nostra provvidenza
ha loro donato, in segreto e in modo palese, prima che venga
un giorno quando non vi saran più né traffici né amicizie. –
32 È Dio che ha creato i cieli e la terra, e fa scendere acqua
dal cielo e per essa trae dalla terra provvigione per voi, e
v'ha soggiogato le navi ché corrano sul mare al Suo comando,
e v'ha soggiogato i fiumi – 33 e v'ha soggiogato il sole e
la luna che si rincorrono in cielo, e v'ha soggiogato la notte,
e il giorno. – 34 E v'ha dato di tutto quel che Gli avete chiesto,
che se voleste contare i favori di Dio non riuscireste a nume-
rarli. Ma l'uomo è ingiusto protervo. –

35 E rammenta quando Abramo disse: "Signore! Fa
sicura questa contrada, e preserva me e i figli miei dall'adorare
gl'idoli. – 36 Signore, essi già molti han traviati degli uomini.
Ora, chi mi seguirà sarà dei miei, chi mi disubbidirà, ebbene
Tu sei indulgente clemente! – 37 Signore, ho stabilito parte
della mia progenie in una valle deserta presso la Tua Santa
Casa, Signore, perché compiessero la Preghiera! Rendi
dunque i cuori degli uomini benevoli verso di essi, e provve-
dili dei frutti della terra, che possano esserTi grati! – 38 Si-
gnore! Tu conosci tutto quel che celiamo e quel che pale-
siamo e niuna cosa è nascosta a Dio sulla terra, niuna cosa
nel cielo. – 39 Sia lode a Dio, che malgrado la vecchiaia m'ha
donato Ismaele ed Isacco; per vero il mio Signore ascolta
l'invocazione. – 40 Signore, fammi sempre attento alla Pre-
ghiera, e così anche la mia progenie. Signore accogli la mia
invocazione. – 41 Signore, abbi pietà di me, e dei figli miei,
e dei credenti, il dì della resa dei conti!" –

42 E non credere che Iddio non sia attento a quel che
fanno gli iniqui. No, Egli li rimanda ad un giorno in cui
gli occhi tutti saran spalancati pel terrore: – 43 avanzeranno
a collo teso, il capo alzato immobile, lo sguardo assente,
il cuore vuoto. – 44 Ammonisci gli uomini d'un giorno in

cui li coglierà il Castigo, e gli iniqui diranno: " Signore! Accordaci ancor breve tempo, e noi risponderemo al Tuo richiamo e seguiremo i Tuoi messaggeri! " " Non giuravate, prima, che non v'avrebbe toccato decadenza? – [45] E pure abitavate nelle dimore di coloro che già da prima avean fatto torto a se stessi, e pure sapevate chiaro come Noi li trattammo, e molte parabole v'avevamo narrato ". – [46] E gli empi tramarono le loro insidie, ma l'insidia loro è scritta presso Dio, anche se l'insidia loro facesse smuovere i monti. – [47] E non pensare che Dio venga meno alla promessa ch'ha fatto ai Suoi Messaggeri. No! Dio è potente, vendicatore! – [48] Il giorno in cui la terra sarà cambiata in un'altra terra e in altri cieli i cieli, e compariranno le genti avanti a Dio, l'Unico, il Vittorioso. – [49] E vedrai in quel giorno gli scellerati legati a coppie in catene – [50] con tuniche di catrame, e il volto avviluppato dal Fuoco, – [51] acciocchè Dio ricompensi ogni anima per quel che avrà meritato, ché Dio è rapido al conto. – [52] Questo è un messaggio per gli uomini, perché essi ne siano avvertiti, e perché sappiano ch'Egli è un Dio Solo, e perché riflettano i dotati di sano intelletto! –

XV. LA SURA DI AL-ḤIĞR

(*Meccana, eccetto il versetto 87, ch'è medinese.*
Di 99 versetti, rivelata dopo la Sura di Giuseppe)

Nel nome di Dio, clemente misericordioso!

1 A. L. R. Questi sono i Segni del Libro e di una Recitazione Limpida. – 2 Sovente desidereranno, coloro che han rifiutato la Fede, d'essersi dati a Dio! – 3 Lasciali a mangiare e a godere, e che li distragga la speranza: presto sapranno. – 4 Ché Noi non distruggemmo Città alcuna senza averle prima dato una Scrittura ben conosciuta, – 5 ma nessun popolo potrà anticipare il suo termine, nessun popolo ritardarlo. – 6 Ed han detto: "O tu cui è stato rivelato l'Ammonimento, tu sei un pazzo! – 7 Perché non ci porti gli angeli, se tu sei davvero sincero?" – 8 Ma Noi manderemo gli angeli solo con la Verità, e allora gli empi non dovranno aspettare! – 9 In verità Noi abbiam rivelato l'Ammonimento, e Noi ne siamo i custodi. – 10 E già prima di te mandammo profeti fra le nazioni antiche – 11 e tutti i Messaggeri che vennero a loro, essi li schernivano. – 12 Così lo insinueremo nel cuore degli scellerati – 13 eppure non crederanno in esso, malgrado il passato esempio degli antichi. – 14 Anche se aprissimo loro una porta del cielo, e v'ascendessero a frotte – 15 per certo direbbero ancora: "Gli occhi nostri sono inebriati, noi siamo tutti stregati!" – 16 E già ponemmo torri nel cielo e le adornammo agli sguardi – 17 e le guardammo attenti contro ogni demone vile, – 18 ma qualcuno ruba una

voce e li segue vampa lucente. – [19] E la terra spianammo, e vi piantammo immote montagne e vi crescemmo piante armoniose – [20] e là deponemmo cibo per voi e gli esseri tutti cui voi non provvedete; – [21] e non v'è cosa che non n'abbiamo tesori presso di Noi, ma in misura contata ve la mandiamo. – [22] E venti inviammo fecondi di nubi, ed acqua versammo dal cielo perché ne beveste, acqua che non voi serbaste in cisterne. – [23] E certo siam Noi che diamo la vita e uccidiamo, di tutto siamo gli eredi. – [24] E Noi conosciamo fra voi chi va avanti, conosciamo fra voi chi va addietro. – [25] E certo il tuo Signore li radunerà tutti un giorno, poiché è saggio sapiente –

[26] Noi creammo l'uomo d'argilla secca, presa da fango nero impastato – [27] e i *ǧinn* creammo pure, da prima, di fuoco ardentissimo. – [28] Ricorda quando il tuo Signore disse agli angeli: "Ecco Io creerò un uomo d'argilla secca, presa da fango nero impastato – [29] e quando l'avrò modellato e gli avrò soffiato dentro del Mio Spirito, prostratevi avanti a lui, adoranti". – [30] E si prostrarono gli angeli, tutti quanti, insieme – [31] eccetto *Iblīs* che agli adoranti si rifiutò d'unirsi. – [32] E gli chiese Iddio: "O *Iblīs*, che hai tu, che non ti prostri con gli altri in adorazione?" – [33] Rispose: "Non sarà mai ch'io adori un uomo, che Tu hai creato d'argilla secca, presa da fango nero impastato!" – [34] Disse allora Iddio: "Esci di qui, ché tu sei reietto – [35] e si posi su te la maledizione sino al dì del Giudizio!" – [36] "Concedimi, Gli chiese, d'attendere fino al giorno in cui saranno suscitati i morti!" – [37] Rispose: "E sia, ti sia concesso d'attendere – [38] fino al dì del Termine Chiaro". – [39] E disse ancora *Iblīs*: "Signore, poiché tu mi hai ingannato, ecco, io farò bella agli occhi loro ogni turpitudine sulla terra, e ingannerò loro tutti – [40] eccetto i servi Tuoi purificati". – [41] Rispose: "Questa è una Via, per me, retta: – [42] in verità sui Miei servi tu non avrai potere alcuno, eccetto quei traviati che ti seguiranno. – [43] E in verità la gehenna è il luogo a tutti loro pro-

messo ". – 44 Ed essa ha sette porte, e ciascuna una schiera
distinta. – 45 Ma i timorati di Dio staran fra giardini e fon-
tane. – 46 E s'udiranno voci: "Entratevi in pace sicuri!" –
47 Avremo loro strappato dal petto ogni rancore: come
fratelli vivranno adagiati su letti alti, faccia a faccia – 48 e non
li toccherà, ivi, fatica, e non ne saranno cacciati. –

49 Annuncia ai Miei servi ch'Io son l'Indulgente Clemente –
– 50 e che il Mio castigo, è il castigo cocente – 51 e annuncia
loro ancora la storia degli ospiti di Abramo. – 52 Quando
entraron da lui e gli dissero: "Pace!" Rispose: "Per vero
noi di voi abbiamo paura!" – 53 "Non aver paura, dis-
sero, ché noi ti diamo la buona novella d'un giovane sag-
gio!" – 54 Rispose: "Che buona novella è mai questa, ora
che m'ha colto vecchiezza, qual'è questa buona novella?" –
55 Dissero: "Ti demmo annunzio buono di Verità: non sco-
raggiarti ". – 56 E rispose: "E chi mai potrebbe scoraggiarsi
della misericordia del suo Signore? Niuno, altro che i per-
duti!" – 57 E ancora: "Quale è dunque il vostro scopo, o
messaggeri?" – 58 Risposero: "Siam stati inviati a un po-
polo scellerato, – 59 ma la famiglia di Lot, li salveremo tutti –
60 eccetto la sua donna, che abbiamo deciso che resti fra
quei che rimangono addietro ". – 61 E quando giunsero
a Lot i messi di Dio – 62 questi disse loro: "Per certo voi
siete gente ignota!" – 63 "No, risposero, ché abbiam por-
tato quel Castigo di cui dubitava il tuo popolo – 64 e a te
abbiam portato la Verità, e siamo sinceri. – 65 Manda via
dunque la tua famiglia in un'ora della notte e tu seguili dietro,
e nessuno di voi si volga a guardare; e andate dove v'è ordi-
nato ". – 66 Or Noi gli demmo quell'ordine, ché la radice
di quel popolo sarebbe stata strappata all'alba. – 67 E tutti
lieti venner da lui gli abitanti della città. – 68 Ma disse Lot:
"Sono miei ospiti questi, non mi svergognate! – 69 Temete
Dio, non mi disonorate!" – 70 Dissero: "E che? Non t'ab-
biam dunque già proibito di proteggere alcuno?" – 71 "Ecco
le mie figlie, rispose, fate di esse quel che volete!" – 72 Per

la vita tua! Quegli uomini, certo, brancolavano ebbri! – [73] E li colse il Grido, al primo sorger del sole. – [74] E noi mettemmo sossopra la città tutta e piovemmo su loro sassi d'argilla durissima. – [75] In verità, ecco dei Segni per chi indaga, – [76] Segni sopra una via che esiste ancora. – [77] Sì, ecco un Segno pei credenti! – [78] E certo anche la gente di *al-Ayka* erano iniqui, – [79] e Noi ci vendicammo di loro, ed ecco quelle due città, chiari Segni esemplari. – [80] E anche quelli di *al-Ḥiǧr* han smentito gli Inviati – [81] e portammo i Nostri Segni e non li hanno guardati – [82] e case si scavavan nei monti, sicuri – [83] ma li sorprese il Grido, allo spuntar dell'aurora! – [84] E non servirono l'opere loro, a nulla. –

[85] Ma Noi abbiam creato i cieli e la terra, e quel che v'è fra mezzo, solo con Verità d'intento, ed ecco, l'Ora viene. Perdona quindi, di dolce perdono! – [86] Ché il tuo Signore è il Creatore di Tutto, il Sapiente. – [87] E sette Sacri Testi ti demmo e la sublime Lettura. – [88] E non appuntar gli occhi bramoso sui godimenti che ad alcuni di loro concedemmo, non rattristarti per loro, ma abbassa l'ala tua sui credenti! [89] E dì: " In verità io sono l'Ammonitore chiaro " – [90] E se non crederanno, capiterà loro come agli Spezzatori – [91] che il Corano dividono in parti. – [92] Per il tuo Signore! Chiederemo a loro tutti – [93] conto di quel ch'hanno operato. – [94] Palesa dunque quel che t'è stato ordinato, e allontanati dagli idolatri. – [95] Ti bastiamo Noi, contro chi ti deride, – [96] contro coloro che mettono un altro dio accanto a Dio, ma ben presto sapranno! – [97] E Noi ben conosciamo che a quel ch'essi dicono ti si stringe il cuore. – [98] Ma celebra le lodi del tuo Signore e insieme agli altri adoraLo – [99] e il tuo Signore servi, finché ti giunga la certezza suprema! –

XVI. LA SURA DELL'APE

(*Meccana, eccetto gli ultimi tre versetti, che son medinesi. Di 128 versetti, rivelata dopo la Sura della Caverna*)

Nel nome di Dio, clemente misericordioso! –
[1] L'Ordine di Dio viene: non l'affrettate! Egli è glorifi-
cato e esaltato al di là della vostra idolatria! – [2] Egli fa scen-
dere gli angeli a portar lo Spirito per ordine Suo su chi Egli
vuole dei Suoi servi, che ammoniscano gli uomini che non
v'è altro dio che Lui e che pertanto Lo temano. – [3] Egli
ha creato i cieli e la terra con Verità d'intento: alto sublime
Egli è oltre la vostra idolatria! – [4] Ha creato l'uomo con una
goccia di sperma ed ecco, l'uomo Gli è dichiarato avver-
sario. – [5] E le greggi creò per voi, calde e datrici d'utili cose,
e voi ne mangiate – [6] e vi danno visione di bellezza, quando
le riconducete alle stalle la sera, quando le portate al pascolo,
all'aurora, – [7] e vi portano i pesi in paesi lontani che non
avreste raggiunto da soli senza duro travaglio, ché il vostro
Signore è compassionevole e buono; – [8] e cavalli e muli ed
asini v'ha dato perché li cavalchiate, ornamento bello, e sta
creando ancora cose che voi non sapete. – [9] È Dio che vi
mostra la Via, e c'è chi se n'allontana! Ma, se avesse voluto,
v'avrebbe certo guidati tutti assieme. – [10] È Lui che fa scen-
dere acqua dal cielo per voi, e ne bevete, e ne crescono gli
alberi fra i quali spingete a pascolare gli armenti; – [11] e ne
fa crescer per voi e il frumento e l'olivo e le palme e le viti
e ogni specie di frutti: e certo un Segno è ben questo per

gente che sa meditare; – 12 e v'ha soggiogato la notte, e il
giorno, e il sole, e la luna, e le stelle, soggiogate tutte a ser-
virvi per ordine Suo; e certo un Segno è ben questo, per gente
che sa ragionare; – 13 e quel che ha sparso per voi sulla terra,
vario di colori: e certo un Segno è ben questo per gente che
sa ricordare. – 14 Ed è Lui che v'ha soggiogato il mare, che
ne mangiate carne freschissima e ne traggiate ornamenti de'
quali poi vi vestite, e sopra tu vedi le navi che rapide solcano
l'onde; e questo perché possiate bramarNe la Grazia, possiate
esserGli grati. – 15 E ha piantato montagne immote sulla terra,
che non v'oscilli sotto i piedi, e fiumi, e strade, che non smar-
riate la via – 16 e Segni, e con gli astri ancora si guidano gli
uomini. – 17 O che forse Chi crea è come chi non crea? Non
meditate dunque? – 18 E se voleste contare i favori di Dio
non riuscireste certo a numerarli: in verità Dio è indulgente
clemente. – 19 E Dio sa quel che tenete segreto, quello che
manifestate. – 20 E gli esseri che gli uomini invocano in luogo
di Dio, non creano cosa alcuna, ché anch'essi sono creati. –
21 Morti, non vivi, e non sanno, quando risuscitati saranno. –
22 Il vostro dio è un Dio solo: e quei che non credono nella
vita dell'Oltre hanno cuori ostinati ribelli, e si gonfian d'or-
goglio. – 23 Ma non c'è dubbio che Dio sa quel che tengon
segreto, quello che manifestano, e gli orgogliosi non ama. –
24 E quando si chiede loro: “ Che cosa è questa che il vostro
Signore ha rivelato? ” Rispondono: “ Favole antiche! ” –
25 Perché portino i loro carichi intieri il dì della Resurrezione,
e ancora dei carichi di quei ch'essi han traviato, nella loro
ignoranza: quale orrendo trasporto! – 26 E già tramarono
insidie quei che vissero prima di loro: ma Dio colpì il loro
edificio alle fondamenta, e crollò loro addosso il tetto da
sopra, e li colse il Castigo donde meno se lo attendevano. –
27 E il dì della Risurrezione Egli li svergognerà e dirà: “ Dove
sono i Miei compagni, dei quali disputavate coi credenti? ”
E quelli che hanno avuto la Scienza diranno: “ Certo l'igno-
minia di oggi, e il male, cadranno sugli empi! ” – 28 E quelli

che gli angeli faranno morire in istato d'iniquità contro se stessi ci offriranno, allora, la pace: "Non facevamo nulla di male!" ". No! ché Dio sa bene quel che voi facevate! –
[29] Entrate ora per le porte della gehenna, dove resterete in eterno; come turpe sarà l'asilo dei superbi!" – [30] E verrà detto a coloro che temono Dio: "Che cosa è questa che il vostro Signore ha rivelato?" Risponderanno: "La cosa più bella!" A quei che fecer del bene, bene sarà dato in questo mondo, ma certo la Dimora dell'Oltre è più bella: quanto è dolce la dimora dei pii! – [31] Nei giardini di Eden entreranno, là dove scorrono i fiumi e quel che vorranno ivi avranno. Così ricompensa Iddio coloro che Lo temono, – [32] ai quali gli angeli che li faran morire da buoni diranno: "Pace a voi! Entrate nel Giardino, in premio di quel che avete operato!" – [33] Che altro han d'attendersi gli empi se non la venuta degli angeli di morte, o dell'Ordine del tuo Signore? Così avvenne con quei che furon prima di loro; e Dio non fece loro torto, ma torto essi stessi facevano all'anime loro. – [34] Ma li colpì la maligna potenza delle loro azioni, e le cose che schernivano li strinsero in abbraccio di morte. –
[35] E dicono i pagani: "Se Dio avesse voluto, non avremmo adorato null'altro che Lui, né noi né i padri nostri, e nulla avremmo dichiarato illecito senza il Suo permesso". Così già fecero quelli prima di loro; ma null'altro han da fare i Messaggeri Divini che dire chiaro il Messaggio. – [36] E un Divino Messaggero suscitammo in ogni nazione, a gridare: "Adorate Dio ed evitate *Ṭāġūt*!" E di quegli uomini alcuni ne guidò Iddio ed alcuni con ragione furon traviati. Viaggiate dunque sulla terra, e guardate qual fu la fine di quei che smentirono Dio! – [37] E se tu ambisci dirigerli al bene, sappi che nulla può guidare chi è traviato da Dio: niuno potrà più soccorrerli! – [38] E han giurato per Dio con giuramento solenne che Dio non susciterà più chi muore. No! Ché anzi è per Lui promessa veritiera impegnante! Ma i più degli uomini non sanno! – [39] Per mostrare chiaro agli uomini

l'oggetto delle loro discordie e perché sappiano gli empi
d'esser stati bugiardi. – 40 E il Nostro parlare a una cosa
quando Noi la vogliamo, è dirle: "Sii!" ed essa è. – 41 E co-
loro che perseguitati lasciarono la loro terra per la causa di
Dio, ecco annunciamo loro il Bene, nel mondo; ma la mer-
cede dell'Altro è più grande, se lo sapessero, ancora: – 42 co-
loro che pazientarono, nel loro Signore fidenti. –
43 E da prima non inviammo che uomini al mondo,
cui ispirammo la Nostra rivelazione; e domandatene, se non
lo sapete, a quelli che prima ricevettero il Mònito – 44 con
prove chiare, e Scritture, e a Te rivelammo il Mònito, perché
tu chiarisca agli uomini quel che loro prima fu rivelato,
a che possan riflettere. – 45 Ma posson mai starsi al sicuro,
quelli che han tramato trame malvagie, che Dio non li spro-
fondi sotterra o che non li colga il Castigo da dove mai se
l'attendono – 46 o che non li afferri mentre stan trafficando, e
non potran fermarGli la mano, – 47 o che non li afferri mentre
treman di terrore? Ma certo il tuo Signore è mite pietoso. –
48 Ma non guardano alle cose tutte che Iddio ha create, che
hanno ombre allungantisi lente e a destra e a sinistra, prostrate
a Dio umilissime? – 49 E a Dio si prostra adorante tutto ciò
ch'è nei cieli e tutto ciò che è sulla terra, bestie ed angeli,
senza orgoglio alcuno! – 50 Temono tutti il Signore, alto sopra
di loro, e fanno quel che è loro ordinato. – 51 E Dio disse:
"Non prendetevi due dèi! Non c'è che un unico Iddio!
Me, e Me solo, temete!" – 52 E a Lui appartiene tutto quel
che è nei cieli e tutto quel che è sulla terra, a Lui il giudizio,
immanente. E altri che Dio temerete? – 53 Ogni dolce cosa
che avete, l'avete da Dio, e quando un male vi coglie a Lui
ricorrete imploranti. – 54 E poi, quando il male v'è tolto,
ecco che alcuni di voi rinnegano il loro Signore – 55 ingrati
dei Nostri favori: attendete e godete, poi presto saprete. –
56 Assegnano ad esseri ignoti una parte dei beni che Noi
forniamo provvidi a loro. Quanto è vero Iddio! Vi sarà
chiesto conto di queste vostre invenzioni! – 57 E a Dio at-

tribuiscono figlie (sia esaltato Iddio!) e per sé prendono quel che più desiderano, – [58] e quando s'annuncia a un di loro una figlia se ne sta corrucciato nel volto, rabbioso. – [59] E s'apparta dalla sua gente vergognoso della disgrazia annunciata, e rimugina fra sé se ignominiosamente tenersela, o seppellirla viva nella terra! Malvagio giudizio il loro! – [60] A coloro che non credono nell'altra vita, simiglianza malvagia, a Dio la Simiglianza più eccelsa: Egli è il Possente Sapiente. – [61] E se Dio riprendesse gli uomini per la ingiustizia loro, non avrebbe lasciato sulla terra anima viva; ma li rimanda a un termine fisso, e quando il lor termine giunge, non lo ritarderanno d'un'ora, d'un'ora non lo anticiperanno. – [62] Attribuiscono a Dio quel ch'essi stessi sdegnano, e la lor lingua narra menzogna, che avranno il premio più bello! Senza dubbio alcuno, è il Fuoco che avranno, e dentro vi saran spinti per primi! – [63] Per Iddio! Noi già inviammo Profeti a nazioni prima di te e Satana fece sembrar loro belle lo loro azioni, ed è lui il loro patrono, oggi; e avranno castigo cocente. – [64] E Noi ti rivelammo il Libro solo perché tu chiarisca loro l'oggetto delle loro discordie, e a Guida e Misericordia per un popol credente. –

[65] E Dio fa scender acqua dal cielo e ne fa viva la terra che prima era morta, e certo un segno è ben questo, per gente capace d'udire. – [66] E voi avete ancora nei greggi un esempio: Noi vi diam da bere di quel che è nei loro ventri, di fra le feci e 'l sangue, latte puro squisito a chi beve. – [67] E dei frutti delle palme e delle viti vi fate bevanda inebriante e buon alimento; e certo è ben questo un Segno per gente che sa ragionare. – [68] E il tuo Signore rivelò all'ape: "Fatti case nei monti, e negli alberi, e in quel che fabbricano gli uomini – [69] e mangia di tutti i frutti, e percorri sommessa le vie che 'l Signore ti dice!" E dal ventre suo esce variopinta bevanda, che guarisce gli uomini; e certo è ben questo un Segno per gente che sa meditare. – [70] Iddio v'ha creato e poi vi farà morire; e alcuni di voi

son sospinti fino all'età più trista, e non sanno più nulla dopo aver tanto saputo. Ma Dio è il Sapiente Possente. – [71] E Dio ha fatto alcuni di voi superiori agli altri in ricchezze, eppure quelli che son stati preferiti non cedono delle ricchezze loro ai loro servi, per modo che siano in questo uguali. Rifiuterebbero essi infatti il favore divino? – [72] Iddio v'ha dato delle spose, donne nate fra voi, e dalle vostre spose v'ha dato figli e nipoti, e v'ha provveduto delle buone cose. Crederan dunque essi nelle vanità? E rinnegheranno la grazia divina? – [73] E adoreranno, in luogo di Dio, chi non potrebbe provveder loro nulla, né dai cieli né dalla terra, esseri impotenti? – [74] Non attribuite dunque dei simili a Dio, ché Dio sa e voi non sapete. – [75] Iddio vi pone questa similitudine, la similitudine d'un servo, posseduto, che non ha potere su nulla, e un uomo libero che abbiam provveduto di provvigione buona e ne elargisce, in pubblico e in segreto. Son forse uguali? Sia lode a Dio! Ma i più di loro non sanno. – [76] E Dio fa ancora una similitudine: Due uomini, uno muto che non è capace di nulla ed è un peso per il suo padrone; ovunque egli lo mandi non porta nulla di buono. Son forse uguali quest'uomo e un uomo che comanda con giustizia, su un retto sentiero? – [77] E a Dio appartiene l'Arcano dei cieli e della terra, e il cadere dell'Ora non sarà che un batter d'occhio, o ancora più breve. In verità Dio è su tutte le cose potente. – [78] E Dio vi ha tratti fuori dal ventre di vostra madre impotenti ed ignari, e v'ha dato l'udito, e v'ha dato la vista ed il cuore, che aveste un dì a ringraziarLo. – [79] Non guardano dunque agli uccelli, soggiogati a Dio nella distesa del cielo? Non li sorregge che Dio; e certo son Segni, in questo, per gente pronta alla Fede. – [80] E Dio v'ha dato le tende a dimora, le tende v'ha fatto dalle pelli dei greggi, che leggere maneggiano le mani allorché trasferite l'accampamento o quando vi fissate in un luogo; e delle loro lane, dei loro peli e dei loro crini suppellettili ed utili cose, fino a un termine dato. – [81] E Dio ha fatto per voi, dalle cose create, ombre, e nascondigli nei monti; e vesti v'ha dato che vi proteggan dal caldo, e vesti che vi proteggano in battaglia. Così Egli completa la Sua grazia su di voi, a che a Lui vi diate. – [82] Che se poi Gli volgete le spalle, ebbene a te non incombe che dir chiaro il Messaggio. – [83] Essi conoscono la grazia di Dio e poi la rinnegano, e i più di loro son empi. – [84] Un giorno susciteremo da ogni popolo un Testimone, e allora non sarà più permesso nulla a coloro che avran rifiutato la Fede, e non saran soddisfatti. – [85] E quando gli iniqui vedranno il Castigo, questo non verrà loro alleviato, nessuna dilazione sarà loro concessa. – [86] E quando gli idolatri vedranno i loro idoli, diranno: "Signore, ecco i nostri idoli, che noi adoravamo in vece Tua!" E questi ribatteranno: "Mentite!" – [87] E gli empi proporranno la pace a Dio, in quel giorno, ma spariran da loro gli idoli mentiti. – [88] E quelli che rifiutarono Fede e allontanaron gli uomini dalla Via di Dio, aumenteremo loro castigo sopra castigo, per la lor corruzione. – [89] E un giorno susciteremo un Testimone di fra ogni popolo, uno dei loro, contro di loro, e porteremo te a testimonio contro questa gente; ché il Libro abbiam rivelato a te come dimostrazione chiara di tutte le cose, e guida, e misericordia, e buona novella per i dati a Dio. –

[90] In verità Iddio ordina la giustizia, la beneficenza, l'amore ai parenti, e vieta la dissolutezza e il male e la prepotenza: Ei v'ammonisce, che abbiate a meditare. – [91] Osservate il patto di Dio che avevate pattuito, e non rompete i giuramenti che avete solennemente giurato, poiché è Dio che avete costituito sopra di voi a garante, e Dio sa ciò che fate! – [92] E non fate come la filatrice che disfa il suo filato dopo averlo torto con forza, e ne fa fili sciolti; non vi servite dei vostri giuramenti come inganno fra voi, perché un partito è più forte di un altro; in verità Dio vuol provarvi con questo per mostrarvi chiaro, nel dì della Resurrezione, l'oggetto delle vostre discordie di ora. – [93] E se Dio avesse

voluto, avrebbe fatto di voi una nazione sola, ma Egli travia
chi vuole e guida chi vuole e di quel che operavate vi sarà
chiesto conto. – 94 E non servitevi dei vostri giuramenti
come mezzo d'inganno fra voi, ché altrimenti il piede vostro,
ch'era saldo, scivolerà, e gusterete mala ricompensa per aver
allontanato i vostri simili dalla Via di Dio e avrete castigo
tremendo. – 95 E non barattate il Patto di Dio a vil prezzo,
ché presso Dio v'è cosa migliore per voi, se voi lo sapeste! –
96 Quel ch'è presso di voi rapido passa, quel ch'è presso Dio
dimora in eterno, e noi daremo a quei che pazientarono
sulla terra la loro mercede, premio per le cose buone che
avranno operato. – 97 Chi opera il bene, sia egli maschio o
femmina, purché credente, lo vivificheremo a vita dolce e
li premieremo del premio loro, per le cose buone che avranno
operato. – 98 Quando reciterai il Corano, rifugiati in Dio da
Satana, il maledetto, – 99 poiché egli non ha potere alcuno
sopra coloro che credono e nel loro Signore confidano. –
100 Ma potere egli ha su coloro che a Dio volgon le spalle,
su quei che Gli danno idoli a compagni. – 101 E quando scam-
biamo un versetto con un altro (e Dio sa meglio di chiunque
quel ch'Egli rivela) dicono: "Ecco, tu sei un falsario!"
ma i più di loro non sanno. – 102 Rispondi: "Lo ha rivelato
lo Spirito di Santità inviato dal tuo Signore con la Verità
a confermazione di coloro che credono, e guida e buona
novella per i dati a Dio". – 103 E Noi ben sappiamo che
essi dicono: "Glie lo insegna un uomo!" Ma la lingua di
quello cui pensano è barbara, mentre questo è arabo chiaro! –
104 In verità coloro che non credono nei Segni di Dio, Iddio
non li guiderà e avranno castigo cocente. – 105 Ed inventan
menzogne, coloro che non credon nei Segni di Dio, e son
dessi bugiardi. –

106 Chi rinnega Dio dopo aver creduto, è perso; eccetto
coloro che vi son stati costretti a forza, ma il cuor loro è
tranquillo nella fede; ma su coloro che avran spalancato il
cuore all'empietà cadrà ira da Dio e avranno castigo cocente. –

107 E questo perché hanno preferito la vita del mondo all'Al-
tra, e perché Dio non guida la gente empia. – 108 Son dessi
coloro cui Dio ha stampato un suggello sul cuore e sull'udito
e sulla vista: essi son di tutto incuranti – 109 e, senza dubbio
alcuno, nell'altra Vita saranno perduti. – 110 Ma certamente
il tuo Signore, verso coloro che lasciarono le loro dimore
dopo esser stati perseguitati e poi lottarono per la fede e
saldi pazientarono, certamente il tuo Signore al fine sarà
indulgente clemente; – 111 il giorno in cui ogni anima verrà
a difender se stessa e sarà pagato a ogni anima quel che avrà
fatto e a nessuno verrà fatto torto. – 112 E Dio propone a
similitudine una città che se ne stava sicura e tranquilla,
rifornita di provvigioni copiose da ogni regione, e pur rin-
negò i favori di Dio, e allora Iddio le fece gustare il vestito
della fame e del terrore, per quel che la sua gente avea ope-
rato. – 113 E venne loro un Messaggero, uno dei loro, e lo
smentirono, e li colse il Castigo, in istato d'iniquità. –

114 Mangiate delle cose lecite e buone che la provvidenza
di Dio v'ha donato, e siate riconoscenti pel favore di Dio,
se Lui voi adorate! – 115 Ché Iddio v'ha proibito gli ani-
mali morti, e il sangue e la carne di porco, e animali macel-
lati invocando nome altro da Dio. Quanto a chi v'è costretto,
senza desiderio e senza intenzion di peccare, ebbene Dio è
indulgente clemente. – 116 E non dite, parlando di certe cose,
menzogne come: " Questo è lecito e questo è illecito " per
inventar così bugie contro Dio, ché coloro che inventan
bugie contro Dio non prospereranno, – 117 ma godimento
buono avranno da prima e poi castigo cocente. – 118 E ai
giudei proibimmo quel che già t'abbiam narrato da prima,
e nessun torto loro facemmo, bensì essi a se stessi facevano
torto. – 119 E poi per certo il tuo Signore, con quelli che
operarono il male per ignoranza e poi si convertirono e si
corressero, per certo il tuo Signore al fine sarà indulgente
clemente. – 120 E certo Abramo fu modello per gli uomini,
devoto a Dio, di fede pura, e non fu un idolatra, – 121 grato a

Dio per i Suoi favori, lo prescelse Iddio e lo guidò per un retto sentiero – 122 e gli demmo nel mondo terreno bene, e nell'Altro è dei Santi. – 123 E ti rivelammo: "Segui la religione d'Abramo, con fede pura: egli non fu un idolatra!" – 124 E il Sabato fu istituito contro quelli stessi che poi ne disputaron discordi: e certo il tuo Signore giudicherà fra di loro il dì del Giudizio, deciderà le loro discordie. –

125 Chiama gli uomini alla Via del Signore, con saggi ammonimenti e buoni, e discuti con loro nel modo migliore, ché il tuo Signore meglio di chiunque conosce chi dalla Sua via s'allontana, meglio di chiunque conosce i diritti. – 126 E se punite, punite in misura del torto ricevuto, ma se pazientate meglio sarà pei pazienti. – 127 Pazienta dunque, e sappi che il tuo pazientare è solo possibile in Dio; non ti crucciare per loro e per le loro insidie non t'angustiare – 128 perciocché Dio è con coloro che Lo temono, con coloro che fanno del bene. –

XVII. LA SURA DEL VIAGGIO NOTTURNO

(*Meccana, eccetto i versetti 26, 32, 33, 57 e 73-80, che son medinesi. Di 111 versetti, rivelata dopo la Sura del Racconto*)

Nel nome di Dio, clemente misericordioso!
1 Gloria a Colui che rapì di notte il Suo servo dal Tempio
Santo al Tempio Ultimo, dai benedetti precinti, per mostrar-
gli dei Nostri Segni. In verità Egli è l'Ascoltante, il Veggente. –
2 E Noi demmo a Mosè il Libro e lo facemmo guida dei
figli d'Israele: "Non prendete altro protettore che Me!" –
3 A Mosè, progenie di coloro che Noi portammo con Noè
nell'Arca; e in verità quegli fu un servo grato. – 4 E decre-
tammo contro i figli d'Israele, nel Libro: "Certo voi porte-
rete la corruzione sulla terra due volte e v'innalzerete a su-
perbia alta. – 5 E quando verrà per compiersi la prima delle
due minacce, susciteremo contro di voi dei servi Nostri,
pieni di forza grande, che penetreranno liberamente entro
le vostre dimore, e la minaccia sarà avverata. – 6 Poi vi con-
cederemo la rivincita su di loro e vi assisteremo con ricchez-
ze e figli e vi faremo maggiori di numero. – 7 Se farete del
bene lo farete in favore vostro e se farete del male lo farete
a voi stessi. E quando verrà per compiersi l'altra minaccia,
ecco verranno ad affliggervi, entreranno nel Tempio come
v'erano entrati la prima volta, distruggeranno di distruzione
totale tutto quel che avran conquistato" – 8 Può darsi che
il vostro Signore abbia pietà di voi, ma se tornate al male,
torneremo anche Noi, e faremo della gehenna carcere agli

empi. – [9] In verità questa Predicazione guida alla Via più
diritta; e annunzia buone novelle ai credenti che operano
il bene, annunzia mercede grande – [10] e che, per coloro che
non credono all'altra vita, abbiam preparato castigo cocente. –
[11] E l'uomo invoca il male come invoca il bene: l'uomo
è in verità frettoloso. – [12] E due segni facemmo della notte
e del giorno: cancellammo col buio il segno della notte e
visibile rendemmo il segno del giorno, perché voi poteste
cercarvi i favori del Signore, perché conosceste il numero
degli anni e il conto: e tutte le cose noi dichiariamo chiare. –
[13] E abbiamo attaccato al collo d'ogni uomo il suo destino
e il dì della Resurrezione gli mostreremo un rotolo che tro-
verà dispiegato a sé davanti. – [14] " Leggi il tuo rotolo! Ba-
sterai te stesso, oggi, a computare contro di te le tue azioni! " –
[15] Chi segue la retta Guida, lo fa a suo favore, e chi si
travia, si travia contro se stesso, e nessun'anima sarà cari-
cata del peso d'un'altra; e Noi non castigammo mai senza
aver prima inviato un Messaggero Divino. – [16] E quando
vogliamo distruggere una città, inviamo il nostro Ordine
agli agiati di quella città, ma essi si danno alla scelleraggine,
e allora s'avvera la Parola, e la distruggiamo alle radici. –
[17] Quante generazioni abbiamo distrutto dopo Noè! E basta
il tuo Signore a conoscere e vedere i peccati dei Suoi servi! –
[18] A chi preferisce la vita affrettata del mondo, ci affrettiamo
a dargliene ciò che vogliamo, a chi vogliamo; e poi gli of-
friamo la gehenna, dove brucerà reietto ed abbietto. – [19] Ma
chi preferisce l'altra Vita e degnamente si sforza d'ottenerla,
ed è credente, ebbene i loro sforzi saran graditi a Dio. –
[20] Tutti Noi aiutiamo, e questi e quelli, col Dono del tuo
Signore, e il Dono del tuo Signore non ha confini. – [21] Con-
sidera come fra gli uomini ne abbiam posti gli uni al disopra
degli altri, ma la vita dell'Oltre ha gradi più alti, ha più
alte eccellenze. – [22] Non aggiungere a Dio altri dèi, sì che
non debba startene un dì coperto d'ignominia negletto. –
[23] Il tuo Signore ha decretato che non adoriate altri che Lui,

e che trattiate bene i vostri genitori. Se uno di essi, o ambedue,
raggiungon presso di te la vecchiaia, non dir loro: " Uff! ",
non li rimproverare, ma dì loro parole di dolcezza. – [24] In-
clina davanti a loro mansueto l'ala della sottomissione e dì:
" Signore, abbi pietá di loro, come essi han fatto con me, al-
levandomi quando ero piccino! " – [25] Meglio conosce il
vostro Signore quello che avete in cuore, se voi siete buoni,
e in verità Ei fu sempre indulgente a chi spesso torna pen-
tito. – [26] E tu dà ai parenti quel che a essi spetta, e così ai
viandanti ed ai poveri, ma senza prodigalità stravaganti –
[27] ché i prodighi son fratelli dei dèmoni, e il Demonio fu
ingrato verso il Signore! – [28] E se tu te ne allontani, in attesa
d'un atto di misericordia del tuo Signore, che tu speri, ri-
volgi loro almeno una parola gentile. – [29] Non legarti ava-
ramente la mano al collo, ma non aprirla tutta quanta, sì
da ridurti a sedertene biasimato e di tutto privato. – [30] In
verità il tuo Signore apre la Sua provvidenza a chi vuole
e la misura a chi vuole; Egli, in verità, conosce e vede i
Suoi servi. – [31] E non uccidete i figli vostri per tema di cader
nella miseria: Noi siamo che li provvediamo, e voi, badate!
Ché l'ucciderli è peccato grande. – [32] E non accostatevi alla
fornicazione: è una turpitudine e una ben trista via! – [33] E
non uccidete alcuno (ché Dio l'ha proibito) senza giusto
motivo: quanto a chi è ucciso ingiustamente, Noi diamo al
suo curatore potestà di vendicarlo; ma questi non ecceda
nella vendetta, ché penserà Dio ad aiutarlo. – [34] E non v'ac-
costate alle sostanze dell'orfano altro che nel modo migliore,
finché egli non giunga alla maggiore età, e rispettate i patti,
perché dei patti vi sarà chiesto conto. – [35] E fate piena la
misura quando misurate, e pesate con bilancia giusta. Questo
sarà meglio, e il modo più bello pel conto. – [36] E non seguire
quello di cui nulla conosci, poiché e l'udito e la vista e il
cuore, di tutto questo sarà chiesto conto. – [37] E non inceder
sulla terra pieno di gaio orgoglio: non potresti fenderla la
terra, non raggiungeresti le montagne in altezza. – [38] In tutto

questo c'è qualcosa di abbominevole agli occhi del Signore.
– 39 E questo è una parte dei Comandamenti di Saggezza
che il tuo Signore t'ha rivelato: non metter dunque accanto a
Dio un altro dio, sì da esser gettato nella gehenna biasimato
e reietto. – 40 Avrebbe forse Dio preferito voi dandovi dei
figli e si sarebbe preso per sé delle figlie di tra gli angeli?
Per certo voi profferite parole enormi! – 41 E abbiam rivolto
questo Corano agli uomini affinché meditino, ma esso non
fece che aumentare la loro repulsione. – 42 Dì: "Se vera-
mente esistessero insieme con Lui altri dèi, come essi dicono,
certo troverebbero una via fino al Signore del Trono". –
43 Ma no! D'immensa altezza più alto e glorioso è Lui sopra
i loro vani discorsi! – 44 Lo glorificano i sette cieli e la terra
e tutti gli esseri che i cieli e la terra racchiudono, e non c'è
cosa alcuna che non canti le Sue lodi: solo che voi non
comprendete le loro parole di lode. In verità Egli è mite
indulgente. – 45 E quando tu reciti il Corano noi poniamo
fra te e coloro che rinnegano la Vita Futura un velo disteso –
46 e poniamo sui loro cuori involucri a che nol compren-
dano e nelle orecchie loro durezza, e quando tu nomini il
tuo Signore, nella tua recitazione, l'Unico Iddio, ti voltan
le spalle disgustati. – 47 Noi meglio sappiamo come ti ascol-
tino quando ti ascoltano, e di quando s'adunano in concilia-
boli e dicono gli empi: "Voi state seguendo un uomo stre-
gato!" – 48 Guarda dunque a che cosa ti paragonano! Ma
errano e non posson trovare la Via. – 49 E dicono: "O che
forse quando saremo ossame e polvere, o che forse sarem
suscitati a creazione novella?" – 50 Rispondi: "Siate pure
pietra o ferro – 51 o qualsiasi altra sostanza troppo greve
per aver vita, a vostro giudizio!" Risponderanno: "E chi
ci farà tornare?" Dì: "Colui che già v'ha creati una prima
volta!" E scuoteran la testa e ti diranno: "E quando?"
Rispondi: "Può darsi fra poco! – 52 Un giorno in cui
Egli vi chiamerà e voi risponderete a Lui con una lode e pen-
serete d'esser rimasti solo un'istante nella tomba". –

53 E dì ai Miei servi che parlino nel modo più acconcio,
perché Satana semina zizzania fra di loro, ché Satana è per
l'uomo dichiarato nemico. – 54 Il vostro Signore vi conosce
meglio d'ogni altro: se Egli vuole avrà pietá di voi e vi ca-
stigherà s'Egli vuole; e Noi non t'abbiam mandato loro
come avvocato. – 55 E il tuo Signore meglio conosce gli
esseri nei cieli e sulla terra e alcuni dei profeti preferimmo
ad altri e demmo a David i Salmi. – 56 Dì: " Invocate pure
coloro che voi pretendete dèi oltre Dio, e vedrete ch'essi
non hanno il potere d'allontanare il male da voi, o di commu-
tarlo ". – 57 Coloro che essi invocano bramano anch'essi un
mezzo per avvicinarsi al Signore, e corrono a Lui a gara,
e sperano la Sua misericordia, e paventano il Suo castigo:
terribile è il castigo del Signore! – 58 E non v'è città che
Noi non distruggeremo prima del dì del Giudizio o puni-
remo di tormento forte: questo è scritto nel Libro. – 59 E
quel che Ci impedì di mandare ancor te con Segni di mira-
colo, fu solo l'aver gli antichi smentito quei Segni: così noi
avevam mandato ai *Ṯamūd* la cammella come Segno chiaro,
ma la trattarono empiamente. Così, Segni, ne invieremo solo
a terrore del mondo. –

60 E ricorda quando ti dicemmo: " Il Signore ha circon-
dato gli uomini ". E la visione che ti mostrammo la ponemmo
a mo' di tentazione per gli uomini e così l'albero maledetto
nel Corano. Noi li spaventiamo, ma questo non accresce
altro che il loro orgoglio ribelle. – 61 E ricorda quando di-
cemmo agli angeli: " Prosternatevi avanti ad Adamo! " E
si prosternarono tutti eccetto *Iblīs* che disse: " Dovrò pro-
sternarmi avanti a una creazione di fango? " – 62 E soggiunse:
" Ebbene, costui sarebbe quello che hai onorato sopra di
me? Dammi tempo fino al dì della Resurrezione ed io an-
nienterò tutta la sua progenie, salvo pochi! " – 63 Rispose
Iddio: " Va, e tu e coloro che ti seguiranno avrete ad abbon-
dante premio la gehenna! – 64 Conturba dunque con la tua
voce quelli fra di essi che potrai e piomba loro addosso con i

tuoi cavalieri e i tuoi fanti, e assòciati a loro nei beni e nei figli, e fa loro promesse. Ma non promette Satana che inganno. – [65] Ma sui Miei servi non avrai potere: basta il Signore loro a proteggerli ". –

[66] Il vostro Signore è Colui che fa correr leggere per voi le navi sul mare perché cerchiate della Sua grazia; Egli è con voi generoso. – [67] E quando vi coglie disgrazia sul mare, coloro che invocate in vece Sua tutti scompaiono e non resta che Lui, e quando v'ha salvato in terraferma v'allontanate da Lui, ancora. Per certo l'uomo è ingrato! – [68] Siete voi sicuri che non vi faccia sprofondar sotto i piedi un tratto di terra o che non vi scagli addosso tempesta di sabbia? Allora non troverete certo protettori. – [69] O siete voi sicuri ch'Egli non vi mandi ancora una volta sul mare e non v'assalga con un turbine di vento e v'anneghi tutti per la vostra ingratitudine? Non troverete, contro a Noi, difensori! – [70] E Noi già molto onorammo i figli d'Adamo e li portammo per la terra e sul mare e demmo loro provvidenza buona, e su molti degli esseri da noi creati preferenza grande. –

[71] E un giorno chiameremo tutti gli uomini insieme con il loro Capo, e coloro cui verrà dato il libro nella destra, quelli lo leggeranno, e non sarà lor fatto torto neanche d'un filo. – [72] E chi in questa vita sarà stato cieco, sarà cieco anche nell'Altra e ancor più traviato dalla Via. – [73] E in verità poco mancò che gli empi ti stornassero da quel che t'avevam rivelato perché tu inventassi rivelazioni altre e menzognere contro di Noi, e allora t'avrebber preso per amico; – [74] e se Noi non ti avessimo confermato saresti forse stato incline a seguirli, un poco. – [75] E allora Noi t'avrem fatto gustare il doppio nella vita e il doppio nella morte, né avresti trovato contro di Noi soccorritore veruno. – [76] Per poco essi non ti spinsero a fuggire da questa terra, per espellertene. E se così fosse avvenuto, non vi sarebber rimasti dopo di te se non poco. – [77] Tale è il modo che seguimmo con i Nostri Inviati che inviammo prima di te, e il Nostro modo non muta. –

78 Compi la preghiera al declinare del sole fino al primo
oscurarsi della notte, e compi la Recitazione dell'Alba, ché
alla Recitazione dell'Alba assistono gli angeli; – 79 e parte
della notte ancora veglia in orazione volontaria, che forse il
Signore ti susciti a luogo di gloria, – 80 e dì così: " O Signore!
Fammi entrare da giusto e da giusto uscire e accordami
Potenza Tua che m'assista! " – 81 E dì ancora: " È venuta
la verità e svanito è l'errore: per certo, evanescente cosa è
l'errore! " – 82 E noi riveliam del Corano ciò che è guari-
gione e misericordia ai credenti, ma negli empi non accresce
che perdizione. – 83 Allorché colmiamo l'uomo di grazie si
discosta sdegnoso, e quando poi lo coglie il male si dispera. –
84 Dì: " Ognuno agisce a suo modo, ma il vostro Signore
sa meglio di chiunque chi è guidato alla diritta via ". – 85 Ti
chiederan dello Spirito. Rispondi: " Lo Spirito procede
dall'Ordine del mio Signore, ma solo d'un poco di scienza
voi siete stati dotati ". – 86 Se Noi volessimo ti porteremmo
via quel che t'abbiam rivelato, e allora, non troveresti pro-
tettore alcuno contro di Noi, – 87 se non per misericordia
del Signore, la cui grazia fu grande sopra di te. –

88 Dì: " Se pur si adunassero uomini e *ğinn* per produrre
un Corano come questo, non vi riuscirebbero, anche se s'aiutas-
sero l'un l'altro ". – 89 E certo Noi indirizzammo agli uomini,
in questo Corano, ogni sorta d'esempi, ma tutto i più rifiu-
tarono tranne il Ŗifiuto – 90 e dissero: " Non crederemo
finché tu non ci faccia sgorgar dalla terra una sorgente – 91 o
non abbia a darci un giardino di palmizi e di vigne e non
vi faccia sgorgare frammezzo, sgorgare ruscelli – 92 o fino a
che tu non faccia cadere il cielo, come pretendi, a pezzi sopra
di noi, e che ci porti Iddio e gli angeli tutti a garanti – 93 o
fino a che tu non abbia a darci una casa d'oro o che tu non
salga su nel cielo: ma non crederemo alla tua salita lassù, se
Tu non ci porti un Libro scritto che possiamo leggere! "
Rispondi: " E chi son io, sia gloria al Signore, se non un
uomo mortale a voi mandato da Dio? " – 94 E solo impedì

agli uomini di credere, quando giunse loro la Guida, il loro dire: " O che Dio ha mandato un uomo per Suo Messaggero? " – 95 Rispondi: " Se sulla terra passeggiassero tranquilli gli angeli, avremmo mandato loro dal cielo un angelo a Messaggero! " – 96 Ma dì ancora: " Basta Iddio a testimone fra me e voi: per certo Ei sa tutto e tutto vede dei suoi Servi! " – 97 Colui che Iddio guida, egli è il Guidato, e colui che Iddio travia non troverà altri alleati oltre Lui: e tutti li raduneremo il dì della Resurrezione, sordi muti ciechi, col volto prono nel fango, e l'asilo loro sarà la gehenna, e quando s'affievolirà, l'avviveremo di vampa! – 98 Questo è il loro premio per aver essi rinnegato i Nostri Segni, dicendo: " E che? Quando saremo polvere e ossami saremo davvero suscitati a creazione novella? " – 99 Ma non vedono dunque che Dio, Colui che ha creato i cieli e la terra, ha la potenza di creare altri esseri simili a loro? Egli ha stabilito per loro un termine intorno al quale non v'ha dubbio, ma gli empi tutto rifiutano tranne il Rifiuto! – 100 Dì: " Se voi possedeste i tesori della misericordia del Signore, vi asterreste dal prenderne, per timore di spenderli: ché l'uomo è avaro ". –

101 E Noi demmo a Mosè nove Segni Chiari: domandane ai figli d'Israele, quando Mosè venne agli Egiziani e Faraone gli disse: " Io credo che tu, o Mosè, sia stregato! " – 102 Rispose: " Tu sai bene che questi Segni non li ha mandati altri che il Signore dei cieli e della terra, in visione chiarissima; e io credo che tu, o Faraone, sia perduto! " – 103 E volle Faraone scacciarli dalla terra d'Egitto e Noi li facemmo affogare, lui, e quelli con lui, tutti. – 104 E dicemmo di poi ai figli d'Israele: " Abitate questa terra; e quando si compirà la Promessa Futura vi ricondurremo tutti, a schiere ".–

105 E con la Verità l'abbiam fatto discender sul mondo e con la Verità è disceso, e te inviammo soltanto come annunciatore e mònito; – 106 e il Corano lo dividemmo in parti a che tu lo recitassi agli uomini lentamente, lo rivelammo a brani. – 107 Vi crediate voi, o non vi crediate, certo coloro

che da prima ebber la Scienza, allorché vien loro recitato, cadono a terra proni – [108] ed esclamano: " Sia gloria al nostro Signore! Compiuta è la promessa del Signore! " – [109] E cadono proni sul volto, piangendo, e l'umiltà s'accresce in loro. – [110] Dì: " Invocatelo come Allàh, o invocatelo come *Raḥmān*, comunque lo invochiate, a Lui appartengono i nomi più belli ". E nella tua preghiera non parlar troppo alto e troppo basso: ma cerca un giusto mezzo fra i due – [111] e dì: " Sia lode a Dio, che niun figlio si scelse né si prese compagno nel Regno, che non ha bisogno d'amici a salvarlo ", e grida grande la Sua grandezza! –

XVIII. LA SURA DELLA CAVERNA

(*Meccana, eccetto i versetti 28 e 83-101, che son medinesi. Di 110 versetti, rivelata dopo la Sura dell'Avvolgente*)

Nel nome di Dio, clemente misericordioso!

1 Sia lode a Dio che rivelò al Suo servo il Libro e non
v'ha posto cosa contorta – 2 ma lo fece retto per minacciare
calamità dura e annunciare ai credenti, operanti il bene, che
avranno ricompensa buona – 3 nella quale dimoreranno per
sempre, – 4 e per ammonire coloro che dicono: "Iddio s'è
preso un figlio". – 5 Essi non ne sanno nulla, come già nulla
ne sapevano i padri loro; grave è la parola ch'esce loro di
bocca: non è che menzogna. – 6 Vorrai tu forse struggerti
di dolore dietro a loro perché non credono a questa Parola? –
7 Noi invero abbiam fatto di tutte le cose che son sulla terra
un ornamento per essa, per metterli alla prova e veder quale
di loro meglio opera. – 8 Ma un dì ridurremo tutto quel che
v'è sopra a suolo arido e desolato. –

9 Pensi tu che gli uomini della Caverna e d'*ar-Raqīm*,
siano fra i Nostri Segni cosa strana? – 10 Allorché i giovanetti
si rifugiarono nella caverna e dissero: "Signore, dacci un
segno di misericordia da parte Tua e dacci rettitudine nel
fare!" – 11 E Noi colpimmo di silenzio le loro orecchie,
nella Caverna, per lunghi anni, – 12 e poi li svegliammo per
sapere quale dei due gruppi sapesse meglio contare il tempo
ch'eran restati lì a soggiornare. – 13 Noi ti racconteremo la
storia loro con verità: erano giovanetti che credevano nel

loro Signore, li avevam guidati rettamente al Vero. – [14] E fortificammo i loro cuori quando si levarono a dire: " Il nostro Signore è il Signore dei cieli e della terra, non invocheremo altro dio che Lui! Se lo facessimo, diremmo certo cosa abbominevole! – [15] Questo nostro popolo s'è preso degli dèi altri da Lui. Se almeno apportassero a loro discolpa giustificazione chiara! Ma chi è più empio di chi forgia menzogne contro Dio? – [16] E quando vi sarete allontanati da loro e dagli idoli che adorano in luogo di Dio, rifugiatevi nella Caverna, che il vostro Signore effonderà su di voi della Sua misericordia e disporrà dolcezza a vostra sorte ". – [17] E avresti visto il sole, al sorgere, deviare dalla loro caverna verso destra, e sfiorarli a sinistra al tramonto, mentr'essi si trovavano in un ampia volta nel centro. Questo è uno dei Segni di Dio: e colui che Dio guida, egli è il Guidato, e colui che Dio travia non troverà patrono che l'ammaestri. – [18] E li avresti creduti svegli, mentre invece dormivano, e li voltavamo sul fianco destro e sul sinistro, mentre il loro cane era accucciato con le zampe distese, sulla soglia. Se fossi lì capitato d'improvviso e li avessi visti, ti saresti volto subito in fuga pieno d'arcano spavento. – [19] E così li svegliammo, perché s'interrogassero a vicenda. Uno di loro disse: " Quanto tempo siete rimasti qui? " " Un giorno restammo, risposero, o parte d'un giorno ". E gli altri: " Il vostro Signore sa meglio quanto vi siete restati. Mandate ora qualcuno con queste monete alla città, a cercar chi abbia il cibo più puro, e ve ne porti provvigioni: ch'ei sia con tutti gentile ma a nessuno dia notizia di voi – [20] poiché se vi scoveranno vi lapideranno o vi ricondurranno alla loro religione e allora giammai prospererete ". – [21] E così Noi li svelammo agli abitanti della città perché sapessero che la promessa di Dio è vera e che non v'è dubbio alcuno nell'Ora. Quando essi disputavano fra loro su quei giovani e dicevano alcuni: " Costruite sopra di loro un edificio, meglio li conosce il Signore! " Ma quelli la cui opinione prevalse dicevano:

"Facciamoci sopra un santuario!" – [22] Diranno alcuni: "Erano tre, e quattro col cane". Altri: "Cinque erano, e sei col cane". Altri ancora: "Sette, e otto col cane". Rispondi: "Il mio Signore sa meglio qual fosse il loro numero; non lo conoscono che pochi". Non disputare dunque di loro altro che in modo esteriore, e non chieder di loro a nessuno. – [23] E non dire di nessuna cosa: "La farò domani" – [24] senza aggiungere: "Se Dio vuole", e se lo dimentichi, invoca il nome del Signore, e dì: "Può darsi che il Signore mio mi guidi a far cose di questa più rette". – [25] Rimasero dunque nella loro caverna trecento anni, ai quali ne aggiunsero nove. – [26] Dì: "Iddio sa meglio quanto tempo sian rimasti colà: Suoi sono i segreti invisibili dei cieli e della terra. Come chiara è la Sua vista, quanto il Suo udito è acuto! Non hanno gli uomini altro patrono che Lui, e nessuno Egli associa nel Suo giudizio". –

[27] Leggi dunque quel che t'è stato rivelato dal Libro del tuo Signore, le cui parole nessuno può mutare. Fuori di Lui non troverai rifugio! – [28] Sii paziente con coloro che invocano il loro Signore al mattino e alla sera pel desiderio del Suo volto e gli occhi tuoi non si stornin da loro per desiderio di bellezze mondane, e non obbedire a colui che abbiam reso pigro nel menzionarCi e che segue il suo piacere e che agisce da insolente. – [29] Ma dì: "La Verità viene dal vostro Signore: chi vuole creda, chi non vuole respinga la Fede. Per vero abbiam preparato per gli empi un fuoco il cui turbinare fumoso li avvolgerà d'ogni parte e se imploreranno soccorso saran soccorsi con acqua come rame fuso che abbrustolirà loro il volto. Quale orrenda bevanda, qual tristo giaciglio!" – [30] E invero coloro che credettero e operarono il bene, sappi che non manderemo perduta la ricompensa di chi con bontà ha agito. – [31] Essi avranno i giardini di Eden alle cui ombre scorrono i fiumi; ivi saranno adorni di bracciali d'oro e vestiti di vesti di seta e di broccato, sdraiati su alti divani. Qual bella ricompensa, quale giaciglio buono! –

32 Porta loro ad esempio due uomini, a uno dei quali
demmo due giardini di vigne che circondammo di palmizi
e fra i quali ponemmo un campo seminato. – 33 E ambedue
i giardini diedero il loro frutto e in nulla fecer torto al loro
padrone, e facemmo sgorgare fra di essi un ruscello. – 34 E
n'ebbe dei frutti e disse al suo compagno che dialogava con
lui: "Io ho più copiose ricchezze di te, e di te più possente
sono di gente e famigli". – 35 Ed entrò nel suo giardino,
facendo torto a se stesso e dicendo: "Credo proprio che
tutto questo non perirà mai. – 36 Credo proprio che non sia
imminente l'Ora di Dio, e, ove fossi restituito al mio Si-
gnore, certo troverò anche meglio in cambio!" – 37 E il
suo compagno gli disse, il compagno che dialogava con lui:
"Rinneghi dunque Chi t'ha creato di terra, e poi d'una
goccia di sperma, e poi t'ha plasmato in forma d'uomo? –
38 Ma egli è Dio, il mio Signore, al quale non associo alcun
dio. – 39 E perché quando sei entrato nel tuo giardino non
hai detto: 'Sia come a Dio piace! Non c'è forza che in Dio?'
Eppure, se tu mi vedi più poca cosa di te per sostanze e per
figli – 40 pure può darsi che il mio Signore mi dia cosa più
bella del tuo giardino e su di esso scateni qualche flagello
dal cielo, che ne faccia terra nuda – 41 o che l'acqua sua l'in-
ghiotta la terra, e tu non possa più ritrovarla". – 42 E così
fu, e i suoi frutti li abbracciò la morte, e il padrone si torceva
le mani per tutto quel che vi aveva speso, poiché la vigna
giacea devastata sui sostegni abbattuti ed egli diceva: "Oh
non avessi associato a Dio alcuna cosa!" – 43 Non ebbe chi
lo aiutasse oltre Dio, e non fu soccorso. – 44 Ché qui solo
a Dio, la Verità, spetta il soccorrere: Egli dà meglio di chiun-
que il compenso, Egli dà meglio di chiunque il successo. –

45 E proponi loro l'esempio della vita terrena, che è come
acqua che abbiam fatto scender dal cielo, e imbeve l'erbe
della terra, e al mattino dopo queste son già stoppia dispersa
da' venti, e Dio è sopra tutte le cose possente. – 46 Le ricchez-
ze ed i figli son gli ornamenti effimeri della vita terrena,

ma le cose eterne, le opere buone, meritano compenso migliore agli occhi del Signore, e migliore speranza. – 47 E un dì faremo scomparir le montagne e vedrai la terra spianata, e Noi li raduneremo tutti, non ne lasceremo addietro nessuno. – 48 E saran presentati al Signore in file schierate: "Eccovi venuti a Noi nudi come vi creammo da prima, e pur v'illudevate che avremmo mancato al convegno!" – 49 E sarà posto in mano a ognuno il Registro, e vedrai allora gli scellerati spaurati di quel che c'è nel Registro e diranno: "Guai a noi, guai! Che Registro è mai questo che non lascia di contare cosa alcuna, piccola e grande?" E vi troveranno segnato quel che avran fatto, e il tuo Signore a nessuno fa torto. – 50 E rammenta quando dicemmo agli angeli: "Prostratevi avanti ad Adamo!" E si prosternarono tutti eccetto *Iblīs*, uno dei *ǧinn*, che deviò dall'ordine del Signore. Prenderete dunque lui e la sua progenie a patroni in vece Mia, loro che vi sono nemici? Pessimo cambio per gli empi! – 51 Non loro io presi a testimoni della creazione dei cieli e della terra, né della creazione d'essi medesimi, né avrei scelto i Seduttori ad aiutarmi. – 52 Un giorno Dio dirà: "Chiamate ora coloro che credeste miei compagni!" E li chiameranno, e non risponderanno, e noi metteremo fra loro valle di perdizione! – 53 E gli scellerati allora vedranno il Fuoco, e penseranno: "Ora stiam per cadervi!" e non troveranno via che li porti lontano. – 54 E questo Corano l'abbiam riempito d'ogni sorta d'esempi per gli uomini, ma l'uomo ama sopra ogni cosa i cavilli. – 55 E solo quel che impedisce agli uomini di credere, allorché giunge loro la Guida, e di chieder perdono al Signore, è che essi attendon che cada su loro l'Esempio degli Antichi, o che li colga il castigo al cospetto di tutti. – 56 Ma noi non mandiamo i Messaggeri Divini altro che come annunciatori e ammonitori; e tuttavia quei che rifiutano Fede disputano vanità per confutare la Verità e prendono i Miei Segni e i Miei mòniti a oggetto di scherno. – 57 E chi è più empio di colui ch'è stato avvertito dai Segni del suo Signore, e se ne distoglie e dimentica quel che hanno operato le sue mani? Abbiam davvero messo loro sul cuore un involucro, a che non comprendano il Vero, e sulle loro orecchie gravezza; e se li chiami alla Guida, anche allora non si lasceranno guidare, mai. – [58] E il tuo Signore è l'Indulgente, il Signore della misericordia; se avesse voluto punirli per quel che si son meritati, avrebbe affrettato loro il castigo; invece, essi hanno un dì di convegno, e non troveranno, fuori di Lui, rifugio. – [59] E quelle antiche città Noi le distruggemmo allorché agirono iniquamente, e fissammo, per la distruzione loro, un termine. –

[60] E quando Mosè disse al suo servo: "Non cesserò d'andare finché non sia giunto al Confluir dei Due Mari; altrimenti passerò lunghi anni in cammino". – [61] E quando giunsero al Confluir dei Due Mari, dimenticarono il Pesce che avevan portato con sé, e questo prese la sua via, libero, nel mare. – [62] E quando furon passati oltre, Mosè disse al suo servo: "Porta il nostro cibo mattutino, ché troppo ci ha stancati questo viaggio!" – [63] Rispose il servo: "Sai che cosa è avvenuto? Allorché ci rifugiammo alla Roccia, io dimenticai il Pesce; e Satana solo mi fece dimenticar di parlartene, ed il Pesce prese la sua via, maravigliosamente, nel mare". – [64] "Questo è quel che volevamo!" rispose Mosè, e tornarono indietro, seguendo i lor passi. – [65] E s'imbatterono in uno dei Nostri servi, cui avevam dato misericordia da parte Nostra, e gli avevamo insegnato della Nostra scienza segreta. – [66] E gli disse Mosè: "Posso seguirti, a patto che tu mi insegni, a rettamente guidarmi, di quel che a te fu insegnato?" – [67] Rispose: "Sì, ma tu non saprai, con me, pazientare; – [68] e come del resto potresti esser paziente in cose che tu non comprendi?" – [69] Ma Mosè ribatté: "Mi troverai, se a Dio piace, paziente, ed io non ti disobbedirò in nulla". – [70] Disse l'altro: "Se tu dunque vuoi seguirmi, non domandarmi nulla di cosa alcuna, finché non sia io a fartene menzione". – [71] E così partirono, finché,

quando salirono sulla Nave, quegli la forò. " L'hai tu forata, gli chiese Mosè, per far annegare tutti quei che vi stan sopra? Hai certo commesso una cosa enorme! " – [72] " Non ti dicevo, rispose, che tu non avresti potuto, con me, pazientare? " – [73] " Non mi riprendere, ribatté Mosè, perché me n'ero dimenticato. Non m'imporre dunque punizione gravosa ". – [74] E andarono ancora finché s'imbatterono in un giovanetto, che quegli uccise. " Hai ucciso un'anima pura senza alcuna necessità di vendicare un'altra anima? Hai commesso cosa inaudita! " – [75] Rispose: " Non ti dicevo che tu non avresti potuto, con me, pazientare? " – [76] E Mosè rispose: " Se d'ora in poi ti chiederò una sola cosa, non accompagnarti più a me, avrai scusa sufficiente per abbandonarmi ". – [77] E andarono ancora, finché, giunti a una città, chiesero del cibo a quegli abitanti, ma essi rifiutaron d'ospitarli. E trovarono in quella città un muro che stava per crollare e quegli lo raddrizzò. Allora Mosè gli disse: " Se avessi voluto avresti potuto farti pagare per questo! " – [78] " Qui ci separeremo, rispose l'altro, ma prima ti darò la spiegazione di queste cose sulle quali non hai potuto pazientare. – [79] Quanto alla nave, essa apparteneva a povera gente che lavorava sul mare, ed io volli guastarla, perché li inseguiva un re corsaro che prendeva tutte le navi a forza. – [80] Quanto al giovanetto, i suoi genitori eran credenti, e tememmo che egli li forzasse ad empietà e miscredenza – [81] e volemmo che il loro Signore desse loro in cambio un figlio più puro e più affezionato. – [82] Quanto al muro, esso apparteneva a due giovanetti orfani di quella città e sotto c'era un tesoro che loro apparteneva e il loro padre era un uomo pio; e il tuo Signore volle che essi pervenissero all'età adulta e poi essi stessi scavassero fuori il tesoro, come segno di misericordia da parte del Signore. E ciò che feci non lo feci io. Ecco la spiegazione di quello su cui non hai potuto esser paziente ". –

[83] E ti chiederanno ancora di Quello dalle Corna. Rispondi: " Di lui voglio narrarvi una storia ". – [84] In verità

Noi lo rendemmo potente sulla terra e gli demmo accesso a tutte le cose. – [85] Egli seguì dunque una Via, – [86] finché giunse fino al luogo dove il sole tramonta, e trovò ch'esso tramontava in una fonte limacciosa e là presso trovò un popolo. Gli dicemmo: "O Uomo dalle due Corna! Puniscili oppure trattali con dolcezza!" – [87] Rispose: "Colui che fra di loro agì iniquamente lo puniremo e sarà restituito al Signore, che lo punirà a sua volta di tormento inaudito – [88] e chi credette e operò il bene avrà in premio la Cosa più Bella e gli daremo ordini facili". – [89] Poi seguì ancora una Via – [90] finché giunse fino al luogo dove sorge il sole e sorgeva su un popolo al quale non avevam dato contro di esso alcun riparo. – [91] Così avvenne: e Noi abbracciavamo nella Nostra Scienza quel ch'egli possedeva. – [92] Poi seguì ancora una Via: – [93] fino a che giunse fra le Due Barriere e trovò, al di qua di esse, un popolo che appena comprendeva parola. – [94] Gli dissero: "O Uomo dalle Due Corna, Gog e Magog corrompono la nostra terra. Sei disposto ad accettare un nostro tributo a patto che tu costruisca fra noi e loro una barriera?" – [95] Rispose: "Il potere che il Signore mi ha dato è meglio del vostro tributo; ma voi aiutatemi con forza, ed io porrò fra voi ed essi una muraglia". – [96] "Portatemi blocchi di ferro!" E quando ebbe colmato lo spazio fra i due versanti dei monti, ordinò: "Soffiate!" E quando di quel ferro ebbe fatto fuoco, ordinò: "Portatemi bronzo fuso che ve lo versi sopra!" – [97] E Gog e Magog non poterono scalar la muraglia, non poterono aprirvi una breccia. – [98] E disse Quello dalle Corna: "Questo è un segno di misericordia da parte del mio Signore: quando verrà l'Ora minacciata dal Signore, Egli ridurrà in polvere la Muraglia: e la minaccia del Signore è Vera". –

[99] E in quel Giorno Noi lasceremo che gli uomini si precipitino come onde possenti gli uni su gli altri, e squillerà la Tromba, e li raduneremo tutti, assieme, [100] ed esporremo aperta alla vista degli empi in quel giorno la gehenna, [101] degli

empi, ch'ebbero gli occhi coperti di veli di fronte al Mio mònito e non riuscirono a udire. – [102] Pensano forse, quei che rifiutan la Fede, di poter prendere dei Miei servi, in luogo di Me, per patroni? Per vero abbiam preparato la gehenna pei miscredenti ad asilo. – [103] Dì: "Volete che vi diciamo chi sono quei che più tristamente han perso l'opere loro? [104] Son quelli il cui sforzo nella vita terrena fu traviato mentre essi pensavano di far lavoro perfetto. – [105] Son dessi coloro che rifiutarono i Segni del Signore, negarono che L'avrebber mai incontrato, sì che l'opere loro son vanificate e non avremo bilancia a pesarli il Dì del Giudizio. – [106] Ecco il loro compenso: la gehenna, perché rifiutaron la Fede, perché presero i Miei Segni, i Miei Messaggeri, a oggetto di scherno. – [107] In verità coloro che hanno creduto e hanno operato il bene avran per asilo i giardini del Paradiso – [108] dove rimarranno in eterno, e non desidereran mutamento". –

[109] Dì: "Se il mare fosse inchiostro per scriver le parole del Signore, s'esaurirebbe il mare prima che s'esaurissero le parole del Signore, se anche portassimo un mare nuovo ancora in aiuto". – [110] Dì: "Io sono per certo un uomo come voi cui è stato rivelato che il vostro Dio è un Dio solo; chi dunque spera d'incontrare il Signore, operi opera buona e al culto del Signore non associ alcuno". –

XIX. LA SURA DI MARIA

(*Meccana, eccetto i versetti 58 e 71, che son medinesi. Di 98 versetti, rivelata dopo la Sura del Creatore*)

Nel nome di Dio, clemente misericordioso!

1 K. H. Y. ʻ. Ṣ. – 2 Ricordo della misericordia del Signore verso il Suo servo Zaccaria, – 3 quando chiamò il Signore con ascoso richiamo – 4 e disse: "O mio Signore, le ossa mi si sono indebolite, e il mio capo brilla di canizie, e mai fui fortunato, Signore, nel pregarTi. – 5 Or temo dei miei nepoti dopo la morte mia: accordami Signore, benché sia sterile la mia donna, un discendente, per la Tua potenza – 6 che sia mio erede ed erede della gente di Giacobbe: rendilo, o mio Signore, a te gradito!" – 7 "O Zaccaria! Ti diam buone novelle d'un fanciullo che avrà per nome Giovanni: un nome uguale non ponemmo prima". – 8 Disse: "Signore, come potrò avere un fanciullo, ché la mia donna è sterile, ed io, vecchio, son giunto a età gravosa?" – 9 Disse la Voce: "Così sarà, perché il Signore ha detto: 'Facil cosa è questa per Me, che t'ho creato quando tu eri nulla!'" – 10 "Signore, disse, dammi un Segno!" Rispose: "Il tuo Segno sarà questo, che tu non parlerai più agli uomini per tre giorni intieri". – 11 E uscì dal Santuario al suo popolo e Dio rivelò loro: "Cantate le lodi del Signore all'alba e al tramonto". –

12 "O Giovanni, prendi il Libro con forza!" Noi demmo a lui saggezza fin da fanciullo – 13 e tenera grazia da parte

Nostra, e purità, e fu pio – 14 dolce con suo padre e sua
madre, né fu violento e ribelle – 15 e pace sia su di lui, il
dì che nacque e il dì che morì e il dì quando sarà suscitato
a Vita! –

16 E nel Libro ricorda Maria, quando s'appartò dalla
sua gente lungi in un luogo d'oriente – 17 ed essa prese, a
proteggersi da loro, un velo. E Noi le inviammo il Nostro
Spirito che apparve a lei sotto forma d'uomo perfetto. –
18 Ella gli disse: " Io mi rifugio nel Misericordioso, avanti
a te, se tu sei timorato di Dio! " – 19 Le disse: " Io sono il
Messaggero del tuo Signore, per donarti un fanciullo purissimo ". – 20 " Come potrò avere un figlio, rispose Maria, se
nessun uomo m'ha toccata mai, e non sono una donna cattiva? " – 21 Disse: " Così sarà. Perché il tuo Signore ha detto:
' Cosa facile è questa per me ', e Noi, per certo faremo di Lui
un Segno per gli uomini, un atto di clemenza Nostra: questa
è cosa decretata ". – 22 Ed essa lo concepì e s'appartò col
frutto del suo seno in luogo lontano. – 23 Ora le doglie del
parto la spinsero presso il tronco d'una palma e disse: " Oh
fossi morta prima, oh fossi ora una cosa dimenticata e obliata! " – 24 E la chiamò una Voce di sotto la palma: " Non
rattristarti, ché il Signore ha fatto sgorgare un ruscello ai
tuoi piedi: – 25 scuoti verso di te il tronco della palma e questa farà cadere su te datteri freschi e maturi. – 26 Mangiane
dunque e bevi e asciuga gli occhi tuoi! E se tu vedessi qualcuno digli: ' Ho fatto voto al Misericordioso di digiunare e
non parlerò oggi a alcun uomo ' ". – 27 Poi venne col bambino alla sua gente portandolo in braccio. " O Maria, le dissero, tu hai fatto cosa mostruosa. – 28 O sorella di Aronne!
Non era tuo padre un uomo malvagio né fu peccatrice tua
madre! " – 29 Ed essa indicò loro il neonato, e dissero: " Come
parlerem noi a chi è ancora nella culla bambino? " – 30 Egli
disse: " In verità io sono il Servo di Dio, il quale mi ha dato
il Libro e mi ha fatto Profeta, – 31 e m'ha benedetto dovunque
io mi sia e m'ha prescritto la Preghiera e l'Elemosina finché

sarò in vita – [32] e m'ha fatto dolce con mia madre, non mi ha fatto violento e scellerato. – [33] Sia pace su di me, il dì che nacqui e il dì che muoio e il dì quando sarò suscitato a Vita!" – [34] Questo è Gesù Figlio di Maria, secondo parola di verità che alcuni mettono in dubbio. – [35] Non è da Dio prendersi un figlio; sia gloria a Lui! Quand'Egli decide una cosa basta ch'Ei le dica: "Sii" ed essa è. – [36] E in verità Iddio è il mio Signore, è il vostro Signore: adorate Lui dunque. Questa è la diritta via. – [37] Ma le sètte disputarono fra loro; guai a coloro che non credono, alla vista d'un giorno terribile! – [38] Ma come udiranno e come vedranno, il giorno in cui a Noi verranno! Ma gli empi, oggi, sono in errore chiarissimo. – [39] E tu ammoniscili del Giorno del Rimpianto, quando sarà decisa la lor sorte, mentre essi ora, pieni di negligenza, non credono. – [40] Noi, Noi erediteremo la terra e tutti coloro che vi abitano, e a Noi tutti saran ricondotti! –

[41] E nel Libro ricorda Abramo; in verità egli era un Giusto, un Profeta. – [42] Allorché disse a suo padre: "O padre, perché adori tu chi non ode e non vede e a nulla ti giova? – [43] O padre, m'è giunta, per vero, da Dio scienza che tu non possiedi: seguimi dunque e io ti guiderò per una via piana. – [44] O padre, non adorare Satana, ché ei fu al Misericordioso ribelle. – [45] O padre, temo che non ti colga un castigo da parte del Misericordioso e che tu non divenga un amico di Satana". – [46] Gli disse suo padre: "Sei tu avverso ai miei dèi, o Abramo? Se non desisti ti lapiderò davvero; ora vattene via da me per un tempo". – [47] Rispose: "Sia pace su di te! Chiederò perdono per te al Signore poiché Egli fu con me benevolo sempre. – [48] Sì, io m'apparterò da voi e da quelli che voi adorate in luogo di Dio, e invocherò il mio Signore: chissà ch'io non sia fortunato nella mia preghiera al Signore". – [49] E allorché si fu appartato da loro e da quelli che essi adoravano in luogo di Dio, donammo a lui Isacco e Giacobbe e d'ognuno facemmo un

Profeta. – 50 Ed elargimmo loro della Nostra grazia e do-
nammo loro lingua di veracità, sublime. –
51 E nel Libro ricorda Mosè: che fu uomo devoto e Mes-
saggero Profeta. – 52 E lo chiamammo dal lato destro del
Monte e l'avvicinammo a noi in colloquio segreto – 53 e
donammo a lui, per la Nostra misericordia, suo fratello Aron-
ne, Profeta. –
54 E nel Libro ricorda Ismaele: che fu sincero nella sua
promessa e fu Messaggero Profeta. – 55 E invitava la sua
gente alla Preghiera e all'Elemosina, e fu bene accetto al
Signore. –
56 E nel Libro ricorda *Idrīs*: che fu un giusto, un Profeta –
57 e lo elevammo ad altissimo luogo. – 58 Questi sono coloro
che Dio ha riempiti di grazia, dei profeti della progenie di
Adamo, di quelli che portammo con Noè nell'arca e della
progenie di Abramo e di Israele, di quelli che guidammo
e prescegliemmo: quando venivano loro letti i Segni del
Misericordioso cadevan prostrati e piangenti. – 59 Ma altri
succedettero loro, che persero la Preghiera e seguirono le
passioni e incontreranno perdizione. – 60 Eccetto coloro che
si volgeranno pentiti e crederanno e opereranno il bene:
questi entreranno nel Giardino e non sarà fatto loro torto
alcuno, – 61 nei giardini di Eden, che il Misericordioso ha
promesso ai suoi Servi nell'Invisibile: e la Sua promessa è
imminente. – 62 E colà essi non udranno parole vane ma solo:
" Pace! " e provvidenza ampia avranno colà, al mattino e
alla sera. – 63 Quello è il Giardino che noi daremo in eredità
a coloro fra i nostri servi che saran timorati di Dio. –
64 Noi non scendiamo dal cielo se non per ordine del
Signore: a Lui appartiene ciò che è avanti a noi e ciò che è
dietro di noi e ciò che è frammezzo: il nostro Signore nulla
dimentica. – 65 È il Signore dei cieli e della terra e degli spazi
interposti, adoraLo e sii costante nell'adorazione. Conosci
tu uno che abbia il Suo stesso Nome? – 66 E dice l'uomo:
" O forse quando sarò morto, sarò estratto nuovo alla vita? " –

67 Ma non ricorda l'uomo che Noi l'abbiam creato da prima
mentr'egli non era nulla? – 68 Ma per il tuo Signore! Noi per
certo li rauneremo tutti, loro e i dèmoni, poi li presenteremo
tutti attorno alla gehenna, inginocchiati. – 69 Poi, da ciascun
gruppo strapperemo via coloro che furon più crudamente
protervi contro il Misericordioso. – 70 Poi, siam Noi che
meglio d'ogni altro sappiamo chi più di tutti merita d'esser
arso dal Fuoco. – 71 Non c'è fra voi nessuno che non vi di-
scenda: questo è presso il Signore decreto deciso. – 72 Poi,
ne salveremo quei che Ci temono, e vi lasceremo dentro
gli iniqui, genuflessi. – 73 Quando son loro recitati i Nostri
Segni chiarissimi, dicono quei che repugnano alla Fede a
coloro che credono: " Quale dei due partiti ha un migliore
soggiorno, compagnia più bella? " – 74 Quante generazioni
Noi distruggemmo, prima di loro, ben superiori a questi
per ricchezza e splendore! –
75 Dì: "A coloro che son nell'errore prolunghi il Mise-
ricordioso l'esistenza, d'un certo tempo, fino a quando ve-
dranno quel che è stato loro promesso, o il Castigo del mondo,
o l'Ora Finale, e allora vedranno chi ha il luogo peggiore,
chi ha il presidio più debole ". – 76 Dio ai ben guidati accre-
scerà copiosa Guida: ché le cose eterne, le opere buone,
hanno compenso migliore presso il Signore, miglior rendi-
mento. – 77 Che credi tu, che colui che ripugna ai Nostri
Segni, e che dice: " Mi saran date ricchezze e figli " – 78 co-
nosca i segreti dell'Invisibile, o abbia fatto un patto speciale
con Dio? – 79 No! Noi scriveremo quel ch'ei dice e lungo
allungheremo il tormento; – 80 daremo a lui in retaggio quel
che egli dice, ma a Noi egli verrà solo. – 81 Essi si son presi
degli dèi in luogo di Dio perché questi sian loro potenza. –
82 No! Essi rinnegheranno il loro culto e diverranno loro
avversari. – 83 Non vedi che noi scateniamo i dèmoni contro
i miscredenti, perché li eccitino al male? – 84 Non affrettarti
contro di loro: Noi contiamo loro il conto. – 85 Il giorno
quando rauneremo i pii, presso il Misericordioso, in folla, –

86 il giorno quando spingeremo gli scellerati alla gehenna
come bestiame all'acqua, – 87 non otterranno intercessione
altro che quelli che han stretto un patto col Misericordioso. –
88 " Il Misericordioso, dicono gli empi, s'è preso un figlio ". –
89 Avete profferito un'affermazione abbominevole! – 90 Poco
manca che si spacchino i cieli, e si squarci la terra e crollino
in polvere i monti – 91 per ciò ch'essi hanno attribuito al
Misericordioso un figlio! – 92 No, non s'addice al Miseri-
cordioso prendersi un figlio! – 93 Tutti coloro che sono nei
cieli e sulla terra, tutti s'accostano al Misericordioso come
servi al Signore – 94 ed Ei li ha numerati e d'esatto conto
contati – 95 e ognuno di loro, il dì della Resurrezione, s'ac-
costerà a Lui, solo. – 96 E allora a coloro che credono e ope-
rano il bene concederà il Misericordioso amore. – 97 E que-
sto messaggio lo rendemmo facile all'intelletto, nella tua
lingua, perché tu ne sia nuncio lieto ai pii, e agli ostinati
ribelli mònito. – 98 Quante generazioni, prima di loro, ab-
biam fatto perire! Ne senti tu ancora un sol uomo, ne puoi
più udire un bisbiglio? –

XX. LA SURA ṬĀ-HĀ

(Meccana, eccetto i versetti 130 e 131, che son medinesi.
Di 135 versetti, rivelata dopo la Sura di Maria)

Nel nome di Dio, clemente misericordioso!
[1] Ṭ. H. – [2] Noi non abbiam rivelato il Corano perché
tu patisca, – [3] bensì soltanto come ammonimento a chi teme, –
[4] rivelazione che vien da Colui che ha creato la terra e i cieli
alti. – [5] Il Misericordioso s'è assiso in gloria sul Trono! –
[6] A Lui appartiene tutto quel ch'è nei cieli e quel ch'è sulla
terra e tutto quel ch'è frammezzo, e tutto quel ch'è sotto
il suolo. – [7] È inutile che tu parli a alta voce: Egli conosce
l'intimo tuo e cose ancora più occulte. – [8] Dio! Non c'è altro
dio che Lui, l'Iddio cui appartengono i nomi piú belli. –
[9] T'è giunta parola della storia di Mosè? – [10] Allorché
vide un fuoco, e disse alla sua gente: " Restate qua! Ho
scorto un fuoco, forse potrò portarvene un tizzone o trovare
col fuoco una guida ". – [11] E quando fu giunto al fuoco,
lo chiamammo: " Mosè! – [12] In verità, Io sono il tuo Signore!
Togliti i calzari, poiché tu sei nella valle santa di *Ṭuwà*! –
[13] Ed Io t'ho prescelto; ora ascolta quel che t'è rivelato:
[14] In verità Io, Io sono Dio, non v'è altro dio che Me; ado-
raMi e compi la Preghiera, invocando il Mio nome. – [15] In
verità l'Ora s'avvicina, Io sto per manifestarla, a che ogni
anima sia compensata per ogni suo sforzo d'azione – [16] e
non ti distolga dall'Ora chi in essa non crede e segue le sue
passioni: altrimenti perirai! – [17] Che cos'è, o Mosè, quel che

tu hai nella destra? " – 18 Rispose: " È il mio bastone, sul
quale m'appoggio, col quale sfrondo il fogliame degli alberi
pel gregge e ne fo altri usi ancora! " – 19 Disse Dio: " Get-
talo, o Mosè! " – 20 E lo gettò, ed ecco che divenne un serpe
strisciante. – 21 Disse Dio: " Afferralo, e non temere, ché
lo ritorneremo al suo stato primiero. – 22 Premiti ora la mano
sul fianco, ne uscirà bianca, ma senza male alcuno: ecco un
altro Segno, – 23 a esempio dei nostri Segni Supremi. – 24 Va
ora da Faraone, ch'è ribelle ". – 25 Disse Mosè: " Signore,
aprimi il cuore! – 26 Fammi facile l'opra! – 27 Sciogli il nodo
alla mia lingua, – 28 sì ch'essi comprendano il mio dire! –
29 Dàmmi un consigliere, di mia famiglia, – 30 Aronne, mio
fratello; – 31 rafforza con lui la mia forza, – 32 dàmmelo nel-
l'opra mia compagno, – 33 acciocché noi cantiamo le Tue
lodi, in gran copia – 34 e in gran copia menzioniamo il Tuo
nome – 35 perché Tu ci guardasti! " – 36 Rispose Dio: " T'è
concesso quanto Ci hai chiesto, o Mosè – 37 ché già altra volta
ti fummo benigni – 38 quando così rivelammo a tua madre: –
39 ' Mettilo nella cassa e getta la cassa nel fiume e l'onda
lo getti su la riva, e ivi lo prenda un Mio e suo nemico '
e lanciai sopra di te un Mio atto d'amore, perché tu venissi
allevato sotto i miei occhi, – 40 quando tua sorella andò dalla
figlia del Faraone e le disse: ' Volete che vi indichi chi si
prenda cura di lui? ' e così ti restituimmo a tua madre per-
ché l'occhio suo s'allietasse e più non s'attristasse. E poi
tu uccidesti un uomo e ti salvammo dall'afflizione e ti pro-
vammo con prove, e rimanesti degli anni fra la gente di
Madyan, e giungesti alfine qui, per Supremo Decreto, o
Mosè! – 41 Ed io t'ho riservato a Me. – 42 Andate ora, tu
e tuo fratello, coi Miei segni, e non siate pigri a pronunciare
il Mio nome! – 43 Andate da Faraone, ch'egli è ribelle – 44 e
tenetegli un linguaggio dolce, che s'abbia a edificare ed ab-
bia a temerMi! " – 45 Risposero: " Signore! Temiamo che
ci usi violenza o ancor più ribelle divenga! " – 46 Disse Dio:
" Non temete! Io sono con voi, ed ascolto e vedo! – 47 Andate

dunque da lui e ditegli: 'Noi siamo i Messaggeri del tuo
Signore, fa partire con noi i figli d'Israele e più non tormen-
tarli. Ti portiamo un Segno del Signore, e pace sia su chi
segue la Guida! – 48 Per vero, a noi è stato rivelato che ca-
stigo cadrà su chi smentisce e si storna sdegnoso'". – 49 E
disse Faraone: "E chi è il vostro Signore, o Mosè?" –
50 Rispose: "Il nostro Signore è Colui che a tutte le cose
diè forma e poscia le guida!" – 51 Disse Faraone: "E al-
lora quale sarà la sorte delle generazioni passate?" – 52 Ri-
spose: "La conosce il Signore, scritta in un Libro: non
s'inganna, non oblia, il Signore! – 53 Egli è Colui che vi
fece della terra una culla e sopra vi tracciò delle vie e fé scen-
dere acqua dal cielo, per la quale traemmo dalla terra molte
specie d'erbe svariate. – 54 'Mangiate e pascete i vostri
greggi, ché certo in questo son Segni per gente di chiaro
intelletto! – 55 Dalla terra vi creammo, nella terra vi ricon-
duciamo, dalla terra, poi, vi trarremo ancora una volta'". –
56 Noi gli mostrammo tutti i Nostri segni, ma egli smentì
e rifiutò. – 57 Disse: "Sei venuto dunque per cacciarci dalla
nostra terra colle tue magìe, Mosè? – 58 Noi ti mostreremo
magìe simili a queste. Stabilisci fra noi un convegno cui
né tu né noi mancheremo, in un luogo aperto". – 59 Disse
Mosè: "Il convegno sia fissato al giorno della Festa, s'adu-
ni la gente alla luce del giorno". – 60 E se n'andò Faraone
a tramar le sue insidie, poi venne. – 61 E disse loro Mosè:
"Guai a voi! Non inventate menzogne contro Dio, poiché
Egli vi colpirebbe con un castigo e chi inventa menzogne
se n'andrà disperato". – 62 E i maghi disputarono sul loro
piano in segreti conciliaboli, – 63 e dissero: "Certo questi
due sono maghi che voglion cacciarvi dalla vostra terra con
la loro magìa e portarvi via la nobiltà più eletta". – 64 "Orsù
riunite i vostri stratagemmi, disse Mosè, e venite qua tutti
in fila; oggi vincerà il migliore!" – 65 Dissero: "O Mosè!
Vuoi gettare tu per primo o sarem noi i primi a gettare?" –
66 Rispose: "Gettate voi per primi!" ed ecco che le loro

corde e i loro bastoni gli parvero, per la loro magìa, divincolarsi a corsa. – [67] E concepì paura nel cuore, Mosè. – [68] Ma Noi gli dicemmo: " Non temere: tu sarai il vincitore! – [69] Getta il bastone che hai nella destra ed esso ingoierà le cose ch'essi hanno prodotto, poiché le cose ch'essi hanno prodotto sono incantesimo di mago, e dovunque egli venga, non prospererà, il mago! " – [70] Allora i maghi si gettarono a terra proni dicendo: " Crediamo nel Signore d'Aronne e di Mosè! " – [71] " Credete dunque in Lui, gridò Faraone, senza attendere il mio permesso? Allora è Lui il vostro capo che v'insegnò la magìa! Ma io vi taglierò a ciascuno alterni una mano ed un piede, e vi crocifiggerò su tronchi di palme e saprete, per Dio, chi di noi castiga più forte e più eterno! " – [72] Dissero: " Non preferiremo te alle prove chiarissime che qui ci son giunte, a Chi ci ha creati. Tu dà pure il giudizio che vuoi: tu non giudichi che per questa vita terrena! – [73] Noi abbiamo creduto nel Nostro Signore, perché ci perdoni i peccati e la magìa cui tu ci costringesti. Dio è più buono e più eterno! – [74] E certo chi viene al Signore pieno di colpe, avrà la gehenna, là dove non morrà mai né vivrà, – [75] e quei che a Lui vanno credenti e pieni d'opere buone avranno altissimi gradi, – [76] i giardini di Eden, alle cui ombre scorrono i fiumi, in cui rimarranno in eterno. Questa è la mercede di chi si fa puro ". – [77] E allora così rivelammo a Mosè: " Parti di notte con i Miei servi e apri loro una via asciutta nel mare e non temere d'esser raggiunto, non paventare! " – [78] E li inseguì Faraone coi suoi eserciti, e li coprirono tutti l'ondose coperte del mare, – [79] ed ecco, Faraone aveva traviato il suo popolo; non l'aveva guidato al Vero. – [80] O figli d'Israele! Vi abbiam salvato dal vostro nemico e v'abbiam dato convegno sul fianco destro del Monte e v'abbiam fatto scender dal cielo la manna e le quaglie. – [81] " Mangiate, dicemmo, delle cose buone di cui v'abbiam provveduti e non eccedete protervi, che non vi cali addosso dall'alto l'ira Mia, ché quegli sul quale l'Ira

Mia scende, sprofonda nell'abisso. – 82 Ma Io sono, per chi
si converte a Me, e crede, e opera il bene, e si lascia guidare,
indulgentissimo. – 83 Ora, che cosa t'affrettò via dal tuo
popolo, o Mosè?" – 84 Rispose: "Essi mi seguon da presso
ed io son corso a Te, Signore, perché di me Ti compiac-
cia!" – 85 "Il popolo tuo, disse, l'abbiam messo alla prova,
da quando tu te ne andasti, e *as-Sāmirī* li ha traviati!" –
86 E tornò Mosè al Suo popolo pieno d'ira e di tristezza
e disse: "O popol mio! Non v'aveva promesso il Signore
promessa buona? Troppo lungo v'è parso dunque il tempo?
O voleste forse che scenda su voi l'ira del vostro Signore,
ché avete rotto la promessa che già mi faceste?" – 87 Rispo-
sero: "Non mancammo noi di nostro proposito alla promessa
che già ti facemmo, ma ci fecero portare pesanti monili del
popolo che poi gettammo nel fuoco, e vi gettò anche *as-
Sāmirī* qualcosa". – 88 Ed egli ne fece per loro un vitello,
un corpo che muggiva, e dissero al popolo: "Questo è il
vostro dio, e il dio di Mosè, che egli però ha dimenticato!" –
89 Non vedevano dunque che esso non dava loro risposta
ed era incapace di portar loro danno o vantaggio? – 90 E
Aronne già aveva lor detto prima: "O popol mio! Con
questo vitello siete messi alla prova, ma il vostro Signore
è il Misericordioso: seguitemi e obbedite ai miei ordini!" –
91 Risposero: "Non cesseremo d'essergli devoti finché non
torni a noi Mosè!" – 92 E quando questi tornò disse al fra-
tello: "O Aronne! Chi t'ha impedito, quando li vedesti
errare, – 93 di seguirmi? Disobbedisti dunque al mio co-
mando?" – 94 "O figlio di mia madre!, rispose, non affer-
rarmi per la barba, non afferrarmi pel capo! Ho temuto che
tu mi dicessi: 'Hai messo divisione fra i figli d'Israele e non
hai osservato la parola mia!'" – 95 "E tu, che intendesti
tu fare, *as-Sāmirī*?" – 96 "Scorsi quel che loro non scorsero,
e presi un pugno di terra dall'orma dell'Angelo e la gettai
nel fuoco, ché così mi incitò a fare il mio istinto". – 97 Disse
Mosè: "Vàttene! E a te in questa vita terrena toccherà in

sorte di dire a chi ti s'appressa: 'Non mi toccare'! E nell'altra
c'è pronta per te una minaccia cui non sfuggirai. – [98] E ora
guarda il tuo dio, al quale continuasti ad esser devoto: lo
bruceremo e le ceneri disperderemo tutte nel mare! Perché
il vostro dio è Dio, non c'è altro dio che Lui, che abbraccia
di Sua scienza tutte le cose!". –

[99] Così ti narrammo le storie di tempi passati, e t'abbiam
dato un mònito Nostro, – [100] e chi se n'allontana, porterà,
il dì della Resurrezione, un peso – [101] sotto al quale rimarrà
eternamente; quanto pesante, il dì della Resurrezione, quel
peso! – [102] Il giorno quando squillerà la Tromba e adune-
remo gli scellerati, quel giorno, cogli occhi colorati d'az-
zurro. – [103] E si bisbiglieranno l'un l'altro: "Non restammo
che dieci giorni nella tomba". – [104] Ma noi meglio di chiun-
que sappiamo che cosa essi diranno, quando il più cospicuo
fra loro per condotta suggerirà: "Non vi siamo rimasti
che un giorno!" – [105] E ti chiederanno dei Monti. Rispondi:
"Li ridurrà il Signore in polvere spersa – [106] e ne lascerà
solo una piana spianata – [107] dove non riusciresti a vedere
pieghe o sporgenze". – [108] In quel giorno tutti seguiranno i
passi d'Uno che Chiama e non svia nel cammino, e basse
saranno le voci di fronte al Misericordioso, e tu non potre-
sti udire allora altro che un fruscio di passi leggero. – [109] In
quel giorno a nulla serviranno intercessioni, eccetto di colui
cui lo permetterà il Misericordioso e sia a Lui accetto il
suo dire. – [110] Egli conosce ciò che è avanti a loro, e ciò
ch'è dietro di loro, e la scienza loro non riesce a abbrac-
ciarLo. – [111] Umili saranno gli sguardi di fronte al Vivente,
Colui che di per Sé eterno esiste, e disperato sarà il porta-
tore d'iniquità. – [112] Ma chi compie opere buone, ed è cre-
dente, non temerà né torto né diminuzione di premio. –

[113] Così Noi rivelammo il Corano quale Predicazione
araba e vi dettagliammo minacce, a che costoro abbiano
a temere Dio, e che la Predicazione li edifichi. – [114] Sia esal-
tato Iddio, il Re, il Vero! Non affrettarti a recitare il Corano

prima che ne sia conclusa la rivelazione, ma dì: "Signore,
accrescimi scienza!" –
115 E già stringemmo da prima un patto con Adamo,
ma ei lo dimenticò e non scorgemmo in lui fermezza d'in-
tenti; – 116 e rammenta quando dicemmo agli angeli: "Pro-
stratevi avanti ad Adamo!" e si prostrarono tutti tranne
Iblīs, che si rifiutò. – 117 E Noi dicemmo: "O Adamo! Co-
stui è per certo nemico a te e alla tua donna; badate che
non vi cacci dal Giardino, e tu abbia a cadere in disgrazia. –
118 Ti è concesso, qui, di non sentir mai la fame, né la nu-
dità, – 119 né sete, ancora, né il caldo bruciante del sole". –
120 E Satana gli bisbigliò nel cuore: "O Adamo! Permetti
ch'io ti guidi all'Albero dell'Eternità, a un Regno che mai
si consuma?" – 121 E mangiarono ambedue di quell'albero,
e furono loro palesi le loro vergogne, e presero a cucirsi ad-
dosso delle foglie del Giardino. Così Adamo si ribellò al suo Si-
gnore e cadde in erranza. – 122 Ma poi il Signore lo prescelse,
si convertì a lui benigno e lo guidò al Vero. – 123 Disse:
"Via di qui tutti! Sarete d'ora innanzi l'uno all'altro nemici!
E se verrà, da Me, una guida, chi seguirà la Mia guida non
devierà, non sarà più infelice, – 124 e chi si distoglierà dal
Mio mònito, avrà miserabile vita e lo faremo tornare a Noi
cieco il dì della Resurrezione!" – 125 E allora dirà: "Signore!
Perché mi hai fatto venire a Te cieco, mentre prima vede-
vo?" – 126 E Dio gli risponderà: "Così è perché son venuti
a te i Nostri Segni e tu li hai dimenticati, e così, tu, oggi,
sei il dimenticato!" – 127 Così Noi ricompenseremo chi ha
ecceduto nel male e non ha creduto ai Segni del suo Signore,
e certo il Castigo dell'Oltre, sarà più crudo e più eterno! –
128 O che non sovvien loro quante generazioni annientammo
prima di loro, gente nelle cui antiche dimore ora essi si muo-
vono? Certo vi son Segni in questo per uomini di sano in-
telletto! – 129 Ché se non fosse per una Parola profferita in
antico dal tuo Signore, la punizione sarebbe inevitabile:
ma fu rimandata ad un termine fisso. – 130 Sopporta dunque

paziente le loro parole e canta le lodi del Tuo Signore prima del sorger del sole e pria del tramonto, e nell'ore della notte lodaLo ancora, e ai confini del giorno, che tu abbia ad esserne lieto! – [131] E non allungare gli sguardi bramoso sugli splendori di vita terrena che a molti di essi facciamo godere, per provarli. La provvidenza del tuo Signore è più buona e più eterna! – [132] Raccomanda alla tua gente di compiere la Preghiera, e tu pure sii in essa costante. Noi non chiediamo a te di provvedere: Noi a te provvederemo, e alfine la Pietà avrà la vittoria! – [133] E dicono gli empi: " Se almeno ci portasse un Segno del suo Signore! " Ma non è venuta loro una prova chiarissima di quel che è racchiuso nelle Pagine Antiche? – [134] E se noi li avessimo annientati con un nostro castigo prima di rivelare il Corano, avrebbero detto per certo: " Signore! Perché non ci hai inviato un Messaggero? Noi avremmo allora seguito i Tuoi Segni, prima d'essere umiliati e coperti d'abbominio! " – [135] Dì: " Tutti attendono, attendete voi pure, e poi saprete chi sono coloro che vanno sulla Strada Piana e chi i guidati sulla Retta Via! " –

XXI. LA SURA DEI PROFETI

(*Meccana, di 112 versetti, rivelata dopo la Sura di Abramo*)

Nel nome di Dio, clemente misericordioso!

1 S'avvicina per gli uomini la resa dei conti ed essi se ne distolgono neghittosi – 2 ed ogni ammonimento nuovo che giunge loro dal Signore lo ascoltano scherzando – 3 e divertendosi in cuor loro; e s'adunano in conciliaboli segreti gli iniqui a dire: "Chi altri è costui se non un uomo come voi? Accetterete voi questa magìa, ben riconoscendola tale?" – 4 Dice il Profeta: "Il mio Signore conosce tutto quel che si dice nei cieli e sulla terra: Egli è l'Ascoltatore Sapiente". – 5 Ma essi dicono: "Immagini vane di sogno! Anzi è lui che l'ha inventato, anzi lui è un poeta; ci porti un Segno come quelli mandati agli antichi!" – 6 E nessuna delle città che Noi distruggemmo, già prima di loro, credette: essi, ora, crederanno? – 7 E anche prima di te non inviammo che uomini, ai quali comunicammo la Nostra rivelazione. Domandàtene a quei che conoscono la Scrittura, se non lo sapete! – 8 E non demmo loro un corpo che potesse fare a meno di cibo: essi non erano eterni. – 9 Noi fummo fedeli con loro alla Nostra promessa; salvammo loro e chi Noi volemmo, e sterminammo gli iniqui. – 10 Ed ora a voi abbiam rivelato un Libro che contiene un Mònito per voi: non comprendete dunque? – 11 Quante città distruggemmo, che furono inique, e suscitammo, dopo la

fine loro, altri popoli! – 12 E quando sentirono approssi-
marsi la Nostra ira, ecco, fuggivano dalle loro città a folle
corsa. – 13 "Non fuggite, tornate ai vostri lussi, e alle vostre
delizie, e alle vostre case: che forse ve ne sarà chiesto con-
to!" – 14 "Ahimè, guai a noi, guai!, gridarono, noi fummo
iniqui!" – 15 E continuò quel grido, finché li riducemmo a
biade mietute, annientati. – 16 Noi non abbiam creato il
cielo e la terra, e lo spazio fra di essi, per gioco: – 17 se aves-
simo voluto scherzare avremmo scherzato fra Noi stessi,
se proprio avessimo voluto. – 18 Ma noi scagliamo la Verità
contro la Vanità ed essa la coglie alla testa, ed eccola a terra
annientata: guai a voi, per ciò che empiamente affermate! –
19 A Lui appartiene chi è nei cieli e chi è sulla terra, e gli Es-
seri che stan presso di Lui non disdegnano d'adorarLo né
in adorarLo si stancano: – 20 cantano le Sue lodi notte e
giorno senza cessa e riposo. – 21 Han dunque preso costoro
degli dèi dalla terra che possano risuscitare i morti? – 22 Se
esistessero nei due mondi dèi altri che Dio, n'andrebbero
guasti il cielo e la terra. Ma sia gloria a Dio, Signore del
Trono, oltre il loro empio narrare! – 23 A Dio non si chiede
conto di quello che fa, mentre a loro sarà chiesto conto. –
24 Dunque si son scelti dèi altri che Lui? Dì loro: "Porta-
tene la prova!" Questa è la dottrina di chi è con me e di chi
fu prima di me, ma i più di loro non conoscono la Verità
e da questa si distolgono. – 25 E non mandammo prima di
te alcun Messaggero senza rivelargli: "Non v'è altro dio
che Me: adorateMi!" – 26 E dicono ancora: "Il Misericor-
dioso s'è preso un figlio". Sia gloria a Lui! Quelli che chia-
mano figli non son che miei servi nobilissimi – 27 i quali
non parlano prima ch'Egli abbia parlato, e al Suo comando
operano, – 28 ed Egli conosce quel che è avanti a loro, e quel
ch'è dietro di loro, ed essi non possono intercedere se non
per coloro dei quali Ei si compiace, e nel timore di Lui stan
trepidanti. – 29 Chiunque di loro avesse a dire: "Io sono un
dio oltre Lui", lo compenseremmo con la gehenna, così come

compensiamo gli iniqui! – [30] Non vedono dunque gli empi che i cieli e la terra erano un tempo una massa confusa e noi li abbiam separati, e dall'acqua abbiam fatto germinare ogni cosa vivente? E ancora non credono? – [31] E ponemmo sulla terra montagne immobili, che la terra non si scotesse sotto i piedi degli uomini, e ponemmo fra i monti dei passaggi, a guisa di strade, che gli uomini potessero dirigersi nel loro cammino, – [32] e ponemmo il cielo come un tetto saldamente tenuto. Eppure essi s'allontanano dai Nostri Segni sdegnosi! – [33] E pure è Lui che ha creato la notte e il giorno, e il sole e la luna, ciascuno navigante nella sua sfera. – [34] E nessun uomo, già prima di te, rendemmo immortale. Morrai tu, mentre loro saranno immortali? – [35] No! Ché ogni anima gusterà la morte, e Noi vi proviamo col male e col bene, e poi sarete a Noi ricondotti. – [36] Quando i Negatori ti scorgono, non fanno che prendersi gioco di te: "È costui quello, dicono, che menziona così i vostri dèi?" E alla menzione del Misericordioso essi rifiutano Fede. – [37] L'uomo è stato creato d'impazienza. Ma non mettetemi fretta, ché vi farò vedere, certo, i Miei Segni! – [38] Ed essi dicono: "Quando dunque s'avvererà questa minaccia? Ditecelo, se siete sinceri!" – [39] Se quelli che repugnano alla Fede conoscessero il momento quando essi non potranno riparare dal Fuoco né il loro viso, né il dorso, e non avranno aiuto d'alcuno! – [40] No! Quel momento li coglierà d'improvviso e li lascerà inebetiti: non potranno respingerlo, non potranno più differirlo! – [41] Sì, anche in antico prima di te furon scherniti i Messaggeri Divini, ma quella Cosa ch'essi schernivano avviluppò quei che ridevan di loro! – [42] Dì: "Chi vi difenderà, sia di notte, o di giorno, contro il Misericordioso?" Eppure costoro si distolgon sdegnosi dal mònito del Signore! – [43] Hanno essi degli dèi che possan ripararli da Noi? No! Essi non potranno aiutarsi da sé, né avranno compagni per difendersi contro di Noi. – [44] No, ma Noi abbiam fatto godere ad essi e ai loro padri ogni ricchezza

finché fu lunga la loro vita. E che? Non vedono che Noi
occupiamo la terra consumandola man mano da ogni parte?
Han da essere loro dunque, i vincitori? – 45 Dì: " Io v'ammo-
nisco solo con la Rivelazione, ma i sordi non ascoltano il
richiamo, allorché vengono ammoniti ". – 46 E se li col-
pisse un alito solo del castigo del Signore direbbero: " Guai
a noi! Noi fummo, ahimè, degli iniqui! " – 47 Noi prepa-
reremo bilancie giuste per il dì della Resurrezione e non
sarà fatto a nessuno il minimo torto: e anche le azioni che
abbiano il peso d'un granello di senape le porteremo alla
luce. Bastiamo Noi per contare! –
48 E Noi demmo a Mosè ed Aronne la Salvazione, e una
Luce, e un Avvertimento pei timorati di Dio, – 49 i quali
temono il loro Signore in segreto, e paventano l'Ora. –
50 E questo pure è un Mònito benedetto che Noi rivelammo,
e voi lo rinnegherete? – 51 E già da prima demmo ad Abra-
mo rettitudine, poiché ben lo conoscevamo, – 52 allorché
disse a suo padre e al suo popolo: " Che cosa sono questi
simulacri ai quali voi siete devoti? " – 53 Risposero: " Tro-
vammo che i nostri padri anche li adoravano! " – 54 " Eb-
bene, disse, sia voi che i vostri padri foste in manifesta e
chiarissima erranza! " – 55 Dissero: " Ci porti la Verità o
stai scherzando? " - 56 Rispose: " No! Il vostro Signore è
il Signore dei cieli e della terra, ch'Egli creò, ed io, di questo,
porto testimonianza. – 57 Giuro per Iddio ch'io tramerò
un'insidia ai vostri idoli quando ve ne sarete andati voi,
voltando le spalle ". – 58 E li ridusse in pezzi tutti, eccetto
il più grande, perché essi poi accusassero lui. – 59 Dissero:
" Chi ha fatto questo ai nostri dèi? Certo dev'essere un em-
pio! " – 60 Risposero altri: "Abbiam sentito un giovane
che sparlava di loro: lo chiamano Abramo ". – 61 Gridarono
allora: " Portatelo qui al cospetto di tutti, perché testimo-
nino contro di lui! " – 62 " Sei tu, chiesero, che hai fatto
questo ai nostri dèi, o Abramo? " – 63 Rispose: " No, ha
commesso ciò questo che è il più grande di loro. Interroga-

telo dunque, se questi idoli posson parlare! " – 64 Allora
essi tornarono in sé ed esclamarono: " In verità, voi siete
gli iniqui! " – 65 Ma poi ricadder nell'antico errore e gli
dissero: " Sai bene che essi non parlano! " – 66 Disse allora
Abramo: "Adorerete voi dunque in luogo di Dio, chi non
può portarvi in nulla né vantaggio né danno? – 67 Vergogna
a voi e a coloro che adorate in luogo di Dio! Non compren-
dete dunque nulla? " – 68 Ed essi gridarono: " Bruciatelo,
e soccorrete così i vostri dèi, se volete fare qualcosa! " –
69 Ma Noi dicemmo: " O fuoco! Sii fresco e dolce ad Abra-
mo! " – 70 Essi vollero insidiarlo, ma Noi facemmo di loro
i peggiori perdenti. – 71 E salvammo lui e Lot, portandoli
alla terra benedetta da Noi per tutte le creature. – 72 E gli
donammo Isacco e Giacobbe, in sovrappiù, e ne facemmo,
tutti, dei santi. – 73 E ne facemmo dei Capi, che guidassero
gli uomini per ordine Nostro, e rivelammo loro la pratica
delle opere buone, e il compimento della Preghiera, e l'elar-
gizione della Dècima, e solo Noi essi adoravano. –

74 E a Lot Noi donammo saggezza e scienza e lo salvam-
mo dalla città che commetteva nefandezze: v'eran colà
uomini turpissimi ed empi. – 75 E lo facemmo entrare nella
Nostra clemenza, poiché egli era dei buoni. – 76 E rammenta
Noè, quando Ci chiamò da prima, e Noi l'esaudimmo e lo
salvammo, lui e la sua gente, dalla calamità immensa, – 77 e
lo soccorremmo contro il popolo che tacciava di menzogna
i Nostri Segni. Erano un popolo turpe, e tutti li affogammo
nell'acque. – 78 E Davide ancora e Salomone, allorché giu-
dicarono a proposito del campo devastato dal gregge di
alcuni: e Noi fummo presenti alla loro sentenza. – 79 Noi
facemmo comprendere il giusto giudicio a Salomone, e ad
ambedue demmo saggezza e scienza e costringemmo con
Davide i monti a cantare le lodi Nostre, e gli uccelli. Sì,
così Noi facemmo! – 80 Ed apprendemmo a Davide l'arte
di fare cotte di maglia per voi, che vi schermassero dalla
vostra violenza. Mi ringrazierete voi dunque? – 81 E a Salo-

mone poi assoggettammo il vento che correa tempestoso,
al Nostro ordine, verso la terra che Noi benedicemmo. Noi
conoscevamo ogni cosa. – 82 E fra i dèmoni alcuni si immer-
gevan per lui nell'acque del mare, e altre opre facevan per
lui oltre questa, e Noi li sorvegliavamo. – 83 E rammenta
ancora Giobbe, quando chiamò il suo Signore: "Il male,
sì, m'ha colpito, ma Tu dei clementi sei il più clemente!" –
84 E Noi l'esaudimmo e rimovemmo da lui il male che por-
tava e gli restituimmo la sua famiglia, e raddoppiata ancora,
come segno di grazia da presso Noi, e mònito agli adoranti. –
85 E rammenta Ismaele e *Idrīs* e *D̲ū'l-Kifl*, che tutti furon
pazienti. – 86 E li facemmo entrare nella Nostra misericor-
dia: per vero essi sono ora fra i santi. – 87 E rammenta an-
cora Giona, quando se ne andò adirato e si illuse che Noi
non l'avremmo raggiunto con la Nostra potenza, ma poi
gridò nelle tenebre: "Non c'è altro dio che Te, sia gloria
a Te! In verità io son stato un iniquo!" – 88 E Noi lo esau-
dimmo e lo salvammo dall'afflizione, così come Noi sal-
viamo tutti i credenti. – 89 E rammenta ancora Zaccaria,
allorché gridò al suo Signore: "Signore, non lasciarmi
solo! Pur se Tu sei degli eredi il migliore!" – 90 E Noi lo
esaudimmo e gli donammo Giovanni e rendemmo atta alla
prole la sua donna, perché essi gareggiavan nelle opere
buone e Ci invocavano in desiderio e tremore ed erano umili
di fronte a Noi. – 91 E rammenta ancora colei che custodì
la sua verginità, sì che Noi alitammo in lei del Nostro spi-
rito e rendemmo lei e suo figlio un Segno per le creature.

92 In verità questa vostra religione è una religione unica:
Io solo sono il vostro Signore, adorateMi! – 93 Ma essi si
dilaniarono fra loro: tutti però a Noi torneranno. – 94 E chi
compia opere buone e sia credente, il suo sforzo non verrà
misconosciuto. Ecco, Noi ora lo scriviamo per lui. – 95 E
grava un'interdizione su ogni città che distruggemmo: la
sua gente non potrà tornare nel mondo, – 96 finché sarà aperta
libera via a G̣og e Magog, ed essi si precipiteranno giù da

ogni altura. – 97 Ed ecco la Promessa Vera s'approssima,
ed ecco sbarrati pel terrore gli occhi di coloro che han repu-
gnato alla Fede: "Ahimè, guai a noi! Nessuna attenzione
facemmo a questo, anzi fummo ingiusti ed iniqui!" – 98 In
verità voi e gli esseri che voi adorate in luogo di Dio sarete
legna per la gehenna, nella quale tutti precipiterete. – 99 Se
quelli fossero dèi non vi precipiterebbero: invece ciascuno
di loro resterà colà in eterno, – 100 gemeranno colà e non
udranno parola di risposta. – 101 Ma quelli che destinammo
alla dimora più bella saranno allontanati di là. – 102 E non ne
udranno rumore alcuno e quello che l'anime loro avean
desiato gusteranno in eterno. – 103 Non li attristerà l'Agonia
Suprema, e li accoglieranno gli angeli: "Questo è il vostro
giorno che v'era stato promesso". – 104 Un giorno in cui
arrotoleremo il cielo come rotolo di volume. E così come
abbiamo prodotto la prima creazione, la riprodurremo: in
questa promessa Ci impegnamo, e la manterremo. –
105 E già abbiam scritto nei Salmi, dopo che venne il
Mònito, che i Miei servi giusti erediteranno la terra. – 106 E
certo v'è in questo un annuncio per un popol devoto. –
107 E te non abbiamo inviato che in segno di grazia pel mon-
do. – 108 Dì: "In verità m'è stato rivelato che il vostro
dio è un Dio unico. Volete voi darvi a Lui?" – 109 Ma se
essi ti volgon le spalle, dì: "Io v'ho ammoniti tutti egual-
mente e non so se vicino o lontano è quel che a voi si mi-
naccia, – 110 perché Dio solo conosce quel che si dice chiaro
e quel che voi nascondete. – 111 E non so se questa vita vostra
non sia forse una prova, un godimento fino a un termine
fisso". – 112 Dì: "Signore! Giudica Tu secondo verità:
ché il nostro Signore è il Misericordioso, di cui invochiamo
l'aiuto contro quello che empiamente affermate!" –

XXII. LA SURA DEL PELLEGRINAGGIO

(*Medinese, eccetto i versetti 52, 53, 54 e 55, rivelati fra Mecca e Medina. Di 78 versetti, rivelata dopo la Sura della Luce*)

Nel nome di Dio, clemente misericordioso!

1 O uomini! Temete il vostro Signore, perché la scossa dell'Ora sarà cosa tremenda! – 2 Il giorno in cui vedrete ogni donna che allatta dimenticare il lattante, e ogni donna pregna partorirà il frutto del suo ventre, e t'appariranno gli uomini come ebbri, ma ebbri non saranno, bensì il Castigo di Dio sarà crudo. – 3 E c'è fra gli uomini chi discute di Dio senza nulla conoscere, e va dietro a ogni ribelle demonio, – 4 contro il quale sta scritto che chi lo prenderà per alleato, sarà da lui traviato e guidato da lui al tormento della Vampa. – 5 O uomini! Se voi siete in qualche dubbio sulla Resurrezione, ebbene sappiate che Noi vi creammo di terra, poi facemmo di quella terra una goccia di sperma, poi un grumo, poi un pezzo di carne informe e formato, per manifestarvi la potenza Nostra; poi, secondo la Nostra volontà, lo facciam restare nel seno materno sino a un termine fisso, poi ve ne traggiamo in forma di bambino, poi lasciamo che raggiungiate l'età matura, e c'è di voi chi è fatto morire prima, ed altri son trattenuti fino a più miserevole età, quando nulla più egli ricorda di quanto prima sapeva. E tu vedi la terra arida, ma quando vi riversiamo sopra l'acqua, ecco che freme e si gonfia, e produce ogni specie d'erbe gioiose. – 6 E questo è perché Dio è la Verità, ed Egli vivifica i morti,

ed Egli è sopra tutte le cose potente! – 7 E che l'Ora immi-
nente s'approssimi, non v'ha dubbio alcuno, e che Dio su-
sciterà a vita gli abitatori dei sepolcri. – 8 E c'è fra gli uomini
chi discute di Dio senza nulla conoscerne, senza Guida,
senza Scrittura Lucente, – 9 torcendo il collo sdegnoso per
traviare i suoi simili dalla Via di Dio! In questo mondo avrà
obbrobrio e gli faremo gustare, il dì del Giudizio, il tor-
mento bruciante del fuoco. – 10 "Questo t'avviene, per
quel che le mani tue hanno commesso, ché Dio non fa torto
ai Suoi servi!" – 11 E c'è fra gli uomini chi adora Dio
trattenendosi vilmente alla soglia: se un Bene gli giunge,
se ne resta sicuro e tranquillo, e se lo colpisce una Prova
se ne torna indietro, e perde così i beni del mondo terreno
e dell'Altro; perdita certo chiarissima! – 12 Invoca in luogo
di Dio chi non può portargli danno né può portargli van-
taggio: erranza è questa, lontana! – 13 Anzi invoca chi potrà
piuttosto nuocergli che giovargli. Quale cattivo patrono,
quale tristo compagno! – 14 In verità Iddio farà entrare co-
loro che credono e operano il bene in Giardini alle cui ombre
scorrono i fiumi: in verità Iddio fa ciò che vuole. – 15 Chi si
illude che Iddio non soccorrerà lui e in questa vita terrena
e nell'altra, stenda una corda fino al cielo, poi la tagli, e veda
se stratagemmi simili potranno far sparire quel che lo irrita. –
16 E così lo rivelammo in versetti chiarissimi, poiché Dio
guida al Vero chi Egli vuole. – 17 E per certo nel dì della
Resurrezione Iddio distinguerà fra i pagani e coloro che
hanno creduto, e i giudei, e i sabei, e i cristiani, e i magi: Dio
è d'ogni cosa testimone. – 18 Non vedi dunque che di fronte
a Dio si prosternano tutti gli esseri che sono nei cieli e sulla
terra, e il sole e la luna e le stelle e i monti e gli alberi e gli
animali e molti fra gli uomini? Ma per molti sarà giusto il
castigo, e colui che Dio rende abietto non avrà chi lo onori,
ché Dio fa quel ch'Ei vuole! – 19 Ecco due schiere avverse che
s'avversano a proposito del Signore. Ma per quei che Lo rin-
negano saran tagliate vesti di fuoco, e versata sarà sul lor

capo acqua bollente, – 20 che corroderà quel che hanno nel
ventre e la pelle, – 21 e saran frustati colà con fruste di ferro, –
22 e ogni qualvolta vorranno, afflitti d'agonia, uscire di là,
vi saran ricacciati, al grido: “ Gustate il tormento del fuoco
bruciante! ” – 23 Ma per vero Iddio farà entrare quei che
credettero e operarono il bene in Giardini alle cui ombre
scorrono i fiumi, dove saranno adorni di monili d'oro e di
perla, e avranno vesti di seta, – 24 poiché saran stati guidati
verso la Dolce Parola, perché saran stati guidati alla Via
del Degno di Lode! –

25 Ora coloro che non credono e che traviano gli altri
dalla Via di Dio e dal Sacro Tempio che a tutti gli uomini
destinammo, e al sedentario e al nomade, e quelli che voglion
profanarlo con l'ingiustizia, ebbene farem loro gustare d'un
castigo cocente. – 26 Rammenta quando facemmo abitare
Abramo nel recinto della Casa di Dio dicendogli: “ Non
associarMi oggetto alcuno, ma purifica la Mia Casa per quei
che l'aggirano pii, per i ritti in preghiera, per chi s'inchina
e si prostra! – 27 E leva fra gli uomini voce d'invito al pel-
legrinaggio, sì che vengano a te a piedi, e su cammelli slan-
ciati, che vengano a te da ogni valico fondo tra i monti, –
28 acciocché sian testimoni dei vantaggi che ne avranno, e
in giorni determinati menzionino il nome di Dio sulle bestie
de' greggi di che Iddio li ha provveduti. Mangiatene quindi,
e datene al misero e al bisognoso. – 29 Mettano poi fine ai
loro interdetti, sciolgano il voto, e venerabondi aggirino la
Casa Antica! ” – 30 Sì, perché chiunque rispetterà le sacre
interdizioni di Dio, sarà meglio per lui presso il Signore.
Vi sono permesse le carni degli armenti, eccetto quanto
fu già a voi recitato: astenetevi dalla contaminazione degli
idoli, astenetevi dal discorso mendace! – 31 Volti in semplice
fede verso Dio, senza associarGli altri esseri; ché chi associa
altri esseri a Dio, è come se cadesse dal cielo e lo rapissero
coi loro artigli gli uccelli e lo trasportassero turbini di vento
in lontanissimo abisso. – 32 Così è: e chi rispetta i riti di Dio,

sappia ch'essi sgorgano dal sacro timore dei cuori. – [33] Voi negli animali sacrificali avrete vantaggi fino a un termine fisso, e il luogo di loro immolazione è presso la Casa Antica. – [34] Ad ogni nazione fissammo un culto sacrificale, acciocché essi invochino il nome di Dio sulle bestie dei greggi di cui Iddio li ha provvisti. Il vostro dio è un Dio unico, a Lui abbandonatevi tutti, e tu dà liete novelle a quei che si umiliano a Dio, – [35] coloro che, quando si nomina il Suo nome, piamente trépidano, coloro che pazientano nelle afflizioni, che eseguono la Preghiera ed elargiscon dei beni che loro abbiamo donato. – [36] E gli armenti ve li abbiam dati a servire ai riti sacrificali di Dio: voi ne traete un bene. Menzionate dunque il nome di Dio su di loro mentre s'ergono in fila pronti al sacrificio, e quando giacciono a terra, e mangiatene, e nutrite con essi chi ne chieda umilmente e il mendico. Così Noi li abbiam soggiogati a voi, a che ne foste riconoscenti. – [37] Certo non giungono a Dio le loro carni e il sangue loro, bensì a Dio certo giunge la vostra pietà; così Egli li ha soggiogati a voi, perché voi magnifichiate Iddio per avervi guidato al Vero. Danne tu notizia lieta agli operanti il bene. – [38] In verità Iddio difende coloro che credono, in verità Iddio non ama il perfido, il negatore. –

[39] È dato permesso di combattere a coloro che combattono perché son stati oggetto di tirannia: Dio, certo, è ben possente a soccorrerli; – [40] cioè coloro che son stati cacciati dalla loro patria ingiustamente, soltanto perché dicevano: "Il Signore nostro è Dio!" E certo se Dio non respingesse alcuni uomini per mezzo d'altri, sarebbero ora distrutti monasteri e sinagoghe, e oratori e templi nei quali si menziona il nome di Dio di frequente. Orbene Iddio soccorrerà per certo chi soccorre Lui; in verità Dio è potente possente; – [41] soccorrerà coloro che, quando Noi li abbiamo stabiliti nel paese, osservano la Preghiera e pagano la Dècima e invitano al Bene e sconsigliano il Male: a Dio tutte le cose ritornano al fine. –

[42] E se costoro ti smentiscono, sappi che già prima di
te smentirono i loro profeti la gente di Noè e di *'Ād* e *Ṯamūd* –
[43] e la gente di Abramo e la gente di Lot – [44] e quelli di *Ma-
dyan*; e fu smentito Mosè ancora. Ed Io concessi una dila-
zione agli empi, poi li afferrai: ah, qual non fu il mio disgusto! –
[45] E quante città non abbiam Noi distrutte in stato di iniquità,
ed eccole ora sfondate e in rovina, quanti pozzi abbando-
nati, quanti castelli alti! – [46] Ma non han viaggiato essi per
la terra con cuori atti a comprendere e orecchie capaci di
udire? No, non già gli occhi loro son ciechi, ma cieco hanno
il cuore nel petto! – [47] Ed ecco che sollecitano da te il Casti-
go: no! Dio non verrà meno alla Sua promessa, ma un
giorno è, presso il Signore, come mille anni che voi sulla
terra contate. – [48] E a quante città Io concessi una dilazione,
mentr'erano in stato di iniquità, poi le afferrai: a Me tutto
ritorna! –

[49] Dì: "O Uomini! Io non sono per voi che un moni-
tore chiarissimo". – [50] E coloro che credono e operano il
Bene avranno perdono, e provvidenza avranno generosa. –
[51] E coloro che s'adoprano a infirmare i Nostri Segni, saran-
no preda del Fuoco. – [52] E nessun Messaggero o Profeta
inviammo prima di Te, cui Satana non gettasse qualcosa
nel desiderio, allorché concepì desiderio; ma Dio abrogherà
il suggerimento di Satana, poi Dio confermerà i Suoi Segni,
ché Dio è saggio sapiente. – [53] E questo ordina Iddio per
fare dei suggerimenti di Satana una prova per coloro che
hanno un morbo nel cuore, per coloro che hanno il cuore
indurito (e certo gli iniqui si dibattono in discordia profon-
da) – [54] e perché i dotati di scienza conoscano che questo
è la Verità venuta dal Signore e credano in essa, e si umi-
lino i cuori innanzi a lei. E per vero Iddio guiderà coloro
che credono verso un retto sentiero. –

[55] Ma coloro che repugnano alla Fede non cesseranno di
dubitarne finché sopravverrà loro d'un tratto l'Ora, o finché
non giungerà loro il castigo d'un giorno distruggitore. –

56 E in quel giorno il Regno apparterrà a Dio e giudicherà
fra di loro, e quelli che avranno creduto e avranno fatto opere
buone staranno in giardini di delizie. – 57 Ma quei che avran
repugnato alla Fede e avran smentito i Nostri Segni avranno
ignominioso castigo. – 58 E coloro che saranno emigrati
sulla via di Dio e poi saran stati uccisi o saranno morti, certo
Dio darà loro provvigione buona, perché Dio dei provvi-
denti è il migliore! – 59 Li farà entrare in luoghi loro gra-
diti, ché certo Dio è saggio indulgente. –

60 Così sarà. E chiunque punirà nella stessa misura con
cui fu punito e poi sia di nuovo trattato ingiustamente, certo
Dio lo soccorrerà, perché Dio è indulgente perdonatore. –
61 Questo perché Dio insinua la notte nel giorno e insinua
il giorno nella notte e perché Dio ascolta e vede. – 62 Questo
perché Dio è la Verità, e vanità è tutto quel che la gente in-
voca in luogo di Dio, e perché Dio è l'Eccelso, il Grande. –
63 Non hai visto come Dio ha fatto scendere acqua dal cielo
e al mattino s'è fatta verdeggiante la terra? Certo sottile è
Dio e di tutto ha contezza. – 64 A Lui appartiene ciò che è
nei cieli e ciò che è sulla terra, e per vero Iddio è Colui che
basta a Se stesso, il Degno di Lode. – 65 Non hai visto come
Dio v'ha soggiogato tutto quel che c'è sulla terra, e il vascello
che corre sul mare al Suo ordine? Egli è che trattiene il cielo
che non cada sulla terra, senza il Suo permesso: in verità
Dio è con gli uomini indulgente clemente. – 66 È Lui che
v'ha fatto vivere e poi vi fa morire e poi vi susciterà di nuovo
a vita. Ma l'uomo è ingrato. –

67 A ogni nazione destinammo riti che essa osserva. Non
discutano dunque con te sull'Ordine. Appellati al tuo Si-
gnore, che certo tu sei rettamente guidato! – 68 E se essi
disputano con te, dì loro: " Dio sa meglio quello che voi
fate. – 69 Dio giudicherà fra voi il dì della Resurrezione, de-
ciderà queste discordie vostre ". – 70 Non sai tu dunque che
Dio conosce ciò che è nei cieli e sulla terra? Tutto sta scritto
in un Libro e facile è questo per Dio. – 71 Essi adorano esseri

per i quali il Signore non ha dato alcuna autorità, esseri di cui non hanno scienza alcuna. Ma gli iniqui non avran chi li soccorra; – [72] e quando si recitano loro i Nostri Segni chiarissimi, potresti riconoscere sui volti di coloro che non credono il diniego e poco manca ch'essi non balzino addosso a coloro che recitano i Nostri Segni. Dì: "Dovrò dunque annunciarvi mali ancora peggiori? Il Fuoco l'ha promesso Iddio a quei che repugnano alla Fede. Qual tristo andare!" – [73] O uomini, v'è proposta una similitudine, ascoltatela: In verità gli esseri che voi invocate in luogo di Dio non saprebbero creare nemmeno una mosca, anche se si radunassero tutti per questo, e se le mosche rapissero loro qualcosa, non sarebbero capaci di ritoglierla loro. Quanto deboli gli adoratori, quanto deboli gli adorati! – [74] Non han saputo apprezzare Dio come dev'essere apprezzato, ché Dio è, per vero, potente possente. – [75] Iddio sceglie di fra gli angeli dei Messaggeri e di fra gli uomini ancora. In verità Dio ascolta, e in verità Dio vede. – [76] Egli conosce ciò che è avanti a voi e ciò che è dietro a voi, e a Dio tutte le cose tornano alfine. –

[77] O voi che credete! Chinatevi, prosternatevi e adorate il vostro Signore e oprate il bene, a che possiate forse prosperare. – [78] E lottate nella via di Dio come è degno che si lotti. Egli vi ha prescelti, e non vi ha imposto nella religione pesi gravosi, la religione del vostro padre Abramo. Egli vi ha chiamato *Muslim* già da antico, e in questa rivelazione ancora, perché il Messaggero sia testimonio contro di voi, e voi siate testimoni contro il resto degli uomini. Eseguite dunque la Preghiera e pagate la Dècima e tenetevi stretti a Dio: Egli è il vostro Patrono, sublime Patrono, alleato glorioso! –

XXIII. LA SURA DEI CREDENTI

(*Meccana. Di 118 versetti, rivelata dopo la Sura dei Profeti*)

Nel nome di Dio, clemente misericordioso!
1 Beati i credenti, – 2 che nella preghiera loro son umili, –
3 che le futilità schivano, – 4 che l'elemosina donano, – 5 che
la castità custodiscono – 6 (eccetto che con le proprie mogli
e con quello che le loro destre posseggono, che in questo
non son da biasimare; – 7 ma chi desideri più di questo sarà
un trasgressore). – 8 E che i depositi in fiducia e i giuramenti
rispettano, – 9 che le preghiere osservano! – 10 Essi saranno
gli eredi, – 11 che erediteranno il Paradiso, dove in eterno
rimarranno! –
12 E certo Noi creammo l'uomo d'argilla finissima, – 13 poi
ne facemmo una goccia di sperma in ricettacolo sicuro. –
14 Poi la goccia di sperma trasformammo in grumo di sangue,
e il grumo di sangue trasformammo in massa molle, e la
massa molle trasformammo in ossa, e vestimmo l'ossa di
carne e produciamo ancora una creazione nuova! Sia benedetto Dio, il Migliore dei Creatori! – 15 Poi, in verità, voi
morrete – 16 e ancora, il Dì del Giudizio, sarete suscitati a
vita. – 17 In verità abbiam creato sopra di voi sette grandi
Vie: e certo non abbiam trascurato il creato; – 18 abbiamo
fatto scendere acqua dal cielo in misura dovuta, le abbiamo
dato dimora sulla terra e certo ben potremmo anche farla
sparire. – 19 E con quell'acqua v'abbiam preparato giardini di palme e di vigne, pieni di frutti molti per voi, di cui

vi cibate. – 20 E un'albero che spunta dal monte Sinai e che
produce olio e condimento pel cibo. – 21 E certo anche nei
greggi avete insegnamento chiaro: Noi vi abbeveriamo del
liquido c'hanno nel ventre e vantaggi ne avete molti, e d'essi
vi cibate, – 22 e su di essi come su navi viaggiate. –

23 E certo inviammo Noè al suo popolo ed egli disse:
" O popol mio, adorate Dio! Voi non avete altro Dio che
Lui, non lo temerete dunque? " – 24 E dissero quelli del
Consesso, quelli del suo popolo che non credevano: " Co-
stui non è che un uomo come voi, che vuol farsi grande su
di voi! Perché, se Dio volesse, manderebbe degli angeli:
mai sentimmo che sia capitata simil cosa ai nostri padri pri-
mi! – 25 Costui non è che un uomo posseduto dai *ǵinn*: sop-
portiamolo per un certo tempo ". – 26 Ed egli disse: " Si-
gnore, soccorrimi poiché essi mi tacciono d'impostura ". –
27 E Noi gli rivelammo: " Costruisci l'Arca sotto i Nostri
occhi, secondo la Nostra rivelazione, e allorché il Nostro
ordine giungerà e la Fornace ribollirà, introducivi una coppia
di ciascuna specie di animali e la tua famiglia, eccetto coloro
per i quali fu già pronunziata sentenza di morte; e non mi
parlare in favore di quelli che furono iniqui, ché essi tutti
saranno inghiottiti dall'acque. – 28 E quando vi sarete assisi
tu e quelli con te nell'Arca, dì: ' Sia lode a Dio che ci ha sal-
vato dal popolo degli empi! ' – 29 E dì ancora: ' Signore, fammi
sbarcare in benedetto sbarco, ché meglio di chiunque Tu
sai farlo! ' " – 30 In verità sonvi dei Segni in questo e certo
Noi mettiamo l'uomo alla prova. –

31 Poi dopo di loro producemmo una generazione d'altri
uomini. – 32 E fra loro inviammo un Messaggero, uno dei
loro, che disse: "Adorate Dio, non avete altro dio che Lui!
Non lo temete voi dunque? " – 33 E disse il Consesso del
popolo, gli empi, coloro che reputavan menzogna l'avvento
dell'Oltre, coloro cui nella vita terrena avevam concesso
agi e piaceri: " Costui non è che un uomo come voi, mangia
di quel che voi mangiate, beve di quel che bevete. – 34 E se

voi obbedirete a un uomo come voi, certo sarete in perdizione. – [35] Vi promette forse che quando sarete morti, e diventati terra ed ossame, sarete di nuovo tratti fuori vivi? – [36] Sciocchezze, sciocchezze son queste promesse. – [37] Non c'è altra vita che questa vita nostra della terra: moriamo, viviamo e più non saremo richiamati a vita. – [38] Non è costui altro che un uomo che inventa menzogne contro Dio: noi non gli crediamo! " – [39] Disse: " Signore, soccorrimi, ché costoro mi taccian d'impostura! " – [40] Rispose Dio: " Fra poco, certo se ne pentiranno! " – [41] E li sorprese il Grido, secondo giustizia, e li rendemmo come foglie trascinate dai fiumi. Lungi da noi il popolo degli empi! – [42] Poi producemmo altre generazioni dopo di loro, ancora. – [43] E nessuna nazione anticiperà, e nessuna nazione ritarderà, il proprio destino. – [44] Poi inviammo un dopo l'altro i Nostri Messaggeri, e ogni volta che a una nazione giunse il proprio Messaggero, lo tacciaron d'impostura, e le nazioni facemmo succedere le une alle altre e ne facemmo leggende. Lungi da Noi, lungi, i popoli che non credono! –

[45] Poi inviammo Mosè e suo fratello Aronne, coi Nostri Segni e con manifesto potere – [46] a Faraone e al suo Consesso; ma furono orgogliosi, furono popol superbo – [47] e dissero: " Dovremmo noi credere a due uomini come noi, d'un popol di nostri schiavi? " – [48] Li tacciaron così di menzogna, e anch'essi Dio fé perire. – [49] Eppure avevam dato a Mosè il Libro, a che potessero esser guidati al Vero. – [50] E così anche del Figlio di Maria e di sua Madre facemmo un Segno, e demmo loro rifugio su un'altura tranquilla e irrigata di fonti. –

[51] " O Messaggeri di Dio! Mangiate delle cose buone del mondo e operate il bene! Ché Io ben so ciò che voi fate! – [52] Ché questa vostra nazione è una nazione unica, e Io sono il vostro Signore: temetemi! " – [53] Ma ecco si frantumano in sètte diverse, e ogni partito è lieto della sua verità. – [54] Ma tu lasciali nella confusione loro, per un tempo. – [55] Pensano

forse che le ricchezze ed i figli, di cui Noi li provvediamo, –
56 Noi ci affrettiamo a donarle loro per il loro bene? Di nulla
s'avvedono dunque? – 57 No! Ma piuttosto quelli che del
timor del Signore trepidano, – 58 e nei Segni del Signore cre-
dono, – 59 e al loro Signore niun altro essere associano, –
60 e donano quel che donano, e i loro cuori fremono al pen-
siero che torneranno al Signore, – 61 ecco, questi corrono
a gara appresso al bene, e in questa gara saranno i Primi. –
62 E Noi non imponiamo a nessun'anima che quello ch'essa
può portare, e presso di Noi c'è un libro che parla Verità:
agli uomini non sarà fatto torto. – 63 Ma purtuttavia i cuori
loro ne sono in abissi cupi di dubbio, e, oltre a questo, com-
piono azioni, che continueranno a compiere, – 64 finché,
quando avremo colpito col Castigo i ricchi fra essi, allora
supplicheranno. – 65 "Non supplicate, oggi, Noi non vi
soccorreremo! – 66 Già vi furon recitati i Miei Segni e voi
volgevate i calcagni, – 67 discorrendone superbamente nelle
veglie notturne deliravate". – 68 E che? Non vorranno me-
ditare sulla Parola, non vorran chiedersi s'è giunto loro quel
che mai giunse ai loro padri primi? – 69 O non hanno rico-
nosciuto il loro Messaggero Divino, che lo rinnegano? –
70 Oppure dicono: "È invasato dai *ğinn*"? No, egli porta
loro la Verità, ma alla Verità i più di loro repugnano. – 71 E
se la Verità dovesse seguire le loro passioni, si guasterebbero
i cieli e la terra e quel che contengono. Ma Noi abbiam por-
tato loro l'Ammonimento, ed essi dall'Ammonimento Di-
vino si scostano. – 72 Chiederai loro un compenso? No, il
compenso del tuo Signore è migliore: Egli è il migliore
dei provvidenti. – 73 Certamente tu li inviti a un retto Sen-
tiero; – 74 ma quei che non credono nell'Oltre, dal Sentiero
si scostano. – 75 E se Noi avessimo avuto pietà di loro
e avessimo stornato la calamità loro sopravvenuta, avreb-
bero certo insistito nella ribellione loro, brancolando alla
cieca. – 76 Così li colpimmo col castigo, ma non si sottomi-
sero al Signore, non s'umiliarono – 77 finché, quando spa-

lancammo avanti a loro la porta d'un tormento tremendo,
ecco che cupi disperano. –
78 Ma è Lui che ha fatto crescere in voi l'udito e la vista
e il cuore: ma come poco Lo ringraziate! – 79 È Lui che vi
ha moltiplicati sulla terra, avanti a Lui tornerete tutti a riu-
nirvi. – 80 È Lui che fa vivere e uccide, appartiene a Lui il
variare alterno della notte e del giorno: non comprendete
dunque? – 81 No, parlano come parlavan gli antichi – 82 e
dicono: " O che forse quando sarem morti e sarem diven-
tati terra ed ossame, saremo suscitati a vita? – 83 Già questo
è stato promesso a noi e ai nostri padri da prima, non son
queste altro che favole antiche! " – 84 Dì loro: " Di chi è
la terra e quel che contiene? Ditelo se lo sapete! " – 85 Rispon-
deranno: " Di Dio! " E allora dì ancora: " Ebbene, non
riflettete? " – 86 Chiedi loro: " Chi è il Signore dei sette
cieli, il Signore del Trono Sublime? " 87 Risponderanno:
"Appartengono a Dio! " E tu dì: " Non lo temete dun-
que? " – 88 E chiedi ancora: " Chi è che ha in sua mano il
Regno su tutte le cose, che protegge e da nessuno è protet-
to? Ditelo, se lo sapete! " – 89 Risponderanno: " Appar-
tiene a Dio! " Dì: " E come dunque siete voi stregati? " –
90 No, Noi abbiam dato loro la Verità ed essi mentiscono. –
91 Dio non s'è scelto figli, e non ha altro dio accanto a sé,
altrimenti ogni dio si porterebbe via per sé quel che ha creato,
e gli uni sopraffarrebbero gli altri. Sia gloria a Dio, ben di-
verso è Lui da quel che costoro raccontano! – 92 Conosci-
tore del palese e dell'occulto, ben piú alto e sublime degli
esseri che Gli associano! – 93 Dì: " O Signore, se Tu mi
mostrerai il Castigo ch'è loro minacciato, – 94 Signore! Non
mi porre fra il popolo degli iniqui! " – 95 Per vero Noi pos-
siamo ben mostrarti quel che abbiam lor minacciato – 96 ma
tu allontana via da te il male con il Bene Massimo: Noi me-
glio di chiunque sappiamo quel che essi raccontano. – 97 E dì:
" Signore, Io mi rifugio in Te contro le suggestioni dei dèmoni.
– 98 Mi rifugio in Te, Signore, che non s'avvicinino a me ". –

99 Finché quando a uno di loro giunga la morte dirà:
" Signore, fammi tornar sulla terra, - 100 a che possa forse
fare del bene, in sostituzione di quel che omisi di fare! "
" Per sempre no! ": ecco la parola che Egli allora pronun-
zierà. E alle loro spalle s'ergerà una Barriera fino al dì quando
saranno risuscitati. - 101 E quando squillerà la Tromba, non
vi saran più parentele, in quel giorno, fra loro, e non si chie-
deranno aiuto a vicenda. - 102 E coloro le cui bilance sa-
ranno pesanti, saranno i Beati, - 103 e coloro le cui bilance
saran leggere, saranno coloro che avran perso se stessi:
rimarranno nella gehenna, in eterno. - 104 Il fuoco abbruciac-
chierà loro il volto, e torceranno tormentati le labbra. -
105 " Non v'eran stati recitati i Nostri Segni, e voi li avete
smentiti? " - 106 Risponderanno: " Signor nostro! Il nostro
maligno fato ci ha vinto, e divenimmo un popolo traviato. -
107 Signore! Facci uscire dal fuoco! Se tornassimo ora al-
l'errore, saremmo per certo degli empi! " - 108 E dirà Dio:
" Sprofondate nel fuoco, e non mi parlate! - 109 C'era,
sì, una parte dei miei servi che diceva: ' Signore! Noi ab-
biamo creduto! Perdonaci, abbi pietà di noi, Tu che sei
dei pietosi il migliore! ' - 110 E voi prendeste a schernirli,
ed essi han lasciato che voi dimenticaste il mio Mònito, e
voi ridevate di loro! - 111 Loro, oggi, Io li ho ricompensati
per la loro pazienza: oggi, essi sono i trionfatori! " - 112 Sarà
chiesto loro: " Quanto rimaneste in numero d'anni voi
sulla terra? " - 113 Risponderanno: " Ci rimanemmo un gior-
no, o parte d'un giorno, però domandane a coloro che con-
tano! " - 114 Dirà Dio: " Sì, non vi rimaneste che poco, se
voi lo sapeste. - 115 Credevate voi che Noi vi avessimo creati
per ischerzo e che non sareste richiamati a Noi? " - 116 Sia
esaltato Iddio! Il Re! Il Vero! Non c'è altro dio che Lui,
il Signore del Trono Nobilissimo. - 117 E chi invoca insieme a
Dio un dio diverso senza prova alcuna, dovrà renderne conto
al Signore! Per certo, non prospereranno i pagani! - 118 E tu
dì: " Perdona! Abbi pietà! Tu sei dei pietosi il migliore! " -

XXIV. LA SURA DELLA LUCE

(*Medinese. Di 64 versetti, rivelata dopo la Sura del Bando*)

Nel nome di Dio, clemente misericordioso!

1 È una sura questa che abbiam fatto discendere dal cielo, e costituita in Legge, e vi abbiam rivelato Segni chiarissimi, a che forse meditiate. – 2 L'adultera e l'adultero siano puniti con cento colpi di frusta ciascuno, né vi trattenga la compassione che provate per loro dall'eseguire la sentenza di Dio, se credete in Dio e nell'Ultimo Giorno; e un gruppo di credenti sia presente al castigo. – 3 L'adultero non potrà sposare che l'adultera o una pagana, e l'adultera non potrà esser sposata che da un adultero o da un pagano: il connubio con loro è proibito ai credenti. – 4 E quelli che accusano donne oneste, e poi non posson portare a conferma quattro testimoni, ricevano ottanta colpi di frusta, e non s'accolga più in eterno la loro testimonianza: sono degli esseri turpi. –
5 Eccettuati coloro che, dopo, si pentano, e si riformino, poiché Dio è indulgente clemente. – 6 E coloro che accusano le loro donne, e poi non hanno testimoni altri che se stessi, dovranno comprovare l'accusa con quattro attestazioni ciascuno, fatte in nome di Dio, attestanti che dicono il vero. –
7 E la quinta attestazione sia che la maledizione di Dio scenda su di lui, se ha mentito. – 8 E alla donna sarà risparmiata la punizione se attesterà con quattro attestazioni fatte in nome di Dio che il marito mente, – 9 e la quinta sarà che l'ira di Dio scenda su di lei, se il marito ha detto il Vero. – 10 Se

non fosse per la grazia di Dio su di voi e la Sua Misericordia, e che Dio è clemente sapiente, già v'avrebbe puniti. – [11] Certo quelli che hanno inventato la calunnia son parecchi fra voi: ma non crediate che questa calunnia sia un male per voi, anzi è un bene. E ognuno di quelli che l'han propalata avrà quel che s'è guadagnato col suo peccato, ma chi s'è incaricato dell'essenziale avrà un castigo tremendo! – [12] Perché, quando udiste questa calunnia, i credenti e le credenti non pensarono fra sé al meglio e non dissero: "Questa è bugia manifesta?" – [13] Perché gli accusatori non han portato quattro testimoni? Se dunque non han potuto portare i testimoni, sono loro, presso Dio, i mentitori! – [14] E se non fosse pel favore di Dio e la Sua misericordia in questo mondo e nell'Altro, per quel che avete propalato v'avrebbe colpito un castigo tremendo, – [15] quando riferiste quella calunnia con le vostre lingue e dicevate con le vostre bocche cose di cui nulla sapevate, credendo che si trattasse di cosa dappoco, mentre era cosa grande presso Dio. – [16] E perché, quando udiste quella calunnia, non diceste: "Non siamo noi che dobbiam parlare di questo? Sia gloria a te o Dio! È manifesta la calunnia!" – [17] Iddio v'ammonisce a non tornar più a commettere una simile colpa, mai, se voi siete credenti. – [18] E Dio vi spiega chiari i Suoi segni, e Dio è saggio sapiente. – [19] In verità coloro che amano che si divulghi lo scandalo fra i credenti avranno castigo cocente in questo mondo e nell'altro: Dio sa e voi non sapete! – [20] E se non fosse pel favore di Dio su di voi e la Sua misericordia.... Ma Dio è pietoso clemente! – [21] O voi che credete! Non seguite le orme di Satana, ché chi segue le orme di Satana desidera lo scandalo e il male, e se non fosse per il favor di Dio su di voi e la Sua misericordia, di voi neppur uno sarebbe puro giammai, ma Iddio purifica chi Egli vuole e Dio è ascoltatore sapiente. – [22] E non giurino, coloro che posseggono mezzi e sostanze, di non dar più nulla ai parenti, ai poveri e agli emigranti sulla via di Dio; perdonino anzi e condònino:

non amereste anche voi esser perdonati da Dio? Dio in verità
è perdonatore, indulgente. – [23] In verità coloro che calun-
niano donne oneste, incaute ma credenti, saran maledetti
in questo mondo e nell'altro e toccherà loro castigo tre-
mendo, – [24] nel giorno in cui le loro lingue testimonieran
contro di loro e le loro mani ancora e i loro piedi, per quel
che avranno operato: – [25] quel giorno Dio pagherà loro il
loro debito giusto ed allora sapranno che Dio è la Verità
Chiarissima. – [26] Sian date le malvage ai malvagi e i malvagi
alle malvage e le buone ai buoni e i buoni alle buone; questi
sono assolti da quel che gli altri dicon di loro: avranno per-
dono e provvidenza generosa. –

[27] O voi che credete! Non entrate in case altrui senza
aver prima chiesto il permesso e aver salutato le persone
della casa. Questo sarà meglio per voi, se ben meditaste. –
[28] E se non vi trovaste nessuno, non vi entrate finché non ve
ne sia dato il permesso, e se vi si dice: " Tornatevene via! "
andatevene. Sarà questo atto più puro per voi, ché Dio conosce
quel che voi fate. – [29] Non sarà per voi peccato se entrerete
in case disabitate in cui sia qualche oggetto utile a voi: Dio sa
quel che palesate, Dio sa quel che nascondete. – [30] Dì ai
credenti che abbassino gli sguardi e custodiscano le loro
vergogne; questo sarà, per loro, cosa più pura, ché Dio
ha contezza di quel ch'essi fanno. – [31] E dì alle credenti che
abbassino gli sguardi e custodiscano le loro vergogne e non
mostrino troppo le loro parti belle, eccetto quel che di fuori
appare, e si coprano i seni d'un velo e non mostrino le loro
parti belle altro che ai loro mariti o ai loro padri o ai loro
suoceri o ai loro figli, o ai figli dei loro mariti, o ai loro fra-
telli, o ai figli dei loro fratelli, o ai figli delle loro sorelle,
o alle loro donne, o alle loro schiave, o ai loro servi maschi
privi di genitali, o ai fanciulli che non notano le nudità
delle donne, e non battano assieme i piedi sì da mostrare
le loro bellezze nascoste; volgetevi tutti a Dio, o credenti,
che possiate prosperare! –

32 E unite in matrimonio quelli fra voi che son celibi
e gli onesti fra i vostri servi e le vostre serve; e se saran po-
veri certo Dio li arricchirà della Sua grazia, ché Dio è ampio
sapiente. – 33 E quelli che non trovano moglie si manten-
gano casti finché Dio li arricchisca della sua grazia; quanto
a quelli dei vostri servi che desiderino lo scritto di mano-
missione, concedeteglielo, se li sapete buoni, e date loro
delle ricchezze di Dio che Egli ha dato a voi, e non costrin-
gete le vostre ancelle al meretricio, se esse voglion conser-
varsi caste, per brama degli agi della vita terrena. Se poi
qualcuno le avrà costrette, dopo che saran state costrette
Iddio sarà con loro indulgente clemente. – 34 E Noi v'abbiam
rivelato Segni chiarissimi, un esempio tratto da genera-
zioni passate, un mònito ai timorati di Dio. –

35 Dio è la Luce dei cieli e della terra, e si rassomiglia la
Sua Luce a una Nicchia, in cui è una Lampada, e la Lampada
è in un Cristallo, e il Cristallo è come una Stella lucente, e arde
la Lampada dell'olio di un albero benedetto, un Olivo né
orientale né occidentale, il cui olio per poco non brilla an-
che se non lo tocchi fuoco. È Luce su Luce; e Iddio guida
alla Sua Luce chi Egli vuole, e Dio narra parabole agli uomini,
e Dio è su tutte le cose sapiente. – 36 In case che Dio ha
permesso vengano elevate e vi si menzioni il Suo nome,
cantino le Sue lodi, all'alba e al tramonto – 37 uomini, che
né commerci né vendite distolgano dalla menzione di Dio,
dal compier la Preghiera, dal pagare la Dècima, uomini
che paventano un Giorno in cui verran sconvolti i cuori
e gli sguardi, – 38 perché Iddio li possa ricompensare per
quel che di meglio avran fatto e accresca loro il Suo favore;
ché Iddio dona la Sua provvidenza a chi vuole, senza farne
conto. – 39 E quelli che avran repugnato alla Fede, le azioni
loro saranno come miraggio nel deserto, miraggio che l'as-
setato crede acqua ed ecco che, quando lo raggiunge, non
vi trova nulla, ma trova, accanto, Dio, per saldargli il conto,
ché Dio rapidissimo conta. – 40 O come tenebre su mare

d'abisso, e lo coprano onde, e sopra altre onde, e sopra nubi:
tenebre sovrapposte a tenebre. E quando stende la mano
quasi non riesce a vederla. Colui cui Dio non ha dato Luce
non ha luce. – 41 Non vedi tu come a Dio inneggino gli es-
seri tutti che sono in cielo e sulla terra, e gli uccelli che sten-
dono l'ali? Ognuno conosce la sua preghiera, conosce il
suo inno di lode, e Dio sa quel che fanno. – 42 E a Dio appar-
tiene il Regno dei cieli e della terra e a Dio tutto ritorna. –
43 Non vedi tu come Dio spinge a corsa le nubi, poi le riu-
nisce, e poi ne fa degli ammassi, e pioggia fine vedi uscir
loro dai fianchi? E fa scender dal cielo nubi come montagne,
piene di grandine, con cui colpisce chi vuole e le storna da
chi vuole, e il lampo che l'accompagna quasi strappa la vi-
sta. – 44 Iddio alterna la notte col giorno e certo v'è in questo
un esempio per quelli che sanno vedere. – 45 Iddio ha creato
tutti gli animali dall'acqua, e ve ne sono di quelli che cam-
minano sul ventre e di quelli che camminano su due zampe
e di quelli che camminano su quattro zampe. Iddio crea
quel che vuole e Dio è su tutte le cose potente. –

46 E rivelammo già Segni chiarissimi, ma Dio dirige
chi vuole alla Via Diritta. – 47 E dicono: " Crediamo in Dio
e nel Suo Messaggero, e loro ubbidiamo! ", ma poi una
parte di loro volge le spalle; non sono quelli i credenti. –
48 E quando son chiamati avanti a Dio e al Suo Messaggero
perché egli giudichi fra loro, ecco, una parte di essi si allon-
tana. – 49 Se fossero dalla parte del Vero verrebbero a Lui
sottomessi. – 50 Han forse un morbo nel cuore, o dubitano,
o han paura che Dio e il Suo Messaggero li trattino ingiu-
stamente? No, essi, sono gli ingiusti! – 51 Invece il parlar
dei credenti, quando son chiamati avanti a Dio e al Suo
Messaggero perché giudichi fra loro, è: "Abbiamo udito e
obbediamo! " Ecco quelli che prospereranno! – 52 E coloro
che obbediscono a Dio e al Suo Messaggero e paventano
Iddio e Lo temono: ecco i Beati! – 53 E giurano in nome
di Dio con giuramento solenne che se tu ordinassi loro di

uscire in campo lo farebbero. Dì loro: "Non giurate! Un'obbedienza sincera è migliore! Ché Dio ha buona contezza di quel che voi fate!" – [54] Dì loro: "Obbedite a Dio e obbedite al Suo Messaggero; ché se poi ve ne allontanerete, ebbene egli è responsabile solo di quello che a lui è stato imposto, e voi siete responsabili di quello che è stato imposto a voi. Se gli obbedite sarete sulla retta via, e null'altro incombe al Messaggero se non la comunicazione del messaggio, chiara". – [55] Iddio ha promesso a quelli di fra voi che credono e operano il bene di farvi succedere agli empi sulla terra, come ha fatto succedere agli empi coloro che furono prima, di stabilir loro la Religione che ha scelto per essi, e di tramutare in sicurtà il loro timore; essi Mi adoreranno e non assoceranno a Me cosa alcuna; e quanti, dopo tutto questo, rifiuteranno la Fede, quelli saranno gli empi. – [56] Eseguite dunque la Preghiera, pagate la Dècima, e obbedite al Messaggero di Dio, che Dio possa aver pietà di voi. – [57] Non crediate che gli empi possano prevalere su Dio, sulla terra! Il loro asilo sarà il Fuoco: quale tristo andare! –

[58] O voi che credete! Che i vostri servi e quelli di voi che non abbiano ancor raggiunto la pubertà, vi chiedano il permesso prima di entrare, in tre momenti della giornata, prima della Preghiera dell'alba, quando deponete gli abiti a mezzogiorno, e dopo la Preghiera della sera: son questi tre momenti in cui si posson vedere le vostre nudità; invece non vi sarà alcun peccato né per voi, né per loro se in altri momenti entrino senza permesso, dato che gli uni debbono andare in giro a servire gli altri. Così Iddio dichiara a voi i Segni, e Dio è saggio sapiente. – [59] E quando i vostri bambini raggiungono la pubertà domandino sempre il permesso, per entrare, come lo domandano i più anziani. Così Iddio dichiara a voi i Suoi Segni, e Dio è saggio sapiente. – [60] E le donne che han raggiunto la menopausa e che non sperano più di sposarsi, non è peccato per loro se depongono le loro vesti, senza però mostrare le loro parti belle. Ma, se

se ne asterranno, sarà meglio per loro, e Dio è l'ascoltatore il saggio. – [61] E non vi sarà colpa pel cieco, e non vi sarà colpa per lo zoppo, e non vi sarà colpa per il malato e nemmeno per voi stessi, se mangerete nelle vostre case, o nelle case dei vostri padri o nelle case delle vostre madri o nelle case dei vostri fratelli o nelle case delle vostre sorelle o nelle case dei vostri zii paterni o nelle case delle vostre zie paterne o nelle case dei vostri zii materni o nelle case delle vostre zie materne o in quelle di cui possedete le chiavi o nella casa del vostro amico. Non v'è colpa per voi di mangiare insieme o separatamente. Ma quando entrate in qualche casa, salutatevi gli uni gli altri di un saluto che venga da Dio, benedetto, buono. Così Dio dichiara a voi i Segni acciocché comprendiate. – [62] I veri credenti son coloro che credono in Dio e nel Suo Messaggero e che quando si trovan con lui per un affare comune non se ne vanno senza prima avergliene chiesto il permesso. In verità quei che ti chiedono il permesso son coloro che credono in Dio e nel Suo Messaggero; e se te lo chiedono per qualche loro faccenda accordalo a chi vuoi, e chiedi perdono a Dio per loro. In verità Iddio è indulgente clemente. – [63] Non considerate l'appello del Messaggero di Dio fra voi come l'appello che vi rivolgete gli uni a gli altri! Dio conosce quelli fra voi che sgattaiolano dall'assemblea nascondendosi gli uni dietro gli altri. Badino, coloro che s'oppongono al suo ordine, che non li incolga tentazione o che non l'incolga un castigo cocente. – [64] O non è forse di Dio tutto quanto è nei cieli e sulla terra? Egli conosce le vostre intenzioni, ed un giorno gli uomini verran ricondotti innanzi a Lui ed Egli li informerà di quel che avranno operato; ché Dio è su tutte le cose sapiente! –

XXV. LA SURA DELLA SALVAZIONE

(*Meccana, eccetto i versetti 68, 69 e 70 che son medinesi. Di 77 versetti, rivelata dopo la Sura Yā-Sīn*)

Nel nome di Dio, clemente misericordioso!

1 Sia benedetto Colui che ha fatto scender la Salvazione sul Suo servo, perché fosse un ammonitore per le creature. – 2 Colui cui appartiene il Regno dei cieli e della terra, e non s'è scelto un figlio e non ha compagno alcuno nel Regno, e creò tutte le cose e ne ha fissato il destino. – 3 Eppure, han preso in luogo di Lui degli dèi che non creano nulla, anzi sono essi stessi creati, e non hanno il potere di procurare a se stessi danno o vantaggio, e potestà alcuna non hanno di morte, di vita, di resurrezione. – 4 E dicono quelli che rifiutan la Fede: "Non è, questo che dice, altro che menzogna da lui inventata, e l'hanno aiutato altri a farlo", e così dicendo commettono ingiustizia e frode. – 5 E dicono ancora: "Sono favole antiche, che si è scritto sotto dettatura, mattina e sera!" – 6 Rispondi: "Lo ha rivelato Colui che conosce il Segreto nei cieli e sulla terra. In verità Egli è indulgente, pietoso!" – 7 E dicono ancora: "Che Messaggero Divino è mai questo, che mangia cibo e cammina per i mercati come noi? Perché non è stato fatto scendere a lui un angelo che sia con lui ammonitore? – 8 O perché non gli vien gettato dal cielo un tesoro e non ha almeno un giardino per mangiar de' suoi frutti?" E dicono gli iniqui: "Voi non seguite che un uomo stregato!" – 9 Guarda come

ti propongono paragoni ed errano, e non posson trovare
una Via. – 10 Sia benedetto Colui che, se vuole, ti darà cose
ben migliori di quelle che dicono: giardini alle cui ombre
scorrono i fiumi, e ti darà castelli. – 11 Ma essi taccian di men-
zogna l'Ora, e per coloro che taccian di menzogna l'Ora
abbiam preparato una Vampa. – 12 E quando li vedrà,
da un luogo lontano, la sentiranno infuriare e muggire. –
13 E quando, di là, saran gettati in un luogo angusto, assieme
aggiogati, invocheranno ivi la distruzione. – 14 "Non invo-
cate, oggi, una distruzione sola; invocate distruzioni molte!" –
15 Dì: "È meglio questo, o il Giardino d'Eternità che è
stato promesso ai timorati di Dio come retribuzione ed asi-
lo?" – 16 Colà essi avranno quel che vorranno, e vi rimar-
ranno in eterno: ed è questa pel tuo Signore promessa so-
lenne. – 17 Ed il giorno in cui Egli raunerà loro e quei
ch'adoravano in luogo di Dio, dirà agli idoli: "Siete voi
che avete traviato questi Miei servi o essi stessi han per-
duto la via?" – 18 Risponderanno: "Sia gloria a Te! Certo
non conveniva a noi di prenderci degli alleati in Tuo luogo,
ma Tu li hai fatti godere e i loro padri ancora, sì che dimen-
ticarono l'Ammonizione e divennero gente perduta!" –
19 Ecco che anche gli idoli hanno smentito le parole vostre,
e voi non siete capaci né di stornare il Castigo né di soccor-
rervi. E chi di voi agisce empiamente, gli farem gustare ca-
stigo grande. – 20 E di tutti i Messaggeri che per l'innanzi
mandammo, nessuno ci fu che non mangiasse cibo e non
camminasse per i mercati. Ma alcuni di voi li abbiam posti
a tentazione per altri. Pazienterete voi? Il tuo Signore os-
serva. – 21 E quei che non sperano d'incontrarCi dicono:
"Se almeno ci fossero stati inviati degli angeli, e vedessimo
il nostro Signore!..." E così si inorgogliscono in cuore e
insolentiscono d'insolenza grande. – 22 Ma il giorno in cui
vedranno gli angeli, non sarà giorno di buona novella per
gli empi, e diranno: "Barriera, barriera insormontabile!" –
23 E procederemo a osservare le opere che hanno operato

e le renderemo tutte polvere sparsa. – 24 Invece quelli del
Paradiso, in quel giorno, avranno più felice dimora, più
dolce ristoro. – 25 E il giorno quando si spaccherà il cielo
con le nubi, e gli angeli saran fatti discendere rapidi, – 26 in
quel giorno il Regno Vero sarà del Misericordioso, e sarà
un giorno, per gli iniqui, tremendo! – 27 E in quel giorno
l'empio si morderà le mani dicendo: " Oh! S'avessi io cam-
minato col Messaggero di Dio! – 28 Guai a me! Non avessi
mai preso il tale per amico! – 29 Egli mi ha traviato lungi
dall'Ammonimento, dopo che m'era giunto, ché certo Sa-
tana vilmente abbandona l'uomo! " –

30 Dice il Messaggero di Dio: " Signore! Il mio popolo
ha preso questo Corano in avversione! " – 31 Così Noi ab-
biam destinato ad ogni Profeta un nemico, di tra i malvagi,
ma il tuo Signore ti basti come guida, come soccorritore. –
32 E dicono ancora quei che repugnano alla Fede: " Gli fosse
stato almeno rivelato il Corano in una sola volta! " Ma Noi
così facciamo per confermarti con esso il cuore, e con ritmata
esattezza lo recitiamo. – 33 E non ti proporranno alcun pa-
ragone senza che Noi te ne diamo il vero senso, e la spiega-
zione migliore! – 34 E coloro che saranno in massa trasci-
nati sul volto verso la gehenna avranno il luogo pessimo,
e più sviati saranno dalla Via. –

35 E già demmo a Mosè il Libro e con lui stabilimmo
ministro suo fratello Aronne. – 36 E dicemmo: "Andate al
popolo che smentisce i Nostri Segni ". E li distruggemmo
dalla radice. – 37 E il popolo di Noè, allorché smentirono i
Messaggeri Divini, li annegammo e li ponemmo come se-
gno per gli uomini, e preparammo per gli iniqui un castigo
cocente. – 38 E *'Ād* e *Ṯamūd* e gli abitanti di *ar-Rass* e le
generazioni molte che furono allora. – 39 E a ciascuna pro-
ponemmo esempi ammonitori, e tutte le sterminammo di
sterminio. – 40 E quelli che ora ti respingono son certo pas-
sati per la città dove fu fatta piovere la pioggia malefica.
Non l'hanno dunque vista? Eppure ancora non sperano

nella Resurrezione. – [41] E quando ti vedono non fanno che prenderti a scherno, e dicono: "Questo è dunque colui che Dio ci ha mandato come Messaggero? – [42] Poco mancava che non ci sviasse dai nostri dèi, se non fossimo stati nel loro culto costanti". Ma presto sapranno, quando vedranno il Castigo, chi di più lungo errore ha errato! – [43] Che ne pensi? Colui che s'è scelto come dio la propria passione, devi tu essere il suo avvocato? – [44] Credi forse che i più fra di loro odano o intendano? No, non sono che simili a armenti, anzi, più traviati di loro! –

[45] Non guardi tu all'opera del Signore, come lunga Egli stende l'ombra, e se volesse la potrebbe fare immobile? Ma Noi ponemmo il sole come sua guida, in alto, – [46] e poi la ritiriamo a noi con facile forza. – [47] Ed è Lui che ha fatto della notte una veste per voi, e del sonno un riposo, e del giorno una resurrezione. – [48] E Lui è quegli che spedisce i venti come nunzii di buone novelle avanti alla Sua misericordia, e Noi facciam scendere dal cielo acqua purissima – [49] per vivificare con essa un paese morto, e per abbeverarne di fra le nostre creature armenti e uomini molti. – [50] E la distribuiamo fra loro perché meditino, ma i più degli uomini tutto rifiutarono fuorché l'ingratitudine empia. – [51] E se avessimo voluto, avremmo mandato in ogni città un Ammonitore. – [52] Ma tu non obbedire a quelli che rifiutan la Fede, ma combattili con la Parola, in guerra grande. – [53] È Lui che ha lasciato scorrer liberi i due Mari, questo dolce fresco, quello salmastro amaro, e ha posto fra di loro una barriera, un insormontabile limite. – [54] Ed è Lui che ha creato l'uomo dall'acqua traendone discendenza maschile e femminile: il tuo Signore è potente. – [55] Eppure essi adorano in luogo di Dio esseri che non posson loro giovare né nuocere, e chi rifiuta Fede è un ausiliare di Satana contro il Signore. – [56] E Noi non ti abbiamo inviato altro che come Annunciatore e come Ammonitore. – [57] Dì: "Io non vi chiedo per questo mercede alcuna, ma solo che qualcuno voglia sceglier la Via

del Signore!" – [58] Tu confida nel Vivo che mai non muore e canta la Sua lode: egli ha sufficiente contezza dei peccati dei servi. – [59] Colui che ha creato i cieli e la terra e quel che v'è frammezzo in sei giorni, poi s'assise sul Trono: il Misericordioso. Interroga chi n'è informato! – [60] Quando si dice loro: "Prosternatevi avanti al Misericordioso!" Essi rispondono: "E che è il Misericordioso? Dovremo noi prosternarci avanti a ciò che tu ordini?" e questo accresce ancora la loro avversione. – [61] Sia benedetto Colui che ha posto in cielo delle Torri e v'ha posto un luminare e una luna brillante. – [62] E Lui è quegli che ha fatto succedersi l'un l'altro il giorno e la notte, segno per chi vuol meditare, per chi vuol essere grato. –

[63] I servi del Misericordioso son coloro che camminano sulla terra modestamente, e quando i pagani rivolgon loro la parola rispondono: "Pace!" – [64] Coloro che passan la notte avanti al Signore prostrati e ritti in piedi. – [65] Coloro che dicono: "Signore! Allontana da noi il castigo della gehenna, ché il castigo della gehenna è disgrazia lunga, – [66] e la gehenna è orrendo soggiorno e dimora". – [67] Coloro che, quando danno del loro bene non si mostrano prodighi né avari, ma tengono il giusto mezzo fra i due. – [68] Coloro che non invocano assieme a Dio un altro dio, e che non uccidono chi Iddio ha proibito di uccidere altro che per una giusta causa, che non commettono adulterio. Or colui che tali cose commette troverà punizione; – [69] sarà raddoppiato a lui il castigo il dì della Resurrezione e vi resterà umiliato in eterno. – [70] Eccetto chi si pente e crede, e compie opere buone; a questi Iddio tramuterà le loro opere male in buone, e Dio è indulgente clemente; – [71] e chi si pente e opera il bene, a Dio si rivolge davvero. – [72] Coloro che non fanno falsa testimonianza, e che, quando passano accanto a discorsi vani, lo fanno con dignità, – [73] e che quando vengan predicati loro i Segni del Signore non s'abbattono sordi e ciechi avanti ad essi, – [74] e che dicono: "Signore! Concedici nelle

nostre spose e nella nostra progenie una frescura per gli occhi e facci modelli pei timorati di Dio!" – [75] Questi saran ricompensati con le Sale Eccelse del Paradiso per la loro paziente costanza e saranno colà accolti con parole di saluto e di pace – [76] e vi staranno in eterno: quale sublime soggiorno, sublime dimora! – [77] Dì: "Il mio Signore non si occuperà di voi se voi non Lo pregate. Voi avete tacciato di menzogna Iddio: verrà presto, e inevitabile, il Castigo!" –

XXVI. LA SURA DEI POETI

(Meccana, eccetto i versetti 197 e 224-227, che son medinesi.
Di 227 versetti, rivelata dopo la Sura dell'Ora che Cade)

Nel nome di Dio, clemente misericordioso!
1 Ṭ. S. M. – 2 Ecco i Segni del Libro chiaro! – 3 Forse
tu ti tormenti perché essi non divengon credenti. – 4 Ma se
volessimo faremmo discender su loro un Segno dal cielo, un
Segno avanti al quale s'abbasserebbero umili le loro cervici; –
5 non giunge invece loro alcun ammonimento nuovod al
Misericordioso, senza ch'essi se ne ritraggano. – 6 Lo tacciaron
di menzogna, ma presto saranno informati di quel che
prendevano a gabbo. – 7 Non guardano essi alla terra, quante
piante vi facciam germinare d'ogni nobile specie? – 8 E certo
in questo fu un Segno, ma i più di loro non furon credenti. –
9 E per vero il tuo Signore è potente clemente. –
10 Ricorda quando il tuo Signore gridò a Mosè: "Va al
popolo iniquo! – 11 Al popolo di Faraone! Non mi temeranno
mai dunque?" – 12 Rispose: "Signore, temo che mi smentiscano!
– 13 Il mio petto è angustiato e la lingua mia non
parla sciolto: manda perciò a chiamare Aronne. – 14 E poi
hanno contro di me un delitto da vendicare, e temo che mi
uccidano!" – 15 Disse Dio: "No, andate entrambi coi Nostri
Segni, ché Noi siam con voi e vi ascoltiamo! – 16 Andate
dunque a Faraone e ditegli: 'Siamo il Messaggero del Signor
del Creato: – 17 rimanda con noi i figli d'Istraele!'" –
18 E Faraone rispose: "Non ti allevammo fra noi mentre

eri un piccolo bimbo, e non sei rimasto fra noi della tua
vita lunghi anni? – 19 Eppure hai fatto quel che hai fatto, e
sei un ingrato!" – 20 Rispose Mosè: "Sì, commisi quell'er-
rore quand'ero dei traviati – 21 e fuggii da voi, di voi timo-
roso, ma ora m'ha dato il Signore la Sapienza e m'ha fatto
Suo Messaggero. – 22 È poi un favore che tu mi possa rin-
facciare, quello d'aver fatto schiavi i figli d'Israele?" –
23 Disse Faraone: "E che cos'è mai questo Signor del
Creato?" – 24 Rispose: "Il Signore dei cieli e della terra e
di quel che v'ha fra essi, se voi fermamente credete!" –
25 E Faraone disse a quelli che gli erano attorno: "Non
sentite che dice?" – 26 E Mosè diceva: "È il Signore vo-
stro, e il Signore dei vostri Padri Primi!" – 27 E Faraone disse
agli Israeliti: "Certo questo vostro Messaggero che v'è stato
inviato, è un pazzo!" – 28 E diceva Mosè: "È il Signore
dell'Oriente e dell'Occidente e di quel che v'ha frammezzo,
se voi ben comprendete!" – 29 Disse Faraone: "Se tu pren-
derai un altro dio in vece di me, ti porrò fra i prigioni!" –
30 Ribatté Mosè: "Anche se ti portassi una prova evidente?" –
31 "Portala allora, disse Faraone, se sei dei sinceri!" – 32 E
Mosè gettò la sua verga ed ecco divenne un serpente chiaro
a vedersi; – 33 e trasse la mano dal seno, ed eccola bianca
alla vista. – 34 Allora disse Faraone alla corte che lo attorniava:
"Costui è certo un abile mago! – 35 Il quale vuol cacciarvi
dalla terra vostra con la sua magìa: che cosa decidete di
fare?" – 36 Dissero: "Tieni a bada lui e suo fratello e in-
tanto manda nelle città messi che raccolgano – 37 raccolgano e
conducano qui tutti i sapientissimi maghi". – 38 Così i maghi
furon convocati al convegno d'un giorno fissato. – 39 E fu detto
agli uomini: "Siete voi tutti riuniti – 40 acciocché possiam
seguire i maghi, se essi trionfano?" – 41 E quando vennero
i maghi, dissero a Faraone: "Avremo noi una mercede, se
sarem noi i vincitori?" – 42 Rispose Faraone: "Sì, voi allora
diventerete degli intimi della mia corte!" – 43 Disse loro
Mosè: "Gettate quel che dovete gettare!" – 44 E gettarono

le loro corde e le loro verghe gridando: " Per la potenza di Faraone certo sarem noi i vincitori! " – [45] E poi gettò Mosè la sua verga ed ecco essa divorava l'opera della loro falsa magìa. – [46]Allora i maghi si gettaron prostrati col volto a terra, – [47] e dissero: " Crediamo nel Signor del Creato, – [48] nel Signore di Mosè e di Aronne! " – [49] Disse Faraone: "Avete dunque creduto in Lui prima ch'io ve n'abbia dato il permesso? Egli per vero è il vostro capo dunque, che ha insegnato a voi la magìa! Ma ora vedrete! Vi farò tagliare alternamente le mani ed i piedi e vi farò crocifiggere tutti! " – [50] " Non v'è nulla di male, risposero, ché tutti torniamo al Signore! – [51]Altro non bramiamo se non che ci perdoni il Signore le nostre colpe, poiché fummo i primi credenti ". – [52] E Noi rivelammo a Mosè: " Fuggi di notte con i miei servi, poiché sarete inseguiti! " – [53] E Faraone mandò nelle città messi a raccogliere truppe – [54] dicendo: " Costoro son certo una piccola banda, – [55] e ci danno per vero noia e ci irritano, – [56] e noi tutti assieme siam molti ed astuti ". – [57] Eppure li scacciammo da giardini e fontane, – [58] e tesori, e dimore splendenti, – [59] e così di tutto facemmo eredi i Figli d'Israele. – [60] Dunque gli egiziani li inseguirono sul far dell'aurora, – [61] e quando le due schiere furono in vista l'una dell'altra, dissero i compagni di Mosè: " Ecco ci hanno raggiunti! " – [62] Rispose Mosè: " No, mai! Ché con me v'è il mio Signore, che mi guiderà! " – [63] E Noi rivelammo a Mosè: " Batti con la tua verga il mare! " E si spezzò il mare in parti, ed ogni parte era come montagna immensa. – [64] Poi avvicinammo fin là gli inseguitori, – [65] e salvammo Mosè e i suoi compagni, tutti. – [66] Poi annegammo gli altri nel mare. – [67] E certo in questo fu un Segno, ma i più di loro non furon credenti. – [68] E per vero il tuo Signore è potente clemente. –

[69] Recita loro anche la storia di Abramo, – [70] allorché disse a suo padre e al suo popolo: " Che cosa adorate? " – [71] Risposero: "Adoriamo degli idoli e siamo loro costantemente fedeli ". – [72] Chiese loro: " Vi ascoltano essi, quando

voi li invocate? – 73 Oppure vi giovano o vi recano danno?" –
74 Risposero: "Abbiam trovato che i nostri padri facevan lo
stesso!" – 75 Riprese Abramo: "Che pensate voi? Quelli
che voi adorate, – 76 voi e i vostri padri antichi, – 77 ecco,
sono miei nemici, ma non così il Signor del Creato - 78 che
mi ha creato, e che mi guida – 79 e che mi dà cibo e che mi
dà bevanda – 80 e che quando m'ammalo mi sana – 81 e che
m'uccide e poi mi suscita a vita – 82 e che bramo voglia per-
donar la mia colpa il dì del Giudizio! – 83 Signore! Dammi
saggezza e uniscimi ai buoni! – 84 E accordami menzione
sincera fra i posteri – 85 e fa di me un erede del giardino di
delizie – 86 e perdona a mio padre, che fu tra gli erranti –
87 e non coprirmi d'ignominia il giorno in cui verranno ri-
suscitati gli uomini, – 88 il giorno quando a nulla serviranno
ricchezze e figli – 89 e solo varrà chi avrà portato a Dio un
cuore sincero, – 90 il giorno in cui sarà avvicinato il Giardino
ai pii – 91 e sarà manifestato ai traviati l'Inferno – 92 e sarà
chiesto loro: 'Dove sono quei che adoravate – 93 in luogo
di Dio? Vi soccorrono ora? Potranno soccorrer se stessi?' –
94 E saran rotolati nell'abisso d'Inferno, essi, e i traviati –
95 e le armate di Satana tutte. – 96 E diranno colà disputando: –
97 'Per Iddio! Eravamo in error manifesto – 98 quando v'u-
guagliammo al Signor del Creato! – 99 Ma non ci spinsero
al male altro che i malvagi, – 100 e ora non v'ha per noi inter-
cessore, – 101 né amico amoroso. – 102 Ma se a noi fosse dato
tornare, sì, certo saremmo credenti!'" – 103 E certo in que-
sto fu un Segno, ma i più d' loro non furon credenti. – 104 E
per vero il tuo Signore è potente clemente. –

105 E così il popolo di Noè smentì gli Inviati di Dio. –
106 Allorché disse il loro fratello Noè: "Non temerete voi Id-
dio? – 107 Io sono per voi Messaggero verace. – 108 Temete
dunque Iddio e obbeditemi! – 109 Che per questo non vi
chiedo mercede, ché la mercede mia sta presso il Signor del
Creato. – 110 Temete Iddio e obbeditemi!" – 111 Risposero:
"Dovrem dunque credere in te, in te che seguono i più vili

di noi?" – [112] Rispose: "E che so io quel che fanno? – [113] E il contar le azioni loro spetta sólo al Signore, se voi rettamente sentiste, – [114] e io mai scaccerò dei credenti – [115] perché non sono che un Ammonitore chiarissimo!" – [116] Dissero: "Se non cessi, Noè, certo sarai lapidato!" – [117] Gridò Noè: "Signore! Il popol mio m'ha smentito! – [118] Apri dunque fra me e loro una Via, e salvami, e con me salva i credenti!" – [119] E salvammo Lui, e chi era con lui, nell'Arca, ripiena d'esseri. – [120] Quindi annegammo, dopo, i restanti. – [121] E certo in questo fu un Segno, ma i più di loro non furon credenti. – [122] E per vero il tuo Signore è potente clemente. –

[123] Così smentirono gli *'Ād* gli Inviati divini – [124] allorché disse a quelli il loro fratello *Hūd*: "Non temerete dunque Iddio? – [125] Io son per voi divino Messaggero verace. – [126] Temete dunque Iddio e obbeditemi. – [127] E non vi chiedo per questo mercede, ché la mercede mia sta presso il Signor del Creato. – [128] Costruirete voi su ogni altura un Segno alto, per gioco? – [129] Edificherete castelli credendo di rimanervi in eterno? – [130] E quando lottate, lottate con dura violenza. – [131] Temete dunque Iddio e obbeditemi! – [132] E temete Colui che vi ha preparato quel che voi sapete, – [133] v'ha provveduto d'armenti e di figli – [134] e di giardini e di fonti. – [135] Per vero io temo, per voi, il Castigo d'un giorno tremendo!" – [136] Risposero: "È indifferente per noi se tu ci fai o non ci fai delle prediche: – [137] queste non sono che menzognere favole antiche! – [138] E noi non sarem castigati". – [139] E lo smentirono, e li sterminammo. E certo in questo fu un Segno, ma i più di loro non furon credenti. – [140] E per vero il tuo Signore è potente clemente. –

[141] Così smentirono i *Ṯamūd* gli Inviati divini, – [142] allorché disse loro il loro fratello *Ṣāliḥ*: "Non temerete dunque Iddio? – [143] Io son per voi divino Messaggero verace! – [144] Temete dunque Iddio e obbeditemi! – [145] E non vi chiedo per questo mercede, ché la mercede mia sta presso il Signor del Creato. – [146] Sarete voi sempre lasciati qui, fra' vostri

possessi, sicuri? – 147 Qui, fra giardini e sorgenti, – 148 qui,
fra le messi e le palme dalle spate sottili, – 149 a intagliarvi,
orgogliosi, case nella roccia dei monti? – 150 Temete Iddio,
e obbeditemi. – 151 E non obbedite gl'inviti de' peccatori –
152 i quali portan corruzione sulla terra, e non vi portano
bene! " – 153 Risposero: " Per certo, devi esser stregato! –
154 Tu non sei che un uomo come noi; portaci un Segno se tu
sei sincero! " – 155 Disse: " Ecco, questa è una cammella cui
spetterà una porzione d'acqua potabile, come pure spetta a
voi, in un giorno fissato: – 156 non fatele male alcuno, altri-
menti vi coglierà il Castigo d'un giorno tremendo! " – 157 Ma
essi le tagliarono i garretti, ma se ne dovetter pentire. –
158 E li colse il Castigo. E certo in questo fu un Segno, ma i
più di loro non furon credenti. – 159 E per vero il tuo Signore
è potente clemente. –

160 Così, la gente di Lot smentì gli Inviati divini, – 161 al-
lorché disse a quelli il loro fratello Lot: " Non temerete
dunque Iddio? – 162 Io son per voi divino Messaggero ve-
race! – 163 Temete dunque Iddio e obbeditemi. – 164 E non
vi chiedo per questo mercede, ché la mercede mia sta presso
il Signor del Creato! – 165 V'accosterete voi ai maschi di fra
le creature? – 166 E abbandonerete le spose che per voi ha
creato il Signore? Siete un popol ribelle! " – 167 Risposero:
" Se tu non cessi, o Lot, sarai certo scacciato dalla nostra
città! " – 168 Rispose: " Le vostre azioni le odio! – 169 Signore!
Salvami, e salva la mia gente, dal loro turpe agire! " – 170 E
Noi lo salvammo, e la sua famiglia tutta, – 171 eccetto una
vecchia, che fu tra i rimasti. – 172 Poi distruggemmo gli altri,
tutti. – 173 E facemmo piover su loro una pioggia; terribile
pioggia per gli ammoniti invano! – 174 E certo in questo fu
un Segno, ma i più di loro non furon credenti. – 175 E per
vero il tuo Signore è potente clemente. –

176 Così la gente di *al-Ayka* smentì gli Inviati divini. –
177 Allorché disse loro *Šu'ayb*: " Non temerete dunque Id-
dio? – 178 Io son per voi divino Messaggero verace! – 179 Te-

mete dunque Iddio e obbeditemi. – 180 E non vi chiedo per questo mercede, ché la mercede mia sta presso il Signor del Creato! – 181 Date la giusta misura e non diminuite il computo! – 182 Pesate con giusta bilancia! – 183 Non defraudate gli uomini delle cose loro, e non commettete violenze corrompendo la terra! – 184 E temete Colui che vi creò, voi e le generazioni prime! " – 185 Risposero: " Per certo, devi esser stregato! – 186 Tu non sei che un uomo come noi, e noi pensiamo che sei un mentitore! – 187 Facci dunque cadere addosso un pezzo di cielo, se tu sei davvero sincero! " – 188 Disse: " Il mio Signore sa meglio quello che oprate! " – 189 Ma lo smentirono, e li colse il Castigo del dì della Nuvola Nera; e fu un Castigo d'un giorno tremendo! – 190 E certo in questo fu un Segno, ma i più di loro non furon credenti. – 191 E per vero il tuo Signore è potente clemente. –

192 E Questo ancora è rivelazione del Signor del Creato, – 193 e lo portò lo Spirito Fedele – 194 sul tuo cuore, perché fossi Mònito agli uomini – 195 in lingua araba chiara. – 196 E già si trovava nei Sacri Libri antichi. – 197 Non è forse un Segno per loro, che già lo conoscano i Figli d'Israele? – 198 E se noi lo avessimo rivelato a qualche straniero – 199 e questi lo avesse recitato loro, non gli avrebber creduto. – 200 Così lo introducemmo nel cuore degli empi, – 201 ma essi non vi crederanno finché non vedranno il Castigo Cocente, – 202 quando sopraggiungerà addosso a loro ad un tratto, senza che se ne avvedan neppure. – 203 E diranno: " Ci sarà concessa una dilazione? – 204 Così in fretta verrà il castigo nostro? " – 205 Or dunque che pensi? Se noi li facessimo godere per lunghi anni sulla terra – 206 e poi venisse quel che fu loro promesso – 207 a che servirebbe loro, quel che è stato loro concesso godere? – 208 Ma Noi non sterminammo nessuna città senza mandarle, prima, ammonitori – 209 mònito ad essi; ché Noi mai fummo ingiusti. –

210 No, non L'abbiam rivelato per bocca di dèmoni – 211 (né s'addiceva loro, né sarebbero stati capaci di farlo –

212 poiché sono estraniati dall'udir la parola di Dio). – 213 Non
invocar dunque insieme con Dio un altro dio, ché ne sare-
sti duramente punito. – 214 E ammonisci i più vicini a te
della tua tribù. – 215 E abbassa l'ala clemente su chi fra i
credenti ti segue. – 216 Se poi ti si ribellano dì: "Per vero
io sono innocente di quel che voi fate". – 217 E confida nel
Possente Clemente, – 218 che ti vede quando t'alzi a pregare, –
219 e vede i tuoi gesti fra i fedeli prostrati, – 220 perché Egli
è ascoltatore veggente. – 221 Vi dovrò io annunciare su chi
scendono i dèmoni? – 222 Scendono su ogni mentitore mal-
vagio – 223 e gli insegnano discorsi ch'essi hanno captato
furtivi, e i più di essi son falsi. – 224 E i poeti poi, che i tra-
viati seguono, – 225 non vedi come vagolano per ogni val-
lata – 226 e dicono quel che non fanno? – 227 Eccetto coloro
che credono ed operano il bene, e molto menzionano Dio e
si difendono, coll'aiuto divino, quando sono ingiustamente
oppressi: ma gli oppressori sapranno quale sorte li attenda! –

XXVII. LA SURA DELLA FORMICA

(*Meccana, di 93 versetti, rivelata dopo la Sura dei Poeti*)

Nel nome di Dio, clemente misericordioso!

[1] Ṭ. S. Questi sono i Segni del Corano, d'un Libro Chiarissimo, – [2] Guida e Buona Novella ai credenti, – [3] i quali eseguono la Preghiera, e pagano la Dècima e fermamente credono alla vita dell'Oltre. – [4] Per vero a quei che non credono nella Vita dell'Oltre abbiam fatto parer belle le loro azioni, e brancolano nel buio come ciechi. – [5] Son quelli che avranno il peggior dei castighi e che, nella Vita dell'Oltre, saranno i maggiori perdenti. – [6] E certo tu ricevi il Corano da parte d'un Signore saggio sapiente!

[7] Rammenta quando Mosè disse alla sua gente: " Ho scorto un fuoco, e vado a portarvene qualche notizia, o un tizzone ardente, che vi possiate riscaldare ". – [8] E quando arrivò a quel fuoco s'udì un grido: " Sia benedetto Chi è nel Fuoco e Chi è attorno al Fuoco! E sia gloria a Dio, Signor del Creato! – [9] O Mosè, in verità Io sono Iddio, il Potente, il Saggio! – [10] Getta la tua verga! " E quando la vide agitarsi come dei *ǧinn*, voltò il dorso e più non si rivoltava. " O Mosè! Non temere, disse Iddio, ché non temono, alla presenza Mia, i Miei Inviati! – [11] Ma chi ha agito iniquamente, e poi sostituisce al male il bene, ebbene Io sono indulgente clemente. – [12] Metti dunque la mano nel seno, e ne uscirà bianca, senza alcun male; questo sarà uno dei nove

Segni che saran mandati a Faraone e al suo popolo, perché
sono un popolo d'empi". – 13 E quando giunsero loro i No-
stri Segni evidentissimi, dissero: "Questa è pura magìa!" –
14 E li rinnegarono, benché l'animo loro fosse certo della
loro verità, per iniquità ed orgoglio: però mira qual fu la
fine dei corruttori! –

15 E già demmo a David e a Salomone la scienza, e dis-
sero: "Sia lode a Dio, il quale ci ha prescelto sopra molti
Suoi servi fedeli!" – 16 E Salomone fu erede di David e
disse: "O uomini! Ci è stato insegnato il linguaggio degli
uccelli e parte ci fu data d'ogni cosa: è certo, questo, evi-
dente favore divino". – 17 E tutti i suoi eserciti si raunarono
avanti a Salomone, eserciti di *ğinn* e di uomini e d'uccelli.
E avanzarono in truppe distinte, – 18 finché, allorché giun-
sero alla Valle delle Formiche, disse una formica: "O for-
miche! Entrate nelle vostre case, che Salomone e le sue
truppe non abbiano a calpestarvi, senza saperlo!" – 19 Sor-
rise allora Salomone delle loro parole e disse: "Signore,
concedimi che io Ti ringrazi dei favori che Tu hai accordato
a me e ai miei genitori, e che compia opere buone a te accet-
tevoli, e fammi entrare, per Tua misericordia, fra i tuoi servi
buoni!" – 20 Poi passò in rivista gli uccelli e chiese: "Com'è
che non vedo l'ùpupa? Sarebbe essa assente? – 21 La punirò
allora di durissima pena o la sgozzerò, a meno che non mi
porti una giustificazione esplicita e chiara!" – 22 Ma essa
non tardò molto a tornare e disse: "Ho abbracciato col mio
lungo sguardo quel che non può abbracciare il tuo, o Salo-
mone, e ti porto dai Saba notizia sicura: – 23 ho trovato
che laggiù regna una donna, ricca d'ogni cosa, che possiede
un trono stupendo. – 24 E ho trovato che lei e il suo popolo
adorano il Sole in luogo di Dio, e Satana ha fatto sembrar
belle agli occhi loro le loro azioni, e li ha traviati dalla Via,
sì che non vanno sul retto cammino, – 25 e ciò fece acciocché
essi non adorino Iddio, il quale manifesta i segreti nei cieli
e sulla terra, e sa tutto quel che celate e quel che palesate. –

26 Dio! Non c'è altro dio che Lui, Signore del Trono Su-
blime!" – 27 Disse Salomone: "Vedremo ora se hai detto
il vero o se sei de' bugiardi. – 28 Và con questo mio scritto
e lancialo sul popolo dei Saba, poi allontanati da loro, e sta
a vedere quel che risponderanno!" – 29 Disse la regina:
"O mia corte! Mi è stato gettato un nobile scritto, – 30 che
viene da Salomone e che dice: 'In nome di Dio, clemente
misericordioso! – 31 Non vi levate superbi contro di me,
bensì venite a me, sottomessi a Dio!'" – 32 E aggiunse la
regina: "O mia corte! Ditemi il vostro parere in tale que-
stione, ché nessuna questione deciderò senza che voi ne
siate testimoni!" – 33 Risposero: "Noi siam gente forte e
prodezza grande abbiamo, ma il comando spetta a te: pensa
dunque tu a decidere!" – 34 Disse la regina: "Quando i
re entrano in una città, la devastano, e i nobili suoi riducono
a miserabili: così faranno quelli con noi. – 35 Ma io invierò
loro un dono e starò a vedere che cosa mi riporteranno i
miei messi". – 36 Ora, quando il messo giunse a Salomone,
questi disse: "Mi venite in aiuto con ricchezze? Quel che
Iddio mi ha dato è migliore di ciò che voi mi offrite, eppure
vi gloriate del vostro dono! – 37 Ritorna dai tuoi! Ché ora
noi verremo a loro coi nostri eserciti, ai quali non potranno
resistere, e li cacceremo dalla lor terra miseri e disprezzati!" –
38 Poi disse: "O mia corte! Chi di voi mi porterà il suo
trono prima che essi vengano a noi sottomessi al Signore?" –
39 Un *'ifrīt* di fra i *ǧinn* disse: "Te lo porterò io, prima che
tu ti alzi dal tuo seggio, ché io ben capace sono di farlo, e
fidato". – 40 E un *ǧinn* che conosceva la Scrittura disse:
"Io te lo porterò, prima ancora che torni a te il tuo sguardo".
E quando Salomone vide il trono posato presso di sé disse:
"Questo è un favore divino, per provarmi e vedere se son
grato od ingrato: poiché chi è grato a Dio lo fa a suo stesso
profitto e chi è ingrato nessun danno può fare al Signore,
ché Egli basta a se stesso ed è generoso". – 41 E disse ancora:
"Trasformatele il trono, così vedremo se essa è ben di-

retta o priva di Guida". – 42 Quando la Regina giunse, le
fu detto: "È così il tuo trono?" Rispose: "Sembra che lo
sia!" "Ma la vera scienza, ribatté Salomone, è stata data a
noi prima che a lei, e ci siam dati a Dio. – 43 Mentre gli esseri
che essa adora in luogo di Dio l'han distolta dal Vero, poi-
ché era di gente infedele!" – 44 E le fu ancora detto: "En-
tra nel palazzo!" E quando essa lo vide lo credette una gran
distesa d'acqua, e si scoprì le gambe. Ma Salomone le disse:
"È un palazzo pavimentato di cristalli!" Allora la regina
esclamò: "Signore! Io ho fatto torto a me stessa, ma ora,
come Salomone, mi dò a Dio, il Signor del Creato!" –

45 E già inviammo ai *Ṯamūd* il loro fratello *Ṣāliḥ* a dir
loro: "Adorate Dio!" Ora essi eran divisi in due partiti
avversi fra loro. – 46 Disse *Ṣāliḥ*: "O popol mio, perché
sollecitate il Male anziché il Bene? Se voi chiedeste perdono
a Dio, forse Egli avrebbe pietà di voi!" – 47 Risposero: "Ab-
biam tratto cattivo presagio da te e da quei che sono con
te!" "Il vostro presagio dipende da Dio, rispose, ma voi
siete un popolo tentato". – 48 E v'erano nella città nove
uomini che portavano la corruzione sulla terra e non ope-
ravano il bene. – 49 Essi dissero: "Giuriamoci gli uni con
gli altri in nome di Dio che assaliremo di notte lui e la sua
gente, e poi, quando li avremo uccisi, diremo al vendicatore
del suo sangue: 'Non siam stati nemmeno presenti allo ster-
minio della sua gente: noi siamo sinceri!'" – 50 Essi trama-
rono insidie e Noi tramammo insidie mentre non s'avvede-
van di nulla. – 51 Però mira qual fu la fine della lor trama:
li sterminammo, loro e il popolo loro, tutti: – 52 ed ecco
vuote ora le loro case, per l'iniquità loro. E certo in questo
v'ha un Segno, per gente che intende. – 53 E salvammo coloro
che credettero, e temevano Dio. –

54 E così Lot, allorché disse al suo popolo: "Commet-
terete voi la turpitudine, pur vedendola tale? – 55 V'acco-
sterete voi lussuriosamente agli uomini anziché alle donne?
Siete certo un popolo ignorante!" – 56 Ma la sola risposta

del suo popolo fu: " Scacciate la famiglia di Lot dalla vostra
città, poiché son gente che voglion farsi passare per puri! " –
57 E noi salvammo lui e la sua famiglia, eccetto sua moglie,
che stabilimmo dovesse restare fra quelli che rimasero ad-
dietro. – 58 Su di essi facemmo piovere una pioggia: terri-
bile è la pioggia che piove su chi fu ammonito in vano! –

59 Dì: " Sia lode a Dio! E pace sui Suoi servi che Egli
ha eletto: è dunque meglio Iddio o gli idoli che Gli danno
a compagni? – 60 Colui che ha creato i cieli e la terra, e ha
fatto scender per voi acqua refrigerante dal cielo, e ne ha
fatto crescere orti fiorenti i cui alberi voi non sapreste far
germinare mai, potrebbe mai esservi accanto a Lui, Dio, un
altro dio? Eppure essi sono un popolo che eguaglia a Dio
altri dèi! – 61 Colui che ha reso ferma la terra, e che v'ha
posto frammezzo scorrenti i fiumi, e sopra monti solidi, e
che ha diviso d'una barriera i due mari, potrebbe mai esservi
accanto a Lui, Dio, un altro dio? Eppure i più fra loro non
sanno! – 62 Colui che esaudisce l'oppresso quando Lo prega
e ne allontana il male, e ha fatto di voi gli eredi delle genera-
zioni morte sulla terra, potrebbe mai esservi accanto a Lui,
Dio, un altro dio? Eppure quanto pochi siete a riflettere! –
63 Colui che vi guida nelle tenebre della terra e del mare,
colui che manda i venti nunzii di buona novella avanti alla
Sua misericordia, potrebbe mai esservi accanto a Lui, Dio,
un altro dio? Alto supremo è Dio sopra l'empietà degli ido-
latri! – 64 Colui che produce la prima creazione e la ricrea
viva dopo la morte, che provvido vi manda cibo dal cielo
e dalla terra, potrebbe mai esservi accanto a Lui, Dio, un
altro dio? Dì: 'Portatene la prova, se siete sinceri!' " –

65 Dì: " Nessuno, nei cieli e sulla terra conosce l'Ar-
cano, nessuno tranne Dio: ma essi non presagiscono quando
saranno suscitati a vita. – 66 Anzi, la loro scienza ha afferrato
qualcosa della vita dell'Oltre, anzi ne sono in dubbio, anzi
ne son del tutto ciechi ed ignari! " – 67 E dicono, coloro che
rifiutan la Fede: " O che forse quando saremo terra, noi e i

padri nostri, saremo estratti vivi dalla polvere? – 68 Sì, già
ci fu promesso questo, a noi e ai nostri padri da prima, ma
altro non sono, queste, che favole antiche! " – 69 Rispondi:
" Viaggiate sulla terra e guardate quale fu la fine dei mal-
vagi! " – 70 Ma tu non t'attristare per loro, non angustiarti
per le loro trame. – 71 Essi dicono: " Quando dunque si
compirà questa promessa? Ditecelo, se siete sinceri! " –
72 Rispondi: " Può darsi che già si sia avvicinato a voi parte
di quel che sollecitate! " – 73 E in verità il tuo Signore è
pieno di grazia per gli uomini, ma i più di loro non sono
a Lui riconoscenti. – 74 E certo il tuo Signore conosce ciò
che gli uomini velano in cuore, e ciò che palesano chiaro. –
75 E non v'è segreta cosa nel cielo e sulla terra che non sia
registrata in un limpidissimo Libro. – 76 E per vero questo
Corano narra ai figli di Israele il più delle cose di cui van
disputando fra loro, – 77 e per vero esso è una Guida e una
Misericordia pei credenti. – 78 In verità il tuo Signore deci-
derà delle dispute loro con la Sua decisiva sentenza: Egli è
il Potente Sapiente! – 79 Confida dunque in Dio, perché tu
possiedi la Verità evidente. – 80 Certo, tu non devi far udire
i morti, e non devi far udire i sordi, quand'essi han volto
le spalle sdegnosi, – 81 e non spetta a te guidare i ciechi che
si ritraggan dal loro errore; tu non hai che da far udire ai
credenti i Nostri Segni, poiché essi soli son dati a Dio. –
82 E quando starà per cadere su gli empi la Sentenza, faremo
uscire per loro dalla terra una Bestia, che parlerà loro e dirà:
" Gli uomini non han creduto fermamente ai Nostri Segni! " –
83 E un giorno rauneremo d'ogni nazione una schiera di co-
loro che smentiscono i Nostri Segni e saran fatte avanzare,
queste schiere, distinte l'una dall'altra, – 84 finché, quando
saran giunte, dirà loro Iddio: "Avete voi dunque smentito
i Miei Segni senza nemmeno riuscire ad abbracciarli con la
vostra scienza? Che cosa mai avete fatto? " – 85 E cadrà su
di loro la Sentenza per la loro iniquità, e non potranno arti-
colare parola. – 86 Ma non vedono che Noi abbiam fatto la

Notte perché gli uomini v'abbian riposo, e il Giorno abbiam fatto, lucente? E certo vi son Segni in questo, per gente che crede. – [87] E un giorno squillerà la Tromba e trepideranno d'angoscia gli abitatori dei cieli e gli abitatori della terra, eccetto coloro pei quali Iddio avrà voluto altrimenti, e tutti verranno a Lui, supplicanti. – [88] E vedrai i monti che credevi solidi e fermi passare via come passan leggere le nubi: opera di Dio, il quale ha fatto perfetta ogni cosa; ed Egli ha buona contezza di quel che voi fate! – [89] Quei che porteranno il bene avranno un bene ancora più grande e, in quel giorno, dall'angoscia saranno al sicuro; – [90] e quei che porteranno il male saran scagliati bocconi nel Fuoco. E di che cosa saranno puniti se non di quello che essi stessi hanno fatto? – [91] E a me è stato ordinato di adorare il Signore di questa Contrada che Egli ha reso sacra, e a Lui ogni cosa appartiene, e mi è stato ordinato d'esser tutto di Dio – [92] e di recitare il Corano: e chi si lascerà guidare, lo farà a suo vantaggio e a chi devierà dalla Via dì: "Io non sono che un Ammonitore!" – [93] E dì ancora: "Sia lode a Dio, che vi mostrerà i Suoi Segni e voi li riconoscerete. E il tuo Signore nulla trascura di quel che voi fate!" –

XXVIII. LA SURA DEL RACCONTO

(Meccana eccetto i versetti 52-55, che son medinesi, e il versetto 85 che fu rivelato a Ǧuḥfa durante l'Emigrazione. Di 88 versetti, rivelata dopo la Sura della Formica)

Nel nome di Dio, clemente misericordioso!

[1] Ṭ. S. M. – [2] Ecco i Segni del Libro chiarissimo. – [3] Ti reciteremo ora qualcosa della storia di Mosè e di Faraone, secondo verità, per gente che crede. – [4] Davvero Faraone s'ergeva superbo sulla terra, e aveva diviso il popolo suo in opposte fazioni, e aveva umiliato un gruppo di loro scannandone i figli maschi e risparmiando solo le donne: per vero egli era fra i corruttori. – [5] Or Noi volevamo invece beneficare coloro che eran stati umiliati sulla terra e volevamo farne i Principi Primi, volevamo farne, di Faraone, gli eredi – [6] e stabilirli saldamente poi sulla terra e far vedere per mezzo loro a Faraone, a *Hāmān*, e ai loro eserciti, quella distruzione ch'essi temevano. – [7] E rivelammo alla madre di Mosè: "Allattalo: ma se tu temi per lui, gettalo nel fiume, e non temere, e non rattristarti, poiché Noi te lo renderemo e faremo di lui un Nostro Inviato". – [8] Lo raccolse poi la famiglia di Faraone perché divenisse, per loro, nemico e tristezza: difatti Faraone e *Hāmān* e i loro eserciti erano dei peccatori. – [9] E disse la moglie di Faraone: "Questo fanciullo sarà frescura agli occhi miei e tuoi: non lo uccidete, può darsi che ci possa giovare, o che lo possiamo adottar come figlio". E nulla essi presagivan del futuro. – [10] Ma frattanto divenne vuoto e stanco il cuore della madre di Mosè e fu sul punto

di rivelare tutto, se Noi non avessimo rafforzato l'animo suo,
perché fermamente credesse. – 11 E disse alla sorella di lui:
" Seguilo! " ed essa lo osservava, in disparte, senza che essi
se ne avvedessero. – 12 Ora Noi gli interdicemmo il seno
delle nutrici tutte, prima, finché giunse la sorella e disse:
" Volete che vi indichi io la gente di una casa che attende-
ranno per voi al bambino e ne prenderanno cura? " –
13 Così lo rendemmo a sua madre perché si rinfrescassero
gli occhi di lei e non si rattristasse più, e perché conoscesse
che la promessa di Dio è vera. Eppure i più di loro nulla
sanno. – 14 Or quando Mosè fu divenuto adulto e si fu armo-
niosamente sviluppato, gli demmo sapienza e scienza: così
Noi ricompensiamo coloro che oprano il bene. – 15 Ed entrò
nella città in un momento in cui gli abitanti trascuravano la
sorveglianza, e vi trovò due uomini che si battevano, uno
del suo partito e l'altro del partito nemico; e quello ch'era
del suo partito gli chiese aiuto contro quello che era del
partito avverso, e Mosè lo colpì e lo uccise. Ma poi pentito
disse: " Questo è certo avvenuto per opera di Satana, ché
per vero egli è un nemico, un seduttore manifesto! " – 16 E
disse: " Signore! Ho fatto torto a me stesso, perdonami! "
E Iddio lo perdonò, perché Egli è l'Indulgente Clemente. –
17 E disse ancora Mosè: " Signore! Perciocché tu m'hai dato
la Tua grazia, io mai più aiuterò i peccatori! " – 18 E vagò
nella città al mattino pieno di paura e sempre guardandosi
attorno, ed ecco che colui che il giorno prima gli aveva
chiesto aiuto, gridò ancora al soccorso. E allora Mosè gli disse:
" Certo tu sei un provocatore manifesto! " – 19 Tuttavia, al-
lorché stava per saltare addosso a quello che era nemico di
ambedue, questi gli disse: " O Mosè! Vuoi tu dunque ucci-
dermi come hai ucciso, ieri, un altro uomo? Ma davvero
tu vuoi solo fare il prepotente in questa terra e non vuoi
essere un uomo pacifico! " – 20 E in quel momento giunse
correndo un altr'uomo dalla estrema parte della città gri-
dando: " Mosè, il Consiglio sta deliberando sul tuo conto,

vogliono ucciderti! Fuggi dunque di qui, se vuoi seguire i
miei buoni consigli! " – 21 E Mosè fuggì spaventato dalla
città, guardandosi cauto attorno e pregando: " Signore! Sal-
vami da questo popolo iniquo! " – 22 Poi, avviatosi verso
Madyan disse: " Ora può darsi che il Signore mi guidi su
un cammino piano! " – 23 E quando scese alle fonti di *Ma-
dyan* vi trovò una folla di gente che colà abbeverava le greggi,
e trovò, oltre a loro, due donne che invece ne tenevano lon-
lane le loro. Chiese: " Che vi accade? " Risposero: " Non
abbeveriamo le nostre greggi finché i pastori non avran por-
tato via le loro, perché nostro padre è un vecchio carico
d'anni! " – 24 Allora Mosè abbeverò il loro gregge, poi tornò
all'ombra e così pregò: " O Signore, certo di qualsiasi bene
tu voglia mandarmi io ho bisogno grande ". – 25 E una di
quelle donne venne a lui, e camminava con verecondia, e
gli disse: " Mio padre ti invita per ricompensarti di aver
abbeverato per noi il suo gregge ". Quando Mosè fu venuto
a lui e gli ebbe narrato la sua storia, il vecchio gli disse:
" Non temere: tu sei libero ora dagli iniqui ". – 26 E la donna
gli disse: " Padre mio, prendilo al tuo servizio, poiché la
persona migliore che tu possa prendere al tuo servizio è
l'uomo forte e fidato ". – 27 Allora il vecchio disse a Mosè:
" Vorrei maritare a te una di queste due mie figlie a patto
che tu mi serva per otto stagioni, ma sei libero di compierne
anche dieci. Quanto a me, non voglio importi pesi gravosi,
e certo tu troverai in me, se piace a Dio, un uomo buono ". –
28 " Così sia il patto fra noi, disse Mosè, che qualsiasi dei
due termini io compia, non mi sarà attribuito a colpa se poi
lascerò il tuo servizio. E Dio sia garante di quel che qui
pattuiamo ". –

29 E quando Mosè ebbe compiuto il suo termine, e si
mise in viaggio con la sua famiglia, scorse, da un lato del
Monte, un fuoco. Disse allora alla sua famiglia: " Restate
fermi qui: ho scorto un fuoco. Ora forse andrò colà a pren-
dere qualche notizia sulla via o a riportarne un tizzone acceso

sì che possiate riscaldarvi ". – 30 E quando fu giunto presso
al fuoco s'udì un grido dal pendio destro della vallata, nel
Luogo Benedetto, dall'Albero: " Mosè! Io sono Dio, il Si-
gnor del Creato! – 31 Getta la tua verga! " E quando Mosè
la vide agitarsi come dei *ğinn*, voltò il dorso e più non si
rivoltava. " O Mosè, gli disse Iddio, appressati, e non te-
mere, perché tu sei al sicuro! – 32 Mettiti la mano in seno, e
ne uscirà bianca, senza male alcuno, e stringi a te la tua ala
dalla paura, ché queste saranno due prove da parte del tuo
Signore per Faraone e il suo Consiglio, perché essi sono un
popolo empio! " – 33 Disse Mosè: " Signore! Io ho ucciso
un uomo dei loro, e temo che mi uccidano. – 34 E mio fra-
tello Aronne ha lingua di me più eloquente: mandalo dunque
con me, come aiuto, che confermi il mio dire, poiché temo
che gli egiziani mi trattino da impostore! " – 35 Disse Iddio:
" Noi rafforzeremo il tuo braccio con tuo fratello, e vi daremo
autorità sovrana, e non vi raggiungeranno grazie ai Nostri
Segni, e voi e quei che vi seguiranno sarete i vincitori! " –
36 Ma quando Mosè venne a portar loro i Nostri Segni chia-
rissimi, essi dissero: " Questo non è altro che falsa invenzion
di magìa. Non abbiam mai sentito nulla di simile esser suc-
cesso fra i nostri Padri antichi! " – 37 Mosè allora disse:
" Il mio Signore meglio conosce chi giunge con la Retta
Guida che da Lui proviene, e a chi toccherà alla fine la Di-
mora celeste, ché certo gli iniqui non prospereranno! " –
38 E disse Faraone: " O voi del Consiglio! Non sapevo che
voi aveste un altro dio fuori che me. Tu, *Hāmān*, accendimi
dunque un fuoco sull'argilla, e costruiscimi una torre, sì che
possa salire su fino al dio di Mosè; perché davvero lo credo
un bugiardo! " – 39 E s'inorgoglirono, lui e le sue schiere,
sulla terra, contro verità, e s'illusero che non sarebbero stati
mai ricondotti a Noi! – 40 E Noi afferrammo lui e le sue
schiere e li scagliammo nel mare. Guarda qual fu la fine
degli empi! – 41 Ne facemmo dei Capi che invitano al fuoco,
e il dì della Resurrezione non saranno soccorsi. – 42 Facemmo

loro seguire, in questo mondo, una maledizione e nel dì della Resurrezione saranno fra i reprobi. – [43] Ma demmo a Mosè il Libro, dopo aver sterminato le generazioni prime, esempio chiaro agli uomini e Guida e Misericordia, acciocché forse meditino. – [44] E tu non eri sul pendio occidentale della vallata quando impartimmo a Mosè l'Ordine, no, tu non eri allora presente. – [45] Però noi abbiam suscitato fra quell'epoca ed ora generazioni molte dalla lunga vita: e tu nemmeno dimoravi fra la gente di *Madyan* a recitare loro i Nostri Segni, eppure te Noi avremmo, poi, mandato. – [46] E tu non eri sul pendio del monte, allorché chiamammo Mosè; ma ora sei mandato come una Misericordia del Signore per ammonire un popolo al quale prima di te Ei non diede mai ammonitori, a che forse riflettano. – [47] E perché poi non abbiano a dire, quando li incolga una calamità per quel che le mani loro hanno commesso: "Signore, se almeno ci avessi inviato un Messaggero, avremmo seguito i Tuoi Segni e saremmo stati credenti!" – [48] Ma quando giunse loro la Verità, mandata da Noi, dissero: "Perché non fu dato a lui lo stesso potere che fu dato a Mosè?" Ma non hanno essi rifiutato Fede anche in quel che fu dato a Mosè, prima? Dicono: "Son queste due stregonerie che si sostengono l'una con l'altra!" E aggiungono: "Ad ambedue noi rifiutiamo Fede!" – [49] Dì: "Portate allora un altro Libro che venga da Dio e che sia più giusto di questi due, sì ch'io lo segua, se siete sinceri!" – [50] E se non ti risponderanno, sappi che essi non seguono che le loro passioni; e chi è più traviato di chi segue la sua passione senza guida di Dio? Per vero Iddio non guida gli iniqui! – [51] Ma Noi abbiam fatto giungere loro la Parola, sperando che vi meditassero. – [52] Coloro cui avevamo dato il Libro da prima, credono nel Corano – [53] e quando vien loro recitato dicono: "Noi vi crediamo: Esso è la Verità che viene dal Nostro Signore. In verità noi, giá da prima, eravamo tutti dati a Dio!" – [54] Costoro riceveranno la loro mercede due volte, perché furon pazienti, e respingono il male

col bene, ed elargiscono dei beni che loro abbiamo provvi-
dentemente donati. – 55 E quando ascoltano discorsi vani se
ne allontanano dicendo: " Noi ci teniamo le nostre azioni e
voi tenetevi le vostre. Addio! Non vogliamo trattar coi pa-
gani! " – 56 Per vero, non sei tu che dirigi chi ti piace, bensì
è Dio che guida chi vuole, ed Egli meglio conosce chi si
lascia guidare! – 57 E dicono: " Se noi seguiamo, con te, la
Retta Guida, saremo scacciati dalla nostra terra! ". Ma non
abbiamo Noi stabilito per loro un Santuario sicuro ove son
portati frutti d'ogni specie, provvigione che viene da Noi?
Ma i più di loro non sanno. – 58 E quante città sterminammo,
città che si vantavano petulanti dei loro agi! Ecco le loro
case che, dopo la distruzione, solo pochi abitano ormai. Noi
siam stati di tutto gli eredi! – 59 Ma il tuo Signore non prese
a sterminare quelle città senza aver prima inviato alla loro
metropoli un Messaggero a recitar loro i Nostri Segni, e solo
le città sterminammo la cui gente era d'iniqui. – 60 Qualsiasi
cosa vi sia stata data essa non è che godimento passeggero
della vita terrena e suo ornamento leggero. Ma le cose di
Dio son migliori e più eterne. Non comprendete? – 61 Forse
colui cui abbiam fatto promessa buona, e che la vedrà certo
compiuta, è come colui cui abbiam fatto godere dei godi-
menti della vita terrena e che poi sarà di fra quelli che, nel
dì della Resurrezione, saran dati al Fuoco? – 62 Il giorno
quando Iddio li chiamerà e chiederà loro: " Dove sono
dunque i Miei compagni che voi v'illudevate esistessero? " –
63 Risponderanno coloro contro i quali sarà emanata giusta
sentenza: " Signore! Questi sono coloro che noi seducemmo:
li seducemmo così come noi stessi fummo sedotti. Ma ora
ci siam liberati di loro e ci volgiamo a Te. Non noi essi ado-
ravano! " – 64 E s'udrà una Voce che dirà: " Invocate i vo-
stri soci! " e li invocheranno e non risponderanno. E ve-
dranno il Castigo. Oh, si fossero lasciati dirigere al Bene! –
65 In quel giorno Dio griderà loro: " Che cosa avete risposto
ai Miei inviati? " – 66 Ma oscure e cieche notizie avranno

essi, in quel giorno, e non potranno consultarsi a vicenda. – 67 Ma chi si pentì, e credette, e compì opere buone, può darsi che sia fra coloro che prospereranno! – 68 E il tuo Signore crea ciò che vuole e ciò che vuole Egli sceglie, mentre gli idoli non hanno libera scelta. Sia gloria a Dio, sia esaltato oltre le loro empietà idolatre! – 69 E il tuo Signore conosce quel che velano i lor cuori e quel che aperto palesano. – 70 Perché Egli è Dio, non v'è altro dio che Lui; a Lui sia lode nella vita prima e nella vita ultima; a Lui spetta il Giudizio; a Lui tutti sarete un dì ricondotti. – 71 Dì: "Che ne pensate? Se Dio vi avvolgesse in una notte eterna fino al dì della Resurrezione, qual dio all'infuori di Dio vi potrebbe portare la luce? Non ascoltate dunque?" – 72 Dì: "Che ne pensate? Se Dio v'illuminasse d'un giorno eterno fino al dì della Resurrezione, qual dio all'infuori di Dio vi potrebbe portare la notte, per trovare in lei riposo? Non vedete dunque?" – 73 Ma Egli nella Sua misericordia vi ha dato e la notte e il giorno, perché voi in essa riposiate e cerchiate la Sua grazia e possiate per avventura esserGli grati. – 74 Il giorno quando Iddio li chiamerà e chiederà loro: "Dove sono dunque i Miei compagni che vi illudevate esistessero?" – 75 E trarremo da ogni Nazione un testimone e diremo: "Portate la vostra Prova!" E allora sapranno che la Verità è di Dio e i loro idoli falsi fuggiranno da loro.

76 In verità *Qārūn* era del popolo di Mosè, ma fu loro tiranno. E Noi gli avevam concesso tanti tesori, che solo le loro chiavi avrebbero schiacciato col loro peso una schiera d'uomini forti. Quando il suo popolo gli disse: "Non rallegrarti troppo, ché Dio non ama chi vanamente si allegra! – 77 Cerca piuttosto, con le ricchezze che Dio t'ha dato, di acquistarti la Dimora dell'Oltre e non dimenticare il tuo dovere nel mondo, e benefica gli altri così come Iddio ha beneficato te, e non cercar corruzione sulla terra, ché Iddio non ama i corruttori!" – 78 Egli rispose: "Tutto questo m'è stato dato per una Scienza ch'io possiedo". Ma non

sapeva egli che Iddio già sterminò generazioni e generazioni, da prima, che più forti eran di lui e potenti, e più grandi ricchezze avean radunato? E ai malvagi non sarà chiesto dei loro peccati. – [79] E *Qārūn* uscì verso il popolo in tutto il suo adorno splendore, e gli amatori della vita terrena dicevano: "Oh se il cielo ci avesse concesso quel che ha concesso a *Qārūn!* Per certo ei possiede fortuna immensa!" – [80] Ma i dotati di sapienza dicevano: "Guai a voi! Il premio di Dio è ben migliore, per chi crede e opera il bene; e quel premio non hanno se non i costanti pazienti!" – [81] E sprofondammo lui e la sua casa sotto la terra e non aveva schiera che lo soccorresse in luogo di Dio, e così non fu de' protetti. – [82] E allora coloro che il giorno prima avevano invidiato la sua sorte, ecco che presero a dire al mattino: "Oh! Iddio elargisce ampia la Sua provvidenza a chi vuole, fra i Suoi servi, e la misura ad altri: se il Signore non ci avesse beneficato, avrebbe sprofondato sotterra anche noi. Oh! Davvero gli empi non prospereranno!" –

[83] Quella Dimora dell'Oltre la destiniamo a coloro che non desiderano altezza sulla terra né corruzione, e la buona fine spetta ai timorati di Dio. – [84] Chi porta il bene, a lui sarà dato ancor meglio; quanto a chi porta il male, gli operatori di iniquità saran compensati soltanto di quel che hanno fatto. – [85] In verità Colui che t'ha imposto la proclamazione del Corano, ti ricondurrà al Destinato Ritorno. Dì: "Il mio Signore meglio conosce chi porta la retta Guida e chi invece vaga in manifesto errore". – [86] E tu non potevi sperare che ti fosse dato il Libro altro che come segno di misericordia dal Signore: non esser dunque sostegno degli empi! – [87] E non ti distolgano essi dai Segni di Dio dopo che ti son stati rivelati, bensì invita gli uomini al Signore e non esser degli idolatri! – [88] E non invocare insieme con Dio un altro dio: non v'è altro dio che Lui, e tutte le cose periscono salvo il Suo volto. A Lui spetta il Giudizio, e tutti a Lui sarete alfin ricondotti! –

XXIX. LA SURA DEL RAGNO

(*Meccana, eccetto i versetti 1-11, che son medinesi. Di 69 versetti, rivelata dopo la Sura dei Romani*)

Nel nome di Dio, clemente misericordioso!

1A. L. M. – 2 Pensano gli uomini che si lascerà loro dire: "Crediamo!" senza che siano messi alla prova? – 3 E già mettemmo alla prova quelli che furon prima di loro, e ben conoscerà Iddio coloro che son stati sinceri, e ben conoscerà Egli i bugiardi. – 4 Pensano forse gli operatori di iniquità di sfuggirCi? Quanto male essi giudicano! – 5 Chi spera di incontrare Iddio sappia che il termine di Dio sta per scadere, ed Egli è l'Ascoltatore Sapiente. – 6 E chi sarà zelante per la Fede lo sarà a proprio vantaggio, perché Dio non ha bisogno alcuno delle creature. – 7 E coloro che credono ed operano il bene, Noi certo li purificheremo delle loro cattive azioni e li ricompenseremo per quel che di meglio avranno operato. – 8 Noi prescrivemmo all'uomo d'esser buono verso i propri genitori; ma se essi insisteranno perché tu associ a Me esseri di cui non hai scienza alcuna, allora non obbedir loro. A Me voi tornerete e vi narrerò allora quel che commettevate! – 9 E coloro che credono ed operano il bene li faremo entrare fra i Buoni. – 10 E v'è fra gli uomini chi dice: "Crediamo in Dio!", ma quando son perseguitati per la Causa di Dio considerano la prova inflitta loro dagli uomini come un castigo di Dio, e se trionfano i credenti con l'aiuto di Dio quelli dicono: "Noi eravamo con voi!" E che?

Non conosce meglio Iddio quel che le Sue creature hanno
in cuore? – 11 E certo Iddio ben conosce coloro che credono,
e ben conosce gli ipocriti. – 12 E dicono coloro che rifiutan
la Fede a coloro che credono: " Seguite la nostra via e noi
ci caricheremo dei vostri peccati! ", mentre non si caricheranno
ranno dei lor peccati nulla affatto, perché son dei bugiardi! –
13 Saran caricati, sì, dei loro pesi e d'altri pesi ancora oltre
ai propri, e saran richiesti, il dì della Resurrezione, delle lor
false invenzioni. –

14 E già mandammo Noè al suo popolo, e soggiornò fra
loro mille anni meno cinquanta, e li colse il Diluvio mentre
erano in stato d'iniquità. – 15 E salvammo lui e quelli del-
l'Arca e ne facemmo un Segno per le creature. – 16 E Abramo
anche inviammo, allorché disse al suo popolo: "Adorate Dio
e temetelo. Sarà meglio per voi, se lo sapeste! – 17 Voi ado-
rate, in luogo di Dio, idoli e inventate menzogna, e per vero
coloro che voi adorate in luogo di Dio non hanno alcun
potere di provvedere a voi; ma provvidenza cercate presso
Dio, e adorate Lui e siate a Lui grati, perché a Lui sarete
tutti ricondotti. – 18 Se voi mi smentite, ebbene anche prima
di voi le nazioni smentirono i Profeti, e il Messaggero di
Dio non ha che da portare ora un chiaro messaggio. – 19 Non
vedono come Dio produce il creato e poi lo riproduce: certo
questa è facil cosa a Dio! " – 20 Dì: " Viaggiate per la terra
e mirate come Egli ha suscitato da prima il creato; poi Dio
darà inizio a una nascita ulteriore e nuova, e in verità Iddio
è su tutte le cose potente! – 21 Punisce chi vuole e fa grazia
a chi vuole, e a Lui sarete riportati ancora. – 22 Né voi po-
trete prevaler contro Dio, non in cielo e non sulla terra, e
non avete, all'infuori di Dio, soccorritori e alleati. – 23 E co-
loro che rifiutano i Segni di Dio e repugnano all'incontrarLo,
dispereranno della Mia misericordia, e avranno castigo co-
cente ". – 24 E la sola risposta del suo popolo fu: " Uccide-
telo, gettatelo nel fuoco! " Ma Iddio lo salvò dal fuoco, e
certo in questo v'ha un Segno per gente che crede. – 25 E

disse: “Voi avete preso in luogo di Dio degli idoli, per un
affetto che avete fra voi per la vita del mondo, ma poi, nel
dì della Resurrezione gli uni di voi rinnegheranno gli altri e
gli uni di voi gli altri malediranno, e vostro asilo sarà il Fuoco,
e non avrete chi vi soccorra!” – 26 E credette in lui Lot e
disse: “In verità io migro al Signore: Egli è il Potente Sa-
piente!” – 27 E gli concedemmo Isacco e Giacobbe e po-
nemmo nella sua progenie la Profezia e la Scrittura, e gli
demmo la sua mercede nel mondo, e nell’altro egli è fra i
Buoni. – 28 E rammenta Lot allorché disse al suo popolo:
“Voi davvero commettete nefandezze che non commise mai
creatura alcuna prima di voi! – 29 V’accostate voi dunque
agli uomini e vi date al brigantaggio e nelle vostre riunioni
commettete azioni turpi?” E l’unica risposta del suo popolo
fu: “Portaci dunque il castigo di Dio se sei davvero sin-
cero!” – 30 E Lot disse: “Signore! Soccorrimi contro questo
popolo di corruttori!” – 31 E quando giunsero ad Abramo
i nostri Messaggeri apportatori di buona novella gli dissero:
“In verità Noi stiamo per sterminare la gente di questa
città, poiché son stati iniqui”. – 32 Egli disse: “Ma in essa
v’è Lot!” Risposero: “Meglio sappiamo chi v’è: sì certo lo
salveremo e salveremo la sua famiglia, eccetto sua moglie,
che rimarrà addietro con gli altri”. – 33 E quando i nostri
Messaggeri vennero a Lot, fu maltrattato per loro e si trovò
impotente a difenderli, ma essi gli dissero: “Non temere e
non ti crucciare: noi salveremo te e la tua famiglia, eccetto
la tua donna, che resterà indietro con gli altri; – 34 ed ecco
noi stiamo per precipitare sulla gente di questa città un fla-
gello dal cielo, in punizione dell’empietà loro”. – 35 E ne
lasciammo un Segno chiaro per gente che sa ragionare. –
36 E alla gente di *Madyan* mandammo il loro fratello *Šu‘ayb*,
che disse: “O popol mio! Adorate Dio e sperate nel giorno
estremo e non corrompete peccaminosamente la terra!” –
37 Ma lo smentirono, e li colpì il Terremoto, e si trovaron
riversi nelle case loro, al mattino. – 38 E *‘Ād* e *Ṯamūd*...

chiara ve ne appare la sorte dalle loro dimore: Satana avea fatto parer belle agli occhi loro le loro azioni, li aveva distolti dalla Via, benché fossero acuti di vista. – [39] E *Qārūn* e Faraone e *Hāmān*... e pure a loro era venuto Mosè, con prove chiare, e si levarono essi orgogliosi sulla terra, ma non sfuggirono all'Ira. – [40] E ognuno di loro sorprendemmo nel suo peccato, e fra loro furono quelli cui inviammo vento che i ciottoli sperde, e fra loro furon di quelli cui sorprese il Grido, e fra loro furono quelli cui sprofondammo sotterra, e fra loro furono quelli cui annegammo; e a nessuno Iddio volle far torto, ma essi, a se stessi, facevano torto. –

[41] E s'assomigliano, quelli che si scelsero alleati altri che Dio, al ragno che si sceglie una casa, ma la più tenue delle case è la casa del ragno, se essi sapessero! – [42] In verità Iddio conosce qualsiasi cosa essi invochino in luogo di Lui, Egli è il Possente Sapiente! – [43] Queste similitudini noi proponiamo agli uomini, ma non le comprendono altro che i Saggi! – [44] Iddio ha creato i cieli e la terra con Verità d'intento: e certo havvi in questo, per i credenti, un Segno. –

[45] Recita quel che t'è stato rivelato, del Libro, e compi la Preghiera, poiché la Preghiera preserva dalla turpitudine e dal male, e la menzione di Dio è la cosa più grande, e Dio sa ciò che voi operate! – [46] E non disputate con la Gente del Libro altro che nel modo migliore, eccetto quelli di loro che sono iniqui, e dite: "Noi crediamo in quel che è stato rivelato a noi e in quel che è stato rivelato a voi e il nostro e il vostro dio non sono che un Dio solo, e a Lui noi tutti ci diamo!" – [47] E così rivelammo a te il Libro, e coloro cui il Libro demmo da prima credono in esso, e anche di fra questi c'è chi vi crede. Soltanto gli empi rinnegano i nostri Segni! – [48] E tu non avevi recitato, prima di questo, nessun altro Libro, e nessun libro avevi copiato con la tua destra: se lo avessi fatto quei che lo ritengono falso avrebbero con ragione dubitato. – [49] Ma anzi questo è un insieme di Segni chiarissimi nei cuori di coloro cui fu data la scienza e nes-

suno, tranne gli iniqui, rinnega i Nostri Segni! – 50 E dicono:
" Se almeno gli fosser stati rivelati dei Segni dal suo Signore! "
Rispondi: " In verità, i Segni sono presso Dio ed io non
son altro che Ammonitore chiarissimo. – 51 O non basta loro
dunque che noi ti abbiam rivelato il Libro che vien loro
recitato? Certo v'è in questo una Grazia ed un Mònito per
gente che crede! " – 52 Dì: " Basta Iddio a testimone fra me
e voi! Egli conosce ciò che è nei cieli e quel che è sulla terra,
e coloro che credono nella Vanità e rifiutan fede a Dio, quelli
sono i perdenti! " – 53 Ed essi ti solleciteranno il Castigo:
ebbene, se non vi fosse un termine fisso, sarebbe loro già
giunto, il Castigo. Giungerà su di loro d'un tratto, senza
che se n'avvedan neppure! – 54 Ti solleciteranno il Castigo!
Ma la gehenna, ecco, già sta avvolgendo gli empi! – 55 Un
giorno li avvilupperà il Castigo da sopra e da sotto i lor
piedi e griderà Dio: " Gustate il frutto delle vostre azioni! " –
56 O Miei servi credenti! Ecco, la Mia terra è vasta: Me solo
adorate! – 57 Ogni anima gusterà la morte, poi a Noi sarete
ricondotti. – 58 E quelli che avran creduto e avranno operato
il Bene, li stabiliremo, nel Paradiso, entro Sale Alte, sotto le
quali scorreranno i fiumi e vi resteranno in eterno: com'è
bella la mercede di chi rettamente agisce! – 59 Coloro che
furon costanti, fidando nel loro Signore! – 60 E quanti ani-
mali non pensano al loro sostentamento, e li sostenta Iddio,
e sostenta voi pure: Egli è l'Ascoltatore Sapiente. – 61 E certo,
se tu domandi loro: " Chi ha creato i cieli e la terra, chi ha
soggiogato nell'orbite loro il sole e la luna? " ti risponde-
ranno : " Dio! " E allora perché s'avvolgono in menzogna
idolatra? – 62 Iddio elargisce ampia la sua Provvidenza a chi
vuole fra i Suoi servi, oppure glie la misura. E in verità
Dio è di tutte le cose sapiente. – 63 E certo se tu domandi
loro: " Chi ha fatto scendere acqua dal cielo suscitando di
nuovo a vita la terra morta? " risponderanno: " Dio! " Dì:
" Sia lode a Dio! Ma i più di essi nulla comprendono! " –
64 E non è questa vita terrena altro che vanità e gioco,

ma la Dimora dell'Oltre è davvero Vita, s'essi sapessero! – [65] E quando salgono su una nave invocano Dio, con culto sincero, e quando li ha salvati riconducendoli a terra, ecco che tornano a darGli idoli a compagni, – [66] per ingratitudine verso i Nostri doni, per meglio goder questa vita. Ma presto sapranno! – [67] Non han dunque visto che Noi abbiam fatto di questa Città un santuario sicuro mentre, attorno, la gente viene assalita e spogliata? Credono essi forse nella Vanità, e il favore di Dio rinnegano? – [68] E chi è più iniquo di chi forgia menzogne contro a Dio o smentisce la Verità, dopo che questa gli è giunta? Non v'è nella gehenna un asilo per gli empi? – [69] Ma quelli che lotteranno zelanti per Noi, li guideremo per le Nostre vie, e certo Dio è con coloro che oprano il bene! –

XXX. LA SURA DEI ROMANI

(*Meccana, eccetto il versetto 17 che è medinese. Di 60 versetti, rivelata dopo la Sura dello Spaccarsi del Cielo*)

Nel nome di Dio, clemente misericordioso!

[1]A. L. M. – [2] Son stati vinti i Romani – [3] al confine della nostra terra, ma essi, dopo la loro sconfitta, vinceranno – [4] entro qualche anno. A Dio appartiene il Comando, e nel passato e nel futuro; e in quel giorno si rallegreranno i credenti – [5] del soccorso di Dio, che soccorre chi vuole, ed è potente clemente. –

[6] Promessa di Dio! Dio non vien meno alla Sua promessa, eppure i più degli uomini non sanno. – [7] Essi conoscono l'esterno della vita terrena e l'Altra essi trascurano. – [8] O non considerano essi in cuor loro che Dio ha creato i cieli e la terra e quel che v'è frammezzo con null'altro che la Verità e per un termine fisso? Eppure, molti degli uomini, l'incontro con Dio lo rinnegano. – [9] Non han dunque percorso la terra e visto qual sia stata la fine di quelli che furono prima di loro? Eran di loro più forti e violenti, avevan scavato la terra, l'avean coltivata meglio e più di loro, ed eran venuti a loro i Messaggeri Divini con prove chiarissime. E Dio non intendeva far loro torto, ma essi stessi a sé fecero torto. – [10] E così, malvagia sarà la fine dei malvagi, poiché smentirono i Segni di Dio e li derisero. – [11] Iddio crea da principio e poi il Creato rinnova, poi a Lui sarete voi ricondotti. – [12] E il giorno in cui sorgerà l'Ora, saran ridotti i

malvagi a disperato silenzio, – 13 e nessuno dei loro soci farà
loro da intercessore, anzi i loro soci li rinnegheranno. –
14 E il giorno in cui sorgerà l'Ora, quel giorno si separeranno
gli empi dai giusti, – 15 e quelli che avran creduto e
avranno oprato il bene, in un prato fiorito saran rallietati, –
16 e coloro che avran repugnato alla Fede e smentito i Nostri
Segni e l'avvento del Mondo Futuro, saran consegnati
al Tormento. –

17 Sia gloria a Dio la sera, sia gloria a Dio al mattino! –
18 A lui la Lode nei cieli e sulla terra, e il pomeriggio anche,
e quando riposate al meriggio! – 19 Egli trae fuori del morto
il vivo e trae fuori del vivo il morto, e suscita a vita nuova
la terra ch'è morta: così anche voi sarete tratti fuor dei sepolcri!
– 20 E uno dei Suoi Segni è che Egli v'ha creato di
polvere, ed ecco diventaste uomini sparsi sopra la terra! –
21 E uno dei Suoi Segni è che Egli v'ha create da voi stessi
delle spose, acciocché riposiate con loro, e ha posto fra di
voi compassione ed amore. E certo in questo v'ha un Segno
per gente che sa meditare! – 22 E uno dei Suoi Segni è la
creazione dei cieli e della terra e la varietà delle lingue vostre
e dei vostri colori. Certo in questo v'ha un Segno pei
saggi! – 23 E uno dei Suoi Segni è il vostro dormire la notte,
e il giorno, e il vostro cercar la Sua grazia. E certo in questo
v'ha un Segno per gente capace d'udire. – 24 E uno dei Suoi
Segni è che vi fa vedere il lampo, a timore vostro e speranza,
e fa scendere acqua dal cielo e ne vivifica la terra già morta.
E certo in questo havvi un Segno per gente che sa ragionare!
– 25 E uno dei Suoi Segni è che s'ergono i cieli e la
terra saldi al Suo comando, e poi, quand'Egli vi chiamerà
con un grido fuor della terra, dalla terra uscirete. – 26 A Lui
appartiene chiunque è nei cieli e sulla terra: tutti son devotamente
a Lui sottomessi. – 27 E Lui è Chi crea da principio
e poi il Creato rinnova, e per Lui è questo leggerissima cosa;
Sua è solo la simiglianza più eccelsa nei cieli e sulla terra.
Egli è il Possente Sapiente! –

28 Ecco Egli vi porta un esempio preso da voi stessi:
avete voi dei soci nei beni che la provvidenza Nostra vi dona,
di fra i vostri schiavi, sì che voi siate loro uguali e che li
abbiate a temere come voi vi temete l'un l'altro? Così Noi
dichiariamo i Nostri Segni a gente che sa ragionare. – 29 Anzi,
quelli che iniquamente agiscono seguono le loro passioni,
ignari: e chi potrà mai guidare coloro che Iddio ha traviato?
Essi non avranno chi li soccorra. – 30 Drizza quindi il tuo
volto alla vera Religione, in purità di fede, Natura prima in
cui Dio ha naturato gli uomini. Nessun mutamento patisce
la Creazione di Dio: quella è la Religione retta, ma i più
degli uomini non sanno. – 31 Volgendovi a Lui, e temetelo,
e compite la Preghiera, e non siate degli idolatri, – 32 di quelli
che scissero la loro religione e si divisero in sètte, lieto e
soddisfatto ogni partito delle sue opinioni. –

33 E allorché colga gli uomini un malanno, invocano il
loro Signore volgendosi a Lui, poi quando Egli ha fatto
loro gustare della Sua misericordia, ecco che alcuni di essi
attribuiscono a Lui dei compagni, – 34 ingrati così di quel
che Noi loro abbiamo donato! Godete pure, ora, presto
saprete! – 35 Abbiam forse fatto discender su di essi una Au-
torità che parli in favore delle loro idolatrie? – 36 E quando
facciam gustare agli uomini misericordia, essi se ne ralle-
grano; ma se li coglie un male per quel che le mani loro
hanno commesso, eccoli disperati. – 37 Non vedono forse
che Iddio largisce ampia la Sua provvidenza a chi vuole e
la misura ad altri? E certo in questo son Segni per gente che
crede. –

38 E dà al consanguineo il suo diritto e al povero ancora
e al viandante: questo è il meglio, per coloro che bramano
il Volto di Dio, quelli che prospereranno! – 39 Quel che voi
prestate ad usura perché aumenti sui beni degli altri, non
aumenterà, presso Dio. Ma quello che date in elemosina,
bramosi del Volto di Dio, quello vi sarà raddoppiato! –

40 È Dio che vi ha creati, e ancora v'ha provveduti, e

ancora vi farà morire, e ancora vi susciterà a vita! C'è fra i
vostri soci chi sappia fare altrettanto? Gloria a Dio! Esal-
tato Egli è, alto, sopra quel che Gli associano! – 41 Apparve
la corruzione sulla terra e sul mare per quel che le mani
degli uomini si meritarono, perché Dio possa far gustare
loro parte dei frutti delle azioni loro, a che si ricredano. –
42 Dì: "Percorrete la terra e mirate qual fu la fine di quei che
furono prima: i più di fra loro erano idolatri". – 43 Drizza
dunque il volto alla Retta Religione, prima che venga un
giorno, da Dio, giorno senza riparo; giorno in cui saran
divisi gli uomini. – 44 Chi avrà rifiutato la Fede, su di lui
ricadrà il suo rifiuto, e chi avrà operato il bene avrà disteso
a se stesso un letto di pace, – 45 e questo perché Iddio possa
ricompensare coloro che credettero e oprarono il bene, con
la Sua grazia, ché Egli non ama chi repugna alla Fede. –
46 E un dei Suoi Segni è questo, ch'Egli manda i venti Mes-
saggeri di buona novella e per farvi gustare della Sua mise-
ricordia, e perché corran le navi al Suo comando, e perché
voi ricerchiate i doni della Sua grazia e siate per avventura
a Lui grati. – 47 E già da prima inviammo Messaggeri ai lor
popoli, ed essi vennero a loro forniti di prove evidenti; e
ci vendicammo dei malvagi e fu Nostro impegno sacro dar
soccorso ai credenti. – 48 È Dio che manda i venti che sol-
levano nubi nell'aria e le stende ampie nel cielo come Egli
vuole, e poi le sfilaccia in frammenti e tu vedi dal loro seno
sgorgar leggera la pioggia, e quando ne bagna coloro che
Egli vuole, fra i Suoi servi, ecco ch'essi son pieni di gioia, –
49 mentre se ne stavano prima, prima che scendesse la piog-
gia, in disperato silenzio. – 50 E guarda alle tracce della mi-
sericordia di Dio, come Egli dà vita alla terra morta; certo
Quegli è ancora colui che susciterà a vita i morti, ed Egli
è sopra tutte le cose potente. – 51 Ma anche se Noi invias-
simo un vento ed essi vedessero ingiallire la terra, continue-
rebbero ancora a rifiutare la Fede. – 52 E certo tu non potrai
far udire i morti, né potrai fare udire ai sordi l'Appello,

quando essi volgon le spalle sdegnosi. – [53] E non sei tu che devi guidare i ciechi traendoli dal loro traviamento: tu non farai udire che quelli che credono nei Nostri Segni e sono a Noi dedicati. – [54] È Dio che v'ha creati da debolissima cosa e poi alla debolezza ha fatto seguire forza, e poi ancora alla forza farà seguire debolezza e canizie. Egli crea quel che vuole, Egli è il Sapiente Possente. – [55] E il giorno in cui sorgerà l'Ora, giureranno i malvagi di non esser rimasti nelle tombe più d'un istante: in simil modo mentivano in vita. – [56] E diranno coloro cui fu data la scienza e la Fede: "Siete rimasti colà, secondo il Libro di Dio, fino al dì della Resurrezione, ed ecco, oggi è il dì della Resurrezione, ma voi non lo sapevate!" – [57] E in quel giorno non gioveranno agli iniqui scuse, e non si darà loro ascolto. – [58] Or Noi proponemmo in questo Corano ogni specie di similitudini agli uomini, ma se tu porterai loro un versetto, coloro che rifiutan la Fede diranno: "Altro non siete voi che falsari!" – [59] In tal modo Iddio suggella i cuori di quei che non sanno. – [60] Ma tu pazienta, ché la Promessa di Dio è vera, e non ti scuotano coloro che non han fede ferma. –

XXXI. LA SURA DI LUQMĀN

(Meccana, eccetto i versetti 27, 28 e 29, che son medinesi. Di 34 versetti, rivelata dopo la Sura degli Angeli a Schiere)

Nel nome di Dio, clemente misericordioso!

1 A. L. M. – 2 Ecco i Segni del Libro Sapiente, – 3 guida
e misericordia per gli operanti il bene, – 4 i quali compiono
la Preghiera e dànno la Dècima e nel mondo dell'Oltre cre-
dono di ferma fede. – 5 Quelli son sulla direzione giusta del
Signore, quelli sono i Beati! – 6 E fra gli uomini v'è chi
compra ignaro discorsi fatui e leggeri per traviar la gente
lungi dalla Via di Dio, e quella Via prende a gabbo. A quelli
toccherà ignominioso Castigo. – 7 E quando gli son reci-
tati i Nostri Segni volge le spalle pieno d'orgoglio come se
non avesse udito, come se nelle sue orecchie avesse gravezza:
dàgli ora l'Annuncio d'un castigo cocente! – 8 In verità co-
loro che credono e operano il bene, avranno i Giardini di
delizie – 9 dove resteranno in eterno: promessa di Dio, que-
sta, verissima. Egli è il Possente Sapiente! – 10 Egli ha creato
i cieli senza pilastri visibili e ha piantato sopra la terra monti
fermi, a che non vi oscilli essa sotto i piedi, e vi ha sparso
sopra ogni specie di bestie. E abbiam fatto discendere acqua
dal cielo, e con quella abbiam fatto crescere ogni specie pre-
ziosa di piante. – 11 Questa è la Creazione di Dio: mostra-
temi ora che cosa han creato mai quelli che non sono Dio.
No! Gli iniqui sono in errore evidente! –

12 E demmo già a *Luqmān* la Saggezza dicendogli: " Sii

grato a Dio: chi è grato lo sarà a suo proprio vantaggio;
quanto a chi è ingrato, ebbene Iddio è Colui che di nulla
ha bisogno, il Degno di Lode! " – 13 E rammenta quando
Luqmān disse a suo figlio, ammonendolo: " Figliuol mio!
Non dare a Dio compagni, ché l'idolatria è iniquità somma! –
14 Noi abbiamo raccomandato all'uomo, a proposito dei suoi
genitori (la madre che lo portò fra mille stenti in seno, e lo
svezzò quando aveva due anni....): ' Sii grato a Me e ai
tuoi genitori. A Me voi tutti tornerete! – 15 Ma se tuo padre
e tua madre s'industrieranno a che tu associ a Me quel che
non conosci, tu non obbedir loro, fa loro dolce compagnia
in questo mondo terreno, ma tu segui la Via di chi si è volto
a Me. Poi tutti voi a Me tornerete, e io vi informerò, allora,
di quel che facevate sulla terra '. – 16 O figliuol mio! Anche
se si trattasse del peso d'un granello di senape e fosse na-
scosto e profondo entro una roccia, o nei cieli o sulla terra,
Dio lo porterebbe alla luce; poiché Dio è sottile e conosce! –
17 O figliuol mio! Compi la Preghiera e invita al Bene e scon-
siglia il Male, e sopporta pazientemente le sventure che ti
colpiscono: questa è la ferma condotta da seguir nelle im-
prese! – 18 Non torcer sdegnoso la bocca ai tuoi simili e
non camminare con alterigia sopra la terra. Iddio non ama
nessun vanaglorioso insolente! – 19 Sii, nel tuo camminare,
modesto, e abbassa, parlando, la voce, ché di tutte le voci
più ingrata è la voce dell'asino! " –

20 Non vedete dunque che Iddio ha soggiogato a voi
quel che è nei cieli e quel ch'è sulla terra, e ha versato in copia
su voi i Suoi favori, manifesti e celati? E pure v'è fra gli
uomini chi discute di Dio, senza scienza, senza guida, senza
un Libro lucente! – 21 E quando si dice loro: " Seguite quel
che Dio ha rivelato! " rispondono: " Ma noi seguiamo quel
che trovammo i nostri Padri seguire! ". Anche se Satana li
chiamasse al tormento della vampa d'inferno? – 22 Ma chi
si dà tutto a Dio, e opera il bene, s'è attaccato all'impugna-
tura saldissima; e a Dio tutto finisce. – 23 E chi rifiuta la

Fede, non t'attristi il suo rifiuto: a Noi anch'essi torneranno, e il informeremo, allora, di quel che hanno fatto. Ché Dio, per vero, conosce il profondo segreto dei cuori! – [24] Li faremo godere per un po' sulla terra, poi li stringeremo in tormento pesante. – [25] E se tu chiedi loro: "Chi ha creato i cieli e la terra?" Ti risponderanno: "Dio!" Dì: "La lode spetta a Dio solo!" Ma i più di essi non sanno. – [26] A Dio appartiene ciò ch'è nei cieli e ciò ch'è sulla terra. Iddio è Colui che di nulla ha bisogno, il Degno di Lode! – [27] E se sulla terra ogni albero fosse una penna ed il mare inchiostro e lo ampliassero ancora sette mari, non si esaurirebbero le parole di Dio. E Dio è possente sapiente. – [28] E crearvi e suscitarvi a nuova vita sono per Dio come creare e suscitare un'anima sola. E Dio ascolta tutto e tutto vede. – [29] Non vedi come Dio insinua la notte nel giorno e il giorno insinua nella notte, e ha soggiogato il sole e la luna sì che ognuno corre verso un termine fisso? E che Dio scorge ciò che voi operate? – [30] Questo perché Dio è la Verità e quelli che invocate in Suo luogo sono la Vanità, e perché Dio è eccelso grande. – [31] Non vedi come le navi corron sul mare pel favore di Dio, per mostrarvi Egli de' Suoi Segni? Certo Segni vi sono, in questo, per ogni grato, paziente. – [32] E quando li avvolgono l'onde come tetti alti d'ombra, invocano Dio con culto sincero; ma poi che li ha salvati traendoli a riva, c'è fra loro chi segue una via di mezzo: ma i Segni Nostri rinnega solo un perfido, ingrato. – [33] O uomini! Temete il vostro Signore, e paventate un Giorno, quando un padre non potrà riscattare il figlio, né il figlio il padre potrà riscattare, affatto! E la Promessa di Dio è vera, e non vi seduca la vita del mondo, e non vi seduca, su Dio, il Seduttore! – [34] In verità, presso Dio è la scienza dell'Ora: Egli fa scender sul mondo la pioggia e conosce quel ch'è nel ventre delle madri; e invece nessun uomo conosce quel che procurerà l'indomani, e nessun uomo conosce in qual terra ha da morire. Ma Dio è saggio sapiente! –

XXXII. LA SURA DELLA PROSTRAZIONE

(Meccana, eccetto i versetti 16-20 che son medinesi. Di 30 versetti, rivelata dopo la Sura dei Credenti)

Nel nome di Dio, clemente misericordioso!

[1] A. L. M. – [2] Libro disceso, senza dubbio alcuno, dal Signor del Creato. – [3] Dicono essi forse: " È sua invenzione bugiarda "? No! Che anzi è la Verità venuta dal Signore perché tu ammonisca un popolo cui non giunse mai alcun Ammonitore prima di te, sì che per avventura si lascino guidare al Bene. – [4] È Dio che ha creato i cieli e la terra e quel che v'è frammezzo in sei giorni, poi s'assise sul Trono, e voi non avete all'infuori di Lui né alleato né intercessore. Non considerate dunque? – [5] Governa Egli la Causa dall'alto del cielo fin giù sulla terra, poi essa ascende di nuovo a Lui in un giorno della lunghezza di mille dei vostri anni, che contate. – [6] Egli è il Conoscitore del Visibile e dell'Invisibile, il Potente, il Clemente, – [7] che fece bella ogni cosa che creò, e la creazione dell'uomo cominciò dal fango, – [8] poi la progenie sua fece nascere dal succo di spregevole liquido, – [9] poi armoniosamente lo plasmò e gli insufflò del Suo spirito, e v'ha dato l'udito e la vista e i sensi. Ma quanto poco Glie ne siete grati! – [10] E dicono: " O che forse quando ci sarem sperduti nella terra rivivremo in creazione novella? " Anzi, l'incontro col Signore rinnegano. – [11] Dì: " Vi farà morire l'Angelo della Morte, a voi preposto, poi al vostro Signore sarete ricondotti ". – [12] Oh, se tu vedessi i malvagi con la

testa bassa avanti al Signore, bisbigliare: " Signore! Abbiamo visto, abbiamo udito: facci tornar sulla terra, faremo opere buone, ora, poiché siam certi del Vero! " – [13] " Se avessimo voluto avremmo dato ad ognuno la giusta direzione, ma ha da adempirsi la Mia sentenza: ' Empirò, per vero, la gehenna di *ğinn* ed uomini assieme! ' – [14] Ora gustate la pena di aver dimenticato che avreste visto questo vostro giorno! – [15] Ebbene, Noi pure abbiamo dimenticato voi: gustate, gustate il tormento eterno, pena delle vostre azioni! " Poiché credono nei Nostri Segni coloro soli che, quando questi vengon loro recitati, ad edificazione e mònito, cadon prostrati bocconi e cantano le lodi del loro Signore, senza orgoglio superbo; – [16] strappano il fianco dai loro giacigli per invocare il Signore in timore e speranza, e di quel che la Nostra provvidenza ha loro donato elargiscono agli altri. – [17] E nessun'anima conosce qual grande gioia è in serbo nascosta per loro in premio delle loro azioni buone. – [18] O che forse chi è credente è pari a chi è perverso? No, essi non sono uguali! – [19] Coloro che credettero e operarono il bene avranno i Giardini dell'Eterno Asilo in premio delle loro azioni buone, – [20] e quelli invece che furon perversi, dimora loro sarà il Fuoco: ogni volta che cercheranno d'uscirne vi saran ricacciati e verrà loro detto: " Gustate il Tormento del Fuoco, che prima credeste menzogna! " – [21] E farem loro gustare il Tormento Inferiore prima del Tormento Supremo a che per avventura tornino a Noi. – [22] E chi è più iniquo di colui che fu ammonito con i Segni del Signore e poi se ne distolse? Noi, certo, dei malvagi trarremo vendetta! –

[23] E già demmo a Mosè il Libro (e tu non essere in dubbio, dunque, che Lo incontrerai!) e ne facemmo una guida pei figli d'Israele. – [24] E suscitammo di fra essi dei Prìncipi che dirigessero il popolo secondo l'ordine Nostro, quando essi furon pazienti e con fede ferma nei Nostri Segni credettero, – [25] e certo il tuo Signore deciderà fra di essi, il dì della

Resurrezione, delle loro discordie. – 26 Non serve dunque
loro d'esempio il veder quante generazioni sterminammo
prima di loro, generazioni nelle cui dimore antiche essi ora
s'aggirano? E certo in questo son Segni: non li ascoltano
dunque? – 27 Non hanno visto come Noi spingiamo l'acqua
sulla terra sterile e ne traiamo cereali dei quali si cibano essi
e le lor gregge? Non vedono dunque? – 28 E chiedono:
" Quando dunque sarà questa Vittoria, se siete sinceri? " –
29 Rispondi: " Il giorno della Vittoria non gioverà ai Ne-
gatori la loro fede tardiva, e non sarà loro concesso d'atten-
dere ". – 30 Allontanati dunque da loro e attendi, ché an-
ch'essi sono, con te, in attesa! –

XXXIII. LA SURA DELLE FAZIONI ALLEATE

(*Medinese. Di 73 versetti, rivelata dopo la Sura della Famiglia di 'Imrān*)

Nel nome di Dio, clemente misericordioso!
1 O Profeta, temi Dio e non obbedire i Negatori e gli
Ipocriti, poiché Dio è saggio sapiente; – 2 e segui quel che
t'è rivelato dal Signore, ché Iddio di ciò che fate è cosciente, –
3 e confida in Dio: basta Iddio per patrono! – 4 Dio non ha
posto nelle viscere dell'uomo due cuori, né ha fatto delle
mogli vostre che voi ripudiate col *ẓihār*, delle madri, né dei
vostri figli adottivi dei veri figli. Questo lo dite voi con la
vostra bocca, ma Dio dice la Verità e guida sulla Via! –
5 Chiamate i vostri figli adottivi dal nome dei loro veri padri: questo è più equo agli occhi di Dio. E se non conoscete i loro padri, siano essi vostri fratelli nella religione e vostri protetti. E non vi saranno imputati a peccato gli errori che ignari abbiate commesso a questo riguardo, ma solo quel che intenzionalmente avran voluto i vostri cuori. E Dio è
indulgente clemente! – 6 Il Profeta è più legato ai credenti
che loro stessi, e le mogli sue sono loro madri; e i consanguinei son più legati fra loro, secondo il Libro di Dio, degli altri credenti e degli emigrati, a meno che non vogliate fare qualche favore ai vostri amici. E questo sarà vergato nel
Libro. – 7 E rammenta quando stringemmo il Patto con i
Profeti, con te, con Noè, con Abramo, con Mosè, con Gesù
figlio di Maria, stringemmo con loro patto solenne, – 8 affin-

ché Iddio possa chieder conto ai sinceri della loro sincerità;
e ai Negatori ha preparato castigo cocente. –
9 O voi che credete! Rammentate il favore che Dio vi
largì allorquando vennero contro a voi degli eserciti e Noi
mandammo un Vento e degli eserciti Nostri che voi non
vedevate. Dio ciò che fate lo vede! – 10 Allorché vi soprav-
venivano da sopra e da sotto, e s'offuscavan gli sguardi e i
cuori saltavano in gola e pensavate su Dio pensieri. – 11 Colà
furon messi alla prova i credenti, e una scossa li scosse vio-
lenta. – 12 E allorché dicevano gli Ipocriti e quelli che ave-
vano un morbo nel cuore: "Iddio e il Suo Messaggero non
ci han promesso che promesse bugiarde!" – 13 E quando un
gruppo di loro disse: "O gente di *Yaṯrib*, qui non è luogo
sicuro per voi, tornatevene dunque!" e infatti parte di loro
chiedea licenza al Profeta dicendo: "Le nostre case sono
indifese!" Ma le loro case indifese non erano: quel che essi
volevano era solo fuggire! – 14 E se il nemico fosse pene-
trato contro di loro nella città entrandovi dalle sue zone
estreme, eḍ essi fossero stati sollecitati a ribellarsi, lo avreb-
bero fatto, ma non vi sarebbero rimasti che poco. – 15 E già
avevan stretto un patto con Dio, da prima, che non si sa-
rebbero ritirati. E del patto con Dio s'ha da rendere conto. –
16 Dì: "Non vi gioverà la fuga! Se anche sfuggiste alla
morte e all'uccisione, non sarete lasciati a godervi i vostri
beni altro che poco". – 17 Dì: "Chi è che vi preserverà da
Dio, sia che Ei vi voglia fare del male o vi voglia fare atto
di grazia?" Non troveranno per sé, all'infuori di Dio, alleato,
non troveranno soccorso! - 18 Iddio conosce quanti fra voi
creano ostacoli agli altri e dicono ai loro fratelli: "Venite a
noi!" e vanno alla lotta con animo fiacco, – 19 che vi sono
avari d'aiuto e quando giunge il Terrore tu li vedi che ti
mirano con gli occhi roteanti come chi è avvolto dal manto
della Morte. E quando il Terrore si dilegua, vi scottano con
le loro lingue taglienti, avari di bene. Quelli non credono,
e Dio renderà vane l'opere loro, cosa, questa, facile a Dio! –

20 Essi pensavano che le Fazioni Alleate non se ne sarebbero
andate e, se poi tornassero, vorrebbero starsene nel deserto
fra i beduini, e chiedere di là vostre notizie; ma se anche
stesser fra voi, combatterebbero certo ben poco! – 21 Voi
avete, nel Messaggero di Dio, un esempio buono, per chiun-
que speri in Dio e nell'Ultimo Giorno e molto menzioni
Iddio! – 22 Quando i credenti videro le Fazioni Alleate dis-
sero: " Questo è quel che Iddio e il Suo Messaggero ci avean
minacciato e Dio e il Suo Messaggero eran nel vero " e que-
sto non fece che aumentare la loro Fede, la lor dedizione al
Signore! – 23 Fra i credenti furono uomini fedeli al Patto
stretto con Dio, e d'essi alcuni vi sono il cui destino s'è
compiuto nella morte, e altri attendono, senza mutar d'animo,
ancora, – 24 perché Iddio possa ricompensare i sinceri per la
sincerità loro e punire gli ipocriti, se Egli vuole, o volgersi
loro benigno, ché Dio è indulgente clemente. – 25 E Dio ha
rimandato i Negatori nel loro corruccio, sì che nulla di buono
ottennero; e basta Iddio a proteggere i credenti in battaglia:
Dio è forte potente! – 26 E fece uscire quelli della gente del
Libro che avean dato mano al nemico, dai loro castelli, e
gettò nel cuor loro il terrore, sì che parte ne uccideste e ne
faceste, parte, prigionieri, – 27 e vi fece eredi della loro terra
e delle loro case e delle ricchezze loro, una terra che mai
calcaste prima; ché Dio è su tutte le cose potente! –

28 Profeta! Dì alle tue spose: " Se voi desiderate la vita
terrena e i suoi ornamenti, venite e vi darò ampia provvi-
gione e vi congederò di grazioso congedo, – 29 ma se in-
vece più amate Iddio e il Suo Messaggero e la Dimora del-
l'Oltre, ebbene Iddio ha preparato a quelle fra voi che fanno
del bene compenso immenso ". – 30 O donne del Profeta!
A chi fra voi commette manifesta turpitudine toccherà ca-
stigo raddoppiato di due doppi, cosa questa, facile a Dio! –
31 Ma chi di voi sarà devota a Dio e al Suo Messaggero e
opererà il bene, daremo a lei la sua mercede due volte, e
generosa provvigione preparammo per lei! – 32 O donne del

Profeta! Voi non siete come le altre donne. Se temete Iddio, non siate troppo umili nel parlare, che non accada vi desideri chi ha un morbo in cuore, ma con dignità parlate. – 33 Rimanetevene quiete nelle vostre case e non v'adornate vanamente come avveniva ai tempi dell'idolatria; compite anzi la Preghiera, pagate la Dècima e obbedite a Dio e al Suo Messaggero. Iddio vuole infatti che siate liberi da ogni sozzura, o gente della casa del Profeta, ed Egli vi purificherà di purificazione pura. – 34 E rammentate quel che si legge nelle vostre case dei Segni di Dio e della Sapienza, ché Iddio è sottile e di tutto ha contezza. – 35 In verità i dati a Dio e le date a Dio, i credenti e le credenti, i devoti e le devote, i sinceri e le sincere, i pazienti e le pazienti, gli umili e le umili, i donatori d'elemosine e le donatrici, i digiunanti e le digiunanti, i casti e le caste, gli oranti spesso e le oranti, a tutti Iddio ha preparato perdono e mercede immensa. –

36 E nessun credente e nessuna credente, allorché Iddio e il Suo Messaggero han deciso una cosa, ha diritto di liberamente discutere per proprio conto, e chi si ribella a Dio e al Suo Messaggero erra d'erranza evidente. – 37 Rammenta quando dicevi a colui che Iddio favorì e che tu favoristi: " Trattieni presso di te la tua donna e temi Dio ", nascondendo in cuore un desiderio che Dio stava per far manifesto, perché temevi gli uomini, mentre più merita d'esser temuto Iddio! E quando *Zayd* ebbe regolato con lei ogni cosa, te la facemmo sposare, affinché non sia peccato per i credenti sposar le mogli divorziate dei figli adottivi allorché questi abbiano regolato ogni cosa con loro: l'ordine di Dio è assoluto. - 38 Non costituisce peccato pel Profeta compiere quel che Iddio gli ha imposto; questa è l'abitudine di Dio ch' Egli seguì con i profeti antichi (e l'ordine di Dio è decreto decretato) – 39 i quali trasmettevano i messaggi di Dio, e Lo temevano, e non temevano altri che Dio; basta Dio a calcolare le azioni! – 40 *Muḥammad* non è padre di nessuno fra i vostri uomini,

bensì è il Messaggero di Dio e il Suggello dei Profeti: e
Dio è di tutte le cose sapiente! –
41 O voi che credete! Invocate Iddio, invocatelo molto! –
42 E cantate le Sue lodi all'alba, e cantate le Sue lodi al cre-
puscolo! – 43 È Lui, che insieme ai Suoi angeli prega per
voi, per trarvi dalle tenebre alla luce, e clemente è coi cre-
denti! – 44 E il vostro saluto, il dì che Lo incontrerete sarà:
"Pace!": Ei v'ha approntato generosa mercede. – 45 O Pro-
feta! Noi t'abbiamo inviato come testimone e nunzio e mò-
nito, – 46 e come voce che chiama a Dio, col Suo permesso,
e lampada scintillante. – 47 Dà dunque la buona novella ai
credenti ch'essi avranno da Dio grazia grande, – 48 e non
obbedire ai Negatori e agli Ipocriti e disdegna la persecuzione,
ma confida in Dio, e ti basti Dio qual patrono! –
49 O voi che credete! Quando sposate delle credenti e poi
le divorziate prima di averle toccate, non avete da osservare
con loro alcun termine; provvedetele quindi del necessario
e congedatele di grazioso congedo. – 50 O Profeta! Noi ti
dichiariam lecite le tue spose, cui hai pagato la dote dovuta,
e le schiave che possiedi concesse a te da Dio come preda
di guerra, e le figlie di tuo zio paterno e le figlie delle tue
zie paterne e le figlie di tuo zio materno e le figlie delle tue
zie materne che emigrarono con te, ed ogni donna credente
che si conceda al Profeta, se il Profeta voglia sposarla, privi-
legio questo a te concesso ad esclusione degli altri credenti
(ai quali ben sappiamo quel che abbiam già ordinato a propo-
sito delle loro spose e delle loro schiave) affinché non gravi
su di te alcun peccato; ché Dio è indulgente clemente! –
51 Tu puoi rimandare il loro turno come vuoi, e puoi pren-
der nel tuo talamo chi vuoi, anche quelle, rimandate ad altro
turno, che tu desiderassi, né in questo farai peccato: in tal
modo più facilmente potrai rinfrescar gli occhi loro e non
si rattristeranno e saran soddisfatte di quanto tu concedi ad
ognuna; e Dio conosce quel che avete in cuore, perché Dio
è mite sapiente. – 52 Non t'è lecito ora prendere ancora altre

spose, né di cambiare quelle che hai con altre, anche se ti piacesse la loro bellezza, eccettuate le schiave; e Dio osserva attento ogni cosa! – [53] O voi che credete! Non entrate negli appartamenti del Profeta senza permesso, per pranzare con lui, senza attendere il momento opportuno! Ma quando siate invitati, entrate, e quando avete finito di mangiare disperdetevi, e non entrate familiarmente in discorso: questo dà fastidio al Profeta, il quale si vergogna di dirvelo, ma Dio non ha vergogna del Vero. E quando domandate un oggetto alle sue spose, domandatelo restando dietro una tenda: questo servirà meglio alla purità dei vostri e dei loro cuori. E non vi è lecito offendere il Messaggero di Dio, né di sposare le sue mogli mai, dopo di lui. Questo sarebbe, presso Dio, cosa enorme! – [54] Sia che voi manifestiate qualcosa o la nascondiate, Iddio è d'ogni cosa sapiente! – [55] Non sarà per esse peccato se parleran liberamente con i loro padri, coi loro figli, coi loro fratelli, coi figli dei loro fratelli, coi figli delle loro sorelle, con le loro donne e con i loro schiavi. E temete Dio, ché Dio è presente a ogni cosa! – [56] In verità Iddio e gli angeli Suoi pregano pel Profeta. O voi che credete! Pregate anche voi per lui e salutatelo di saluto di pace! – [57] Certo coloro che offendono Iddio e il Profeta, Iddio li maledirà in questo mondo e nell'altro, e ha loro approntato ignominioso castigo! – [58] E coloro che offendono i credenti e le credenti senza che l'abbian meritato, si caricheranno d'una calunnia e di colpa evidente. – [59] O Profeta! Dì alle tue spose e alle tue figlie e alle donne dei credenti che si ricoprano dei loro mantelli; questo sarà più atto a distinguerle dalle altre e a che non vengano offese. Ma Dio è indulgente clemente! –

[60] Se non desisteranno gli Ipocriti, o coloro che hanno un morbo nel cuore, e i sediziosi di Medina, Noi ti ecciteremo contro di essi, e allora non resteranno là tuoi vicini se non per poco ancora. – [61] Maledetti, ovunque saran trovati, verran presi e inesorabilmente uccisi, – [62] secondo l'abitudine di Dio, come operò con quelli che furono prima, e

l'abitudine di Dio mai la troverai mutare. – [63] La gente ti chiede dell'Ora. Rispondi: "La sua conoscenza è possesso solo di Dio, e chi ti dice che l'Ora non sia prossima, ora?" – [64] Iddio, per vero, maledì i Negatori e approntò loro la vampa d'Inferno – [65] ove resteranno in eterno, per sempre; non troveranno alleato, non troveranno soccorso. – [66] Il giorno in cui i loro volti si torceranno nel fuoco, diranno: "Oh, avessimo obbedito Dio, oh avessimo obbedito il Messaggero Divino!" – [67] E diranno ancora: "Signore! Ma noi ubbidimmo ai nostri prìncipi e ai nostri capi e ci han traviati lungi dalla Via! – [68] Signore! Dà loro due doppi del Castigo e maledicili di maledizione tremenda!" – [69] O voi che credete! Non siate come coloro che perseguitarono Mosè, e Dio lo assolse di tutto quel che dicevano contro di lui, e divenne presso Dio onorato. – [70] O voi che credete! Temete Dio e parlate rette parole, – [71] sì che Dio perfezioni l'opere vostre e i vostri peccati perdoni; e chi obbedisce Dio e il Suo Messaggero raggiunge supremo successo! – [72] Noi abbiam proposto il Pegno ai Cieli e alla Terra e ai Monti, ed essi rifiutaron di portarlo, e n'ebber paura. Ma se ne caricò l'Uomo, e l'Uomo è ingiusto e d'ogni legge ignaro! – [73] Questo perché Iddio possa punire gli ipocriti e le ipocrite e gli idolatri e le idolatre e possa volgersi invece benigno ai credenti e alle credenti. Ché Dio è indulgente clemente! –

XXXIV. LA SURA DEI SABA'

(Meccana, eccetto il versetto 6, ch'è medinese. Di 54 versetti, rivelata dopo la Sura di Luqmān)

Nel nome di Dio, clemente misericordioso!

1 Sia lode a Dio cui appartiene tutto quanto è nei cieli e tutto quanto è sulla terra: a Lui spetta la lode nell'Oltre, ed Egli è il Saggio, che di tutto ha notizia! – 2 Egli conosce quel che penetra entro la terra e quel che ne esce, e quel che scende dal cielo e quel che vi sale. Ed Egli è indulgente clemente. – 3 Coloro che rifiutaron la Fede hanno detto: " Non ci toccherà, l'Ora! " Rispondi: "Anzi, vi toccherà, sì, per il mio Signore che conosce l'Invisibile, e non Gli sfugge il peso d'un atomo nei cieli e sulla terra, e non v'ha cosa più piccola di quello o più grande che non sia notata in un Libro chiaro, – 4 a che Ei possa compensare coloro che credettero e operarono il bene. Quelli avranno perdono, e provvidenza avranno generosa. – 5 E coloro invece che si adoprarono a infirmare i Nostri Segni, quelli avranno un castigo di furore cocente ". – 6 Or quelli cui fu data la Scienza vedono che quel che a te fu rivelato dal Signore è la Verità, e guida alla Via del Possente, del Degno di Lode. – 7 E dicono quei che rifiutan la Fede: " Dovrem noi guidarvi ad un uomo, il quale vi predirà che, quando le vostre membra saran fatte a brani e disperse, rinascerete a creazione novella? – 8 Ha inventato menzogne contro Dio, o è invasato dai *ǧinn*? " No! Ché anzi chi rifiuta fede nell'Oltre, sarà nel Tormento e in er-

ranza lontana. – 9 Non guardano dunque al cielo e alla
terra che hanno davanti, che hanno di dietro? Se volessimo
li sprofonderemmo sotterra o faremmo cader loro addosso
un pezzo di cielo. E certo in questo v'ha un Segno per ogni
servo pentito. –

10 Noi già demmo a David privilegio da Noi concesso
e dicemmo: " O montagne, ripetete con lui i suoi inni! " e
gli uccelli anche; e gli rendemmo molle il ferro, – 11 dicen-
dogli: " Fabbrica corazze ampie di maglie e le maglie accon-
ciamente misura! E voi tutti compiete opere buone, perché
quel che fate lo osservo! " – 12 E a Salomone sommettemmo
il Vento, il Vento che percorrea il cammino d'un mese al
mattino, il cammino d'un mese la sera, e facemmo colare per
lui la Fonte di Liquido Rame, e dei *ǧinn* c'era chi lavorava
avanti a lui col permesso del Signore, e a quelli di loro che
deviaron dal Nostro Comando facemmo gustar del tormento
del Fuoco! – 13 Essi costruivan per lui quel ch'egli voleva,
palazzi, statue, piatti ampi come abbeveratoi di camello e
caldaie salde: " Lavorate, dicevano, o gente di David, ren-
dendo grazie! " Ma, ahimè, pochi fra i Miei servi son grati! –
14 E quando decretammo a lui la morte, l'unica cosa che ai
ǧinn rivelò il suo trapasso fu un animale della terra che rosic-
chiava il suo bastone. E quando, privo d'appoggio, cadde a
terra, fu chiaro ai *ǧinn* che se avessero conosciuto l'Arcano
non avrebbero continuato in quell'umiliante castigo. – 15 In-
vero la gente di Saba' ebbero nella lor dimora un Segno:
due giardini, a destra e a sinistra. " Mangiate, dicemmo loro,
della provvidenza del vostro Signore e rendeteGli grazie:
una buona terra avete e un Signore indulgente! " – 16 Ma
essi si distolsero dalla Via e Noi mandammo loro lo Strari-
pamento della Diga e trasformammo i loro due giardini in
due giardini di frutti aspri e tamarischi, e di loto poche
piante. – 17 Così li punimmo pel loro ingrato rifiuto: e chi
altro castighiamo Noi se non gli ingrati? – 18 E ponemmo
fra loro e le città che benedicemmo altre città visibili, che

l'una vedeva l'altra, e regolammo il viaggio: " Viaggiate,
dicemmo, attraverso queste città, viaggiate di notte, e di
giorno, sicuri! " – 19 Ma essi dissero: " Signore, fa più di-
stanti le tappe! " e così fecer torto a se stessi, e ne facemmo
leggenda, e li facemmo a brani disperdendoli ovunque. E in-
vero in questo son Segni per ogni grato paziente. – 20 *Iblīs*
trovò vera l'opinione che s'era fatta di loro, e infatti essi
lo seguirono, eccetto una schiera di credenti. – 21 Ma egli
ebbe potere su di loro solo perché Noi distinguessimo chi
credeva nell'Oltre da chi ne dubitava: e il tuo Signore ogni
cosa preserva. – 22 Dì: " Invocate quelli che voi, illusi, cre-
deste esistessero oltre Dio! Essi non posson disporre del
peso di un atomo nei cieli e sulla terra: non v'hanno parte
alcuna, e nessuno di loro è aiutante di Dio! " – 23 E l'inter-
cessione presso di Lui sol gioverà a quello cui ne darà il
permesso; finché, quando saran liberati dal terrore i cuori,
chiederanno loro: " Che cosa ha detto il Signore? " Rispon-
deranno: " La Verità! Egli è l'Eccelso il Grande! " –

24 Dì: " Chi vi provvede, dai cieli e dalla terra? " Dì:
" Dio! E certo o noi o voi siam sulla retta Via o in error
manifesto! " – 25 Dì: "A voi non sarà chiesto conto dei no-
stri delitti, né a noi delle vostre azioni ". – 26 Dì: " Il nostro
Signore ci radunerà tutti assieme, poi deciderà fra noi se-
condo Verità: Egli è il Decisore Sapiente! " – 27 Dì: " Mostra-
temi coloro che avete aggiunto a Lui come soci. Assoluta-
mente no! Egli è il solo Dio, il Possente Sapiente! " – 28 E non
ti inviammo altro che come nunzio e mònito agli uomini
tutti: ma i più degli uomini non sanno. – 29 E dicono:
" Quando dunque questa promessa? Ditelo, se siete sin-
ceri! " – 30 Rispondi: " Voi siete convocati per un Giorno
che non ritarderete d'un'ora, né d'un'ora anticiperete! " –
31 E han detto i Negatori della fede: " Noi non crederemo
in questa Scrittura, né in quelle rivelate prima! " Ma se tu
potessi vedere quando gli iniqui saran fermati presso il Si-
gnore! Si lanceranno l'un l'altro il discorso e i deboli diranno

ai potenti: " Se non fosse stato per voi, noi saremmo stati
credenti!" – [32] E diranno i potenti ai deboli: " Siam noi
forse che vi distogliemmo dalla Guida dopo che fu a voi
giunta? Anzi, voi foste a peccare!" – [33] E diranno i deboli
ai potenti: " E gli intrighi della notte e gli intrighi del giorno,
quando ci invitavate a negare Dio e a dare a Lui degli
eguali?" E così manifestarono il pentimento solo quando
videro il Castigo; e Noi ponemmo dei gioghi al collo di quei
che rifiutaron la Fede: e in che altro modo dovrebbero venir
compensati, se non secondo quanto hanno fatto? – [34] E ogni
volta che inviammo a una città un Ammonitore, sempre dis-
sero i ricchi: "Alla vostra missione null'affatto crediamo!" –
[35] E aggiunsero: " Noi siam più ricchi di voi, più ricchi di
sostanze e di figli, e certo non saremo puniti!" – [36] Dì: " In
verità il mio Signore largisce ampia la Sua provvidenza a
chi vuole e la misura ad altri, ma i più degli uomini non
sanno!" – [37] E non le vostre sostanze, non i figli vostri son
le cose che vi avvicinano a Noi; ma solo quelli che credono
e operano il bene, quelli avranno mercede doppia per le
opere loro e nelle Alte Stanze dimoreranno sicuri. – [38] Men-
tre coloro che si industriano di infirmare i Nostri Segni saran
consegnati al Castigo. – [39] Dì: " In verità il mio Signore
largisce ampia la Sua provvidenza a chi vuole fra i Suoi servi
e la misura ad altri ed ogni cosa che voi darete in elemosina
Egli ve la restituirà: dei provvidenti Egli è il migliore!" –
[40] E un giorno vi raunerà tutti assieme e dirà quindi agli
angeli: " Costoro, voi adoravano?" – [41] Risponderanno:
" Sia gloria a Te! Tu sei il nostro Patrono e non gli idoli
loro! Ma essi adoravano i *ğinn* e, la più parte, in loro crede-
vano". – [42] E quel giorno non avrete potere alcuno di nuocervi
o di giovarvi e Noi diremo a quelli che empiamente agirono:
" Gustate il tormento del Fuoco, che prima chiamavate men-
zogna!" – [43] E quando vengon loro recitati i nostri Segni
chiarissimi dicono: " Costui non è che un uomo che vuol
distogliervi dal culto dei padri vostri", e dicono: "Non è

altro che menzogna questa, menzogna inventata!"; e i Nega-
tori dicono della Verità, quando giunge loro: "Questa non
è che evidente magìa!" – 44 Noi non demmo loro Libri da
studiare, non mandammo loro, prima di te, ammonitore
alcuno. – 45 E quelli che visser prima di loro anch'essi smen-
tirono la Verità (e questa gente non giunse nemmeno alla
decima parte dello splendore che a quelli demmo in antico) e
smentirono i miei Messaggeri; ah qual non fu il Mio disgusto! –
46 Dì: "A una sola cosa v'esorto: che stiate cioè avanti a Dio
a due a due, o meglio uno per uno e meditiate. Il vostro
compatriota non è posseduto dai *ǧinn*, egli non è che un
Ammonitore per voi, prima che vi giunga un Castigo vio-
lento!" – 47 Dì: "Nessuna mercede vi chiedo: tenetevela! La
mia mercede è appo Dio, che a tutte le cose è presente". –
48 Dì: "In verità il mio Signore lancia la Verità e tutte le cose
velate conosce!" – 49 Dì: "La Verità, è venuta, e la Vanità a
nulla può dar nascimento, niuna cosa produrre di nuovo!" –
50 Dì: "Se io erro, erro contro me stesso, se sto sulla Via
diritta, è per ciò che mi rivela il Signore: Egli ascolta Vi-
cino!" – 51 Se tu vedessi quando costoro saran di spavento
sconvolti, e senza scampo, e assaltati saranno da presso! –
52 E diranno: "Crediamo in Lui!" ma come ricever la Fede
da lungi? – 53 E prima L'avean rifiutato, e calunniavan l'Ar-
cano, da lungi! – 54 E insormontabile muro starà fra essi e il
loro desiderio, come fu fatto ai simili loro in passato, pei
loro dubbi dubbiosi! –

XXXV. LA SURA DEL CREATORE

(*Meccana. Di 45 versetti, rivelata dopo la Sura della Salvazione*)

Nel nome di Dio, clemente misericordioso!

[1] La lode a Dio, creatore dei cieli e della terra, che prende come messaggeri gli angeli, gli angeli dotati d'ali, a due, a tre, a quattro, che aggiunge al Creato ciò ch'Ei vuole, poiché Dio è su tutte le cose potente! – [2] Quel che Dio largisce agli uomini di grazia, nessuno può trattenere, e quel ch'Egli trattiene, nessuno può inviare, eccetto Lui: Egli è il Possente Sapiente! – [3] O uomini! Rammentate i favori che Dio vi ha dato! V'è forse un creatore altri che Dio? Egli vi provvede dal cielo e dalla terra, non c'è altro dio che Lui! Come dunque vi ritraete da Lui? –

[4] E se costoro ti smentiscono, sappi che già altri Messaggeri furon prima di te smentiti. Ma a Dio saran ricondotte le cose! – [5] O uomini! In verità la Promessa di Dio è vera, e non vi seduca dunque la vita del mondo, non vi seduca, su Dio, il Seduttore! – [6] In verità Satana è vostro nemico, e voi prendetelo per nemico. Egli chiama a sé quelli della sua fazione solo perché sian preda della vampa d'inferno! – [7] Coloro che rifiutan la Fede avranno castigo violento, e coloro che credono e operano il bene perdono avranno e mercede grande. – [8] E che? Colui ai cui occhi è stata abbellita la malvagità del suo operare e che lo ritiene bello.... Ma Dio travia chi vuole e dirige chi vuole: l'anima tua non se

ne muoia dunque di malinconia per loro, perché Dio ben
sa quel che voi fate! – 9 E Dio è Colui che manda i venti
che sollevan le nubi, e le inviamo in un paese morto e la
terra morta ne suscitiamo a vita. Così sarà la Resurrezione. –
10 Chi desideri Potenza, sappia che di Dio è la Potenza, tutta.
A Lui ascende la parola buona, e l'azione pia fino a Sé sol-
leva, e coloro che tramano malvagità avranno castigo vio-
lento e le trame loro s'annienteranno. – 11 E Dio v'ha creato
di terra, poi d'una goccia di sperma, poi v'ha ordinato a
coppie; e nessuna femmina concepisce o partorisce senza
ch'Egli lo sappia; e a nessun uomo vien prolungata la vita,
né abbreviata, senza che ciò sia registrato in un Libro, cosa
questa facile a Dio! – 12 E non sono uguali i due mari, que-
sto dall'acqua potabile, dolce, piacevole a bersi, e quello
salato amaro. Ma e dall'uno e dall'altro mangiate carne fre-
sca e ricavate ornamenti che indossate, e vi vedi le navi fen-
dere l'onde alla ricerca di favori da Lui, di che forse sarete
grati. – 13 Insinua la notte nel giorno e insinua il giorno
nella notte e ha soggiogato il sole e la luna, ciascuno dei
quali corre a una mèta fissata. Ecco chi è Dio, il vostro Si-
gnore! A Lui appartiene il Regno! E quelli che voi invocate
oltre Lui, non han potere neppure su una pellicina d'osso di
dattero! – 14 Se voi li invocate, non odono la vostra invoca-
zione, e se anche la udissero non vi risponderebbero e il dì
della Resurrezione la vostra idolatria rinnegherebbero. E nes-
suno potrà informarvi sì bene come Colui che di tutto ha
notizia. –

15 O uomini! Voi siete poveri di Dio, e Dio è il Ricco,
il sempre Degno di Lode! – 16 Se Egli volesse, potrebbe farvi
scomparire e creare creazione novella, – 17 né questo sarebbe
difficile a Dio. – 18 E l'anima carica non porterà il carico
d'un'altra, e anche se l'anima appesantita invocasse qualcuna
a portare il suo peso, non le sarà portato nulla, anche se
questa fosse a quella parente; e tu non hai che da ammo-
nire coloro che temono il Signore nell'Arcano e compiono

la Preghiera; e chi si purificherà con l'Elemosina, lo farà a
suo vantaggio, e a Dio tutto ritorna. – [19] E non sono uguali
il cieco e il veggente, – [20] non le tenebre e la luce, – [21] non
l'ombra fresca e 'l vento infocato, – [22] e non sono eguali i
vivi e i morti; e in verità Iddio fa udire chi vuole, e tu non
potrai far udire quei che son nelle tombe! – [23] Tu non sei
altro che un Ammonitore, – [24] e certo t'abbiam mandato
come nunzio lieto di Vero e mònito, e non v'è nazione in
cui non sia stato già un Ammonitore in antico. – [25] E se ti
smentiscono, sappi che già quei che furono prima smentirono,
quando vennero a loro i Messaggeri con le prove
chiare e con le Scritture e col Libro Lucente. – [26] Allora
afferrai i Negatori: ah, qual non fu il Mio disgusto! – [27] Non
vedi tu che Iddio fa scender dal cielo un'acqua con la quale
trae dalla terra frutti variopinti, e che vi son ne' monti striscie
bianche e rosse di varii colori e altre nere come l'ala
del corvo? – [28] E fra gli uomini e le bestie e gli animali
de' greggi ve ne sono di vario colore. È così, ma temono
Dio, fra i Suoi servi solo i sapienti: in verità Iddio è possente
indulgente! –

[29] In verità coloro che recitano il Libro di Dio e compiono
la Preghiera e largiscono dei beni di che li abbiam
provvisti, in segreto e in palese, posson sperare imperituro
guadagno, – [30] perché Iddio pagherà loro le loro mercedi e
aumenterà loro della Sua grazia: Egli è infatti indulgente
grato. – [31] E quel che t'abbiam rivelato del Libro è la Verità,
a conferma delle antiche Scritture, perché Iddio dei Suoi
servi è osservatore informato. – [32] Poi demmo in retaggio
il Libro a quei che prescegliemmo di tra i servi Nostri, alcuni
dei quali sono ingiusti verso se stessi, e alcuni seguono
una via media, e alcuni gareggiano e sopravanzano nelle
opere buone, col permesso di Dio: questa è la Grazia Grande. –
[33] Nei giardini di Eden entreranno, e ornati saranno colà di
braccialetti d'oro e di perle, e i vestiti loro colà di seta saranno.
– [34] E diranno: "Lode a Dio! Che ha tolto a noi la

tristezza: per vero il Signor nostro è grato indulgente! –
[35] Il Signor nostro, che per Sua grazia ci ha accolti nella
Casa del Lungo Restare, là dove non ci coglie travaglio, là
dove non ci coglie stanchezza". – [36] E quelli che avran rifiu-
tato la Fede avranno il fuoco della gehenna: colà non sarà
loro destinata la morte, che possan morire, e non sarà per
nulla alleviato il tormento. Così noi compensiamo gli ingrati! –
[37] E colà grideranno aiuto: "Signor nostro! Facci uscire e
faremo del bene, non faremo più quel che prima facemmo!"
"Ma non v'abbiam dato forse lunga vita, sì che chi volesse
rifletter tra voi, lo potesse? E non è venuto a voi l'Ammoni-
tore? Gustate ora dunque!" E gli iniqui infatti non avranno
soccorso. – [38] In verità Iddio conosce l'Arcano dei cieli e
della terra, ed egli certo conosce l'intimo segreto dei cuori! –
[39] È Lui che ha fatto di voi gli eredi ultimi sulla terra:
chi rinnega, contro a lui sia il suo diniego e il diniego non
accrescerà ai Negatori altro che odio presso il Signore, e
non accrescerà ai Negatori il diniego altro che perdita! –
[40] Dì: "Che ne pensate dei vostri soci che voi invocate oltre
Dio? Mostratemi che cosa han creato della terra: o hanno
essi una parte nella creazione dei cieli, o abbiam loro dato
qualche Scrittura sulla quale possan fondare le loro prove?
No! Quel che gli iniqui si prometton l'un l'altro non è che
vanità!" – [41] In verità Iddio trattiene i cieli e la terra a che non
crollino, e se crollassero non li potrebbe trattenere altri che
Lui. In verità egli è mite indulgente. – [42] Ed essi giuraron
per Dio di giuro solenne che se fosse loro venuto un Ammo-
nitore si sarebber lasciati dirigere meglio di alcun' altra na-
zione. Invece quando venne loro un Ammonitore, non fece
che accrescerne l'avversione al Vero, – [43] pel loro orgoglioso
inceder sulla terra, e l'astuzia loro maligna. Ma l'astuzia ma-
ligna non avvolge altri che coloro che l'adoperano: e che
altro attendono se non l'abituale agire di Dio con gli Anti-
chi? E l'abitudine di Dio troverai che non muta, e troverai
che l'abitudine di Dio non si cambia. – [44] Non hanno dunque

viaggiato per la terra, non han visto qual fu la fine di quei che furon prima di loro, e più di loro eran forti di forza? Ma Dio è tale che nulla può prevalere su di Lui, nulla nei cieli, nulla sulla terra: Egli è sapiente possente! – [45] E se Dio avesse a riprendere gli uomini per quel che davvero si meritano, non lascerebbe sul dorso della terra nessun essere vivo: Egli li rimanda invece ad un termine fisso, e quando il loro termine giunge.... Dio osserva attento i Suoi servi! –

XXXVI. LA SURA YĀ-SĪN

*(Meccana, eccetto il versetto 45, ch'è medinese.
Di 83 versetti, rivelata dopo la Sura dei Ǧinn)*

Nel nome di Dio, clemente misericordioso!
1 Y. S. – 2 Per il Corano sapiente, – 3 davvero tu sei uno
degli inviati – 4 su una via retta! – 5 Questa è rivelazione del
Possente Clemente – 6 per ammonire un popolo i cui padri
nessuno ammonì, sì che sono ignari del Vero. – 7 E giusta-
mente cadrà la sentenza sui più di tra loro, ché essi non cre-
dono. – 8 Abbiam messo loro sul collo dei gioghi che giun-
gon fino al mento, sì che alto tengono il capo. – 9 E abbiam
posto avanti a loro una barriera, e dietro di loro una barriera,
e li abbiamo avviluppati d'un velo, così che non scorgon più
nulla. – 10 Ed è ormai indifferente che tu li ammonisca o non
li ammonisca affatto: essi non credono. – 11 Tu puoi solo
ammonire chi segue l'Avvertimento e teme il Misericordioso
in segreto: annunciagli misericordia e generosa mercede. –
12 In verità, Noi siamo che suscitiamo a vita i morti e scri-
viamo quel che hanno operato e le tracce che lasciaron sulla
terra: ogni cosa abbiam computato in un archetipo chiaro. –
13 Porta loro ad esempio gli abitanti della città allorché
giunsero loro gli inviati, – 14 allorché inviammo loro due messi
ed essi li smentirono, e noi li rafforzammo con un terzo, e
tutti e tre dissero: " Noi siam stati a voi inviati! " – 15 Ri-
sposero quelli: " Voi non siete che uomini come noi, e nulla
ha rivelato il Misericordioso, e voi non fate che mentire! " –

16 Dissero: " Il nostro Signore sa che noi siamo stati mandati
a voi! – 17 E null'altro ci incombe che comunicarvi chiaro
messaggio ". – 18 Dissero: " Noi auspichiamo male di voi, e
se non cessate vi lapideremo e v'incoglierà da parte nostra
castigo cocente ". – 19 Dissero i messi: " Il vostro cattivo
auspicio sia con voi! Se anche venite ammoniti.... No! Voi
siete gente empia! " – 20 Ed ecco venne dall'estremo della
città, un uomo, a corsa: " O popolo, diceva, seguite, seguite
gli inviati! – 21 Seguite chi non vi chiede mercede e sulla
dritta via cammina! – 22 Perché non dovrei io adorare Colui
che mi ha creato, Colui al quale tutti ricondotti sarete? –
23 Dovrei io prendere altri iddii oltre Lui? Iddii che se il
Misericordioso mi volesse far del male, a nulla potrebbe la
loro intercessione servirmi, né salvarmi potrebbero? – 24 Sarei
allora in error manifesto! – 25 Ma io credo nel vostro Signore:
ascoltatemi! " – 26 E gli fu detto: " Entra nel Paradiso! "
e disse egli: " Oh se il popol mio sapesse! – 27 Sapesse
come m'ha perdonato il Signore e fra gli Onorati m'ha ac-
colto! " – 28 E dopo la sua morte non inviammo sul suo
popolo eserciti dal cielo, né altri castighi che usavamo in-
viare. – 29 Non vi fu che un Grido, solo, ed ecco, giacevano
spenti. – 30 Guai, guai pei Miei servi! Nessun Messaggero
viene a loro che non lo prendano a gabbo! – 31 Ma non ve-
dono quante generazioni abbiamo sterminato prima di loro,
che non tornan più sulla terra? – 32 Ma tutti insieme, alfine, a
Noi saran presentati. – 33 E un Segno per loro è la terra
morta, che Noi abbiam suscitato a vita e ne traggiamo grani
di che si cibano, – 34 e vi ponemmo giardini di palme, e di viti,
e vi facemmo fluire fonti – 35 perché ne mangino i frutti.
Non le loro mani fecero questo; ma non ne son dunque
grati? – 36 Sia gloria a Colui che ha creato le specie tutte,
di quel che produce la terra, e loro stessi, e quel che non
sanno! – 37 E un Segno per loro è la notte, che noi spogliamo
del giorno ed ecco essi son nelle tenebre, – 38 e corre il Sole
verso un suo luogo di pace: così ha stabilito il Possente

Sapiente. – 39 E alla luna fissammo dimore nel cielo, finché
torna ricurva come vecchio ramo di palma. – 40 E al sole
non s'addice di raggiunger la luna, né sopravanzerà la notte
il giorno: ma ciascuno nuota nella sua sfera. – 41 E un Se-
gno per essi è che noi caricammo la loro progenie nell'Arca
ricolma, – 42 e navi creammo simili a quella, sulle quali essi
vanno a navigare. – 43 E se volessimo, li annegheremmo e
non avrebber soccorso, né verrebber salvati – 44 se non per
atto Nostro di grazia, per lasciar loro godere la vita per un
tempo fissato. – 45 E quando si dice loro: "Temete quel che
avete davanti e quel che avete di dietro, sì che per avven-
tura abbia Dio pietà di voi!" – 46 Nessun Segno giunge loro,
dei Segni del Signore, senza che se ne distolgano. – 47 E allor-
ché si dice loro: "Largite di quel che provvido vi donò
Dio!", dicono quei che rifiutan la Fede a quelli che cre-
dono: "Dobbiamo dunque dar da mangiare a gente che Dio,
se voleva, poteva nutrire? Voi siete davvero in error mani-
festo!" – 48 E chiedono ancora: "A quando questa promessa,
se siete sinceri?" – 49 Ma essi attendono null'altro che un
Grido, solo, che li coglierà mentre staran cavillando – 50 e
non avran tempo, allora, di far testamento, e tempo non
avranno di tornare alle loro famiglie. – 51 E sarà dato fiato
alla Tromba, ed ecco, dalle tombe accorreranno tutti al Si-
gnore! – 52 E diranno: "Guai a noi! Chi ci ha suscitati dal
nostro giaciglio? Questo è quel che ci aveva promesso il
Misericordioso, eran dunque sinceri i Suoi Inviati!" – 53 Non
vi sarà altro che un Grido, uno solo, ed eccoli tutti avanti
a Noi presenti. – 54 E in quel giorno a nessun'anima sarà
fatto il minimo torto, e non sarete ripagati altro che di quel
che avrete fatto. – 55 Davvero quel giorno i destinati al Pa-
radiso in faccende gioiose gioiranno – 56 essi, e le loro spose,
tra fresche ombre, sopra letti alti reclinati staranno – 57 e
avranno quivi frutta e quel che chiederanno avranno – 58 e
"Pace!" sarà la parola che da misericordioso Signore udi-
ranno! – 59 "Separatevi, ora, da loro, o malvagi! – 60 Non

vi avevo Io ordinato, o figli di Adamo, di non adorare Sa-
tana, ché costui è per voi manifesto nemico? – 61 E di ado-
rare Me, ché questo è il Retto Sentiero? – 62 Ma Satana, di
voi, ne ha traviate moltitudini molte: ma dunque non ragio-
navate? – 63 Eccovi, ora, la gehenna, che vi fu già pro-
messa! – 64 Bruciatevi dentro, ora, a compenso del vostro
Rifiuto! " – 65 E quel giorno, porremo sulle bocche un sug-
gello, e Ci parleranno allora le mani, e daran testimonianza
i piedi, e diranno quel ch'han meritato. – 66 E se volessimo,
accecheremmo loro gli occhi e pur si sforzerebbero d'arrivar
primi alle loro vie usate: ma come le scorgerebbero? – 67 E
se volessimo, li impietreremmo sul posto, e non potrebbero
far più un passo avanti, un passo non farebbero indietro. –
68 Così colui che facciam vivere a lungo, ne illanguidiamo la
crescita: non comprendono dunque? –

69 Non gli insegnammo la poesia, ne è cosa che a lui
s'addice: e questo non è che Mònito e Proclama chiaro –
70 che ammonisca chi è vivo e la sentenza contro i Negatori
sia giusta. – 71 Non hanno dunque visto che abbiam creato
per loro, di fra le cose che le Nostre mani formarono, gli
animali de' greggi, che essi posseggono – 72 e li abbiamo
umiliati a loro, e alcuni ne cavalcano e d'altri si cibano, –
73 e vantaggi hanno in quelli e bevande: non ci son grati di
questo? – 74 Eppure si son scelti altri dèi oltre Dio, speran-
zosi che li soccorressero. – 75 Ma quelli non posson soccor-
rerli, e gli idolatri invece son loro schiera pronta. – 76 Ma
non ti rattristi il lor dire; Noi sappiamo quel che segreto
celano e quel che fan manifesto. – 77 Ma non vede l'uomo
che Noi lo creammo da una goccia di sperma? Eppure Ci
è chiaro avversario. – 78 E Ci paragona ad esempi e dimen-
tica come fu creato, e dice: " Chi farà vive l'ossa quando
son polvere putrida? " – 79 Rispondigli: " Le farà vive Colui
che l'ha fatte germinare già prima! Colui che ogni creare
conosce! – 80 Colui che dell'albero verde vi fa fuoco, ed ecco
ne accendete la fiamma! " – 81 O che forse Chi ha creato i cieli

e la terra non sarebbe capace di creare altri uomini simili a loro? Anzi! Egli è il Sempre-creante Sapiente! – 82 E l'ordine Suo, quando Egli vuole una cosa, non è che dirle: "Sii!", ed è. – 83 Sia gloria dunque a Colui che tiene in pugno il Regno di tutte le cose. A Lui sarete tutti ricondotti! –

XXXVII. LA SURA DEGLI ANGELI A SCHIERE

(*Meccana. Di 182 versetti, rivelata dopo la Sura del Gregge*)

Nel nome di Dio, clemente misericordioso!

1 Per gli angeli a schiere schierati! – 2 Per quei che ricac-
ciano a caccia serrata! – 3 Pei lettori alti del Mònito! – 4 In
verità l'Iddio vostro è uno! – 5 Il Signore dei cieli e della
terra e di quel che v'ha frammezzo, il Signor degli Orienti! –
6 In verità Noi l'infimo Cielo adornammo dell'ornamento
degli astri – 7 e a protezione, che qualche protervo dèmone –
8 non ascolti i discorsi del Supremo Consesso; e d'ogni parte
dardi li dardeggiano – 9 a cacciarli, e pena avranno perpe-
tua. – 10 Solo udrà qualcosa chi riesca a carpire furtivo pa-
role, ma lo inseguirebbe fiamma acutissima. – 11 Chiedi dun-
que loro se son di struttura loro più forti o gli altri esseri
che creammo; loro creammo d'argilla rappresa. – 12 Tu ti
stupisci, essi si burlano, – 13 ammoniti non pensano al mònito, –
14 e quando vedono un Segno scherniscono – 15 e dicono:
" Non è che evidente magìa! – 16 O che forse quando siam
morti e saremo polvere e ossami, o che forse sarem susci-
tati? – 17 Forse anche i padri nostri antichi? " – 18 Rispondi:
" Sì! E sarete umiliati! " – 19 Solo un Grido, uno solo, ed ecco,
si guarderanno attorno – 20 e diranno: " Guai a Noi! Que-
sto è il dì del Giudizio! " – 21 " Questo è il giorno della
Decisione che voi chiamavate menzogna! – 22 Riunite gli
iniqui e le loro spose e quelli ch'essi adoravano, – 23 adora-

vano in luogo di Dio, e sulla via dell'Inferno avviateli! –
24 Fermateli! S'ha da chieder loro conto! – 25 Ebbene, che
avete che non vi soccorrete l'un l'altro?" – 26 E allora, in
quel giorno, s'abbandoneranno, – 27 e gli uni contro gli
altri discutendo avanzeranno. – 28 E diranno ai seduttori i
sedotti: "Voi veniste a noi da destra". – 29 Risponderanno:
"No, voi non eravate credenti – 30 e noi non avevamo su
voi alcun potere, ma voi stessi foste gente ribelle. – 31 Così
la sentenza del Signore che ci coglie è sentenza giusta, e la
gusteremo! – 32 Vi inducemmo in errore, erranti anche noi!" –
33 E in quel giorno saranno nel castigo associati. – 34 E così
coi malvagi Noi opriamo. – 35 Esseri che, quando si dicea
loro: "Non v'è altro dio che Dio!" s'ergevan superbi –
36 e dicevano: "Dovremo allora abbandonare gli iddii no-
stri, per un poeta pazzo?" – 37 No! Che anzi vi portò la
Verità e confermò gli Inviati. – 38 E voi gusterete ora il
castigo cocente, – 39 e d'altro non sarete compensati che
di quel che già avete fatto. – 40 Ma non così i servi di Dio,
puri. – 41 Quelli avranno provvidenza ben nota, – 42 frutti,
e saranno onorati – 43 in Giardini di delizie – 44 su giacigli
affiancati, – 45 e circolerà fra loro un calice di licor limpidis-
simo – 46 chiaro, delizioso ai beventi – 47 che non darà male
al capo e non ne saranno inebriati. – 48 E avranno con loro
fanciulle, modeste di sguardo, bellissime d'occhi – 49 come
bianche perle celate. – 50 E gli uni verso gli altri discutendo
avanzeranno. – 51 E un di loro dirà: "Un compagno io
avevo – 52 che mi diceva: 'E tu sei di quelli che credon dav-
vero – 53 che quando morremo e terra ed ossame saremo,
verrem giudicati da Dio?'" – 54 E aggiungerà: "Volete
guardare?" – 55 E guarderà giù e lo vedrà, quel compagno,
nel mezzo del fuoco d'Inferno. – 56 E gli griderà: "Davvero
che stavi per trarmi in rovina – 57 e se non fosse stato per
grazia del Signore sarei anch'io fra i presenti al tormento!" –
58 "Possibile, si chiederà gioioso, che noi siamo morti – 59 di
quella sola morte prima, e non subiremo altra prova? –

60 Certo è questo il Successo Supremo!" – 61 Per ottenere
tal cosa, operino gli operanti! – 62 È questo trattamento
migliore o l'albero amaro *Zaqqūm*? – 63 Ne abbiam fatto
oggetto di tentazione per gli empi: – 64 è un albero quello
che spunta dal fondo d'inferno – 65 e ha frutti come teste
orrende di serpi – 66 e di quelli mangeranno, e di quelli i
ventri s'empiranno – 67 e, sopra, sozzo miscuglio di liquido
ribollente berranno – 68 poi alla fiamma d'inferno torne-
ranno! –

69 Per vero, essi trovarono i padri loro in errore – 70 e
sulle tracce loro si precipitano; – 71 e già prima di loro erra-
rono i più degli Antichi, – 72 eppure mandammo fra di loro
Ammonitori – 73 e guarda qual fu la fine degli ammoniti! –
74 Eccetto i servi di Dio, puri. –

75 E C'invocò Noè, e come dolcemente lo esaudimmo! –
76 E salvammo lui e la sua gente dalla Catastrofe Grande –
77 e la progenie sua facemmo superstite. – 78 E perpetuammo
la sua lode fra i posteri: – 79 "Pace a Noè, fra le creature!" –
80 In verità Noi così compensiamo i buoni! – 81 Poiché egli era
fra i nostri Servi credenti. – 82 Poi sommergemmo gli altri. –

83 E certo de' suoi seguaci fu Abramo – 84 allorché s'ac-
costò con cuore sano al Signore. – 85 Allorché disse a suo
padre e al suo popolo: "Che cos'è che voi adorate? – 86 Forse
iddii bramate falsi, altri che Dio? – 87 E che pensate voi del
Signor del Creato?" – 88 Poi volse lo sguardo alle stelle, –
89 e disse: "Sarò fra breve malato!" – 90 E gli voltaron
sdegnosi le spalle. – 91 E se n'andò segretamente ai loro dèi
e chiese loro: "Non mangiate voi quel che v'è offerto? –
92 Perché non parlate?" – 93 E si gettò su di loro colpendoli
con la destra. – 94 E quelli del suo popolo si precipitaron su
lui – 95 ed egli disse loro: "Adorate voi quel che voi stessi
intagliate – 96 mentre Dio ha creato voi e quel che voi fate?" –
97 E quelli gridarono: "Costruite per lui un forno, e getta-
telo nelle fiamme!" – 98 Voller così insidiarlo, ma Noi loro
umiliammo. – 99 E disse Abramo: "Ora me ne andrò al Si-

gnore, ed Ei mi guiderà: – 100 Signor mio, concedimi un
figlio che sia dei buoni!" – 101 E gli demmo la lieta novella
di un giovane mite. – 102 E quando raggiunse l'età d'andar
con suo padre al lavoro, questi gli disse: "Figliuol mio,
una visione di sogno mi dice che debbo immolarti al Signore:
che cosa credi tu abbia io a fare?" Rispose: "Padre mio, fa
quel che t'è ordinato: tu mi troverai, a Dio piacendo, pa-
ziente!" – 103 Or quando si furon rassegnati al volere di Dio
e Abramo ebbe disteso il figlio con la fronte a terra, – 104 al-
lora gli gridammo: "Abramo! – 105 Tu hai verificato il tuo
sogno: così noi compensiamo i buoni!" – 106 E questa fu
prova decisiva e chiara. – 107 E riscattammo suo figlio con
sacrificio grande – 108 e lo benedicemmo fra i posteri: –
109 "Pace su Abramo!" – 110 Così Noi compensiamo i
buoni! – 111 Ché in verità egli fu dei nostri servi credenti. –
112 E gli demmo la lieta novella di Isacco, profeta, di fra i
buoni. – 113 E benedicemmo lui e Isacco; ma di fra la loro
progenie, vi fu chi operò il bene e vi fu chi manifestamente
fe' torto a se stesso. –

114 E colmammo di favori Mosè ed Aronne – 115 e sal-
vammo loro e il popolo loro dalla Catastrofe Grande. –
116 E li soccorremmo, sì che furono essi i vincenti – 117 e
demmo loro il Libro chiarificatore – 118 e il guidammo sulla
retta Via. – 119 E la lor lode perpetuammo fra i posteri: –
120 "Pace su Mosè ed Aronne!" – 121 In verità così Noi
compensiamo i buoni! – 122 Ché essi furono certo dei nostri
servi credenti. –

123 E così anche Elia fu uno degli Inviati, – 124 allorché
disse al suo popolo: "Non temete voi Dio? – 125 Invocate voi
Ba'l e trascurate il migliore dei Creatori? – 126 È Dio il vo-
stro Signore; e il Signore dei padri vostri antichi!" – 127 Ma
lo smentirono, e saran consegnati al Castigo! – 128 Eccetto i
servi di Dio, puri. – 129 E la sua lode perpetuammo fra i po-
steri: – 130 "Pace su Elia!" – 131 Perché così Noi compensiamo
i buoni: – 132 ché ei fu di certo tra i nostri servi credenti. –

133 E così Lot pure fu uno degli Inviati. – 134 Rammenta
allorché lo salvammo, lui e la sua famiglia, tutti, – 135 eccet-
tuata una vecchia che restò fra i rimasti. – 136 Poi gli altri
sterminammo; – 137 e voi passate ancora accanto a quei resti
al mattino – 138 e nella notte ancora: non ragionate? – 139 E
così Giona fu pure degli Inviati. – 140 Allorché fuggì nella
nave ricolma. – 141 E trassero a sorte e lo rifiutò la sorte –
142 e lo ingoiò il Pesce, perché biasimevole egli era. – 143 E
se non fosse stato che egli cantava le lodi del Signore –
144 sarebbe rimasto nel ventre del Pesce fino al dì quando
saranno risuscitati a vita gli uomini. – 145 E lo rigettammo
infermo su spiaggia deserta – 146 e facemmo crescer su Lui
una pianta di zucca, – 147 e poi lo inviammo a un popolo di
centomila anime o più ancora – 148 e credettero, e li facemmo
godere la vita della terra per un tempo. –

149 Chiedi loro dunque se il tuo Signore può aver delle
figlie mentre loro hanno figli, – 150 o se creammo gli angeli
femmine e Ci han visto farlo! – 151 Non è di loro invenzione
ch'essi dicono: – 152 "Dio ha fatto un figlio"? Bugiardi
sono! – 153 Avrebbe Dio scelto figlie in luogo di figli? –
154 Ma che avete voi? Come giudicate? – 155 Non meditate? –
156 Che prova ne avete evidente? – 157 Apportate la vostra
Scrittura se siete sinceri! – 158 Pongono un'affinità fra Lui e
i *ǧinn!* Ma i *ǧinn* sanno bene che saran consegnati a Lui! –
159 Sia gloria a Dio oltre le descrizioni di costoro! – 160 Eccet-
tuati i servi di Dio, puri. – 161 "Per certo e voi e quei che
adorate – 162 non riuscirete a far ribellare a Dio – 163 altri
che quello che ha da bruciar nella fornace d'Inferno. – 164 E
non v'è nessuno di noi che non abbia un luogo prescritto. –
165 E noi, siam noi che ci schieriamo in schiere – 166 e noi, siam
noi che di lode cantiamo canti". – 167 Usano dire costoro: –
168 "Se avessimo un ammonimento dagli antichi – 169 sa-
remmo servi di Dio, puri". – 170 E così han rifiutato il Co-
rano, ma presto sapranno. – 171 E infatti già prima arrivò la
Parola Nostra ai servi Nostri inviati – 172 ch'essi sarebbero

stati soccorsi – [173] e che gli eserciti Nostri li avrebbero aiutati a Vittoria. – [174] Orbene allontanati, per un tempo, dagli empi. – [175] E osservali, ed essi ti osserveranno. – [176] Il Castigo Nostro dunque solleciteranno? – [177] E quand'esso scenderà nel loro cortile, tristissima sarà l'alba degli ammoniti invano! – [178] Allontanati, ora, per un tempo, dagli empi – [179] e osserva, ed essi osserveranno. – [180] Gloria al tuo Signore, il Signore della Possanza, oltre le loro empie descrizioni! – [181] E pace sia sugli Inviati, – [182] e lode a Dio, il Signor del Creato! –

XXXVIII. LA SURA DEL ṢĀD

(*Meccana. Di 88 versetti, rivelata dopo la Sura della Luna*)

Nel nome di Dio, clemente misericordioso!

[1] Ṣ. Per il Corano contenente il Mònito! – [2] Sì, quei che rifiutan la Fede son pieni d'orgoglio e d'avversione! – [3] Quante generazioni prima di loro annientammo! E Ci chiamarono allora, quando più tempo di salvezza non era. – [4] E si meravigliarono che fosse loro giunto un Ammonitore di fra loro e dissero i Negatori: " Costui è un incantatore bugiardo! – [5] Farà egli degli dèi un Dio solo? Ben strana cosa è questa! " – [6] E il loro Consesso se n'andò dicendo: "Andate e siate costanti nel culto de' vostri dèi: questa è la cosa che da voi si vuole. – [7] Simili cose non udimmo nemmeno nella religione ultima: questa non è che impostura! – [8] E proprio a lui, di fra tutti noi, l'avvertimento fu rivelato? " Sì, essi dubitano ancora del Mio Avvertimento! Anzi, non hanno ancor gustato il Mio Castigo! – [9] Posseggono essi i tesori della misericordia del tuo Signore, il Possente Munifico? – [10] O posseggono essi il Regno dei cieli e della terra e di quel che è frammezzo, sì che possano ascendere su divine corde al Cielo? – [11] Qualsiasi esercito delle fazioni alleate sarà, qui, sbaragliato!

[12] Tacciaron di menzogna i Profeti già prima, il popolo di Noè e di *'Ād* e di Faraone, re dai saldi pilastri, – [13] e *Ṯamūd*, e il popolo di Lot e quelli di *al-Ayka*: quelli furono le

fazioni alleate; – 14 e tutti non fecero che smentire i Messag-
geri divini, sì che giusto fu il Mio Castigo. – 15 E costoro
non hanno altro da attendere che un Grido, uno solo, che
non avrà dilazione. – 16 Hanno detto: " Signore! Affretta
quel che ci tocca, prima del giorno del Conto!" –

17 Tu sopporta paziente quel ch'essi dicono e rammenta
il nostro servo David, possente di mano e spesso pentito. –
18 In verità Noi soggiogammo le montagne a glorificarCi con
lui all'alba e sul far della sera, – 19 e gli uccelli raunati a lui
tutti ritornanti obbedienti, – 20 e demmo forza al suo regno
e gli demmo saggezza e chiaro giudizio. – 21 Ti giunse mai
notizia dei litiganti, quando scalarono il muro della sua stanza
privata, – 22 quando entrarono da David ed egli n'ebbe spa-
vento e gli dissero: " Non temere! Siam due litiganti di cui
l'uno all'altro fe' torto; or tu giudica fra noi secondo verità:
non essere ingiusto e guidaci su via piana. – 23 Or costui
è mio fratello e aveva novantanove pecore e io una pecora
sola e mi disse: 'Affidala a me!' e mi soverchiò nella di-
sputa". – 24 Disse David: " Ei t'ha fatto ingiustizia chieden-
doti la tua pecora per aggiungerla alle sue, e davvero molti
associati in un affare si fanno torto gli uni con gli altri, ec-
cetto coloro che credono e operano il bene, ma quanto son
pochi!" Ma s'avvide David che Noi l'avevam messo alla
prova e chiese perdono al Suo Signore e cadde a terra pro-
strato, e si volse a Dio di nuovo. – 25 E gli perdonammo
quel suo peccato, ed ebbe luogo a Noi vicino, e soggiorno
bello. – 26 O David! Noi t'abbiam costituito Vicario sulla
terra, giudica dunque fra gli uomini secondo verità e non
seguir la passione che ti travierebbe dalla Via di Dio, e quelli
che deviano dalla Via di Dio avranno castigo violento, per
aver dimenticato il giorno del Conto. – 27 E Noi non creammo
il cielo e la terra e quel che v'ha frammezzo, alla leggera:
questo è quel che pensano quei che rifiutan la Fede. Ma
guai a quelli che rifiutan la Fede, guai pel Fuoco! – 28 Do-
vremmo forse metter sullo stesso piano coloro che credet-

tero e fecero il bene e coloro che portaron corruzione
sulla terra? Dovremmo Noi trattare ugualmente i pii ed i
malvagi? –
29 È questa una Scrittura che rivelammo a te, benedetta,
perché se ne meditino i Segni e riflettano gli uomini di sano
intelletto. – 30 E donammo a David Salomone. Quale splen-
dido servo di Dio! Ei si volgeva spesso pentito al Signore! –
31 Rammenta quando gli furon presentate sul far della sera
le cavalle dal piede leggero, alla corsa rapide. – 32 Ed egli
disse: " Ho amato più forte questo bene terreno che la men-
zione del Nome del Signore, fino a che il sole s'avvolse nel
velo della notte! – 33 Riconducetemele dunque! " e prese a
tagliar loro il collo e i garetti. – 34 E mettemmo ancora alla
prova Salomone e ponemmo sul suo trono un fantasma.
Poi egli si pentì – 35 e disse: " Perdonami, Signore, e donami
un Regno quale non converrà più a nessuno dopo di me
averne uno simile, ché Tu sei in verità il Donator gene-
roso! " – 36 E soggiogammo a lui il vento, che correva al
suo comando, ovunque ei lo dirigesse, leggero, – 37 e i dè-
moni tutti, costruttori e pescatori di perle, – 38 e altri accop-
piati in catena. – 39 " Questo è il Dono Nostro, dicemmo,
dispensalo o siine avaro, senza renderne conto! " – 40 E certo
ebbe luogo a Noi vicino, e soggiorno bello. –
41 E rammenta ancora il Nostro servo Giobbe, allorché
chiamò il Signore gridando: " M'ha colpito Satana di pena
e tormento! " – 42 " Percuoti col piede la terra, dicemmo,
ed ecco sgorgherà acqua fresca buona a lavarti e da bere ". –
43 E gli ridonammo la sua famiglia e altrettanti ancora, in
segno di misericordia Nostra, e mònito agli uomini di sano
intelletto. – 44 " E prendi in mano, dicemmo, un fascio d'erbe
e passatelo sul corpo, e non bestemmiare! " E davvero lo
trovammo paziente: quale splendido servo di Dio, volgen-
tesi spesso pentito al Signore! – 45 E rammenta ancora i
Nostri servi Abramo e Isacco e Giacobbe, possenti di mano,
aguzzi di vista. – 46 E di pura purificazione li purificammo:

del ricordo dell'eterna Dimora! – 47 E son presso Noi di fra
gli Eletti i migliori! – 48 E ricorda Ismaele e Eliseo e *Ḏū'l-
Kifl*, che essi tutti son dei migliori! –
49 Ed è un mònito, questo, e in verità i timorati di Dio
avranno dolce soggiorno: – 50 i giardini di Eden con le porte
spalancate tutte, per loro – 51 ed ivi reclinati chiederanno
frutta abbondanti e bevande – 52 ed avranno vicino fanciulle,
modeste di sguardi, loro coetanee. – 53 " Questo è quel che
v'è promesso pel dì della resa dei conti. – 54 Ecco la Provvi-
denza Nostra che non avrà mai fine! " – 55 Così pei buoni;
ma ai ribelli tristo soggiorno: – 56 la gehenna dove essi arde-
ranno, oh, quale letto tremendo! – 57 Ecco, lo gustino ora:
acqua bollente e liquidi infetti! – 58 E altre specie di simil
tormento. – 59 " Ecco, o Seduttori, una folla che ha da esser
precipitata con voi nell'Inferno, e nessun benvenuto per loro:
han da bruciare nel Fuoco! " – 60 E diranno i sedotti ai se-
duttori: " No! Anzi a voi nessuno dia il benvenuto! A voi
che questo ci avete preparato, questo orrendo triste sog-
giorno! " – 61 E diranno ancora: " Signore, a chi ci ha pro-
curato questo, aumenta d'un doppio, aumenta il tormento
del Fuoco! " – 62 E diranno ancora: " Come avviene che
non vediamo degli uòmini che noi tenevam per malvagi? –
63 E che prendevamo a gabbo? Son sfuggiti dunque a' nostri
sguardi? " – 64 E certo è Verità tutto questo disputar della
gente del Fuoco! – 65 Dì: " Io non sono che un Ammoni-
tore, e non v'è altro dio che Iddio, l'Unico il Soggiogatore! –
66 Il Signore dei cieli e della terra e quel che v'è frammezzo,
il Possente Indulgente! " – 67 Dì: " È questo un annuncio su-
premo – 68 e voi ve ne scostate sdegnosi. – 69 Io nessuna
notizia avevo delle discussioni occorse nel Supremo Con-
sesso dei cieli, – 70 ma mi fu solo rivelato, perché io sono
Ammonitore chiarissimo ". – 71 Allorché disse il tuo Signore
agli angeli: " Io creerò un uomo d'argilla! – 72 E quando
l'avrò plasmato ed avrò alitato in lui del Mio spirito, getta-
tevi prostrati avanti a lui! " – 73 E si prosternarono gli an-

geli tutti, insieme – [74] eccetto *Iblīs*, che s'empì d'orgoglio e rifiutò l'obbedienza. – [75] E gli disse Iddio: "O *Iblīs!* Che cosa t'ha impedito di prostrarti a quel che creai di Mia mano? Ti sei levato in superbia o sei davvero sì alto?" – [76] Rispose: "Di lui io sono migliore: tu me creasti di Fuoco e lui creasti d'argilla!" – [77] E gli disse Iddio: "Esci di qui, ché tu sei maledetto! – [78] E resti su di te la Mia maledizione fino al dì del Giudizio!" – [79] E chiese *Iblīs*: "Signore! Fammi attendere fino al giorno in cui gli uomini saran suscitati a vita!" – [80] Rispose il Signore: "Ti sia concessa dilazione – [81] fino al dì del convegno fissato" – [82] E disse *Iblīs*: "Per la Tua potenza! Io tutti li sedurrò – [83] salvo quelli di loro che sono i Tuoi servi puri!" – [84] Disse Iddio: "Questa è giusta sentenza e giusta io pronunzio parola: – [85] 'Riempirò la gehenna di te e di quelli di loro che ti seguiranno, tutti assieme!'" – [86] Dì: "Io non vi chiedo per questo mercede alcuna, né troppo voglio esigere, – [87] ma questo non è che un mònito per gli esseri tutti. – [88] E ne saprete qualcosa, fra un tempo". –

XXXIX. LA SURA DELLE SCHIERE

(Meccana, eccetto i versetti 52, 53 e 54 che son medinesi. Di 75 versetti, rivelata dopo la Sura dei Saba')

Nel nome di Dio, clemente misericordioso!
1 Scrittura discesa da Dio possente sapiente. – 2 In verità Noi abbiam fatto scendere su te la Scrittura secondo Verità, adora dunque Iddio rendendoGli culto sincero! –
3 Non spetta forse a Dio il Culto Puro? Quanto a coloro che si son presi patroni altri che Lui dicendo: "Li adoriamo soltanto perché essi ci avvicinino a Dio", ebbenė Dio giudicherà fra loro delle loro discordie. Ma Dio non guida chi è un ingrato mendace! – 4 Se Dio volesse prendersi un figlio certamente avrebbe scelto di fra le cose create quel che voleva. Sia gloria a Lui! Egli è Dio, l'Unico, il Soggiogatore! – 5 Egli ha creato i cieli e la terra con Verità d'intento. Egli arrotola la notte sul giorno e arrotola il giorno sulla notte e ha soggiogato il sole e la luna e ciascuno corre verso mèta prescritta; non è Egli dunque il Possente Indulgente? –
6 Ei v'ha creato da una persona sola, poi ne trasse la sua sposa, e delle bestie del gregge ve ne diede otto accoppiate; vi crea nel ventre delle madri vostre, creazione dopo creazione, in triplice velo di tenebre. Ecco chi è Dio, il vostro Signore: a lui il Regno, non v'è altro Dio che Lui; ma come dunque ve ne allontanate? – 7 Se voi siete ingrati, sappiate ch'Egli della vostra gratitudine non ha bisogno, ma l'ingratitudine non consente ai Suoi servi; se gli siete grati, ve l'ac-

cetterà e nessun'anima carica si caricherà del carico d'un'al-
tra; poi al vostro Signore tornerete e v'informerà di quel
che operavate, poiché Egli conosce il segreto dei cuori! –
8 Quando un male coglie l'uomo invoca il Signore pentito, e
quando gli abbia Iddio accordato un favore dimentica le sue
invocazioni di prima e dà a Dio degli eguali, per sviare altri
dalla via di Lui. Dì: "Godi della tua Negazione per un
poco, ché tu sei destinato al Fuoco!" – 9 O forse colui che
trascorre devoto le ore della notte ritto in piedi e prostrato,
timoroso dell'Oltre, e nella Misericordia del suo Signore spe-
ranzoso, ha da essere uguale all'empio? Dì: "Son forse uguali
quelli che sanno e quelli che non sanno?" Ma solo riflettono
gli uomini dal sano intelletto. – 10 Dì: "O servi Miei che
credete! Temete il vostro Signore! Coloro che fanno il bene
avranno, in questo mondo, bene. Ampia è la terra di Dio:
Egli pagherà la loro mercede ai pazienti, senza misura." –
11 Dì: "M'è stato ordinato di adorare Iddio rendendogli
culto sincero – 12 e m'è stato ordinato d'essere dei Dati a
Dio il primo!" – 13 Dì: "In verità io temo, se disobbedirò
al Signore, il castigo d'un Giorno tremendo". – 14 Dì: "Id-
dio io adoro, rendendoGli culto sincero – 15 e voi adorate
quel che volete oltre Lui". Dì: "I veri perdenti saran quelli
che perderanno se stessi e le loro famiglie il dì della Resur-
rezione. Non è questa la Perdita Chiara?" – 16 Avranno sopra
di sé padiglioni alti di fuoco e padiglioni alti sotto. Con
questo Iddio spaventa i Suoi servi e dice: "O Miei servi,
temeteMi!" – 17 Ma coloro che evitano d'adorare *Tāġūt* e
si volgon pentiti a Dio, avranno la Lieta Novella! Annun-
ziala, annunziala ai Miei servi! – 18 I quali ascoltano la Parola
e seguon la sua essenza più bella: essi son coloro che Iddio
guida, essi son coloro che han sano intelletto. – 19 O che
forse colui sul quale giustamente s'abbatté la sentenza, potrai
tu liberare colui ch'è nel Fuoco? – 20 Ma coloro che temono
il Signore avranno sale alte, e, sopra, sale alte ben costruite,
all'ombra delle quali scorrono i fiumi: promessa di Dio!

E Dio non mancherà al convegno! – [21] Non vedi come Dio
fa discendere acqua dal cielo e la conduce a fonti ascose in
seno alla terra e ne fa germinare variopinte sementi, e poi si
disseccano e le vedi ingiallirsi, e poi Ei le riduce a bricioli
secchi di paglia? E certo v'ha un mònito, in questo, per gente
di sano intelletto! – [22] O che forse colui cui Dio ha aperto
il petto alla Fede sì che avanza alla Luce del Signore, sarà
come un incredulo? Ma guai a chi il cuore indurisce avanti
al Nome di Dio! Costoro sono in manifesta erranza! – [23] Id-
dio ha rivelato il Racconto più bello, un Libro d'allegorie,
testi all'ascoltare i quali s'aggrinza la pelle di quelli che il
loro Signore paventano, e poi s'addolcisce la pelle loro, e
i cuori, all'udire il Nome di Dio. Questa è la Guida Retta
di Dio, con la quale dirige chi vuole: e colui che Iddio tra-
via, Guida non trova. – [24] O che forse colui che paventa di
vedersi arrivar sul volto il castigo tremendo il dì della Re-
surrezione, sarà come chi n'è al sicuro? Allora verrà detto
agli iniqui: "Gustate quel che avete meritato!" – [25] Smen-
tirono Dio già quelli che furon prima di loro, e da dove
nulla attendevano li colse il Castigo! – [26] E Iddio fece loro
gustare l'ignominia nella vita del mondo e per vero il Ca-
stigo dell'Altro sarà più grande ancora, se essi sapessero! –
[27] E abbiamo proposto agli uomini in questo Corano ogni
specie di esempi, a che per avventura meditino, – [28] un Corano
arabo per nulla contorto, a che per avventura Iddio temano. –

[29] Iddio vi propone ad esempio un uomo che abbia dei
soci in lite fra loro e un altro sottomesso a un sol uomo:
son essi esempio uguale? No! Sia Gloria a Dio! Ma i più
di essi non sanno. – [30] Ecco: morrai, ecco: morranno; –
[31] poi ecco che voi, nel dì della Resurrezione, presso il Si-
gnore disputerete. – [32] E chi è più iniquo di chi mentisce
contro Dio e smentisce la verità quando sia giunta a lui?
Non ci sarà posto nella gehenna per gli empi? – [33] E chi porta
la Verità e la verifica: ecco i timorati di Dio. – [34] Essi avranno
quel che vorranno, presso il Signore; compenso, questo, dei

buoni, – 35 a che Iddio li purifichi delle più turpi delle loro azioni e delle migliori li compensi. – 36 Non basta Dio al Suo servo? Costoro cercheran di spaventarti con esseri che non sono Dio; ma colui che Dio travia, guida non trova. – 37 E colui che Dio guida, traviatore non trova. Non è forse Dio possente vendicatore? – 38 E se tu chiedi loro: " Chi ha creato i cieli e la terra? " Risponderanno certo: " Dio! " Dì: " Pensate voi che quelle che voi invocate oltre Dio, se Iddio volesse colpirmi d'un male, me lo potrebbero togliere? O se Iddio volesse darmi un segno di misericordia, potrebbero esse, la Sua misericordia, trattenere? " Dì: " Mi basta Iddio! In Lui fidano i fidenti! " – 39 Dì: " O popol mio! Agite secondo la vostra capacità e Io agirò secondo la Mia: e fra breve saprete - 40 a chi arriverà ignominioso castigo, a chi incoglierà castigo costante! " – 41 Noi abbiamo a te rivelato la Scrittura per gli uomini, secondo Verità, e chi se ne lascerà guidare sarà a suo vantaggio, e chi devia, devia contro se stesso: e tu non hai da esser loro patrono. – 42 Dio chiama a sé le anime al momento della loro morte, e anche le anime che non muoiono, durante il sonno; e trattiene quella alla quale ha decretato la morte e rinvia le altre fino a un termine fisso. E certo v'han segni in questo per gente che sa meditare. – 43 Han preso dunque, oltre Dio, altri intercessori? Dì: " Anche se essi non hanno potere alcuno e nulla comprendono? " – 44 Dì: "A Dio appartiene l'intercessione, tutta. A Lui appartiene il Regno dei cieli e della terra, e a Lui sarete ricondotti, tutti ". – 45 E quando si nomina il Nome dell'Unico Iddio, si contraggono i cuori di quei che non credon nell'Oltre e quando si nomina il nome di chi non è Dio eccoli lieti e leggeri! – 46 Dì: " O Dio! O Creatore dei cieli e della terra, Conoscitore del Segreto e del Palese, Tu giudicherai fra i Tuoi servi delle loro discordie discordi! " – 47 E se anche possedessero gli empi quel che v'è sulla terra tutto, e altrettanto ancora, vorrebbero darlo, allora, in riscatto pel tormento tremendo, nel dì della Resurrezione: ma apparirà loro da Dio qualcosa che mai avrebber creduto. – 48 Appariranno loro visibili tutte le malvagità che commisero, e li avvilupperà quel che derisero. –

49 Quando un male coglie l'uomo, egli Ci invoca, e quando poi gli accordiamo un favore si dice: " M'è concesso perché Dio mi conosce! ", e invece è una prova: ma i più di fra loro non sanno. – 50 Tutto questo dissero anche coloro che furono prima, e non valse loro a nulla quel che operavano. – 51 Ché li colpì il male stesso che avevano fatto e così anche gli iniqui di fra questi, li colpirà il male stesso che avranno operato, né riusciranno a infirmarCi! – 52 O che forse non sanno che Iddio largisce ampia la Sua Provvidenza a chi vuole e la misura ad altri? Certo in questo v'ha un Segno per gente che crede! – 53 Dì: " O servi Miei che avete prevaricato contro l'anime vostre, non disperate della Misericordia di Dio, poiché Iddio tutti i peccati perdona: Egli è l'Indulgente Clemente! – 54 E volgetevi al vostro Signore pentiti e datevi a Lui prima che vi giunga il Castigo: dopo, non sarete soccorsi! – 55 E seguite le cose più belle che v'ha rivelato il Signore, prima che vi giunga il Castigo d'un tratto: voi non ve n'avvedrete! – 56 Prima che dica un'anima: 'Ahimè! Che tanto ho trascurato verso Dio, e son stata di quelli che han riso!' – 57 O dica: 'Se Iddio mi avesse guidato, sarei stato di quei che Lo temono!' – 58 O dica quando vedrà il Castigo: 'Oh, se mi fosse concesso tornare, sarei certo dei buoni!' – 59 'Anzi, ti son giunti i Miei segni e li smentisti, e d'orgoglio t'empisti, e fosti de' Negatori!' " – 60 E il dì della Resurrezione vedrai coloro che mentirono contro Dio coi volti anneriti: o non vi sarà nell'Inferno un posto per gli orgogliosi? – 61 E salverà Iddio coloro che lo avranno temuto, dando loro il Successo Supremo e non li coglierà male alcuno, né saranno attristati. – 62 Iddio è d'ogni cosa creatore, sopra ogni cosa patrono – 63 ed Egli possiede le chiavi dei cieli e della terra e coloro che ai Segni di Dio rifiutarono Fede, quelli sono i perdenti. – 64 Dì: "Altri che Dio

dunque volete voi che io adori, o ignoranti?" – [65] E già fu a te rivelato e a quelli prima di te, ancora: "Se tu sarai idolatra vanificata sarà l'Opera tua e sarai fra i perdenti! – [66] Ma Dio solo adora, e ringrazia Lui solo!" –

[67] Costoro non han misurato Dio alla Sua vera misura: e la terra tutta starà nel Suo pugno il dì della Resurrezione, e i cieli staran ripiegati nella Sua destra. Sia glorificato e esaltato oltre le loro idolatrie! – [68] E sarà dato fiato alla Tromba e cadran fulminati tutti gli abitatori dei cieli e gli abitatori della terra, eccetto chi Iddio vorrà. E squillerà un altro squillo ed eccoli tutti, ritti, a guardare. – [69] E scintillerà allora la terra della Luce del Signore, e sarà spalancato il Libro, e saran condotti i Profeti ed i Martiri, e sarà pronunciato Giudicio secondo Verità fra gli uomini, e non sarà fatto loro alcun torto; – [70] e a ogni anima sarà pagato quel che avrà fatto. Ed Egli, quel ch'essi fanno, meglio conosce. – [71] E saran spinti quei che rifiutaron la Fede verso la gehenna, a schiere, e quando vi giungeranno, saran spalancate le porte e chiederanno loro i guardiani d'Inferno: "Non vennero a voi Messaggeri Divini, di fra voi, a recitarvi i Segni del Signore, ad ammonirvi che avreste visto questo vostro Giorno?" Risponderanno: "Sì". E giusta sarà la sentenza del castigo su gli empi. – [72] E verrà detto loro: "Entrate nelle porte della gehenna, dove rimarrete in eterno: per gli orgogliosi asilo orrendo!" – [73] E saranno spinti coloro che temettero il Signore verso il Giardino, a schiere, e quando vi giungeranno, saran spalancate le Porte e diranno loro i Guardiani: "La Pace sia su di voi. Voi foste buoni: entrate e restate in eterno!" – [74] Ed essi diranno: "Lode sia a Dio, il quale ha mantenuto a noi la Sua promessa e ci ha dato in retaggio la terra, e abiteremo nel Giardino dove vorremo!" Quanto è bella la mercede degli operanti il bene! – [75] E allora vedrai gli angeli, a cerchi attorno al trono di Dio, cantare le lodi del Signore; verrà sentenziato fra di loro con giustizia e dirà una voce: "Sia lode a Dio, il Signor del Creato!" –

XL. LA SURA DEL PERDONATORE

(*Meccana, eccetto i versetti 56 e 57 che son medinesi.*
Di 85 versetti, rivelata dopo la Sura delle Schiere)

Nel nome di Dio, clemente misericordioso!
1 Ḥ. M. – 2 Scrittura rivelata da Dio, possente sapiente! –
3 Che il peccato perdona e 'l pentimento accetta e violento
colpisce, longanime; non v'è altro dio che Lui, a Lui tutto
ritorna! – 4 Non disputano sui Segni di Dio altro che quei
che rifiutan la Fede, ma non ti seduca il traffico loro fiorente
per i paesi. – 5 Già prima di loro smentirono Dio il popolo
di Noè, e le Fazioni Alleate dopo di quelli, ed ogni nazione
tramò malvagi disegni contro il suo Messaggero Divino cer-
cando di impadronirsi di lui, e disputarono vanità per confu-
tare la Verità, ed io Li afferrai, e come fu duro il Castigo! –
6 E così fu giusta la sentenza del tuo Signore contro coloro
che rifiutaron la Fede, che essi sian dannati al Fuoco! – 7 Gli
angeli che trasportano il Trono e gli angeli che lo circon-
dano, celebrano le lodi del Signore e credono in Lui e chie-
don perdono per quelli che credono: " Signore! Tu abbracci
ampio ogni cosa con la Tua misericordia e con la Tua scienza!
Perdona dunque a coloro che si son volti a Te e han seguito
la Tua via e preservali dal castigo della Vampa d'Inferno! –
8 Signore! Falli entrare nei giardini di Eden che promettesti
ad essi e ai buoni di fra i padri loro e alle loro spose e alla loro
progenie, ché Tu sei il Possente Sapiente! – 9 E preservali
dal male, ché colui che Tu preserverai dal male in quel giorno

riceverà la Tua misericordia, e sarà quello il Successo Supremo!" – [10] E quelli che rifiutaron la Fede saranno chiamati e sarà loro detto: "L'odio di Dio per voi è più grande dell'odio vostro contro voi stessi allorché venivate chiamati alla Fede e rifiutavate!". – [11] Risponderanno: "Signore! Tu ci hai dato morte due volte e due volte ci hai dato vita! Ora confessiamo i nostri peccati: v'è una via di qui verso l'uscita?" – [12] "Questo vi tocca perché, quando s'invocava Iddio l'Unico, Lo respingevate, e quando venivano associati a Lui altri dèi credevate. E il Giudizio spetta a Dio alto grande!" – [13] Egli è Colui che vi mostra i Suoi segni e fa scender per voi provvidenza dal cielo; ma non medita che quegli che a Lui si volge pentito! – [14] Invocate dunque Iddio rendendoGli culto sincero, sia pure a dispetto degli empi! – [15] Iddio, l'Esaltato nei Gradi, il Padrone del Trono; Ei lancia lo Spirito, per Divino Comando, su chi Egli vuole dei Suoi servi, perché ammonisca gli uomini annunciando il dì dell'Incontro! – [16] Il giorno in cui usciranno dalle tombe i morti e non sarà nascosta a Dio di loro cosa alcuna. A chi il Regno in quel giorno? A Dio! l'Unico, il Soggiogatore! – [17] Quel giorno ogni anima sarà compensata per quel che si sarà meritata; nessun torto, in quel giorno! Ché Dio è rapido al conto. – [18] Avvertili dunque del giorno dell'Ora imminente, allorché i cuori salteranno in gola soffocando gli uomini, e non avranno gli iniqui alcun amico, né intercessore ascoltato, – [19] e Dio conoscerà la perfidia degli occhi e il segreto nascosto nei cuori. – [20] E Dio deciderà secondo Verità mentre coloro che essi invocano in luogo di Dio non decideranno cosa alcuna. In verità Iddio è l'Ascoltatore, il Veggente! – [21] Ma non hanno essi percorso la terra, sì che abbian visto qual sia stata la fine di quelli che furon prima di loro, che furon di loro più forti di forza e d'opere sulla terra, e pure Iddio li afferrò pei loro peccati e nessuno vi fu che da Dio riuscì a preservarli? – [22] E questo perché venivano a loro i Messaggeri con prove chiarissime e ri-

fiutaron la Fede e Iddio li afferrò, ché è potente, violento al
castigo! –
23 E già mandammo Mosè coi Nostri Segni e potenza
evidente – 24 a Faraone, a *Hāmān* e a *Qārūn* e dissero: " È
un incantatore bugiardo! " – 25 E allorché portò loro la Ve-
rità da Noi inviata dissero: " Uccidete i figli di coloro che
han creduto insieme a Lui e lasciate vive solo le donne! "
Ma la fine delle insidie degli empi non fu che perdizione. –
26 E disse Faraone: " Lasciate che io uccida Mosè. Invochi
egli pure il suo Signore: io temo che egli abbia a cambiare
la vostra religione o che abbia a portar corruzione sulla
terra! " – 27 E disse Mosè: " Io mi rifugio nel mio Signore
e Signor vostro contro ogni superbo che non crede nel dì
della resa dei conti! " – 28 E disse un uomo credente della
famiglia di Faraone, che teneva nascosta la sua fede: " Ucci-
derete voi un uomo sol perché dice: ' Il mio Signore è Dio '?
Mentre v'ha portato prove chiare dal vostro Signore? Se è
un mendace, su di lui ricadrà la sua menzogna, se è sincero
vi colpirà parte di quel che vi minaccia, poiché Iddio non
dirige chi è prevaricatore bugiardo! – 29 O popol mio! A voi
appartiene il regno, oggi, trionfanti sopra la terra, ma chi ci
soccorrerà dall'ira di Dio quand'essa venga a noi? " Disse
Faraone: " Io non vi mostro se non quel ch'io vedo, e non
vi guido che sulla via della rettitudine! " – 30 Replicò colui
che credeva: " O popol mio! Io temo per voi che non vi
sopravvenga qualcosa come il Giorno delle Fazioni Alleate, –
31 una sorte simile a quella del popolo di Noè e di *'Ād* e di
Ṯamūd e di quelli che vennero dopo di loro; ché Dio non
intende far torto ai Suoi servi. – 32 O popol mio! Davvero
temo per voi il Giorno del Mutuo Richiamo! – 33 Il giorno
in cui volgerete le spalle arretrando, e non avrete alcuno che
vi difenda da Dio. E chi Iddio travia, non ha guida nes-
suna! – 34 Eppur già venne a voi Giuseppe con le prove
chiarissime e continuaste a dubitare di quel ch'ei vi portava
finché, morto lui, diceste: ' Iddio non manderà più, dopo di

lui, alcun Messaggero' e così travia Iddio il prevaricatore,
il dubbioso, – 35 quelli cioè che disputano sui Segni di Dio
senza che alcuna autorità sia loro data; grande è l'odio che ne
avrà Iddio e coloro che credono! Così Iddio pone un suggello
su ogni cuore orgoglioso tiranno!" – 36 E disse Faraone:
"O *Hāmān*, costruiscimi una torre, ch'io possa per avventura
raggiunger le Corde – 37 le Corde del Cielo, e salire al
Dio di Mosè, perché io lo credo bugiardo!" E così fu resa
adorna agli occhi di Faraone la sua turpe azione e si distolse
dalla Via; ma l'insidia di Faraone non finì che in perdizione! –
38 E disse ancora colui che credeva: "O popol mio! Seguitemi,
e io vi guiderò alla via della rettitudine! – 39 O popol mio!
Questa vita della terra è godimento effimero, ma quella dell'Oltre
è dimora durevole. – 40 Chi fa una cattiva azione non
ne è compensato che del pari, ma coloro che fanno una buona
azione, uomini e donne, e siano credenti, entreran nel Giardino
ed ivi provvidenza avranno, senza misura. – 41 O popol
mio! Com'è che io vi invito alla salvezza e voi invitate me
al Fuoco? – 42 Voi mi invitate a rifiutare fede in Dio e ad
associarGli cose che io non conosco, mentre io vi invito al
Possente Indulgente. – 43 Non v'ha dubbio che ciò cui voi
m'invitate non merita si inviti ad esso né in questo mondo
né nell'Altro, e che il nostro ritorno sarà a Dio, e che i prevaricatori
saran dannati all'Inferno! – 44 Vi ricorderete presto
di quel che ora vi dico: io affido la mia causa a Dio, che
attento guarda ai Suoi servi!" – 45 E Dio lo preservò dalle
loro insidie maligne, e la gente di Faraone avviluppò di tremendo
tormento, – 46 il Fuoco, al quale verranno esposti e
al mattino e alla sera; e il giorno in cui sopraggiungerà l'Ora
dirà una voce: "Fate entrare la gente di Faraone nel più
crudele tormento!" – 47 E quando essi disputeranno, nel
Fuoco, e diranno i deboli ai potenti orgogliosi: "Noi fummo
vostri seguaci: ci servirete voi almeno per liberarci in parte
dal Castigo del Fuoco?" – 48 E diranno i potenti orgogliosi:
"Vi siamo dentro tutti anche noi; Iddio di già giudicò fra

i Suoi servi!" - 49 E allora quelli che saranno nel Fuoco
diranno ai guardiani della gehenna: "Invocate il Signore che
allevii a noi per un sol giorno il Tormento!" - 50 Diranno:
"Non son dunque venuti a voi i Messaggeri con le Prove
Chiarissime?" Risponderanno: "Sì". Replicheranno i guar-
diani: "InvocateLo dunque voi stessi!" Ma l'invocazione dei
Negatori sarà in perdizione. - 51 In verità Noi soccorreremo
i Nostri Messaggeri e quei che credettero, sia nella vita della
terra che il giorno in cui si leveranno i Testimoni - 52 il giorno
in cui non gioverà la loro scusa agli iniqui e avranno la Ma-
ledizione, e avranno l'Orrenda Dimora! -

53 E già demmo a Mosè la Guida, e demmo in retaggio
ai Figli d'Israele il Libro - 54 a guida e mònito per gli uomini
di sano intelletto. - 55 Pazienta dunque, ché la Promessa di
Dio è vera, e chiedi perdono per il tuo peccato, e canta le
lodi del Signore, all'alba e sul far della sera. - 56 In verità
coloro che discutono dei Segni di Dio senza autorità che sia
loro data, nei petti loro non hanno che orgoglio: non rag-
giungeranno quel che desiderano. Cerca dunque rifugio in
Dio, ché Egli è ascoltatore veggente. - 57 Certo la creazione
dei cieli e della terra è cosa più grande della creazione degli
uomini, ma degli uomini, i più, non sanno. - 58 E non son
certo eguali il cieco e il veggente, quelli che credono e ope-
rano il bene e il malvagio. Quanto poco voi meditate! -
59 E l'Ora certo verrà, non v'ha dubbio, eppure i più degli
uomini non credono! - 60 E disse il vostro Signore: "Chia-
mateMi ed io vi risponderò. Ma quelli che gonfi d'orgoglio
disdegneran d'adorarMi entreranno nella gehenna umiliati!" -
61 È Dio che v'ha dato la notte perché riposiate, e il giorno
che tutti rischiara. Certo Iddio ha grazia grande sugli uomini,
eppure i più degli uomini riconoscenti non sono! - 62 Ecco
chi è Dio: il vostro Signore, creatore di tutte le cose, non
v'è altro Dio che Lui; come dunque da Lui v'allontanate? -
63 Così s'allontanaron da Lui quelli che i Segni di Dio rin-
negarono. - 64 È Dio che v'ha dato la terra come stabile

suolo e il cielo come alto palazzo, e v'ha formato, e le forme
vostre ha abbellito, e delle buone cose v'ha provveduto. Ecco
chi è Dio: il vostro Signore! Sia dunque benedetto il Signor
del Creato! – 65 Egli è il Vivo, non v'è altro dio che Lui!
InvocateLo dunque rendendoGli culto sincero. Lode sia a
Dio il Signor del Creato! – 66 Dì: "Mi è stato vietato di
adorare quelli che voi invocate oltre Dio, dopo che mi son
giunte le prove chiarissime dal Signore, e m'è stato ordinato
di darmi intiero al Signor del Creato! – 67 Egli è Colui che
vi ha creati di terra, poi di goccia di sperma, poi di grumo
di sangue, poi vi ha tratto fuori bambini, poi vi conduce
all'età adulta e poi vi fa vecchi (e fra voi havvi chi è richia-
mato prima) e vi fa giungere a un termine fisso, a che per
avventura ragioniate. – 68 Egli è colui che vivifica e uccide,
e allorché ha deciso una cosa basta che le dica: "Sii!", ed è. –
69 Non guardasti tu quelli che disputano sui Segni di Dio,
come si allontanano? – 70 Coloro che smentirono il Libro e
il messaggio dei Nostri Messaggeri; ma presto sapranno! –
71 Quando i gioghi graveranno loro sul collo, e le catene, e
saran trascinati – 72 nell'acqua bollente, poi nel Fuoco bru-
ciati, – 73 poi dirà loro una Voce: "Dove sono quelli che per
compagni – 74 davate a Dio?" Diranno: "Se ne sono andati
via da noi, o meglio, noi, prima, invocandoli, nessuno invo-
cavamo!" Così Iddio travia quei che rifiutan la Fede. –
75 "Questo perché troppo sulla terra esultavate senza ragione,
esultavate insolenti! – 76 Entrate ora per le porte della gehenna,
dove resterete in eterno, orrendo asilo ai superbi!" – 77 E tu
pazienta, perché la Promessa di Dio è vera, e sia che ti fac-
ciamo vedere parte di quel che loro minacciamo, sia che ti
richiamiamo a Noi prima, essi a Noi saran ricondotti! –
78 E già prima di te inviammo Messaggeri: di alcuni nar-
rammo a te la storia, di altri nulla narrammo, ma nessun
Messaggero Divino poté mai portare un Segno senza il per-
messo di Dio; ma quando la Causa di Dio si manifesterà,
sarà deciso secondo giustizia, e periranno, allora, i Vanifi-

catori! – [79] È Dio che v'ha dato le greggie perchè vi servan di cavalcatura e vi servan di cibo, – [80] e voi ne avete vantaggi molti, anche per raggiungere intenzioni che avete negli animi vostri, e soprà di esse come soprà le navi venite portati. – [81] Ed Egli vi mostra i Suoi Segni. Or quale dei Segni di Dio vorrete negare? – [82] Non hanno percorso la terra, non han visto qual fu la fine di quelli prima di loro? Eran di loro più grandi e più forti di forza e d'opere sopra la terra, ma nulla loro servì quel che facevano. – [83] E allorché vennero a loro i Messaggeri con prove chiarissime, gioivan lieti della loro scienza, ma li avviluppò tremendo quel che essi irridevano! – [84] E quando videro l'Ira Nostra dissero: "Crediamo in Dio, l'Unico, e rinneghiamo gli idoli che a Lui davamo compagni!" – [85] Ma a nulla giovò loro la Fede, dopo ch'ebbero visto l'Ira Nostra: tale è il costume di Dio che già Egli usò coi Suoi Servi. Periscan così i Negatori! –

XLI. LA SURA DEI "CHIARI PRECISI"

(*Meccana. Di 54 versetti, rivelata dopo la Sura del Perdonatore*)

Nel Nome di Dio, clemente misericordioso!

[1] Ḥ. M. – [2] Rivelazione venuta dal Misericordioso Clemente. – [3] Libro dai chiari Segni precisi dato come predicazione araba a un popol che conosce, – [4] Nunzio e Ammonitore: eppure se ne distolsero i più senza ascoltare, – [5] e dissero: "I nostri cuori son corazzati contro ciò cui ci inviti, e negli orecchi nostri v'ha gravezza, e fra te e noi c'è una cortina. Tu agisci dunque come vuoi e noi da parte nostra agiremo!" – [6] Dì: "Certo, io sono un uomo come voi, un uomo cui è stato rivelato che il vostro Dio è un Dio solo, dirigetevi dunque a Lui e chiedete perdono: guai agli idolatri! – [7] I quali non fanno elemosina e rifiutano Fede nell'Oltre. – [8] In verità coloro che credono e operano il bene avranno ininterrotta mercede". – [9] Dì: "Rifiutate voi dunque Fede in Colui che ha creato la terra in due giorni e Gli date degli eguali? Egli è il Signor del Creato!" – [10] Sulla terra pose montagne ferme levantisi alte sul suolo e la benedisse, e vi ha distribuito sopra i cibi, in quattro giorni, uguali per ognun che li chieda. – [11] Poi s'accinse alla costruzione del cielo, ch'era tutto fumo. E disse a quello e alla terra: "Venite, volenti o nolenti!" Risposero: "Veniamo ubbidienti!" – [12] E ne ordinò sette cieli in due giorni e rivelò a ogni cielo il suo compito. E adornammo il cielo più basso di torce e

lo ponemmo a custodia: così dispose il Possente Sapiente! –
13 E se costoro si allontanano dì loro: "Io v'avverto
d'una folgore come la folgore di *'Ād* e *Ṯamūd*!" – 14 Allorché
giunsero i Divini Messaggeri dietro di loro e avanti a loro
gridando: "Guardatevi d'adorare altri che Dio!" Dissero:
"Se il nostro Signore l'avesse voluto ci avrebbe mandato
degli angeli: quindi il messaggio che voi portate lo rinne-
ghiamo!" – 15 E gli *'Ād*, s'inorgogliron superbi sulla terra
senza ragione. Dicevano: "Chi è più forte di forza di noi?"
e i Nostri Segni, li rifiutavano. – 16 E scagliammo loro contro
un vento tempestoso in giorni nefasti, per far loro gustare
il Castigo dell'ignominia nella vita della terra. Ma più igno-
minioso ancora sarà il Castigo dell'Altra e non li soccorrerà
nessuno. – 17 E i *Ṯamūd*, Noi li guidammo, ma essi amarono
meglio la cecità che la Guida e li colse la folgore del Castigo
d'abbominio, per quel che avean meritato. – 18 E salvammo
quei che credettero e temevano Iddio. –
19 Avvertili pure del giorno, quando i nemici di Dio saran
radunati verso il Fuoco, in schiere distinte. – 20 E quando
l'avranno raggiunto testimonierà contro di loro il loro udito
e la loro vista e la pelle loro, testimonierà quel che face-
vano, – 21 e allora diranno alla loro pelle: "Perché testimoni
tu contro di noi?" E le pelli risponderanno: "Ci fa par-
lare Iddio, colui che ha dato la parola a tutte le cose: Iddio
che vi creò una prima volta, Iddio a cui tornerete! – 22 E voi
non potevate agir così nascosti che non vedessero, e contro
a voi testimoniassero, le vostre orecchie e i vostri occhi, e
le pelli vostre; ma anzi pensavate che molte dell'opere vostre,
non le sapesse Iddio. – 23 Ma ecco il pensiero che avete pen-
sato sul vostro Signore v'ha annientati, ed eccovi ora per-
duti!" – 24 Anche se sopporteranno pazienti, avran sempre
dimora nel Fuoco, e se chiederanno grazia non saranno gra-
ziati. – 25 E assegnammo loro dei compagni i quali abbelli-
rono ai loro sguardi il loro presente e il loro futuro. Perciò
fu giusta su di essi la Sentenza già pronunciata in antico su

nazioni prima di loro, nazioni di *ǧinn* e d'uomini, poiché
furon perduti. –
26 E dicono ancora coloro che rifiutan la Fede: " Non
ascoltate questa Predicazione, ma parlate mentre si recita, a
che ne soverchiate la voce! " – 27 Ma castigo violento farem
gustare a quelli che rifiutan la Fede e li compenseremo per
le loro azioni peggiori. – 28 Questa sarà la ricompensa dei
nemici di Dio: il Fuoco, dove avranno dimora perpetua,
compenso per aver rinnegato i Segni Nostri! – 29 E dicono
ancora coloro che rifiutan la Fede: " Signore nostro, mostraci
quei due, *ǧinn* e uomini, che ci hanno traviato, che li possiam
metter sotto i piedi, che sieno dei più abietti e più bassi! " –
30 In verità coloro che dicono: " Il nostro Signore è Dio! "
e su retta via camminano, su loro scenderanno gli angeli:
" Nessuna paura, nessuna tristezza, gioite a gioia pel Giar-
dino promesso! – 31 Siam noi, siam noi gli amici vostri e
nella vita terrena e nella vita dell'Oltre, e in quella voi avrete
quel che volete, e in quella voi avrete quel che chiedete, –
32 dono ospitale d'un Dio indulgente clemente! " – 33 E chi
parla più dolce di colui che invita a Dio e opera il bene e
dice: " Io son di quelli che si danno a Dio "? – 34 Ché non
son cosa eguale il bene e il male, ma tu respingi il male con
un bene più grande e vedrai allora che colui che era a te ne-
mico, ti sarà caldo amico. – 35 E tal grado non potranno
raggiungere se non i costanti pazienti, tal grado non rag-
giungeranno altri che i favoriti del favore supremo. – 36 E se
tentazione al male ti venisse da Satana, cerca rifugio in Dio,
che tutto ascolta e conosce. – 37 E di fra i Segni Suoi sono
la notte e il giorno e il sole e la luna. Non vi prostrate avanti
al sole, non vi prostrate avanti alla luna, ma prostratevi a
Dio, che li creò, se Lui solo adorate! – 38 E chi troppo è
orgoglioso sappia che gli esseri che son più presso al Signore
cantano le Sue lodi di giorno e di notte e mai s'affaticano. –
39 E uno dei Suoi Segni è questo, che tu vedi umile la terra
e quando Noi riversiamo su lei l'acqua, freme tutta e si gon-

fia: certo, Colui che dà vita alla terra saprà ben dar la vita ai morti; Egli è su tutte le cose potente! – [40] Non ci sono ignoti coloro che calunniano i Segni Nostri. O forse chi sarà gettato nel Fuoco è meglio di chi verrà avanti a Noi in sicurtà il dì della Resurrezione? Fate pure voi quel che volete, ché Egli tutto quel che operate lo scorge. – [41] Certo, quelli che non avran creduto nel Mònito quando sarà loro giunto, saranno puniti, e certo, questo, è un Libro possente, – [42] al quale la Vanità non s'accosta, né davanti, né dietro, Libro rivelato da un Savio, Degno di Lode! – [43] A te vien detto solo quel che già in antico fu detto ai Messaggeri che furon prima di te, e certo il tuo Signore possiede indulgenza e possiede castigo cocente. – [44] E se Noi ne avessimo fatto un Corano in lingua straniera, avrebber detto di certo: "Perché non son chiari precisi i suoi Segni? Come avviene che costui è arabo e questo è lingua straniera?" Dì: "Esso è, per coloro che credono, farmaco e guida, ma quei che non credono hanno negli orecchi gravezza ed esso è, per loro, cecità. Son come chi venga chiamato con fievole voce da luogo lontano". –

[45] E già demmo a Mosè il Libro, ma se ne disputò, e ora, se già da prima non fosse stata pronunciata la sentenza del tuo Signore, sarebbe finita per loro, ché ne sono in dubbio dubbioso! – [46] Chi opera il bene lo fa a suo vantaggio, e chi fa il male lo fa a suo danno: il tuo Signore non fa torto ai Suoi servi. – [47] A Lui è riservata la scienza dell'Ora e non esce frutto dal suo involucro, e non concepisce femmina, e non partorisce, senza ch'Egli lo sappia. E il giorno in cui chiamerà gli uomini e chiederà: "Dove dunque sono i Miei soci?" risponderanno: "Ti assicuriamo che nessuno di noi li ha veduti!" – [48] E svaniranno da loro quelli ch'essi invocavano prima e troveranno di non aver più rifugio. –

[49] Non si stanca l'uomo di invocare il bene, ma quando lo coglie il male, sfiduciato diventa, disperato. – [50] E se gli facciam gustare misericordia dopo un'avversità che l'abbia

colpito, dirà di certo: " Questo m'appartiene, e non credo
che si leverà mai l'Ora e, se sarò ricondotto al Signore, avrò
certo cosa ottima presso di Lui! " Ma Noi informeremo
quelli che avran rifiutato la Fede di quel che hanno fatto e
farem loro certo gustare tormento pesante. – [51] Quando Noi
diamo favori all'uomo egli si trae in disparte, e quando in-
vece lo coglie il male, allora abbonda di lunghe preghiere! –
[52] Dì: " Che pensate voi? Se questo viene da Dio e voi lo
rifiutate, chi è più traviato di chi, come voi, da esso si strappa
via lontano? " – [53] Mostreremo loro i Segni Nostri sugli oriz-
zonti del mondo e fra di essi, finché non sia chiaro per loro
che esso è la Verità. Non ti basta sapere che il tuo Signore
è a tutte le cose presente? – [54] Non son essi in dubbio sul-
l'avvento del Signore? Non abbraccia Egli ampio le cose
tutte? –

XLII. LA SURA DELLA CONSULTAZIONE

(*Meccana, eccetto i versetti 23, 24, 25 e 27, che son medinesi. Di 53 versetti, rivelata dopo la Sura dei "Chiari Precisi"*)

Nel nome di Dio, clemente misericordioso!

[1] Ḥ. M. – [2] ʿ. S. Q. – [3] Così rivela a te e a coloro che furon
prima di te il Possente Sapiente; – [4] a Lui appartiene ciò che
è nei cieli e ciò che è sulla terra, ed Egli è l'Eccelso il Su-
blime. – [5] E i cieli quasi si squarcian dall'alto, quando gli
angeli cantano le lodi del Signore e chiedon perdono per gli
abitatori della terra: non è forse Dio l'Indulgente Clemente? –
[6] Ma quanto a coloro che si son presi altri patroni che Dio,
Iddio li osserva, e non hai tu da esser loro protettore. –
[7] E così Noi ti rivelammo un Corano arabo perché tu ammo-
nisca la Madre delle Città e chi abita attorno, e avverta della
venuta del Giorno della gran Raunanza, su cui non v'ha
dubbio, e una parte andran nel Giardino, una parte andran
nella Vampa. – [8] E se Iddio avesse voluto, ne avrebbe fatto
una nazione sola, ma Egli fa entrare chi vuole nella Sua mi-
sericordia e gli iniqui non avranno soccorritore, non avranno
patrono. – [9] O si son presi a patroni altri che Dio? Ma Dio
solo è il Patrono, ed Egli vivifica i morti, ed Egli è su tutte
le cose potente. – [10] Di qualsiasi cosa voi disputiate, il Giu-
dizio ne spetta a Dio. Ecco chi è Dio, il mio Signore: in
Lui confido, a Lui mi volgo credente. – [11] Creatore dei cieli
e della terra, Egli v'ha dato delle spose della vostra specie,
e v'ha dato le greggie a coppie; e così vi moltiplica. Non

v'ha simile a Lui cosa alcuna, ed Egli è ascoltante veggente. – 12 A Lui le chiavi dei cieli e della terra, largisce ampia la Sua provvidenza a chi vuole e la misura a chi vuole; Egli è di tutte le cose sapiente. –

13 Ha prescritto a voi quel culto che già raccomandò a Noè e che rivelammo a te, e che raccomandammo ancora ad Abramo e a Mosè e a Gesù, dicendo: " Osservate la Religione e non dividetevi in sètte ". Ma gravoso è per gli idolatri quel che sono chiamati a fare: ma Dio eleggerà a Sé chi vorrà e guiderà a Sé chi a Lui si volge pentito. – 14 E gli antichi non si divisero in sètte se non dopo che fu giunta loro la Scienza, per mutua invidia insolente, e se già non fosse stata pronunciata sentenza dal Tuo Signore, sentenza di differimento fino a un termine fisso, già sarebbero state decise tutte le loro discordie. Ma quelli che dopo di loro ereditarono il Libro, ne sono, certo, in dubbio dubbioso! – 15 Pertanto, invita alla Fede e cammina diritto, come t'è stato ordinato, e non cedere ai desideri loro, ma dì: " Io credo in quei Libri che Iddio ha rivelato, e a me fu ordinato di far giustizia tra voi: Iddio è il Signore nostro e il Signore vostro. Noi abbiamo le nostre azioni e voi le vostre, né vi sia disputa alcuna fra noi e voi: Iddio ci riunirà tutti, ché a Lui tutto ritorna! " – 16 Ma coloro che continueranno a disputare su Dio dopo che Gli è stata resa obbedienza, il loro argomentare sarà vano presso il Signore, su di loro cadrà ira e avran castigo violento. –

17 È Dio che ha rivelato il Libro secondo Verità, e la Bilancia; e chi ti dice che per avventura non sia già vicina l'Ora? – 18 La sollecitano coloro che non vi credono e quelli che credono ne trepidano, e sanno che è vera; non son dunque, quei che dubitan dell'Ora, in erranza lontana? – 19 Dolce è Iddio coi Suoi servi: dona la Sua provvidenza a chi vuole, ed Egli è il Forte, il Possente. – 20 Chi desidera il campo arato dell'Altra vita, glie ne daremo in abbondanza, e chi desidera il campo arato del mondo, glie ne daremo,

ma nell'Altro non ne avrà parte alcuna. – [21] Hanno dunque
essi dei soci che prescrivan loro culti da Dio non permessi?
E se non fosse decisiva sentenza, tutto sarebbe già, per loro,
deciso. Ma certo gli iniqui avran castigo cocente. – [22] Tu ve-
drai allora gli iniqui trepidanti per quel che avranno com-
messo e tutto ricadrà sopra di loro, mentre quei che credet-
tero e operarono il bene vagheranno nei prati dei celesti
Giardini e avranno dal Signore quel che vorranno: questa è
la Grande Grazia. – [23] Questo è l'annunzio lieto che Iddio dà
ai Suoi servi che credettero, che operarono il bene. Dì: "Io
non vi chiedo per questo altra mercede se non l'amore pel
prossimo, e chi si sarà acquistata una buona azione Noi glie
ne accresceremo il bene, perché Iddio è indulgente grato". –
[24] O diranno forse: "Egli ha inventato menzogne contro
Dio"? Se volesse, Dio ti suggellerebbe il cuore. Ma Dio
vanificherà la Vanità e verificherà la Verità con la Sua pa-
rola; ché Egli il segreto dei cuori conosce. – [25] Egli è Colui
che accoglie il pentimento dai Suoi servi, e dalle loro colpe
li assolve, e quello che fate conosce. – [26] Ed esaudisce coloro
che credono e operano il bene e accresce loro la Sua grazia,
ma i Negatori avranno castigo violento. – [27] E se Dio troppo
ampia elargisse la Sua provvidenza ai Suoi servi, questi in-
solentirebbero sulla terra; ma Egli ne invia quanta Egli vuole,
poiché i Suoi servi Egli vede ed osserva. – [28] È Lui che fa
scender la pioggia quando già disperano gli uomini e di-
spiega la Sua misericordia: Egli, il Patrono, il Degno di
Lode. – [29] E uno dei Suoi Segni è la creazione dei cieli e
della terra e gli animali ch'Egli v'ha sparso, e quando vorrà
saprà ben radunarli. – [30] Ogni malore che vi colpisce vi col-
pisce per quel che meritarono le vostre mani, ma molte cose
perdona. – [31] Ma voi non potrete prevalere su di Lui sulla
terra, e all'infuori di Dio non avrete soccorritore o patrono. –
[32] E uno dei Suoi Segni son le navi che corrono il mare,
come montagne alte: – [33] ed Ei se volesse calmerebbe i venti
ed esse resterebbero immobili sul dorso del mare. E certo

in questo v'ha un Segno per ognuno che sia paziente e grato. –
34 Oppure le affonderebbe, in pena di quel che han meritato,
ma Egli molto perdona. – 35 E sapranno, coloro che dispu-
tano dei Segni Nostri, che non avranno rifugio. – 36 Ciò che
v'è dato non è che provvigione breve di vita terrena, ma
quel che è presso Dio è migliore e più eterno per coloro che
credono, e nel Signore loro confidano, – 37 coloro che evitano
i peccati gravi e le turpitudini, e quando si adirano, perdo-
nano, – 38 coloro che obbediscono al loro Signore, e com-
piono la Preghiera, e delle loro faccende decidono consul-
tandosi fra loro, e di quel che la Provvidenza ha loro donato,
largiscono, – 39 coloro che, quando li colga ingiustizia si di-
fendono, – 40 ma in modo che la pena del male sia un male
ad esso equivalente. Chi poi perdona, e fa pace fra sé e l'av-
versario, glie ne darà mercede Iddio, perché Dio non ama
gli iniqui. – 41 Non v'ha corso al rimprovero per chi si di-
fenda dopo aver subito torto, – 42 ma c'è via a rimprovero
contro coloro che fan torto agli altri, e insolentiscono sulla
terra senza ragione: avranno castigo cocente. – 43 Ma per
vero chi sarà paziente e perdonerà, sappia che questa è la
ferma condotta da seguir nelle imprese. – 44 E colui che Id-
dio travia non avrà patroni, dopo, e tu vedrai gli iniqui,
quando vedranno il Castigo, dire: “ Vi sarà qualche via per
tornar sulla terra? ” – 45 E li vedrai offerti al Fuoco, abbat-
tuti per la vergogna, guardare sguardi furtivi. E quelli che
avranno creduto diranno: “ Davvero tutto han perduto co-
storo, che han perso se stessi e le loro famiglie, il dì della
Resurrezione! ” Non saran forse gli iniqui in castigo co-
stante? – 46 E non avranno alleati che li soccorrano, oltre
Dio; ché Colui che Iddio travia non trova la Via! – 47 Date
ascolto al vostro Signore, prima che un giorno senza scampo
vi colga, da Dio. Non avrete rifugio quel giorno, a nulla
vi varrà il negare. – 48 Che se poi costoro si distoglieranno,
sappi che non ti abbiam mandato a far loro da custode: tu
non hai che da consegnare il Messaggio. Davvero quando

facciam gustare all'uomo della Nostra Misericordia, s'allieta; ma se un malore lo coglie, pena delle mani sue meritata, allora ingrato è l'uomo. –

[49]A Dio appartiene il Regno dei cieli e della terra, Egli crea quel che vuole, concede a chi vuole femmine, concede a chi vuole maschi, – [50] oppure appaia assieme maschi e femmine, e rende chi Egli vuole, sterile. Egli è sapiente possente. – [51]A nessun uomo Dio può parlare altro che per Rivelazione, o dietro un velame, o invia un Messaggero il quale riveli a lui col Suo permesso quel che Egli vuole. Egli è l'Eccelso Sapiente. – [52] Così Noi rivelammo a te del Nostro Spirito: tu non sapevi cosa fosse Libro, non sapevi cosa fosse Fede, ma Noi di questo facemmo una Luce con la quale guidiamo chi Noi vogliamo di fra i servi Nostri; e tu guiderai gli uomini certo a Sentiero diritto, – [53] il Sentiero di Dio, al quale appartiene quel che è nei cieli e quel che è sulla terra. Non è a Dio che tutte ritornan le cose? –

XLIII. LA SURA DEGLI ORNAMENTI D'ORO

(Meccana, eccetto il versetto 54, ch'è medinese.
Di 89 versetti, rivelata dopo la Sura della Consultazione)

Nel nome di Dio, clemente misericordioso!

1 Ḥ. M. – 2 Per il Libro chiarissimo! – 3 Noi ne facemmo un Corano arabo a che per avventura intendiate, – 4 ed esso sta scritto presso di Noi nella Madre del Libro, ed è alto e savio. – 5 E che? Dovremmo forse allontanar da voi lontano il Mònito perché siete gente perversa? – 6 Ma quanti Profeti non inviammo, fra gli antichi! – 7 Ed ogni Profeta che loro venisse essi schernivano. – 8 Perciò sterminammo nazioni più forti di questa e potenti, e l'esempio degli antichi è passato. – 9 Se tu chiedi loro: "Chi ha creato i cieli e la terra?" Risponderanno: "Li ha creati il Possente Sapiente!" – 10 Colui che v'ha fatto della terra una culla e vi ci ha messo sentieri, a che non vi sperdiate. – 11 Colui che ha fatto scender dal cielo acqua secondo misura, acqua con la quale risuscitiamo una contrada morta: in simile modo voi sarete tratti fuor dei sepolcri. – 12 Colui che ha creato le specie tutte, e delle navi e dei cammelli v'ha fatto veicoli alti – 13 perché voi possiate, seduti lassù sui lor dorsi, ricordare la grazia del Signore e dire: "Sia gloria a Colui che tutto questo a Noi ha soggiogato: mai vi saremmo riusciti da soli! – 14 E certo, al Signore nostro dovrem ritornare". – 15 Eppure essi Gli hanno attribuito alcuni dei Suoi servi: certo, sfacciatamente ingrato è l'uomo! – 16 Si sarebbe dunque Iddio scelto

delle figlie di fra le Sue creature, privilegiando voi con dei
figli – 17 mentre quando s'annunzia a un di costoro la nascita
di qualcosa di simile a quello ch'essi attribuiscono al Miseri-
cordioso, s'abbuia il suo volto e si rattrista, – 18 la nascita
d'un essere che cresce fra i vezzi, incapace di chiaro discorso? –
19 E degli angeli, servi del Misericordioso, han fatto delle
femmine: eran dunque presenti alla lor creazione? La loro
testimonianza sarà scritta e ne sarà chiesto loro conto. –
20 E dicono: "Se il Misericordioso avesse voluto, non li
avremmo adorati". Ma non sanno nulla, non fan che men-
tire! – 21 Abbiam Noi dato loro un Libro, prima, al quale
si possano attenere? – 22 No! Anzi essi dicono: "Abbiam
trovato che i nostri padri seguivano una religione e dall'orme
loro ci lasciamo guidare". – 23 E così già dapprima, in qual-
siasi città avessimo mandato i Nostri Messaggeri dissero i
ricchi: "Abbiam trovato che i nostri padri seguivano una
religione e dall'orme loro ci lasciamo condurre". – 24 E alle
parole del Profeta: "E se io vi avessi portato qualcosa di
più retto di quel che trovaste i vostri padri seguire?" rispo-
sero: "Al vostro messaggio noi neghiamo fede!" – 25 Così
Ci vendicammo di loro: osserva qual fu la fine dei Negatori! –
26 E rammenta quando Abramo disse a suo padre e al
suo popolo: "Io sono innocente di quel che voi adorate: –
27 io non adoro che Colui che m'ha creato, perché Egli al
Bene mi guida!" – 28 E di questo fece parola viva in eterno
nella sua discendenza, che per avventura tornassero a Dio. –
29 Anzi Io feci godere dei beni del mondo essi e i loro padri,
finché fosse giunta loro la Verità e un Messaggero chiaro. –
30 E allorché la Verità giunse ad essi, dissero: "Questo è
magìa e noi a questo neghiamo fede!" – 31 E aggiunsero:
"Almeno fosse stato rivelato questo Corano a un uomo
ragguardevole delle due città!" – 32 Ma son loro dunque che
dispensano la misericordia del Signore? Anzi Noi abbiam
dispensato fra loro i mezzi per vivere sulla terra e alcuni li
abbiamo innalzati sopra gli altri di grado, sì che gli uni pren-

dano gli altri come servi: ma la misericordia del Signore è migliore delle sostanze che avidi ammassano. – [33]Anzi, se non fosse che gli uomini sarebber divenuti una nazione sola, avremmo fatto per le case dei negatori del Misericordioso, tetti d'argento, e scale d'argento a salirvi – [34] e per le case loro porte d'argento, e letti d'argento per adagiarvisi – [35] e ornamenti d'oro. Ma tutto questo non è che godimento breve di vita terrena, mentre v'è l'Altra presso il Signore per i timorati di Dio. – [36] E a chi si chiuda alla menzione del Misericordioso destineremo un dèmone a compagno, – [37] (e certo li allontaneranno dalla Via, mentre essi s'illuderanno d'esser guidati) – [38] finché, quando verrà a Noi, dirà: " O vi fosse stata fra noi la distanza che c'è fra il ponente e il levante: quale orribil compagno! " – [39] Ma nulla vi gioverà più, in quel giorno, perché foste iniqui e sarete associati nel Tormento. – [40] Farai tu udire i sordi? Guiderai i ciechi e quei che sono in perdizione chiara? – [41] E Noi ci vendicheremo di loro, sia che ti togliamo prima dal mondo – [42] sia che ti facciam vedere quel che abbiam loro minacciato: ché certo prevarrem su costoro! – [43] E tu tienti stretto a quel che t'è stato rivelato, perché tu sei su sentiero diritto. – [44] E questo è un mònito per te e pel tuo popolo e presto ve ne sarà chiesto conto. –

[45] E domanda ancora ai Messaggeri che inviammo prima di te, domanda se abbiam fatto altri dèi da adorare, oltre il Misericordioso. – [46] E già inviammo Mosè coi Nostri Segni a Faraone e al suo Consesso, e disse: " Io son l'inviato del Signor del Creato! " – [47] E allorché portò loro i Nostri Segni, ecco che essi ne ridevano. – [48] E pur Noi non mostrammo loro alcun Segno che non fosse più grande di quello che lo precedette, e alfine li colpimmo di Castigo, a che per avventura tornassero a Noi. – [49] E dissero: " O mago, prega per noi il tuo Signore secondo il tuo patto con Lui, e Noi ci lasceremo guidare ". – [50] Ma quando allontanammo da loro il Castigo, ecco ch'essi ruppero il Patto – [51] e gridò Faraone

fra il suo popolo: " O popol mio! Non appartiene a me il
Regno d'Egitto e questi fiumi che scorrono ai miei piedi?
Non vedete forse? – 52 Non sono io dunque migliore di co-
stui, uomo abietto appena capace di chiaro parlare? – 53 Avesse
almeno avuto dal Cielo bracciali d'oro o fosser venuti con
lui angeli a schiere! " – 54 Ed egli incitò il suo popolo a
disprezzarlo e gli obbedirono: erano un popolo d'empi. –
55 E poiché Ci irritarono, Ci vendicammo di loro e li affo-
gammo tutti, – 56 e ne facemmo un Mònito antico e un esem-
pio pei posteri. –

57 E quando fu proposto ad esempio il figlio di Maria,
ecco che il tuo popolo vociferò – 58 dicendo: " È costui
migliore dei nostri dèi? " Ma non ti propongon questo
paragone altro che come pretesto di disputa, ché son gente
amante di liti. – 59 Egli non è che un Servo cui concedemmo
i Nostri favori e ne facemmo un esempio pei Figli d'Israele –
60 (ché, se volessimo, faremmo ereditare la terra, dopo di voi,
ad angeli) – 61 ed egli non è che un presagio dell'Ora: pertanto
non dubitate ch'essa venga, e seguite Me; questo è il retto
sentiero. – 62 E non vi distolga Satana, ché egli è vostro
dichiarato nemico. – 63 E allorché Gesù venne, con prove
chiarissime, disse: " Io son venuto a portarvi la Sapienza,
son venuto a chiarirvi qualcosa di quello di cui disputate:
temete dunque Iddio e obbeditemi. – 64 In verità Iddio è
il mio Signore e il vostro Signore, adorate Lui: questo è
il sentiero diritto ". – 65 E le Fazioni discordaron fra loro:
ma guai a coloro che oprano iniquità; guai, pel castigo di
doloroso giorno! – 66 Che cos'altro possono attendere se non
che li colga d'un tratto l'Ora, mentre di nulla s'avvedono? –
67 Gli amici saran quel giorno l'uno all'altro nemici, eccetto
i timorati di Dio. – 68 O Miei servi! Voi non avete da temer
nulla quel giorno, e non sarete attristati! – 69 Voi, che cre-
deste nei Nostri Segni, e intieri vi deste a Dio. – 70 Entrate
nel Giardino, voi e le vostre spose, a gioia! – 71 Saran fatti
circolare fra loro vassoi d'oro e coppe, e colà avranno cose

che piacciono al cuore e l'occhio rallietano: ivi sarete in
eterno. – [72] Questo è quel Giardino che vi fu dato in retaggio
per quel che avete operato, – [73] avrete colà frutta molte, di
cui vi ciberete, – [74] mentre i malvagi staran nel tormento
della gehenna, in eterno, – [75] tormento che non sarà loro alle-
viato, anzi vi resteranno muti disperatamente. – [76] Non Noi
abbiam fatto loro torto, bensì torto fecero essi a se stessi. –
[77] E grideranno: "O *Mālik*, che il tuo Signore ci finisca!"
Ed ei risponderà: "No! Vi resterete vivi!" – [78] Eppure Noi
v'abbiam portato la Verità, e i più di voi la Verità disde-
gnano. – [79] Han tramato qualcosa? Ebbene anche Noi tra-
meremo! – [80] Credono forse che Noi non udiamo il segreto
loro e i lòro conciliaboli? Sì! E ci son gli angeli Nostri che
tutto scrivono. –

[81] Dì: "Se il Misericordioso avesse un figlio, io sarei
il primo a adorarlo, – [82] ma gloria al Signore dei cieli e della
terra, al Signore del Trono, gloria somma oltre le descrizioni
loro false!" – [83] E tu lasciali discutere e giocare finché si tro-
vino di fronte al Giorno loro, al Giorno loro promesso. –
[84] Egli è Colui che è Dio in cielo e Dio è ancor sulla terra,
Egli è il Saggio Sapiente. – [85] Sia benedetto Colui al quale
appartiene il Regno dei cieli e della terra e di quel che v'ha
frammezzo, Colui presso il quale è la Scienza dell'Ora, Colui
al quale tutti tornerete! – [86] E quei che costoro invocano
oltre Lui, non hanno potere alcuno d'intercessione, eccetto
quelli che avran testimoniato della Verità e la Verità cono-
scono. – [87] E certo, se chiederai loro chi li abbia creati ri-
sponderanno: "Dio!" E perché allora da Lui s'allonta-
nano? – [88] E il suo grido: "O Signore! Sono, costoro, gente
che non crede!" – [89] Allontanati dunque da loro dicendo:
"Pace!" Presto sapranno! –

XLIV. LA SURA DEL FUMO

(*Meccana. Di 59 versetti, rivelata dopo la Sura degli Ornamenti d'Oro*)

Nel nome di Dio, clemente misericordioso!
1 Ḥ. M. – 2 Per il Libro Chiarissimo! – 3 In verità Noi
l'abbiam rivelato in una notte benedetta perché sia mònito
agli uomini. – 4 In quella notte è dispensato ogni ordine
saggio – 5 da presso Noi, ché Noi inviamo i Messaggeri –
6 quale Misericordia del Signore, ché Egli conosce ed ascolta: –
7 il Signore dei cieli e della terra e di quel che v'ha fram-
mezzo, se voi di certa scienza sapeste! – 8 Non v'è altro dio
che Lui, Egli vivifica e uccide, il vostro Signore e il Signore
de' vostri padri primi! – 9 Eppure costoro nel dubbio si gin-
gillano. – 10 Ma tu attendi il Giorno nel quale il cielo produrrà
un fumo visibile, – 11 che avvolgerà gli uomini. Sarà questo
castigo cocente – 12 e diranno: " Signore! Allontana da Noi
il Castigo, ché noi siamo ora credenti! " – 13 Ma come potrà
loro giovare il Mònito, quando già venne a loro un Messag-
gero chiaro – 14 eppure sdegnosi gli volser le spalle dicendo:
" Plagiario pazzo! " – 15 Noi allontaneremo per un poco il
Castigo, ma certo voi ricadrete nell'errore. – 16 Il giorno in
cui li stringeremo di stretta tremenda e suprema, allora Ci
vendicheremo! –

17 E già prima di loro mettemmo alla prova il popolo
di Faraone, e venne a loro un nobile Messaggero Nostro. –
18 " Rendetemi, diceva, i servi di Dio, io son per voi Mes-

saggero sicuro! – [19] E non v'innalzate sopra Dio, io vengo
a voi con autorità chiarissima. – [20] Io mi rifugio nel mio
Signore e Signor vostro, se voi volete lapidarmi. – [21] E se
non mi credete, allontanatevi da me lontano! " – [22] E invocò
il Signore: " Costoro son gente malvagia! " – [23] " Parti coi
Miei servi di notte, ché voi sarete inseguiti. – [24] E lascia il
mare dietro voi aperto, ch'essi tutti saranno annegati! " –
[25] Oh quanti giardini abbandonarono, e fontane – [26] e campi
seminati, e dimore splendenti, – [27] e delizie di che lieti godevano! – [28] Così fu. E di tutto facemmo eredi un altro popolo. – [29] E né il cielo pianse su di loro né la terra, e nessuna
dilazione fu loro accordata. – [30] E invece salvammo i Figli
d'Israele dal castigo ignominioso, – [31] da Faraone, perché fu
orgoglioso prevaricatore. – [32] E li abbiamo eletti, di piena
scienza, sopra le creature tutte. – [33] E Segni abbiam loro
dato, Segni pieni di limpida prova. –

[34] Ora costoro dicono: – [35] " Non v'è che la nostra prima
morte e mai verrem suscitati. – [36] Riportateci, allora, i padri
nostri, se siete sinceri! " – [37] Son dessi migliori o il popolo
di *Tubba'*, o quei che furon prima di loro, che Noi sterminammo, perché furon malvagi? – [38] E Noi non abbiam creato
i cieli e la terra e quel che v'ha frammezzo, per gioco. –
[39] No, ma li abbiam creati con Verità d'intento, ma i più di
loro non sanno. – [40] In verità il Giorno della Decisione è il
Giorno in cui a tutti sarà dato convegno, – [41] il Giorno in
cui nessun padrone potrà giovare a nulla a nessun servo, e
nessuno aiuterà nessuno. – [42] Eccetto chi abbia trovato pietà
presso Dio, ché Egli è il Possente Clemente. – [43] E allora
l'albero *Zaqqūm* – [44] sarà cibo del peccatore – [45] come feccia
che bolle nel ventre – [46] del bollir dell'acqua bruciante. –
[47] " Prendetelo, e trascinatelo nel mezzo delle vampe d'Inferno! – [48] Versategli sul capo tormento bollente! – [49] Gustane
tu, ch'eri possente, ch'eri nobile! – [50] Ecco quello di cui
dubitosi disputavate! " – [51] Invece i timorati di Dio staranno in luogo sicuro – [52] fra giardini e fontane – [53] rivestiti

di seta e di broccato, faccia a faccia. – [54] Così sarà. E daremo loro in ispose fanciulle dai grandi occhi neri, – [55] e là chiederanno ogni sorta di frutti e ne godranno sicuri. – [56] E non gusteranno ivi la morte, salvo la Morte Prima, e li preserverà Iddio dalla pena del fuoco d'Inferno – [57] per grazia del Signore. Questo è il successo supremo! – [58] E questo in facile modo dichiariamo nella tua lingua a che per avventura essi meditino. – [59] E mentr'essi osservano e attendono, tu pure osserva ed attendi! –

XLV. LA SURA DELLA GENUFLESSA

(*Meccana, eccetto il versetto 14, ch'è medinese. Di 37 versetti, rivelata dopo la Sura del Fumo*)

Nel nome di Dio, clemente misericordioso!

[1] Ḥ. M. – [2] Libro rivelato da Dio Possente Sapiente! –
[3] In verità nei cieli e sulla terra sonvi Segni pei credenti, –
[4] e nella vostra creazione, e negli animali che Iddio ha sparso
sulla terra, Segni, per gente fermamente certa. – [5] E ancora
nell'alternarsi del giorno e della notte e nella provvidenza
che Iddio fa scender dal cielo vivificandone la terra già morta,
e nel volgersi mutevole dei venti, Segni vi sono per gente
che sano ragiona. – [6] E questi sono i Segni di Dio che Noi
ti recitiamo secondo Verità; e in quale storia, se rifiutate
Dio e i Suoi Segni, crederete? – [7] Guai al peccatore, men-
dace! – [8] Egli ode i Segni di Dio che gli son recitati, poi
pervicace persiste come se nulla avesse udito. Annunciagli
castigo cocente! – [9] E quando abbia qualche cognizione dei
Nostri Segni li prende a gabbo. Ignominioso castigo avranno
costoro! – [10] Dietro a loro si spalancherà la gehenna e nulla
loro gioverà quel che avranno operato, né i patroni che si
saran presi in luogo di Dio: avranno castigo tremendo. –
[11] Questo è una Guida, e coloro che rifiutano Fede ai Segni
del loro Signore avran castigo di furore cocente. – [12] È Dio
che v'ha soggiogato il mare perché vi corran le navi al Suo
comando e voi vi affacendiate a cercar la Sua grazia e per
avventura Gli siate grati. – [13] E ha soggiogato a voi quel

che v'è nei cieli e quel che c'è sulla terra, ché tutto proviene
da Lui; e certo in questo v'han Segni per gente che sa me-
ditare! –
[14] Dì a coloro che credono, di perdonare a coloro che
non attendono i Giorni di Dio, i giorni destinati a retri-
buire gli uomini per quel che avranno operato. – [15] Chi fa
del bene lo fa a suo vantaggio, e chi fa del male a suo danno:
poi tutti torneranno al Signore. – [16] E già demmo ai figli
d'Israele il Libro e la Sapienza e la Profezia e li provvedemmo
di cose buone e dolci, e li eleggemmo al di sopra d'ogni crea-
tura – [17] e demmo loro prove chiarissime dell'Ordine Nostro
ed essi si divisero discordi solo dopo che fu giunta loro la
Scienza, per invidia tra loro. In verità il tuo Signore giudi-
cherà fra di loro il dì della Resurrezione delle loro discor-
die. – [18] Poi ti demmo una Legge per la Nostra Causa: se-
guila dunque, e non seguir le passioni di quei che non sanno. –
[19] Nulla certo ti gioveranno essi contro Dio, e gli empi son
gli uni alleati degli altri, ma Dio è l'alleato dei pii! – [20] Questo
è un'accolta di Limpidissime Prove per gli uomini, e Guida,
e Misericordia per gente d'incrollabile fede. – [21] Coloro che
commettono malvagità credono forse che Noi li porremo
alla pari di quelli che avran creduto e operato il bene, sì
che sieno uguali in vita, uguali sieno in morte? Ben falsa-
mente giudicano! – [22] Iddio ha creato i cieli e la terra con
Verità d'intento, e a che ogni anima sia ripagata, senza torto
alcuno, di quel che ha operato. – [23] Che ne pensi tu? Forse
che colui che s'è preso come dio la propria passione, colui
che Iddio scientemente ha traviato, colui le cui orecchie e il
cui cuore Iddio ha suggellato, colui sui cui occhi Iddio ha
steso un velo, chi lo potrà guidare, se Dio non lo guida?
Non riflettete dunque? – [24] E dicono: "Non esiste che que-
sta nostra vita terrena: moriamo, viviamo, e solo ci ster-
mina il Tempo!" Ma essi nulla ne sanno, non fanno che
congetturare! – [25] E quando si recitano loro i Nostri Segni
Chiarissimi il loro argomentare non è altro che questo: "Ri-

portateci vivi allora i padri nostri, se siete sinceri!" – [26] Ri-
spondi: "Iddio vivifica, Iddio uccide, Iddio tutti v'aduna
per il giorno della Resurrezione, giorno su cui non v'è
dubbio; eppure i più degli uomini non sanno!" – [27] E a Dio
appartiene il Regno dei cieli e della terra e il giorno quando
si leverà l'Ora, quel giorno periranno i Vanificatori! – [28] E
ogni nazione vedrai genuflessa, ogni nazione sarà chiamata
al suo Libro: "Oggi sarete ripagati di quel che avete ope-
rato! – [29] Ecco il Nostro Libro che parla contro di voi Ve-
rità, e tutto vi abbiam registrato quello che avete operato!" –
[30] E per vero quelli che avran creduto e avran fatto opere
buone, li farà entrare il Signore nella Sua misericordia. Que-
sto è il Successo Chiaro. – [31] Quanto a quelli che avran rifiu-
tato la Fede, dirà loro una Voce: "Non vi son stati i Segni
Miei recitati, e voi, gonfi d'orgoglio, foste popolo malva-
gio? – [32] E quando vi fu detto: 'La promessa di Dio è vera
e non v'ha dubbio nel sopraggiunger dell'Ora', risponde-
ste: 'E noi che sappiamo dell'Ora? Su essa solo pensiamo
vaghi pensieri, nessuna certezza ne abbiamo!'" – [33] E appa-
rirà loro, visibile, il male che avranno commesso, e quello
che pria deridevano, li avvilupperà, allora! – [34] E dirà una
Voce: "Oggi Noi vi dimentichiamo così come voi dimenti-
caste l'avvento di questo vostro Giorno! Vostro asilo sia il
Fuoco, dal quale non vi soccorrerà nessuno! – [35] Questo
perché avete preso a gabbo i Segni di Dio e vi sedusse la
vita della terra!" Ma in quel giorno non saran tratti fuori
dal Fuoco, né saranno graziati. – [36] A Dio dunque la lode,
al Signore dei cieli, al Signore della terra, al Signore delle
creature! – [37] A Lui la maestà nei cieli e sulla terra, Egli è
il Possente Sapiente! –

XLVI. LA SURA DI AL-AḤQĀF

(Meccana, eccetto i versetti 10, 15 e 25 che son medinesi. Di 35 versetti, rivelata dopo la Sura della Genuflessa)

Nel nome di Dio, clemente misericordioso!
1 Ḥ. M. – 2 Libro rivelato da Dio, il Possente Sapiente. –
3 Noi nòn creammo i cieli e la terra e quel che v'ha frammezzo se non con Verità d'intento e fino a un termine fisso, ma quei che rifiutan la Fede, dal mònito che vien loro dato si stornano. –
4 Dì: "Che cosa pensate? Quelli che voi invocate oltre Dio, mostratemi quel che abbian creato della terra! Oppure hanno essi avuto qualche parte nella creazione dei cieli? Portatemi un Libro anteriore a questo, o una traccia di scienza, se siete sinceri!" –
5 E chi è più traviato di colui che invoca, oltre Dio, chi non gli può rispondere, fino al dì della Resurrezione, ed è delle invocazioni sue incurante? –
6 E quando saran raunati gli uomini tutti, quelli saran loro nemici, e l'adorazione loro rinnegheranno. –
7 Or quando vengon recitati loro i Nostri Segni chiarissimi dicono coloro che rinnegano la Verità che è loro giunta: "Questa è magìa manifesta!" –
8 Non dicono: "Lo ha inventato lui!"? Rispondi: "Se io lo avessi inventato, voi non potreste nulla presso Dio per salvarmi! Ma Egli conosce quel che voi andate divulgando, ed Egli è bastevol testimone fra me e voi, Egli è l'Indulgente Clemente!" –
9 Dì: "Io non sono un novatore di fra i Messaggeri, né so che cosa avverrà di me né di voi, io non seguo altro che quello che m'è rivelato e io non

sono altro che Ammonitore chiaro ".– 10 Dì: " Che pensate voi?
E se questo Libro venisse davvero d'appresso Dio e voi gli
negaste fede e qualcuno dei Figli d'Israele testimoniasse della
sua identità con le altre Scritture, credendo in esso, mentre
voi vi riempite d'orgoglio? In verità Iddio non guida al
Bene gli iniqui!" – 11 E dicono quelli che rifiutan la Fede, di
quelli che credono: " Se questo fosse cosa buona, costoro
non ci avrebbero preceduti nell'accoglierla! ", e non lascian-
dosi guidare da esso diranno: " Questa è una menzogna an-
tica!" – 12 E prima di questo il Libro di Mosè fu regola
di vita e segno di grazia: ora questo è un Libro che gli altri
conferma, in lingua araba, ad ammonire coloro che iniqua-
mente agiscono, gioioso nunzio ai buoni! – 13 In verità co-
loro che dicono: " Il nostro Signore è Dio!" e rettamente
agiscono, nessun timore avranno, né saranno attristati. –
14 Quelli sono gli ospiti del Giardino dove resteranno in
eterno, in premio di quel che operavano. –

15 E Noi abbiam prescritto all'uomo bontà verso i suoi
genitori: lo portò sua madre in seno a fatica e lo ha parto-
rito a fatica e trenta mesi durarono la gestazione e lo svezza-
mento, finché, quando abbia raggiunta la maturità e abbia
raggiunto i quaranta anni egli dice: " Signore! Permettimi
ch'io Ti ringrazi pel favore ch'hai concesso a me e ai miei
genitori, e ch'io faccia del bene che Ti piaccia, e trattami
con bontà nei miei figli, ché io a Te mi rivolgo contrito, io
sono di quelli che tutti a Te si danno!" – 16 Costoro sono
quelli dai quali accetteremo quel che di meglio hanno oprato,
e passerem sopra alle loro cattive azioni: essi saranno fra gli
ospiti del Giardino. Promessa questa verace che lor fu giu-
rata! – 17 Quanto a colui che dirà ai suoi genitori: " Uff a
voi! Mi promettete che sarò tratto vivo fuor della tomba,
mentre già tante generazioni prima di me passarono? " men-
tre essi imploreranno l'aiuto di Dio e diranno al figlio: " Guai
a te! Credi! Ché la promessa di Dio è vera!" e quello repli-
cherà ancora: " Favole antiche!" – 18 Costui e i suoi simili

son quelli sui quali giustamente cadrà la Sentenza già pronunziata da Dio su nazioni passate, prima di loro, nazioni di *ǧinn* e d'uomini; e certo saranno perduti. – [19] E ognuno avrà dei gradi, secondo l'opere sue, perché Dio retribuisca ad essi le loro azioni e non sarà fatto loro torto alcuno. – [20] E il giorno in cui saranno offerti al Fuoco quelli che rifiutaron la Fede, dirà una Voce: "Avete dissipato i vostri beni nella vita vostra del mondo e ne avete goduto: ma oggi sarete compensati col castigo d'obbrobrio, pel vostro inorgoglirvi sulla terra senza ragione, per le empietà vostre". –

[21] Rammenta il fratello degli *'Ād* allorché ammoniva il suo popolo in *al-Aḥqāf* (e già eranvi stati ammonitori prima di lui e ve ne furon dopo di lui): "Non adorate altri che Dio, perché io temo per voi il castigo d'un Giorno tremendo!" – [22] Risposero: "Venisti tu a noi per allontanarci dai nostri dèi? Portaci allora quello di cui ci minacci, se tu sei sincero!" – [23] Disse: "La scienza di questo è solo presso Dio, ma io vi annuncio quello per cui fui inviato; e pur vi vedo essere un popolo ignorante!" – [24] Or quando la videro, una nube che traversava il cielo volando verso le loro valli, gridarono: "Ecco una nube che ci darà la pioggia!" "Anzi, diss'egli, è quello che voi avete sollecitato, un vento pregno di tormenti cocenti! – [25] E tutto sterminerà per ordine del suo Signore!" E al mattino seguente non si vedevan, di loro, altro che dimore deserte. Così Noi puniamo i malvagi! – [26] Eppure li avevam stabiliti in posizione tale quale voi non avete, e avevam loro dato e orecchi, e occhi, e cuori, ma a nulla loro giovarono e orecchi e occhi e cuori allorché rinnegarono i Segni di Dio e li avviluppò quello che prima irridevano! – [27] Sì, Noi sterminammo le città che erano attorno a voi, e avevamo dispensato loro i Nostri Segni a che per avventura tornassero a Noi. – [28] E come dunque non li soccorsero quelli che essi avean preso per dèi oltre Dio, per mediatori? Anzi fuggiron da loro: tale fu la loro menzogna, tali furono quelli che essi stessi inventarono! –

29 E rammenta quando ti indirizzammo un gruppo di *ǧinn* perché ascoltassero la predicazione del Corano. E assistendovi dicevano gli uni agli altri: "Tacete, ascoltiamo!" e quando fu terminata, tornarono al loro popolo ad ammonire i fratelli – 30 e dissero: "O popolo nostro, in verità noi abbiamo udito un Libro che è stato rivelato dopo quello di Mosè, a conferma dei libri anteriori; esso guida alla Verità, guida a un retto sentiero! – 31 O popolo nostro! Rispondete all'Araldo di Dio e credete in Lui così che Egli perdoni a voi le vostre colpe e vi protegga da un castigo cocente. – 32 E chi non risponde all'Araldo di Dio, non infirmerà con ciò la Sua potenza sulla terra, e nessun alleato avrà all'infuori di Lui: anzi costoro saranno in errore chiaro". –

33 Ma non vedono dunque che Dio, il quale ha creato i cieli e la terra, e non si stancò nel crearli, può ben vivificare i morti? Anzi su tutte le cose Egli è potente! – 34 E il giorno in cui quelli che rifiutaron la Fede saranno offerti al Fuoco e si chiederà loro: "Questo Fuoco non è dunque vero?" risponderanno: "Sì, pel Signor nostro!" e dirà loro Iddio: "Gustate dunque il Castigo, pel vostro rifiuto!" – 35 E tu pazienta come già pazientarono i Messaggeri dotati di costanza, e non sollecitare loro il Castigo. Il giorno in cui vedranno quel che fu loro minacciato sarà per loro come se non fossero stati nella tomba altro che un'ora del giorno. Tale è il Messaggio: e chi altro sarà sterminato se non la gente degli Empi? –

XLVII. LA SURA DI MUḤAMMAD

(Medinese, eccetto il versetto 13 che fu rivelato in viaggio,
durante l'Emigrazione.
Di 38 versetti, rivelata dopo la Sura del Ferro)

Nel nome di Dio, clemente misericordioso!

1 Coloro che rifiutan la Fede e distolgono gli altri dalla
via di Dio, Iddio annullerà l'opere loro; – 2 mentre coloro
che credono e operano il bene, e credono in quel che fu rive-
lato a *Muḥammad*, cioè la Verità che viene dal Signore, Egli
cancellerà i loro peccati e la loro intenzione farà buona. –
3 Questo perché coloro che rifiutan la Fede seguono la Va-
nità, mentre coloro che credono seguono la Verità del Si-
gnore: così Iddio propone i loro esempi agli uomini. –
4 E quando incontrate in battaglia quei che rifiutan la Fede,
colpite le cervici, finché li avrete ridotti a vostra mercè, poi
stringete bene i ceppi: dopo, o fate loro grazia oppure chie-
dete il prezzo del riscatto, finché la guerra non abbia deposto
il suo carico d'armi. Così dovete fare: ché se Dio avesse
voluto si sarebbe vendicato di loro anche da solo, ma non
lo ha fatto per provare alcuni di voi per mezzo d'altri. E co-
loro che vengono uccisi sulla via di Dio, Iddio non vanifi-
cherà le opere loro. – 5 Egli li guiderà e l'intenzione loro
farà buona – 6 e li farà entrare nel Giardino che ha loro de-
scritto. –

7 O voi che credete! Se voi soccorrete Dio, Egli soccor-
rerà voi e farà saldi i piedi vostri. – 8 E quelli che rifiutan
la Fede, vadano in malora! Iddio vanificherà le opere loro! –

9 Questo perché essi sdegnarono quel che Dio ha rivelato, e
vane farà Dio le loro azioni. – 10 Ma non viaggiate voi sulla
terra, non vedete qual fu la fine di coloro che furon prima
di voi? Iddio li sterminò; e altrettanto avverrà ai Negatori! –
11 Questo perché Dio è il Patrono di coloro che credono,
perché i Negatori non avran patrono nessuno! – 12 In verità
Iddio farà entrare coloro che credono e operano il bene in
Giardini alle cui ombre scorrono i fiumi, mentre quelli che
rifiutan la Fede godranno e mangeranno come mangiano i
bruti, e avranno ad asilo il Fuoco. – 13 E quante città che più
forti eran di forza della tua città che t'ha scacciato, Noi ster-
minammo e non ebber soccorso nessuno! – 14 O che forse
Colui che possiede una prova chiara dal Suo Signore è come
colui ai cui occhi Satana fa belle le azioni sue turpi, come
quelli sarà che seguono le loro passioni? – 15 La descrizione
del Giardino che è stato promesso ai timorati di Dio è così:
vi saranno fiumi d'acqua incorruttibile, e fiumi di latte dal
gusto immutabile, e fiumi di vino delizioso a chi beve, e
fiumi di miele purissimo. Ed ivi essi godranno d'ogni frutto,
e del perdono ancora del Signore. Saran questi eguali a co-
loro che staranno eterni nel Fuoco, abbeverati d'acqua bol-
lente che dilanierà loro le viscere? – 16 E fra essi c'è chi ti
sta ad ascoltare e poi, uscendo da presso te, chiedono a quelli
che han ricevuto la scienza: "Che cosa ha detto poc'anzi?"
Costoro son quelli cui Iddio ha suggellato il cuore, che se-
guono le loro passioni. – 17 E a quelli che si lascian guidare
Egli accresce Guida e dona ad essi la pietà loro. – 18 E che
altro han da attendersi se non che venga ad essi d'un tratto,
l'Ora? Già son giunti i Suoi Segni premonitori e a che ser-
virà il loro meditare quando l'Ora sarà già venuta? – 19 E
sappi che non c'è altro dio che Dio: chiedi dunque perdono
del tuo peccato e del peccato dei credenti e delle credenti; e
Iddio ben conosce il vostro agitarvi sulla terra e la vostra
finale dimora. –

20 E dicono quelli che credono: "Perché non è stata

rivelata una sura che ci permetta di combattere?" Ma quando
fosse rivelata una sura decisiva, nella quale si menzioni il
combattere, tu vedresti coloro che hanno un morbo nel cuore
guardarti con gli occhi di chi stia per cadere in deliquio al
sopravvenir della morte; e dunque meglio sarebbe per loro –
21 obbedire ora e saggiamente parlare; e quando sia decisa
la questione, se saran fedeli a Dio sarà meglio per essi. –
22 E non sarebbe potuto avvenire, se vi foste allontanati da
Dio, che voi portaste corruzione sulla terra e rompeste i
legami del sangue? – 23 Chi fa questo son quelli che Dio ha
maledetto e li ha assordati, e gli occhi loro ha accecato. –
24 Non meditano dunque il Corano, o vi son chiavistelli sui
cuori? –

25 In verità coloro che ritornano sui loro passi dopo che
è loro apparsa chiara la retta Guida, li ha sedotti Satana, li
ha ispirati. – 26 Questo perché essi han detto a coloro che
sdegnano quel che Iddio ha rivelato: "Noi vi seguiremo in
parte", ma Dio sa quel che essi tengon segreto. – 27 E come
si sentiranno quando li faran morire gli angeli percuotendoli
sulla faccia e sul dorso? – 28 Questo perché essi han seguito ciò
che muove ad ira Iddio, e il Suo beneplacito han disdegnato,
ed Egli ha pertanto vanificato l'opere loro. – 29 Pensano
forse, coloro che hanno un morbo nel cuore, che Iddio non
trarrà alla luce l'odio loro segreto? – 30 Se Noi volessimo te
li faremmo vedere, e tu li riconosceresti all'aspetto, e li rico-
nosceresti dal tono del loro parlare. Ma Dio le opere loro
conosce. – 31 E certo Noi vi metteremo alla prova per sa-
pere chi di voi è zelante e perseverante, per saggiare quel
che si dice di voi. – 32 In verità coloro che rifiutan la Fede
e distolgono altri dalla Via di Dio, e si separano dal Divino
Messaggero, dopo che la retta Guida sia loro chiaramente
apparsa, non faran danno a Dio, minimamente, ed egli va-
nificherà l'opere loro. – 33 O voi che credete! Ubbidite a
Dio, ubbidite al Suo Messaggero, non vanificate l'opere vo-
stre! – 34 In verità coloro che rifiutan la Fede, e distolgono

altri dalla Via di Dio, e muoiono negando la Fede, Dio non perdonerà loro. – [35] Non siate deboli! Non offrite pace al nemico mentre avete il sopravvento! Dio è con voi, e non vi frustrerà nell'opere vostre! – [36] La vita del mondo non è che gioco e trastullo: ma se voi credete e temete Dio, Ei vi darà la vostra mercede senza chiedervi tutti i vostri beni, – [37] ché se ve li chiedesse e insistente li reclamasse, voi vi mostrereste avari, ed Egli trarrebbe alla luce il vostro odio. – [38] Ecco voi siete coloro che sono invitati a dare dei loro beni per la Causa di Dio, e pur c'è fra voi chi si mostra avaro. Ma chi si mostrerà avaro, avaro non sarà che verso se stesso, ché Dio è il Ricco e voi siete i Poveri, e se vi ritirerete, Iddio vi sostituirà con un popolo diverso da voi, uomini che come voi non saranno! –

XLVIII. LA SURA DELLA VITTORIA

(*Medinese, rivelata in viaggio, alla partenza da Ḥudaybiya. Di 29 versetti, rivelata dopo la Sura dell'Adunanza*)

Nel nome di Dio, clemente misericordioso!

[1] T'abbiam concesso davvero segnalata Vittoria – [2] a che Iddio ti perdoni i peccati tuoi passati e presenti, e porti a compimento i favori Suoi su di te e per una retta Via ti guidi – [3] e ti soccorra Iddio di soccorso potente. – [4] Egli è Colui che fe' discendere la sua Pacificante Presenza nei cuori dei credenti, per aggiunger Fede alla loro fede: a Dio appartengono gli eserciti dei cieli e della terra, ed Egli è saggio sapiente. – [5] E a che faccia entrare i credenti e le credenti in Giardini alle cui ombre scorrono i fiumi, dove essi rimarranno in eterno, e cancelli le loro colpe: questo è, presso Dio, Successo Supremo, – [6] e a che punisca gli ipocriti e le ipocrite e gli idolatri e le idolatre, i quali tutti pensan di Dio pensieri maligni, e maligna s'aggirerà su loro la sorte, e Iddio s'adirerà contro di loro e li maledirà, e preparò loro la gehenna, tristissimo andare! – [7] A Dio appartengon gli eserciti dei cieli e della terra, e Dio è possente sapiente. – [8] In verità Noi t'abbiam mandato come Testimonio e Nunzio e Ammonitore – [9] perché voi crediate in Dio e nel Suo Messaggero e Lo assistiate, e Lo onoriate e Lo magnifichiate all'alba e sul far della sera. – [10] In verità coloro che prestan giuramento di fedeltà a te, prestan giuramento di fedeltà a Dio, e la mano di Dio sta sopra le loro mani, e chi violerà

il Patto lo violerà a suo danno, ma chi sarà fedele al patto di Dio, Egli darà a Lui mercede immensa. –

11 Ti diranno quei beduini che son rimasti indietro: " Ci ha impedito la cura dei nostri beni e delle nostre famiglie! Invoca per noi perdono da Dio! " Diranno con le loro lingue quel che non hanno nel cuore. Rispondi loro: " Chi potrà far qualcosa per voi presso Dio, se Egli vorrà recarvi danno, o se vorrà recarvi profitto? Ma Dio, di quel che operate, ha buona contezza! – 12 Anzi, voi pensavate che il Messaggero di Dio e i credenti non sarebbero più tornati alle loro famiglie mai, e questo pensiero v'è stato abbellito in cuore da Satana, e pensaste pensiero maligno e gente spregevole siete! " – 13 E per chi non crede in Dio e nel Suo Messaggero, per chi rifiuta la Fede, abbiam preparato una vampa. – 14 E a Dio appartiene il Regno dei cieli e della terra, Egli perdona chi vuole e punisce chi vuole, ma Dio è indulgente clemente. – 15 Diranno i rimasti indietro, quando voi partirete a prendere il bottino di guerra: " Lasciate che noi vi seguiamo! " Vorrebbero cambiare la Parola di Dio! Dì: " Voi non ci seguirete: così ha già detto Iddio! " E replicheranno: "Allora voi siete gelosi di noi! " No, son gente che non comprende che poco! – 16 Dì dunque a quei beduini che rimasero indietro: " Presto sarete chiamati contro un popolo dotato di valore possente, che voi dovrete combattere o essi si daran tutti a Dio: se ubbidirete, Iddio vi darà mercede buona e se ve ne andrete come poc'anzi avete fatto, vi castigherà di castigo cocente! " – 17 Nessuna colpa al cieco, nessuna colpa allo zoppo, nessuna colpa all'infermo: ma chi obbedisce a Dio e al Suo Messaggero, Iddio lo farà entrare in Giardini alle cui ombre scorrono i fiumi; chi s'allontana lo castigherà di castigo cocente! –

18 Iddio s'è compiaciuto coi credenti quand'essi ti giuraron fedeltà sotto l'Albero: Egli conosceva quello che avevano in cuore e ha fatto discender su loro la Sua Presenza Pacificatrice e li compenserà di vicina vittoria – 19 e di bot-

tino molto ch'essi conquisteranno, e Dio è possente sapiente. –
20 Iddio vi promise bottino molto che voi conquistaste e v'ha
affrettato la conquista e allontanò da voi le mani degli uomini,
perché questo fosse un Segno ai credenti, e potesse Egli
guidarvi per un retto sentiero. – 21 E altro bottino ancora vi
promise, che voi non poteste conquistare ancora, ma Egli lo
ha accerchiato: Dio è su tutte le cose potente! – 22 E se co-
loro che rifiutaron la Fede osassero combatter con voi, certo
volgeranno le terga, non troveranno alleato, non troveranno
soccorso! – 23 Questo è il costume di Dio, che egli usò già
da prima e tu non troverai al costume di Dio mutamento. –
24 Fu Lui che trattenne le loro mani da voi e le vostre mani
da loro nella valle di Mecca dopo avervi dato su loro il so-
pravvento: e osservava intanto Iddio quel che opravate. –
25 Costoro son quelli che han rifiutato la Fede e v'hanno
impedito d'accostarvi al Santo Tempio e han fatto sì che le
vittime non giungessero al luogo del sacrificio. E se non
fosse stato per uomini credenti e donne credenti che avreste
potuto calpestar nella mischia non riconoscendoli, sì che
v'avrebbe colpito inconscio delitto, avreste assalito i nemici;
ma questo Dio fece perché potesse addurre alla Sua Miseri-
cordia quei che volesse: ché se gli empi fossero stati distinti
dagli altri Noi li avremmo castigati di castigo cocente. –
26 Allorché coloro che rifiutaron la Fede accolsero in cuore
furore, furore d'ignoranza empia, Iddio fe' scendere la Sua
Presenza Pacificatrice sul Suo Messaggero e sui credenti e
impose loro la Parola della Pietà, perché n'eran più degni e
più atti a riceverla, e Dio di tutte le cose è sapiente. – 27 E
certo Iddio confermò al Suo Messaggero la veridicità della
visione, quando Egli gli disse: "Voi entrerete nel Sacro
Tempio, se Dio vuole, sicuri, con le teste rasate alcuni, coi
capelli accorciati altri, senza timore. Perché Dio sa quel che
voi non sapete, ed oltre a questo Egli ha decretato per voi
vicina vittoria". – 28 È Lui che ha inviato il Suo Messaggero
con la Retta Guida e con la religione della Verità per farla

trionfare sopra ogni altro culto: e Dio solo ne basta a testimonio. – [29]*Muḥammad* è il Messaggero di Dio e coloro che sono con lui son duri coi repugnanti alla Fede, dolci fra di loro: tu li puoi vedere chinarsi e prostrarsi bramosi della grazia del Signore e del Suo compiacimento, e son segnati sul volto per le prostrazioni molte. Questa è la loro descrizione nella *Tōrāh*, la loro descrizione nel Vangelo: sono come un seme che produce il suo germoglio e lo rafforza, sì che esso s'ingrossa e si drizza fermo sul gambo allietando i seminatori. Così farà Iddio, per irritare i Negatori della Fede per mezzo dei credenti e Dio ha promesso a quelli che fra di loro avranno creduto e operato il bene, perdono e mercede immensa. –

XLIX. LA SURA DELLE STANZE INTIME

(*Medinese. Di 18 versetti, rivelata dopo la Sura della Disputa*)

Nel nome di Dio, clemente misericordioso!

1 O voi che credete! Non portate avanti vostre personali opinioni al cospetto di Dio e del Suo Messaggero, e temete Iddio, poiché Egli ascolta e sa tutto. – 2 O voi che credete! Non alzate la voce a sopraffar quella del Messaggero di Dio e non schiamazzate con lui come fate fra voi, che non abbiano ad andar perdute l'opere vostre senza che voi ve ne avvediate! – 3 In verità coloro che abbassan la voce al cospetto del Messaggero di Dio, sono quelli cui Iddio ha provato i cuori disponendoli al timor Suo e avranno perdono e mercede grande. – 4 E quelli che ti chiamano di dietro le porte delle tue stanze intime, i più di loro nulla capiscono, – 5 perché se essi pazientassero fino a che tu esca a incontrarli sarebbe meglio per loro. Ma Dio è indulgente clemente. – 6 O voi che credete! Se viene a voi qualche malvagio a portarvi una notizia accertatevi prima della sua verità, a che non abbiate a offender qualcuno per ignoranza e pentirvi poi di quel che avete fatto. – 7 E sappiate che fra voi c'è il Messaggero di Dio e che se egli dovesse darvi retta in molte cose, finirebbe che voi commettereste peccato; ma Dio v'ha fatto amare la Fede e ve l'ha resa adorna nel cuore e v'ha reso odioso il ribelle rifiuto e l'empietà e la disobbedienza: questi son quelli che vanno sulla retta via, – 8 per grazia da

Dio e Suo favore, e Dio è saggio sapiente. – [9] E se due partiti, fra i credenti, combattesser fra loro, mettete pace fra essi: ma se l'uno avesse commesso eccessi contro l'altro, combattete quello che tali eccessi ha commesso, sin che torni all'obbedienza degli ordini di Dio. E tornato che esso sia a Dio mettete pace allora fra essi con giustizia, e siate equi, perché l'equità è amata da Dio. – [10] Perché i credenti son tutti fratelli: mettete dunque pace fra i vostri fratelli, e temete Iddio, che per avventura Iddio abbia pietà di voi. – [11] O voi che credete! Non ridano alcuni di voi, di altri: può darsi che sian migliori di loro; e non ridano donne di altre donne: può darsi che siano quelle migliori di loro; e non vi diffamate gli uni con gli altri; e non vi scagliate appellativi ingiuriosi: brutto è il nome d'empietà dopo quello di fede. E coloro che non si pentono, quelli sono gli iniqui! – [12] O voi che credete! Evitate molte congetture, ché alcune sono peccato, e non spiate gli altri, non occupatevi degli affari altrui, e non mormorate degli altri quando non sono presenti. Piacerebbe forse a qualcuno di voi di mangiar la carne del vostro fratello morto? No, ché certo la schifereste! Temete dunque Iddio, ché Iddio è benigno clemente. – [13] O uomini, in verità Noi v'abbiam creato da un maschio e da una femmina e abbiam fatto di voi popoli vari e tribù a che vi conosceste a vicenda, ma il più nobile fra di voi è colui che più teme Iddio. In verità Dio è sapiente e conosce. – [14] I beduini dicono: " Noi crediamo! " Rispondi loro: " Voi non credete! Dite semmai: 'Abbiamo abbracciato l'Islàm', perché la Fede non v'è ancora entrata in cuore; ma se ubbidirete a Dio e al Suo Messaggero, Dio non vi defrauderà della minima delle vostre azioni, poiché Dio è indulgente clemente! " – [15] Perché i credenti sono coloro che han creduto in Dio e nel Suo Messaggero, e non hanno avuto dubbi, e han lottato coi loro beni e con le loro persone sulla via di Dio: quelli sono i sinceri! – [16] Dì: " Volete forse insegnare a Dio qual è la vostra religione, a Dio, che conosce quel ch'è nei cieli e quel ch'è sulla terra, e tutte le cose la Sua scienza abbraccia?" – [17] Vorrebbero costoro che tu ti mostrassi loro obbligato perché si son dati a Dio. Rispondi: "Non ricordatemi il vostro Islàm! È Dio che vi rammenterà il beneficio che v'ha fatto guidandovi alla Fede! Ammettetelo se siete sinceri! – [18] In verità Iddio conosce l'arcano dei cieli e della terra, e Dio, quel che fate, lo osserva". –

L. LA SURA DEL QĀF

(*Meccana, eccetto il versetto 38, ch'è medinese. Di 45 versetti, rivelata dopo la Sura degli Esseri Lanciati*)

Nel nome di Dio, clemente misericordioso!

1 Q. Pel Corano gloriosissimo! – 2 Ecco essi si meravigliano che sia loro giunto un Ammonitore di fra loro, e dicono gli empi: "Questa è cosa strana! – 3 O forse che quando sarem morti e sarem polver secca.... No, ch'è un impossibil ritorno!" – 4 Ma Noi ben sappiamo qual parte di loro consumerà la terra: presso di Noi c'è un Libro che tutto ricorda. – 5 Ma essi smentiscon la Verità dopo ch'è loro giunta e son turbati e attoniti. – 6 Ma non guardano al cielo sopra di loro come l'abbiam costruito e l'abbiamo adornato, ed ecco, non ha fenditure, – 7 e la terra che abbiamo spianata e v'abbiam lanciato montagne immote e vi crescemmo ogni gaia specie d'erbe, – 8 avvertimento ed esempio ad ogni servo Nostro pentito? – 9 E abbiam fatto scendere acqua benedetta dal cielo, con la quale facemmo germinare giardini, e il grano delle messi – 10 e le palme alte, dalle spate sovrapposte, colme di datteri – 11 provvidenza ai Miei servi, colla quale vivificammo un paese morto: simile a questo sarà l'uscita dei Morti. – 12 La smentiron già prima il popolo di Noè, e la gente di *ar-Rass* e i *Ṯamūd* – 13 e quelli di *ʿĀd* e Faraone e i fratelli di Lot – 14 e la gente di *al-Ayka* e il popolo di *Tubbaʿ*: tutti smentirono i Messaggeri divini; e la minaccia Mia piombò con giustizia. – 15 Ci siam forse Noi esauriti con la

Prima Creazione? Eppure costoro dubitano della Creazione Nuova! – 16 In verità Noi creammo l'uomo, e sappiamo quel che gli sussurra l'anima dentro, e siamo a lui più vicini che la vena grande del collo. – 17 Quando i Due deputati a ricevere, riceveranno la sua deposizione, l'uno seduto a destra, l'altro a sinistra seduto, – 18 egli non profferirà parola che non sia notata da un osservatore, attento. – 19 Così giungerà l'ebrietà della morte, per vero: "Questo è quel che volevi evitare!" diranno. – 20 E sarà dato fiato alla Tromba: ecco il Giorno Promesso! – 21 E ogni anima verrà, insieme con Uno che la spinge, e Uno che testimonia. – 22 E dirà il primo: "A questo tu non pensavi, e Noi te lo abbiam scoperchiato, e ora, la tua vista è acuta!" – 23 E dirà l'altro compagno: "Ecco quel che ho, pronto per la testimonianza!" – 24 E una Voce dirà: "Gettate nella gehenna ogni empio ribelle! – 25 Ostacolo al bene, trasgressore, roso dal dubbio! – 26 Che mise altro dio con Dio, gettatelo nel tormento crudele!" – 27 Dirà allora il suo compagno: "Signore! Non io lo traviai, fu lui stesso in errore lontano!" – 28 Dirà Dio: "Non discutete ora, avanti a Me: quel che v'ho promesso v'ho fatto – 29 e avanti a Me la Sentenza non cambia, né io fo torto ai Miei servi!" – 30 In quel giorno Noi diremo alla gehenna: "Sei piena?" ed essa chiederà: "C'è dell'altro?" – 31 E il giardino del Paradiso sarà avvicinato ai Pii, vicino. – 32 E dirà una Voce: "Ecco quel che fu promesso a ogni convertito, osservante – 33 a chi temette il Misericordioso in segreto e venne a Lui con cuore contrito. – 34 Entratevi, in pace! Questo è il Giorno Eterno!" – 35 Ed essi avranno colà quel che vorranno, ché presso Noi v'è sovrabbondanza. – 36 E quante generazioni abbiam sterminato già prima, più forti di queste di forza, e vagaron sulla terra; ma vi fu scampo dall'Ira? – 37 In verità in questo v'è un Mònito per chi possiede un cuore, per chi presta ascolto e vede. – 38 E in verità Noi creammo i cieli e la terra e quel che v'è frammezzo in sei giorni, e non Ci ha colto stanchezza. – [39] Sopporta dunque paziente quel che dicono contro di te e canta la lode del Signore prima del sorger del sole, e prima del calar del tramonto. – [40] E di notte anche glorificaLo e compi le parti finali della prostrazione. – [41] E tendi l'orecchio al giorno in cui chiamerà forte l'Araldo da luogo vicino, – [42] al giorno in cui gli uomini udranno il Grido, per vero. Sarà quello il dì dell'Uscita dei Morti. – [43] In verità Noi vivifichiamo e Noi uccidiamo e a Noi finisce la Via. – [44] Il giorno quando si spaccherà la terra sotto i lor piedi, d'un tratto; facile sarà per Noi raunarli tutti, quel giorno. – [45] Meglio Noi conosciamo quel che essi dicono, e tu non sei stato inviato a costringerli alla Fede: ammonisci, solo, col Corano, chi la Mia minaccia paventa! –

LI. LA SURA DEI VENTI CHE CORRONO

(*Meccana. Di 60 versetti, rivelata dopo la Sura di al-Aḥqāf*)

Nel nome di Dio, clemente misericordioso!

1 Pei venti che veloci corrono! – 2 Per le nubi gravide
di peso umido! – 3 Per le navi che vanno sull'onde rapide! –
4 Per gli angeli che impartiscono agli uomini l'Ordine! –
5 Quel che vi si minaccia è Vero. – 6 E il Giudizio sta per
piombare! –

7 Per il cielo solcato d'eterei disegni! – 8 Voi vi state
perdendo in contrastanti discorsi – 9 e si scosterà dal Vero
chi si discosterà. – 10 Periscano i mentitori – 11 che in un
abisso d'ignoranza ciecamente si compiacciono – 12 e domandano: "Quando verrà il dì del Giudizio?" – 13 Il giorno
in cui saranno provati col Fuoco, – 14 "Gustate, sarà detto
loro, questa prova vostra, che sollecitavate!" – 15 In verità
i pii staranno in Giardini tra fonti d'acqua – 16 e prenderanno
quel che loro darà il Signore, perché in vita furon benefici. –
17 Solo piccola parte della notte dormivano – 18 e ad ogni
alba invocavano il perdono di Dio. – 19 E nei loro beni
v'era sempre una parte dovuta al mendico ed al povero. –
20 E sulla terra vi son segni per chi è certo del Vero – 21 e
dentro voi stessi ancora: non li scorgete? – 22 E nel cielo
v'è la vostra provvidenza e il Paradiso che v'è promesso. –
23 E per il Signore del cielo e della terra, questo è vero,
vero come i vostri giuramenti. –

24 Non t'è giunto il racconto dei due ospiti d'Abramo,
onorati? – 25 Quando essi entraron da lui e gli dissero:
"Pace!" e rispose: "Pace!" soggiungendo fra sé: "È gente
sconosciuta!" – 26 E se ne andò dai suoi e tornò portando
un vitello grasso - 27 che presentò loro e chiese: "Non man-
giate dunque?" – 28 E concepì di essi timore, ma essi gli
dissero: "Non temere!" e gli diedero la buona novella di
un giovane saggio. – 29 E d'un tratto sua moglie gettò un
grido e si batté il viso e disse: "Ma donna sterile io sono!" –
30 Risposero: "Ma così dice il tuo Signore, ed Egli è sag-
gio sapiente". – 31 Disse Abramo: "Qual è il compito vostro,
o inviati?" – 32 Risposero: "Noi siamo stati inviati a un
popolo malvagio – 33 per mandar su loro dal cielo pietre
d'argilla dura – 34 segnate d'un marchio, presso il Signore,
per gli empi". – 35 E facemmo uscire dalla città quelli che
eran credenti – 36 e non vi trovammo più di una sola casa
d'uomini dati a Dio. – 37 E colà lasciammo un Segno per
quelli che temono il Castigo Cocente. – 38 E in Mosè anche
fu un Segno, allorché lo inviammo a Faraone, con autorità
chiarissima, – 39 ma Faraone se ne distolse sdegnoso, fiero
della sua potenza. "È un mago, disse, od un folle!" –
40 E Noi afferrammo lui e i suoi eserciti e li scagliammo nel
mare, ché biasimevole egli era! – 41 E anche fra gli *'Ād* fu
un Segno, allorché mandammo contro di loro il vento de-
vastatore – 42 e non lasciava cosa su cui s'abbattesse che non
ne facesse come polvere putrida. – 43 E fra i *Ṯamūd* ancora,
allorché fu detto loro: "Godete ancor per un poco!" –
44 Ma trasgredirono il precetto del Signore e li colpì la pena
folgorante, mentr'essi avean gli occhi aperti – 45 e non po-
terono reggersi in piedi, e non riuscirono a scampare. –
46 E il popolo di Noè già prima, perché eran gente mal-
vagia. –

47 E il cielo lo edificammo con Potenza, ché Noi siamo
costruttori amplissimi, – 48 e la terra la stendemmo immensa,
e splendidi spianatori Noi fummo! – 49 E di tutte le cose

creammo una coppia, perché voi rifletteste. – [50] Fuggite dunque presso Dio, ché io, Ammonitore chiarissimo, vengo a voi da Lui, – [51] e non ponete insieme con Dio un altro dio, ché io, Ammonitore chiarissimo, vengo a voi da Lui. – [52] E così anche prima ogni Messaggero che loro giunse ne dissero: " È un mago costui, o un folle! " – [53] Si son dunque lasciati in testamento tale sentenza? No! Son gente ribelle! – [54] Ma tu allontanati da loro, e non sarai così da biasimare. – [55] Ma ammonisci, ché l'ammonimento giova ai credenti. – [56] E Io non ho creato i *ǧinn* e gli uomini altro che perché M'adorassero. – [57] Io non voglio altro da loro: non voglio cibo, non voglio che mi nutrano. – [58] Perché è Dio il Nutritore supremo, Signore di Forza, saldo. – [59] E gli iniqui avranno a render conto di peccati simili a quelli dei loro compagni: non mi faccian fretta dunque! – [60] Guai a quelli che rifiutan la Fede! Guai, pel giorno di cui son minacciati! –

LII. LA SURA DEL SINAI

(*Meccana. Di 49 versetti, rivelata dopo la Sura della Prostrazione*)

Nel nome di Dio, clemente misericordioso!
1 Pel Sinai! – 2 Per un Libro vergato – 3 su pergamena
spiegata! – 4 Per la casa visitata! – 5 Pel tetto elevato! – 6 Pel
mare rigonfio! – 7 In verità il Castigo del Signore piomberà, –
8 nulla lo stornerà. – 9 Un giorno in cui sarà squassato il
cielo come da vento – 10 e si metteranno in cammino le mon-
tagne. – 11 Guai in quel giorno a quei che smentiscono Iddio, –
12 e si gingillano in vani discorsi! – 13 Il giorno in cui saran
cacciati a spinte nel Fuoco della gehenna. – 14 " Ecco quel
Fuoco che prima voi smentivate! – 15 È magìa questa? Non
vedete? – 16 Bruciatevi dentro ora, e sarà uguale se lo sop-
porterete pazientemente o non lo sopporterete, sarete ripa-
gati di quel che avete operato! " – 17 Ma i pii saranno in Giar-
dini e delizie – 18 lieti di quel che avrà dato loro il Signore,
e perché li avrà preservati il Signore dal castigo del Fuoco
d'Inferno. – 19 " Mangiate e bevete in pace, per quel che
avete operato! " – 20 Saranno ivi adagiati su alti giacigli in
file, e li sposeremo a fanciulle dai grandi occhi neri. – 21 E
quelli che avran creduto, e li avrà seguiti la loro progenie
nella fede, li riuniremo colà alla loro progenie e non li de-
frauderemo di alcuna delle loro azioni: e ogni uomo sarà
pegno di quel che s'è guadagnato. – 22 E forniremo loro
frutta e carne, quella che desidereranno. – 23 E si passe-

ranno a vicenda dei calici d'un vino che non farà nascer
discorsi sciocchi, o eccitazion di peccato. – 24 E s'aggire-
ranno fra loro giovani a servirli, giovani come perle nasco-
ste nel guscio. – 25 E si accosteranno gli uni agli altri interro-
gandosi a vicenda: – 26 " Noi fummo, in passato, fra la no-
stra gente, in ansia per la nostra sorte futura. – 27 E Dio ci
ha dato il Suo favore e ci ha preservato dal tormento del
Soffio Infocato. – 28 E noi in passato L'invocavamo, perché
egli è il Beneficente Clemente! " –

29 Ammonisci dunque gli uomini, poiché tu non sei, per
grazia del Signore, né un indovino né un folle. – 30 Diranno:
"È un poeta! Attendiamo che lo colga la calamità della
sorte!" – 31 Rispondi: "Attendete pure, ed io attenderò con
voi!" – 32 Son sogni questi che li ispirano, o son essi
trasgressori malvagi? – 33 Oppure diranno: " L'ha inventato
lui! " No! Essi non credono! – 34 Portino allora un discorso
simile a questo, se sono sinceri! – 35 Son essi che furon creati
dal nulla, o son loro i creatori? – 36 Son forse loro che han
creato i cieli e la terra? No! Nessuna certezza salda essi
hanno! – 37 Son presso di loro i tesori del Signore, o son
essi i preposti al potere supremo? – 38 O posseggono forse
una scala per ascoltare i segreti del cielo? Ne porti dunque
prova chiara, uno di questi ascoltatori! – 39 Dunque avrebbe
figlie Iddio e voi figli? – 40 O chiederai loro una ricompensa
per la tua predicazione, mentre son carichi di debiti? –
41 O posseggono essi la scienza dell'Arcano, ch'essi trascri-
von dai Libri del cielo? – 42 O vogliono tenderti insidia?
Ma son gli empi che saran da Dio insidiati! – 43 O che hanno
un dio diverso da Dio? Gloria a Dio oltre gli idoli che Gli
forgiano a compagni! – 44 Che se anche vedessero un pezzo
di cielo cadere loro addosso direbbero: " È una nube adden-
sata! " – 45 Lasciali a se stessi finché non s'imbattano nel
loro Giorno, quando saran tramortiti. – 46 Il Giorno nel quale
a nulla servirà la loro astuzia, e non li soccorrerà nessuno. –
47 E certo a coloro che iniquamente operarono toccherà un

Castigo oltre questo, ma i più di loro non sanno. – [48] E tu attendi paziente il Giudizio del tuo Signore, perché tu stai sotto i Nostri occhi, e canta le lodi del Signore, quando ti levi dal sonno. – [49] E di notte pure, celebraLo, e altra montar delle stelle. –

LIII. LA SURA DELLA STELLA

(*Meccana, eccetto il versetto 32, ch'è medinese. Di 62 versetti, rivelata dopo la Sura del Culto Sincero*)

Nel nome di Dio, clemente misericordioso!

1 Per la stella, quando declina! – 2 Il vostro compagno
non erra, non s'inganna – 3 e di suo impulso non parla. –
4 No, ch'è rivelazione rivelata, – 5 appresagli da un Potente
di Forze – 6 sagace, librantesi – 7 alto sul sublime orizzonte! –
8 Poi discese pèndulo nell'aria – 9 s'avvicinò a due archi e
meno ancora – 10 e rivelò al servo Suo quel che rivelò. –
11 E non smentì la mente quel che vide. – 12 Volete voi dun-
que discuter quel che vede? – 13 Sì, ei già Lo vide ancora –
14 presso il loto di *al-Muntahà* – 15 presso al quale è il Giar-
dino di *al-Ma'wà* – 16 quando il loto era coperto come d'un
velo. – 17 E non deviò il suo sguardo, non vagò. – 18 E certo
ei vide, dei Segni del Signore, il supremo!

19 Che ne pensate voi di *al-Lāt* e di *al-'Uzzà* – 20 e di
Manāt, il terzo idolo? – 21 Voi dunque avreste i maschi e
Lui le femmine? – 22 Divisione sarebbe iniqua! – 23 Esse
non sono che nomi dati da voi e da' padri vostri, pei quali
Iddio non v'inviò autorità alcuna. Costoro non seguono altro
che congetture e le passioni dell'animo, mentre già giunse
loro dal Signore la Guida. – 24 Avrà dunque l'uomo quel che
desidera? – 25 Ma a Dio appartiene la Prima e l'Ultima! –

26 Quanti angeli vi sono nei cieli la cui intercessione non
servirà a nulla finché Dio non ne abbia dato il permesso a

chi Egli voglia e Gli piaccia! – 27 In verità coloro che non
credono nell'Oltre nomano gli angeli di nomi di femmina, –
28 e non ne sanno nulla; ma non seguono che congetture,
ma la congettura contro la Verità nulla giova! – 29 Allonta-
nati dunque da chi storna sdegnoso il volto dal Nostro av-
vertimento, e non vuole che la vita della terra. – 30 Questa
è la somma d'ogni loro scienza: ma il tuo Signore sa meglio
chi è che vaga lungi dalla Sua via, sa meglio chi viene gui-
dato. – 31 E a Dio appartiene quel ch'è nei cieli e quel ch'è
sulla terra, per ripagare coloro che han maleficamente agito
secondo il loro operato, per ripagare quei che beneficamente
agirono col Premio più Bello. – 32 Coloro, cioè, che si asten-
nero dai peccati gravi e dalle turpitudini, non commettendo
che colpe leggere; ché il tuo Signore è largo di perdono;
e vi conosce meglio, fin da quando vi fece dalla terra, e quando
foste embrioni in seno alle madri vostre. È inutile che cer-
chiate di purificarvi: Egli meglio sa chi Lo teme! –
33 Che pensi tu di colui che volta sdegnoso le spalle –
34 e poco dona, ed è avaro; – 35 possiede ei forse la scienza
dell'Arcano, sì che veda, – 36 o non gli han raccontato nulla
di quel che è nei libri di Mosè – 37 o d'Abramo, il Fedelis-
simo, – 38 che cioè un'anima carica non sarà caricata del ca-
rico d'altra, – 39 e che l'uomo non avrà di suo che il suo
sforzo, – 40 e che il suo sforzo sarà un dì fatto visibile? –
41 E che sarà compensato di compenso amplissimo? – 42 E che
verso il Signore è ogni limite? – 43 Che è Lui che fa ridere
e fa piangere? – 44 E che è Lui che fa morire e fa vivere? –
45 E che è Lui che creò la coppia, il maschio creò e la fem-
mina, – 46 da goccie di sperma che emesse vengano? – 47 E
che a Lui spetta la creazione ultima? – 48 E che è Lui che ar-
ricchisce e fa prendere? – 49 E che è Lui il Signore di Sirio? –
50 E che è Lui che sterminò gli *'Ād* antichissimi? – 51 E i
Ṯamūd fino all'ultimo? – 52 E la gente di Noè da prima (e
furono iniqui e prevaricarono). – 53 E le Everse Città ingoiò
nel vortice, – 54 sì che fitta coperta le coperse? – 55 E quale

beneficio del tuo Signore discuterai, uomo? – 56 Questo è
un Ammonitore come gli ammonitori antichi. –
57 Oh s'avvicina s'avvicina l'Ora! – 58 E null'altri che Dio
la può svelare! – 59 Di questo annunzio vi meravigliate? –
60 E ne ridete, e non piangete? – 61 E disdegnosi oziate? –
62 Ma prostratevi a Dio e adorate! –

LIV. LA SURA DELLA LUNA

(Meccana, eccetto i versetti 44, 45 e 46, che son medinesi. Di 55 versetti, rivelata dopo la Sura del Sopravveniente di Notte)

Nel nome di Dio, clemente misericordioso!
1 È vicina l'Ora: s'è spaccata la Luna! – 2 Ma anche se
costoro vedessero un Segno se ne allontanerebbero e direbbe-
ro: "Sortilegio potente!" – 3 E smentirono, e le loro passioni
seguirono, ma ogni cosa è fissata. – 4 E già son giunte loro
antiche storie piene di mòniti, – 5 Consumata sapienza: ma
gli ammonitori non giovano! – 6 Volgi dunque loro le spalle;
e il giorno in cui il Chiamante chiamerà a cosa orrenda, –
7 con gli occhi bassi allora usciran dai sepolcri come fosser
locuste disperse, – 8 correndo a occhi sbarrati verso il Chia-
mante, e diranno gli empi: "Questo è giorno durissimo!" –
9 Già prima smentì la gente di Noè, il Nostro servo an-
che smentirono, e lo dissero pazzo, e fu scacciato; – 10 e in-
vocò allora il Signore: "Io son sconfitto, Tu vinci!" –
11 e spalancammo le porte del cielo a torrenziale acqua, –
12 e la terra tutta facemmo sgorgare di fonti, e in decretata
misura s'incontrarono l'acque. – 13 E lo portammo su un na-
viglio formato di tavole e chiodi, – 14 che correva sotto gli
occhi Nostri sull'acque, compenso per chi era stato rifiutato
dal popolo, – 15 e lo lasciammo qual Segno. C'è chi accolga
il Mònito? – 16 E qual non fu il Mio castigo, il Mio avver-
timento! – 17 E facile facemmo il Corano, ad ammonire: c'è
chi accolga il Mònito? –

18 Mi smentirono gli *'Ād*, e qual non fu il Mio castigo,
il Mio avvertimento! – 19 Mandammo infatti contro di loro
un vento glaciale violento, in un giorno di calamità senza
fine – 20 e il vento strappava via gli uomini come radici di
palme divelte. – 21 E qual non fu il Mio castigo, il Mio av-
vertimento! – 22 E facile facemmo il Corano, ad ammonire:
c'è chi accolga il Mònito? –

23 E i *Ṯamūd* ancora smentirono gli ammonitori. –
24 "Dovrem forse seguire un uomo solo dei nostri? No,
ché saremmo allora in folle errore! – 25 È stato forse ispirato
il Mònito a lui solo di fra noi? No! Ch'è un bugiardo inso-
lente!" – 26 "Conosceranno domani chi è il bugiardo inso-
lente! – 27 Ché Noi manderemo la Cammella, a prova per
loro, ma tu osservali e attendi paziente. – 28 E informali che
l'acqua dovrà esser divisa fra loro, e ogni razione d'acqua
sarà in presenza della Cammella!" – 29 Allora essi chiama-
rono il loro compagno che afferrò il coltello e le tagliò i
garretti. – 30 Oh, qual non fu il Mio castigo, il Mio avver-
timento! – 31 Ché Noi inviammo contro di essi un Grido,
uno solo, ed ecco, divennero come la paglia secca del co-
struttore di siepi. – 32 E facile facemmo il Corano ad am-
monire: c'è chi accolga il Mònito? –

33 E il popolo di Lot ancora smentì gli ammonitori. –
34 E Noi mandammo contro di loro vento violento che di-
sperde le pietre, e solo salvammo la famiglia di Lot, in sul
far dell'aurora – 35 quale segno di grazia Nostra: così Noi
compensiamo chi Ci è grato. – 36 Ora Lot li aveva ammoniti
della Nostra durezza, ma discussero il Mònito. – 37 Ed essi
gli chiesero i suoi ospiti e Noi accecammo loro gli occhi:
"Gustate il Mio castigo, il Mio Mònito!" – 38 E li sve-
gliò al mattino permanente tormento. – 39 "Gustate il Mio
castigo, il Mio Mònito!" – 40 E facile facemmo il Corano
ad ammonire; c'è chi accolga il Mònito? –

41 E il Mònito giunse anche alla gente di Faraone, – 42 ma
tutti i Nostri Segni smentirono e li afferrammo della stretta

d'un Possente Potente. – 43 Or dunque gli empi fra voi son
forse migliori di quelli? O avete un brevetto d'immunità
nelle Scritture? – 44 Oppure essi dicono: "Noi siam tanti e
vinceremo?" – 45 Saran sgominate le masse, e volgeran le
spalle, in fuga. – 46 Anzi per quell'Ora li invitiamo a conve-
gno; e l'Ora sarà più triste e più amara. – 47 E i pravi sono
in errore e follia, – 48 e un giorno saran trascinati nel Fuoco,
strascinati sul volto: "Gustate il tocco del Fuoco!" – 49 In
verità Noi ogni cosa creammo in stabilita misura. – 50 E l'or-
dine Nostro è unico e solo, come batter di ciglio. – 51 E già
sterminammo nazioni simili a voi: c'è chi accetti il Mònito? –
52 E ogni cosa ch'essi hanno fatto è nei Libri, – 53 e ognuna,
piccola e grande, è segnata. – 54 In verità, i pii saranno in
giardini e fiumi – 55 in seggio di Verità presso un Re poten-
tissimo! –

LV. LA SURA DEL MISERICORDIOSO

(*Medinese. Di 78 versetti, rivelata dopo la Sura del Tuono*)

Nel nome di Dio, clemente misericordioso!
1 Il Misericordioso – 2 il Corano ha insegnato – 3 l'uomo
ha creato – 4 e chiara espressione gli ha appreso. – 5 E il Sole
e la Luna corrono le immutabili lor vie – 6 e adoranti si
prostrano l'erba e l'albero. – 7 Ha innalzato il cielo e ha
drizzato l'equa bilancia. – 8 " Guardatevi dal trasgredire l'equa
bilancia! – 9 Pesate con giustizia, non diminuite il peso!" –
10 E la terra l'ha destinata per gli uomini – 11 piena di frutti
e di palme cariche d'involucri di fiori. – 12 E grani di cereali
avvolti nelle loro pellicole, e piante odorose. – 13 Qual dun-
que dei benefici del Signore voi negherete?
14 Creò l'uomo da fango seccato come argilla per vasi –
15 e i *ǧinn* creò di fiamma purissima di fuoco. – 16 Qual dunque
dei benefici del Signore voi negherete?
17 Il Signore dei due Occidenti, il Signore dei due Orienti. –
18 Qual dunque dei benefici del Signore voi negherete? –
19 Lasciò liberi i due mari a che si incontrassero – 20 e v'è
una barriera frammezzo che non posson passare. – 21 Qual
dunque dei benefici del Signore voi negherete? –
22 Ne escono perle e coralli. – 23 Qual dunque dei bene-
fici del Signore voi negherete? –
24 E Sue son le navi che corrono, corrono alte sul mare
come vessilli. – 25 Qual dunque dei benefici del Signore voi
negherete? –

26 E tutto quel che vaga sulla terra perisce – 27 e solo
resta il Volto del Signore, pieno di Potenza e di Gloria. –
28 Qual dunque dei benefici del Signore voi negherete? –

29 Gli chiedono grazie coloro che sono nei cieli e coloro
che son sulla terra: ogni giorno Ei lavora ad opera nuova. –
30 Qual dunque dei benefici del Signore voi negherete? –

31 Attenderemo a voi, o Nostri servi; – 32 qual dunque dei
benefici del Signore voi negherete?

33 O accolta d'uomini e di *ǧinn* se potete penetrare oltre
i confini dei cieli e della terra, penetrate! Ma non vi penetre-
rete che per Divina Potenza. – 34 Qual dunque dei benefici
del Signore voi negherete? –

35 Vi sarà mandata contro una fiamma di fuoco senza
fumo, e fumo nudo di fiamma, né sarete soccorsi. – 36 Qual
dunque dei benefici del Signore voi negherete? –

37 E allorché si spaccherà il cielo e si farà rossastro come
cuoio lucente, – 38 qual dunque dei benefici del Signore voi
negherete? –

39 E in quel giorno non verrà richiesto del suo peccato
né uomo né *ǧinn*, – 40 qual dunque dei benefici del Signore
voi negherete?

41 I malvagi si riconosceranno pei loro segni e saranno
afferrati pel ciuffo dei capelli e pei piedi, – 42 qual dunque dei
benefici del Signore voi negherete? –

43 Ecco quella gehenna che i malvagi smentivano! –
44 E ora s'aggireranno fra di essa e acqua bollente arden-
te: – 45 qual dunque dei benefici del Signore voi neghe-
rete? –

46 E a chi avrà temuto la Presenza del Signore due giar-
dini saran dati, – 47 qual dunque dei benefici del Signore voi
negherete? –

48 Di piante variate piantati, – 49 qual dunque dei benefici
del Signore voi negherete? –

50 Di due fontane scorrenti irrorati, – 51 qual dunque dei
benefici del Signore voi negherete? –

52 E vi saran d'ogni frutto due specie, – 53 qual dunque
dei benefici del Signore voi negherete? –
54 E vi staranno adagiati su coltri foderate all'interno di
broccato, e il frutto dei giardini sarà lì presso, vicino; –
55 qual dunque dei benefici del Signore voi negherete? –
56 E vi saran fanciulle dallo sguardo modesto, mai prima
toccate da uomini o *ǧinn*, – 57 qual dunque dei benefici del
Signore voi negherete? –
58 Belle come rubino e corallo. – 59 Qual dunque dei be-
nefici del Signore voi negherete? –
60 E qual sarà il compenso del bene se non bene? – 61 Qual
dunque dei benefici del Signore voi negherete? –
62 E, sotto, altri due giardini ancora, – 63 qual dunque dei
benefici del Signore voi negherete? –
64 Verdi, verdi cupissimi – 65 qual dunque dei benefici del
Signore voi negherete? –
66 Con due fontane, fontane sorgive copiosissime, –
67 qual dunque dei benefici del Signore voi negherete? –
68 E con frutti e con palme e con melograni, – 69 qual
dunque dei benefici del Signore voi negherete? –
70 E fanciulle buone, e belle, – 71 qual dunque dei benefici
del Signore voi negherete? –
72 Dagli occhi grandi e neri, nelle lor tende racchiuse, –
73 qual dunque dei benefici del Signore voi negherete?
74 Mai prima toccate da *ǧinn* nè da uomini; – 75 qual dun-
que dei benefici del Signore voi negherete? –
76 E vi staranno adagiati su verdi cuscini e tappeti splen-
didi. – 77 Qual dunque dei benefici del Signore voi neghe-
rete? –
78 Sia benedetto il nome del Signore, re di Possanza e di
Gloria! –

LVI. LA SURA DELL'ORA CHE CADE

(Meccana, eccetto i versetti 81 e 82, che son medinesi.
Di 96 versetti, rivelata dopo la Sura Ṭā-Hā)

Nel nome di Dio, clemente misericordioso!

1 Allorché la Cadente cadrà – 2 nessuno la caduta sua smentirà – 3 abbatterà esalterà. – 4 Allorché verra scossa la terra, scossa. – 5 E stritolati saranno i monti, i monti – 6 e diverranno pulviscolo tenue, sparso – 7 e voi sarete divisi in tre schiere. – 8 E quei della destra, oh, quei della destra! – 9 E quei della sinistra, oh, quei della sinistra! – 10 E i Precursori, i Precursori! – 11 Saranno a Dio i più vicini – 12 in deliziosi Giardini. – 13 Molti là vi saran degli antichi, – 14 pochi là vi saran dei moderni – 15 su troni ornati d'oro e di gemme – 16 adagiati, gli uni agli altri di fronte, – 17 e fra loro garzoni d'eterna gioventù trascorreranno – 18 con coppe e bricchi e calici freschi limpidissimi – 19 da' quali non avranno emicrania né offuscamento di mente – 20 e frutti a piacere – 21 e a volontà carni delicate d'uccelli – 22 e fanciulle da' grandi occhi neri – 23 a simiglianza di perle nascoste nel guscio, – 24 in ricompensa di quel che avranno operato. – 25 E non udranno colà discorsi frivoli o eccitanti al peccato – 26 ma solo una parola: "Pace, Pace!" – 27 Quei della destra! Oh, quei della destra! – 28 S'aggireranno fra piante di loto senza spina – 29 e acacie copiose di rami – 30 e ombra ampia – 31 e acqua scorrente – 32 e frutti, molti – 33 mai interrotti e mai proibiti, – 34 e alti giacigli. – 35 E le fanciulle le creammo a nuovo –

[36] e ne facemmo vergini – [37] amanti, coetanee – [38] per quei
della destra. – [39] Molti delle generazioni antiche – [40] molti
delle moderne. – [41] E quei della sinistra! Oh quei della sini-
stra! – [42] Si aggireranno in vento bruciante, in acqua bol-
lente – [43] e in ombra di fumo nerissimo – [44] non fresca non
generosa. – [45] Sì, essi vissero in passato fra gli agi – [46] per-
sistenti nel supremo peccato – [47] e dicevano: "O che quando
sarem morti e fatti polvere e ossame, sarem forse resuscitati
a vita? – [48] Forse anche i nostri Padri primi?" – [49] Rispondi:
"Sì! E i Primi e gli Ultimi – [50] saran raccolti al Conve-
gno di un Giorno prefisso!" – [51] Allora voi, traviati, smenti-
tori di Dio – [52] dell'albero di *Zaqqūm* mangerete, – [53] i ven-
tri ve ne riempirete – [54] e sopra acqua bollente vi berrete –
[55] la berrete come beve il cammello morente di sete! – [56] Que-
sto sarà offerto a quegli ospiti, il dì del Giudizio! – [57] Noi
vi abbiam creato, perché dunque non confermate la Nostra
Parola? – [58] Non riflettete, sullo sperma che emettete? –
[59] Voi lo create? O Noi lo creiamo? – [60] Noi abbiam desti-
nato che sia fra voi la Morte, e nessuno Ci precederà – [61] nel
sostituirvi con altri simili a voi, nel crearvi a forme ignote,
nuovi. – [62] Eppur la prima creazione voi ben la sapete, non
meditate? – [63] Non riflettete sul seme che seminate? – [64] Voi
siete che lo fate germinare, o siam Noi? – [65] Se Noi voles-
simo, lo ridurremmo a briciole di paglia e pieni di stupore
gridereste: – [66] "Noi così oppressi da debiti – [67] siam ora
pure privi di raccolto?" – [68] Non riflettete all'acqua che be-
vete? – [69] Siete voi che la versate dalle nubi, o Noi siamo? –
[70] E se volessimo la faremmo amara. Perché allora non siete
grati? – [71] Non riflettete sul fuoco che fate sprizzare dal le-
gno? – [72] Foste voi a creare quel legno, o fummo Noi? –
[73] Ne abbiam fatto un Ricordo, un vantaggio per gli abita-
tor del deserto. – [74] Celebra quindi le lodi del tuo Signore,
il Sublime! –

[75] E giuro per l'occaso delle stelle – [76] (giuramento que-
sto, se voi lo sapeste, supremo!). – [77] Che questo è un Corano

nobilissimo – [78] vergato su libro ascoso – [79] che toccare non possono che i Puri, – [80] rivelazione del Signor del Creato! – [81] E questa Parola voi disdegnerete? – [82] E dello smentirLo farete vostro quotidiano cibo? – [83] Perché dunque, quando l'anima del morente gli sarà giunta alla strozza – [84] e voi allora attenderete trepidi – [85] mentre Noi gli sarem più di voi vicini, a voi invisibili, – [86] perché dunque, se voi non avete da esser giudicati, – [87] perché non la fate ritornare nel corpo, se siete sinceri? – [88] Se egli è di quelli che son vicini a Dio – [89] avrà quiete e profumo e Giardini di delizie. – [90] E se sarà di quei della destra, – [91] "Pace, gli dirà una Voce, Pace a te, che sei di quei della destra!" – [92] E se sarà dei traviati smentitori di Dio, – [93] avrà per trattamento ospitale acqua bollente – [94] e abbruciamento d'inferno. – [95] Certo, questa è la Verità vera. – [96] Celebra dunque la lode del tuo Signore, il Sublime! –

LVII. LA SURA DEL FERRO

(*Medinese. Di 29 versetti, rivelata dopo la Sura del Terremoto*)

Nel nome di Dio, clemente misericordioso!
1 Canta le lodi di Dio tutto quel ch'è nei cieli e tutto
quel ch'è sulla terra: Egli è il Savio Possente. – 2 A Lui appar-
tiene il Regno dei cieli e della terra, Egli vivifica e uccide,
Egli è sovra tutte le cose potente. – 3 Egli è il Primo, Egli
è l'Ultimo, Egli è il Dispiegato, Egli è l'Intimo, Egli è sovra
tutte le cose sapiente. – 4 Egli è Colui che creò i cieli e la
terra in sei giorni, poi s'assise sul Trono: Ei conosce quel
che s'insinua nella terra e quel che ne esce, e quel che discende
dal cielo e quel che v'ascende; Egli è con voi ovunque voi
siate. Iddio ciò che fate lo osserva! – 5 A Lui appartiene il
Regno dei cieli e della terra e a Lui è ricondotta ogni cosa. –
6 Insinua la notte nel giorno, e insinua il giorno nella notte,
egli conosce il segreto dei cuori! –
7 Credete in Dio e nel Suo Messaggero, e largite parte
di quei beni di cui vi ha costituito eredi, ché quei che fra
voi credono e largiscono delle loro sostanze avranno mer-
cede grande. – 8 Che avete dunque che non credete in Dio
mentre il Suo Messaggero vi invita a credere nel vostro Si-
gnore, il quale ha stretto con voi il Patto, se siete credenti? –
9 Egli è Colui che fa scendere sul Suo Servo Segni chiaris-
simi, per trarvi dalle tenebre alla luce, e in verità Iddio è
con voi clemente indulgente. – 10 Che avete dunque che non

largite dei vostri beni sulla via di Dio, mentre è tutta di Dio l'eredità dei cieli e della terra? Non saranno alla pari quelli fra voi che avranno largito dei loro beni prima della Vittoria e avranno combattuto; no, essi avranno grado più alto di coloro che avran largito dei loro beni e avran combattuto dopo. Ma a ognuno Iddio ha promesso la Cosa più Bella, e Iddio di quel che operate ha contezza. – 11 Chi è colui che offrirà a Dio un prestito bello, sì ch'Ei glie lo raddoppi e glie ne venga generosa mercede? – 12 Un giorno tu vedrai i credenti e le credenti circondati di luci che correranno avanti a loro e alla loro destra. " Buona novella a voi, oggi! Giardini alle cui ombre scorrono i fiumi, in cui rimarrete in eterno: questo è il Successo supremo! " – 13 In quel giorno diranno gli ipocriti e le ipocrite a quelli che avranno creduto: "Aspettateci, sì che noi possiamo attinger della vostra luce! " Ma verrà loro risposto: " Tornate indietro nel mondo e laggiù cercate luce! " E fra questi e quelli verrà interposta una muraglia, che avrà una porta. E all'interno della porta sarà la Misericordia e all'esterno, di fronte, il Castigo. – 14 Grideranno allora gli ipocriti: " Non fummo noi con voi? " Risponderanno: " Sì, ma voi seduceste voi stessi e spiavate la nostra rovina e foste preda del dubbio, e v'hanno ingannato le vostre speranze, finché giunse l'Ordine di Dio. Così vi sedusse da Dio il Seduttore! – 15 E oggi non verrà accettato da voi riscatto, né da coloro che rifiutaron la Fede; asilo vostro sarà il Fuoco, il luogo a voi più confacente: quale tristo andare! " – 16 Non è forse venuto il tempo, per coloro che credono, di umiliare il loro cuore all'ammonimento di Dio e alla Verità da Lui rivelata, il tempo per non esser come coloro che ricevettero il Libro da prima, cui fu allungata la dilazione, ma si indurirono in cuore, e molti di fra loro son empi? – 17 Sappiate che Dio vivifica la terra dopo ch'è morta, e Noi v'abbiam dichiarato chiari i Segni, a che per avventura comprendiate. – 18 Quanto a quelli e a quelle che faranno elemosina e offriranno a Dio un prestito bello, Ei raddop-

pierà loro quel che avran dato, e avranno generosa mercede. –
19 E coloro che avran creduto in Dio e nei Suoi Messaggeri,
saranno i veraci e i testimoni presso il Signore; avranno
la loro mercede e avranno la loro luce; mentre coloro che
rifiutaron la Fede e smentirono i Nostri Segni saranno gente
d'Inferno. – 20 Sappiate che la vita terrena è gioco trastullo
orpello, vanagloria fra voi; e i vostri sforzi per moltiplicare
ricchezze e figli s'assomigliano a una pioggia, una pioggia
che fa germinare erbe, che piacciono agli empi; poi inaridi-
scono, ed ecco le vedi ingiallite e poi divengon aride stoppie.
Così nella vita dell'Oltre vi sarà castigo violento (e perdono
e compiacimento da parte di Dio pei buoni), ma la vita ter-
rena non è che materia d'inganno. – 21 Correte dunque a gara
verso il Perdono del Signore, correte a gara verso un Giar-
dino vasto come è vasto il cielo e come è vasta la terra, pre-
parato per coloro che avran creduto in Dio e nei Suoi Mes-
saggeri. Tale è il favore di Dio ch'Ei concede a chi vuole,
e Dio è il Signor dei Favori Supremi. – 22 Non vi toccherà
disgrazia sulla terra o nelle vostre persone che non sia stata
scritta in un Libro prima ancora che Noi la produciamo:
facile è questo a Dio! – 23 E questo acciocché voi non vi
rattristiate per quel che vi sfugge, e non vi rallegriate per
quel che ottenete, ché Iddio non ama nessun presuntuoso
vanaglorioso, – 24 gente avara e che incita gli altri all'ava-
rizia. Ma se qualcuno volge le spalle, ebbene Iddio è Quei
che di nulla ha bisogno, il Degno di Lode! – 25 Già inviammo
i Nostri Messaggeri con prove chiarissime e rivelammo il
Libro e la Bilancia, perché gli uomini osservassero l'equità,
e rivelammo pure il ferro, nel quale v'ha male violento e
vantaggi per gli uomini, affinché Iddio da ascosi luoghi co-
nosca chi assiste Lui e il Suo Messaggero; in verità Iddio è
forte possente. – 26 E già inviammo Noè e Abramo e sta-
bilimmo fra la loro progenie il dono della Profezia e il Li-
bro; ma di fra loro alcuni si lasciaron guidare, e molti fu-
rono gli empi. – 27 E allora sulle loro orme in successione

inviammo i Nostri Messaggeri e ancora inviammo Gesù figlio di Maria, e demmo a Lui il Vangelo, e ponemmo nei cuori di coloro che lo seguirono mitezza e misericordia; quanto al monachesimo fu da loro istituito (e non fummo Noi a prescriverlo loro) solo per desiderio del compiacimento di Dio; ma non lo osservarono come andava osservato. E a quei di fra loro che credettero demmo la loro mercede, ma molti fra loro son empi! –

28 O voi che credete! Temete Iddio e credete nel Suo Messaggero, e Dio vi darà due porzioni della Sua misericordia, e vi darà una Luce nella quale camminerete, e vi perdonerà; ché Dio è perdonatore clemente! – 29 Acciocché sappia la Gente del Libro ch'essi non possono minimamente disporre della Grazia di Dio, e che la Grazia è in mano di Dio ed Ei la concede a chi vuole: Iddio è il Signore della Grazia Suprema! –

LVIII. LA SURA DELLA DISPUTA

(*Medinese. Di 22 versetti, rivelata dopo la Sura degli Ipocriti*)

Nel nome di Dio, clemente misericordioso!

1 Iddio ha ascoltato le parole di colei che disputava con te del suo sposo e se ne lagnava presso Dio. Iddio infatti ascolta il vostro conversare, poiché Iddio è ascoltante veggente. – 2 Quelli di fra voi che ripudiano le mogli loro dicendo: " Sii per me come il dorso di mia madre! " sappino che esse non sono le loro madri, e che le loro madri son solo quelle che li hanno generati, ed essi così facendo profferiscono abbominio e falsità: Iddio è però perdonatore, indulgente. – 3 Coloro che ripudiano le mogli loro dicendo: " Sii per me come il dorso di mia madre! " e poi tornano su quanto hanno detto, s'abbino per ammenda l'affrancamento d'uno schiavo, prima di accostarsi ad esse di nuovo. Di questo Iddio v'ammonisce: e Dio sa ciò che fate. – 4 Chi poi non trovasse uno schiavo da affrancare, digiuni per due mesi consecutivi prima di accostarsi alla sua donna di nuovo. Chi non può farlo nutra invece sessanta poveri. Questo perché voi crediate in Dio e nel Suo Messaggero. Questi sono i termini di Dio, e chi rifiuta Fede avrà castigo cocente! –

5 In verità coloro che argomentano contro a Dio e al Suo Messaggero saranno travolti, come furon travolti quei che vennero prima di loro. E abbiam rivelato Segni chiarissimi, e agli empi toccherà ignominioso castigo, – 6 il giorno

in cui Iddio li risusciterà tutti assieme e li informerà dell'opere
che han fatto, opere che Iddio ha contato, mentre essi le
dimenticavano, ché Dio è sovra tutte le cose presente. –
7 O non vedi che Iddio conosce tutto quel ch'è nei cieli e
quel ch'è sulla terra, e non vi sarà conciliabolo di tre che
non abbia Lui per quarto, né di cinque che non abbia Lui
per sesto, né di più o di meno ch'Ei non sia con loro ovunque si trovino; ed Egli li informerà, quindi, nel dì della Resurrezione, di quel che avranno operato, perché Dio è sovra
tutte le cose sapiente. – 8 Non hai tu visto coloro cui fu
proibito tener conciliaboli, e che poi ritornano a quello che
era stato loro vietato e segretamente confabulano di peccato
e d'inimicizia e di ribellione al Messaggero Divino? E che
quando vengono a te ti salutano non come Dio ti saluta, e
dicono intanto fra loro: "Perché allora non ci punisce Iddio
di quel che diciamo?" Sufficiente castigo sarà per loro la
gehenna, nella quale arderanno: qual tristo andare! – 9 O voi
che credete! Quando confabulate fra voi non discorrete di
peccato e d'inimicizia e di ribellione al Messaggero Divino,
ma discorrete di bontà e di pietà, e temete Iddio, avanti al
quale tutti sarete raunati. – 10 Poiché i segreti conciliaboli
sono da Satana, per rattristare quelli che credono, ma egli
non potrà nuocere loro in nulla, se non col permesso di Dio:
in Dio confidino dunque i credenti. – 11 O voi che credete!
Quando vi si dice: "Fate largo nelle vostre assemblee pel
Profeta!" fate largo, ché largo spazio vi darà poi Iddio; e
quando vi si dice: "Alzatevi!" alzatevi, ché Iddio innalzerà
coloro di voi che credono e cui fu data la scienza, d'alti
gradi, in cielo. E Dio di quel che operate ha contezza! –
12 O voi che credete, quando avete qualche privato colloquio
col Messaggero di Dio, offrite, prima del vostro colloquio,
un'elemosina: sarà meglio per voi e cosa più pura. Se poi
non troverete di che dare, ebbene Iddio è indulgente clemente. – 13 Temerete forse di non essere in grado d'offrire
un'elemosina prima del vostro colloquio? Qualora non la

facciate e Dio ve ne abbia benignamente esentati, osservate
la Preghiera e pagate la Dècima e obbedite a Dio e al Suo
Messaggero, ché Iddio ben sa quel che fate. – 14 Non hai tu
osservato coloro che prendono per alleati gente con cui Id-
dio è adirato? Essi non sono né dei vostri né dei loro e scien-
temente giurano il falso. – 15 Iddio ha preparato loro un ca-
stigo violento, ché male è quel ch'essi fanno. – 16 Han preso
i loro giuramenti quale mantello protettore e si scostarono
dalla Via di Dio: avranno ignominioso castigo. – 17 A nulla
serviranno ad essi le loro ricchezze, e i loro figli, contro
Dio: son la gente del Fuoco, nel quale resteranno in eterno. –
18 Il giorno in cui Iddio li resusciterà tutti assieme, essi giu-
reranno a Lui come ora giurano a voi, e penseranno di poter
ottenere così qualcosa: non son forse essi i Mendaci? –
19 Satana ha prevalso su di loro e ha fatto loro obliare la
menzione del santo nome di Dio. Sono il Partito di Satana:
e non è il Partito di Satana quello dei Perdenti? – 20 In ve-
rità coloro che argomentano contro a Dio e al Suo Messag-
gero saranno tra i più abbietti. – 21 Iddio ha scritto: "Io, Io
vincerò! Io e i Miei Messaggeri!" e Dio è forte possente! –
22 Non troverai gente che creda in Dio e nell'Ultimo Giorno
che ami chi si oppone a Dio e al Suo Messaggero, anche se
questi fossero i loro padri o i loro figli o i loro fratelli o i
loro parenti. Nei loro cuori ha iscritto Iddio la Fede e li ha
confermati con un Suo spirito e li farà entrare in Giardini
alle cui ombre scorrono i fiumi, nei quali resteranno in eterno.
Iddio è soddisfatto di loro e loro son soddisfatti di Lui. Sono
il Partito di Dio: e non è il Partito di Dio quello dei For-
tunati? –

LIX. LA SURA DEL BANDO

(*Medinese. Di 24 versetti, rivelata dopo la Sura della Prova Chiara*)

Nel nome di Dio, clemente misericordioso!

[1] Canta le lodi di Dio tutto quel ch'è nei cieli e tutto quel ch'è sulla terra: Egli è il Savio Possente! – [2] È Lui che ha fatto uscire quei della Gente del Libro che rifiutarono Fede dalle loro dimore, al primo bando. Voi non pensavate che essi sarebbero usciti ed essi pensavano che le loro fortezze li avrebbero protetti contro Dio. Ma Dio sopraggiunse loro da dove meno se Lo attendevano, e gettò nei loro cuori il terrore, e distruggevano le case loro con le proprie mani e le mani dei credenti. Prendetene esempio, o voi che avete occhi a guardare! – [3] Ché se Dio non avesse decretato contro di loro l'esilio li avrebbe in qualche modo puniti in questo mondo; nell'Altro poi avranno il tormento del Fuoco! – [4] Questo perché essi si scissero da Dio e dal Suo Messaggero e chi si scinde da Dio, Iddio crudamente castiga! – [5] Ogni palmizio che avete tagliato o che avete lasciato ritto sulle sue radici, fu col permesso di Dio, e perché Egli potesse confondere gli empi. – [6] Il bottino che Iddio ha concesso al Suo Messaggero su di loro, voi non avete fatto correre per prenderlo né cavalli né cammelli. Iddio dà ai Suoi Messaggeri potere su chi Egli vuole, e Dio è su tutte le cose potente. – [7] Il bottino che Iddio ha concesso al Suo Messaggero sulla Gente delle Città, appartiene a Dio, al Suo Messaggero, ai

suoi parenti, agli orfani, ai poveri, ai viandanti, acciocché
non divenga qualcosa presa a turno fra i ricchi di tra voi.
Ma quel che vi darà il Messaggero, prendetelo, e quel che vi
vieterà, astenetevene; e temete Iddio, ché Iddio è nel punire
violento! – 8 Esso è per gli Emigrati poveri i quali furono
espulsi dalle loro dimore e dai loro beni, bramosi solo della
grazia di Dio e del Suo compiacimento, e assistono Iddio e
il Suo Messaggero: essi sono i Sinceri. – 9 Coloro che dimo-
rarono nella Casa e nella Fede prima di loro, amano quelli
che emigrarono presso di loro e non provano in cuor loro
bisogno alcuno per quel che ad essi è stato dato, e preferi-
scono quelli a se stessi, anche se afflitti da indigenza; e coloro
che si saran guardati dall'avarizia della loro anima, quelli
saranno i Fortunati. – 10 E quelli che son venuti dopo di
loro dicono: " Signore, perdona noi e i nostri fratelli che ci
precedettero nella Fede e non porre nei cuori nostri rancore
per coloro che credono. Signore, tu sei il Mite Clemente! " –
11 Non hai tu visto come gli ipocriti dicono ai loro fratelli,
a quei della Gente del Libro che rifiutan la Fede: " Se ver-
rete espulsi, noi ce ne andremo con voi e mai ubbidiremo
a chi ci ordini qualcosa sul conto vostro, e se verrete attac-
cati, vi soccorreremo "? Ma Iddio è testimone ch'essi sono
mendaci! – 12 Perché se quelli fossero espulsi essi non usci-
rebbero con loro, e se venissero attaccati non li soccorrereb-
bero, e se anche li soccorressero, volgerebber poi loro le
spalle, sicché il soccorso non sarebbe nulla. – 13 Ma certo
voi siete più forti di loro pel terrore che Dio ha gettato loro
in cuore, e questo perché essi son gente che nulla compren-
dono. – 14 Essi non combatteranno contro di voi uniti, bensì
in città fortificate o dietro mura. Il loro valore fra di loro è
forte e tu li crederesti uniti, ma i cuori loro sono dispersi.
Questo perché sono un popolo che nulla intende. – 15 S'asso-
migliano a quelli che prima di loro, poc'anzi, han gustato il
danno della loro azione, e avranno castigo cocente. – 16 Come
Satana quando disse all'uomo: " Rifiuta la Fede! " e quando

l'uomo l'ebbe fatto gli disse: " Certo io sono innocente delle
tue azioni: io temo Iddio, il Signor del Creato!" – 17 E la
fine dell'uno e dell'altro sarà che si troveranno nel Fuoco,
dove rimarranno in eterno. Tale è il compenso degli Empi! –
18 O voi che credete! Temete Iddio e guardi ogni anima quel
che manda avanti, opere buone, per il domani, e temete Id-
dio, perché Iddio ha contezza di quel che operate! – 19 E non
siate come coloro che dimenticarono Iddio, e ai quali Iddio
fece dimenticare se stessi: quelli sono i Perversi! – 20 Non
stanno alla pari la gente del Fuoco e la gente del Giardino.
La gente del Giardino, son quelli i Fortunati! – 21 Se noi
avessimo fatto discendere questo Corano sopra una monta-
gna tu l'avresti vista umiliarsi e spaccarsi pel timore di Dio;
tali esempi Noi proponiamo agli uomini a che per avventura
riflettano. – 22 Egli è Dio, non v'ha altro dio che Lui, Cono-
scitore dell'Invisibile e del Visibile, il Clemente, il Miseri-
cordioso! – 23 Egli è Dio: non v'ha altro dio che Lui, il Re, il
Santo, la Pace, il Fedele, il Custode, il Possente, il Soggio-
gatore, il Grandissimo. Sia gloria a Dio oltre quel che a Lui
associano! – 24 Egli è Dio, il Creatore, il Plasmatore, il For-
giatore, Suoi sono i Nomi Bellissimi, e canta le Sue lodi
tutto quel ch'è nei cieli e sulla terra, egli è il Possente Sa-
piente! –

LX. LA SURA DELL'ESAMINATA

(*Medinese. Di 13 versetti, rivelata dopo la Sura delle Fazioni Alleate*)

Nel nome di Dio, clemente misericordioso!

[1] O voi che credete! Non prendete per alleati i nemici Miei e nemici vostri mostrando loro affetto, mentre essi han rifiutato fede nella Verità che v'è giunta, scacciando il Messaggero Divino e voi, perché credete in Dio vostro Signore; se voi uscite a lottare sulla Mia via e per desiderio del Mio compiacimento, ma segretamente nutrite affetto per loro, ebbene Io meglio conosco quel che voi celate e quel che voi palesate, e chi di voi fa ciò, erra lungi dalla via piana. – [2] Se vi incontreranno in qualche luogo vi saranno nemici, e stenderanno verso di voi le mani e le lingue malignamente e vorranno che voi rinneghiate la Fede. –

[3] Non vi gioveranno i vostri parenti né i vostri figli il Giorno della Resurrezione, il quale si frapporrà fra voi divisore. E Dio quel che fate lo osserva. – [4] Già ne aveste esempio bello in Abramo e quelli ch'eran con lui, allorché dissero al loro popolo: " In verità noi siamo innocenti di voi e di quel che adorate in luogo di Dio; noi vi rinneghiamo; v'è ormai, chiara, fra noi e voi inimicizia e odio, per sempre, finché non crederete in Dio, in Dio solo! " Ma non prendete ad esempio il dire di Abramo a suo padre: " Io implorerò perdono per te, ma nessun potere ho per te presso Dio " " Signor nostro! In Te noi confidiamo, a Te ci volgiamo con-

triti, a Te tutto ritorna! – [5] Signore! Non indurci in tentazione di fronte ai Negatori della Fede, e perdonaci. Signor nostro, in verità Tu sei il Possente Sapiente! " – [6] Già aveste dunque in loro un esempio bello, per chi spera in Dio e nell'Ultimo Giorno. Quanto poi a chi si storna dal Vero, sappia che Iddio è Quei che di nulla ha bisogno, il Degno di Lode! –

[7] Può darsi che Iddio ponga fra voi e quelli che ora avete a nemici, dell'affezione, poiché Dio è potente, poiché Dio è indulgente clemente. – [8] Dio non vi proibisce di agir con bontà ed equità verso coloro che non vi combattono per religione e non vi hanno scacciato dalle vostre dimore, poiché Dio ama gli equamini. – [9] Ma Dio vi proibisce di prendervi per alleati coloro che vi hanno combattuti per religione e vi han scacciati dalle vostre case ed hanno aiutato altri a scacciarvene, poiché quei che prendon costoro ad alleati sono iniqui. –

[10] O voi che credete! Quando vengano a voi delle credenti emigrate, esaminatele: Dio meglio conosce la Fede loro. Che se le conoscerete credenti non rinviatele ai Negatori della Fede, poiché costoro non son leciti ad esse, né esse lecite a loro. Restituite bensì a quelli la dote che hanno pagato; né sarà per voi peccato se le sposerete, pagando loro la dote prescritta; e non trattenete come spose le donne Negatrici della Fede, ma ridomandate le doti che avete pagato, e ridomandino i Negatori le doti che han pagato alle mogli loro divenute credenti. Questo è il giudizio di Dio col quale Ei giudica fra voi; e Dio è savio sapiente. – [11] Se qualcuna delle vostre spose sia fuggita passando ai Negatori della Fede, e vi prendiate poi su di loro la rivincita, date a coloro le cui mogli saran fuggite l'equivalente di quanto han speso per la dote, e temete quel Dio in cui credete! –

[12] O Profeta! Quando vengano a te delle credenti che si impegnino con giuramento a non associare a Dio cosa alcuna, a non rubare, a non commettere adulterio, a non ucci-

dere i loro figli, a non diffonder calunnie inventate falsamente fra le loro mani e i loro piedi, e a non disobbedirti in quel che è conveniente, accetta il loro giuramento e chiedi perdono a Dio per loro, ché Dio è indulgente clemente. –

13 O voi che credete! Non prendete ad alleata gente contro la quale Iddio è adirato, gente che dispera della vita dell'Oltre, così come i Negatori disperano del sorgere nuovo degli abitator dei sepolcri! –

LXI. LA SURA DEI RANGHI SERRATI

(*Medinese. Di 14 versetti, rivelata dopo la Sura del Reciproco Inganno*)

Nel nome di Dio, clemente misericordioso!

[1] Canta la gloria di Dio tutto quel ch'è nei cieli e quel
ch'è sulla terra: Egli è il Possente Sapiente. – [2] O voi che
credete! Perché dite voi ciò che poi non fate? – [3] Grande-
mente odioso è presso Dio che voi diciate quel che non
fate! – [4] In verità Iddio ama quei che combattono sulla Sua
via in ranghi serrati, compatti come edifizio solido. –

[5] Rammenta quando Mosè disse al suo popolo: " O popol
mio! Perché mi tormentate, mentre sapete ch'io sono il Mes-
saggero di Dio a voi inviato? " E poi ch'essi deviarono,
Iddio fece deviare i loro cuori, ché Dio non guida la gente
perversa. –

[6] E quando disse Gesù figlio di Maria: " O figli d'Israele!
Io sono il Messaggero di Dio a voi inviato, a conferma di
quella *Tōrāh* che fu data prima di me, e ad annunzio lieto
di un Messaggero che verrà dopo di me e il cui nome è
Aḥmad! " Ma quando egli portò loro prove chiarissime,
essi dissero: " Incantamento è questo, manifesto! " – [7] E chi
è più iniquo di chi ha inventato menzogne contro a Dio,
mentre è chiamato a darsi a Lui? Ma Dio la gente iniqua
non guida! – [8] Vorrebbero spegnere la Luce di Dio col sof-
fio delle loro bocche, ma Dio porterà a perfezione la Sua
Luce, anche a dispetto degli empi! – [9] È Lui che ha mandato

il Suo Messaggero con la Retta Guida, con la Religione Vera per farla trionfare su ogni altra religione, anche a dispetto dei pagani! – [10] O voi che credete! Voglio guidarvi a un commercio che vi salverà da castigo cocente: – [11] se crederete in Dio e nel Suo Messaggero e lotterete sulla Via di Dio coi vostri beni e con tutti voi stessi, questo sarà meglio per voi, se lo sapeste! – [12] Iddio allora vi perdonerebbe i vostri peccati e vi farebbe entrare in Giardini alle cui ombre scorrono i fiumi, in dimore buone nei giardini di Eden. Questo è il Successo Supremo! – [13] E vi darebbe, inoltre, quanto voi desiderate: aiuto possente di Dio e pronto trionfo! Danne la buona novella ai credenti! – [14] O voi che credete! Siate gli ausiliari di Dio, così come disse Gesù figlio di Maria agli apostoli: "Chi saranno gli ausiliari miei verso Dio?" Ed essi risposero: "Noi siamo gli ausiliari di Dio!" Così una parte dei figli d'Israele credette e un'altra parte negò la Fede, e Noi confermammo quei che avevan creduto, contro il loro nemico; sì che ne usciron vittoriosi! –

LXII. LA SURA DELL'ADUNANZA

(*Medinese. Di 11 versetti, rivelata dopo la Sura dei Ranghi Serrati*)

Nel nome di Dio, clemente misericordioso!

[1] Canta la gloria di Dio tutto quanto è nei cieli e tutto quel ch'è sulla terra, di Dio il Re, il Santo, il Possente, il Sapiente! – [2] Egli è colui che suscitò fra i gentili un Messaggero della loro stirpe che recita loro i Suoi Segni, li purifica e insegna loro il Libro e la saggezza, anche se si trovavano prima in error manifesto. – [3] Altri poi, di essi, non si sono ancora uniti a quelli che han creduto, ma Egli è il Possente Sapiente! – [4] Questo è il Favore di Dio che Egli dà a chi vuole: Iddio è il Signore del Favore Supremo. – [5] Quelli cui fu imposta la *Tōrāh* e che non seppero portarla s'assomigliano all'asino che porta libri; ben triste è la similitudine d'un popolo che smentì i Segni di Dio! Ma Dio non guida gli iniqui! – [6] Dì: "O giudei! Se ritenete di esser voi gli amici di Dio a esclusione di tutti gli altri uomini, auguratevi la morte, se siete sinceri!" – [7] Ma essi non se la augureranno mai, per quel che le mani loro hanno commesso; ma Dio conosce gli iniqui! – [8] Dì: "La morte da cui ora rifuggite vi verrà incontro e sarete allora restituiti a Colui che conosce l'Invisibile e il Visibile, il quale vi informerà, allora, di quel che operavate sulla terra". –

[9] O voi che credete! Allorché, il giorno dell'Adunanza, udite l'invito alla Preghiera, accorrete alla menzione del Nome

di Dio e lasciate ogni traffico. Questo è meglio per voi, se lo sapeste! – [10] E quando la Preghiera è terminata disperdetevi per la terra e cercate d'ottener grazia di Dio, e menzionate il Nome di Dio di frequente, a che per avventura prosperiate. – [11] Ma quando costoro vedono qualche commercio o qualche divertimento vi si precipitano e ti lasciano ritto in piedi solo. Dì: " Quel che v'è presso Dio è migliore del divertimento e del commercio, ché Dio, dei provvidenti è il migliore! " –

LXIII. LA SURA DEGLI IPOCRITI

(*Medinese. Di 11 versetti, rivelata dopo la Sura del Pellegrinaggio*)

Nel nome di Dio, clemente misericordioso!
1 Quando vengono a te gli Ipocriti ti dicono: "Noi at-
testiamo che tu sei il Messaggero di Dio e Dio sa bene che
tu sei il Suo Messaggero!" Ma Dio è ancor testimone che
gli Ipocriti sono bugiardi! – 2 Han preso i loro giuramenti
per un mantello protettore e si sono allontanati dalla Via di
Dio. Qual turpe azione commettono! – 3 Questo perché essi
prima credettero, poi rinnegaron la Fede, e fu posto un si-
gillo loro sul cuore, sì che nulla più intendono! – 4 A ve-
derli, le lor persone ti piacciono, e, quando parlano, volen-
tieri ascolti il lor dire, ma sono come travi puntellate. Cre-
dono che ogni grido sia contro di loro. Son essi il tuo ne-
mico, guardati da loro! Dio li uccida! Quanto lungi son dalla
Fede! – 5 E quando si dice loro: "Venite, e il Messaggero
di Dio chiederà perdono per voi!" voltano il capo e li vedi
scostarsi da te gonfi d'orgoglio. – 6 Sarà eguale per essi che
tu chieda per loro perdono o non lo chieda: Iddio non darà
loro perdono, perché Dio non guida i perversi! – 7 Essi son
quelli che dicono: "Non spendete nulla per quelli che stanno
col Messaggero di Dio, così si staccheranno da lui!" Ma
Dio possiede i tesori tutti del cielo e della terra, e gli Ipocriti
nulla comprendono! – 8 Dicono: "Se torniamo a Medina,
i più potenti ne scacceranno i più miserabili". Ma la Po-

tenza è di Dio e del Suo Messaggero e dei credenti, e gli
Ipocriti nulla ne sanno! – [9] O voi che credete! Non vi di-
straggano le vostre ricchezze e i vostri figli dalla menzione
del Nome di Dio. Quei che tal cosa faranno, certo perde-
ranno. – [10] Ma date di quel che Noi v'abbiam provveduto,
prima che venga ad uno di voi la morte ed egli dica: " Si-
gnore, perché non mi accordi una dilazione fino a un termine
prossimo, sì ch'io faccia elemosina e divenga dei buoni? " –
[11] Ma Dio non accorderà dilazione ad anima alcuna quando
sia giunto il suo termine, e Dio di quel che voi fate ha con-
tezza! –

LXIV. LA SURA DEL RECIPROCO INGANNO

(*Medinese. Di 18 versetti, rivelata dopo la Sura della Dichiarazione d'Illiceità*)

Nel nome di Dio, clemente misericordioso!

[1] Canta lo gloria di Dio tutto quanto è nei cieli e tutto quel ch'è sulla terra. A Lui il Regno, a Lui la Lode! Egli è sovra tutte le cose potente! – [2] Egli è Colui che vi ha creato, e c'è fra voi chi rifiuta la Fede e c'è fra voi chi è credente, e Dio, quel che fate, lo osserva. – [3] Egli ha creato i cieli e la terra con Verità d'intento, e v'ha plasmati, e forme belle v'ha dato e a Lui tutto ritorna! – [4] Egli conosce ciò che è nei cieli e quel ch'è sulla terra e conosce quel che celate e quel che palesate: Iddio conosce il segreto dei cuori! – [5] Non v'è giunta notizia di quei che negaron la Fede prima di voi, e gustarono il danno dell'azione loro, ed ebbero castigo cocente? – [6] Questo perché venivano a loro i Messaggeri ad essi inviati con le Prove Chiarissime e quelli dicevano: "O che forse han da essere uomini a guidarci?" E rifiutaron la Fede, e voltaron le spalle, e Dio ne fece a meno, ché Dio è Quei che di nulla ha bisogno, il Degno di Lode. – [7] Quei che negano la Fede s'illudono che non saranno mai risuscitati. Dì: "Sì, pel mio Signore! Voi verrete risuscitati! Sì! E verrete informati di quel che avete operato, e questo è facile a Dio!" – [8] Credete dunque in Dio e nel Suo Messaggero e nella Luce che abbiam fatto discendere sul mondo; ché Dio di quel che fate ha contezza. – [9] Il dì in cui Egli vi radunerà

pel Giorno della Gran Raunanza, quello sarà il giorno del reciproco inganno: e chi avrà creduto in Dio e avrà fatto del bene, Iddio lo purificherà delle sue colpe e lo farà entrare in Giardini alle cui ombre scorrono i fiumi, in cui resteranno in eterno, sempre. Questo è il Successo Supremo! – [10] E coloro che rifiutaron la Fede e smentirono i Nostri Segni, saranno la gente del Fuoco, nel quale resteranno in eterno. Quale tristo andare! – [11] Non sopraggiunge nessuna disgrazia se non col permesso di Dio, e chi crede in Dio, questi guida al bene il suo cuore, e Dio tutte le cose conosce. – [12] Obbedite dunque a Dio e obbedite al Suo Messaggero. Che se volgerete le spalle, ebbene il Nostro Messaggero non ha che da annunciare, chiaro, il Messaggio. – [13] Dio! Non v'è altro dio che Lui! In Dio i credenti confidino! –

[14] O voi che credete! In verità nelle vostre mogli e nei vostri figli v'è un nemico per voi. Guardatevene. Ma se perdonerete e sarete indulgenti e condonerete, ebbene Iddio è indulgente clemente! – [15] Poiché le vostre ricchezze e i vostri figli non sono che una tentazione, mentre presso Dio v'ha mercede immensa! – [16] Temete dunque Iddio quanto potete, e ascoltate e obbedite, e date elemosine pel vostro stesso bene, perché chi si guarderà dall'avarizia dell'anima, quelli saranno i Fortunati! – [17] Se farete a Dio un prestito bello Egli ve lo raddoppierà e vi perdonerà, perché Iddio è mite, grato. – [18] Conoscitore dell'Invisibile e del Visibile, possente sapiente! –

LXV. LA SURA DEL DIVORZIO

(*Medinese. Di 12 versetti. Rivelata dopo la Sura dell'Uomo*)

Nel nome di Dio, clemente misericordioso!

[1] O Profeta! Quando divorzierete le vostre donne, divor-
ziatele allo spirare del periodo d'attesa. Contate bene questo
periodo e temete Iddio Signor vostro; non le scacciate dalle
loro case, ed esse non ne escano se non quando abbian com-
messo qualche manifesta turpitudine. Questi sono i termini
di Dio. E chi oltrepassa i termini di Dio tiranneggia se stesso.
Tu non sai: può darsi che Iddio produca, in seguito, qualche
evento che porti a riunione. – [2] E quando sian giunte al ter-
mine loro, trattenetele con gentilezza o con gentilezza sepa-
ratevene. E prendete a testimoni persone fra voi che sian
giuste e testimoniate avanti a Dio. Ammonizione questa per
chi crede in Dio e nell'Ultimo Giorno; e chi teme Iddio,
Questi gli offrirà via d'uscita, – [3] e provvidenza da dove
meno se l'attendeva: ché per colui che confida in Dio, Dio
è aiuto bastante. In verità Iddio è Colui che la Sua mèta
sempre raggiunge, e ad ogni cosa ha dato Iddio destinata
misura. – [4] Per quelle fra le vostre donne che disperino d'aver
più mestruazioni, se dubiterete che siano incinte, sia il pe-
riodo d'attesa di tre mesi, e lo stesso per quelle che non
hanno avuto ancora mestruazioni. Quanto alle donne incinte,
sia il loro termine d'attesa fino a che non abbian deposto il
loro peso. Chi teme Iddio, Iddio allevierà la sua sorte. –

[5] Questo è l'ordine di Dio ch'Ei v'ha rivelato: e chi teme Iddio, Questi lo purificherà delle sue colpe e gli darà mercede immensa. – [6] Alloggiatele dove abitate voi stessi, secondo i vostri mezzi, e non fate loro del male angustiandole; e se sono incinte, pagate le loro spese finché non abbian deposto il loro peso; e se allatteranno per voi date loro la loro mercede e accordatevi fra voi con gentilezza. E se troverete difficoltà in questo, allora allatti il vostro figlio un'altra donna. – [7] Che colui che ha abbondanza di mezzi, spenda abbondantemente e che colui cui fu misurata la provvidenza spenda di quel che Dio gli ha dato. Iddio non obbliga nessuno a far cose maggiori delle possibilità che gli ha dato. Certo Iddio darà, dopo l'avversità, prosperità.

[8] Oh quante città furon ribelli all'ordine del loro Signore e dei Suoi messaggeri e glie ne facemmo render duramente conto, le castigammo di castigo esecrando! – [9] E gustarono il danno dell'opera loro, e l'opera loro finì in perdizione. – [10] Iddio preparò loro un castigo violento: temete dunque Iddio, o voi che avete gl'intelletti sani, che avete la Fede! Iddio ha fatto scender per voi un Mònito, – [11] un Messaggero Divino che vi recita i Segni di Dio chiarissimi per trarre coloro che credono e operano il bene dalle tenebre alla luce. Ché chi crede in Dio e opera il bene, Iddio lo farà entrare in Giardini alle cui ombre scorrono i fiumi, nei quali rimarranno in eterno, sempre, e gli darà Iddio provvidenza bella. – [12] Iddio è Colui che ha creato sette cieli e altrettante terre; e fra tutti discende possente l'Ordine, perché voi sappiate che Dio è sopra tutte le cose possente, e che Dio tutte le cose abbraccia di Sua scienza. –

LXVI.
LA SURA DELLA DICHIARAZIONE D'ILLICEITÀ

(*Medinese. Di 12 versetti, rivelata dopo la Sura delle Stanze Intime*)

Nel nome di Dio, clemente misericordioso!

[1] O Profeta! Perché dichiari illecito quel che Iddio t'ha permesso, per cercar di compiacere le tue mogli? Ma Dio è indulgente clemente. – [2] Iddio ha sanzionato lo scioglimento dei vostri giuramenti: Dio è il vostro patrono, Egli è il Savio Sapiente. – [3] Rammentate quando il Profeta confidò ad una delle sue mogli una cosa e allorché questa ne ebbe informato altri e Dio lo ebbe manifestato a lui, questi informò quella di parte della cosa e glie ne tacque una parte. Or quando egli ne la informò, quella gli chiese: "Chi ti ha reso edotto di questo?" Rispose: "Me ne ha reso edotto il Sapiente, il Sempre Informato!" – [4] Se ora voi due vi volgerete a Dio pentite (ché i cuori vostri hanno deviato) Iddio vi perdonerà. Ma se vi alleerete contro di lui, ebbene il suo patrono è Dio e Gabriele e ogni pio credente, e gli angeli, ancora, saran suoi protettori. – [5] Può darsi che se egli vi divorzia, il suo Signore gli dia in cambio mogli migliori di voi, date a Dio, credenti, devote, penitenti, adoranti, digiunanti, maritate o vergini. –

[6] O voi che credete! Preservate voi stessi e le vostre famiglie dal Fuoco che avrà per alimento uomini e sassi, custodito da angeli feroci e terribili che non disubbidiscono a Dio in quel che loro comanda e a quel che è loro ordinato obbe-

discono. – [7] O voi che negate la Fede! Non vi scusate, oggi. In verità voi sarete compensati per quel che avete operato. – [8] O voi che credete! Pentitevi a Dio di pentimento leale. Può darsi che il vostro Signore vi purifichi delle vostre colpe e vi faccia entrare in Giardini alle cui ombre scorrono i fiumi, un giorno in cui Iddio non confonderà il Profeta e quei che avran creduto con lui. Correrà la loro Luce avanti a loro e alle loro destre e diranno: "Signore! Perfeziona a noi la nostra luce, e perdonaci, poiché Tu sei sovra tutte le cose possente" – [9] O Profeta! Lotta contro i Negatori della Fede e gli Ipocriti e sii duro con loro: il loro asilo sarà la gehenna, oh qual tristo andare! –

[10] Iddio propone ad esempio per quei che rifiutan la Fede la moglie di Noè e la moglie di Lot, le quali furon sottoposte a due dei nostri servi buoni, i quali però esse tradirono, ed essi nulla poteron fare per loro con Dio, e fu detto loro: "Entrate con gli altri nel Fuoco!" – [11] E Dio propone ad esempio per coloro che credono la moglie di Faraone allorché disse: "Signore! Costruiscimi una casa accanto a te nel Paradiso, salvami da Faraone e dall'opere sue, salvami dal popolo degli empi!" – [12] E Maria figlia di *'Imrān*, che si conservò vergine, sì che noi insufflammo in lei del Nostro Spirito, e che credette alle parole del suo Signore, e nei Suoi Libri, e fu una delle donne devote. –

LXVII. LA SURA DEL REGNO

(*Meccana. Di 30 versetti, rivelata dopo la Sura del Sinai*)

Nel nome di Dio, clemente misericordioso!

1 Sia benedetto Colui nelle cui mani è il Regno, ed Egli
è sovra a tutte le cose potente! – 2 Il quale creò la morte e
la vita per provarvi, e sperimentar chi fra voi meglio opera;
Egli è il Potente Indulgente. – 3 Colui che creò sette cieli
l'uno sull'altro, e tu non puoi scorgere nella creazione del
Misericordioso ineguaglianza alcuna. Volgi in alto la vista:
vedi tu fenditure? – 4 E volgi ancora in alto due volte la
vista: tornerà a te la vista affaticata stancata. – 5 E ornammo
il cielo più basso con lampade, che destinammo a esser lan-
ciate contro i dèmoni, ai quali preparammo il castigo del
Fuoco. – 6 A coloro che han negato il loro Signore toccherà
il castigo della gehenna: qual tristo andare! – 7 Allorché vi
verranno gettati la udranno ribollente mugghiare – 8 quasi
fosse per scoppiare dall'ira, e ogni qual volta una turba di
gente vi sarà gettata dentro, chiederanno loro i Custodi:
“Non venne a voi un Ammonitore?” – 9 Diranno: “Sì,
venne a noi un Ammonitore e lo smentimmo e dicemmo:
‘Iddio non ha rivelato nulla, e voi siete in errore grande!’” –
10 E diranno ancora: “Oh, se avessimo udito e capito, non
saremmo ora fra la gente del Fuoco d'Inferno!” – 11 Con-
fesseranno allora la loro colpa, ma perisca la gente d'Inferno! –
12 In verità coloro che avran temuto il loro Signore in segreto,
avranno perdono e mercede grande. – 13 E sia che celiate il
vostro dire o che lo palesiate, Egli ben conosce il segreto

dei cuori! – 14 O non conoscerà forse tutto Colui che tutto
creò, Colui ch'è il Sottile, di tutto Informato! – 15 Egli è
Colui che v'ha posto sotto i piedi umiliata la terra; vagate
dunque per le sue plaghe e mangiate della Sua provvidenza:
a Lui risusciterete. – 16 Siete voi forse sicuri che Chi è nel
cielo non vi faccia sprofondare sotterra? Ecco, sarà squas-
sata! – 17 O siete voi sicuri che Chi è nel cielo non vi mandi
contro un vento petroso? Sapreste allora come sarà il Mio
mònito! – 18 E già smentirono Dio quelli che furono prima,
ma qual non fu il Mio disgusto! – 19 O non guardan forse
agli uccelli che volano sopra di loro, come spiegan le ali e
le rinserrano? E niun'altri che il Misericordioso li sostiene
nell'aria, Egli, che tutte osserva le cose! – 20 O chi potrà
esservi esercito soccorritore, altri che il Misericordioso? Ma
i Negatori della Fede non sono che illusi! – 21 Ovvero chi
è colui che possa provvedere a voi quando Iddio trattenga
la Sua Provvidenza? Eppure persistono nell'insolente avver-
sione! – 22 Forse che colui che cammina strisciando sulla
faccia è più nel giusto di colui che incede, eretto, su diritta
Via? – 23 Dì: " Egli è Colui che v'ha creati e v'ha dato l'udito
e la vista e l'intelletto. Ma quanto poco Glie ne siete grati! ". –
24 Dì: " Egli è Colui che v'ha disseminati sulla terra, e avanti
a Lui tutti sarete raunati! " – 25 E dicono ancora: " Quando
questa minaccia, se siete sinceri? " – 26 Rispondi: " La scienza
sta presso Dio ed io non sono che Ammonitore chiaris-
simo! " – 27 Ma quando la vedranno approssimarsi, s'incu-
piranno i volti di coloro che rifiutaron la Fede e dirà una
Voce: " Ecco quello che voi reclamavate! " – 28 Dì: " Che ne
pensate voi? Sia che Iddio distrugga me e chi è con me,
sia che abbia di noi misericordia, chi mai salverà i Negatori
da castigo cocente? " – 29 Dì: " Egli è il Misericordioso. In
Lui crediamo, in Lui confidiamo, e presto saprete chi sia in
error manifesto " – 30 Dì: " Che ne pensate? Se l'acqua vo-
stra venisse a sprofondarsi sotto terra, chi vi darebbe acqua
scorrente limpida? " –

LXVIII. LA SURA DEL CALAMO

*(Meccana, eccetto i versetti 17-33 e 48-50, che son medinesi.
Di 52 versetti, rivelata dopo la Sura del Grumo di Sangue)*

Nel nome di Dio, clemente misericordioso!

1 N. Pel Calamo e quel che scrivono gli angeli! – 2 Tu
non sei, per grazia del Signore, un folle! – 3 E avrai certo
mercede ininterrotta. – 4 E certo l'indole tua è nobilissima. –
5 Presto vedrai, presto vedranno, – 6 chi sia di voi il sedotto. –
7 In verità il tuo Signore sa meglio chi erra lungi dalla Sua
via, meglio conosce quei che camminan nel giusto. – 8 Non
dare ascolto a chi smentisce, dunque. – 9 Essi vorrebbero
che tu dissimulassi, sì che potesser essi simulare. – 10 Non dare
ascolto a chi è spergiuro spregevole – 11 diffamatore diffusore
di calunnie – 12 ostacolatore del bene, prevaricatore, peccatore – 13 crudele e per di più bastardo – 14 anche se ricchezze
possegga e molti figli. – 15 Quando gli si recitano i Segni
Nostri, dice: "Favole antiche!" – 16 Gli stamperemo un
marchio sul naso! –

17 In verità Noi provammo costoro, così come provammo
quei del giardino quando giurarono che ne avrebbero colti
i frutti al mattino – 18 senza far riserva alcuna. – 19 E circondò
il giardino un flagello che corre, mandato dal Signore, mentr'essi dormivano. – 20 E il giardino divenne come nudo di
frutti. – 21 E all'alba si chiamarono l'un l'altro: – 22 "Andiamo
nella nostra piantagione, se vogliam coglierne i frutti!" –
23 E si partirono bisbigliandosi l'un l'altro all'orecchio: –

24 " Che non v'entri oggi alcun povero! " – 25 Partiron dun-
que di prima mattina, ben decisi. – 26 Ma quando videro il
giardino esclamarono: " Davvero fummo in errore! – 27 Ed
ora, anzi, di tutto siam privi! " – 28 E disse allora il più
giudizioso: " Non v'avevo detto: perché non glorificate Id-
dio? " – 29 Dissero: " Sia gloria al nostro Signore! Noi
fummo certo iniqui! " – 30 E l'uno si volse all'altro, rimpro-
verandosi a vicenda. – 31 Dicendo: " Guai a noi, ché fummo
peccatori! – 32 Ma è possibile che il Signore ci dia in cam-
bio un giardino di questo migliore, e solo il Signore cer-
chiamo! " – 33 Tal fu il castigo; ma il castigo dell'Oltre
sarà maggiore ancora, se essi sapessero! – 34 E i pii avranno
presso il Signore Giardini di delizie. –

35 O che forse i dati a Dio tratterem noi come i perversi? –
36 Che avete? Come giudicate? – 37 O avete forse un Libro
nel quale studiate, – 38 e vi trovate che avrete quel che sce-
gliete? – 39 O avete giuramenti che Ci impegnino sino al
dì della Resurrezione, pei quali v'abbiate quel che giudicate
vi spetti? – 40 Chi è di loro che ne sia garante? – 41 Oppure
hanno essi dei compagni? Li portino, i loro compagni, se
sono sinceri! – 42 Il giorno in cui sarà denudata una coscia,
e costoro saran chiamati a prostrarsi adoranti, e non lo po-
tranno! – 43 Con gli occhi bassi li avvolgerà ignominia, per-
ché, chiamati a prostrarsi quand'erano sani rifiutarono. –
44 Lasciami dunque solo con quei che smentiscono questa
Parola: li coglieremo a gradi, da luoghi ch'essi non sanno. –
45 Io accordo loro una dilazione: ché il mio strattagemma è
sicuro! – 46 O che forse tu chiedi loro una mercede, mentre
son gravati di debiti? – 47 Detengono essi forse il Mistero,
e lo scrivono? – 48 Pazienta dunque fino al Giudizio del tuo
Signore, e non esser come Quello del Pesce, quando gridò
a Dio angosciato. – 49 E se grazia del Signore non lo avesse
toccato, sarebbe stato gettato coperto di biasimo sulla terra
nuda. – 50 Ma il suo Signore l'elesse e ne fece uno dei Santi. –
51 E quei che rifiutan la Fede poco manca t'abbattan con gli

sguardi quando odono il Mònito, e dicono: "Davvero è pazzo costui!" – [52] E invece questo non è che un Mònito al Mondo. –

LXIX. LA SURA DELL'INEVITABILE

(*Meccana. Di 52 versetti, rivelata dopo la Sura del Regno*)

Nel nome di Dio, clemente misericordioso!

[1] L'Inevitabile! – [2] Che cos'è l'Inevitabile? – [3] E come saprai mai cos'è l'Inevitabile? – [4] Smentirono i *Ṯamūd* e gli *'Ād* la Percotente. – [5] E i *Ṯamūd* li sterminammo col fuoco crosciante. – [6] E gli *'Ād* li sterminammo con vento intenso mugghiante, – [7] che Iddio scatenò su di loro per sette notti e otto giorni ininterrotto e avresti visto colà gli uomini stroncati a terra come ceppi svuotati di palme. – [8] E vedi tu ora che ne sia qualcosa rimasto? – [9] E vennero, intrisi di peccato, e Faraone, e chi fu prima di lui, e le Città Everse. – [10] E si ribellarono al Messaggero del loro Signore, ed Ei li strinse di stretta possente. – [11] E Noi fummo che quando trabboccaron l'acque vi portavamo sull'arca agile, – [12] per farne a voi memoriale che orecchio attento ascolti. – [13] Or quando squillerà la Tromba, squillerà squillo unico, – [14] e verran strappate via la terra e le montagne, sgretolate d'un colpo, – [15] quel giorno, la Cadente cadrà. – [16] E il cielo si spaccherà; in quel giorno, fragile, – [17] e gli angeli ai suoi termini: e Otto porteranno il Trono del Signore, in quel giorno, sovra a loro, alto. – [18] E in quel giorno sarete tutti esposti, e non sarà segreto alcun segreto. – [19] E colui cui sarà dato il libro nella destra, dirà: "Prendete e leggete il mio libro! – [20] Io sempre pensai che avrei incontrato la mia Resa dei Conti!" –

21 Ed egli vivrà vita piacente, – 22 in giardino alto – 23 e frutti
bassi. – 24 " Mangiate e bevete in pace, per quel che prima
faceste nei giorni trascorsi! " – 25 E colui cui sarà dato il
libro nella sinistra, dirà: " Oh mai dato mi fosse questo
libro! – 26 Oh mai saputo avessi questo conto! – 27 Oh m'a-
vesse annientato la morte! – 28 A che mai mi giovò la mia
ricchezza? – 29 Ed ogni mia potenza or m'è distrutta! " –
30 " Prendetelo, incatenatelo! – 31 Giù nel Fuoco bruciatelo! –
32 A una catena di settanta cubiti costringetelo! – 33 Costui
non credeva in Dio il Massimo, – 34 non invitava a nutrire
il povero; – 35 e qui non avrà oggi alcun amico, – 36 né
cibo che non sia marciume e sanie – 37 cibo che i peccatori
soli mangiano ". – 38 Giuro per quel che vedete – 39 e per quel
che non vedete! – 40 Questa è parola d'un Messaggero nobi-
lissimo – 41 e non parola di poeta; ma quanto poco credete! –
42 e non parola d'indovino; ma quanto poco riflettete! –
43 È, questa, rivelazione dal Signor del Creato. – 44 Ché se
egli Ci avesse prestato parole non Nostre – 45 l'avremmo
afferrato per la destra, – 46 e gli avremmo reciso la vena del
cuore, – 47 e niun di voi gli avrebbe fatto scudo. – 48 Ma
questo pei timorati di Dio è un Mònito – 49 e pur sappiamo
che c'è fra voi chi lo smentisce. – 50 Questo è pei negatori
angoscia, – 51 e pure è Verità Verissima. – 52 Glorifica dun-
que il nome di Dio, il Massimo! –

LXX. LA SURA DELLE SCALE

(*Meccana. Di 44 versetti, rivelata dopo la Sura dell'Inevitabile*)

Nel nome di Dio, clemente misericordioso!

1 Un tale ha chiesto d'un castigo sopraggiungente – 2 ai Negatori, castigo inesorabile, – 3 che viene da Dio, il Signore delle Scale, – 4 per le quali ascendono a Lui gli angeli e lo Spirito, in un giorno che vale cinquantamila anni. – 5 Pazienta dunque di pazienza dolce; – 6 ché costoro lo vedono lontano, – 7 e vicino Noi lo vediamo: – 8 il giorno in cui il cielo sarà come bronzo fuso – 9 e come fiocchi di lana tinta i monti. – 10 E l'amico non chiederà dell'amico – 11 pur potendosi scorgere l'un l'altro, e il perverso darebbe in quel giorno i figli suoi in riscatto, per fuggire il tormento – 12 i figli suoi, e la sua donna, e il suo fratello – 13 e i suoi parenti che gli diedero asilo – 14 e tutti quanti son sulla terra, per salvarsi. – 15 No! Ché questa è cosa che avvampa – 16 che strappa le membra – 17 che chiama chi sdegnò, volse le spalle – 18 e radunò e accumulò. – 19 Davvero l'uomo fu creato avido – 20 quando lo tocca il male, timido – 21 quando lo coglie il bene, sordido. – 22 Eccettuati i preganti – 23 nella preghiera loro costanti – 24 che dei lor beni han fissato debita parte – 25 pel povero e 'l mendicante; – 26 che son certi del Giorno del Giudizio – 27 e che il Castigo del Signore paventano – 28 (in verità il Castigo del Signore è inevitabile!) – 29 e che i lor genitali custodiscono – 30 con tutte che non siano le

loro spose e le lor schiave, in ciò non biasimevoli – 31 (ma
quei che braman più di questo, son peccatori) – 32 che fedeli
mantengono i depositi e i patti loro mantengono, – 33 che
son retti nella lor testimonianza – 34 e che osservano bene la
Preghiera. – 35 Essi staranno, onorati, in Giardini. –

36 Ma che han dunque quei che negan la Fede, da cor-
rere a collo teso verso te – 37 a destra, a sinistra, a frotte? –
38 Dunque avido brama ognun di costoro d'esser fatto en-
trare in un giardino di delizie? – 39 No! Ché li abbiam creati
di quel che sanno. – 40 E giuro pel Signore dell'Oriente e
dell'Occidente, che Noi siam capaci – 41 di cambiarli con
gente meglio di loro, né Ce lo impedirebbe alcuno. – 42 La-
sciali dunque a cianciare e a giocare, finché incontreranno
quel giorno che fu già lor minacciato, – 43 il giorno in cui
usciranno dalle tombe in fretta come accorrenti a un vessillo, –
44 con gli occhi bassi avvolti d'ignominia. Questo è il Giorno
loro promesso! –

LXXI. LA SURA DI NOÈ

(*Meccana. Di 28 versetti, rivelata dopo la Sura dell'Ape*)

Nel nome di Dio, clemente misericordioso!
1 In verità Noi inviammo Noè al suo popolo dicendogli:
"Ammonisci il tuo popolo, prima che gli giunga castigo co-
cente!" – 2 Ed egli disse: "O popol mio! Io son per voi
Ammonitore chiarissimo, – 3 a che adoriate Dio e lo temiate
e mi obbediate. – 4 Ei vi perdonerà i vostri peccati e vi ri-
manderà a un termine fisso, ché il termine di Dio, quando
giunge, nulla lo può ritardare, se voi ben lo sapeste!" – 5 Disse:
"O mio Signore! Io ho chiamato il mio popolo notte e
giorno – 6 e il mio chiamare non li ha fatti che vieppiù fug-
gire dal Vero. – 7 E ogni volta che li chiamavo a che Tu li
perdonassi, si mettevan le dita nelle orecchie, s'avvolgevan
nelle lor vesti, e s'ostinavano, e orgogliosi s'inorgoglivano. –
8 E li chiamai apertamente – 9 e parlai in pubblico a loro e
parlai loro segreti in segreto – 10 e dissi: 'Chiedete perdono
al Signore, ché indulgentissimo è Lui – 11 e manderà sopra
di voi cielo ricolmo di piogge – 12 e vi darà copia di ricchezze
e figli, e vi darà giardini e vi darà ruscelli. – 13 Che avete,
che non sperate longanimità da Dio, – 14 che v'ha creato in
successivi stadi? – 15 Non vedete come Iddio ha creato sette
cieli sovrapposti – 16 e v'ha messo, luce, la luna, e lampada
v'ha messo il sole? – 17 E Dio v'ha fatti germinar dalla terra
come piante – 18 e vi ci farà ancora tornare, e ve ne estrarrà

poi, nuovi. – [19] Iddio v'ha posto sotto i piedi la terra quale tappeto – [20] a che possiate sopra camminare, per spaziose vie! ' " – [21] E disse Noè: " Signore! Costoro si son ribellati a me e seguono coloro le cui ricchezze e i figli non fan che aumentare la perdizione! – [22] E han tramato insidia immensa – [23] e dicono: ' Non abbandonate i vostri dèi, non abbandonate *Wadd* e *Suwā*' e *Yaġūṯ* e *Ya'ūq* e *Nasr*! ' – [24] Molti essi hanno traviato, e Tu, Signore, non accrescer agli empi altro che traviamento! " – [25] Così pei loro peccati furono annegati e quindi fatti entrare nel Fuoco, e non trovaron per sé, contro Dio, alleati. – [26] E disse Noè: " Signore! Non lasciar sulla terra, dei Negatori vivo nessuno. – [27] Ché se li lascerai travieranno i Tuoi servi, e non genereranno che libertini negatori di Dio. – [28] Signore! Perdona me e i miei genitori e chi entrò nella mia casa credente e i credenti e le credenti, e accresci solo rovina agli empi " –

LXXII. LA SURA DEI ĠINN

(*Meccana. Di 28 versetti, rivelata dopo la Sura del Limbo*)

Nel nome di Dio, clemente misericordioso!

1 Dì: "M'è stato rivelato che un gruppo di *ǧinn* ascoltò il Corano, poi dissero: 'Davvero predicazione udimmo meravigliosa – 2 che guida alla Retta Via; vi crediamo dunque e nulla più associeremo al Signore! – 3 Egli infatti (che la Maestà del Signor nostro sia esaltata) non s'è scelta compagna né figlio – 4 ma menzogna già disse lo stolto di fra noi, contro Dio – 5 mentre noi pensavamo che né uomo né *ǧinn* potesser mentir contro a Dio. – 6 E pure alcuni della razza degli uomini si rifugiaron presso alcuni della razza dei *ǧinn*, i quali però non accrebber che la loro follia. – 7 Essi infatti pensavano, come voi pensavate, che Dio non risusciterebbe nessuno. – 8 E noi abbiam tentato il cielo e l'abbiam trovato pieno di custodi severi e di fiamme, – 9 e noi ci sedevamo sui seggi del cielo ad ascoltare; ma chi vorrà ascoltare, ora, troverà pronta in agguato a lui una vampa; – 10 e noi non sappiamo se questo sia un male che si voglia per quei sulla terra, o se il Signore volle con questo guidarli. – 11 E noi abbiam fra noi chi è buono e chi non lo è, abbiamo: anche noi siam compagnie variate. – 12 E noi sempre pensammo che non avremmo prevalso contro Dio sulla terra, non prevarremo contro Lui fuggendo; – 13 e noi quando ascoltammo la Guida vi credemmo, ché chi crede al suo Signore non

temerà perdita o eccesso – 14 e noi abbiam fra noi chi è dato
a Dio e chi da Dio s'allontana; quelli che a Dio si dànno
cercano rettitudine – 15 e quei che se N'allontanano legna
saranno d'Inferno! ' " –

16 Or se costoro diritta seguiranno la Via, li abbevere-
remo d'acqua in copia – 17 per provarli con questo; ma chi
si distoglie dalla menzione del nome del Signore, Questi
lo indirizzerà a castigo durissimo. – 18 Sappiate che i templi
sono di Dio! Voi non chiamate, assieme a Dio, alcun altro! –
19 E quando si levò il servo di Dio per invocarLo poco
mancò che essi lo soffocassero. – 20 Dì: " Io, solo il Signore
invoco e a Lui niun'altro accompagno! " – 21 Ancora: " Io
non posso fare a voi bene né danno! " – 22 Ancora: " Non
mi potrà proteggere nessuno da Dio, fuori di Lui non tro-
verò rifugio! – 23 Ma sol posso di Dio darvi nuncio e mes-
saggio; quei che a Dio si ribelleranno e al Suo Messaggero,
avran certo il fuoco della gehenna, dove resteranno in eterno
sempre. – 24 Fino a quando vedranno realtà quel che è lor
minacciato e sapranno chi è alleato più debole, chi minore
di numero ". – 25 Dì: " Non so se prossimo sia quel che v'è
minacciato, o se il Signore vi darà un termine. – 26 Ei che
conosce il Mistero e a niuno il Suo Mistero manifesta, –
27 salvo che a quel Messaggero di cui si compiaccia, cui
manda, avanti e dietro, guardia d'angeli – 28 per conoscer se
essi hanno annunciato i messaggi del loro Signore. Tutto
che è in loro Egli abbraccia, ed ogni cosa conta, ad una
ad una ". –

LXXIII. LA SURA DELL'AVVOLTO NEL MANTO

(*Meccana, eccetto i versetti 10, 11 e 20 che son medinesi.*
Di 20 versetti, rivelata dopo la Sura del Calamo)

Nel nome di Dio, clemente misericordioso! –
1 O tu che t'avvolgi nel manto! – 2 Veglia la notte tutta
salvo un poco! – 3 Metà, oppur togline un poco, – 4 o aggiun-
gine, e recita, cantando, il Corano! – 5 Che noi rivolgeremo
a te parole gravi. – 6 In verità il principiar della notte è tempo
di marchio più forte e di parola più limpida – 7 (ché il giorno
hai tu occupazione lunga). – 8 Invoca dunque il Nome del
Signore e votati a Lui devoto, – 9 il Signore dell'Oriente e
dell'Occidente, non v'è altro dio che Lui: Lui scegli tu a
patrono! – 10 E paziente sopporta quel che dicono e allon-
tanati da costoro dignitoso. – 11 LasciaMi solo con gli smen-
titori, padroni di ricchezze; dà loro ancora un poco dila-
zione. – 12 Grevi catene e fiamme abbiamo in serbo! – 13 E
cibo soffocante e castigo cocente! – 14 Il giorno in cui sarà
scossa la terra e i monti, e diverranno i monti qual mucchi
di sabbia friabile! – 15 In verità Noi v'abbiam inviato un Mes-
saggero testimone contro di voi, così come inviammo già a
Faraone un Messaggero. – 16 E si ribellò Faraone al Messag-
gero e l'afferrammo d'una stretta rude. – 17 O come vi difen-
derete, se negate la Fede, da un Giorno che farà canuti i
fanciulli, – 18 quando il cielo si spaccherà e la Promessa sarà
compiuta? – 19 Questo è un avvertimento: or chi lo vuole,
prenda verso il Signore la Via. – 20 In verità il tuo Signore

conosce che tu vegli in preghiera quasi due terzi della notte, o anche la metà, o un terzo, e così pure di quei che son con te, alcuni; ma Dio, che misura e la notte e 'l giorno, sa che non contate bene, ma vi perdona. Recitate quindi ciò che vi vien facile del Corano: Iddio sa che fra voi c'è chi è malato e chi viaggia pel mondo a cercare il favore di Dio, e altri ancora che combattono sulla via di Dio; recitatene dunque quel che vi vien facile, e osservate la Preghiera e pagate la Dècima e fate a Dio un prestito bello; e quel bene che avrete offerto per voi lo ritroverete presso Dio, e sarà per voi migliore e più sublime mercede. Chiedete dunque perdono a Dio, ché Dio è indulgente clemente! –

LXXIV.
LA SURA DELL'AVVOLTO NEL MANTELLO

(*Meccana. Di 56 versetti, rivelata dopo la Sura dell'Avvolto nel Manto*)

Nel nome di Dio, clemente misericordioso!
[1] O Avvolto nel Mantello! – [2] Sorgi e predica! – [3] E il
tuo Signore glorifica! – [4] E le tue vesti purifica! – [5] Dall'ab-
bominio separati! – [6] Non esser generoso, un più sperando
in cambio! – [7] E pazienta al Signore! –
[8] E allorché si darà fiato alla Tromba – [9] sarà quello un
giorno duro, – [10] ai Negatori non lieve. – [11] LasciaMi solo
con colui che ho creato – [12] cui ricchezze ampie ho dato – [13] e
figli viventi; – [14] e tutto gli ho piano spianato, – [15] e pur
brama ch'io più ancora gli dia! – [16] No! Ché fu renitente a'
Nostri Segni. – [17] Lo aizzerò su per un'erta ripida! – [18] Poiché
ha tutto ben pensato e fissato. – [19] Sia maledetto! Come ha
tutto fissato! – [20] E ancora maledetto! Come ha tutto fis-
sato! – [21] Ecco, guardò – [22] s'accigliò, s'offuscò – [23] poi volse
le spalle gonfio d'orgoglio, – [24] e disse: "Questo è solo
impression di sortilegio! – [25] Questa è solo parola d'uomo!" –
[26] Lo abbrucerò nel Forno d'Inferno! – [27] E come saprai mai
cos'è il Forno d'Inferno? – [28] Non risparmia non lascia, –
[29] vampa pegli uomini ardentissima, – [30] e sovr'essa Dician-
nove si librano. – [31] E a custodi del Fuoco abbiam costituito
angeli solo, e del numero loro facemmo tentazione per co-
loro che negan la Fede, perché acquistin certezza quelli cui
fu dato il Libro e aumenti la Fede di coloro che credono,
e non dùbitino quei che hanno ricevuto la Scrittura e i credenti,

perché dicano quelli che hanno un morbo nel cuore e i Negatori: " Che cosa mai ha voluto dire Iddio con questa similitudine? " Così travia Iddio chi vuole e guida chi vuole, e il numero degli eserciti del Signore non lo conosce che Lui, e questo non è che mònito per gli uomini. –

[32] No! Per la luna! – [33] Per la notte che si ritira! – [34] Pel
mattino che spunta! – [35] Esso è davvero un dei disastri massimi, – [36] mònito agli uomini, – [37] a chi vuole, di voi, avanzare, e a chi vuole indietreggiare. – [38] Ogni anima è pegno
per quel che s'è acquistata. – [39] Ma quelli della Destra – [40] in
fiorenti Giardini si domanderanno – [41] della sorte degli empi. –
[42] " Che cosa v'ha condotto nel Forno d'Inferno? " – [43] Risponderanno: " Non pregavamo – [44] e il meschino non cibavamo – [45] e coi ciancianti vanità cianciavamo – [46] e il dì del
Giudizio smentivamo; – [47] finché Certezza ci giunse ". –
[48] Or a che gioverà loro degli intercessori l'intercessione? –
[49] Che hanno che si scostano dal Mònito? – [50] Come asini
pavidi – [51] che da leone possente fuggono. – [52] Anzi ognun
di loro vorrebbe che gli fosser dati dispiegati rotoli. – [53] No!
Ché non paventano l'Oltre! – [54] No! Ché questo è un Mònito –
[55] e lo rammenti chi lo desidera. – [56] Ma lo rammenteranno
sol se Dio lo voglia. Ei solo è degno di tema, Ei solo può
perdonare! –

LXXV. LA SURA DELLA RESURREZIONE

(*Meccana. Di 40 versetti, rivelata dopo la Sura della Percotente*)

Nel nome di Dio, clemente misericordioso!
1 Giuro pel dì della Resurrezione! – 2 Giuro per l'anima
biasimatrice! – 3 Crede forse l'uomo che non raccoglierem le
sue ossa? – 4 Anzi! Siam capaci ancora di riplasmargli la punta
delle dita! – 5 Ma l'uomo ama viver da libertino, – 6 e chiede:
" Quando sarà il giorno della Resurrezione? " – 7 È quando
sarà abbagliata la vista. – 8 Quando sarà eclissata la luna. –
9 E luna e sole saran riuniti assieme. – 10 Dirà l'uomo quel
giorno: " Dove fuggire? " – 11 No! Non vi sarà riparo! –
12 E salda quiete solo sarà verso il Signore. – 13 Sarà infor-
mato l'uomo, in quel giorno, di quel che avrà avanzato, di
quel che avrà ritardato. – 14 Anzi l'uomo sarà, contro a sé,
prova – 15 per quante scuse egli opponga. – 16 E tu, non muo-
ver la lingua ad affrettarlo – 17 che a Noi sta raccoglierlo e
recitarlo – 18 e quando lo recitiamo, seguine la recitazione –
19 poi a Noi spetta spiegarlo! – 20 No! Ma voi amate l'effi-
mero – 21 e trascurate l'Oltre! – 22 Volti in quel giorno sa-
ranno splendenti – 23 al loro Signore miranti – 24 e volti in quel
giorno saranno offuscati – 25 pensosi del disastro lor preparato. –
26 No! Quando l'anima morente sarà giunta alla clavicola –
27 e si chiederà: " Chi è 'l mago? " – 28 E vedrà che è venuto
il distacco – 29 e convulso stringerà coscia a coscia. – 30 Al
Signore, in quel giorno, sarà spinto. – 31 Ché non credette,

non pregò – 32 ma smentì; s'allontanò – 33 e se ne andò da'
suoi pavoneggiandosi. – 34 Guai a te! Guai! – 35 E ancora
guai a te! Guai! – 36 Conta forse l'uomo d'esser lasciato
libero? – 37 Non fu dunque un tempo una goccia di sperma
che goccia? – 38 E poi grumo molle, e Dio lo creò, lo pla-
smò – 39 e produsse da lui i due sessi maschio e femmina? –
40 Non sarebbe dunque Egli capace di dar la vita ai morti? –

LXXVI. LA SURA DELL'UOMO

(*Medinese. Di 31 versetti, rivelata dopo la Sura del Misericordioso*)

Nel nome di Dio, clemente misericordioso!

1 È passato mai sull'uomo un attimo di tempo in cui non fosse cosa menzionata? – 2 In verità Noi creammo l'uomo da una goccia di sperma e di umori mischiati, per provarlo, e l'abbiam fatto ascoltante e veggente. – 3 E lo guidammo per la retta Via, che Ci si mostri grato, o Ci si mostri ingrato. – 4 E a' Negatori preparammo catene, e gioghi, e fiamma, – 5 e beveranno i pii da una coppa, il cui licore sarà miscelato di Canfora, – 6 sorgente cui i Servi di Dio attingeranno, che faranno sgorgare sgorgante – 7 coloro che saran fedeli a' voti e temeranno un giorno il cui malore mirerà lontano; – 8 e quei che ciberan per amor Suo il meschino e 'l prigioniero e l'orfano. – 9 "Noi vi cibiamo, dicono, sol per amore di Dio, e non vogliamo da voi compenso alcuno, gratitudine non vogliamo; – 10 ché noi temiamo dal Signore nostro un Giorno corrucciato di disastro!" – 11 E Dio li ha preservati dal malor di quel Giorno, e sopra loro effuse chiarore e gioia. – 12 E della lor pazienza li ha premiati, premio di giardino e di seta – 13 dove staranno adagiati su alti giacigli, e non vedranno sole, e non vedranno gelo – 14 e, vicine, l'ombre, e i frutti, dolcemente umiliati, dell'ombre. – 15 E qualcuno passerà attorno con vasi d'argento e crateri che son di cristallo – 16 di cristallo d'argento, forgiati con armonia; – 17 sa-

ranno abbeverati da una coppa il cui licore è miscela di zenzero – [18] d'una fonte colà che ha nome *Salsabīl*. – [19] E trascorreran fra loro giovani eterni che al vederli diresti son perle disperse. – [20] E quando tu vedrai, vedrai colà delizie e un vasto Regno. – [21] E avranno vesti verdi di seta fine e broccato, e adorni saranno di bracciali d'argento, e di bevanda purissima li abbevererà il Signore. – [22] Davvero tutto questo avrete in premio, pei vostri sforzi avrete gratitudine. – [23] In verità rivelato t'abbiamo in rivelazioni molte il Corano. – [24] Pazienta dunque sino al Giudizio del Signore, non dar ascolto ai loro Peccatori, ai lor Negatori. – [25] E il Nome del Signore menziona, all'alba e in sul far della sera – [26] e parte della notte ancora, e prostèrnati a Lui e glorifica Lui nella notte lunga! – [27] Ché davvero costoro aman l'Effimero e si lascian di dietro un Giorno grave. – [28] Noi, Noi li abbiam creati e de' corpi loro saldammo la compagine, e se volessimo li cambieremmo con altri, simili. – [29] Questo è, per vero, un Mònito: ora chi vuole scelga verso il Signore la sua Via. – [30] Ma se non vuole Iddio, non lo vorrete. Ché Dio è savio sapiente! – [31] Fa entrare chi vuole nella Sua misericordia e agli Iniqui tien pronto castigo cocente! –

LXXVII. LA SURA DEGLI ESSERI LANCIATI

(Meccana, eccetto il versetto 48, ch'è medinese. Di 50 versetti, rivelata dopo la Sura del Diffamatore)

Nel nome di Dio, clemente misericordioso!

[1] Per gli Esseri lanciati ad inseguirsi! – [2] Pe' Soffianti violenti! – [3] Pe' Disseminanti vasti! – [4] Pe' Separatori taglienti! – [5] Pe' Lanciator di mòniti! – [6] (Scusa o voto). – [7] Certo quel che v'è minacciato, sopravverrà. – [8] E allora, quando saran spente le stelle, – [9] e si fenderà il cielo, – [10] e si spargeranno via le Montagne – [11] e ai Messaggeri sarà fissato il tempo. – [12] Per qual giorno, qual giorno saran chiamati a convegno? – [13] Pel Dì della Decisione! – [14] E come saprai mai cos'è il Dì della Decisione? – [15] Guai a chi smentisce Dio, in quel giorno!

[16] Non abbiam Noi sterminato gli Antichi? – [17] Ora cacceremo loro dietro i Recenti! – [18] Così tratteremo i Perversi! – [19] Guai a chi smentisce Dio, in quel giorno!

[20] Non v'abbiam Noi creati d'acqua sozza – [21] in ricettacolo sicuro posta – [22] fino a un termine fisso? – [23] Questo potemmo, e ben siamo Potenti! – [24] Guai a chi smentisce Dio, in quel giorno! –

[25] Non facemmo la terra piazza agli uomini? – [26] Pei vivi piazza e pe' morti – [27] e piantato v'abbiamo montagne ferme scoscese, v'abbiamo abbeverato acqua dolcissima. – [28] Guai a chi smentisce Dio, in quel giorno! –

[29] Andate a quella Cosa che già falsa credeste! – [30] Andate

all'ombra triplice fumante – 31 che non raffresca e non ri-
para la Vampa! – 32 Lancia alte scintille come torri – 33 scin-
tille come cammelli gialli. – 34 Guai a chi smentisce Dio, in
quel giorno! –

35 Sarà un giorno, quello, in cui non parleranno – 36 e
non sarà permesso di scolparsi. – 37 Guai a chi smentisce
Dio, in quel giorno! –

38 Sarà il Dì della Decisione, quello, in cui raduneremo
voi e gli Antichi. – 39 Se avete ora una insidia, su, insidia-
teMi! – 40 Guai a chi smentisce Dio, in quel giorno! –

41 In verità staranno i Pii, allora, tra fonti ed ombre –
42 e frutti che appetiranno. – 43 " Mangiate e bevete in pace
in premio di quel che avete operato! " – 44 Che così Noi
compensiamo i buoni. – 45 Guai a chi smentisce Dio, in quel
giorno! –

46 " E voi mangiate e godete, per un po' sulla terra:
ché siete perversi! " – 47 Guai a chi smentisce Dio, in quel
giorno! –

48 Che quando si dice loro: " Prostratevi! ", non si pro-
strano! – 49 Guai a chi smentisce Dio, in quel giorno! – 50 E
in qual Parola, dopo questa, crederanno costoro? –

LXXVIII. LA SURA DELL'ANNUNCIO

(*Meccana. Di 40 versetti, rivelata dopo la Sura delle Scale*)

Nel nome di Dio, clemente misericordioso!
1 Di che cosa l'un l'altro si domandano? – 2 Dell'Annun-
cio Massimo – 3 sopra il quale discordano. – 4 No! Che pre-
sto sapranno! – 5 E ancora: no! Che presto sapranno! –
6 Non abbiam fatto della terra un'amaca – 7 e dei monti
pioli alti – 8 e voi creammo a coppie? – 9 E riposo v'abbiam
fatto del sonno – 10 e della notte veste che vi copre – 11 e fonte
di vita del giorno. – 12 E sopra a voi costruimmo sette sal-
dissimi cieli – 13 e v'abbiam posto face fiammeggiante – 14 e
acqua copiosa abbiam versato giù da spremute nuvole –
15 con cui far germinare grani ed erbe – 16 e giardini folti. –
17 In verità il Giorno della Decisione è fissato. – 18 Il
giorno in cui si darà fiato alla Tromba e tutti accorrerete a
frotte – 19 e il cielo, aperto, sarà tutto porte – 20 e i monti,
mossi, saranno miraggio. – 21 E come agguato sarà la gehenna –
22 ai ribelli dimora – 23 che resteranno là per età lunghe –
24 senza gustar né fresco né bevanda – 25 ma solo acqua bol-
lente e sanie, – 26 compenso degno. – 27 Perché costoro non
s'aspettavan la resa de' conti, – 28 smentivano mendaci i Segni
Nostri, – 29 mentre scritta, contata, abbiamo ogni cosa. –
30 "Gustate questo dunque! E non v'accresceremo che tor-
mento!" – 31 E invece ai Pii toccherà luogo agognato, –
32 giardini e vigneti, – 33 fanciulle dal seno ricolmo coeta-

nee – [34] e coppe traboccanti – [35] e non v'udranno fatuità né menzogna – [36] compenso del Signore, dono e conto, – [37] del Signore dei cieli e della terra, e di quel che v'ha in mezzo, il Misericordioso; ma non sarà concesso di parlarGli. – [38] Il giorno in cui lo Spirito e gli angeli staran ritti a schiere, non parleranno, e solo parlerà colui cui lo permetta Iddio e dica retto. – [39] Tale è il Giorno Verissimo, e chi vuole troverà verso il Signore via di ritorno. – [40] In verità Noi v'abbiamo avvertiti d'un castigo prossimo, d'un giorno quando l'uomo vedrà quel che le mani sue han presentato e dirà il Negatore: "Oh polvere polvere fossi!" –

LXXIX. LA SURA DEGLI ESSERI STRAPPANTI

(*Meccana. Di 46 versetti, rivelata dopo la Sura dell'Annuncio*)

Nel nome di Dio, clemente misericordioso!
1 Per gli Strappanti possenti! – 2 Per i Traenti lievi! –
3 Per i leggeri Nuotanti! – 4 Per Quei che in testa avanzano! –
5 Per Quei che reggon le cose! – 6 Un dì, la rimbombante
rimbomberà, – 7 e la seguente la seguirà, – 8 e ogni cuore
in quel giorno tremerà, – 9 e ogni sguardo s'umilierà. – 10 Di-
ranno: "Sarem noi restituiti quai fummo – 11 allor che noi
saremo ossame putrido?" – 12 Diranno: "Ruinoso ritorno
sarebbe!" – 13 E sarà, solo, un urlo. – 14 Ed eccoli di nuovo
sulla terra vigile. –
15 Or non t'è giunta di Mosè la storia? – 16 Allorché nella
santa vallata di *Ṭuwà* lo chiamò il Signore. – 17 "Va tu da
Faraone, ch'è ribelle! – 18 E digli: 'Vuoi tu purificarti – 19 sì
ch'io ti guidi al tuo Signore, e tema?'" – 20 E poi gli fe'
vedere il Segno Massimo. – 21 Ma smentì e disobbedì – 22 poi,
volte le spalle, corse – 23 e convocò e gridò. – 24 E disse:
"Il vostro Signore Supremo, son io!" – 25 E Dio lo punì
del castigo della vita prima e dell'ultima. – 26 E questo, per
vero, per chi paventa, è un esempio. –
27 Siete voi più difficili a creare, o 'l cielo ch'ha edificato? –
28 Ne ha innalzato la volta, e l'ha forgiato, – 29 la notte sua ha
offuscato, e lucida n'ha tratta l'alba, – 30 e poi ha spianato
la terra – 31 e ne ha tratto fuori acqua e pascolo. – 32 E le

montagne ha impiantato solide, – [33] utili cose per voi e per i greggi. – [34] Quando verrà la Suprema Catastrofe – [35] e l'uomo ripenserà ai suoi sforzi – [36] e a chi vedrà sarà svelato l'Inferno, – [37] allora chi sarà stato ribelle, – [38] e avrà preferito la vita del mondo, – [39] l'Inferno avrà per asilo. – [40] E chi avrà paventato di comparire avanti al Signore e l'anima avrà frenato dalle passioni – [41] il Giardino avrà per asilo. – [42] Ti chiederanno dell'Ora, a quando è fissata. – [43] Perché hai tu dunque a parlarne? – [44] Verso il Signore n'è il termine – [45] e tu sei ammonitor di chi la teme. – [46] E quando la vedranno sarà come se non fosser restati nella tomba più che una sera, e l'aurora. –

LXXX. LA SURA " S'ACCIGLIÒ "

(*Meccana. Di 42 versetti, rivelata dopo la Sura della Stella*)

Nel nome di Dio, clemente misericordioso!
1 S'accigliò e volse le spalle – 2 quando il cieco venne
da lui. – 3 E chi ti dice che non abbia voluto purificarsi –
4 e non sia stato pronto all'ammonimento divino, che ben gli
avrebbe giovato? – 5 Invece se viene un ricco – 6 lo accogli
con ogni premura, – 7 non ti preoccupi se accetta in purità
la Fede. – 8 Ma chi viene a te zelante – 9 e temente Iddio –
10 tu lo trascuri. – 11 No! Bada! Che questo è un ammoni-
mento – 12 e chi vuole ben lo apprenda – 13 scritto su sublimi
pagine – 14 alte purissime – 15 da mani di scribi – 16 nobili
santissimi. – 17 Maledetto l'uomo, quanto pervicacemente è
infedele! – 18 Da che cosa mai Dio l'ha creato? – 19 Da una
goccia di sperma lo creò e lo plasmò – 20 poi la via gli spianò –
21 poi l'ammazza e lo interra – 22 e quando vuole lo rièvoca. –
23 No, l'ordine di Dio non è stato ancora eseguito! – 24 Ma
guardi dunque l'uomo il suo cibo! – 25 Versammo l'acqua a
fiumi dal cielo – 26 spaccammo in solchi la terra – 27 e dentro
facèmmo germinare il grano – 28 e uve e verdure – 29 e ulivi
e palme – 30 e orti folti di piante – 31 e frutti e paschi – 32 a
godimento vostro e de' greggi. –

33 Ma quando sopravverrà lo squillo assordante – 34 quan-
do l'uomo fuggirà dal fratello – 35 e dalla madre e dal padre –
36 dalla sua compagna, dai figli, – 37 ognuno avrà allora un'oc-

cupazione che lo prenderà tutto. – [38] Si vedranno allora volti chiari – [39] ilari felici. – [40] Si vedranno allora volti velati di polvere, – [41] coperti di caligine. – [42] Quelli saranno gl'infedeli, i rèprobi. –

LXXXI. LA SURA DELL'AVVOLGIMENTO

(Meccana. Di 29 versetti, rivelata dopo la Sura delle Fibre di Palma)

Nel nome di Dio, clemente misericordioso!
1 Quando sarà ravvolto il sole – 2 e quando precipite-
ranno le stelle – 3 e quando saran spinti a corsa i monti –
4 e le cammelle pregne saranno abbandonate – 5 e le belve
s'aduneranno a branchi – 6 e i mari ribolliranno – 7 e l'anime
saranno riappaiate ai corpi – 8 e la sepolta viva sarà interro-
gata – 9 per qual peccato fu uccisa – 10 e saran dispiegate le
pagine – 11 e sarà scoperchiato il cielo – 12 e sarà attizzato
l'Inferno – 13 e 'l Paradiso sarà tratto innanzi, – 14 allora ogni
anima saprà quel che avrà prodotto. –
15 Giuro per i pianeti – 16 correnti occultantisi – 17 e per
la notte quando s'ottenebra – 18 e per l'aurora alitante luce
sulla notte, – 19 che questo è parola d'un nobile Messaggero –
20 potente presso il Signor del Trono e ben saldo – 21 obbe-
dito colà, fedele; – 22 e il vostro compagno non è un folle, –
23 ma Lo vide sul limpido orizzonte, – 24 e non è avaro dell'Ar-
cano di Dio, – 25 né segue parole di un dèmone lapidato. –
26 Ma dove andate dunque? – 27 Non è altro, questo, che un
Mònito a tutto il creato – 28 a chi di voi vuol essere retto: –
29 ma non lo vorrete se Dio non lo vuole, il Signor del
Creato. –

LXXXII. LA SURA DELLO SPACCAMENTO

(Meccana. Di 19 versetti, rivelata dopo la Sura degli Esseri Strappanti)

Nel nome di Dio, clemente misericordioso!

1 Quando il cielo si spaccherà – 2 quando gli astri si disperderanno – 3 quando i mari si mescoleranno – 4 quando si sconvolgeranno le tombe – 5 ogni anima saprà quel che ha fatto e quel che non ha fatto. – 6 O uomo! Che cosa mai ti sedusse ad abbandonare il tuo generoso Signore? – 7 Il quale ti ha creato, plasmato, armoniosamente formato – 8 e nella forma ch'ha voluto t'ha forgiato. – 9 Ma che! Voi tacciate di menzogna il dì del Giudizio. – 10 Ma sappiate che su di voi incombono dei guardiani – 11 nobilissimi che tutto scrivono, – 12 che sanno quel che voi fate. – 13 In verità i giusti vivranno fra le delizie – 14 e gli iniqui nell'Inferno: – 15 vi bruceranno dentro, il dì del Giudizio – 16 né riusciranno a sfuggirgli. – 17 Ma come potrai sapere cos'è il dì del Giudizio? – 18 E ancora, che sarà mai il dì del Giudizio? – 19 Il dì quando nessun'anima avrà alcun potere su un'altra anima, ma l'Ordine, allora, sarà tutto di Dio! -

LXXXIII. LA SURA DEI FRODATORI

(*Meccana. Di 36 versetti, rivelata dopo la Sura del Regno. È l'ultima Sura rivelata a Mecca*)

Nel nome di Dio, clemente misericordioso!

1 Guai ai frodatori sul peso – 2 i quali, quando richiedon
dagli altri la misura, la pretendono piena! – 3 E quando pe-
sano o misurano agli altri danno di meno! – 4 Ma non pen-
sano dunque che saranno un dì risuscitati – 5 per un Giorno
grande, – 6 il giorno in cui gli uomini tutti staran ritti di
fronte al Signor del Creato? – 7 Certo il libro delle azioni
degli empi sarà in *Siǧǧīn*. – 8 E come saprai cos'è mai *Siǧǧīn*? –
9 È scrittura vergata. – 10 Guai, in quel giorno, a coloro
che smentiscono – 11 che smentiscono il dì del Giudizio! –
12 Né ha il coraggio di smentirlo altro che un peccatore in-
callito – 13 uno capace di dire, quando gli si declamano i
Segni Nostri: "Favole antiche!" – 14 No per certo! Che
quel che iniquamente operano devasta loro il cuore come un
velo di ruggine. – 15 No! Sarà velato ai loro occhi quel giorno
il Signore. – 16 No! Bruceranno nell'Inferno! – 17 No! Allora
diranno: "Questo è quel fuoco che noi smentivamo!" – 18 Ma,
in verità, il libro delle azioni dei Pii sarà in *'Illiyyīn*. – 19 E come
saprai cos'è mai *'Illiyyīn*? – 20 È scrittura vergata – 21 avente
per testimoni i Cherubini. – 22 In verità i Pii vivranno fra
le delizie, – 23 stesi su alti giacigli si guarderanno placidi
attorno, – 24 e si scorgerà luminoso sui loro volti il fiorir
della gioia; – 25 saranno abbeverati di vino squisito suggellato –

[26] suggellato di suggello di muschio (oh, possan bramarlo gli uomini quel vino, di brama grande!) – [27] mesciuto con acqua di *Tasnîm*, – [28] la fonte alla quale bevono i Cherubini. – [29] Ridono, i peccatori, dei credenti – [30] e, passando loro vicino, s'ammiccan con gli occhi – [31] e tornandosene a casa, si burlan di loro per via, – [32] e quando li vedono dicono: "Questi son davvero su una falsa strada!" – [33] Ma certo non son stati mandati a far loro custodi! – [34] Dunque oggi quelli che credono saran loro a ridere dei miscredenti – [35] guardandosi placidi attorno su giacigli sublimi. – [36] Non son stati dunque rimunerati gli infedeli di quel che hanno operato? –

LXXXIV. LA SURA DELLO SPACCARSI DEL CIELO

(*Meccana. Di 25 versetti, rivelata dopo la Sura dello Spaccamento*)

Nel nome di Dio, clemente misericordioso!
1 Quando il cielo si spaccherà – 2 e obbedirà al suo Si-
gnore e quel che deve farà – 3 e quando sarà spianata la
terra – 4 e rigetterà quel che ha dentro e si svuoterà – 5 e ob-
bedirà al suo Signore e quel che deve farà. – 6 O uomo! Tu
che tanto pieno di desiderio ti protendi verso il Signore,
ebbene, allora, Lo incontrerai; – 7 e colui cui sarà dato il
Libro nella mano destra – 8 facile sarà la sua resa dei conti,
9 e tornerà dai suoi, felice; – 10 ma colui cui sarà dato il Libro
dietro la schiena, – 11 disperato invocherà la morte, – 12 e an-
drà a bruciare nelle vampe d'Inferno. – 13 Fra i suoi egli
infatti viveva felice – 14 e s'illudeva che non sarebbe mai
tornato a Dio. – 15 Ma il Signore lo rimirava! – 16 E giuro
per l'ultimo chiaror del tramonto – 17 e per la notte e le
bestie che il buio raduna – 18 e per la luna, allorché brilla
piena, – 19 che voi trapasserete da uno stato a un altro stato. –
20 Ma che han dunque, che non credono – 21 e quando si
declama loro il Corano non si prostrano? – 22 Anzi i miscre-
denti smentiscono, – 23 ma Dio conosce meglio quel ch'essi
ammucchian di male. – 24 Annuncia dunque loro un tormento
cocente! – 25 Mentre quelli che credono e operano il bene
avranno ricompensa pienissima. –

LXXXV. LA SURA DELLE TORRI

(Meccana. Di 22 versetti, rivelata dopo la Sura del Sole)

Nel nome di Dio, clemente misericordioso!
1 Pel cielo dalle molte torri! – 2 Per il Giorno promesso! –
3 Pel testimoniante e 'l testimoniato! – 4 Periscano quelli della
fossa – 5 quelli del fuoco acceso – 6 quando essi vi sedevano
attorno – 7 a guardare i tormenti che facevan soffrire ai cre-
denti! – 8 E si vendicaron di loro solo perché credevano in
Dio, potente degno di lode, – 9 al quale appartiene il Regno
dei cieli e della terra e d'ogni cosa è testimone. – 10 In ve-
rità, coloro che avran tormentato i credenti e le credenti e
non si pentiranno, avranno il tormento d'Inferno, avranno il
tormento del Fuoco bruciante. – 11 Ma coloro che avran cre-
duto e operato il Bene avranno Giardini alla cui ombra scor-
rono i fiumi: questo è il Supremo Successo. – 12 In verità, la
violenza del Signore è tremenda. – 13 Egli è colui che produce
e riconduce – 14 ma è colui che perdona e che ama, – 15 tro-
neggiante, glorioso – 16 che fa quel ch'Ei vuole. – 17 Non
t'è giunta la storia delle armate – 18 di Faraone e di *Ṯamūd*? –
19 Eppure quei che non credono smentiscono tutto – 20 men-
tre Dio silenzioso li circonda alle spalle, – 21 e questa è Lettura
Santissima – 22 preservata su tavole pure. –

LXXXVI.
LA SURA DEL SOPRAVVENIENTE DI NOTTE

(*Meccana. Di 17 versetti, rivelata dopo la Sura della Contrada*)

Nel nome di Dio, clemente misericordioso!

1 Pel cielo e Chi sopravviene di notte! – 2 Come saprai mai che cos'è Colui che sopravviene di notte? – 3 È astro d'aguzzo chiarore. – 4 In verità ogni anima è guardata da un guardiano. – 5 Guardi dunque l'uomo di che cosa fu creato: – 6 fu creato di liquido effuso – 7 ch'esce di fra i lombi e le costole. – 8 Così Iddio ha il potere di farlo tornare in vita – 9 il giorno in cui saran provati i segreti – 10 e l'uomo non avrà né forza né aiuto. – 11 Pel cielo che sempre ritorna! – 12 Per la terra che s'apre all'erbe! – 13 Questo è discorso tagliente, – 14 non è discorso frivolo. – 15 Essi tramano astuzie – 16 e anch'Io tramerò astuzie. – 17 Ma dà una dilazione ai Negatori, lasciali star per poco ancora. –

LXXXVII. LA SURA DELL'ALTISSIMO

(*Meccana. Di 19 versetti, rivelata dopo la Sura dell'Avvolgimento*)

Nel nome di Dio, clemente misericordioso!
1 Glorifica il nome del tuo Signore, l'Altissimo – 2 che
creò e plasmò – 3 poi decise e guidò – 4 e poi fece germi-
nare l'erba dei paschi – 5 e poi la fece secca stoppia. – 6 Ti
faremo declamare il Corano e tu non lo dimenticherai –
7 (se non quel che Iddio vorrà, Iddio che conosce il mani-
festo e l'occulto) – 8 e ti spianeremo la via verso la prospe-
rità. – 9 Ammonisci dunque, ché utile sarà il Mònito. – 10 Lo
accoglierà chi teme. – 11 Lo fuggirà il malvagio, – 12 che bru-
cerà nel Fuoco immenso, – 13 ma non vi morrà né vivrà. –
14 Prospererà chi si purificherà – 15 il nome del Signore ripe-
terà, pregherà. – 16 Ma voi preferite la vita terrena – 17 ma è
l'Altra che è più bella, più lunga. – 18 Ché queste cose son
tutte scritte nelle pagine antiche, – 19 le pagine di Mosè e
d'Abramo. –

LXXXVIII. LA SURA DELL'AVVOLGENTE

(*Meccana. Di 26 versetti, rivelata dopo la Sura dei Venti che Corrono*)

Nel nome di Dio, clemente misericordioso!
1 Non t'è giunta la storia dell'Avvolgente? – 2 In quel
giorno vi saranno volti umiliati – 3 affaticantisi affannantisi. –
4 Quelli, bruceranno nel Fuoco ardente – 5 e s'abbevereranno
a una fonte bollente – 6 e non avranno altro cibo che *ḍarī'*, –
7 che non li ingrasserà, né toglierà loro la fame. – 8 E ci
saranno in quel giorno volti dolci – 9 lieti dello sforzo com-
piuto, – 10 in un Giardino alto, – 11 che non v'udresti una
parola vana: – 12 c'è una fonte d'acqua corrente – 13 ci sono
letti elevati – 14 e coppe dinnanzi – 15 e cuscini in fila – 16 e
tappeti distesi. –

17 Ma non guardano dunque gli uomini il cammello,
come fu creato, – 18 e il cielo, come fu innalzato, – 19 e i monti
come furon piantati, – 20 e la terra come fu spianata? – 21 Am-
monisci, ché un Ammonitore tu sei, – 22 non sei stato nomi-
nato loro sovrano! – 23 Solo che coloro che avran volto le
spalle e non avranno creduto, – 24 Dio infliggerà loro il
castigo supremo: – 25 a Noi torneranno – 26 e a Noi spetta
fare i conti con loro! –

LXXXIX. LA SURA DELL'AURORA

(*Meccana. Di 30 versetti, rivelata dopo la Sura della Notte*)

Nel nome di Dio, clemente misericordioso!

[1] Per l'Aurora! – [2] Per le dieci Notti! – [3] Per il Pari e il Dispari! – [4] Per la Notte che si dilegua! – [5] Non è questo un giuramento per gli uomini di sano intelletto? – [6] Non hai visto quel che ha fatto il Signore della gente di *'Ād* – [7] a *Iram* dalle alte colonne – [8] che non avea pari su tutta la terra? – [9] E della gente di *Ṯamūd*, che spaccavan le rocce nella vallata? – [10] E di Faraone, re dai saldi pilastri? – [11] I quali tutti si ribellarono a Me, sulla terra tutta – [12] moltiplicandovi la corruzione. – [13] Il Signore dunque lanciò loro addosso la frusta del castigo – [14] perché sappi che il Signore è in agguato. – [15] Ma l'uomo, quando il Signore lo prova e lo riempie di favori e di grazie, dice: "Il Signore m'ha favorito". – [16] E quando lo prova ancora e gli restringe la Sua provvidenza, dice: "Il Signore mi spregia". – [17] No! Anzi siete voi che non favorite l'orfano – [18] e non v'incitate a nutrire il povero – [19] ma divorate l'eredità dei deboli, voracemente – [20] e amate le ricchezze, bramosamente. – [21] No! Quando la terra sarà stritolata, pezzo a pezzo – [22] e verranno il tuo Signore e gli angeli, schiera a schiera – [23] e sarà tratto innanzi, quel giorno, l'Inferno; si ricorderà allora, l'uomo, ma a che gli gioverà il ricordo? – [24] Dirà: "Oh, mi fossi fatto precedere, in vita, da opere buone!" – [25] Ma quel giorno, nessuno

punirà come Lui, – 26 nessuno legherà come Lui. – 27 E tu,
o anima tranquilla – 28 ritorna al Tuo signore, piacente e
piaciuta, – 29 ed entra fra i Miei servi, – 30 entra nel Mio Pa-
radiso! –

XC. LA SURA DELLA CONTRADA

(*Meccana. Di 20 versetti, rivelata dopo la Sura del Qāf*)

Nel nome di Dio, clemente misericordioso!
1 Giuro per questa contrada! – 2 (Ed è lecito a te questo
paese). – 3 Pel Generante e il Generato! – 4 In verità Noi cream-
mo l'uomo nella miseria: – 5 s'illude egli forse che nessuno abbia
potere su di lui? – 6 Dice: " Ho sprecato immense sostanze ". –
7 Ma crede dunque che nessuno lo veda? – 8 Non gli abbiam
forse dato due occhi? – 9 e una lingua, e due labbra? – 10 Non
gli abbiamo indicato i due sentieri alti? – 11 Ma egli non s'av-
ventura sull'Erta. – 12 E come saprai mai cos'è l'Erta? – 13 È
liberare un collo prigione – 14 o nutrire in un giorno di stenti –
15 un parente orfano – 16 o un povero che giace nella pol-
vere; – 17 e quelli poi che credono e si invitano a gara alla
pazienza e s'invitano a gara alla pietà, – 18 saranno accolti a
destra; – 19 e quelli invece che smentiscono i Nostri Segni,
saranno accolti a sinistra – 20 e su di loro s'ergeranno vòlte
di fuoco. –

XCI. LA SURA DEL SOLE

(*Meccana. Di 15 versetti, rivelata dopo la Sura del Destino*)

Nel nome di Dio, clemente misericordioso!
1 Per il Sole, e la sua luce al mattino! – 2 Per la Luna,
quando lo segue! – 3 Per il Giorno, che chiaro lo mostra! –
4 Per la Notte, quando lo avvolge d'un velo! – 5 E per il
Cielo e chi l'innalzò – 6 per la Terra e chi la spianò – 7 per
l'Anima e chi la plasmò – 8 e pietà e empietà le ispirò! – 9 Certo
prospererà chi la purificherà – 10 e perirà chi la corromperà. –
11 In colpa ribelle smentirono Dio quei di *Ṯamūd*, – 12 quando
il più turpe fra loro fu mandato. – 13 E disse loro il Messaggero di Dio: "Questa è la cammella di Dio che qui deve
bere". – 14 Ma lo tacciaron di mendacio e le tagliarono i
garretti uccidendola. E Dio li sterminò per il peccato loro,
e di sterminio a tutti eguale, – 15 senza paura del seguito. –

XCII. LA SURA DELLA NOTTE

(Meccana. Di 21 versetti, rivelata dopo la Sura dell'Altissimo)

Nel nome di Dio, clemente misericordioso!
1 Per la Notte che vela le cose! – 2 Per il Giorno che lucido
appare! – 3 Per Colui che creò il maschio e la femmina! –
4 In verità il vostro zelo è disperso! – 5 Colui che dona e
che teme – 6 e ha fede nella Cosa Migliore, – 7 a lui spiane-
remo la via verso la Letizia. – 8 Ma colui che è avaro e non
sente bisogno di Dio – 9 e non ha fede nella Cosa Migliore, –
10 a lui spianeremo la via verso l'Angoscia. – 11 E non gli
gioverà la sua ricchezza quando cadrà a capo fitto. – 12 Noi
siamo che guidiamo. – 13 Noi teniamo in pugno la vita fu-
tura e la prima! – 14 Ma Io v'ho avvertito di un Fuoco vam-
pante, – 15 dove non brucerà che il più turpe, – 16 che smentì
Dio e volse le spalle, – 17 e sarà evitato al più timorato, –
18 che diede i suoi beni per purificarsi – 19 e che non per
ottener ricompensa da alcuno avrà fatto favori – 20 ma per
pia brama del Volto del Signore suo altissimo: – 21 ed egli
sarà in pace. –

XCIII. LA SURA DEL MATTINO

(*Meccana. Di 11 versetti, rivelata dopo la Sura dell'Aurora*)

Nel nome di Dio, clemente misericordioso!

1 Pel Mattino! – 2 Per la Notte che calma s'abbuia! – 3 Il
Signore tuo non t'ha abbandonato né t'odia – 4 e l'Altra vita
ti sarà più bella della prima, – 5 e ti darà Dio, e ne sarai con-
tento. – 6 Non t'ha trovato orfano e t'ha dato riparo? –
7 Non t'ha trovato errante e t'ha dato la Via? – 8 Non t'ha
trovato povero e t'ha dato dovizia di beni? – 9 Dunque l'or-
fano, non maltrattarlo – 10 dunque il mendicante, non scac-
ciarlo. – 11 Ma piuttosto racconta a tutti quanto è buono il
Signore! –

XCIV. LA SURA DELL'APERTURA

(Meccana. Di 8 versetti, rivelata dopo la Sura del Mattino)

Nel nome di Dio, clemente misericordioso!
1 O non t'abbiamo aperto il petto – 2 e non abbiam de-
posto il peso – 3 che t'aggravava il dorso? – 4 E non facemmo
alto il tuo nome? – 5 Ché, in vero, con l'avversità viene la
gioia. – 6 Sì, con l'avversità viene la gioia. – 7 Così, finito
il tuo lavoro, sforzati ancora – 8 e supplica il Signore! –

XCV. LA SURA DEL FICO

(Meccana. Di 8 versetti, rivelata dopo la Sura delle Torri)

Nel nome di Dio, clemente misericordioso!
1 Pel Fico e l'Olivo! – 2 E pel monte Sinai! – 3 E per questa
Contrada sicura! – 4 In verità Noi creammo l'uomo in armo-
nia di forme – 5 e poi lo riducemmo degli abbietti il più ab-
bietto – 6 (salvo coloro che credono e operano il bene, che
avranno compenso non rinfacciato). – 7 E cosa mai potrà,
allora, spingerti a negare il dì del Giudizio? – 8 Non è Iddio
il più giusto dei giudici? –

XCVI. LA SURA DEL GRUMO DI SANGUE

(*Meccana. Di 19 versetti. È il primo brano che fu rivelato del Corano*)

Nel nome di Dio, clemente misericordioso!
[1] Grida, in nome del tuo Signore, che ha creato, – [2] ha
creato l'uomo da un grumo di sangue! – [3] Grida! Ché il
tuo Signore è il Generosissimo, – [4] Colui che ha insegnato
l'uso del calamo, – [5] ha insegnato all'uomo ciò che non sa-
peva. – [6] Ma no! L'uomo prevarica – [7] appena crede d'esser
ricco. – [8] Ma al tuo Signore tu finirai per tornare. – [9] Non
hai visto colui che impedisce – [10] un servo di Dio quando
prega? – [11] Non hai visto se è sulla retta via – [12] o se invita
alla pietà? – [13] Non hai visto se smentisce e fugge? – [14] Ma
non sa dunque che Dio vede? – [15] No! Ma se non cessa, lo
afferreremo pel ciuffo, – [16] pel ciuffo mendace ribelle! – [17] Con-
vochi pure i suoi amici! – [18] Noi convocheremo i custodi
del Fuoco! – [19] No, non gli dar retta, prostrati, corri a Noi! –

XCVII. LA SURA DEL DESTINO

(*Meccana. Di 5 versetti, rivelata dopo la Sura* “ *S'accigliò* ”)

Nel nome di Dio, clemente misericordioso!
1 In verità lo rivelammo nella Notte del Destino. – 2 Cos'è
mai la Notte del Destino? – 3 La Notte del Destino è più bella
di mille mesi. – 4 Vi scendono gli angeli e lo Spirito, col
permesso di Dio, a fissare ogni cosa. – 5 Notte di pace fino
allo spuntar dell'aurora. –

XCVIII. LA SURA DELLA PROVA CHIARA

(*Medinese. Di 8 versetti, rivelata dopo la Sura del Divorzio*)

Nel nome di Dio, clemente misericordioso!
1 Quelli fra la Gente del Libro che non credono, e i pa-
gani, si son spezzati solo quando è giunta loro la Prova
Chiara. – 2 Un Messaggero di Dio che recita pagine puris-
sime, – 3 vergate di scritti autentici. – 4 E coloro cui fu dato
il Libro si son divisi solo dopo l'arrivo della Prova Chiara. –
5 Eppure non ebbero altro comando che quello di adorare
Iddio in sincerità di culto, da puri credenti, di compiere la
Preghiera, di pagare la Dècima: questo è l'autentico culto. –
6 Epperò quelli fra la Gente del Libro che in questo non cre-
dono, e i pagani, saranno nel Fuoco della gehenna in eterno,
ché sono la feccia del creato. – 7 Ma quelli che credono ed
operano il bene sono il fiore del creato, – 8 e avranno, presso
il loro Signore, in ricompensa, i Giardini di Eden, alle cui
ombre scorrono i fiumi, dove rimarranno sempre, in eterno.
Dio è soddisfatto di loro e loro son soddisfatti di Dio: e
questo per chi teme il suo Signore. –

XCIX. LA SURA DEL TERREMOTO

(*Medinese. Di 8 versetti, rivelata dopo la Sura delle Donne*)

Nel nome di Dio, clemente misericordioso!
1 Quando sarà scossa di scossa grande la terra, – 2 quando
rigetterà i suoi pesi morti la terra, – 3 e dirà l'uomo: "Che
cos'ha mai?" – 4 In quel giorno la terra racconterà la sua
storia, – 5 ché glie la rivelerà il Signore. – 6 In quel giorno
gli uomini a frotte staccate verranno a farsi mostrare le opere
loro. – 7 E chi ha fatto un grano di bene lo vedrà. – 8 E chi
ha fatto un grano di male lo vedrà. –

C. LA SURA DELLE PULEDRE VELOCI

(*Meccana. Di 11 versetti, rivelata dopo la Sura del Pomeriggio*)

Nel nome di Dio, clemente misericordioso!
1 Per le puledre veloci correnti anelanti – 2 scalpitanti
scintille – 3 gareggianti a corsa di primo mattino – 4 susci-
tando polvere a nembi – 5 nel pieno della turba nemica! –
6 In verità l'uomo è ingrato verso il suo Signore, – 7 ed egli
stesso ne è testimone, – 8 feroce d'amore dei beni terreni. –
9 Ma non sa che quando saran sconvolti i morti nei sepol-
cri, – 10 quando sarà portato alla luce quel ch'è fondo nei
cuori, – 11 che quel giorno il Signore saprà tutto di loro? –

CI. LA SURA DELLA PERCOTENTE

(*Meccana. Di 11 versetti, rivelata dopo la Sura dei Qurayš*)

Nel nome di Dio, clemente misericordioso!
1 La Percotente! – 2 Che cos'è mai la Percotente? – 3 Come
potrai sapere cos'è la Percotente? – 4 Il giorno in cui gli
uomini saran come farfalle disperse – 5 e saranno i monti
come lana variopinta cardata. – 6 Allora quei che avrà pe-
santi le bilance – 7 avrà dolce vita. – 8 Allora chi avrà leggere
le bilance – 9 avrà per madre l'Abisso. – 10 E come potrai
sapere cos'è l'Abisso? – 11 Fuoco vampante! –

CII. LA SURA DELLA GARA DI RICCHEZZA

(Meccana. Di 8 versetti, rivelata dopo la Sura del Kauṯar)

Nel nome di Dio, clemente misericordioso!

[1] Vi distrarrà da Dio la gara di ricchezza – [2] fino al giorno che visiterete le tombe. – [3] Ahi! Ma presto saprete! – [4] Sì, ben presto saprete! – [5] Ahi! Se sapeste di scienza certa! – [6] Vedreste allora l'Inferno! – [7] Sì, ancora, lo vedrete con occhio certissimo. – [8] E renderete conto delle vostre delizie, quel giorno! –

CIII. LA SURA DEL POMERIGGIO

(*Meccana. Di 3 versetti, rivelata dopo la Sura dell'Apertura*)

Nel nome di Dio, clemente misericordioso!
1 Per il Pomeriggio! – 2 C'è la rovina per l'uomo! – 3 Eccetto per coloro che credono ed operano il bene, e si consigliano a vicenda la verità, e a vicenda si consigliano la pazienza! –

CIV. LA SURA DEL DIFFAMATORE

(*Meccana. Di 9 versetti, rivelata dopo la Sura della Resurrezione*)

Nel nome di Dio, clemente misericordioso!
1 Guai ad ogni diffamatore maligno! – 2 Che ammucchia
ricchezze e le prepara pel dopo. – 3 Crede che le ricchezze
lo faranno eterno! – 4 Niente affatto! Sarà lanciato nella Vo-
ragine! – 5 E come potrai sapere cos'è la Voragine? – 6 È
Fuoco di Dio, acceso, – 7 che s'erge sui cuori; – 8 li coprirà
come vòlta – 9 su colonne altissime. –

CV. LA SURA DELL'ELEFANTE

(*Meccana. Di 5 versetti, rivelata dopo la Sura dei Negatori*)

Nel nome di Dio, clemente misericordioso!

1 Non hai visto come oprò il tuo Signore con Quelli
dell'Elefante? – 2 Non mandò forse in malora la loro astu-
zia? – 3 Inviò contro a loro uccelli *abābīl* – 4 che li colpirono
con pietre indurite, – 5 facendo di loro come pula di grano
svuotata. –

CVI. LA SURA DEI QURAYŠ

(*Meccana. Di 4 versetti, rivelata dopo la Sura del Fico*)

Nel nome di Dio, clemente misericordioso!
[1] Per l'unione concorde dei *Qurayš*, – [2] unione concorde
in carovane d'inverno e d'estate! – [3] Adorate dunque il Si-
gnore di questa Santa Casa – [4] che li sfamò quando ebbero
fame, e li rassicurò da ogni timore! –

CVII. LA SURA DELL'ELEMOSINA

(Meccana nei primi 3 versetti, medinese pel resto.
Di 7 versetti, rivelata dopo la Sura della Gara di Ricchezza)

Nel nome di Dio, clemente misericordioso!
1 Non vedi colui che taccia di menzogna il Dì del Giu-
dizio? – 2 È quello stesso che scaccia l'orfano – 3 e non in-
vita a nutrire il povero. – 4 Ma guai a coloro che pregano –
5 e dalla Preghiera sono distratti, – 6 che la compiono per farsi
vedere, – 7 e rifiutano l'elemosina! –

CVIII. LA SURA DEL KAUṮAR

(*Meccana. Di 3 versetti, rivelata dopo la Sura delle Puledre veloci*)

Nel nome di Dio, clemente misericordioso!

[1] In verità Noi t'abbiam dato il *Kauṯar*. – [2] Prega dunque il tuo Signore e offri sacrifici, – [3] poiché è chi ti odia che sarà privato d'ogni progenie! –

CIX. LA SURA DEI NEGATORI

(*Meccana. Di 6 versetti, rivelata dopo la Sura dell'Elemosina*)

Nel nome di Dio, clemente misericordioso!
1 Dì: " O Negatori! – 2 Io non adoro quel che voi adorate, –
3 né voi adorate quel che io adoro; – 4 ed io non venero quel
che voi venerate, – 5 né voi venerate quel ch'io venero: –
6 voi avete la vostra religione, io la mia ". –

CX. LA SURA DEL TRIONFO

(Rivelata a Minà dopo il Pellegrinaggio d'Addio.
È annoverata fra le medinesi, ed è l'ultima Sura del Corano che fu rivelata.
Di 3 versetti, rivelata dopo la Sura della Conversione)

Nel nome di Dio, clemente misericordioso!
1 Quando Iddio vi darà il trionfo e la vittoria – 2 e ve-
drai la gente entrare nella religione di Dio a frotte, – 3 cele-
bra allora le lodi del tuo Signore e chiedi a Lui perdono,
ché Egli è Colui che molto perdona! –

CXI. LA SURA DELLE FIBRE DI PALMA

(*Meccana. Di 5 versetti, rivelata dopo la Sura Aprente*)

Nel nome di Dio, clemente misericordioso!
[1] Periscano le mani d'*Abū Lahab* e perisca egli pure! –
[2] A che gli sarà valsa la sua ricchezza e quel che s'è guadagnato? –
[3] Brucerà in un Fuoco fiammeggiante –
[4] insieme con sua moglie, portatrice di legna, –
[5] con attorno al collo una corda di fibre di palma! –

CXII. LA SURA DEL CULTO SINCERO

(Meccana. Di 4 versetti, rivelata dopo la Sura degli Uomini)

Nel nome di Dio, clemente misericordioso!
[1] Dì: “ Egli, Dio, è uno, – [2] Dio, l’Eterno. – [3] Non ge-
nerò né fu generato – [4] e nessuno Gli è pari ”. –

CXIII. LA SURA DELL'ALBA

(Meccana. Di 5 versetti, rivelata dopo la Sura dell'Elefante)

Nel nome di Dio, clemente misericordioso!
1 Dì: "Io mi rifugio presso il Signore dell'Alba – 2 dai mali
del creato, – 3 e dal male di una notte buia quando s'addensa, –
4 e dal male delle soffianti sui nodi, – 5 e dal male dell'invi-
dioso che invidia". –

CXIV. LA SURA DEGLI UOMINI

(*Meccana. Di 6 versetti, rivelata dopo la Sura dell'Alba*)

Nel nome di Dio, clemente misericordioso!

1 Dì: " Io mi rifugio presso il Signore degli uomini, – 2 Re
degli uomini, – 3 Dio degli uomini, – 4 dal male del sussur-
ratore furtivo – 5 che sussurra nei cuori degli uomini, – 6 dal
male dei *ǧinn* e degli uomini ". –

COMMENTO

I. LA SURA APRENTE

Questa sura, bellissimo inno di lode a Dio, malgrado la sua brevità fu posta in testa al Libro Sacro (da cui il nome Fātiḥa, *" L'Aprente "), per ragioni devozionali, inquantochè essa è una delle più frequenti, anzi la più frequentemente adoprata, orazione dei musulmani, facendo anche parte della Preghiera Canonica* (ṣalāt). *Secondo alcuni interpreti è a questa sura, di sette versetti, che accennerebbe XV,* 87, *ove se ne accetti la versione, da noi non seguita, " sette versetti ripetuti " in luogo di " sette Sacri Testi ". Gli orientalisti la attribuiscono cronologicamente al principio del* secondo *o alla fine del* primo *periodo meccano (vedi Introd.). Gli esegeti orientali discutono se la formula iniziale (" Nel nome di Dio " ecc.) debba esser considerata un versetto vero e proprio o no. I dotti di Medina, di Baṣra e della Siria (Ḥanafiti) non la considerano un versetto, né qui né in nessun altra sura, al contrario di quelli di Mecca e di Kufa (Sciafiiti) che la considerano, dappertutto, un versetto. Seguendo l'edizione cairina di Re* Fu'ād *(vedi Introd.) l'abbiamo considerata versetto nella* Fātiḥa, *e formula introduttiva nelle altre sure.*

NOTE

1. – Si tratta di una formula devozionale di origine quasi certamente ebraica, nota col nome di *bàsmala* o *tasmiya*. Essa si trova premessa a tutte le sure del Corano eccettuata la IX (vedi) ed è usata dai musulmani, specialmente nella forma abbreviata *bismi 'llāh* ("Nel nome di Dio") come introduzio e sacralizzante nelle più varie occasioni della vita (come per es. prima del pasto, o persino del coito ecc.). Nelle pratiche magiche o semi-magiche in uso fra il popolino dei paesi islamici, la *basmala* (anche scritta in forme complicate e ornamentali) è molto comune come talismano. Gli attributi "clemente, misericordioso" (*raḥmān, raḥīm*) dati in questa formula a Dio sono forse i più frequenti nel Corano. *Raḥmān* anzi, in un gruppo di sure del secondo periodo meccano,

sembra essere usato come un vero nome proprio di Dio, accanto a quello di Allàh, sì che alcuni orientalisti si son domandati se i due epiteti non fossero antichi nomi di divinità preislamiche, cosa che sembra da escludersi, essendo l'aramaico *raḥmānā* già usato in senso identico e diffuso anche in Arabia fra gli ebrei e i cristiani.

2. – *'ālamīn*, che taluno (Bonelli) traduce " mondi " interpretandolo come plurale regolare di *'ālam* (mondo) significa in realtà " le creature tutte ", " il Creato " ivi inclusi gli esseri viventi. Il versetto intero ricompare alla fine della *Sura degli Angeli a Schiere* (XXXVII, 182).

4. – *Yaum ad-Dīn*, " il Dì del Giudizio ", è espressione che si trova nei testi talmudici.

6. – *Ṣirāṭ*, per " via " è termine, di molto probabile origine bassolatina (*strata*), in numerosi passi del Corano accoppiato di regola con l'aggettivo *mustaqīm* " retto ". *Ṣirāṭ* è poi, nella teologia escatologica postcoranica, anche il nome del ponte sottilissimo che sarà ampio ai buoni e sottile come capello ai cattivi che precipiteranno nella sottostante gehenna. In tal senso la parola è l'esatto *pendant* del *cinvat* mazdaico.

7. – L'esegesi generalmente dichiara che " coloro sui quali hai effuso la tua grazia " sono i musulmani, " coloro coi quali.... sei adirato " sono gli ebrei, e " quelli che vagolano nell'errore " sono i cristiani. Tali interpretazioni, oltre a diminuire il valore universalistico della bella preghiera, che il Goldziher chiamò il *Pater Noster* dell'Islàm, sono anche difficilmente accettabili sintatticamente, data la forma negativa nella quale le espressioni suddette appaion nel testo. Si vedano comunque passi come V, 60; LVIII, 14; LX, 13, ecc.

II. LA SURA DELLA VACCA

È la più lunga delle sure coraniche, il che le ha valso il primo posto nella raccolta (vedi Introd.). Il nome deriva dal v. 67. Cronologicamente anche gli studiosi occidentali la assegnano al primissimo periodo medinese e in parte all'ultimo meccano. Il Bl. vi distingue cinque gruppi di rivelazioni: 1-39; 40-121; 122-142; 153-242; 243-286.

NOTE

1. – Su queste lettere separate che compaiono all'inizio di varie sure si veda Introduzione.

4. – *al-āḫira*, letteralmente "(la vita) ultima", "novissima" (termine etimologicamente imparentato anche col radicale che significa "altro") ho creduto opportuno tradurlo generalmente con "l'Oltre", che mi sembra esprima meglio il senso di estraneità e alterità al mondo del termine coranico. Questi primi quattro versetti contengono in nuce l'essenza dell'Islàm: Dio Trascendente – Preghiera e Decima (Istituzioni Normative) – Dignità Profetica di *Muḥammad* – Concetto delle Rivelazioni Successive – Escatologia. Con Preghiera (col P maiuscolo) traduciamo sempre *ṣalāt*, la preghiera cioè canonica.

14. – Qui provocatori o istigatori al male, probabilmente ebrei ostili a *Muḥammad*.

21. – *yā ayyuhā 'n-nās!* "o uomini!". Vocativo che è generalmente caratteristico delle sure meccane. Quasi sempre per "uomini" in tali invocazioni si intendono i meccani.

23. – Su questo, e simili versetti (cfr. X, 38; XI, 13; XVII, 88 ecc.) si basano i teologi per stabilire il dogma della assoluta inimitabilità (*i'ǧāz*) del Corano (vedi Introd.).

25. – Questo versetto contraddice alle accuse, che troppo facilmente si fanno alla predicazione di *Muḥammad*, di considerare materialistica-

mente i godimenti del Paradiso. Si tratta, come si vede, di descrizioni *per analogiam*.

30. – Comincia qui una delle numerose versioni della storia di Adamo e del rifiuto di *Iblīs* (vedi per le altre l'Indice Analitico) di grande importanza in tutta la tradizione islamica e nelle letterature musulmane. Le origini sembrano talmudiche (*Berešit Rabbā* VIII, 3 sgg.). Vi si noti comunque l'impostazione delle origini del linguaggio come " rivelato " da Dio (cfr. Genesi II, 19-20) e si confronti con le discussioni dei pensatori greci (note poi ai filosofi musulmani) sull'origine del linguaggio *φύσει* o *θέσει*. La concezione islamica, anche qui come in ogni campo strettamente teistica, è contraria sia all'idea del sorger della lingua per convenzione (*θέσει*) idea che la scuola mu'tazilita, imitando i sofisti, sostenne, sia alle origini del linguaggio per natura (*φύσει*), bensì afferma, semmai, una " convenzione di Dio " un insegnare arbitrario di Dio dei nomi delle cose (*tawqīf*). Interessante è la dottrina dei grammatici *Ibn Fāris* (m. 395 H.) e *Ibn Ǧinnī* (m. 392 H.) secondo la quale la lingua (*al-luġa*) non fu rivelata o insegnata in un sol colpo ma Dio la rivelò successivamente ai vari profeti in forme sempre più perfette e più adatte ai tempi. La lingua più perfetta sarebbe l'arabo del Corano, dopo la quale (parallelamente al concetto del chiudersi delle rivelazioni profetiche con *Muḥammad*) Dio non insegnerà più altre lingue. Su tutto questo interessante problema si veda P. KRAUS, *Beiträge zur islamischen Ketzergeschichte*, in " Rivista degli Studi Orientali ", pp. 127-129, Roma, XIV (1933).

Altra conseguenza di questi versetti è l'altissima importanza che vien data all'uomo, reso in certo modo (sia pure per arbitrio di Dio) superiore agli angeli (vedi anche il ben noto versetto 5 del salmo VIII). Il rifiuto di *Iblīs* trova le sue origini in apocrifi cristiani.

Nel presente racconto coranico sono fuse insieme due distinte leggende: una preparadisiaca sulla *creazione* di Adamo e l'altra sulla *tentazione* di Adamo nel Paradiso per opera di un essere diabolico che, si noti, è ora chiamato Satana (*Šayṭān*) anziché *Iblīs*. Il nome *Iblīs* sembra quasi certamente esser corruzione del greco *διάβολος*.

Questa storia dell'uomo come " vicario " di Dio sulla terra, la gelosia superba di Satana ecc., sono state acconciamente sfruttate dai modernisti islamici. La migliore rielaborazione in senso moderno (migliore sia concettualmente che poeticamente) della leggenda di Adamo si trova nelle opere del modernista musulmano pakistano *Muḥammad Iqbāl* (si veda ad esempio M. IQBAL, *Il Poema Celeste*. Versione dal testo persiano con introduzione e note di A. BAUSANI, Roma, 1952, pagg. 120-123).

35. – Di quale albero si tratta? È noto che la tradizione occidentale parla per lo più di un *pomo* o albero di *melo*. La maggioranza delle tradizioni esegetiche islamiche più antiche sono concordi nell'affermare che si sarebbe trattato della " spiga ", del grano, benché esistano tradizioni meno diffuse che propongono anche altri " alberi " (ad es. la vite o il fico). Il " granello " tentatore di Adamo è comunque divenuto un *leitmotiv* della lirica allegorica persiana, e una tradizione (citata in Ṭabarî, *Tafsîr*, I, p. 178) sostiene: "*gli ebrei* dicono che era grano ". Si tratta cioè di una leggenda di fonte giudaica, che ha comunque il suo *pendant* in culture anche molto lontane, dove la fine dell'età dell'oro è connessa in qualche modo con chicchi di grano (v. Pettazzoni, *Miti e Leggende*, vol. I, Torino, 1948, pag. 314). Mi sembra vi sia abbastanza trasparente l'idea di un passaggio dallo stadio " ideale " nomade, o di cacciatori-raccoglitori, a quello agricolo, sentito come decadenza.

37. – L'Islàm, come è chiaro da questo versetto, non ammette il dogma del peccato originale.

51. – Cfr. Ex. XXIV, 18. Dettagli ulteriori coranici sul vitello d'oro specialmente a XX, 86 segg.

53. – La " Salvazione " (*furqān*) termine in questo senso di origine siriaca. Potrebbe anche intendersi: la " distinzione " (fra il Bene ed il Male). *Furqān* è anche uno dei tanti nomi che si danno al Corano.

58. – Secondo alcuni commentatori musulmani la città sarebbe Gerusalemme o Gerico, e la parola che avrebbero sostituito per ischerno a quella di *ḥiṭṭa* (perdono) sarebbe stata *ḥinṭa* (orzo). Cito questo per curiosità e per mostrare quanto facilmente sapienti siano certi *mufassirīn* islamici a proposito dei punti più oscuri del Corano.

60-61. – Cfr. Ex. XII, 1-6 e Num. XI, 5-10.

62. – Importante versetto che stabilisce una certa uguaglianza giuridica fra le grandi religioni monoteistiche (cfr. anche V, 69 e XXII, 17), uguaglianza corretta comunque da altri passi cronologicamente più tardi del Libro (cfr. ad es. IX, 29). Quanto ai Sabei si tratta quasi certamente di una setta gnostica, solo in parte identificabile coi Mandei. Alcune recenti correnti islamiche o derivate dall'Islàm, a carattere universalistico, allo scopo di far rientrare tutte le possibili religioni nell'universale tolleranza concessa a queste fedi " riconosciute ", considerano " Sabei " o almeno resti di Sabei anche tutti gli attuali idolatri. I Sabei son menzionati nel Corano solo in altri due passi (V, 69 e XXII, 17). Per maggiori nozioni si veda art. *Sâbi'a* in *Enc. de l'Islam*.

63. – Secondo una tradizione rabbinica il Sinai sarebbe stato alzato sugli ebrei per incuter loro timore e reverenza.

65. – Identico episodio è narrato in VII, 166. L'origine ne è rabbinica solo genericamente: si citano nel Talmud casi di trasformazioni in scimmie o altri animali, ma non vi è nessuna precisa menzione dell'episodio. Alcuni commentatori attribuiscono questa trasformazione agli empi abitatori di al-Aila (Elath) (cfr. V, 60 e VII, 163-166).

67. – Cfr. Numeri XIX, 2 segg. o anche, forse, Deuter. XXI, 3 segg. Comunque il passo biblico, pura prescrizione legale, non ha l'andatura episodica della narrazione coranica.

73. – "Di essa" cioè della vacca. Cfr. Deuter. XXI, 1-9.

75. – Come anche al v. 42, e altrove spesso nel Corano tutto, gli ebrei (e in genere la Gente del Libro) sono accusati di aver corrotto scientemente le loro Sacre Scritture (vedi Introd. e note a II, 104; IV, 46).

78. – Il termine *ummī*, che traduco con "gentile" ha fatto spargere fiumi di inchiostro a esegeti orientali ed occidentali. Compare due volte nel Corano applicato a *Muḥammad* (*an-nabī al-ummī*, il profeta gentile) (VII, 157 e 158) e quattro volte nella forma plurale *al-ummiyyūn*, i Gentili (qui e inoltre in III, 20 e 75 e LXII, 2). La più probabile interpretazione ci sembra pur sempre quella che ne fa un calco di ἐθνικός in senso giudaico, "gentile" "non ebreo" (o anche non cristiano) quindi in casi particolari anche "arabo". Il Buhl preferisce vedervi un calco non di ἐθνικός bensì di λαικός, "laico", "ignorante delle Scritture", traduzione che si addice bene a questo passo particolare in cui gli *ummiyyūn* sembrano una categoria di ebrei, ma molto meno bene agli altri. Malgrado la grande autorità del Nallino ci sembra meno probabile la sua identificazione assoluta di *ummī* con "nazionale" "arabo" (C. A. Nallino, *Raccolta di scritti editi e inediti*, vol. II, Roma, 1940, pp. 60-65, dove comunque si veda un riassunto della questione con ampia e dottissima bibliografia). La tradizione islamica, in contrasto con XXV, 5 (che cerca di interpretare diversamente) dà al termine il senso di "analfabeta".

85. – Si riferisce alle frequenti lotte intestine degli ebrei di Medina alcuni dei quali appoggiavano la fazione degli *Aus* (gli ebrei della tribù dei *banu Naḍīr*) e altri (i *banu Qaynuqā'*) quella dei *Ḫazraǵ*.

87. – Gesù, come si vedrà anche in seguito, ha una posizione di particolare importanza fra i profeti citati nel Corano.

94. – Vedi anche LXII, 6 e nota.

98. – L'arcangelo Gabriele (vedi anche Introd.) ha una parte importante nell'angelologia del Corano ove è esplicitamente nominato tre

volte, qui e a LXVI, 4. È l'angelo incaricato della rivelazione ed è chiamato anche con l'appellativo di *rūḥ al-quds* Spirito di Santità (così va interpretato il termine qua sopra in v. 87) e di *ar-rūḥ al-amīn* lo Spirito Fidato (XXVI, 193). Michele è esplicitamente nominato solo in questo passo. Una curiosa tradizione (cfr. commentario di Bayḍāwī ed. Fleischer, vol. I, pag. 74) narra come il giudeo *'Abd Allāh ibn Ṣūriyā* avrebbe sostenuto con *Muḥammad* che Gabriele era il peggior nemico del popolo ebraico perché aveva portato la notizia della distruzione di Gerusalemme per opera di Nabucodonosor impedendo poi a degli ebrei di uccidere il tiranno. La stessa fonte riporta un'altra ipotetica affermazione degli ebrei di Medina secondo la quale Michele e Gabriele sarebbero stati nemici acerrimi fra di loro. Questo a spiegare l'aggiunta "e di Michele" in v. 98, aggiunta che Gabriele stesso avrebbe ispirato a *Muḥammad* a smentire l'assurda diceria.

102. – Altra interpretazione, meno accettabile a mio parere, "sotto il regno di Salomone" (Bl.). "Regno", cfr. XXXVIII, 35, è qui probabilmente da intendersi "possanza sacrale e profetica". *Hārūt* e *Mārūt*, nomi che compaiono unicamente in questo passo, sarebbero stati due angeli, decaduti per essersi innamorati di figlie degli uomini, e secondo la tradizione sarebbero stati, in punizione, appesi per i piedi in un pozzo di Babilonia, dove insegnerebbero la magìa agli uomini. Gli esegeti musulmani forniscono a proposito interessanti varianti della leggenda, di origine chiaramente talmudica. Sulla etimologia del nome dei due angeli i dotti non sono d'accordo. Alcuni (De Lagarde) li derivano dai due *Amešaspenta* mazdaici *Haurvatāt* e *Ameretāt*; altri (Wensinck) derivano *Mārūt* dall'omonima voce aramaica col senso di "signoria", "potenza", facendo di *Hārūt* un parallelo ritmico del tipo *Yāǧūǧ-Māǧūǧ* e *Ṭālūt-Ǧālūt*, che anche si trovano nel Corano. Per un riassunto (con bibliografia) della questione si veda l'articolo *Hārūt* e *Mārūt* in *Enc. de l'Isl.* e si aggiunga alla bibliografia, per le origini più antiche della leggenda, l'interessante opera del Dumezil, *Naissance d'Archanges*, Paris, 1945.

104. – Sembra si tratti di un gioco di parole per il quale gli ebrei di Medina preferivano usare con *Muḥammad* l'espressione *rā'inā* (in arabo "Guardaci!" "Consideraci!", "Sta attento a noi!" ma in ebraico, con una piccola variante fonetica, "Sei un mascalzone!") anziché la sinonima *unẓurnā*. Poiché, involontariamente, i credenti li imitavano in quest'uso, il Libro Sacro qui li sconsiglia dal farlo. Si cfr. anche nota a IV, 46.

106. – Versetto di notevole importanza sul quale si basa la singolare dottrina islamica detta *an-nāsiḫ wa 'l-mansūḫ* (l'abrogante e l'abro-

gato) la dottrina cioè secondo la quale l'arbitraria e personale attività rivelatrice di Dio può a suo piacere abrogare una disposizione data prima (vedi Introd.). In XVI, 101 v'è l'eco della cattiva impressione fatta sui non credenti da questo originale principio. Secondo certe tradizioni ben 225 vv. del Corano sarebbero in tutto stati abrogati da altri. È da notare tuttavia che alcune sette moderne (es. *aḥmadiyya*) respingono questa dottrina, interpretando i passi coranici in favore come "abrogazione delle Scritture Sacre precedenti".

109. – Per "Gente del Libro", *ahl al-Kitāb*, si intendono le comunità religiose che posseggono un libro rivelato, cioè ebrei e cristiani, verso le quali (vedi Indice Analitico) il Corano prevede disposizioni speciali ed è di gran lunga più tollerante che con i pagani (*mušrik*, associatori di idoli a Dio). La speculazione teologica più tarda inserì in certi casi per ragioni pratiche anche gli Zoroastriani (*māǧūs*, v. XXII, 17) e i "Sabei" (vedi sopra, nota a v. 62) fra gli *ahl al-Kitāb* e, in India e in Cina, persino gli idolatri.

110. – Sulla Decima (*zakāt*) si veda Introd.

112. – *aslama waǧhahu* cioè "consegnano il loro volto" "dedicano il loro volto" (se stessi) a Dio. *Aslama* ha poi il senso specifico di esser Musulmano (participio presente *Muslim*, nome d'azione *Islām*). Ho ritenuto più corrispondente allo spirito originario e coranico della parola, tradurre quasi sempre "darsi tutto a Dio", anziché "farsi musulmano" o "esser musulmano", salvo quando, in certe sure medinesi (v. ad es. III, 19), il termine sarebbe inintelligibile se non tradotto come "musulmano".

115. – Secondo i commentatori tale versetto sarebbe abrogato dal susseguente versetto 144. Non è in sé necessario scorgere tuttavia un contrasto fra i due vv. inquantoché questo può riferirsi a una generica presenza di Dio ovunque e a un volgersi interiore del cuore del credente, mentre l'altro alla direzione fisica da prendere durante la Preghiera *rituale*.

116. – È uno dei numerosi passi in cui il Corano rimprovera, spesso duramente, ai cristiani il dogma della divinità di Gesù Cristo. Si noti però che per "paternità" e "generazione" il Corano intende qualcosa di molto più materiale e carnale di quello che le interpretazioni più raffinate del dogma centrale del cristianesimo suggeriscono, sì che un convertito dall'Islàm ha recentemente potuto scrivere (Jean-Mohammed Abd-el-Jalil, *L'Islam et nous*, Paris, 1947, pag. 16) che il Concilio Lateranense "insegna questa verità (cioè che l'Essenza di Dio non genera) all'incirca negli stessi termini del Corano".

124 segg. - Questi versetti sono di grande importanza. Dopo i primi tentativi falliti di farsi accettare come profeta dagli ebrei e dai cristiani, *Muḥammad*, con un colpo di genio, imposta il problema come ritorno a un monoteismo primitivo, abramico, che avrebbe avuto il suo centro spirituale, in antico, non in Palestina, bensì in quel palladio nazionale d'Arabia, la *Ka'ba*, che ebrei e cristiani dimenticarono e i politeisti meccani insozzarono di idolatria. Così l'unità araba diviene unità universalistica e fondazione purificatrice di una religione nel contempo nuova ed antica. Cfr. nota a CVI, 3.

125. - La Santa Casa è la *Ka'ba*. L'edificio della *Ka'ba* e il pozzo *Zamzam* si trovano nella parte più bassa della Mecca e circa al centro del cortile della moschea costruita per inquadrarli. Il cortile è di circa 108 m. × 164. La *Ka'ba* vocabolo che significa "edificio cubico" è larga 10 m., lunga 12 e alta 15. Nell'angolo est si trova la così detta Pietra Nera, spezzata oggi per le molte vicissitudini, anche belliche, in vari frammenti cementati insieme e circondati da una cornice d'argento. Secondo certe tradizioni quando Adamo, espulso dal Paradiso, fu perdonato da Dio, questi fece discendere una tenda nel luogo della futura *Ka'ba* perché Adamo potesse girarvi attorno in venerazione (antichissimo rito questo, che si chiama in arabo *ṭawāf*). La tenda andò perduta col diluvio universale, poi Abramo per ordine di Dio si dispose a costruire la *Ka'ba*. Un vento impetuoso sgomberò il terreno, una nube indicò con la sua ombra la pianta dell'edificio e mentre Abramo costruiva Ismaele suo figlio trasportava i materiali. L'angelo Gabriele portò poi la Pietra Nera, che allora era bianca perché non ancora contaminata dai peccati degli uomini. Il luogo dove ristette Abramo (*maqām Ibrāhīm*) si mostra ancora nella *Ka'ba* e vi si scorge secondo la tradizione l'impronta del suo piede.

Alla fine del versetto si accenna a vari gesti rituali da eseguire durante il Pellegrinaggio (vedi sura XXII, 26 segg.).

131. - Dunque Abramo fu il primo *muslim* (dato a Dio). Per nazione (*milla*) si intenda sempre qualcosa di *religioso* ("comunità religiosa oggetto di un piano divino") dimenticando le moderne implicazioni di "razza" o "popolo".

135. - Versetto di grande importanza, col quale si dichiara che Abramo non era in realtà né ebreo né cristiano, ma seguace di una religione essenziale (non comunque "naturale", perché basata su una rivelazione positiva; vedi nota a XXX, 30) che è compito della dispensazione muḥammadica di resuscitare, rinnovare, perfezionare. Sul ter-

mine *ḥanīf* e la sua etimologia i dotti discutono ancora (si veda l'art. *Ḥanīf*, del Buhl, in *Enc. de l'Islam*). È indubbio che nel Corano, nei numerosi passi in cui esso compare (III, 60, 95; VI, 79, 161; X, 105; XVI, 120, 123; XXII, 31; XXX, 30; XCVIII, 5) significa culto e fede pura. In tal modo " di culto puro " lo abbiam tradotto, ad esclusione di due passi, il presente e III, 60 quando è in netta opposizione con nomi di determinate religioni. Abbiamo in tal caso mantenuto il termine arabo.

138. – L'espressione, che ci sembra chiarissima e che non farebbe difficoltà alcuna ad un poeta, ha molto turbato e confuso traduttori e commentatori orientali e occidentali, che spesso han finito per sterilizzare la primitiva e robusta efficacia di molte espressioni coraniche.

142-144. – La *qibla*, la direzione cioè verso la quale il credente si volge durante la Preghiera, ha una grande importanza presso i popoli semitici. Dapprincipio, fino a circa 16-17 mesi dopo l'Ègira, *Muḥammad* usava come *qibla* quella stessa degli ebrei, cioè verso Gerusalemme. Quando disperò di riuscire nella sua politica di conquista pacifica degli ebrei di Medina proclamò la nuova *qibla* verso la Mecca, il palladio di Abramo che " non era ebreo né cristiano, ma *ḥanīf* ".

146. – Questo pronome " lo " viene riferito quasi universalmente dagli esegeti musulmani a *Muḥammad*. Cioè: " conoscono *Muḥammad* " riferendosi alle predizioni della sua venuta nei libri sacri del passato (vedi note a VII, 157; LXI, 6). Ho preferito con Bl. la più naturale versione che riferisce *lo* al *Libro* stesso.

156. – È formula questa divenuta comunissima, come giaculatoria, nell'uso di tutti i popoli islamici.

158. – *as-Ṣafā* (lett. la Roccia) e *al-Marwa* (la Pietra) sono due piccole collinette distanti circa 400 m. l'una dall'altra, a una cinquantina di metri dalla porta orientale della Moschea Sacra della Mecca; le collinette furono anticamente oggetto di culto pagano e, come molti altri oggetti sacrali che hanno parte nei riti del Pellegrinaggio, furono con questo versetto riconsacrate al Vero Dio. Gli attuali pellegrini, dopo il *ṭawāf* (circumambulazione) attorno alla *Ka'ba* fanno una settemplice corsa (*sa'y*) fra queste due colline che ormai appena si elevano dal livello stradale. Secondo la tradizione questo è in memoria delle corse disperate di Agar in cerca d'acqua per l'assetato figlio Ismaele, o della corsa a gara di Abramo con Satana che gli aveva teso un'imboscata.

164. – Si noti come nell'assoluto teismo personalistico coranico non si fa alcuna differenza fra fenomeni che noi chiameremmo naturali (l'alternarsi della notte e del giorno) e altri di ordine tecnico e opera dell'uomo.

Ogni *causa secunda* si affievolisce, tutto è diretta opera di Dio. Questo elenco di " segni " ricorre in forme simili più volte nel Corano.

173. – Precisazioni sulle interdizioni alimentari si vedano anche a V, 3 segg.; VI, 122, 146; XVI, 115.

177. – Questo bel versetto non è di necessità in contraddizione con le prescrizioni sulla *qibla*, potendosi riferire al culto interiore, non a quello rituale.

178. – La pratica preislamica del prezzo del sangue (*diyya*) e del taglione viene qui accettata, ma con la limitazione espressa dalle parole da me tradotte " con dolcezza " e " con gentilezza " che possono però significare anche " secondo i procedimenti riconosciuti, senza eccedere ". Si veda anche XVII, 33.

180-182. – Ampie precisazioni sull'eredità si vedano in IV, 7 segg.

183. – Questa prescrizione pare sia all'incirca del secondo anno dell'Ègira. Anteriormente i seguaci di *Muḥammad* facevano il digiuno ebraico dell' *'āšūrā* (il 10 del mese arabo di *Muḥarram*). Come precisato nei versetti posteriori, il digiuno si intende fatto dall'alba quando si può " distinguere un filo bianco da un filo nero " fino al tramonto. Il digiuno implica l'astensione totale da ogni cibo, bevanda e relazione sessuale. Gli specialisti successivi di diritto giungono fino a minuziose prescrizioni, quali quella di non ingoiare per tutta la giornata nemmeno la saliva. Il digiuno musulmano, scioccamente schernito in alcuni ambienti europei, è in realtà durissimo, specie se si pensi che il mese (lunare) di *Ramaḍān* può in certi periodi cadere (come ora) in estate. Sui mesi musulmani si veda nota a IX, 36-37.

185. – " in cui fu rivelato il Corano ". Vedi nota a XCVII, 1.

187. – Termini di Dio, *ḥudūd Allāh*. Nel Corano questo termine, che compare sempre al plurale (il sing. è *ḥadd*) indica " Decreti ", " Ordini da non trasgredire ". Comparendo in forma particolarmente solenne, spesso alla fine di versetti promulganti ordini precisi (qui e in molti altri passi, per esempio, in questa stessa sura al v. 229) il termine, che per alcuni (Kazimirski) ricorda la " siepe della legge " del *Pirqē Abōth* (I, 1), ha poi assunto nella giurisprudenza islamica il senso di pena esplicitamente coranica e assolutamente inderogabile. I delitti per cui si applicano pene *ḥadd* sono l'apostasia, l'adulterio, la calunnia, il furto, il banditismo, le ribellioni e l'ubriachezza.

189. – Si allude qui a una pratica pagana sulla quale le fonti esegetiche non danno precisazioni molto chiare. Sembra si trattasse di una specie di confraternita pagana consacrata al culto della *Ka'ba* i cui mem-

bri, trovandosi in stato sacrale, non entravano nelle loro case (o " tende ". Non si dimentichi che, date le condizioni di vita di quell'epoca il termine *bayt* che traduciamo " casa " può in generale significare " tenda ") dalla porta, ma dal di dietro, praticandovi un'apertura.

190-191. – Versetti importanti per la definizione della Guerra Santa (*ǧibād*). Gli esegeti musulmani moderni fanno notare che essa vi è limitata da due condizioni: 1) " non oltrepassate i limiti "; 2) " combattete *coloro che vi combattono* ". Cioè la Guerra Santa ha da essere solo difensiva e fatta senza eccessiva crudeltà. Comunque questa è una delle prime ingiunzioni al combattere di *Muḥammad* (forse è di poco dopo l'Ègira) e le disposizioni seguenti sul *ǧihād* (o Guerra Santa) non sempre sono così moderate (v. ad es. IX, 5 e soprattutto IX, 29). Sull'evoluzione dell'idea di Guerra Santa si veda MERCIER, *Introduction à l'evolution de la doctrine de la guerre sainte en Islam* in ALI IBN HODHEIL EL ANDALUSY, *L'Ornement des Ames*, Paris, 1939. La parola che qui traduco " scandalo " è il difficilmente traducibile termine arabo *fitna* che racchiude in sé l'idea di " prova ", " tentazione ", " persecuzione ", " scandalo ", " confusione ", " anarchia ", ecc.

194. – Che i mesi e i luoghi sacri " seguono la legge del taglione " significa che, se i pagani assalgono i credenti in qualche luogo o mese sacro, mese e luogo cioè in cui sarebbe interdetto combattere, questi sono autorizzati a ripagarli con la stessa moneta. Sui mesi sacri vedi IX, 36.

196. – Il pellegrinaggio (*ḥaǧǧ*) è il " grande pellegrinaggio " che si compie in giorni determinati del mese di *ḏū 'l-ḥiǧǧa* ed è obbligatorio almeno una volta nella vita per ogni musulmano. La " visita " (*'umra*) è un pellegrinaggio minore che all'epoca di *Muḥammad* si usava fare solo nel mese di *raǧab* (quattro mesi cioè prima del mese del pellegrinaggio) e nell'intervallo il pellegrino non poteva uscire dallo stato sacrale (con le relative astensioni da atti sessuali ecc.). Qui il Corano abroga questa troppo dura disposizione, contro un digiuno compensatorio. Per un prospetto dei riti del pellegrinaggio e della " visita ", per lo più di origine preislamica, si veda PAREJA-BAUSANI-HERTLING, *Islamologia*, pp. 412-417. Le offerte, *hady*, sono bestiame da sacrificare nel giorno 10 del mese, a Minà.

198. – L'espressione " cercar di guadagnarsi grazia di Dio " compare spesso nel Corano nel preciso senso tecnico di " praticare commerci o mestieri per guadagnar denaro ". Non si sottolineerà mai abbastanza che per l'Islàm tutto è sotto il controllo diretto, meglio tutto è opera diretta, di Dio, tutto è Terra Santa.

Ifāḍa è la corsa impetuosa che i pellegrini compiono da *'Arafāt* a *Muzdalifa* poi da *Muzdalifa* a *Minà* durante il pellegrinaggio.

203. – I " giorni numerati " sono i giorni 11, 12 e 13 del mese del Pellegrinaggio, nei quali si usa compiere il lancio delle pietre. Secondo questo versetto il lancio delle pietre del 13 può venir tralasciato da chi ha fretta.

217. – Il versetto, a detta di tutti gli esegeti, giustifica l'attacco di *'Abd Allāh ibn Ǧaḥš* (il mese di *raǧab* 2 A. H. genn. 624) contro una carovana di Meccani pagani durante il mese sacro.

219. – Per avere un'idea delle successive fasi dell'atteggiamento di *Muḥammad* verso il vino si leggano in quest'ordine i segg. versetti: XVI, 67; IV, 43; II, 219 (il presente versetto) e V, 90, 91. Quanto al *maysir* esso era una specie di gioco in uso presso gli arabi preislamici, che si svolgeva più o meno così: un gruppo di 10 persone comprava un giovane cammello che si divideva in 10 parti le quali erano distribuite a sorte fra i presenti estraendo da un sacco delle frecce col nome o contrassegno dei vari partecipanti. O, anche, dell'animale macellato si facevano 28 pezzi e si dava un pezzo alla prima freccia estratta, due alla seconda e così via. L'estrazione a sorte mediante frecce era molto diffusa anche ad altri scopi nell'Arabia preislamica. A *maysir* (proibito qui, ma più radicalmente ancora in V, 90, 91) l'esegesi dà comunque il senso più generale di " giochi d'azzardo ", tutti proibiti dalla legge canonica dell'Islàm (in teoria son quindi proibiti il lotto e le lotterie). Alcuni esegeti, basandosi su certe tradizioni (*ḥadīṯ*) son giunti fino al punto di includere nella proibizione persino gli scacchi, il che però non è generalmente ammesso.

221. – È invece permesso il matrimonio con donne della " gente del Libro " (v. V, 5).

227. – L'uso preislamico era che il marito, giurando di non aver più relazioni sessuali con la moglie, di per ciò stesso la ripudiava, ma il divorzio era considerato effettivo (cioè la moglie poteva risposarsi) solo dietro dichiarazione esplicita del marito, che generalmente non la faceva senza farsi pagare profumatamente dalla moglie. Questo versetto abolisce questo abuso, e, del resto, tutte queste disposizioni sul divorzio tendono a migliorare la situazione giuridica della donna, pessima nell'Arabia anteislamica.

228. – È la tipica posizione coranica verso la donna. " Diritti simili, ma l'uomo un gradino più in alto ". Quando gli esegeti modernisti citano solo la prima parte della frase dimenticando la seconda non agiscono

con perfetta sincerità (dispiace vedere indulgere a questo anche una notevole personalità come MUHAMMAD IQBAL: vedi il suo *Six Lectures on the Reconstruction of Religions Thought in Islam*, Lahore, 1930, pag. 236) ma egualmente ingiustificati sono gli attacchi di certi occidentali, dimentichi dei ben noti passi paolini (I Cor. XI, 3 segg.; XIV, 34 segg.; Efes. V, 22 segg.) e del fatto che sostanzialmente una posizione coranica fu seguita nella pratica dalle nazioni "cristiane" occidentali fin quasi al giorno d'oggi.

229-230. – Questa curiosa disposizione è intesa ad evitare che un poco scrupoloso marito, malgrado la proibizione esplicita di riprendersi al momento del ripudio la dote data alla moglie, riprenda sua moglie prima del termine dei quattro mesi per poi ripudiarla di nuovo subito dopo finché la moglie, stanca, gli ceda la dote per farsi ripudiare veramente e potersi risposare. Nell'uso posteriore è ritenuto valido dai giuristi (benché considerato peccato) anche il divorzio "triplice" cioè pronunciato dall'uomo tre volte una dopo l'altra, magari in un momento d'ira. La moglie deve allora, per poter esser ripresa, sposarsi prima con una terza persona. Questo costume, come si può immaginare, è divenuto oggetto di numerose storie e aneddoti umoristici in tutte le letterature musulmane, storie in cui ha principal parte qualche astuto *muḥallil*, termine tecnico che indica l'uomo che, a pagamento, si presta a "render lecita" la moglie al primo marito senza troppi danni, sebbene, invece, la legge esiga una effettiva consumazione del matrimonio.

Per avere un prospetto delle disposizioni coraniche sul divorzio (*ṭalāq*) in ordine cronologico si leggano nell'ordine i segg. passi: IV, 20; II, 228-32; LXV, 1-7; XXXIII, 49; II, 236, 237; ai quali si aggiungano IV, 35 (sulla nomina di due arbitri per i dissensi fra marito e moglie) e XXXIII, 28 e LXVI, 5 che accennano a ripudi delle mogli del Profeta.

233. – Anche nel Talmud è prescritto un lungo periodo di allattamento, di ventiquattro mesi.

238. – Dunque sembra che al momento in cui fu rivelato questo versetto (ancora nel primo periodo medinese probabilmente) le preghiere canoniche erano tre e non ancora cinque: al mattino, a mezzogiorno e alla sera. I tentativi dei commentatori per ritrovare nel Corano tutte e cinque le attuali preghiere canoniche non sono molto convincenti. Si noti la strana posizione di questi due versetti 238 e 239 inseriti fra disposizioni riguardanti questioni matrimoniali. L'esegesi europea pensa immediatamente a una posizione non originaria; personalmente ritengo possibile anche una loro originaria presenza in questo contesto, poiché sarebbe

ben difficile giudicare un testo come il Corano con criteri di logicità occidentale. Sulla storia della Preghiera cfr. nota a XI, 114.

243. – Gli esegeti sono in disaccordo sull'avvenimento cui qui si accenna. Fra le opinioni più antiche è che si tratti di un riferimento alla visione di Ezechiele della valle piena d'ossa risuscitate a vita (Ezech. XXXVII, 1-10).

246. – Il profeta (*nabī*) è Samuele. Questo racconto coranico avvicina la nomina di Saul (*Ṭālūt*) a re (I Sam. VIII, 5) e la sconfitta degli Ebrei per opera dei Filistei (IV, 1 segg.).

248. – Versetto interessante per lo studio delle conoscenze che *Muḥammad* aveva delle Scritture Sacre Ebraiche. Infatti, come è noto, secondo la Bibbia, l'Arca fu data agli israeliti *prima* che si trattasse di far Re Samuele, ma è tuttavia da notare che il capitolo di I Sam. immediatamente precedente a quello che narra l'elezione a Re di Saul, inizia proprio col parlare del recupero dell'Arca Santa dalle mani dei Filistei. Pertanto, mentre la confusione fra Gedeone e Saul (vedi sotto) può essere uno scambio concettuale, questo avvicinamento puramente testuale potrebbe suggerire interessanti considerazioni sul modo come *Muḥammad* conosceva alcuni passi dell'Antico Testamento (a memoria meccanicamente?). Il problema, difficilmente solubile, è fra i più interessanti della storia del sorgere dell'Islàm. Sulla parola "pace", *sakīna*, vedi nota a IX, 26.

249. – Qui ad esempio sembra che il noto episodio narrato in Giud. VII, 4 segg. a proposito di Gedeone, sia attribuito a Saul. Gli esegeti musulmani modernisti (vedi *aḥmadiyya*) sostengono che può benissimo trattarsi di due storie differenti, l'una taciuta dalla Bibbia, l'altra dal Corano poiché "né il Corano né la Bibbia pretendono essere una narrazione piena e dettagliata di tutta la storia della Nazione Ebraica". (Cito questo ad esempio di certa esegesi coranica, non dissimile da certa esegesi biblica).

251. – Golia: chiamato nel testo *Ǧālūt*.

253. – Un concetto espresso anche altrove nel Corano (XVII, 55) è quello di una gerarchia fra i messaggeri di Dio, i profeti. In tale gerarchia Gesù sembra avere un posto eccezionale e speciale. Con "Spirito di Santità" si intende anche qui probabilmente l'arcangelo Gabriele.

255. – Questo bellissimo versetto è noto col nome di *āyat al-kursī*, "Versetto del Trono", che vi è nominato verso la fine, ed è spesso usato come preghiera o talvolta anche portato come amuleto.

256. – Numerosi sono i passi coranici improntati a un senso di tol-

leranza verso le altre religioni (monoteiste), passi che disgraziatamente una certa esegesi partigiana in Europa ha voluto sminuire (vedi Indice analitico s. v. *tolleranza*). *Ṭāġūt*, è il nome di una divinità pagana preislamica ed è anche usato come collettivo: " i dèmoni ". L'impugnatura saldissima, della retta fede (*al-'urwa al-wuṯqà*) è espressione coranica (compare solo un'altra volta in XXXI, 22) fra le più note: così fu intitolata, ad esempio, una rivista fondata a Parigi verso il 1882 dai due grandi modernisti islamici *Muḥammad 'Abduh* e *Ǧamāl ad-Dīn al-Afġānī*. Cito questo come uno dei tanti esempi della influenza potentissima e capillare non solo dei concetti ma dello stesso linguaggio coranico nella cultura di tutti i popoli islamici, in tutti i tempi.

258. – Questo " Colui " sarebbe Nemrod. Si veda XXI, 51-73 dove la storia di Nemrod che fa gettare nel fuoco Abramo (derivata dal Talmud) è data con maggiore ampiezza.

259. – Questo racconto, i cui elementi sono diffusi in molte leggende giudeo-cristiane orientali, ma le cui origini immediate sono difficili ad identificare, è stato avvicinato da alcuni a I Re XIX, 4-8 (Elia addormentato nel deserto), da altri a Neemia II, 11 segg. (ricostruzione delle mura di Gerusalemme). Il racconto a questo più vicino sembra essere quello della versione etiopica del Libro di Baruch dove si narra che *Abed Melek* dormì sessantasei anni e al risveglio trovò riedificata Gerusalemme, e il suo pane e i suoi fichi ancora freschi miracolosamente (cfr. R. Basset, *Apocryphes ethiopiens*, fasc. I, 3, 11). Cfr. anche la leggenda, in parte simile, dei sette dormienti di Efeso (XVIII, 9 segg.). Secondo alcuni commentatori (*Ṭabarī*) il dormiente fu Ezdra (*'Uzayr*).

260. – Cfr. Genesi, XV, 9-11. Questo è comunque un caso in cui il racconto parallelo del Corano riesce più chiaro e logico di quello biblico.

261. – Qualche studioso europeo (Hirschfeld) ha voluto vedere in questa immagine un'eco di Marc. IV, 3 segg.

265. – Cfr., malgrado le notevoli differenze, Math. XIII, 4 segg. e Marc. IV, 3 segg. o anche, per il tratto " pioggia ", Math. VII, 24 segg.

271. – Cfr. Math. VI, 2 segg.

275. – L'usura, *ribā*, implica per i giuristi islamici anche qualsiasi forma di prestito ad interesse, il che ha fatto nascere in paesi musulmani complicate questioni quando vi furon fondate le prime banche: cfr. "Oriente Moderno", V (1925), p. 670; VII (1927), p. 461-62 e passim negli indici. È ben nota la proibizione cattolica del prestito ad interesse per tutto il medioevo europeo. Alcuni modernisti islamici (ad esempio

M. Iqbāl, e anche gli stessi *aḥmadiyya*) ritengono la proibizione dell'interesse un tratto moderno e progressivo del Corano. Il commentario degli aḥmadiyya sostiene per esempio che, con questo, il Corano, nella lotta fra capitale e lavoro, si schiera col lavoro (!). Sulla proibizione dell'usura si veda anche XXX, 39; III, 130; IV, 161. Il presente passo è il più lungo e il più importante e ha fatto sorgere anche discussioni dogmatiche per la minaccia di pena eterna *anche ai credenti* che la pratichino, mentre l'ortodossia islamica ammette che le pene di chi è stato rigenerato dalla Fede saranno pur sempre temporanee (solo il Negatore della Fede è dannato al fuoco eterno). Per maggiori dettagli si veda art. *Ribā* in *Enc. de l'Islam*.

283. – Restituire il deposito fiduciario è considerato fra i più sacri doveri del credente, e numerose sono in tutte le letterature musulmane le storie edificanti a questo proposito; curiosa la storia narrata nel persiano *Qābūs-nāmè* di *Kei Kā'ūs* (sec. XI) sul ladro che essendogli stata affidata in deposito una certa somma per sbaglio, la restituisce integralmente perché quando l'aveva presa non era nell'esercizio della sua professione di ladro e " il deposito deve esser sempre restituito " .

III. LA SURA DELLA FAMIGLIA DI 'IMRĀN

L'esegesi europea attribuisce questa sura più o meno agli anni 2-3 dell'Egira (Weil). Il Nöldeke-Schwally ne fa la settima sura rivelata a Medina. Il nome deriva dal v. 33. Il Bl. vi distingue cinque gruppi di rivelazioni: 1-32, 33-63, 64-115, 116-180, 181-200.

NOTE

4. – Sul termine " Salvazione " v. nota a II, 53.

7. – La dottrina islamica, basandosi su questo versetto, ammettec he fra i versetti del Corano ve ne siano alcuni " solidi " e chiari e altri che potrebbero dirsi " allegorici ", (v. nota a XXXIX, 23 e XVIII, 22) che, pur non essendo men sacri, si prestano ad interpretazioni personali, mentre la loro vera interpretazione non la conosce che Dio. L'espressione " Madre del Libro ", *umm al-kitāb*, sembra avere qui una accezione al quanto differente da quella meccana di XIII, 39 (che si combini con LXXXV, 21-22) dove *umm al-kitāb* significa il " prototipo celeste " del Corano, conservato su tavole ben custodite.

13. – Si allude alla battaglia di *Badr* e al miracolo, di cui si parla anche a VIII, 43, per il quale cioè i musulmani parvero agli occhi dei pagani il doppio, benché fossero in realtà inferiori di numero.

19. – Lascio qui il termine originario, invece di tradurre, come altrove, " il darsi a Dio ", perché in questo passo, già alquanto tardo, il termine ha ormai il suo significato religioso più preciso in contrapposto a quelli di " Cristianesimo " ed " Ebraismo ".

20. – Sul termine " gentili " v. nota a II, 78.

23. – Si tratta degli ebrei di Medina. Interessante quel " una parte del Libro " dal quale si potrebbe dedurre che " il Libro ", la Scrittura per intero, include per *Muḥammad* e il Vangelo e il Corano.

24. – Si condanna qui, come anche in II, 80, l'idea ebraica che i membri del popolo eletto non soggiornerebbero che provvisoriamente nella gehenna. D'altronde la non-eternità delle pene infernali per i credenti è sostenuta anche dalla dottrina islamica "ortodossa": meno chiaro è se la dottrina sia poi effettivamente coranica (v. XXIII, 103; XI, 106-107).

33. – *'Imrān* è nel Corano il padre di Maria (nella tradizione apocrifa cristiana Gioacchino), ma poiché in XIX, 28 Maria (madre di Gesù) è chiamata "sorella d'Aronne" e d'altronde in numerose tradizioni *'Imrān* (il biblico 'Amram) è considerato padre di Mosè, i cristiani fin da epoche molto antiche hanno messo in ridicolo la "confusione" che il Corano farebbe fra la profetessa Maria sorella d'Aronne di cui in Esodo XV, 20 e Numeri XII, 1 segg., e Maria madre di Gesù. Sembra difficile che *Muḥammad*, che, senza essere uno storico, conosceva certo la enorme distanza di tempo che separa Gesù da Mosè come risulta da tutto il Corano, abbia potuto fare una simile confusione, e pertanto non ha tutti i torti l'esegesi islamica quando in risposta alle accuse cristiane sostiene che i due *'Imrān* (uno dei quali, si noti, non compare mai nel Corano) sono (o meglio sono considerati da M.) persone differenti, e che per "sorella d'Aronne" (in conformità del resto con similari espressioni semitiche) si deve intendere semplicemente "donna della discendenza di Aronne".

36. – Il racconto della consacrazione di Maria a Dio da parte di Gioacchino (qui di Anna) si trova negli Evangeli apocrifi.

38. – Cfr. Luc. 1, 5 segg.

42. – Non è ben chiaro se i vv. 42-43 si riferiscano allo stesso fatto dei vv. 45 segg. (l'Annunciazione) dai quali son separati dall'inciso sulla veridicità di *Muḥammad*, o se si tratta di due elementi narrativi diversi. In ogni caso l'episodio delle canne tirate a sorte (v. 44) non si trova in nessun vangelo apocrifo o narrazione cristiana.

46. – L'episodio di Gesù che bambino parla agli uomini (cfr. XIX, 30) è ben noto dai Vangeli apocrifi, come anche quello degli uccelli d'argilla vivificati dal suo soffio, narrato nel v. 49.

49. – Si noti l'improvviso salto grammaticale, affievolito nella traduzione (il testo ha: ".... e Messaggero ai Figli d'Israele e io vi porto un segno...."). Tali voli non sono infrequenti nel Corano e non sempre son segno (come un esegeta europeo sarebbe immediatamente tentato di notare) di interpolazioni.

52. – "Gli Apostoli": *ḥawāriyyūn*, parola di origine etiopica. La

tradizione successiva, parallelamente a questo passo coranico, ha parlato anche di apostoli, *ḥawāriyyūn*, di *Muḥammad* fra gli *anṣār*, " ausiliari ", di Medina, " aiutanti di Dio ", come qui vengon chiamati. Un passo quasi identico ricorre in LXI, 14.

55. – Versetto importante per la dottrina islamica sulla fine di Gesù. L'opinione ortodossa è che Gesù non sia morto sulla croce ma sia stato " innalzato " a Dio (v. IV, 157-159). Per una ulteriore discussione di questo soggetto si veda nota a IV, 157. Comunque il verbo *tawaffā*, qui usato, ha comunemente il significato di far morire.

59. – Si cfr. il concetto paolino, in verità molto diverso spiritualmente (Rom. V, 14 segg.) poi sviluppato ampiamente dalla pietà e dalla teologia cristiane, di Gesù come " secondo Adamo ". Malgrado le discussioni dei commentatori sull'attribuzione del pron. " lo " (se cioè a Gesù o a Adamo) il senso è sufficientemente chiaro: Non c'è da stupirsi che Dio abbia fatto nascer Gesù da una vergine, se ha saputo creare Adamo dalla polvere senza padre né madre! (Sulla nascita verginale di Gesù, che il Corano ammette, v. nota a IV, 157).

67. – Cfr. II, 135.

68. – " Questo Profeta " s'intende *Muḥammad*.

72. – Si tratta di ebrei medinesi che volevano venire a un compromesso con *Muḥammad*.

78. – Uno dei numerosi versetti coranici (cfr. nota a IV, 46) in cui gli ebrei sono accusati di alterare la Scrittura loro data.

79. – Quasi certamente si tratta di Gesù. Ma il discorso era fin qui indirizzato agli ebrei, e d'altronde v'è un passo (IX, 30) dove si fa ad ebrei la curiosa accusa di essersi presi Esdra (? *'Uzayr*) come Dio. (Vedi nota ivi). Il termine *rabbāniyyīn* che qui ho tradotto " conoscitori della legge " (o maestri), di origine ebraica, non è di facile interpretazione.

80. – Non è ben chiara l'accusa ad ebrei, sempre molto consci della assoluta unità e sovranità di Dio, di " prendersi a padroni " angeli o profeti, semidivinizzandoli. Probabilmente si tratta (e cfr. ancora IX, 30) di un ebraismo alquanto corrotto o settario di certi ebrei di Medina.

81. – Malgrado qualche difficoltà sintattica la traduzione, che qui adotto, di questo passo alquanto contorto, mi sembra preferibile a quella di Bl. L'idea del Patto dei profeti tutti con Dio sul Sinai è idea del resto talmudica. (Vedi anche nota a XXXIII, 7).

85. – Il versetto è in contraddizione, se preso alla lettera, con II, 62. Ma sono d'accordo col Bl. che crede esso sottintenda " Chi cerca

una religione diversa dall'Islàm *dopo aver accettato l'Islàm* " (cfr. infatti i vv. seguenti). In effetti il peccato di apostasia è, e per il Corano e per tutta la tradizione, imperdonabile (vedi ad es. qui, v. 90). Il Corano però, a differenza della tradizione unanime, non parla in nessun luogo di pena di morte per gli apostati.

88. – Quel che traduco " non verranno guardati (da Dio) " può anche intendersi " non saran fatti attendere ", " non sarà data loro dilazione ".

93. – Per Israele si intende, conformemente a Gen. XXXII, 28, Giacobbe. Il Corano sostiene che le interdizioni alimentari agli israeliti non son cominciate da Dio ma da un voto di Giacobbe (si tratterebbe dell'interdizione di non mangiare il nervo sciatico di cui a Gen. XXXII, 32) e che le successive interdizioni alimentari son da considerare una punizione per la durezza di cuore degli israeliti.

96-97. – *Bakka* è altro nome per *Makka*, la Mecca. Si tratta della *Ka'ba* sulla quale e sulla " stazione di Abramo " vedi n. a II, 124 segg.

102. – Ovvero " morite tutti dati a Lui ".

103. – Si allude all'opera rigeneratrice, veramente notevole, della predicazione di *Muḥammad* come formatrice di una comunità nuova non più basata sui legami tribali, causa di odi intestini tra gli arabi, ma su un legame religioso universalistico, o almeno panarabo.

104. – Nazione, *umma*. Il termine nazione anche qui (v. nota a II, 131) va inteso nel senso che il legame essenziale fra i membri di questa " nazione " è essenzialmente religioso. La " nazione " in senso coranico è una comunità oggetto di un piano divino, fondata e guidata da un Messaggero di Dio, non un organismo nato per contratto sociale o naturali vincoli di sangue.

112. – L'eccezione " a meno che ecc. " ha fatto sì che lo Stato Islamico abbia sempre riservato un trattamento di favore speciale a ebrei e cristiani. V. anche nota a II, 62.

113-114-115. – I commentatori orientali e occidentali non son d'accordo sull'identificazione di questa speciale " comunità " (il testo arabo usa anche per essi il termine *umma*) di Gente del Libro. L'opinione più probabile è forse quella che vi vede (si consideri che sono messi in contrapposizione, al versetto 116, con "quei che rifiutan la Fede") degli ebrei (o cristiani) convertiti all'Islàm o molto vicini a convertirsi. Pertanto nella nostra traduzione abbiam qui reso *umma* con " alcuni ".

117. – " ciò che essi donano " cioè spendono in opere vane. O forse, anche in opere, buone ai loro occhi, ma non vivificate e consacrate dalla

Fede. Il concetto della vanificazione delle opere anche buone di chi nega o rinnega la Fede compare spesso nel Corano. Si veda nota a IX, 53-54.

121-122. – Si allude alla battaglia di *Uḥud* 3 H. (625 A. D.) e alla defezione di due tribù alleate di *Muḥammad* che contribuì a compromettere le sorti della battaglia.

128. – Versetto abbastanza importante, che stabilisce che l'intercessione, anche del Profeta, nulla può per la salvezza dei miscredenti e che il Profeta, nella originaria concezione muḥammadica, non ha alcun inerente e speciale potere " magico " essendo null'altro che un portatore di un messaggio divino. Cfr. però XX, 109 e nota.

130. – Sull'usura v. II, 275 e nota.

140. – " La sfortuna " è evidentemente la sconfitta di *Uḥud*. Per incoraggiare i suoi, M. ricorda la " simile ferita " inflitta ai pagani a *Badr*. Il termine che traduciamo per " martiri ", come del resto il corrispondente europeo, significa etimologicamente " testimoni ". Nell'Islàm, col suo concetto di " guerra santa ", assume anche la particolare sfumatura di " credenti morti combattendo ".

144. – Vediamo in questo versetto ancora meglio stabilita la natura puramente umana del Profeta. Secondo la maggior parte dei commentatori si riferirebbe alla voce corsa durante la battaglia di *Uḥud* (nella quale pare che il Profeta stesso fu lievemente ferito) che *Muḥammad* sarebbe stato ucciso. V. anche nota a IV, 79.

152. – È notevolmente interessante, per una esatta penetrazione della religiosità coranica profonda quel causativo " vi ha fatto fuggire ". Si potrebbero raccogliere dal linguaggio coranico innumerevoli esempi di causativi attivi di cui l'agente è Dio, ad indicare quelle che per il pensiero areligioso sono le più normali operazioni della vita. La questione ha anche un certo interesse per alcuni problemi di traduzione che suscita. Faremo qua e là notare i casi più salienti man mano che si presentano. Per non fare qui che un esempio " militare ", quel termine che nelle nostre lingue si tradurrebbe come " Trionfatore ", " Vittorioso " e simili (e che è anche nome proprio, *al-Manṣūr*, "Almanzor ") è in arabo un participio *passivo* (per noi quale azione potrebbe esser più attiva che " vincere? ") dell'usitatissimo verbo coranico *naṣara* che significa " aiutare a vittoria " (agente: Dio). Una retta comprensione di questo punto può anche servire a dissipare le incomprensioni nate dai frequenti " far perder la via (della Fede) " " traviare " o " guidare " ecc. attribuiti a Dio e che sollevano la famosa questione del libero arbitrio e del " fatalismo musulmano ". Non si dimentichi mai, cioè, che

Dio è personalità e realtà tremendamente viva nel Corano e che il problema del libero arbitrio va posto in modo alquanto differente da quello in cui si può configurare in civiltà per le quali il potere costrittore è un " Fato " impersonale.

153-154. – Si riferisce ancora ad episodi della battaglia sfortunata di *Uḥud*, anzi alla fase finale della rotta dei musulmani. Sul " sopore miracoloso " cfr. anche identico tratto in VIII, 11 a proposito della battaglia di *Badr*. Nella concezione muḥammadica del costante, attivissimo intervento di Dio nelle cose umane, tutto è miracoloso e nulla lo è al contempo. Probabilmente si tratta, nei due casi, di un normale sonno ristoratore.

159. – Si allude alle insistenze dei credenti perché *Muḥammad* si recasse a combattere gli idolatri fuori di Medina mentre egli avrebbe preferito aspettarne l'attacco al sicuro nella città. Il v. è abbastanza interessante anche per il concetto di " consultazione " ammesso persino fra il Profeta e i credenti. In brani medinesi più tardi (cfr. XXXIII, 36) una più rigida obbedienza alla sua persona sembra esser stata richiesta da *Muḥammad*, mentre fin dall'epoca meccana (cfr. XLII, 38 e nota) una consultazione fra credenti era raccomandata.

161. – Gli esegeti riferiscono il versetto a certe accuse che si fecero a *Muḥammad* di essersi appropriato frodolentemente di una parte di bottino che non gli spettava, dopo la battaglia di *Badr*. Si osservi comunque che in numerose varianti canoniche il verbo è al passivo: "Non si addice a un Profeta esser frodato ".

165. – Secondo una tradizione, basata evidentemente su questo versetto, a *Badr* sarebbero stati uccisi settanta pagani e settanta fatti prigionieri, mentre settanta musulmani sarebbero stati uccisi a *Uḥud*.

175. – Si tratterebbe, secondo gli esegeti, del comandante delle truppe pagane, cioè *Nu'aym* o *Abū Sufyān*.

179. – Così come siete, cioè confusi con i non credenti malvagi.

181. – Gli esegeti attribuiscono la frase al capo della tribù ebrea medinese dei *banū Qaynuqā'* che avrebbe risposto ai musulmani che volevano assoggettarli a tributo: " Dio è dunque povero se venite a chieder denaro per Lui! " Qui M. prende la frase senza ironia, riprovandola come bestemmia.

183. – Si riferisce a un'altra obiezione degli ebrei a M., evidentemente basata sul noto patto di Dio con Abramo, stipulato mediante sacrificio miracoloso di animali (cfr. Genesi XV, 7-20).

185. – Il termine Giardino (*ǧanna*) è generalmente usato nel Corano

in ambedue i sensi sia di Giardino che di Paradiso. Ad eccezione di qualche passo in cui potrebbe esservi equivoco, ho preferito tradurre "Giardino" affidando alla maiuscola il compito di esprimere la tensione religiosa del termine.

195. – Siate maschi o siate femmine. Cfr. anche nota a II, 228. La ignoranza del testo coranico (malgrado traduzioni già antiche, vedi Introd.) portò, fino ad epoche anche relativamente recenti, in certi ambienti cristiani, all'assurda accusa a M. di escludere le donne dal paradiso!

IV. LA SURA DELLE DONNE

La più autorevole esegesi europea attribuisce questa sura, del resto piuttosto eterogenea, all'epoca fra la sconfitta di Uḥud (3 *H.*) *e la Campagna della Trincea* (5 *H.*). *Il titolo deriva dalle numerose disposizioni sul matrimonio, l'eredità delle donne ecc. contenute nei primi versetti. Il Bl. vi distingue tre gruppi di rivelazioni*: 1-43, 44-115, 116-176.

NOTE

3. – Il ragionamento, effettivamente, non fila, a meno che con i commentatori islamici non si sottintenda "fra le donne (degli orfani)" cioè "fra le orfane". L'espressione "orfane" ricorre in questa stessa sura a v. 127. Altrimenti può parlarsi di una interpolazione e considerare il primo membro della frase come restato in sospeso.

Il versetto è comunque importante come testo base per la liceità della poligamia. Si noti tuttavia la notevole limitazione "se temete di non esser giusti con loro" (sul senso dell'espressione si veda anche nota a XXXIII, 50-52) che ha portato alcuni commentatori modernisti ad affermare che, dato che è impossibile esser giusti con più di una donna, la poligamia è virtualmente illecita. I commentatori modernisti sono anche costretti a notevoli acrobazie semantiche per spiegare in modo conforme alle loro idee "le ancelle in vostro possesso", letter. "ciò che le vostre destre posseggono". Si tratta in realtà di schiave. Il Corano (come del resto lo stesso Nuovo Testamento, che in nessun passo abolisce legalmente la schiavitù, vedi anzi I Cor. VII, 20-21; Efes. VI, 5 segg.; Coloss. III, 22 segg.; I Tim. VI, 1 segg.; Filem. 12) considera la schiavitù come un dato di fatto sociale dell'epoca, riconoscendola come cosa naturale (vedi ad es. parabole come quelle di XVI, 71, 75 e XXX, 28) pur sforzandosi in vari modi di mitigarla (v. ad es. XXIV,

32 segg.; V, 89 e nota). In effetti la condizione di schiavo, ha potuto scrivere un dotto autore gesuita (P. F. M. Pareja in *Islamologia*, Roma, 1951, pag. 428) " fra i musulmani non ha avuto quel carattere di durezza e inumanità frequente nell'impero romano o nelle piantagioni d'America; dai dati concordi forniti da viaggiatori e scrittori può arguirsi che in molti casi gli schiavi occupavano nelle famiglie musulmane una posizione di confidenza e di privilegio comparabile a quella dei vecchi servitori nelle antiche famiglie nobili europee ". Il Corano raccomanda spesso (v. note sopracitate) come opera meritoria la emancipazione degli schiavi. Lo schiavo (cito ancora da *Islamologia*, pag. 427) " secondo la legge islamica gode di piena libertà religiosa, può sposarsi legittimamente, ed è permesso il matrimonio fra liberi e schiavi, salvo quello della schiava col suo padrone. Lo schiavo può possedere un suo peculio e schiavi propri che non sono schiavi del padrone, può ricevere legati e rifiutarli anche contro la volontà del padrone. Questi è obbligato a trattarlo con umanità a fornirgli il necessario per vivere e a curarlo delle sue malattie e nella vecchiaia. In caso contrario può intervenire il cadì a punirlo e anche ad obbligarlo ad emancipare lo schiavo ".

7. – Questo versetto e i seguenti contengono il definitivo nucleo della legge coranica sull'eredità, che così viene riassunta e semplificata da un moderno commentatore musulmano: " Togliere i debiti, poi eseguire i lasciti particolari se ve ne sono. Dare poi alla moglie o al marito dell'estinto la sua porzione. Sul resto, dare la sua parte al padre o alla madre, e dividere quel che ancor resta fra i figli dando al figlio due volte più che alla figlia. In caso che il morto non abbia figli, la porzione dei genitori viene aumentata e una parte è data anche a fratelli e sorelle; mentre se il morto non ha né genitori viventi né figli (cfr. v. 176) il tutto è preso dai fratelli e dalle sorelle ". Il sistema si presenta come un compromesso fra quello puramente agnatizio dell'epoca preislamica e quello basato sulla struttura famigliare, dato che, secondo il Corano e contrariamente all'uso pagano, anche le donne hanno diritto ad ereditare. I giuristi distinguono quindi fra *aṣḥāb al-farā'iḍ* eredi che hanno esplicito diritto secondo il Corano a una parte aliquota dell'eredità, *aṣḥāb al-'aṣaba*, parenti in linea agnatizia che concorrono come residuari o sostituti, e, secondo alcune scuole (ḥanafita) *aṣḥāb al-arḥām*, parenti per via cognatizia, femminile. In caso di numerosa parentela la divisione frazionaria dell'eredità è spesso problema tutt'altro che facile, ed esistono presso i giudici degli specialisti di questa scienza chiamata *'ilm al-farā'iḍ* (scienza delle parti aliquote della successione) la coltivazione della quale

è stata una delle cause primarie dello sviluppo della matematica e dell'algebra presso gli arabi.

La tradizione collega storicamente la promulgazione di questi versetti sull'eredità alla battaglia di *Uḥud*, dove, per la prima volta, rimase ucciso un numero considerevole di credenti e si prospettarono problemi di eredità. La vedova di uno dei caduti sarebbe in tale occasione andata da *Muḥammad* a prospettargli il triste stato di abbandono in cui si veniva a trovare, dato che, secondo le leggi preislamiche allora in vigore, nulla poteva ereditare dei beni del marito.

15-16. – Il versetto 15 che dà come punizione all'adultera solo un imprigionamento in casa e anche la possibilità " che Dio apra loro una via " (riscatto?), è considerato abrogato da XXIV, 2. Ma per atti indecenti si intende esattamente l'adulterio? I commentatori non sono del tutto d'accordo su questo punto. Quanto al versetto 16 viene spesso riferito all'omosessualità, per la quale i commentatori ritengono si debba applicare la stessa pena che quella di XXIV, 2. I commentatori comunque non sono unanimi sulla spiegazione di quel " due di voi " (due dello stesso sesso? o di sesso diverso? e allora si riferirebbe all'adulterio). Su questi problemi, e in generale sulla morale sessuale dell'Islàm, si legga l'importante lavoro di G.-H. Bousquet, *La morale de l'Islam et son étique sexuelle*, Paris, 1953.

19. – Viene qui abrogata una pratica pagana simile alla legge del levirato ma ancor più ampia: secondo alcuni commentatori infatti l'erede aveva diritti su tutte le donne di suo padre. Questo è uno dei passi coranici che i commentatori modernisti, a ragione, citano a dimostrazione del notevole elevamento del livello della vita femminile in seguito alla promulgazione della legge coranica, rispetto al barbarico paganesimo preislamico.

22. – " Salvo quanto già è avvenuto ": cioè la legge non è retroattiva.

23. – Si noti che la parentela di latte è dal Corano considerata alla pari della parentela reale.

24. – L'inizio di questo versetto è di difficile interpretazione. Il termine (*muḥṣana*) che traduco " donne maritate " accettando la opinione più diffusa fra gli esegeti, significa generalmente donna onesta adulta libera maritata (anche se divorziata o vedova). Potrebbe significare anche semplicemente donna casta, onesta, ma nei due casi la proibizione è strana: " non sposate donne oneste? " o " non sposate donne maritate? " Comunque la seconda ipotesi è più logica: per " ancelle " qui sembra

si intendano le schiave prese in guerra, anche se erano maritate (con pagani) prima della cattura.

Il pagamento della dote (*mahr*, *ṣadāq*: qui però *aǵr*, "compenso") è elemento essenziale del matrimonio islamico. La dote resta possesso personale e inalienabile della moglie, anzi, secondo il diritto islamico, in teoria, la donna, anche se ricca, non è obbligata a concorrere alle spese della casa e nemmeno a soccorrere il marito povero. V'è completa divisione di beni fra marito e moglie. (Disposizioni queste basate sulle frequenti raccomandazioni coraniche che la dote resti sempre alla moglie come a IV, 20 e altrove; anzi persino se avviene il divorzio prima della consumazione del matrimonio metà della dote deve esser lasciata alla moglie, vedi II, 237-38). Queste disposizioni migliorano notevolmente la condizione della donna dell'epoca preislamica, quando il matrimonio era considerato una vera e propria compera della moglie da parte del marito.

29. – "Non uccidete voi stessi". È molto più probabile che si riferisca a una proibizione generale di "uccidervi fra voi", anziché all'interdizione del suicidio, del resto estremamente raro fra gli arabi e ancor oggi molto raro fra i musulmani. I commentatori musulmani in genere accettano ambedue le interpretazioni. Sul suicidio fra i musulmani si veda l'interessante articolo del ROSENTHAL (*On suicide in Islam*) in «JAOS», 66 (1946), pp. 239-259.

34. – La ragione che qui il Corano dà di una certa superiorità dell'uomo sulla donna (affermata semplicemente senza spiegazione in II, 228), è duplice: l'ordine gerarchico delle cose e degli esseri voluto da Dio, e il fatto che finanziariamente le donne dell'epoca non erano autosufficienti. Poco sopra (v. 32) il Corano con parole simili a quelle già citate di Paolo (cfr. nota II, 228) raccomanda di riconoscere questa gerarchia divina degli esseri e di agire rettamente nel proprio ambito, uomini e donne.

43. – Questo versetto e V, 6 sono le basi coraniche delle prescrizioni canoniche sull'abluzione e la purità rituale, pratica presente in pressoché tutte le religioni, ma che sembra l'Islàm abbia, più che dal paganesimo preislamico, direttamente ereditato dal giudaismo. Basandosi su dati coranici e su tradizioni, i giuristi musulmani precisano che lo stato di impurità può esser maggiore (*ǵanāba*) o minore (*ḥadaṯ*). Chi è in stato di impurità non può fare la preghiera canonica, non può toccare il Corano o recitarlo (proibizione questa basata su LVI, 79) né fare il *ṭawāf*, giro rituale della *Ka'ba*. Per togliere lo stato di impurità mag-

giore si usa l'abluzione totale, bagno completo (*ġusl*), mentre *wuḍū'* è il termine che indica l'abluzione ordinaria, che, attualmente, consiste nel lavarsi tre volte le mani, sciacquarsi tre volte la bocca, pulirsi tre volte il naso con acqua, gettarsi tre volte acqua in faccia col palmo della mano, lavarsi gli avambracci fino al gomito, passarsi la mano bagnata sulla testa e sul collo, e (se c'è) sulla barba, pulirsi le orecchie con un dito e lavarsi i piedi. L'abluzione fatta con sabbia in mancanza d'acqua, qui menzionata, si chiama con termine tecnico *tayammum*. L'abitudine tradizionale alle frequenti abluzioni (si pensi che la preghiera rituale si fa cinque volte al giorno e data la facilità di trovarsi in stato di impurità minore praticamente una abluzione è necessaria prima di ciascuna preghiera) ha reso, contrariamente a quanto riferiscono ingiustamente viaggiatori dalla mentalità coloniale, le popolazioni musulmane molto attente alla pulizia personale. Altro esempio, dei numerosissimi che si posson portare, della influenza totalitaria del Corano in tutta la vita del musulmano religioso.

Sullo " stato di ebbrezza ", vedi nota a II, 219.

46. – Versetto importante per una definizione precisa di che cosa si debba intendere per alterazione delle Scritture da parte della " Gente del Libro " (vedi II, 75). L'espressione *ḥarrafa 'l-kalāma 'an mawāḍi 'ihim* lett. " alterare le parole dai loro luoghi " ha fatto pensare ad alcuni che si trattasse di falsamento volontario del testo della Scrittura da parte degli ebrei. Tale è più o meno l'opinione ortodossa a questo proposito. Qui sembra da intender piuttosto " pronunciar male le parole in modo che (le lettere) cambino posto ", quindi, come traduco, " storpiare le parole cambiando loro senso ". Ho rinunciato a proporre traduzioni alle parole lasciate qui in arabo, per la estrema difficoltà che presentano. La prima parte *sami'na wa 'aṣayna* ricorda l'ebraico *we-šama 'nū we-'asīnū* di Deuter. V, 24 " abbiamo ascoltato e abbiam *fatto* ", mentre le stesse parole, in arabo, con lievissime modifiche di pronuncia, significano " abbiamo ascoltato e ci siam ribellati " (la stessa espressione è attribuita agli ebrei in II, 93). Si tratterà di incomprensione di *Muḥammad* per la frase ebraica, o di scherzosa alterazione degli stessi ebrei di Medina per prendere in giro il neo-Profeta? Ogni ipotesi su questo punto resterebbe in aria. Più difficile ancora è decifrare le parole che seguono: *sma' ġayra musma'*. Parallelamente, dovrebbe trattarsi di altre parole ebraiche di suono simile a corrispondenti arabe (in arabo l'espressione letteral. tradotta significa: " ascolta senza che ti sia dato ascoltare "). Il *rā'inā* in luogo di *unẓurnā* fu già spiegato a II, 104. Mi sembra nel complesso non

esservi dubbio che si tratti di *tre* differenti frasi da M. attribuite alla Scrittura, deformate dagli ebrei, e " corrette " da M. nella seconda parte del versetto. Invece di "Ascoltammo e ci ribelliamo " avrebbe dovuto essere " ascoltammo e ubbidimmo " invece di " ascolta senza che ti sia dato ascoltare (?) " dovrebbe essere semplicemente " ascolta " e invece di " Malvagio! " " Consideraci, guardaci! ".

Sul concetto islamico di " deformazione delle Scritture " da parte della Gente del Libro si veda il ben documentato articolo *Taḥrīf* (del Buhl) nell'*Encicl. de l'Islam*, con riferimento a tutti i passi coranici.

47. – Cfr., sui violatori del sabato, II, 65.

51. – *Ǧibt* nome d'un idolo preislamico, anche collettivo. Su *Ṭāġūt* vedi II, 256.

58-59. – Versetti sui quali si basano i giuristi islamici per definire e giustificare i rapporti fra sovrani temporali e sudditi. Qui nel Corano, per la prima volta, oltre all'obbedienza a Dio (unica obbedienza richiesta nelle sure meccane) e a quella al Messaggero di Dio (che comincia a ingiungersi nelle sure medinesi; forse il primo di numerosissimi passi è LXIV, 12) si raccomanda anche quella alle " autorità " (*ulū 'l-amr*). (Cfr. Rom. XIII, 1 segg.). Ma, malgrado le affermazioni dei giuristi che vi vedono designati i sovrani, chi esattamente intendeva con questo termine *Muḥammad*? Credo che l'espressione sia da prendere in accezione molto generica di persone autorevoli sia nella vita familiare che sociale. Commentatori modernisti fanno notare che l'obbedienza alle autorità viene *dopo* quella da rendere a Dio e al Profeta, dunque le autorità non debbono essere obbedite se ordinano cose contrarie al Corano. *M. Iqbāl*, basandosi sul *minkum* (quelli " *di voi* ", dei vostri) sottolinea la democraticità del concetto coranico di autorità e ritiene debbano essere esclusi dall'obbedienza i governanti coloniali.

64. – Si noti la particolare importanza che questo v. dà alle preghiere di intercessione del Profeta. Comunque sulla vera e propria " intercessione " (intesa in senso escatologico) si veda nota a XX, 109.

72. – Non è ben chiaro a chi esattamente si alluda. Si tratterebbe secondo alcuni di un episodio riguardante la battaglia di *Uḥud*, secondo altri posteriore.

79. – I commentatori ortodossi che non ammettono, malgrado inequivoci dati coranici (cfr. ad es. VI, 70; VII, 200; IX, 43; X, 94; XII, 3; XVII, 73-75; XXII, 52; XXXIV, 50; XL, 55; XLI, 36; XLII, 52; XLVII, 19; XLVIII, 1-2; LI, 36; LXXX, 1 segg.) la peccabilità e la fallibilità del Profeta, riferiscono la bella frase " Ogni bene che ti co-

glie ecc." alla risposta data da *Muḥammad* ai suoi contraddittori, cosa sintatticamente inaccettabile. Si veda anche nota a LIII, 19.

92. – Si veda II, 178 segg.

94. – In guerra alcuni musulmani avrebbero spogliato dei loro beni anche certi infedeli i quali si erano dichiarati, per evitare ciò, credenti, (" dare il saluto di ' Pace! ' " è traducibile anche come " offrire la pace "; in tal senso il v. sarebbe da interpretare: " bisogna sempre accettar la pace quando venga offerta dal nemico "). Questo spiega l'aggiunta " per desiderio dei beni effimeri del mondo ".

97. – Da questo versetto si deduce che in questo momento M. dichiarò obbligatorio a quei che, alla Mecca, si convertivano alla nuova rivelazione, di seguirlo a Medina. Comunque si tenga presente che qualche versetto più avanti (89) il termine *hāǧara* " emigrare " sembra abbia il senso di lasciar le proprie case (per combattere) sulla via di Dio come ivi ho tradotto, essendo, in quel caso, trattandosi di persone già a Medina, inaccettabile il senso tecnico di " emigrare a Medina ".

102. – Il testo di questo v., che stabilisce le regole di quella che gli esegeti chiamano la *ṣalāt al-ḫauf* (" preghiera della paura ", o preghiera di fronte al nemico) non è troppo perspicuo. È comunque chiaro che si tratta di una preghiera a turni alternati.

117. – Si tratta degli idoli più popolari del paganesimo meccano, altrove nel Corano (LIII, 19-20) citati anche per nome, cioè *al-Lāt*, *al-'Uzzà* e *Manāt* (vedi nota ivi). Son tutti e tre femminili e qui ed altrove (XVI, 57; XVII, 40; XLIII, 16 ecc.). M. rimprovera ai meccani di aver dato non solo dei " figli ", ma addirittura delle " figlie " femmine (esseri quindi di almeno un grado inferiori) a Dio.

119. – Allusione a usanze pagane preislamiche.

125. – O più precisamente: una religione migliore dell'Islàm.

129. – Quei commentatori modernisti che sono contrari alla poligamia, combinando questo versetto con il v. 3 di questa stessa sura, dichiarano che la poligamia viene ad esser con ciò praticamente interdetta, dimenticando comunque il seguito di questo stesso versetto. " Lasciarne una come sospesa ", significa trascurarla, anche sessualmente.

140. – Vedi infatti VI, 68, che si deduce quindi essere anteriore a questo passo.

153. – Cfr. VII, 155 e nota ivi.

154. – Ripetizione di II, 63, 87.

157-159. – Brano fondamentale per la cristologia coranica. Si tratta come ognun vede della nota dottrina dei doceti e di altri gnostici. Gli esegeti musulmani forniscono persino il nome del sosia di Gesù, che sarebbe stato un certo Sergio. Il Corano nega la crocifissione (e, sembra, la morte, in generale, di Gesù), ma ammette l'ascensione. Gran difficoltà fa il possessivo " sua " di v. 159. Sua è infatti da riferirsi a " nessuno " o a " Gesù? " In quest'ultimo caso, che sembra dal contesto il più probabile, Gesù sarebbe ancora vivo in luoghi celesti e prima della sua morte (quando tornerà sulla terra ad annunciare il Giudizio Universale) tutti gli ebrei crederanno in Lui (idea, questa, molto diffusa anche in ambienti cristiani) e, aggiungono i musulmani, anche i cristiani crederanno in Lui che predicherà allora l'Islàm. Anche a XIX, 15 e 33 si allude alla morte di Gesù, senza precisazioni di tempo. Porre la morte di Gesù all'epoca della " fine del mondo " risolve tutte le contraddizioni apparenti. Solo versetto che fa difficoltà resta il III, 55 in cui bisognerebbe dare in tal caso a *tawaffā* il senso di sinonimo di *rafa'a*, (richiamare a sé, innalzare a sé) anziché quello più comune di " far morire ", e vedervi un cenno non alla morte ma all'ascensione. Per pura curiosità citiamo la singolare opinione del movimento modernista ed eterodosso islamico degli *aḥmadiyya* (fondato da *Mīrzā Ġulām Aḥmad* nel Panğāb nella seconda metà dello scorso secolo) secondo la quale Gesù, contro l'interpretazione generale di questo passo, sarebbe stato realmente crocifisso, ma non sarebbe morto, bensì solo svenuto, sulla croce. Poi, guarito, avrebbe peregrinato sulla terra finché sarebbe giunto nel Kashmir dove morì a centoventi anni e dove ancora, a Srinagar, se ne mostrerebbe la tomba.

Sul ritorno di Gesù come " presagio dell'Ora " della Fine l'unico elemento coranico è l'oscuro versetto XLIII, 61. Per maggiori dettagli sulla cristologia islamica si veda l'art. *'Isà* nell'*Encicl. de l'Islam*.

161. – Sull'usura cfr. nota a II, 275.

163. – Cfr. questa lista di profeti con quella a VI, 84 segg., ad essa cronologicamente antecedente e medinese come questa. Nelle sure meccane maggiore importanza era data ai profeti arabi *Hūd*, *Ṣāliḥ* e *Šu'ayb* (vedi ad es. VII, 59 segg.), che in ambedue le liste sopra accennate mancano. Comunque, nella tradizione e nella dottrina islamica il numero dei profeti ammessi come tali è praticamente infinito non limitandosi essi a quelli citati nel Corano per nome. Cfr. v. seguente e XL, 78.

171-172. – Sembra ammettersi in questi versetti (ed è in ogni modo ammessa dall'Islàm ortodosso) la nascita verginale di Gesù, al quale, malgrado questo, e malgrado sia fra tutti i profeti citati nel Corano il più adorno di fenomeni e qualità miracolose (nato da una vergine, asceso al cielo e ancora vivente ecc.) si nega assolutamente ogni divinità. I fatto è stato abilmente sfruttato da missionari cristiani, ma l'argomentazione non tien conto del concetto (solo afferrato il quale si può dire di aver capito l'Islàm) dell'assoluta arbitrarietà attivissima del Dio persona, che sempre interviene in ogni opera umana e naturale. Nulla è naturale, tutto è miracolo. E di fatto l'argomento di quei missionari non ha praticamente avuto pressoché alcun effetto in terre d'Islàm. Una risposta che talvolta si dà è: " Se non avere un padre è segno di divinità, Adamo, che non aveva nemmeno madre, è più divino di Cristo! ".

176. – La posizione di questo versetto, il quale continua (pur essendo, secondo i commentatori orientali e occidentali, più tardo) le prescrizioni sull'eredità (vedi nota a v. 7) è veramente singolare. Il v. deve essersi venuto a trovare qui solo in seguito a una svista nel lavoro di formazione del *corpus* coranico, posteriore alla morte del Profeta.

V. LA SURA DELLA MENSA

L'esegesi europea ne fa l'ultima sura, cronologicamente, del Corano, sempre comunque nel senso di " contenente rivelazioni fra le più recenti del periodo medinese ", non in senso assoluto, essendo il suo contenuto, come quello della maggior parte delle sure più lunghe, cronologicamente eterogeneo. Comunque il grosso della sura sembra dover porsi più o meno verso il 631-632 *E. V.* (9-10 *H.*) *cioè verso gli ultimi anni della vita del Profeta. Il titolo deriva dal v.* 112. *Il Bl. vi distingue cinque gruppi di rivelazioni*: 1-5; 6-26; 27-50; 51-86; 87-120.

NOTE

1. – " In stato sacro ". Cioè durante i riti del pellegrinaggio, quando i pellegrini si trovano in stato detto di *iḥrām*. *Iḥrām* è anche chiamato ora lo speciale vestito (due pezze di stoffa senza cuciture e null'altro) portato dai pellegrini tutti senza distinzione di rango, durante il permanere nello stato sacrale.

2. – " I riti di Dio ". Cioè del pellegrinaggio. I riti del pellegrinaggio, derivati quasi tutti dal paganesimo preislamico, sono in effetti i soli riti a forte carica magico-sacramentale restati nell'Islàm, religione da questo punto di vista notevolmente pura da contaminazioni con elementi magistici, sacramentali, sacrificali ecc. Le collane, o ghirlande, sono usate ancor oggi ad adornare il bestiame da sacrificare (*hady*) durante i riti del Pellegrinaggio, il 10 del mese, a Minà. Cfr. nota a II, 196.

3. – Si cfr. questa lista di interdizioni alimentari con quella di II, 173. Qui si precisa la proibizione del " sangue " aggiungendo disposizioni sugli animali soffocati e simili, non citate nel passo suddetto. Cfr. Deuter. XIV, 7 segg. " Gli altari idolatrici ", *nuṣub*, sono pietre sacre come quelle venerate dagli antichi cananei o le *maṣṣebōt* degli ebrei. " Distribuirvi fra voi a sorte gli oggetti " per mezzo di frecce: è una ulteriore

conferma e precisazione della proibizione del *maysir* su cui vedi II, 219. La frase " Oggi v'ho reso perfetta ecc. " secondo alcuni esegeti islamici sarebbe stata rivelata il venerdì 9 *Ḏū 'l-Ḥiǧǧa* del 10 H. (632) il giorno di *'Arafāt* durante il "pellegrinaggio d'addio", poco prima della morte del Profeta.

4. – Si noti, nella frase in parentesi, l'estrema cautela del linguaggio coranico nell'attribuire qualche autonomia, sia pur la minima, a un'opera indipendente e naturale dell'uomo. Sembra che anche il fatto che l'uomo possa insegnare qualcosa ai cani da caccia urti la estrema suscettibilità del Dio coranico, grandiosamente monarchico e geloso.

5. – Cfr. II, 221 sulla proibizione, invece, di sposare donne idolatre.

6. – Sull'abluzione cfr. nota a IV, 43.

7. – Non è ben chiaro nemmeno agli esegeti islamici di qual patto esattamente trattisi. L'opinione più diffusa sembra esser quella che si tratti del patto generale di Dio coi credenti mediante il Profeta, o addirittura del patto del famoso giorno di *a lastu* (cfr. nota a VII, 172-74) con tutti i figli di Adamo. Altri invece lo riferiscono al patto di *al-'Aqaba* fra *Muḥammad* e i medinesi (nel 621 A. D.; vedi Introduz.). Sul " Patto " cfr. anche XXXIII, 7.

11. – Sembra anche qui non riferirsi a un fatto particolare, ma alla costante difesa contro gli infedeli meccani in generale.

12. – Cenno alle dodici tribù. Sulle contraffazioni giudaiche delle Scritture cfr. nota a IV, 46. Cfr. anche v. 41 di questa stessa sura.

14. – Qui (e altrove: v. anche XXIII, 53) la caratteristica più visibile che si attribuisce ai cristiani è la discordia e la divisione in sètte. E in effetti anche nell'Arabia di M. fiorivano differenti comunità cristiane e giungevano gli echi delle dispute teologiche di cui è ricco il mondo cristiano. L'avvento di *Muḥammad*, secondo la tradizione islamica, sarebbe stato predetto nel Vangelo (vedi nota a LXI, 6).

17. – Cfr. IV, 157-59.

19. – "Interruzione". *Fatra* significa letteralmente " languore " " rilasciamento " ed è usata dai teologi musulmani, basandosi su questo passo coranico, a designare il periodo di intervallo fra l'uno e l'altro dei cicli profetici succedentisi, secondo la dottrina islamica, ininterrottamente e, più particolarmente, l'intervallo fra Gesù e *Muḥammad*, meglio, fra il languire della religiosità verso la fine dell'epoca cristiana (per i musulmani finita con l'avvento di *Muḥammad*) e la venuta della nuova primavera spirituale.

22. – Cfr. Deuter. II, 10.

23. – Secondo i commentatori sarebbero Giosuè e Caleb. La città dei giganti sarebbe, secondo alcuni, Gerico, *Arīḥā*.

27 segg. – È la storia coranica di Caino e Abele, derivata da Gen. IV, 3 segg. con aggiunte talmudiche, specie i vv. 31 e 32 sul seppellimento di Abele. La bellissima prescrizione del v. 32 si ritrova esattamente nella *Mišnā*.

33. – Questo versetto stabilisce pene specialmente dure per i banditi e i predoni, credenti o non credenti (secondo Zamaḫš. *Kaššāf*, I, 357) e non sembra sia considerato parte delle prescrizioni sul *ǧihād*.

38. – È questa la dura pena coranica (*ḥadd*, cfr. nota a II, 187) per i ladri, ora, in pratica, fuori uso in quasi tutti i paesi musulmani, eccettuati l'Arabia Saudiana, lo Yemen e, in parte, l'Afghanistan. Cfr. "Oriente Moderno", XXXIII (1953): A. D'Emilia, *Intorno alla moderna attività legislativa di alcuni paesi musulmani nel campo del diritto privato*, pp. 301-312.

41. – Le parole messe in bocca agli ebrei significano: "Se *Muḥammad* vi rivela cose identiche a quelle che diciamo noi (cioè alla nostra Scrittura Sacra) accettatele, altrimenti state in guardia! ".

42. – I vv. 42 segg. pongono l'importante principio dello statuto personale per ebrei e cristiani, che, in regime di protezione islamica, debbon giudicare delle loro questioni giuridiche e religiose secondo la propria legge religiosa e i propri libri sacri, mentre le disposizioni legali del Corano valgono per i soli musulmani. Infatti il v. 42 si riferirebbe, secondo gli esegeti musulmani, al caso di adulterio fra un ebreo e una ebrea di *Ḫaybar* per il quale il Profeta, chiamato a decidere, basandosi su Deuter. XXII, 22, avrebbe prescritto la lapidazione. Il Corano, nel suo testo attuale, non contiene alcun cenno alla lapidazione come pena dell'adulterio, per il quale valgono le pene stabilite chiaramente nei passi citati in nota a IV, 15-16, ma ben presto la pena della lapidazione si venne praticando anche dai musulmani, e delle tradizioni (alle quali gli studiosi occidentali rifiutano credito) sostengono che nel Corano, per testimonianza di Omar, vi sarebbe stato un versetto che diceva: "Se un uomo adulto e una donna adulta commettono fornicazione, lapidateli in ogni caso, come pena imposta da Dio ", versetto poi scomparso. Comunque la pena della lapidazione è dai giuristi considerata *ḥadd*, pena coranica (cfr. II, 187), nel caso di adulti sposati e pienamente capaci (*muḥṣan*).

48. – "A loro protezione ", nel senso che il Corano conferma e preserva dall'oblio la parte valida ed essenziale delle rivelazioni precedenti. Tale, malgrado i dubbi di alcuni esegeti occidentali, mi sembra

il senso ovvio, in questo contesto, del vocabolo, d'origine aramaica, *muhaymin*, " preservatore ", " custode ", che è anche uno degli attributi coranici di Dio (cfr. LIX, 23).

50. – Il testo ha " Giudizio dell'Epoca dell'Ignoranza " (*ğāhiliyya*). *Ğāhiliyya*, " epoca della ignoranza " (di ogni legge rivelata) è il termine comunemente usato nelle lingue islamiche attuali ad indicare l'età preislamica pagana. Qui sembra si alluda al lassismo morale che sarebbe prevalso fra i pagani arabi. Secondo gli studiosi europei la tradizione però esagererebbe alquanto sulla " barbarie " degli arabi preislamici.

51. – Tradurre il termine *auliyā'* come " amici ", come taluno (ad es. Bonelli) fa, travolge il vero senso della prescrizione. *Walī*, qui come *maulā*, in realtà significa persona legata da un patto di alleanza o di clientela ad altre. Ha quindi un valore giuridico, non di amicizia personale.

54. – Il versetto dà il ritratto del " musulmano ideale ", e nella descrizione che ne fa ricorda piuttosto il fiero *parcere subjectis et debellare superbos* romano che la incondizionata mitezza evangelica.

60. – Si tratta dei giudei ribelli di cui è più volte menzione nel Corano (v. per le trasformazioni in scimmie II, 65). Il " coi quali s'è adirato " di questo passo può aver suggerito l'identificazione con gli ebrei degli uomini " col quale Dio è adirato " di cui a I, 7.

64. – " La mano di Dio è ora chiusa " cioè, probabilmente, " la Rivelazione si è chiusa definitivamente con la rivelazione mosaica ". La maledizione seguente, presa alla lettera, ha fatto nascere tradizioni secondo le quali i giudei, il dì del Giudizio, compariranno avanti a Dio con le mani legate al collo.

66. – È praticamente impossibile identificare questa comunità o setta, giudaica o cristiana, che " segue una via di mezzo " o, come si potrebbe anche tradurre, " una via retta " (per l'espressione cfr. XXXI, 32 e XXXV, 32). Riferendomi a quanto si disse in nota III, 113 segg., l'opinione che mi sembra più probabile è che si tratti non tanto di una speciale setta, ma di *gruppi* di ebrei o cristiani particolarmente favorevoli e benevoli per l'Islàm (" a mezzo " fra islàm e non islàm).

67. – Versetto non troppo perspicuo, ma che in ogni caso comprova che, almeno come ipotesi, il Corano ammette che *Muḥammad* poteva peccare, essendo uomo, anche in questo, come gli altri. Più chiaro diviene il senso se dopo il " ma ", sottintendiamo " se lo farai ".

69. – Versetto pressoché identico a II, 62, q. v.

72-73. – Forse le parole messe in bocca a Gesù si riferiscono a Math. IV, 10. Confrontando il v. 73 col v. 116 di questa stessa sura sembra che M. considerasse la trinità cristiana come formata da Dio, Gesù, e Maria. La questione fu ed è oggetto di interminabili dispute fra i cristiani, che rimproverano a M. ignoranza delle Scritture, e i musulmani, che ora per lo più rispondono che " di fatto " la vera trinità cristiana è quella, data l'enorme importanza del culto di Maria. Gli studiosi europei hanno cercato invano di identificare una setta precisa di cristiani eretici che credesse esplicitamente in quella forma di trinità.

A mio parere certi polemisti musulmani sono in parte nel vero quando sostengono che il Corano attacca non tanto idee della Scrittura, ma erronee affermazioni, sentimenti e culti, non scritturali, di cristiani praticamente mariolatri. Già a quell'epoca del resto il culto mariano aveva sviluppo amplissimo e tale ipotesi è anche sostanzialmente difesa, con il pacato equilibrio che lo distingue, dal francescano P. JEAN MUHAMMAD ABD AL-JALIL convertito dall'islàm al cristianesimo, in *Problèmes de Mariologie en Islam*, s. l. 1948, pagg. 6 segg., cui rimandiamo per una più ampia discussione della questione.

77. – Stravaganza, *ġuluww*, lett. " esagerazione ", è il peccato che l'Islàm rimprovera a tutte le sette eterodosse, anche sue proprie; stravaganza che, quasi sempre, (anche in certe sette islamiche) prende il colorito dell'empietà maggiore per l'Islàm: divinizzare uomini, dare troppa importanza all'uomo, di fronte all'Iddio sovrano e inaccessibile.

82. – Il filo logico del ragionamento non è a prima vista ben chiaro, specialmente se si confronta con LVII, 27 e più ancora con IX, 34 e IX, 31 dove, se il monachesimo non è così esplicitamente e nettamente riprovato in assoluto come lo vuole la tradizione posteriore, certo ne sono mostrati i gravi pericoli. Qui invece addirittura il monachesimo e la presenza di preti (*qissīs*) sembra portato come *causa* della particolare bontà dei cristiani. Ove non si volesse ammettere un progressivo cambiamento di opinione (che però, data la cronologia rispettiva dei detti brani, andrebbe in senso inverso da quello seguito poi dalla tradizione tutta, che ha sempre più riprovato il monachesimo) la contraddizione sarebbe anche sufficientemente spiegabile dando a *rāhib* un senso un po' più fluido di quello preciso di " monaco ", senso che tenga più conto del significato originale del vocabolo (" timido "). Infatti la mitezza sembra una delle qualità cristiane più apprezzate dal Corano di fronte alla pervicace tracotanza giudaica, e il termine " monaci " in due casi (questo e LVII, 27) compare in contesti in cui è accompagnato da termini tipo " mitezza " e " misericordia ".

89. – "Affrancamento di uno schiavo ", *taḥrīru raqabatin* letteralm.

" liberazione di una cervice ". È interessante notare che non si può dire esista nel Corano un preciso termine tecnico ad indicare " schiavo ". Per la liberazione degli schiavi si usa il termine " cervice " mentre l'espressione più comune è " ciò che le vostre destre posseggono ". A cominciare dalle prime sure meccane (v. per es. XC, 13 dove si raccomanda la liberazione degli schiavi) via via per tutto il Corano la liberazione degli schiavi è raccomandata come opera pia ed è imposta in certi casi, come in questo, quale obbligo purificatorio. Secondo tradizioni canoniche (che, anche se non autentiche, rispecchiano lo spirito della comunità in cui nacquero) M. sul letto di morte avrebbe ripetutamente raccomandato ai suoi seguaci soprattutto due cose: la preghiera e il trattare bene gli schiavi. Un'altra tradizione mette queste parole in bocca al Profeta: " Quando uno schiavo prega, è tuo fratello ". Cfr. anche nota a IV, 3.

90. – È questa la prescrizione decisiva sulle bevande alcoliche, abrogante tutte le precedenti cronologicamente (v. II, 219 e nota).

94. – La tradizione ci fa sapere che questo v. sarebbe stato rivelato durante le trattative per la tregua di *Ḥudaibiya* (vedi Introd.), quando i credenti sarebbero stati tentati di ricorrere alla caccia per nutrirsi violando così la disposizione di cui al v. 1 e 95 di questa stessa sura, o, in senso più ampio, l'interdizione preislamica di cacciare nel territorio sacro della Mecca. La disposizione (vedi infatti: " Dio perdona il peccato passato...") non è comunque retroattiva.

97. – Vien qui accettato esplicitamente, attribuendone l'istituzione prima all'Unico Vero Dio, tutto quel complesso di riti preislamici su cui vedi nota al v. 2 di questa sura.

103. – Pratiche pagane a base di *tabu* (cfr. anche VI, 138 e la più volte ripetuta narrazione sulla cammella del profeta *Ṣāliḥ* in XXVI, 155; XI, 64). I commentatori precisano che con i nomi di *baḥīra* e *sā'iba* si intendevano " cammelle ", mentre con *waṣīla* si intendeva una " pecora " e con *ḥāmī* uno " stallone ". Sembra venissero marchiati in modo speciale e lasciati liberi, essendo interdetto sia ucciderli, sia berne il latte, sia montarli. Tali pratiche sono del resto frequenti anche in altri popoli. Si cfr. i *tabu* paralleli connessi col sacrificio del cavallo, *aśvamedha*, vedico.

107. – La parola dell'originale che abbiam tradotto " i due più vicini parenti " si presta a diverse interpretazioni, così come " gli aventi diritto ".

110. – Gesù è sentito dalla tradizione musulmana, sulla base di questo e di altri passi coranici, soprattutto come un facitor di miracoli clamorosi. Alcuni di quelli qui citati son riportati dai vangeli apocrifi

e si citano anche in III, 46, 49 e XIX, 30. Su altri tratti della cristologia coranica vedi anche nota a IV, 157-159.

112 segg. – Non è così evidente né certo, come molti commentatori europei sostengono, che questo racconto " si basi su una idea assai confusa che M. avrebbe avuto dell'Eucaristia " (Bonelli p. 92). Alcuni (Gerock, Rudolph) hanno pensato alla visione di Pietro in Atti X, 9 segg. Si è pensato anche basandosi su racconti di tradizionisti musulmani (*Ṭabarī*) alla moltiplicazione dei pani e dei pesci; altri (Blachère) propongono qualche ignoto passo di vangeli apocrifi. Non escluderei, oltre tutto questo, anche il " dacci oggi il nostro pane quotidiano " del *Pater Noster*, che mi sembra anzi un ottimo punto di partenza per la costruzione dell'episodio, che parte da una ingenua richiesta degli apostoli (come certe citate nei vangeli stessi) e in una preghiera (v. 114) di Gesù in cui sostanzialmente si chiede " della Tua provvidenza ".

VI. LA SURA DEI GREGGI

L'esegesi europea più accreditata la attribuisce al terzo periodo meccano, pur ammettendo rimaneggiamenti (per alcune parti) nel primo periodo dopo l'Ègira. Il titolo deriva dal v. 136. *Il Bl. vi distingue, con prudenza, tre gruppi di rivelazioni*: 1-73; 74-153; 154-165.

NOTE

7. – " Pergamena " *qirtâs*, parola presa dal greco attraverso l'aramaico, indica probabilmente *rotolo* di pergamenà, *volumen*.

20. – Qui, come in II, 146, il " lo " è attribuito dalla generalità degli esegeti islamici, senza alcuna ragione sintattica che regga, a *Muḥammad*. Cioè: " sanno bene che deve venire il nuovo profeta predetto nei loro Libri Sacri ". È ammesso da alcuni un senso neutro di " lo ", cioè quella nuova fede che verrà ecc. È singolare che pressoché nessun commentatore accenni alla interpretazione più ovvia, quella che noi (seguendo il Bl.) abbiamo adottato.

38. – Versetto molto interessante che suppone che vi sia una certa simiglianza fra le comunità umane e quelle animali (simiglianza che secondo alcuni commentatori consisterebbe nell'istintiva adorazione di Dio, v. XVI, 49) e, cosa ancor più curiosa, che anche le comunità di animali e d'uccelli conosceranno la resurrezione e il giudizio finale. Tuttavia, date le frequenti sconcordanze di pronomi nel Corano, non fa difficoltà ammettere che la frase " avanti al loro Signore saran tutti raccolti " si riferisca a " costoro ", gli uomini. In ogni caso il concetto che gli esseri animati tutti preghino e adorino a loro modo Iddio, basato su questo, il XVI, 49, e altri versetti coranici, è vivissimo nella psicologia e nelle letterature dei popoli musulmani. Il grande poeta persiano *Sa'dī* nel suo *Gulistān* (Roseto) esprime in un bell'aneddoto autobiogra-

fico il pentimento di un suo compagno di carovana per la sua trascuratezza religiosa, sentendo cantar gli uccelli al mattino (*Il Roseto*, trad. Pizzi, Lanciano, 1917, vol. I, pag. 117).

In ogni caso l'idea, se non del giudizio, di una particolare posizione nell'aldilà delle *anime* degli animali può essere penetrata nel Corano, insieme a molte altre, dal giudaismo postesilico, che quasi certamente la prese dal mazdeismo. L'Enoch slavo, cap. 58 ha: " Il Signor Iddio chiamò tutte le bestie della terra e tutti gli animali selvaggi.... In questo (mondo) non tutte le anime viventi saran giudicate, ma solo l'uomo. Ma per le anime degli animali vi sarà, nel grande Eone, un luogo e un soggiorno...." Cfr. anche Avestā, *Videvdat*, cap. 13.

50. – Ancora una volta M., con grande sincerità, confessa la sua piena ed assoluta umanità, cfr. IV, 79.

60. – Cfr. anche XXXIX, 41. Da ambedue i passi si deduce (sembra idea presente anche nella tradizione rabbinica) che durante il sonno le anime son richiamate a Dio (il termine significa " far morire " nel linguaggio ordinario) e rimandate al mattino. Di qui la grande importanza dei sogni, il cui valore metanaturale è ammesso nel Corano (v. anche la Sura di Giuseppe, XII, passim). Tutte le letterature dei popoli islamici son piene di aneddoti riguardanti sogni, alcuni bellissimi. Anche nella più recente delle rivelazioni religiose, nata su suolo islamico (la Fede *Bābī-Bahā'ī*) il sogno ha un valore positivo. Una preghiera dice: " Io t'imploro di fare di ciò che mi rivelasti nel mio sonno le salde fondamenta delle magioni del Tuo amore...." (*Preghiere Bahā'ī*, trad. ital. Roma, 1951, p. 14).

61. – Cfr. LXXXII, 10 e LXXXVI, 4. Vi si accenna a due tipi di angeli: gli uni simili (ma non identici, vedi nota a LXXXII, 10) agli angeli custodi della nostra tradizione, gli altri, angeli della morte incaricati di uccidere gli uomini.

67. – "Annuncio " significa l'annuncio, fatto da un profeta, del Giudizio finale. La sura LXXVIII prende nome da questo "Annuncio Massimo ".

71. – Il secondo termine di comparazione " il fascinato dai dèmoni " sembra essere chi smarrisce la strada nel deserto a causa di miraggi o della calura eccessiva.

72. – " Con Verità d'intento ". Su questa espressione vedi nota a XIV, 19.

74. – Secondo il Fränkel («ZDMG», LVI, 72) questo nome del padre di Abramo, non corrispondente al *Teraḥ* biblico (del quale del

resto potrebbe essere una lontana corruzione) potrebbe spiegarsi con una confusione col nome biblico del servo di Abramo, Elazar. I commentatori islamici conoscono comunque benissimo il nome biblico *Teraḥ* (*Tāriḫ*) come quello del padre di Abramo.

76 segg. – Questo bell'episodio, in cui Abramo deduce Dio, in modo apparentemente simile al fanciullo famoso dell'*Emile* di Rousseau, dalle insufficienze della natura, si trova anche in scritti rabbinici, e un accenno, non tuttavia in questa forma drammatica, ve n'è in Giuseppe Flavio (*Antiquitates Judaicae*, I, 7). Non mi sembra esatto dire con Bl. che "Abramo era arrivato al monoteismo osservando che l'armonia dell'Universo è la prova dell'esistenza di un Dio creatore". Si tratta qui piuttosto della pochezza delle cose dell'universo di fronte a un insito bisogno di Potenza assoluta e di grandezza. L'episodio, tutto pieno di umilissima e gratuita venerazione per Colui che Mai Tramonta, è basato su principi psicologici e morali molto diversi dai ragionamenti dell'*Emile*.

79. – In purezza di fede, letteralm. da *ḥanīf*. Per il senso del termine vedi II, 135.

85. – "Santi": così traduco qui e altrove (con qualche eccezione) seguendo il Bl., *ṣāliḥīn*. Non si prenda però il termine con le implicazioni teologiche della dottrina cattolica. *Ṣāliḥ* significa pio, buono, e null'altro.

89. – "Un altro popolo": (*qaum*, gens) i Musulmani seguaci di *Muḥammad*. Il concetto di popolo è basato su fondamenta esclusivamente religiose: pur compatriotti e consanguinei degli altri arabi, i musulmani sono mostrati come gli eredi spirituali del popolo ebraico e cristiano, e nulla han più a che fare coi pagani.

90. – "Ammonizione per ogni creatura"; la stessa espressione si trova in XII, 104, e espressioni simili in almeno una decina di passi coranici. Contrariamente a quanto la maggioranza degli esegeti occidentali ritiene, credo che *Muḥammad* avesse avuto coscienza di una sua missione mondiale, non limitata ai soli arabi (cfr. nota anche a LXXXI, 27 e XXXIV, 28). Vedi comunque su questo l'Introduz.

91. – Se, come il contesto attuale del Corano chiaramente comporta, il soggetto di dicono è "i giudei", si dovrà intendere la frase da essi pronunciata come "non ha rivelato nulla *ora* a nessun uomo" (nella fattispecie a *Muḥammad*). Alcuni esegeti europei spezzano il v. considerandone interpolata la seconda parte.

92. – La "Madre delle Città" *Metropoli* d'Arabia (o almeno del Ḥiǧāz) è appellativo della Mecca, per la sua importanza sacrale, già prima dell'Islàm pressoché panaraba. L'esegesi musulmana aggiunge che tale

appellativo è dato da Dio nel Corano alla Mecca come centro spirituale (e secondo alcuni geografi anche materiale) del mondo intiero. Vedi invece nota a XXVIII, 59.

93. – Il falso profeta cui si accenna è molto probabilmente espressione generica. Gli esegeti islamici vi vedono per lo più un annuncio di quei "falsi profeti", quali Musaylima, che sorse poco dopo la morte di *Muḥammad* e fu sconfitto da *Ḫālid ibn al-Walīd* inviato contro di lui da *Abū Bakr*. Comunque esistono tradizioni secondo cui l'attività profetica di Musaylima sarebbe già cominciata vivente *Muḥammad*, e vi fu chi lo accusò di aver plagiato uno di questi "pseudo-profeti".

98. – I commentatori musulmani generalmente chiosano "ricettacolo" (nei lombi dei vostri padri) e "deposito" (nel seno delle vostre madri).

100. – I *ǧinn*, nominati spessissimo nel Corano e che hanno gran parte nella tradizione e nelle credenze popolari di tutte le genti musulmane, sono un residuo, accettato come dato di fatto da M., del paganesimo preislamico. La parola, di etimologia ancor non bene spiegata, è stata da alcuni studiosi avvicinata al *genius* latino. Si tratta di corpi d'aria o di fuoco, dotati di ragione, innafferrabili, capaci di metamorfosi varie e di compiere lavori svariati, creati di "fiamma purissima di fuoco" (LV, 15), o fiamma senza fumo, mentre gli angeli son creati di luce e gli uomini d'argilla. Maometto predicò loro e ascoltarono il Corano (XLVI, 29-32 e LXXII, 1 segg.). Secondo la tradizione vi sono varie classi e specie di *ǧinn*, e fra *ǧinn* e uomini possono esistere rapporti sessuali. Già in antico tuttavia i più illuminati fra i pensatori islamici rinnegarono per lo meno la parte più materialistica di tali leggende (ad es. Avicenna ne negò l'esistenza, Ibn Ḫaldūn il grande storico del XIV sec. considera i versetti che parlano dei *ǧinn* come da contare fra quei "versetti ambigui" o "allegorici" la cui "vera interpretazione non la conosce che Dio", di cui a III, 7). Alcuni esegeti modernisti, cadendo nell'estremo opposto, ne fanno addirittura dei "microbi" (*salafiyya*) o "dei capi forti e potenti" (*aḥmadiyya*). Mentre i dèmoni sono solo malvagi e gli angeli buoni, i *ǧinn*, organizzati in gruppi e tribù come gli uomini, possono essere buoni o cattivi, musulmani o d'altre religioni.

Un riassunto molto completo, in arabo, sulle varie teorie classiche sui *ǧinn* è Badr ad-Dīn Šiblī, *Kitāb ākām al-marǧān fī aḥkām al-ǧānn*, Cairo, 1326 H.; il lettore italiano curioso di maggiori informazioni folkloristiche a questo proposito può leggere E. Panetta, *Pratiche e credenze popolari libiche*, Roma, 1940.

105. – Il v. è da intendere nel senso che gli infedeli (o anche i giudei) induriti nella loro empietà proprio dalla somiglianza di questo Corano con le antiche scritture, accusano M. di plagio (cioè di "averli studiati prima"). Comunque, anche con tale interpretazione, il versetto non è dei più chiari, e ne esistono diverse varianti canoniche.

108. – I commentatori islamici moderni mettono molto in evidenza il notevole senso di tolleranza implicito in questa raccomandazione, facendo notare, in fondo con ragione, che essa non è affatto in contrasto con la dura lotta contro l'idolatria perseguita da M. Qui si parla di non bestemmiare nemmeno gli idoli falsi, che del resto a XVII, 40 son chiamati angeli. *En passant* ricordiamo che la bestemmia è vizio totalmente sconosciuto fra i musulmani, che sono incapaci anche di concepirla, e mancano, nelle varie loro lingue, di un vocabolo ad esprimerne il concetto.

109. – L'interrogazione non è troppo chiara. Sembra debba intendersi: "O credenti! È vero, i segni per gente simile sono inutili, ma che ne sapete voi?".

112. – "Nemico" sembra debba intendersi come collettivo.

119. – "Vi ha precisato quel che vi ha proibito". Per es. in passi come XVI, 114-118, a questo cronologicamente anteriore.

120. – Nel senso di "i peccati palesi e quelli nascosti". Il verbo *kasaba*, "acquistarsi", per "commettere" il peccato, che in questa e simili forme ricorre nel Corano, è di notevole importanza per lo sviluppo delle discussioni teologiche sui rapporti fra la libertà dell'uomo e l'onnipotente decreto di Dio.

Il termine coranico (*kasb* o *iktisāb* con sottilissime e lievi sfumature) è stato il punto di partenza per l'abile, ma alquanto verbale, soluzione accettata dalla dottrina ortodossa aš'arita, secondo la quale le azioni dell'uomo vengono *create*, prodotte, messe in essere da Dio, ma l'uomo le "acquista". L'ortodossia islamica concepisce come bestemmia contro la creatività di Dio dare, con la libertà completa dell'azione, anche all'uomo la qualità di "creatore" (di azioni). Pertanto non solo le cose, ma letteralmente tutto, perfino cioè le *azioni* devono essere create da Dio. Comunque il termine "acquistarsi", che nel linguaggio coranico significa in questi contesti chiaramente "commettere", concede una certa libertà al volere umano.

123. – Attraverso il Corano (v. anche XLIV, 49; XXXIV, 34; II, 161, 258; XIV, 21; XXIII, 64; XL, 47-48; XLIX, 13) spira un'aria di antipatia per i Potenti, i Nobili, i Ricchi, resto, in parte, della espe-

rienza da *Muḥammad* avuta nei primi tempi della sua predicazione alla Mecca. Del resto la sostanziale democraticità (non in senso moderno, s'intende) della antica società islamica di contro sia all'orgoglio razziale e tribale preislamico sia più ancora di fronte ai costumi bizantini e persiani, democraticità di cui già fra i più antichi musulmani v'era chiara coscienza (cfr. tradizioni sul primo incontro fra i messaggeri musulmani e i cortigiani di Persia) è fatto reale e non solo immaginazione della recente propaganda modernista islamica.

125. – La parola che traduco " sozzura " *riğs*, è quasi da tutti i commentatori letta e interpretata come fosse *riğz*, " collera " " corruccio " non sembrando loro troppo perspicuo il vocabolo *sozzura* in questo contesto. " Gli apre il petto ", vedi XCIV, 1.

136 segg. – Si allude a usanze sacrificali e di tabù dell'idolatria preislamica sulle quali vedi anche V, 103 e nota ivi.

137. – Si allude alla barbara pratica preislamica di uccidere le figlie femmine, più di una volta riprovata duramente dal Cor. (v. anche LXXXI, 8-9; XVII, 31, ecc. e qui stesso i vv. 140 e 151).

141. – Che cosa esattamente significhi " simili e dissimili " non è ben chiaro. Alcuni commentatori chiosano: " simili " per le foglie e " dissimili " pel frutto.

143. – Otto coppie (accusativo). Da sottintendere " v'ha dato ".

146. – Cfr. Deuter. XIV, 11 segg. e Levit. III, 17.

156. – " Due comunità ": cioè gli ebrei e i cristiani. " Questa " di v. 155 si riferisce al Corano.

165. – *eredi* dei popoli primi. L'espressione si trova più di una volta (v. X, 14 e XXVII, 62; XXXV, 39). Il senso è che, dopo le comunità profetiche passate, quella muḥammadica è la loro erede e i musulmani sono di quelle i legittimi successori. Da alcuni l'espressione vien tradotta, in modo meno esatto seppur suggestivo, " vicari " di Dio sulla terra (riportandosi alle parole dette da Dio ad Adamo in II, 30).

VII. LA SURA DEL LIMBO

Sulle ragioni per cui ho tradotto Limbo vedi nota al v. 46. *La sura, molto composita, è del terzo periodo meccano, secondo gli esegeti occidentali ed orientali, con aggiunte e rielaborazioni medinesi. Il titolo deriva dal v.* 46. *Il Bl. la divide in quattro gruppi di rivelazioni*: 1-58; 59-102; 103-176; 177-206.

NOTE

11 segg. – Vedi nota a II, 30. Non manca qualche modernista che fa notare che *Iblīs* con la sua risposta a Dio (" me Tu creasti di fuoco e lui creasti di fango ") fu il primo razzista. La liberazione dell'uomo da ogni legame del genere è fondata, paradossalmente, dall'Islàm proprio sulla assoluta arbitrarietà di Dio e sulla schiavitù dell'uomo a sì singolare potere e a quello solo.

19. – Qui come nei passi paralleli II, 35 e XX, 120 (dove è dichiarato apertamente), si tratta, sembra, dell'Albero della Vita non di quello della Conoscenza del bene e del male (Gen. III, 24). Sulle ipotesi dei commentatori islamici sulla natura dell'albero vedi nota a II, 35.

29. – Passo importante che, se interpretato letteralmente (*masǧid* qui non può esser tradotto nel senso tecnico più tardo di *moschea*, ma " luogo di preghiera ") implica che il musulmano può pregare ovunque, una volta che abbia ottemperato alle prescrizioni sulla purità rituale e sulla preghiera canonica. In realtà così è di fatto anche ora, non essendo la moschea altro che un luogo ordinato a una più comoda esecuzione della preghiera, specie quella in comune, non un luogo sacrale. Se, come alcuni commentatori ammettono, per *masǧid* si dovesse intendere qui " santuario " (sacrale), se ne dovrebbe dedurre che, all'epoca in cui fu promulgato questo versetto, anche altri templi (oltre il Sacro Tempio

della Mecca) e forse la Moschea di Medina avrebbero avuto valore di " santuario " per *Muḥammad*.

31. – La morale coranica, come si vedrà spesso anche in altri passi, è tutta ispirata, contrariamente agli incitamenti all'eroismo tipici del Vangelo e del cristianesimo primitivo, a un forte senso di μεσότης, di " giusto mezzo ". Esistono numerose tradizioni che rispecchiano l'irritazione di *Muḥammad* per alcuni suoi compagni che distribuivano tutto ai poveri, cosa esplicitamente considerata peccaminosa nel Corano alla pari dell'avarizia (cfr. ad es. XVII, 26-27).

32. – L'espressione da me tradotta " nel modo più puro " (in modo un po' vago, a mantenere una certa ambiguità del testo) è da altri (Bonelli) tradotta con " principalmente ". Il Bl. sottintende " (ciò sarà dichiarato) puro il Giorno della Resurrezione ". La scelta di una traduzione precisa è importante, perché è facile scorgere come una certa versione (che è quella ad es. del Bonelli basata sulle interpretazioni della maggior parte dei commentatori tradizionali, che intendono " tali beni saranno pertinenti in modo speciale ed esclusivo ai credenti il dì della Resurrezione ") confermerebbe le opinioni sulla " materialità " dei godimenti celesti dei credenti, o anche potrebbe far pensare che per Giorno della Resurrezione (conformemente alle interpretazioni di correnti moderniste o eterodosse) si intenda il giorno della vittoria definitiva dell'Islàm su questa terra, o della venuta di nuovi cicli profetici.

37. – " I Nostri Messaggeri ": qui si intenda non " i Profeti " ma " gli Angeli della morte ".

40. – Chiara eco del passo evangelico Math. XIX, 24. È curioso che la stessa proposta di correzione di κάμηλος (cammello) in κάμιλος (cavo) fatta da alcuni studiosi (GUIGNEBERT, *Jesus*, 464) per il testo evangelico, è stata proposta dal commentatore islamico *Rāzī* (m. 1209) pel Corano inquantoché anche in arabo un piccolissimo cambio di segno diacritico permette di leggere *ǧamal* (cammello) come *ǧumal* (corda).

46. – Il termine che traduco " Limbo " è in arabo *a'rāf* che letteralmente significa " alture " o " creste (montane) " o anche " frange di un vestito " (senso che sarebbe molto simile a quello di latino *limbus*, " bordo " del paradiso). Non si dia comunque al mio " Limbo " un contenuto teologicamente troppo preciso. I commentatori infatti, e occidentali e orientali, sono in dubbio su che cosa esattamente significhi questo termine, pur essendo tutti d'accordo nel sostenere che si tratta della parte più alta di un qualche muro o altra divisione fra Inferno e Paradiso. Ma il luogo è anche abitato, da " uomini " (maschi, *riǧāl*) i

quali, a stare al testo coranico, sono " non ancora entrati " in Paradiso, ma che parlano con una certa aria di autorità sia agli ospiti del Fuoco che agli ospiti del Paradiso (" entrate nel Giardino del cielo " ecc.) e che hanno una certa scienza speciale (conoscono tutti, giusti ed iniqui, dal loro aspetto). Questo, e non più, si deduce immediatamente dal testo coranico. Qualche commentatore ha pensato (forse basandosi su quell'elemento di autorità che è nelle loro parole) ad angeli di sesso (sic) maschile. Fra le numerose altre interpretazioni quella più generalizzatasi poi in ambienti islamici è che si tratti di uomini né buoni né cattivi che si trovano colà in attesa che Dio decida su di loro e li faccia entrare in Paradiso. Luogo d'*attesa* comunque, d'attesa dell'ordine arbitrario di Dio, non di *purgazione*, benché l'*A'rāf*, sia da commentatori occidentali sia anche in qualche tradizione orientale, è stato sentito talvolta come un Purgatorio.

53. – Passo interessante, soprattutto per l'esegesi che ne fanno i movimenti eterodossi, secondo la quale per *ta'wīl*, " interpretazione " che ha da venire, si dovrebbe intendere il giudizio finale e i fatti comunemente ad esso connessi, ma nel senso che il Giudizio Finale si identificherebbe con la venuta della interpretazione vera del Corano, del nuovo ciclo profetico. Ricordiamo che l'esegesi di molti movimenti eterodossi nati in terra d'Islàm (ad es. bābismo, bahā'ismo, movimento *aḥmadiyya* ecc.) è tutta basata su una interpretazione non metastorica dei fenomeni del Giudizio finale, ritenuti espressioni metaforiche indicanti o la definitiva vittoria dell'Islàm sui suoi nemici o l'inizio del venturo nuovo ciclo profetico *sulla terra*. Per ulteriori passi coranici che paiono in parte confermare tali teorie si cfr. anche X, 47; XIII, 38-39; XX, 15; XXXII, 28; XL, 77; XLVII, 18 ecc.

54. – " La Creazione e l'Ordine ", ar. *ḫalq* e *amr*. I due termini, frequentissimi nel Corano separatamente, si trovano appaiati solo in questo passo. Essi sembrano indicare due differenti tipi di attività di Dio. L'una, *ḫalq*, di creazione direi fisica, plastica, estensiva delle cose, l'altra (*amr*) di dominio e governo delle medesime. Il termine *amr* (per qualche speciale accezione del quale si veda specialmente XXXII, 5; X, 3; LXV, 12) che uno studio di tutti i passi in cui ricorre nel Corano mostra indicare l'attività del Dio finalista, provvidente, escatologico, che invia l'Ora del Giudizio ecc., di contro all'attività del Dio iniziale, causatore, impulso primo, ha poi anche il senso di "Affare", "Causa". Il modernista pakistano *Muḥ. Iqbāl* in un interessante passo delle sue *Six Lectures for the Reconstruction of the Religious Thought in Islam* (Lahore, 1930, p. 145

segg.) sostiene che *ḫalq* indica l'azione di Dio nel campo dell'estensione, *amr* quella nel campo dell'intenzione e dello spirito.

Al di fuori di questa formulazione cartesiana sembra evidente che si tratti (sentita qui in forma più o meno chiara) di quella intima contraddizione di tutte le religioni teistiche fra Dio Creatore e Dio Salvatore-Rinnovatore, intima contraddizione da un superamento puramente razionale della quale son nati nel Cristianesimo il Marcionismo e le altre scuole dualiste e nell'Islàm correnti eretiche simili, di estremo interesse. Il Corano con la robusta semplicità di tutti i testi sacri risolve il problema attribuendo ambedue le funzioni a un Dio sempre attivo, nuovo e sempre creante, un Dio che sa anche " cambiare idea " (cfr. II, 106).

56. – " Dopo che fu da Dio creata giusta "; letteralm. " dopo la sua riforma ".

59 segg. – Iniziano qui varie storie di profeti, ripetute poi, con varianti, innumerevoli volte nel Corano. Si confronti comunque la lista e l'ordine dei profeti dati qui in questo periodo meccano, con quelle più tarde di cui a IV, 163; VI, 84 segg., ecc. Qui hanno ancora grande importanza i profeti non-biblici, puramente arabi, *Ṣāliḥ*, *Hūd* e *Šu'ayb*.

65. – *'Ād*. Popolo più o meno leggendario, che sarebbe vissuto, secondo la concezione ciclica della profezia nel Corano, subito dopo quello di Noè. Il Corano ne menziona gli alti e superbi edifici (XXVI, 128) e il luogo di abitazione (XLVI, 21), il non troppo ben identificato *al-Aḥqāf*, le Dune, sembra il deserto a nord del Ḥadramaut, e in LXXXIX, 5 segg. sembra nomini anche la loro capitale Iram (vedi nota ivi). Comunque il popolo misterioso degli *'Ād* era noto ai poeti preislamici e molti studiosi europei e orientali si son dati a identificarlo con popoli o tribù note dell'antichità, mentre altri ne hanno negata l'esistenza attribuendolo a una etimologia popolare del termine *'ādi* (" il passato antichissimo "). L'opinione più probabile è che si tratti di un'eco del ciclo di leggende semistoriche sud-arabe che fornì anche altro materiale al Libro Sacro (la regina dei *Saba'*, XXVII, 23 segg.; la diga di *Ma'rib*, XXXIV, 15 ecc.). *Hūd*, il loro profeta, è completamente sconosciuto in testi non coranici.

69. – La traduzione " vi ha dato una corporatura gigantesca " è quella più comunemente accettata dalla tradizione. Il passo può comunque essere anche inteso figuratamente come fa il Bl.: *Il a accru votre expansion.*

73. – I *Ṯamūd* sono un popolo la cui menzione compare già in una iscrizione di Sargon (715 a. cr.) ed è più volte nominato da geografi

dell'antichità. Avrebbero abitato *al-Ḥiǧr* (la Hegra di Tolomeo e Egra di Plinio) a parecchie giornate di cammino a nord di Medina sulla via della Siria dove si scavavano case nei monti (sembra questo un tratto caratteristico dei *Ṯamūd* coranici). Ivi furon trovate da archeologi moderni iscrizioni opera della stirpe (tamudea) dei *Liḥyan* al crollo del cui regno (ca. 400-600 d. Cr.) alcuni (E. Glaser) collegano la leggenda coranica, la quale però parla della fine dei *Ṯamūd* come di un terremoto e, a XLI, 13-17, di una folgore, sì che si è anche pensato a un ricordo di una antica eruzione vulcanica. Completamente privi di precedenti non coranici sono il nome e le vicende del loro profeta *Ṣāliḥ*. In lui, come in *Hūd* degli *'Ād*, *Muḥammad* vede un po' personificato se stesso e le sue persecuzioni alla Mecca. Il v. XI, 62 dove i *Ṯamūd* dicono che *Ṣāliḥ* era " oggetto di loro speranze " prima della missione profetica, potrebbe essere un interessante tratto autobiografico del profeta Meccano.

Il suo " segno " specifico è " la cammella di Dio ". Dalle varie narrazioni coraniche parallele non si nota nulla di miracoloso nella cammella, la quale è semplicemente dichiarata tabù da *Ṣāliḥ*. Quindi " segno " può benissimo avere il senso non tanto di " segno miracoloso " quanto di " segno di prova " per distinguere i buoni dai malvagi. La tradizione vuole comunque che la cammella sia stata prodotta da *Ṣāliḥ* miracolosamente da una roccia. È " segno " (miracolo) perché " venuta da Dio senza mezzi e cause conosciute " (Bayḍāwī).

80. – Lot è il ben noto personaggio biblico, cui il Corano dà importanza ben maggiore che la tradizione ebraico-cristiana, facendone un profeta, un tipico *naḏīr* (ammonitore del popolo) il che sembra probabilmente derivare dalle prediche e minacce di Lot ai Sodomiti. La narrazione coranica (qui appena accennata, più diffusa in altri passi, vedi Indice Analitico) non presenta grandi divergenze da quella biblica.

85. – La maggioranza dei commentatori musulmani identificano, senza però alcuna base coranica, lo *Šu'ayb* qui ed altrove nominato con il suocero di Mosè cui il Corano accenna (XXVIII, 21 segg.) senza nominarlo. L'identificazione è basata solo sulla comune appartenenza alla stirpe di *Madyan*, alla quale poi *Šu'ayb* nelle sure più antiche (XXVI, 176 segg.) non sembra collegato, inquantoché è considerato inviato alla " gente di *al-Ayka* " (v. note ai luoghi citati). Tratto caratteristico della predicazione di *Šu'ayb* sembra essere la raccomandazione dell'onestà nei commerci.

103. – La storia di Mosè è, fra le storie dei Profeti, quella più frequentemente ripetuta nel Corano. Anche in tutte le letterature religiose

dei popoli musulmani Mosè è sentito come il più caratteristico esempio di profeta, e il suo contrasto con Faraone come il tipico contrasto fra il bene e il male religioso. Interessante la concezione *ṣūfī* che fa di Faraone persino un indispensabile strumento divino, cancellando il contrasto, in una unità superiore (si veda A. Bausani, *Il pensiero religioso di Maulānā Gialāl ed-Dīn Rūmī* in " Oriente moderno ", XXXIII (1953), pp. 180-198). Si confronti la narrazione coranica con Es. V segg., col quale è sostanzialmente d'accordo, eccetto l'episodio della conversione dei maghi, non menzionato dalla Bibbia, e le " dieci piaghe ", che qui son cinque.

108. – Il miracolo della " mano bianca " è divenuto nelle letterature religiose musulmane il simbolo della potenza profetica. Ad es. l'espressione arabo-persiana *yad-i bayḍā* (" mano bianca ") è negli scrittori religiosi dell'Iran ideogramma del potere divino e dell'autorità divina dei profeti, difficilmente decifrabile senza la conoscenza del passo coranico.

133. – Come è noto le piaghe bibliche sono il sangue, le rane, le zanzare, le mosche, l'epidemia del bestiame, le ulceri, la grandine, le locuste, le tenebre, la morte dei primogeniti. Per " uragano " si ha forse da intender la grandine.

142. – Cfr. Es. XXIV, 18.

143. – La polverizzazione della montagna sembra basata sul più modesto cenno biblico Es. XIX, 18: " e tutto il monte tremava forte ". Questo bel passo è stato spesso portato dai mistici come esempio del Santo bramoso di vedere Iddio e da' teologi come prova della inanità degli sforzi dei mistici. I commentatori ortodossi comunque sono unanimi nell'interpretare la fulgurazione di Mosè, di cui qui si parla, come una vera e propria morte, seguita da resurrezione.

148 segg. – Cfr. XX, 87 segg. dove l'istigatore al delitto è *as-Sāmirī* qui non menzionato.

155. – Sembra una *contaminatio* di Es. XXIV, 1-2 con Es. XXXII, 26-32. La colpa di questi settanta uomini, secondo i commentatori islamici, sarebbe stata quella di voler vedere Dio a faccia a faccia.

157. – Si dichiara qui esplicitamente che il Profeta dei Gentili (*ummī*, sul qual termine vedi la nota a II, 78) era annunziato sia nell'Antico che nel Nuovo Testamento. Una ancor più precisa allusione si trova in LXI, 6 secondo il quale Gesù avrebbe preannunciato la venuta di un altro profeta dopo di lui di nome *Aḥmad* (quasi identico pel senso a *Muḥammad*). Per l'Antico Testamento, moderni esegeti musulmani vedono annunci di *Muḥammad* in Deuter. XVIII, 15-18, Deuter. XXXIII,

2 oltre a vari altri. Per il Vangelo si cita di solito Math. XIII, 31, Math. XXI, 33-44, Marc. 12, 1-11, Luc. XX, 9-18, Joh. I, 22, Joh. XIV, 16, Joh. XIV, 26, Joh. XIV, 16 e XVI, 7 son citati anche da Rāzī (m. 1209) che, basandosi su Joh. XV, 26, glossa *παράκλητος* con *Rūḥ al-Ḥaqq*, "spirito di verità". L'accusa ai cristiani di aver trasformato un originale *περίκλυτος* (appunto *Aḥmad*, in arabo "lodato", "famoso") con *παράκλητος*, non è più sostenuta dai musulmani più seri.

"Li alleviera dei legami e delle catene che pesano su di loro". *Muḥammad* ha avuto egli stesso coscienza di una maggiore facilità e semplicità antiascetica della religione da lui proclamata di contro alle minuziosità legalistiche giudaiche e alle durezze della morale cristiana pura.

159. – Cfr. nota a III, 113 e V, 66.

160–161–162. – Cfr. II, 57-59 e note ivi.

163-166. – La città in questione sarebbe *al-Ayla* (Elath) sul Golfo di 'Aqaba o, secondo altri, Tiberiade. Cfr., per l'episodio, II, 65.

171. – Cfr. II, 63. L'idea di Patto ivi contenuta può aver associato questo episodio col patto primordiale di cui al v. seguente.

172-174. – Si tratta di quello che nelle letterature musulmane posteriori sarà chiamato, dalle parole coraniche, "il giorno di *a lastu*" e darà origine a infinite e interessanti meditazioni mistiche. *A lastu* significa in arabo "Non son io...?" (il vostro Signore). Si tratterebbe di un giorno fuori della storia quando Iddio chiese a tutti gli uomini futuri se lo riconoscevano per loro Signore assoluto ed essi pronunciarono il fatale "sì", col quale segnarono la loro giusta condanna in caso di ribellione. È abbastanza notevole il senso psicologico profondo di questo passo che, fra l'altro, ribadisce l'idea coranica della *religio naturalis* come islàm essenziale. Vedi anche note a II, 135 e XXX, 30. L'idea è comunque nettamente mazdaica. Nel *Bundahišn* (si veda testo e traduzione francese del passo in questione in H. S. Nyberg, *Questions de cosmogonie et de cosmologie mazdéennes* in "Journ. Asiat.", 1929, pp. 236-237) Ōhrmazd (Ahura Mazda) propose alle *fravaši* (archetipi) degli uomini — all'inizio dei millenni della "storia" — la scelta fra il dimorare tranquillamente nel mondo metafisico (*mēnōk*) al riparo dalle insidie di Ahriman, o discendere ed incarnarsi in corpi materiali per lottare contro Ahriman nel mondo terrestre: le *fravaši* risposero "sì" alla divina proposta di combattere sulla terra. La elaborazione coranica di questo motivo, è, come si vede, alquanto differente, ma non mi par dubbio trattarsi di una stessa visione religiosa.

175-176. – Non è chiaro nemmeno pei commentatori chi sia questo

" colui ". Per alcuni è Balaam, per altri il poeta Umayya contemporaneo di *Muḥammad*, per altri un ebreo di nome *Rabbī* che avrebbe preannunciato la venuta di un profeta ma non volle poi riconoscer per tale *Muḥammad.* Del resto non è troppo perspicuo nemmeno il paragone col cane (forse il cane arrabbiato?).

179. – Cfr. Math. XIII, 13.

190. – Secondo questo versetto Adamo ed Eva sarebbero divenuti politeisti, o almeno avrebbero provvisoriamente peccato di idolatria.

195. – Cfr. Psalm. CXV, 5 segg.

200. – Cfr. XLI, 36. I commentatori musulmani sono un po' imbarazzati da questi e altri versetti che contrastano con il loro dogma della impeccabilità del Profeta. Cfr. nota a IV, 79.

203. – O anche " non l'avresti forse inventato? " come traduce il Bl. Preferisco la traduzione più letterale " Non l'hai ancora scelto? " che mi sembra del resto alludere alle ironiche domande dei concittadini del Profeta nei periodi di silenzio della Rivelazione.

VIII. LA SURA DEL BOTTINO

La sura, chiaramente medinese, è di una brevità insolita per i capitoli coranici di questa parte del Libro. Pertanto, basandosi anche sulla mancanza della formula introduttiva " Nel nome di Dio clemente misericordioso " nella sura IX, alcuni esegeti occidentali han sostenuto che le sure VIII-IX formassero una sura unica, inizialmente, il che però non è provato con certezza. Cronologicamente sembra che la presente sura appartenga al periodo fra la battaglia di Badr *(2 H.) e quella di* Uḥud *(3 H.). Il titolo è derivato dal v.* 1.

NOTE

1. – Il bottino, *anfāl*, è qui da intendersi in senso generico. I giuristi invece distinguono fra *ġanīma* ricchezze, armi ecc. *conquistate in combattimento*, la cui distribuzione è regolata in questa stessa sura al v. 41, *fay'*, bottino *non direttamente acquistato in combattimento*, regolato da LIX, 7, e appunto *anfāl* nel senso di " speciale sovrappiù di bottino concesso a un combattente per fatti particolarmente eroici ".

5. – " Dalla tua casa ". Qui si intende, a diversità di altri passi nel Corano, da Medina, a combattere (secondo l'avviso di quasi tutti i commentatori) per la battaglia di *Badr*. L'espressione " per la Verità " (termine da intendersi un po' meno intellettualisticamente che il nostro, cioè un po' più intriso di " realtà " e di " realizzazione ") rende imperfettamente l'arabo *bi'l-ḥaqqi*. Una buona glossa dell'espressione si veda qualche versetto sotto (7 in fine e 8). Sul concetto di " verità " si veda anche nota a X, 36.

7-12. – Miracoli tutti che si riferiscono alla battaglia di *Badr* (2 H.), (cfr. anche III, 123 segg.). Le due truppe sono l'una la ricca carovana poco difesa guidata dall'arcinemico di *Muḥammad, Abū Sufyān*. L'altra la scorta (secondo la tradizione, di mille uomini) da questi ottenuta dalla

Mecca. I seguaci di *Muḥammad* avrebbero voluto combattere gli inermi, ma *Muḥammad* assalì la scorta. La sonnolenza miracolosa si trova anche, a proposito della battaglia di *Uḥud*, in III, 154.

17. – "Non eri tu a lanciar frecce". Il verbo lanciare (*ramà*) indica spesso il lanciar freccie in battaglia. Molti commentatori comunque si riferiscono a un episodio secondo il quale *Muhammad* avrebbe lanciato un pugno di ciottoli cóntro i Meccani in segno di maledizione.

30. – È qui nettamente dichiarata l'idea, che anche altrove ricorre spesso nel Corano, del *makr Allāh*, l'" astuzia " o " insidia di Dio ", più potente di ogni astuzia degli uomini, e che, in fondo, nella mentalità teistaica islamica è un po' quel che è per Hegel " l'astuzia della Ragione ". Anche qui come in molti originali passi del Corano i commentatori si affannano a svirilizzare la possente espressione personalistica cercando di scusare Dio del termine *makr* (" tramare astuzie "). Tutto il brano 30-40 è un ricordo delle antiche persecuzioni dei Meccani contro il Profeta, allo scopo, sembra, di incitare i credenti alla durezza e alla decisione, immediatamente prima della battaglia di *Uḥud* (3 H.).

34. – Si parla dei tentativi dei Meccani per impedire ai musulmani, che desideravano fare il pellegrinaggio, l'accesso al Sacro Tempio della Mecca, in loro possesso.

35. – Passo importante per la storia del paganesimo arabo preislamico ma non del resto troppo perspicuo. Secondo *Ṭabarī* il sibilo era prodotto mettendosi le dita in bocca.

41. – Si intende che gli altri quattro quinti vengon divisi fra le truppe. Cfr. anche LIX, 7.

42 segg. – Episodi riferentisi alla battaglia di *Badr*. Cfr. anche III, 13.

48. – Sempre la battaglia di *Badr*, sebbene non tutti i commentatori (europei specialmente) sian d'accordo su questa attribuzione.

50. – La tradizione fa i nomi dei due angeli: *Munkar* e *Nakīr* e collega il tratto all'*'aḏāb al-qabr* " tormento (o castigo) della tomba " quando i due angeli sunnominati tormenteranno (secondo alcuni commentatori fino al dì del Giudizio tutti i giorni eccetto il venerdì) nelle loro tombe gli uomini che non avranno saputo rispondere soddisfacentemente al loro interrogatorio religioso. L'idea si ritrova in scritti rabbinici, ma le origini più lontane sono da cercarsi nel mazdeismo iranico. Il Corano non ne parla esplicitamente; cenni vaghi in VI, 94; XLVII, 27, ecc.

56. – Sembra alludersi agli intrighi della tribù ebraica dei *banu Qaynuqā'*, dopo la battaglia di *Badr*.

57. – Questo versetto abrogherebbe il più mite XLV, 14.

61. – Secondo alcuni anche questo versetto sarebbe abrogato da IX, 5, il che non è ben stabilito.

63. – Anche altrove (ad es. in III, 103) si ricorda il grande potere unificatore dell'Islàm fra uomini di genti e tribù diverse, inconciliabili con mezzi umani.

67. – I commentatori narrano che, subito dopo la battaglia di *Badr*, alcuni (fra cui *Abū Bakr*) volevano chieder pei prigionieri un riscatto mentre altri preferivano ucciderli. Qui è chiaro che *Muḥammad* dà ragione a questi ultimi. I tentativi dei commentatori modernisti per spiegare altrimenti questo versetto non sembrano convincenti. È tuttavia escluso che questa debba considerarsi come una prescrizione permanente, esistendo altri passi che raccomandano trattamento più mite per i prigionieri (cfr. XLVII, 4, e qui stesso il v. 70, che sembra in contraddizione con questo).

68. – Cioè "per il riscatto dei prigionieri che avete preso, mentre essi erano (per usare un'espressione ebraica riferentesi a pratiche similari narrate nella Bibbia) *ḥerem*".

72. – Versetto che sarebbe abrogato da XXXIII, 6. Il rapporto di affiliazione, *wilāya*, è da intendersi, come accenna il versetto seguente, in modo simile a quello esistente fra le tribù pagane arabe e implicava alleanza, fratellanza, esecuzione della vendetta solidale di tutto il gruppo affiliato in caso di offesa ecc.

IX. LA SURA DELLA CONVERSIONE

È intitolata anche dell'Immunità (Barā'a) *dal v.* 1. *È l'unica sura del Corano che nella redazione attuale non possegga la formula introduttiva "Nel nome di Dio, clemente misericordioso", e questo ha fatto pensare che, in tempo più antico, formasse un tutto con la sura precedente; un tutto, s'intende, puramente redazionale, essendo le rivelazioni contenute in questa sura molto più tarde di quelle della sura VIII. Infatti, da accenni che vi si trovano alla spedizione di* Tabūk (630 *a. D.*, 8 *H.*) *se ne deduce che questa sura è una delle più recenti del Corano, nell'ordine del Nöldeke-Schwally la penultima. Il Bl. vi distingue due gruppi di rivelazioni* 1-37,38-129. *Il presente titolo è tratto dal v.* 3.

NOTE

1 segg. – L'inizio di questa sura offre notevoli difficoltà di interpretazione. Sembra chiaro trattarsi di una promessa di immunità agli idolatri, ma in quale occasione? Secondo alcuni, che si basano su quell'"Ed ecco" al principio di v. 3, il v. 1-2 e 3 segg. formerebbero due proclami distinti, in due distinte occasioni. Supporre questo, dato il ben noto stile coranico, non mi sembra indispensabile. Secondo certe tradizioni i vv. 1-13 sarebbero stati letti da *'Alī* (sec. altre tradizioni da *Abū Bakr*) qual proclama nel 9 H. (631 a. D.) a *Minà* durante il pellegrinaggio (a questo accennerebbe la frase: "pel giorno del Gran Pellegrinaggio").

13. – Qui e altrove (per es. VIII, 56) il Corano mette l'accento sulla colpa degli idolatri in quanto primi violatori dei patti e dà, del combatterli, una ragione che non è solo quella religiosa (perché sono idolatri). Su questi accenni coranici si basa la quasi unanime apologetica dei modernisti musulmani che cioè la "Guerra Santa" di *Muḥammad* fu sempre una giusta guerra difensiva.

14. – " Guarirà il petto ", nel senso guarirà il risentimento.

17. – Secondo una lezione molto più rara, ma probabilmente più giusta perché più in armonia con i versetti accanto, in luogo di " i templi di Dio " è da leggersi " il Tempio di Dio " (alla Mecca). La versione " i templi di (le moschee di) Dio " sembra suggerita da considerazioni posteriori a *Muḥammad*. Vedi però nota a VII, 29.

19. – Accenno a certi uffici di sorveglianza e amministrazione della *Ka'ba* di carattere semi-sacerdotale che si tramandavano di padre in figlio in certe famiglie meccane. Si tratta della cosiddetta *siqāya* (qui accennata) cioè il dar da bere ai pellegrini, e di altri uffici qui raccolti sotto il termine comune di *'imārat al-masǧid*, " servire il Tempio Sacro ", e che si distinguevano in *rifāda* (nutrimento dei pellegrini), *sidāna*, guardia della *Ka'ba*, *ḥiǧāba*, fornitura del velo sacro. L'Islàm non cambiò molto in queste costumanze, che passarono, dopo la conquista della Mecca, a famiglie musulmane. Si tratta fra l'altro di privilegi non solo onorari, ma tuttora molto lucrativi.

25. – Lo scontro della valle di *Ḥunayn*, presso la Mecca, nell'8 H., quando i musulmani, quasi sconfitti, furon rianimati da *Muḥammad* e guidati alla vittoria. I musulmani sarebbero stati dodicimila contro quattromila idolatri.

26. – " La Sua Divina Pace ". Così ho qui tradotto *sakīna*, l'ebraico *šekinā*. La parola compare anche in II, 248, in un senso un po' differente da quello che ha qui e, in IX, 40 e XLVIII, 4, 18, 26, dove significa " Presenza tranquillante, pacificatrice ". Mi sembra però ingiusto e tendenzioso vedere, con molti studiosi europei, nel *sakīna* di II, 248 una incomprensione di *Muḥammad* per il vero senso " puramente spirituale " (?) del termine ebraico, e accusarlo di attribuire alla parola valore " demonologico ". E, del resto, un valore demonologico non è presente nella stessa *šekinā* ebraica? Si veda comunque GOLDZIHER, *La notion de la sakīna chez les mahométans*, in " Revue de l'Hist. des Religions ", XXVIII, pp. 1-13. È notevole che il termine compare solo in sure medinesi.

28. – " Gli idolatri sono sozzura ". Benché sia chiarissimo qui che si tratta dei soli politeisti, gli sciiti hanno interpretato restrittivamente questo passo considerando il contatto con qualsiasi non musulmano come provocante l'impurità rituale minore (v. nota a IV, 43).

29. – Versetto di grande importanza che, se, da una parte, è prova di un'attitudine più intollerante che quella di altri passi come II, 136-137 e XXII, 17 (i quali essendo rivelati anteriormente vengono da questo abrogati), dall'altra, col metter sullo stesso piano gente del Libro e ido-

latri, ha permesso a certe scuole giuridiche (come la ḥanafita) di ammettere al pagamento della *ǧizya* e trattar quindi come *ḏimmī* anche gli idolatri non arabi (ad es. i pagani dell'India) escludendoli così dall'alternativa "l'Islàm o la spada". Per la generalità delle scuole giuridiche sono obbligati al pagamento di questa *ǧizya*, tributo personale, capitazione, i maschi adulti, sani di corpo e di spirito, della gente del Libro cioè cristiani ed ebrei, soprattutto, ma anche Zoroastriani e Sabei (inclusi i Samaritani) (cfr. XXII, 17). Mediante questo pagamento, dal quale sono esclusi i poveri (anche i *monaci* poveri!) e gli schiavi, oltre naturalmente le donne, i vecchi e i bambini, il pagante viene a stipulare un contratto di protezione con l'Autorità islamica, dal che il nome di *ḏimmī* per questi sudditi "protetti" non musulmani di stati islamici. La *ǧizya* deve esser pagata in contanti o in natura, e da principio era di un *dīnār*, in seguito due *dīnār* e, per ricchi, 4 *dīnār* a testa (1 dinar = 12 dramme d'argento). La notevole mitezza di questo trattamento (e in ispecie la esenzione dei poveri e degli schiavi) spiega in parte la facilità con la quale gli arabi riuscirono a conquistare zone (quale quelle sottoposte a Bisanzio e all'Impero persiano) dove senza alcun dubbio le classi sociali basse erano in condizioni molto peggiori sotto i loro correligionari che sotto i nuovi conquistatori musulmani. Quanto alla clausola finale del versetto, "umiliati", questo per alcune scuole (non, per es., per gli sciafeiti) significa che il pagamento deve avvenire in particolari condizioni di umiliazione. Di qui l'usanza di vesti speciali o segni speciali per gli ebrei ecc. L'espressione che ho tradotto "uno per uno" (*'an yad*) si presta a varie interpretazioni su cui vedi ROSENTHAL, op. cit. in Bibliografia (il quale ne propone una traduzione che mi sembra inaccettabile).

30. – Versetto la cui origine è piuttosto misteriosa non essendo nota nessuna setta giudaica che considerasse Esdra (*'Uzayr*) come Dio. D'altronde l'identificazione di questo nome, che compare solo questa volta nel Corano, con Esdra (ammessa dalla generalità degli esegeti islamici) non è matematicamente certa. Qualcuno (Casanova) ha voluto derivare *'Uzayr* dagli *Uzaēl*, nome che la letteratura rabbinica attribuisce ai "figli di Elohim" di Gen. VI, 2. Qualcuno (*Maǧdi bey*) senza valide ragioni vi vuol vedere Osiride (!). Comunque nella letteratura rabbinica e apocrifa c'è qualche passo dal quale traspare una grande venerazione per Esdra come Maestro e quasi "secondo Mosè". (Per una raccolta dei dati e bibliografia v. art. *'Uzayr* in "Handw. des Islam.") Dato questo, abbastanza interessante, perché il testo stesso del versetto 31 sembra suggerire che la via alla divinizzazione passa attraverso la vene-

razione pei *maestri* (" si son presi i loro dottori e i loro monaci.... come Signori ").

36-37. – Son qui segnate le basi del calendario islamico. Il grande scienziato musulmano *al-Bīrūnī* (m. 1048) narra che prima dell'Islàm gli arabi avevano un calendario lunare e che avevano appreso dagli ebrei l'uso di intercalare un mese quando la differenza fra il principio dell'anno solare e lunare era troppo percepibile, il che si faceva pubblicamente ogni due o tre anni approfittando dell'epoca del pellegrinaggio al Palladio Nazionale arabo, la *Ka'ba*, inserendolo dopo il mese del pellegrinaggio, *Ḏū 'l-Ḥiǧǧa*. Con questa rivelazione *Muḥammad* abolisce i mesi intercalari (*nasī*) ritornando al calendario lunare puro e prescindendo totalmente da ogni corrispondenza di questo con le stagioni, cosa che all'origine doveva sussistere, dato il significato di alcuni nomi dei mesi (come *rabī'* " primavera " ecc.). I quattro mesi sacri di cui si parla sono *Raǧab*, *Ḏū 'l-Ḥiǧǧa* (il mese del pellegrinaggio), *Ḏū 'l-Qa 'da* e *Muḥarram* (il cui nome significa appunto " consacrato " ed è attualmente il primo mese dell'anno islamico). Sul calendario islamico si veda il cap. *ad hoc* in *Islamologia* (Roma, 1951) di PAREJA, BAUSANI, HERTLING, pagg. 9-12 con bibl.

38-39 e segg. – Si tratterebbe, secondo alcuni, di incitamenti alla spedizione di *Tabūk*.

40. – Il pronome " lo " si riferisce qui a *Muḥammad*. L'episodio si riferisce all'emigrazione di *Muḥammad*, insieme con *Abū Bakr*, dalla Mecca (622) quando i due, inseguiti, si sarebbero nascosti in una grotta, all'entrata della quale un ragno, per divino ordine, tessè la sua tela sì che gli inseguitori pensarono vuota la caverna.

42. – " Lunga è parsa loro la distanza ". *Tabūk* infatti, se è a questa spedizione, cosa molto probabile, che i vv. si riferiscono, è a metà strada fra Medina e Damasco.

46. – " restare " letteralm. *qa 'ada*, " sedere ". Termine tecnico per quelli che, inabili al servizio militare attivo, ne sono esentati. Il contrario è il verbo *ḫaraǧa* " uscire " (a combattere). Basandosi su questo e altri passi coranici il Guidi diede una nuova spiegazione dell'origine del nome " ḫāriǧiti " (i noti " ribelli ", dei primi tempi della storia islamica). Vedi: *Sui Ḫāriǧiti*, in " Riv. Studi Orientali ", XXI, 1945, pp. 1-14.

53-54. – Chiaramente espresso è qui il principio che le opere non sostenute dalla Fede (anzi, nella fattispecie, trattandosi di persone ufficialmente credenti, da serietà e profondità di Fede) sono vane. Già in altri passi (es. XI, 16; XIV, 18; XVIII, 103-105; XXIV, 39; XXV, 23 ecc.) è chiaro il concetto (sempre basato sul personalistico agire arbitrario di Dio) che le opere in sé non hanno valore autonomo (v. specialm. XXV, 70), il quale gli è dato da Dio, l'unico reale "Valore", che le vanifica o le rende buone. Possente e robusto teismo che è molto facile, ma ingiusto, tacciar di "fatalismo". Solo per uno sguardo superficiale e non adusato a meditazione religiosa questo passo può sembrare in contraddizione con XCIX, 6-8.

55. – Potrebbe tradursi anche: "Non ti piacciano, non ti attraggano".

58 segg. – Qui il termine *ṣadaqa*, dai giuristi precisato in "elemosina volontaria", sembra confuso con quello di *zakāt*, "decima". Ho tradotto quindi "decime", perché di quelle si tratta in questo versetto e nei segg.

60. – È questo il testo fondamentale che, precisando o abrogando altri precedenti (LXXVI, 8; XVII, 26; XXX, 38; II, 215) dà le basi della distribuzione dei proventi delle decime e tasse del futuro stato islamico. "Agli incaricati di raccoglierle": cioè una parte va, come stipendio, agli esattori. "Quelli di cui ci siam conciliati il cuore" sono certi notabili Meccani di una certa influenza, per conciliarsi le simpatie dei quali son necessari dei doni.

61. – Non è chiaro che cosa si abbia a intendere per "È tutt'orecchi". Forse un gioco di parole offensivo di cui ormai ci sfugge il senso. Poco probabile ci sembra l'interpretazione di alcuni "crede a tutto quel che sente".

67. – "serran le mani" per non dare elemosine o per non pagar la decima.

70. – "Le Città Everse"; vedi nota a LIII, 53.

74. – I commentatori vedono qui un accenno a un attentato o imboscata a *Muḥammad* al suo ritorno dalla spedizione di *Tabūk*. "E biasimarono quell'attentato", ho tradotto così, a senso, accettando la versione appunto dell'attentato. Il passo in realtà è oscuro. Il verbo significa "parlar male" generalmente o anche "raggiungere" (lo scopo?).

81. – Si tratta degli "Ipocriti" lieti di non aver partecipato alla spedizione di *Tabūk*.

90. – Qui, e in 97 segg. ancor più, appar chiara la irritazione di *Muḥammad* contro quei Beduini che prendevano l'Islàm come un affare politico o tribale. Molti viaggiatori moderni han fatto notare che la situazione non è, o almeno, non era (*Ibn Sa'ūd* sembra sia riuscito in parte a migliorarla) troppo mutata nemmeno ora, e che la religiosità dei Beduini, predoni nati, è restata molto superficiale.

99. – Qui e a 103 è chiaramente stabilita una particolare influenza intercessoria delle preghiere del Profeta.

100. – "I Precursori". Si tratterebbe o dei credenti della "prima ora" (per gli sciiti in particolare *'Alī* e discendenti) o, forse, i Profeti. (Vedi però anche note a LVII, 10 e 21). Il termine, che in questo senso tecnico compare in LVI, 10, potrebbe essere forse un *pendant* dello zoroastriano *poryotkēšān* (v. libro VI del *Dēnkart* e catechismo zoroastriano intitolato appunto *Cītak-andarz i Poryotkēšān*, Consigli dei Padri della Fede [i Primi credenti], edito da Nyberg in *Hilfsbuch des Pehlevi*, Uppsala, 1928, pp. 17-30).

107-110. – Questo brano, intitolato dal Bl. "Condanna di uno scisma nascente", non è fra i più perspicui. Comunque la pressoché unanime glossa dei commentatori islamici è questa: Dodici degli ipocriti, per istigazione del monaco cristiano *Abū 'Āmir* avrebbero costruito una moschea in vicinanza della moschea di *Qubā*, poco a S.E. di Medina (la prima e per molto tempo unica moschea dell'Islàm di cui *Muḥammad* stesso pose la prima pietra prima di entrare a Medina, durante l'Ègira) allo scopo di "causar danno" a quella moschea musulmana: *masǧid ad-ḍirār*, "la moschea del danno", è infatti chiamata questa misteriosa moschea scismatica. *Abū 'Āmir* che, dopo aver combattuto contro il Profeta era fuggito in Siria dopo la battaglia di *Ḥunayn* (8 H., 630 A. D.) aveva mandato un messaggio ai suoi amici di Medina che sarebbe venuto con una potente armata a distruggere il Profeta e che gli costruissero una moschea. Ma *Abū 'Āmir* morì in Siria, e allora gli "Ipocriti", costruttori della "Moschea del Danno", chiesero al Profeta che la benedicesse invece egli stesso con la sua presenza, del che fu impedito da questa rivelazione, e la moschea venne demolita. Cronologicamente la costruzione della moschea sarebbe avvenuta poco avanti la spedizione di *Tabūk* e la distruzione subito dopo la medesima.

112. – I termini tecnici del commercio usati in metafore spiritualizzate sono molto frequenti nel Corano, e per alcuni sono una prova della professione di *Muḥammad* prima della sua missione profetica. Su questo interessante argomento si veda Ch. Torrey, op. cit. in Bibliografia.

114. – Del che si parla anche in LX, 4. L'Islàm con ciò abolisce, sostituendoli col vincolo religioso, non solo i vincoli tribali ma persino quelli familiari. Si vedano del resto anche i ben noti passi evangelici.

117. – Sono le due classi di musulmani dei primi tempi. Gli "ausiliari" (*anṣār*) sono i credenti di Medina, gli "emigrati" (*muhāǧirūn*),

quei della Mecca che migrarono a Medina per sottrarsi alle persecuzioni degli idolatri. Il versetto allude a difficoltà occorse ai credenti nella spedizione di *Tabūk*.

118. – Si tratterebbe, secondo i commentatori, di tre *anṣār* ("Ausiliari") di cui si danno anche i nomi, che non avevan preso parte alla spedizione di *Tabūk* e che, lasciati in sospeso, in una specie di interdetto, per cinquanta giorni, furono poi graziati. Secondo alcuni si tratterebbe di quelli stessi cui si allude al v. 106.

124. – "Sura" da intendersi forse qui per "brano" in generale.

128-129. – Secondo la tradizione questi due versetti solo casualmente al tempo della recensione di *'Uṯmān* furon ritrovati nella memoria di un credente. Vi è molto singolare l'uso degli attributi, altrove sempre e unicamente divini, di *ra'ūf* e *raḥīm* (misericordioso) per definire il Profeta. Sì che qualcuno ha pensato, giustamente, a una lacuna, nella memoria di quel credente.

X. LA SURA DI GIONA

È classificata dagli esegeti europei fra le ultime sure rivelate alla Mecca, del terzo periodo meccano, forse con qualche ritocco medinese. Il Bl. vi distingue tre gruppi di rivelazioni: 1-70; 71-92; 93-109. *Il titolo è derivato dal v.* 98.

NOTE

3. – " a governare la Causa ". " Causa ", *amr*, si intenda con le sfumature precisate in nota a VII, 54. In senso ancor più corposo sembra inteso il termine *amr* in XXXII, 5.

5. – Le " dimore ", *manāzil*, della Luna sono le 28 divisioni dello zodiaco lunare, le " dimore " occupate successivamente dalla luna tra le stelle nella sua rivoluzione mensile attorno alla Terra.

16. – Versetto di grande interesse autobiografico. I commentatori sono pressoché unanimi nell'interpretare *'umr* (vita d'uomo) come un periodo di quaranta anni (basandosi su XLVI, 15) e pongono quindi l'inizio della carriera profetica di *Muḥammad*, la Prima Rivelazione, al momento in cui egli aveva quarant'anni. Anche se il numero di quaranta è incerto, sembra indubitato da questo versetto che l'inizio della carriera profetica di *Muḥammad* è da porsi " nel mezzo del cammin " della sua vita.

21. – I commentatori musulmani vedono in questo versetto, del resto così generico e che si ritrova in forme simili altrove nel Corano, una precisa allusione a una carestia di sette anni di cui avrebbero sofferto i Meccani.

36. – " congettura " *ẓann*, lett. " pensiero " è termine che nel mondo culturale islamico ha avuto ben altra fortuna che il nostro " pensare ", rimanendo ivi sempre il congetturare umano una via deteriore e pericolosa per giungere alla verità. La contrapposizione, in questo versetto,

fra *Pensiero* (Congettura) e *Verità* serva ancora una volta a render edotto il lettore occidentale sul diverso e più corposo valore che ha il termine " Verità " nel Corano. Verità è qui proprio qualcosa che non è pensato dall'uomo bensì elaborato da Dio e *dato all'uomo* da Lui per rivelazione. Il linguaggio coranico sembra ricordi ad ogni istante la sovranità di Dio e l'inguaribile impotenza e incapacità dell'uomo in tutti e nei più minuti sensi. Interessante, per l'evoluzione del termine *ẓann*, è che spesso in testi religiosi islamici moderni i termini *ẓunūn* (pensieri, congetture vane) e *auhām* (immaginazioni) sono usati a tradurre o a far capire alla mentalità islamica il nostro " dogmi ". Il dogma, che nel suo senso preciso è inesistente nell' Islàm, è ivi sentito come vana congettura extra-scritturale dell'uomo su Dio. Dogma e formulazione del medesimo sono pel musulmano ὕβρις umanistica.

47. – Interessante carica escatologica è attribuita da questo versetto alla venuta del Profeta a un popolo. È uno di quei versetti (cfr. anche XX, 15; XXXII, 28; VII, 53) che sembrano confermare le vedute di quelle tendenze " eretiche " moderne dell'Islàm (*aḥmadiyya*, *bahā'ī* ecc.) per le quali il Giudizio finale, la " decisione " finale con tutti i fenomeni connessi, son simbolo per la venuta della Divina Rivelazione portata da un nuovo Profeta e dei trionfi e vittorie di questa Rivelazione.

83. – È il senso proposto da alcuni commentatori e significa che in Mosè nessun egiziano credette, ma solo la stirpe degli ebrei. Effettivamente il testo ha " *una* progenie del suo popolo " il che porta altri commentatori a interpretare " una minoranza di ebrei " cosa che sembra un po' strana. Più strana ancora l'interpretazione, sostenuta da alcuni, di " una minoranza del suo (di Faraone) popolo ": tuttavia in XL, 28 si parla di un egiziano credente.

87. – Versetto non troppo chiaro. Seguo, pur senza esserne troppo convinto, in mancanza di meglio, una delle interpretazioni proposte dai commentatori. Altra possibile interpretazione: " orientate le case vostre verso la *qibla* (di Gerusalemme) " o (Bl.) " fate delle vostre dimore una *qibla* (direzione prescritta nelle preghiere) ".

92. – Non mancano i commentatori modernisti musulmani che vedono nella mummia di Ramsete II (il " Faraone di Mosè ") il corpo così salvato da Dio, a segno eterno della Sua potenza.

93. – Il senso è che la Scienza vera (la nuova Rivelazione divina) è, per usare un termine evangelico, come " una spada " e " porta la divisione sulla terra ". Divisione, (precisazione fra " buoni " e " cat-

tivi" in senso religioso) e Salvazione sono i due effetti paralleli della venuta del Profeta.

94. – Versetto che, come gli altri citati in nota a IV, 79, mette in imbarazzo i commentatori ortodossi, presupponendo nel Profeta la capacità di dubitare, e, peggio ancora, incitandolo a rivolgersi per risolvere i suoi dubbi ai rabbini o ai cristiani. Essi pertanto considerano l'apostrofe contenuta nella fine del v. 94 e il 95 come rivolta ad altri che a *Muḥammad* o addirittura al lettore.

98. – Malgrado che la sura prenda il nome da Giona, la storia del profeta è qui appena accennata (anzi secondo alcuni commentatori europei l'accenno sembra qui fuori posto e interpolato). Maggiori particolari su di lui sono a XXI, 87 segg.; XXXVIII, 139 segg., ecc.

105. – Lett. "Rendi a Dio culto da *ḥanīf*". Sul termine *ḥanīf* vedi nota a II, 135.

XI. LA SURA DI HŪD

Generalmente considerata come meccana (del terzo periodo) dall'esegesi sia orientale che occidentale, mentre qualche europeo (Bell) ha voluto vedervi un rimaneggiamento medinese di materiali meccani. Il Bl., pur distinguendovi tre parti, un preambolo (1-24), *le storie dei profeti* (25-99), *e una conclusione* (100-123) *la considera nella forma attuale come "un'omelia perfettamente equilibrata". Il titolo deriva dal v.* 50.

NOTE

12. – Interessante tratto psicologico-autobiografico. *Muḥammad*, in qualche momento di scoraggiamento alla Mecca, sarebbe stato tentato di non riferire, per non urtarli troppo, ai miscredenti, qualche brano a lui rivelato. Il versetto è prova anche della buona fede di *Muḥammad* e della sua ferma convinzione della oggettività della rivelazione che "riceveva".

16. – Cfr. nota a IX, 53-54. Brani simili son del resto frequenti nel Corano.

17. – Questo versetto offre delle difficoltà sintattiche. La versione qui adottata è quella della generalità dei commentatori islamici. "Colui che" è *Muḥammad*. Il "testimonio divino" probabilmente l'arcangelo Gabriele; "questi credono in lui" significa, con uno spostamento di soggetto del resto non infrequente nel Corano "i suoi seguaci credono in quel che è a *Muḥammad* rivelato" ("lui" cioè va preso qui come neutro); "le Fazioni (*aḥzāb*)" termine che altrove ricorre nel Corano (la parola in arabo moderno indica i partiti politici) sono le tribù meccane e in generale idolatriche legate da un patto d'alleanza contro *Muḥammad*. Cfr. XXXIII, 9.

18. – "I Testimoni": gli angeli incaricati di tener conto delle azioni degli uomini. Vedi anche LXXXII, 10 e nota.

35. – Questo versetto è da molti europei ritenuto interpolato e in effetti così sembra, riferendosi, nel bel mezzo della storia di Noè a circostanze della Mecca. Personalmente non avrei nulla in contrario a ritenere che qui (e in molti passi altrove) l'ordine logico della narrazione sia interrotto dal linguaggio concitatamente e disordinatamente profetico di *Muḥammad*, il quale, del resto, narra queste storie di profeti antichi proprio per riferirsi alle condizioni presenti della Mecca.

40. – Anche secondo alcune tradizioni talmudiche l'acqua del diluvio sarebbe stata bollente. I commentatori ricamano molti curiosi particolari su questo punto. Vv. identici a questo e segg. si trovano nella storia parallela di Noè in XXIII, 23-30. "Colui contro il quale fu già detta la parola di condanna" è un quarto figlio, miscredente, di Noè di cui ancora si parla ai vv. 42 segg. La Bibbia non ne conosce l'esistenza, né il Corano ne da il nome. La tradizione lo confonde con il Chanaan *nipote* di Noè (figlio cioè di Cham). Del resto il termine " figlio " in arabo potrebbe, in senso lato, indicar pure un nipote.

44. – Massiccio montuoso che raggiunge i 4.000 m. a nord est di Diyarbekir. Il nome sembra gli fosse dato in seguito, dopo la conquista araba, mentre per i contemporanei di *Muḥammad Ğūdī* designava una montagna in Arabia.

60. – Questa specie di ritornello si ritrova, in parte, nel v. 44, e poi nei vv. 68 e 95 e contribuisce a dare unità d'insieme alle narrazioni.

64. – Sulla cammella, sugli *'Ād* e i *Ṯamūd* ecc., cfr. note a VII, 59 segg.

70. – Il versetto spiega LI, 27 che altrimenti resterebbe piuttosto oscuro. Per l'episodio cfr. Genesi, XVIII, 1 segg. con qualche *contaminatio* e varianti talmudiche.

82-83. – Sono le stesse pietre *ḥiğārat min siğğīl* di cui a CV, 4. Secondo la tradizione su ciascuna sarebbe stato impresso il nome di chi doveva colpire.

86. – " La rimanenza di Dio " è interpretato da alcuni " quel che resterà (dal dare buona misura) come dono a voi di Dio ". Da altri " le opere buone la cui ricompensa è presso Dio ".

87. – È questo uno dei rarissimi casi nel linguaggio coranico dove *ṣalāt*, " Preghiera " (canonica) è intesa in senso più ampio, più probabilmente " il tuo Culto, la tua nuova Religione ".

107. – " a meno che non decreti altrimenti il Signore ". È la solita pia eccezione che il linguaggio coranico non dimentica mai anche in casi come questi in cui sembra a prima vista strana. La potenza di Dio

è talmente sovrana e arbitraria che può cambiare gli stessi decreti più definitivi, più eterni, più tradizionali. Il passo, che si ripete anche altrove, è, anche dal punto di vista della posteriore speculazione teologica, fondamentale, perché lascia una apertura di speranza nell'eternità delle pene infernali, che infatti è dalla teologia ortodossa negata, per chi ha creduto.

114. – Passo importante per la storia dello sviluppo della preghiera canonica islamica. Nel periodo meccano (cui questa sura appartiene) sembra che le preghiere canoniche giornaliere siano state due (cfr. anche XVII, 78-79; LII, 49; L, 39-40; LXXVI, 25-26) più una veglia notturna. Fin dai primi tempi di Medina (cfr. II, 238) compare invece una ulteriore "preghiera media", probabilmente preghiera di mezzogiorno, che porta le preghiere a tre più la veglia notturna *tahağğud*. Sul quando e sul come si siano poi fissate le cinque preghiere canoniche attuali (in ogni modo in epoca già molto antica) gli studiosi europei non son d'accordo. Alcuni (Goldziher) pensano ad influssi persiani, altri (Houtsma) a uno sdoppiamento della preghiera di mezzogiorno e di quella della sera. Si veda su questo e sul rito della preghiera e suoi dettagli l'articolo *Ṣalāt*, in *Enc. de l'Islam*.

119. – Questa parola da adempiere fu pronunciata da Dio in XXXVIII, 85. Il brano è ripetuto in XXXII, 13.

XII. LA SURA DI GIUSEPPE

È una fra le più unitarie delle sure coraniche di una certa lunghezza e, a detta di tutti i commentatori, del terzo periodo meccano. Sulla base del v. 3 è nota come "la più bella delle storie" e se, da una parte, qualche estremista ḫāriǧita *(la setta degli* ʽaǧārida) *si dice l'abbia (ingiustamente) considerata apocrifa perché troppo profana pel Libro Sacro, d'altro canto i mistici ne hanno fatto la base di infinite e suggestive interpretazioni allegoriche, degli echi delle quali le letterature islamiche tutte son piene. La prima delle opere del noto riformatore persiano il Bāb fu un voluminoso commento allegorico a questa sura. Al lettore europeo la sura, che concorda generalmente col testo biblico più alcune varianti e precisazioni d'origine rabbinica, fa un effetto piuttosto di confusione e di disordine, come del resto tutte o quasi le parti narrative del Corano; l'impressione può correggersi se si cerca di metterci dal punto di vista del narrare semitico, e in particolare arabo, dove quel che più importa e interessa non è tanto la concatenazione logico-storica degli avvenimenti, quanto la fotografica vivacità dei particolari, analiticamente giustapposti, e non sinteticamente rielaborati dal narratore. Il titolo deriva dal v. 4.*

NOTE

3. – Chiara allusione a un periodo in cui *Muḥammad* stesso non fu credente (Cfr. nota a IV, 79). " Questa Lettura " o " Questa Predicazione ": lett. " questo Corano " dove *qur'ān* non indica l'intero libro. V. anche del resto XVII, 78 dove ho tradotto " *Recitazione* dell'Alba ".

24. – " La Prova del Signore ". Secondo la tradizione l'angelo Gabriele gli sarebbe apparso in figura di Giacobbe, minaccioso.

30. – " Il Principe " *al-ʽazīz*, secondo certe tradizioni sarebbe stato il nome proprio del marito della donna, il biblico Putifarre.

31. – " un banchetto ". Altra variante, più logica e più corrispondente ai dati rabbinici dai quali la leggenda deriva, ha " delle arance ".

42. – " gli fece dimenticare la menzione del suo Signore vero " cioè spinse Giuseppe a por fiducia in un uomo anziché in Dio solo. Così in genere interpretano i commentatori. Il Bl. traduce invece (cosa possibile): " le Démon lui (a colui che si salvò) fit oublier (rendu a la liberté) de rappeler (Joseph) à son maitre ".

53. – " l'anima appassionata spinge al male ". È qui menzionato uno dei tre tipi di " anima " che i teologi ritrovano nel testo coranico, *an-nafs al-ammāra*: la passione che tendenzialmente spinge al male. V'è poi *an-nafs al-lawwāma*, " l'anima biasimatrice " di LXXV, 2, stadio superiore quando la coscienza accusa e biasima l'uomo, e infine *an-nafs al-muṭma'inna* " l'anima tranquilla " di LXXXIX, 27 che ha raggiunto lo scopo della perfezione e nella quale il male tace.

67. – Tratto talmudico, collegato a credenze contro il malocchio.

77. – Secondo i commentatori si alluderebbe qui a un furto commesso da Giuseppe da giovane. Egli avrebbe rubato un idolo d'oro a suo nonno.

84. – " bianchi ", cioè ciechi.

87. – " misericordia di Dio " *rauḥ Allah*. Bl. legge *rūḥ* e traduce " dello spirito di Dio ", cosa che non mi sembra qui accettabile.

XIII. LA SURA DEL TUONO

Alcuni commentatori islamici la considerano meccana. Il Nöldeke-Schwally l'ultima delle meccane. Il Bell, seguito da Bl., la ritiene formata da elementi meccani rimaneggiati poco dopo l'emigrazione a Medina. Il titolo deriva dal v. 13.

NOTE

2. – "governa la Causa". Vedi, per il senso di "Causa" n. a X, 3; VII, 54; XXXII, 5.

5. – "gli incatenati pel collo" il giorno del Giudizio.

6. – Si riferisce alle ripetute e ironiche insistenze dei miscredenti che *Muḥammad* facesse loro veder realizzate le sue minaccie.

31. – Sacra Lettura (Corano, *qur'ān*) sembra qui avere una sfumatura di "incantamento". Frasi come queste, ellittiche, non sono infrequenti nel Corano. Si sottintenda qui: "costoro non crederebbero".

36. – *Le Fazioni* sono gruppi di oppositori idolatri di *Muḥammad*. Il termine ricorre altrove (cfr. ad es. XI, 17) ed è il titolo della Sura XXXIII, q. v.

38-39. – La frase, non chiarissima, sembra debba intendersi: "alla venuta del termine fissato per la fine di una Comunità Religiosa, viene un nuovo profeta con un nuovo Libro sacro, nel quale (v. 39) alcune prescrizioni del Libro precedente son confermate, altre abrogate, ad arbitrio di Dio". Sulla "madre del Libro" v. III, 7.

41. – Forse si allude con plastica immagine, come in XXI, 44, alle successive conquiste dei musulmani che venivan sempre più restringendo il territorio dei pagani. Vedi comunque nota a XXI, 44.

XIV. LA SURA DI ABRAMO

Pressoché unanimemente considerata appartenente al terzo periodo meccano, con qualche aggiunta o rimaneggiamento medinese (vv. 22 e, probabilmente, 35-41). Il titolo deriva dal v. 35.

NOTE

5. – " Le Giornate di Dio ", *ayyām Allāh*, ricorda nella forma e probabilmente anche nella sostanza gli *ayyām al-'arab* " le giornate (battaglie famose) degli arabi " della antica tradizione beduina. Qui si tratta dei giorni in cui Dio appunto sconfisse gli egiziani. L'espressione, sempre nel senso di " giorni (d'ira) ", ricorre in senso simile in XLV, 14, e sarebbe anche molto suggestivo collegarla, in tal senso, a quell'antichissimo uso di " giorno ", documentato ad es. in un'altra lingua semitica, l'assiro-babilonese *ūmu* che traduce il sumerico *ud*, *verbum irae*, ira divina, quindi " giorno di vendetta, d'ira " " tempesta ". (V. *Encicl. of Religion and Ethics* s. v. *Word*, p. 751).

8. – " Colui che di nulla abbisogna ", *al-ġanī*, lett. il ricco. Ho evitato di tradurre " ricco " perché il termine italiano non avrebbe la stessa espressività di quello corrispondente arabo che significa " che può fare a meno ", nella fattispecie, della fede degli uomini.

18. – Interessante passo che mostra ancora una volta una sorta di singolare indipendenza oggettiva delle azioni dell'uomo, alle quali azioni il valore vero vien dato da Dio. La collaborazione umana consiste nella Fede. Vedi anche nota a IX, 53-54.

19. – L'espressione *bi'l-ḥaqqi* che ricorre qui e in identici numerosi passi coranici (vedi Indice Analitico) è di difficile traduzione, sempre a causa del senso di " Verità " *ḥaqq*, più concreto e meno razionalistico-intellettualistico in arabo che nelle nostre lingue (v. nota a X, 36). Nei passi in cui compare l'espressione " creare il mondo con Verità " v'è

sempre un esplicito o sottinteso contrasto col "creare il mondo per gioco, con vanità" (ambedue le espressioni giustapposte compaiono infatti ad es. in XLIV, 38-39). "Con verità d'intento" mi sembra renda, senza abbandonare il termine "verità", il contenuto teleologico dell'espressione. Il Bl. traduce giustamente, ma un po' prosaicamente a mio avviso, *avec sérieux*. È nettamente da escludere una interpretazione platonicheggiante come "creò il mondo mediante la Verità", quasi la Verità fosse modello e archetipo del mondo. Nel mondo di pensiero coranico è semmai la *Volontà* (seria, avente uno scopo e un intento, ma liberissima e assolutamente autonoma), di Dio, che crea il Mondo. Tant'è vero che in questo stesso versetto ribalza subito fuori l'arbitrio: "se volesse vi annienterebbe tutti e produrrebbe un nuovo creato!".

35. – "Questa contrada", cioè la contrada della Mecca.

37. – "La Tua Santa Casa" è il tempio della Mecca, sulla cui riconsacrazione abramica si veda nota a II, 124 segg. e Introduz.

XV. LA SURA DI AL-ḤIĞR

Unanimemente considerata meccana (del secondo periodo secondo il Nöldeke-Schwally) forse con qualche rimaneggiamento medinese. Il Bl. vi distingue tre gruppi di rivelazioni: 1-48; 49-84; 85-99.

Il titolo deriva dal v. 80.

NOTE

8. – Ecco ancora un'altra sfumatura del concetto coranico di "Verità" (cfr. note a X, 36; XIV, 19). Qui, dato il tenore di parallele risposte coraniche agli empi, la "Verità" è la plastica *realizzazione* del Giudizio Finale.

12. – Il pronome "lo" si riferisce al Corano.

16. – "torri" sono le costellazioni, specialmente quelle dello zodiaco.

18. – Questo passo, come i paralleli XXXVII, 6 segg. e LXVII, 5, accenna alla credenza che i dèmoni s'avvicinino al cielo per ascoltare i discorsi degli angeli, ma ne vengan ricacciati da un lancio di stelle (le stelle cadenti). Naturalmente sia i mistici che i modernisti interpretano il passo allegoricamente.

27. – Sui *ğinn* v. nota a VI, 100.

73. – "Il Grido": suggestiva quanto poco chiara causa della fine degli empi. Altrove si tratta di "folgore" o "terremoto".

78. – La gente di *al-Ayka* ("il boschetto"), località dell'Arabia da alcuni commentatori identificata con Madyan, dato che a XXVI, 176 segg. *Šu'ayb* (su cui vedi nota a VII, 85) è immaginato come inviato alla gente di *al-Ayka*.

80. – "quelli di *al-Ḥiğr*" sono i *Ṯamūd*. Cfr. nota a VI, 73.

87. – "Sette Sacri Testi", lett. "Sette delle Ripetute". La maggior

parte dei commentatori musulmani vi vedono i sette versetti della sura I (L'Aprente). Altri le sette sure più lunghe del Corano. *Maṯānī* (" le Ripetute ") è quasi certamente un prestito dall'ebraico *mišnā* " ripetizione ", testo sacro ripetuto. La traduzione " testi " (sacri) mi sembra poi l'unica che, nella sua vaghezza, possa addirsi anche all'altro unico passo del Corano (XXXIX, 23) dove *maṯānī* significa chiaramente il Corano tutto come insieme di testi (v. anche nota ivi). " La sublime Lettura " è il Corano, che qui sembra distinto dai " testi " (che il Bell individua in sette storie di profeti passati).

90-91. – Versetti ormai indecifrabili. Si sarebbe tentati di pensare a persone che accettavano parte del Corano e parte ne dichiaravano menzogna (vedi infatti, ad es., V, 41 e nota), ma di qual punizione si tratterebbe, data l'età piuttosto antica di questa sura? O, accettando una tale interpretazione, il presente versetto sarebbe medinese?

XVI. LA SURA DELL'APE

Secondo la maggioranza degli esegeti europei la sura apparterrebbe al terzo periodo meccano con più o meno grandi aggiunte o rimaneggiamenti medinesi. Ha anche un altro titolo, più raro di La sura del Bestiame (al-an'ām, *dal v.* 66). *Il titolo attuale è derivato dal v.* 68. *Il Bl. distingue in questa sura (fra le più belle del Corano per similitudini e descrizioni naturali) quattro gruppi di rivelazioni*: 1-47; 48-89 *a*; 89 *b*-97; 98-128.

NOTE

2. - Brano importante per una più esatta definizione dei termini *rūḥ* (spirito) e *amr* (ordine) nel Corano. Spirito e Ordine (sulla quale parola vedi nota a VII, 54) compaiono spesso appaiati e in XVII, 85, anzi, il Cor. dichiara, con tono di definizione: " Lo Spirito procede dall'Ordine del mio Signore ". Questa " processione " dello Spirito dall'Ordine (anziché dalla Creazione, *ḫalq*) ha portato il modernista pakistano *Muḥammad Iqbāl* ad interessanti considerazioni, che, se anche espresse in linguaggio filosofico non-coranico mi sembrano sostanzialmente fedeli allo spirito del libro sacro (l'anima procederebbe cioè da Dio non per creazione come le cose estese e materiali bensì per ispirazione diretta procedente dal Mondo dei Fini ecc.). Ma " Spirito " sembra avere in vari passi coranici (incluso il XVII, 85 probabilmente) il senso di " angelo " o in particolare di Gabriele (ad es. XXVI, 193) probabilmente per uno scambio fra la funzione (l'ispirare) e chi ne è investito (l'angelo). Per una chiara trattazione del difficile problema esegetico si veda il recente studio di P. Thomas O' Shaughnessy s. j., *The development of the meaning of Spirit in the Koran*, Roma, 1943.

In questo brano comunque " Spirito " non è l'anima umana, ma un particolare πνεῦμα d'origine trascendente che sembra riservato a " chi Egli vuole dei suoi servi " cioè ai Profeti.

8. – " e sta creando ancora cose che voi non sapete ". Passo interessante che, anche senza voler accettare interpretazioni come quelle di certi modernisti che vi vedono l'annunzio delle più svariate scoperte moderne, si può ben considerare come assertore dell'idea, molto feconda teologicamente, di una continua novità nella creazione divina, che porta al concetto della creazione continua, e a quello della inesistenza di leggi naturali fisse e determinate una volta per sempre, a quella abolizione, cioè, delle *causae secundae* di fronte alla creatività personalissima di Dio, che è uno dei tratti essenziali dello spirito della teologia islamica più conseguente.

26. – Alcuni commentatori (musulmani ed europei) vedono qui una allusione alla torre di Babele. Altri, basandosi su dati non-coranici, a Nemrod. Potrebbe essere anche un tratto generico.

27. – Del termine "Scienza", *'ilm*, nel Corano, va in parte ripetuto quello che altrove si è detto di " Verità " (*ḥaqq*). Si tratta di scienza *data* per rivelazione, o scienza di oggetti rivelati, tanto che nei primi tempi dell'Islàm il termine *'ilm* era termine tecnico ad indicare la conoscenza del Corano, delle tradizioni ecc. e solo più tardi venne man mano ampliando il suo significato.

37. – Brano importante per la definizione del libero arbitrio. Su questo problema vedi Introd. e Indice Analitico.

49. – Visti dalla incommensurabile distanza di Dio tutti gli esseri, " bestie ed angeli ", sono uguali. Vedi anche XXVII, 87 e nota.

57. – Si tratta delle ben note dee del paganesimo preislamico già citate nella nota a IV, 117. Nei versetti seguenti si allude alla barbara usanza dei politeisti meccani, duramente riprovata da *Muḥammad*, di seppellire le figlie neonate, su cui vedi a VI, 137 (nota).

60. – Stessa espressione, " simiglianza più eccelsa ", a XXX, 27. La parola simiglianza *maṯal* è sempre usata nel Corano come attribuzione di una similitudine. Quindi sembra che qui si voglia semplicemente dire che i malvagi saranno e sono rassomigliabili alle cose peggiori mentre a Dio s'addicono solo sublimi analogie.

67. – Sullo sviluppo delle prescrizioni coraniche sul vino vedi nota a II, 219.

71. – Si badi a non interpretare questo passo come un invito alla distribuzione egualitaria delle ricchezze. È solo un paragone (senza alcun valore di norma morale né in un senso né nell'altro) col dato di fatto che, degli uomini, chi è ricco e potente si guarda bene dal distribuire questa sua ricchezza e potenza ad altri, e, nello stesso modo, sarebbe

assurdo che Dio facesse partecipi altri dèi della Sua potenza divina. La stessa idea si trova qua sotto al v. 75 e a XXX, 28.

77. – " il cadere dell'Ora " lett. l'Ordine dell'Ora, cioè l'ordine divino per la quale viene inviata l'Ora del giudizio, il cataclisma finale.

84. – " Un Testimone ". Il Profeta inviato a quel popolo.

92. – " Perché un partito è più forte di un altro ". I più forti profittando della lor forza ingannano i deboli.

98. – " Il maledetto ", letteralmente " il lapidato ". Sarebbe allusione, secondo alcuni interpreti, alla lapidazione dei dèmoni mediante stelle cadenti su cui vedi XV, 18.

101. – Si allude ancora al principio che i teologi posteriori chiameranno " dell'abrogante e dell'abrogato ", su cui vedi nota a II, 106 e Introduz.

103. – Il passo ritorna in XXV, 4. Chi sarebbe quest' " uomo ", di cui *Muḥammad*, secondo i suoi avversari, sarebbe stato discepolo? Oltre a quello di vari cristiani della Mecca, i commentatori musulmani fanno il nome del famoso schiavo persiano *Salmān* (convertitosi però a Medina poco dopo l'arrivo di *Muḥammad* nel 622) personaggio che tanta parte avrà in speculazioni religiose e mistiche posteriori (vedi art. *Salmān al-Fārisī* in *Enc. de l'Islam*). Il termine che traduco " lingua barbara " cioè " non araba ", solo più tardi significherà soprattutto " persiana ". Quindi il dato è poco sicuro.

115. – Su queste interdizioni vedi già II, 173; V, 3 segg.; VI, 122, 146 segg.

118. – Questo versetto, riferendosi ai vv. 122 e 146 della sura VI (medinese) deve esser coi seguenti più tardo del contesto di questa sura meccana.

126. – Secondo i commentatori musulmani il versetto, che sembra generico, proibirebbe vendette troppo severe e crudeli e si riferirebbe alla mutilazione del cadavere di *Ḥamza*, zio di *Muḥammad*, durante la battaglia di *Uḥud*.

XVII. LA SURA DEL VIAGGIO NOTTURNO

Mentre alcuni esegeti europei (Nöldeke-Schwally) pongono questa sura fra le ultime del secondo *periodo meccano, altri (Weil, Muir, Bl.) ne fanno una sura più tarda. Il Bl. vi distingue cinque gruppi di rivelazioni*: 1-22; 23-52; 53-70; 71-87; 88-111.

La sura ha spesso anche il titolo di Sura dei Figli d'Israele (*dal v.* 2). *Il presente titolo deriva dal v.* 1.

NOTE

1. – Questo passo, assieme col brano LIII, 1-18 è alla base delle colorite e curiose leggende, delle speculazioni teologiche, delle profonde allegorie mistiche, che riguardano la famosa ascensione (*mi'rāǧ*) e il viaggio notturno (*isrā'*) di *Muḥammad*. Il lettore che desideri ampi particolari su questo punto e notizie sull'influenza probabile delle leggende formatesi (con aggiunte successive di molto materiale estraneo, specialmente persiano) sulla base di questi brani coranici sulla costruzione esteriore della Divina Commedia dantesca può leggere E. Cerulli, *Il Libro della Scala e la questione delle fonti arabo-spagnole della Divina Commedia*, Città del Vaticano, 1949.

Qui ci limitiamo, chiosando brevemente il testo, a notare che due sono i problemi dei quali, a proposito di questo passo, i commentatori soprattutto discutono. L'uno se *Muḥammad* abbia fatto questo " viaggio notturno " in carne o in ispirito (in sogno); l'altro, quale sia il " Tempio Ultimo " (il " Tempio Santo " è, come al solito, la *Ka'ba*). Le tradizioni più generalmente accettate dall'islam ortodosso fanno del viaggio un viaggio in carne ed ossa, a cavallo del miracoloso *Būrāq* e del Tempio Ultimo la città di Gerusalemme. Questo è l'*isrā'*. Da Gerusalemme poi sarebbe cominciato il vero e proprio *mi'rāǧ*, " ascensione ", e la visita del cielo e dell'inferno. Sembra tuttavia più probabile alla maggioranza dei commentatori europei e ai più moderni islamici che si sia trattato di una visione avuta in sogno da *Muḥammad* e che il "Tempio Ultimo" sia stato per lui un misterioso luogo celeste. Già una tradizione del resto, a proposito della fulminea rapidità del viaggio, narra che una brocca d'acqua rovesciatasi presso il giaciglio del profeta non s'era ancor del tutto svuotata del suo liquido ch'egli era già tornato. Cfr. del resto, dal punto di vista psicologico, la visione di Paolo rapito al terzo cielo (II Cor. XII, 2-5) e i suoi stessi dubbi se essa fosse stata in corpo o solo in spirito, e vedi ancora nota a LIII, 1-18 e Introduz.

4. – Quali sarebbero questi due delitti degli ebrei? Secondo i più dei commentatori si alluderebbe all'assassinio di Isaia e di Giovanni Battista.

5 segg. – Non è chiaro anche qui di quali avvenimenti si tratti. La maggior parte dei commentatori vi vede allusioni alla prima distruzione del tempio per opera dei Babilonesi e alla seconda, dopo la ricostruzione, per opera di Tito. In tutto questo discorso non è ben chiaro (benché sarebbe importante esegeticamente conoscerlo) quali frasi siano attribuite alla Scrittura (la *Tōrāh*), quali invece inserzioni coraniche. Per semplicità abbiamo virgolettato fino al v. 7 incl. ma brani come 7 *a*, e forse 6 son stati in tutta probabilità da *Muḥammad* stesso intesi come non inclusi nel discorso di Dio citato dal "Libro" (che può intendersi del resto anche "Libro del Destino").

13. – "Il suo destino", letteralm. "uccello", probabilmente da usanze divinatorie per mezzo di auguri. Se è inaccettabile la traduzione *aḥmadiyya* "actions" invece di "destino" o sorte, sono anche poco opportune le troppo rapide teorizzazioni teologiche pro-"fatalismo" basate su questo versetto, dato che il rotolo, di cui in seguito, contiene proprio le sue "azioni" scritte.

26-29. – Abbiam già fatto notare altrove l'antipatia di *Muḥammad* per le elemosine eccessive (VII, 31; vedi anche XVI, 71). Sul v. 28 è basata l'usanza, generale nei paesi islamici, di dire pie formule di consolazione ai poveri anche quando non si può (o non si vuole) dar loro nulla, quali "Te lo dia Dio" o simili. La frase "in attesa d'un atto di misericordia del Tuo signore...." significa "alla ricerca di cose da dar loro" o "in attesa che Dio dia loro qualcosa".

31. – Sembra si tratti qui non solo dell'assassinio delle figlie neonate più volte altrove (v. VI, 137; LXXXI, 8 ecc.) riprovato, ma anche di figli maschi in caso di estrema miseria.

33. – Il versetto è importante perché tende a mitigare il più possibile la crudeltà della legge del taglione, da *Muḥammad* accettata come un dato di fatto sociale (v. nota II, 178).

40. – Vedi nota a IV, 117. Qui gli dèi pagani vengono identificati con gli angeli. La colpa viene così ad esser di chi li adora, non loro. E infatti altrove il Corano ingiunge di non bestemmiare (VI, 108) gli idoli. Si cfr. anche nota a LIII, 19-20.

42. – Cioè "troverebbero una via" per penetrare nei suoi regni e spodestarlo. Vi sarebbe caos nel cosmo. Non essendovi questo caos, Dio è uno. Il ragionamento occorre anche altrove nel Corano.

53. – "che parlino nel modo più acconcio" si sottintende in genere "coi miscredenti". Ma non si interpreti questo passo nel senso di "parlino con i miscredenti in modo particolarmente gentile". In effetti la maggioranza dei commentatori intende: "in modo da fieramente confessare la propria fede". Vedi anche XXIX, 46 e nota.

55. – David è considerato dal Cor. un profeta indipendente con un suo libro sacro, i Salmi. Su David i passi più consistenti del Cor. sono XXXVIII, 17-26; XXXIV, 10-11; II, 251. Sulla "gerarchia" dei profeti si veda anche II, 253 e nota.

59. – È qui esplicitamente dichiarato che al profeta *Muḥammad* non son stati dati da Dio "miracoli". Malgrado questo, e malgrado che la teologia ortodossa attribuisca a *Muḥammad* un solo "miracolo" (*mu'ǧiza*) il Corano, la tradizione popolare glie ne attribuì poi vari e dei più clamorosi (tipico lo spaccarsi della luna, basato su una cervellotica interpretazione di LIV, 1). La teologia distingue fra *mu'ǧiza*, "miracolo" dato ai Profeti a conferma della loro missione, e *karāma*, miracolo dei "santi". Il Corano conosce solo la parola *āya* (ebr. *ōt*) segno. Sui *Ṯamūd* e la cammella cfr. nota VII, 73.

60. – "Il Signore ha circondato..." cioè "abbraccia della Sua scienza gli uomini" oppure "circonda gli uomini (per distruggere i perversi)". Non è chiaro a quale dei numerosi passi coranici di questo tenore si alluda. "La visione" *ru'yā* sarebbe quella menzionata nel v. 1, secondo la maggioranza dei commentatori, o quelle di cui agli altri passi che abbiam citato in nota al v. 1. È questa una prova di più che si tratta di "visioni" non di viaggi in carne ed ossa. Il concetto che le cose più strane o "allegoriche" del Corano siano una prova o "tentazione" per gli uomini ricorre anche nettamente al III, 7 (v. nota ivi) e a XXXVII, 63; LXXIV, 31; XVIII, 22. L'albero maledetto è l'albero *Zaqqūm* infernale nominato in LVI, 52 e XXXVII, 62. Accoppiato alla "visione"

sembrerebbe inteso qui come qualcosa da non prendersi fisicamente alla lettera. Cfr. anche nota a XXXIX, 23.

61-65. – Il racconto ricorre molto spesso nel Corano. Cfr. II, 30 e nota.

71. " Con il loro Capo ", cioè le varie comunità coi loro rispettivi Profeti. Altri intende " col loro Libro " (delle azioni).

73-75. – Su questa tentazione umana del Profeta vedi nota a IV, 79 e, per l'identificazione dell'episodio cui forse si riferisce, LIII, 19.

76. – La tradizione vi vede in genere un accenno al fatto che gli ebrei di Medina obiettavano a *Muḥammad* che ogni profeta viene dalla Siria, e che *Muḥammad* stava per andarvi, cedendo ai loro suggerimenti. In tal caso il versetto sarebbe medinese. Ma è molto più probabile vedervi incitamenti dei meccani al loro sgradito concittadino ad andarsene dalla città.

78-79. – Sullo sviluppo della preghiera canonica (*ṣalāt*) nel Corano vedi nota a XI, 114. Qui è interessante il particolare valore sacrale dato alla *preghiera dell'alba*, cui è legata la recitazione di un brano coranico (è chiamato infatti qui Recitazione, *qur'ān*) e alla quale, secondo la tradizione, assisterebbero gli angeli. (Così traduco anch'io sebbene il termine del testo sia più vago). La vigilia notturna è comunque supererogatoria.

82. – Versetto interessante perché attribuisce un valore terapeutico alla recitazione del Corano, concetto che la tradizione ha poi ampliato. V. anche XLI, 44.

85. – Cfr. nota a XVI, 2. Qui è molto probabile che per " Spirito " si intenda non l'anima umana ma la " Ispirazione ", o chi ne è incaricato, l'arcangelo Gabriele.

88. – È principalmente su questo versetto (oltre che su numerosi altri simili vv. ad es. II, 23-24; X, 38; XI, 13) che è basata la teoria ortodossa islamica della miracolosa inimitabilità del Corano (*i'ǧāz*); vedi Introduzione.

101. – Così anche in XXVII, 12. Ma quali sono questi nove miracoli di Mosè? I commentatori non son troppo unanimi a questo proposito. Cfr. anche VII, 133.

104. – Anche il Corano ammette, con la tradizione cristiana, che il ritorno degli ebrei in Palestina sarà uno dei segni della fine del mondo. Chi (*bahā'ī*, *aḥmadiyya*) interpreta la " fine del mondo " come " fine di una dispensazione " o ciclo religioso profetico, riferisce questa profezia ai tempi presenti o (*aḥmadiyya* di Lahore) in questo caso, alla venuta del nuovo Profeta *dopo Mosè*, cioè *Muḥammad*, da lui previsto secondo VII, 157. Su " fine del mondo " intesa simbolicamente cfr. nota a VII, 53.

106. – Il frazionamento nella rivelazione del Corano (vedi anche XXV, 32) era oggetto di critiche degli avversari del Profeta. Sulla (apparente o reale) contraddizione di questi vv. con XCVII, 1 vedi nota ivi.

110. – Qui sembra chiaro che il termine *Raḥmān* (che ricorre spessissimo nel Corano, e che altrove sempre traduciamo come " Misericordioso ") fu considerato nei primi tempi un vero nome proprio di Dio come quello di Allàh. E in effetti *Raḥmān*, come nome divino, compare di preferenza nelle sure del secondo periodo meccano, è anzi dagli orientalisti considerato un segno probante dell'appartenenza a quel periodo (vedi Introd.). I nomi più belli, *al-asmā' al-ḥusnà* (raccolti poi dalla Tradizione a novantanove, su dati coranici) sono gli attributi di Dio, che più tardi saranno dai pii musulmani recitati su un rosario (*subḥa*, *sebḥa* o *tasbīḥ* secondo i luoghi) di 99 grani. Sul centesimo nome di Dio, *al-ism al-a'ẓam*, " il Nome Massimo ", ignoto e impronunciabile, dalle magiche virtù, sono numerose e interessanti le speculazioni dei mistici e delle sètte più o meno eterodosse.

XVIII. LA SURA DELLA CAVERNA

Sura molto venerata dai musulmani e recitata tradizionalmente il venerdì nelle moschee. È universalmente considerata meccana: Nöldeke-Schwally la considerano appartenente al secondo periodo meccano. Secondo altri sarebbe, in parte, più recente, e conterrebbe qualche aggiunta o rimaneggiamento medinese. Il titolo deriva dal v. 9.

Il Bl. vi distingue quattro serie di rivelazioni: 1-31; 32-59; 60-82; 83-110.

NOTE

9 segg. – È la versione coranica della famosissima leggenda cristiana nota in occidente come " I sette dormienti di Efeso ", per notizie generali sulla quale rimandiamo al breve e succoso articolo (*Aṣḥāb al-Kahf*) del WENSINCK in *Handwörterbuch des Islam* (con bibliografia ampliata). Sia le sètte eterodosse che i mistici ne fanno la base di svariate e suggestive meditazioni allegoriche. Si tratta di sette giovani di Efeso che, costretti a nascondersi in una caverna per non sacrificare agli idoli sotto l'imperatore Decio (249-51 A. D.) furono presi da un sonno miracoloso dal quale si risvegliarono 196 anni dopo, sotto Teodosio. I commentatori islamici ricamano numerose aggiunte sui dati coranici.

Ar-Raqīm, secondo alcuni, è il nome del cane dei sette dormienti, secondo altri quello della loro caverna, o della loro città, o della tavola di bronzo con incisi i loro nomi citata nella leggenda cristiana.

La narrazione che segue è, come tutte le narrazioni coraniche, talmente disordinata e confusa che qualcuno vi ha visto la giustapposizione di due racconti malamente cuciti assieme. Dato il ben noto stile narrativo coranico non credo tale supposizione necessaria (vedi Introd. a sura XII).

17. – Se ne deduce che la caverna aveva l'imboccatura verso il nord.

21. – " Perché sapessero che la Promessa di Dio è vera ". I sette dormienti sono cioè nel Cor. un simbolo della resurrezione dei morti. Quanto alla " disputa " fra i loro concittadini sembra da intendere che alcuni volevano murare la caverna dove essi si erano poi ritirati per morirvi, gli altri costruirvi sopra un santuario.

22. – " altro che in modo esteriore ". Sembrerebbe uno dei non numerosi, ma molto interessanti passi coranici dove si ammette un significato esoterico e uno essoterico di certe espressioni e versetti (per altri passi si veda, oltre alla generica considerazione di III, 7, ad es. XVII, 60; XXXVII, 63; LXXIV, 31, e nota a XXXIX, 23). Ed in realtà alcune sètte sciite, considerando il cane dei sette dormienti (che poi sarebbe divenuto uomo egli stesso) come una allegoria di *'Alī* o di *Salmān* il Persiano (sui cui v. XVI, 103) attribuiscono i numeri qui citati al numero degli *Imām*.

23-24. – L'inciso è stranissimo a questo punto. L'unico modo per spiegarlo sarebbe accettare con beneficio di inventario quel che dicono a questo proposito i commentatori, cioè che *Muḥammad*, interrogato da non credenti sul numero dei sette dormienti, avrebbe promesso di portar loro una rivelazione l'indomani, dimenticando però di dire " se Dio vuole ", così che Dio per punizione avrebbe fatto, a suo disdoro, ritardare di vari giorni la rivelazione. La formula " se Dio vuole " *in šā'a 'llāh* è usata (basandosi su questo ed altri passi coranici, vedi anche la parabola dei padroni del giardino, LXVIII, 18) costantemente da tutti i musulmani (generalmente anche i non arabofoni pronunciano la formula in arabo) quando usano il futuro di un verbo o in simili casi.

32 segg. – Si veda la simile parabola narrata in LXVIII, 18 segg. e nota ivi.

39. – Tuttora la formula *mā šā'a 'llāh* lett. " ciò che Dio vuole " si usa dai musulmani quando si fan lodi della bellezza di qualcosa, di bambini ecc. È una tipica formula propiziatoria contro l' " invidia degli dèi " come dicevan gli antichi, più precisamente nel linguaggio coranico teistico una umile sottoposizione di ogni fierezza umana all'arbitrario e mutevole beneplacito dell'Iddio-Persona.

47. – La mancanza dei monti e lo spianamento della terra sono caratteristiche del panorama escatologico anche ebraico e cristiano (cfr. Zaccaria, XIV, 10 etc.). Vedi anche XX, 105.

50. – Cfr. ancora II, 30. Qui *Iblīs* è fatto un *ǧinn* (su cui v. VI, 100). La contraddizione col fatto che altrove è detto " un angelo " è superata in vari modi dai commentatori e dai teologi.

60 segg. – Comincia qui *ex abrupto* un curioso racconto, a costruir l'antica tela del quale contribuiscono la leggenda di Gilgameš, il Romanzo d'Alessandro (Magno) diffusissimo in Oriente in innumerevoli versioni orali e scritte, un racconto rabbinico sulle prove imposte da Elia a *rabbi* Joshua ben Levi. È qui (v. 65) che compare il popolarissimo quanto misterioso personaggio di *Ḫaḍir* o *Ḫiḍr*, comunque mai nominato nel Corano con questo nome, che tanta parte avrà nelle leggende, nella letteratura e nelle speculazioni mistiche dei popoli musulmani. Questo personaggio (per maggiori notizie sul quale si veda l'art. *Khaḍir* in *Encyclop. de l'Islam*; cfr. anche CH. VIROLLEAUD, *Khaḍir et Tervagant*, in "Journal Asiatique", CCXLI (1953), 2, pp. 161-166), è da qualcuno avvicinato ad Elia, del quale possiede però solo alcuni tratti. Dato il nome (che significa "il Verde") è più probabile si tratti di un antichissimo dio della vegetazione e della primavera a formare la cui più tarda personalità hanno contribuito le numerose leggende vaganti in Oriente come quelle sopra citate. Di lui alcune leggende citate dai commentatori dicono che dovunque egli stia verdeggia la terra, o che fa diventar verde qualsiasi cosa che tocchi. È più che Profeta (è infatti *guida* di un Profeta, Mosè) è immortale, come Elia, Gesù e *Idrīs* (v. III, 55; IV, 157; XIX, 56-57). Leggende popolari di vari paesi islamici (specialm. in India) vi hanno poi ulteriormente intessuto motivi locali.

Alcuni commentatori, forse per evitare di far guidare un Profeta da un personaggio a Lui superiore, vedono in Mosè una persona diversa dal Mosè profeta, un Manasse discendente di Giacobbe. Il "Pesce" (salato, quindi morto) serve ad indicare la via: infatti rivive perché immerso nella Fonte dell'Acqua di Vita, presso il qual luogo abita *Ḫaḍir*. La "Roccia" è quella da cui scaturisce l'Acqua di Vita. Il "Confluir dei due Mari" è ora inteso come l'Istmo di Suez ora come Stretto di Gibilterra, ora (allegoricamente!) come l'incontro dei due mari di saggezza Mosè e *Ḫaḍir*. La prova di pazienza si trova solo nella leggenda rabbinica di Elia. Senza queste (d'altronde piuttosto incerte) precisazioni tolte ai commentatori, ben difficile sarebbe intendere il racconto, fatto tutto d'allusioni lampeggianti che, se forse contribuiscono ad aumentarne la misteriosa suggestività, ne annientano totalmente la chiarezza.

83 segg. – Alessandro Magno non è mai nominato nel Corano, ma i commentatori unanimi lo vedono rappresentato in "Quello dalle due Corna". È nota la enorme diffusione della leggenda d'Alessandro in Oriente e in Occidente (v. I. FRIEDLÄNDER, *Die Chadhirlegende und der Alexanderroman*, Leipzig, 1913) e art. *Iskandar*, *Yādjūdj wa-Mādjūdj* e

Khaḍir in *Enc. de l'Islam* con ulteriori bibliografie). In una leggenda siriana cristiana del VI secolo Alessandro dice a Dio: " So che tu mi hai fatto crescer delle corna sulla testa perché io possa abbattere gli imperi del mondo ". Numerosi poemi romanzeschi basati su dati coranici e leggendari esistono nelle varie letterature musulmane su Alessandro Magno.

85. – Sul senso del vocabolo " Via " in questo contesto (e, più sotto ai vv. 89 e 92) vedi XXXVIII, 10 (nota).

93. – Le " Due Barriere " sarebbero, secondo molti commentatori, due alte montagne ai confini del mondo oppure i monti fra l'Armenia e l'Azerbaigiān, abitazione di Gog e Magog.

94. – Su Gog e Magog (nel Corano *Yāǧūǧ* e *Māǧūǧ*) cfr. Genesi, X, 2 ed Ezech. XXXVIII-XXXIX, e vedi anche Cor., XXI, 96 segg. Secondo alcuni orientalisti (De Goeje) l'elemento " Barriere " deriverebbe da più o meno vaghe notizie di viaggiatori sulla Muraglia Cinese.

103-105. – Sulla " vanificazione delle opere " vedi ancora IX, 53-54.

107. – " I giardini del Paradiso ". La parola Paradiso (*firdaus*), di origine persiana, occorre solo due volte nel Corano, qui e a XXIII, 11. Altrove si parla generalmente di Giardino (*ǧanna*) o Giardini.

XIX. LA SURA DI MARIA

Secondo i più autorevoli esegeti la sura appartiene cronologicamente al secondo periodo meccano, pur con qualche aggiunta e rimaneggiamento medinese. È quindi piuttosto antica, è anzi la prima trattazione coranica delle storie di Giovanni, Gesù e Maria che ricorrono poi ancora con una certa ampiezza a III 34 *segg. Su Gesù e Maria nel Corano si veda anche* IV, 157-9, 171-2; V, 72, 73, 110, 112; XLIII, 61. *Il Bl. vi distingue tre gruppi di rivelazioni*: 1-63; 64-74; 75-98.

Il titolo deriva dal v. 16.

NOTE

7. – "Un nome uguale non ponemmo prima" da sottintendere, seguendo Luca, I, 59 segg., "fra i maschi della tua famiglia", dato che in realtà il nome Giovanni è frequentissimo. A meno che, con alcuni commentatori europei, non si preferisca credere che *Muḥammad* non lo sapesse. Il nome coranico di Giovanni, *Yaḥyā* (secondo alcuni una lezione errata per *Yuḥannā* dal quale solo punti diacritici nella scrittura araba lo distinguono) è attualmente nome proprio molto usato fra musulmani, mentre i cristiani di lingua araba si chiamano appunto *Yuḥannā*. La tomba di Giovanni (?) o della sua testa, e di Zaccaria, è ancor mostrata nella Grande Moschea degli Ommiadi di Damasco ed è meta di pie visite di musulmani. Giovanni e Zaccaria d'altronde sono ambedue considerati veri e propri "profeti" (cfr. VI, 85-86; III, 38).

15. – Il versetto, specie di formula di benedizione, si ripete al 33.

16. – Sulla mariologia del Corano si legga il recente ed equilibrato opuscolo del convertito P. Jean-Muḥammad Abd al-Jalil, *Problèmes de mariologie dans le Coran*. s. l. 1948. In tutto il racconto hanno ampia parte dati dei vangeli apocrifi (specie Evang. dell'Infanzia, Protevangelo

di Jacopo, Pseudo-Matteo). Sul " luogo d'oriente " i commentatori hanno pareri discordi: Nazaret?

17. – Su " spirito " e le sue varie sfumature (qui probabilm. l'arcangelo Gabriele) vedi nota a XVI, 2.

23 segg. – Simile scena è negli apocrifi posta durante la fuga in Egitto (Pseudo-Matteo XX).

28. – Sulla questione della " confusione " delle due Marie vedi nota a III, 33.

34-40. – Questi versetti, che introducono un motivo polemico, senza dubbio più tardo, nell'idillico racconto, sono considerati universalmente dagli esegeti europei come aggiunti posteriormente.

41 segg. – È uno dei numerosi passi paralleli coranici sulla storia d'Abramo. È istruttivo un confronto di questa narrazione, nella quale Abramo è un profeta come gli altri che non ha nulla a che fare con gli arabi, con quelle posteriori alle polemiche di *Muḥammad* con gli ebrei e i cristiani (quali ad es. II, 124 segg. con relative note).

52. – " lato destro del monte ": del monte Sinai.

56. – *Idrīs.* Questo profeta, menzionato solo due volte nel Cor., qui e a XXI, 85, è dai commentatori islamici identificato col biblico Henoch, qualche volta anche, più raramente, con Elia o con *al-Ḫaḍir* (su cui vedi nota a XVIII, 60). Questi tre personaggi formano comunque insieme con Gesù (sul problema della cui morte cfr. IV, 157-9) un quartetto di immortali: *Idrīs* e Gesù in cielo, Elia e *al-Ḫaḍir* sulla terra, Gli esegeti occidentali inclinano a vedere in *Idrīs* (almeno nell'*Idrīs* della tradizione, essendo l'*Idrīs* coranico poco più che un nome) un resto di antico mito solare e, quanto al nome, vi congetturano (Nöldeke) l'*Andreas*, cuoco di Alessandro, che bevve dell'acqua di vita mentre il suo padrone non vi riuscì. (Sulla leggenda d'Alessandro vedi XVIII, 83 segg.).

64. – Qui parlano in prima persona gli angeli, o forse, con plurale *majestatis*, l'arcangelo Gabriele.

71. – Cioè anche il musulmano più pio deve attraversare, sia pure provvisoriamente, l'Inferno. Ancora un aspetto della concezione estremamente teocentrica, antiumanistica, calvinista *ante litteram*, del Corano. L'uomo, da solo, non meriterebbe altro che l'Inferno. È per grazia e misericordia divina che anche coloro che si illudono buoni ne vengon salvati.

88 segg. – Va ancora una volta ricordato che in lingua araba l'espressione " figlio di Dio " assume un tono carnale e poco conforme con lo stesso dogma cristiano ufficiale. Cfr. nota a II, 116.

XX. LA SURA TĀ-HĀ

Lo strano titolo di questa sura deriva dalle due lettere iniziali Ṭ. H. Per ragioni di pronuncia le ho, nel titolo, sciolte nel loro nome alfabetico. Ṭā-Hā *(come anche* Yā-Sīn, *nome della sura XXXVI) è diventato poi anche nome proprio di persona. La presente sura, piuttosto antica, è quasi unanimemente riportata dai commentatori al secondo periodo meccano, e se è vera la notizia tramandata da varie e diffuse tradizioni, che cioè colui che fu poi il califfo 'Omar si convertì da feroce persecutore in fervente musulmano sentendo recitare i primi quattordici versetti di questa sura, essa sarebbe anteriore al* 616 *E. V. (Omar si sarebbe convertito al quarto anno della predicazione pubblica di* Muḥammad, *iniziatasi probabilmente nel* 612). *Il Bl. vi distingue due gruppi di rivelazioni:* 1-112 *e* 113-135.

NOTE

2. – " Perché tu patisca " in che senso? Secondo alcuni " perché tu sia infelice per gli obblighi che esso ti impone ", secondo altri " that thou mayest be unsuccessful ", ecc. ecc.

Comunque sia si può ricordare a questo proposito che l'Islàm non dà alla sofferenza per la sofferenza, all'umiliazione, all'insuccesso quel valore centrale che generalmente, almeno in teoria, gli si attribuisce in pii ambienti cristiani.

8. – " I nomi più belli ": indicanti i suoi attributi. V. nota a XVII, 110.

9 segg. – È cronologicamente fra le prime delle infinite storie di Mosè del Cor. già comunque molto ampliata rispetto alla succosa e stringata narrazione di LXXIX, 15 segg., fra la quale e i cliché posteriori è, anche letterariamente, interessante un confronto.

12. – Vallata presso il Sinai. Del nome non è traccia nella Bibbia.

15. – Qui sembra che per " Ora " si intenda l'ora della manifestazione giudicatrice e distintrice del nuovo Profeta, iniziatore della nuova

dispensazione religiosa. Tale è l'interpretazione che le correnti eterodosse islamiche (specialmente quelle che ammettono la possibilità della venuta di ulteriori profeti dopo *Muḥammad*) danno in generale a "Ora" e a tutta la escatologia coranica. Non v'è dubbio che passi come questo e qualche altro possano difficilmente esser riferiti a una fine del mondo come è tradizionalmente intesa (cfr. note a VII, 53; X, 47; XIII, 38-39; XXXII, 28, ecc. Del resto anche molti commentatori ortodossi distinguono fra *Ora Maggiore* (il Giudizio Finale), *Ora Media* (la fine d'una comunità religiosa con gli avvenimenti connessi) e *Ora Minore* (la morte dell'individuo).

40. – "E poi tu uccidesti un uomo". Si tratta del ben noto episodio biblico (Esodo, II, 7 segg.) più a lungo narrato nel Cor. a XXVIII, 15 segg.

59. – Il giorno della Festa, secondo alcuni commentatori musulmani si sarebbe trattato dell'inizio della Primavera, o del giorno di *'Āšūrā* (10 *muḥarram*) (?).

85. – *as-Sāmirī*: questo nome compare solo in questa sura, mentre al peccato del vitello d'oro, di cui egli è istigatore, si accenna anche a II, 51-54 e VII, 148-49. Sull'origine del nome (il Samaritano) di questo personaggio non biblico e sulla sua identificazione si son fatte molte congetture. Ora l'esegesi europea segue generalmente la teoria del Goldziher che vi vede un eponimo dei Samaritani, della cui intoccabilità rituale per gli ebrei (cfr. v. 97) vien data una causa personificata e concretata in una definita colpa nel passato. Del resto anche vari commentatori islamici vi vedono un antenato dei samaritani. In ogni caso la spiritualità islamica vi vede il prototipo della "magia" satanica con i suoi contorni di simbolistica idolatria in contrapposto alla pura "religione" teistica. La magia è nelle fonti islamiche considerata come l'antireligione per eccellenza (cfr. storia di *Hārūt* e *Mārūt* di cui nota a II, 102).

96. – Questo qualcosa che l'"iniziato" *Sāmirī* vedeva e gli altri non vedevano, sarebbero, secondo la maggioranza dei commentatori, le orme dell'Arcangelo Gabriele e del suo cavallo. Pertanto ho tradotto angelo la parola "Messaggero". In effetti potrebbe anche trattarsi delle orme di Mosè, il Profeta, piene di particolare sacralità. Ma "Messaggeri" per angeli è più di una volta ancora usato nel Corano.

102. – "con gli occhi colorati d'azzurro", traduco letteralmente lo strano passo che ha portato il Bonelli ad annotare "gli occhi azzurri erano invisi agli arabi perché propri dei greci di Bisanzio (?) loro nemici". In realtà sembra dover esser qui un sinonimo di "ciechi".

105 segg. – Vedi nota a XVIII, 47.

109. – Passo importante per il concetto di intercessione, *šafā'a* che la dottrina ortodossa, malgrado alcuni passi in contrario del Corano, ammette per *Muḥammad*, con l'autorizzazione divina e unicamente a favore di un credente (cfr. III, 128 e LIII, 26 che sembrano contraddire tale teoria; XXXIV, 23; XIX, 87).

110. – Sul "davanti" e il "dietro" nel senso di "sorte passata e futura" si veda XXXVI, 45 e nota.

114. – È qui plasticamente visibile il senso fortemente oggettivo che *Muḥammad* aveva, in perfetta sincerità, della rivelazione a lui data.

122. – Adamo è in effetti considerato un Profeta dalla tradizione islamica, e varie tradizioni ammettono infinite generazioni, totalmente sconosciute, di esseri più antichi di lui. Sulla storia di Adamo cfr. II, 30; VII, 11 segg., ecc.

133. – "Le Pagine Antiche". Stessa espressione in LXXXVII, 18-19, dove si aggiunge che queste pagine antiche sono le rivelazioni fatte a Mosè e ad Abramo.

XXI. LA SURA DEI PROFETI

Appartiene, secondo il Nöldeke-Schwally, al secondo periodo meccano ed è una specie di antologia di storie di Profeti antichi, da cui il titolo. Il Bl. vi distingue tre parti di ineguale lunghezza: 1-96; 97-104; 105-112.

NOTE

5. – L'accusa a *Muḥammad* d'essere un poeta compare nel Corano almeno sei volte. Sul senso di " poeta " e sulla antipatia di *Muḥammad* per i poeti si veda nota a XXVI, 224 segg.

16. – Sul " per gioco " in contrapposto a " con Verità " si veda nota a XIV, 19. Il " fra noi stessi " di v. 17 è inteso da alcuni " con gli angeli ". Altri (Bl.) traduce l'espressione " spontaneamente ".

19. – " gli esseri...." Gli angeli.

30. – L'idea dell'acqua come fonte originaria di vita è idea antica (cfr. la mitologia mesopotamica ecc. ecc.). Alcuni commentatori modernisti vedono qui (ed anche in altri passi coranici, specialmente LXXI, 14, vedi nota ivi) accenni profetici alla teoria dell'evoluzione. Ma è più probabile si tratti qui come anche a XXV, 54, di acqua come liquido seminale.

34. – Questo versetto è chiaramente in contraddizione con gli sviluppi esegetici di non sicura base coranica accettati dalla ortodossia e dalla tradizione popolare, che fanno immortali in carne ed ossa e viventi tuttora Gesù, Idris, Elia e al-Ḫaḍir. (Vedi note a XVIII, 60; XIX, 56; IV, 157).

44. – " Noi occupiamo la terra...." Stessa espressione in XIII, 41. Chi voglia negare valore profetico o di previsione all'espressione (data l'antichità del brano in cui si trova) lo interpreta in senso generico " Dio annienta la terra " " toglie la terra di sotto ai piedi agli empi ", senso del resto ammesso da alcuni esegeti musulmani.

48. – Sul termine "Salvazione" vedi nota a II, 53.

63. – È basandosi fra l'altro anche su questa pia menzogna addirittura di un profeta (vedi anche XXXVII, 88-89) che certi teologi, specialmente sciiti, impostano la singolare dottrina della *taqiya* cioè il meritorio rinnegare o nasconder la propria vera religione a fin di bene (cfr. NICOLAS, *Seyyed Ahmad Lahçaî*, Paris, 1910, pp. XIII-XIV). La *taqiyya* non è comunque ignota nemmeno alla *sunna*. Su tutto l'interessante problema si veda l'art. *Taqiya* in *Enc. de l'Islam*, dove però fra i passi addotti dei teologi ad appoggio della *taqiya* non è citato il presente.

64. – Il "voi" di "voi siete gli iniqui" è un *voi* per così dire "mutuo", che si ritrova più di una volta nello stile coranico.

68 segg. – L'episodio di Abramo gettato nel fuoco è haggadico. Vedi anche II, 258, e XXXVII, 83 segg.

78. – Si tratta, secondo i commentatori, del padrone di un campo coltivato che si lamentò presso David della devastazione che il gregge di un suo vicino vi aveva provocato. David condannò il padrone del gregge a dare il gregge intero, per punizione, al danneggiato. Ma Salomone, allora solo undicenne, per divina ispirazione, convince il padre a correggere la sentenza nel senso che al danneggiato doveva esser corrisposta soltanto la lana, il latte e in generale i prodotti del gregge danneggiatore fino ad estinzione del danno. Su questa narrazione dei commentatori (di origine non ben certa) si basano alcune scuole giuridiche (ḥanafita e sciafeita) per la risoluzione di casi analoghi.

80. – Il tratto, di origine rabbinica (vedi anche XXXIV, 10-11) ricorre spesso nelle letterature islamiche.

81 segg. – L'origine dei racconti su questi miracolosi poteri di Salomone che ricorrono anche a XXVII, 16 segg.; XXXIV, 12 segg. è midrašica (*midraš* a Ecclesiaste II).

85. – *Ḍū'l-Kifl*: citato solo un'altra volta a XXXVIII, 48, è un misterioso profeta sulla cui identificazione anche i commentatori islamici, per solito così sicuri di tutto, sono incerti, identificandolo ora con Ezechiele, ora con Zaccaria, Giosuè o Elia. Secondo altri sarebbe un certo *Bišr*, figlio di Giobbe, mandato come profeta a un popolo idolatra. Per maggiori notizie si veda l'art. *Dhū'l-Kifl*, del GOLDZIHER, in *Enc. de l'Islam*.

87. – "Nelle tenebre", sottintendi "del ventre del pesce".

89. – Cioè: "non mi lasciar senza figli, benché, anche senza figli, ho Te per supremo erede".

91. – Si tratta di Maria, su cui vedi le prime note di Sura XIX.

96. – Cfr. XVIII, 94.

105. – La citazione e la traduzione dai Salmi è notevolmente esatta. (Si tratta della nota frase di Psalm. XXXVII, 29).

XXII. LA SURA DEL PELLEGRINAGGIO

La maggior parte degli esegeti musulmani (ma non ad es. l'edizione cairina di Fu'ād *che noi seguiamo) considerano questa sura come meccana. Nöldeke-Schwally la considerano nell'insieme definitivo medinese, pur come rielaborazione di importanti nuclei meccani, idea che è più o meno seguita da tutta l'esegesi occidentale. Il Bl. vi distingue tre gruppi di rivelazioni*: 1-24; 25-41; 42-78. *Il titolo deriva dal v.* 27..

NOTE

15. – Alcuni interpretano " stenda pure una corda fino al soffitto, vi si appenda per morire, quindi la recida pure se vorrà salvarsi " (Bonelli). Comunque l'idea è: " faccia pure tutti gli sforzi possibili, ma saranno vani ".

17. – Cfr. anche II, 62 e V, 69, dove, nell'elenco della " gente del Libro " non sono inclusi i " magi ", cioè gli zoroastriani. Questo versetto è comunque considerato dalla maggior parte degli esegeti come più tardo dei due sopra citati, e quindi di valore giuridico maggiore.

19. – " Le due schiere avverse " (senza bisogno di pensare, come molti commentatori musulmani, alla battaglia di *Badr*) sono semplicemente in modo generale credenti e miscredenti.

25-41. – Versetti evidentemente medinesi che alludono agli impedimenti posti dai meccani idolatri al compimento del pellegrinaggio da parte dei musulmani emigrati.

26 segg. – Sono i versetti che forman la base dell'obbligo rituale islamico del pellegrinaggio, *ḥaǧǧ*, uno dei cinque pilastri (*arkān*) dell'Islàm, sui cui riti in dettaglio si veda un qualsiasi trattato di islamistica (ad esempio Pareja - Bausani - Hertling, *Islamologia*, Roma, 1951, pp. 412-417). Il *ḥaǧǧ*, come i fondamentali concetti connessi col tempio

sacro della Mecca viene qui (v. anche II, 124 segg.) ricollegato al primitivo "ḥanīfismo" di Abramo.

28. – In giorni determinati. Nei primi dieci giorni del mese di *ḏū'l-ḥiǧǧa*, il mese del Pellegrinaggio. Si allude qui alle invocazioni sugli animali da sacrificare.

29. – Allusione agli interdetti, sessuali e d'altro genere (non tagliarsi i capelli, barba ed unghie), prescritti durante lo stato sacrale (segnato esteriormente dal candido vestito inconsutile a due pezzi, l'*iḥrām*) al pellegrino. "Aggirarsi venerabondi" è il termine tecnico *ṭawāf*, il giro sacro attorno alla *Ka'ba*. L'aggirarsi venerabondi attorno all'oggetto sacro è rito antichissimo (presente in varie religioni) come più o meno tutti questi riti del pellegrinaggio (sacrifici ecc.), che sono fra i più appariscenti elementi "sacrali-magici" in una religione per il resto così rigidamente anti-sacramentale e semplificata ritualmente come l'Islàm. I riti sacri comunque, sembra risponda il Corano poco sotto (v. 32) sgorgano dal "sacro timore dei cuori".

30. – "Quanto fu già a voi recitato", cioè in passi precedenti, come XVI, 115 e II, 173.

31. – "Volti in semplice fede verso Dio". Cioè da *ḥanīf* (v. II, 135), come Abramo. Sembra quasi che qui *Muḥammad* avverta il pericolo semiidolatrico di questi riti (e in effetti dal popolino che compie il Pellegrinaggio la Pietra Nera è poco meno che adorata, vedi op. cit. del PAREJA).

36-37. – Stessa osservazione si può fare ancor qui (vedi nota precedente). Il testo, mentre sostanzialmente accetta gli antichi riti preislamici ci tiene ancora a mettere in guardia dal prenderli in modo pagano e fa notare le differenze di spirito.

39-40. – Non occorre esser "modernisti" musulmani per respingere certi esagerati orrori di critici occidentali per la "guerra santa" coranica, che, almeno agli inizi (siam qui del resto già in periodo abbastanza tardo cronologicamente) *Muḥammad* sentì come giusta ritorsione contro offese e ingiustizie patite. Cfr. anche nota a II, 190-91; IX, 13 e VIII, 56.

52. – Sembra qui alludersi, non tanto a una "peccabilità" del Profeta (che altri vv. citati in nota a IV, 79 confermano), ma addirittura, con grande onestà, a una possibilità che errori possano per suggestione diabolica infiltrarsi persino nella Rivelazione stessa. Errori che però saranno abrogati da altre rivelazioni. Vedi anche nota a LIII, 19.

67. – Ancora ritorna, con termine tecnico differente, il concetto di "rito" su cui vedi nota qua sopra (31 e 36-37).

73. – Questa " similitudine " è alla base di qualche sviluppo posteriore nella letteratura mistica. Narra per es. un apologo che Satana che voleva imitar Dio nella creazione combinò vari elementi (testa di cavallo, petto di leone ecc. ecc.), poi limò e polì e non riuscì ad altro che a creare una locusta!

78. – " religione ". È usata in arabo prima la parola *dīn* poi *milla* (attualm. " nazione "). *Muslim*: " chi si dà a Dio ". Il termine, nelle sure meccane significa semplicemente questo, mentre nelle sure medinesi man mano assume il valore di termine tecnico: " musulmano ". (Vedi Introduzione).

XXIII. LA SURA DEI CREDENTI

Attribuita da Nöldeke-Schwally al secondo periodo meccano, benché altri vi vedano sviluppi, almeno in parte, più recenti. Il Bl. vi distingue quattro gruppi di rivelazioni: 1-11; 12-50; 51-98; 99-118. *Il titolo deriva dal v.* 1.

NOTE

14. – "Una creazione nuova" è l'uomo formato, venuto alla luce, col suo sviluppo. La frase "sia benedetto Dio, il migliore dei creatori" non ha mancato di suscitare interessanti discussioni teologiche, essendo stata presa da alcuni come significante che possono esistere anche altri creatori oltre Dio. È noto per es. che certe sètte sciite estreme dichiarano che Dio ha "incaricato" (*tafwīḍ*) gli *imām* della creazione del mondo. Il modernista pakistano *Iqbāl* (m. 1938) dà molta importanza alla frase nel senso che gli altri creatori sarebbero gli uomini, sviluppandovi tutta una sua teoria personale su "l'uomo creatore di valori" ecc. Questo serva a mostrare i pericoli dell'interpretare in senso logico, razionale, espressioni puramente emozionali della coscienza religiosa.

Merita, a questo proposito, di esser riferita la curiosa tradizione secondo la quale il Profeta, che dettava al suo segretario *'Abdallāh ben Sa'd ben Abī Sarḥ* i vv. 12 segg. sulla meravigliosa creazione dell'uomo, si fermò a un certo punto del 14, e lo scriba aggiunse di sua iniziativa la frase: "sia benedetto Iddio, il migliore dei creatori!" frase che il Profeta accettò e gli ordinò di scrivere. Lo scriba, poco dopo, roso dal dubbio sull'origine divina della rivelazione, abbandonò l'Islàm e tornò alla Mecca.

17. – "Le sette grandi vie" sono i sette cieli.

20. – Questo albero è l'olivo. Anche nella letteratura giudaico-cri-

stiana l'olivo ha importanza quasi sacrale. Nel Corano, l'olivo è menzionato con valore speciale almeno in altri due passi: XXIV, 35 dove lo si chiama "un albero benedetto" e in XCV, 1 dove è considerato cosa così sacra che Iddio vi giura sopra. (Vedi però nota ivi).

31. – Si tratta qui di un Messaggero generico, con specificato.

50. – Di che altura si tratta? Ogni tentativo di identificarla risulta vano. La più curiosa interpretazione è quella degli *aḥmadiyya* (vedi nota a IV, 157-9) che vi vedono designato il Kashmir!

53. – Si tratta probabilmente di una allusione alle scissioni fra cristiani, scissioni già altrove (V, 14) considerate quasi un segno distintivo di questa comunità religiosa. "Nazione", del versetto precedente, è appunto da intendersi per comunità religiosa.

56. – Seguo qui l'interpretazione generale dei commentatori orientali, che non è accettata dal Bl. il quale traduce "Nous les incitons vite aux bonnes oeuvres", lasciando in sospeso la frase precedente.

64. – Sulla antipatia di *Muḥammad* per i ricchi e i potenti vedi nota a VI, 123.

67. – Si allude alle lunghe veglie (*samar*) degli arabi del deserto del suo tempo (e del nostro), veglie occupate da passatempi vari e soprattutto dall'ascoltar narratori e poeti.

96. – Cioè: "respingi le cattive azioni con azioni ottime". Tratto che è doveroso notare, anche a respingere certe accuse settarie contro una pretesa "inferiorità" della morale islamica rispetto a quella di altre religioni "superiori".

100. – Una muraglia, *barzaḫ*. Questa parola, d'origine persiana, che si trova in soli altri due passi (XXV, 53 e LV, 20) ha solo qui un significato oltremondano, essendo usata negli altri due passi citati unicamente nel senso fisico. Basandosi dunque su questo passo dove *barzaḫ* è l'insormontabile impedimento al ritorno in vita dai mondi dell'Oltre, i teologi e i mistici molto han costruito su questo concetto. *Barzaḫ* è così per alcuni il limite fra il mondo fisico, dell'estensione, e il mondo degli spiriti puri. Di qui al concetto di luogo intermedio (che anche altrove, cfr. VII, 46 e nota, è concepito come cresta montana) il passo è breve. Così *barzaḫ* è per molti una specie di limbo dove le anime dei morti starebbero, in uno stadio intermedio, in attesa della Resurrezione finale. Nettamente da escludersi una traduzione "purgatorio" che fu proposta da alcuni.

101. – "Non vi saran più parentele". O "genealogie". Forse v'è un ironico accenno alla grande importanza che i contribuli di *Muḥammad*

davano alle nobili parentele, allo spirito di clan e gentilizio. Vedi nota a XLIX, 13.

113. – "Coloro che contano" sarebbero angeli particolarmente incaricati di questa bisogna. Secondo altri semplicemente, in genere, "chi sa contare".

XXIV. LA SURA DELLA LUCE

Universalmente considerata medinese. Secondo la tradizione alcuni brani sono del 626 (4 *H.*) (*Quello sull'accusa di adulterio ad* 'Ā'iša, *v.* 2 *segg., e il* 46-57). *Il titolo deriva dal bellissimo versetto* 35. *Il Bl. vi distingue tre gruppi di rivelazioni*: 1-33; 34-57; 58-64.

NOTE

2 segg. – Disposizioni diverse sull'adulterio son date nella sura IV (vedi nota a vv. 15-16) mentre una poco attendibile tradizione parla di un versetto, poi scomparso dal Corano, che imponeva come pena la lapidazione (vedi nota a V, 42). I giuristi han comunque codificato che la pena della lapidazione debba applicarsi agli aldulteri adulti sposati e pienamente capaci, mentre quella qui prescritta a tutti gli altri. Si noti comunque l'assoluta parità di trattamento per adultero e adultera, parità che non sussiste nemmeno in certe legislazioni occidentali dell'epoca presente...

11. – Questa " calunnia " che fu la causa della promulgazione dei precetti precedenti sull'adulterio e sull'accusa falsa di adulterio, è unanimemente riferita dalla tradizione a un fatto, avvenuto, secondo alcuni, il 626 A. D. (4 H.). Durante una spedizione militare contro una tribù pagana, *'Ā'iša* la giovane e prediletta sposa di *Muḥammad*, sarebbe restata addietro per isbaglio durante una marcia notturna al ritorno (non dimentichiamo che le donne seguivano in genere le spedizioni) e la mattina dopo sarebbe stata riportata a Medina da un giovane cammelliere, *Ṣafwān*. Naturalmente corsero delle voci, cui il Profeta sembrò dapprincipio dar credito, anche per consiglio di *'Alī*. Poi questa rivelazione liberò *'Ā'iša* da ogni colpa. La inimicizia ben nota fra *'Alī* e *'Ā'iša*, figlia di *Abū Bakr*, daterebbe secondo alcuni da questa antica occasione, e fu poi causa di gravi scismi e disastri per l'Islàm.

22. – Secondo la tradizione ci si riferirebbe qui ad *Abū Bakr* che, irritato per le calunnie contro sua figlia, avrebbe giurato di sospendere una pensione che dava a un parente, uno dei calunniatori.

27. – Molto opportuna la nota del Bl. a questo passo, apparentemente banale. " L'arrivée inopinée d'un etranger ou de quelqu'un d'inattendu rompt l'équilibre des choses et risque de mettre en branle des forces malfaisantes " (cit. da W. Marçais, *Takrouna*, 330).

31. – È questo il passo coranico principale che interdirebbe, secondo un'usanza che è invece post-coranica e piuttosto basata su usi bizantini e persiani, alle donne di mostrare il volto, e sarebbe insomma la base di quella " reclusione delle donne " con relativi *harem* ecc. che è uno degli argomenti principi degli antimusulmani d'Europa. L'esegesi islamica moderna fa giustamente notare che non v'è qui nulla di tutto questo (cfr. però XXXIII, 59). Il " non battere assieme i piedi " della parte finale del versetto è considerato dai commentatori più rigidi come base per l'interdizione della danza.

32 segg. – Il matrimonio è, per il musulmano che per ragioni personali o economiche possa contrarlo, lo stato obbligatorio nella vita. Sul trattamento degli schiavi, si veda nota a IV, 3.

35. – È questo il famoso *āyat an-nūr* " versetto della Luce " che amplissima eco ha trovato, nella poesia e nelle speculazioni dei mistici, in tutte le letterature islamiche. In effetti è uno dei non numerosissimi passi coranici (si veda anche ad es. II, 115 e 148) nei quali l'accentuazione della onnipenetrante luminosa presenza di Dio può suggerire (ma ingiustificatamente) idee panteistiche. Ma vedervi una " contraddizione " coll'idea di Dio altrove sempre ribadita nel Corano significherebbe esser privi di qualsiasi viva esperienza religiosa. Ciascun termine di questo versetto (Nicchia, Olio, Olivo ecc.) ha per la speculazione mistica posteriore un significato allegorico. Ritengo però che la più antica esegesi, che vi vedeva soprattutto una allegoria " morale " (" luce " = la retta guida di Dio, il Corano ecc.) è molto più nel giusto, storicamente ed esegeticamente, che la successiva gnosticheggiante " metafisica della Luce " che ebbe gran posto nell'Islàm. Per un riassunto della questione si veda l'art. *Nūr*, con bibliografia, in *Enc. de l'Islam*. Per una allegoria moralistica della Luce (" Luce " come " parola docente ") si cfr. qualche testo zoroastriano (ad es. il catechismo pahlavi *Pand-nāmak i Zartušt* dove il Sole parla con la sua luce agli uomini parole di esortazione al bene e alle leggi. Testo in Nyberg, *Hilfsbuch des Pehlevi*, Uppsala, 1929-31).

Per " nicchia " si intende una absidiola nel muro. Riguardo all'epiteto " né orientale né occidentale " qualcuno (Bl.) ricorda il passo biblico Zacc., IV, 2. Sull' "Albero ", ben noto simbolo cosmologico in molte religioni (anche nelle civiltà precolombiane d'America) cfr. *Tree and Bird as cosmological Symbols in Western Asia* di A. J. Wensinck in *Verb. d. Akad. van Wet.*, Amsterdam, 1921, p. 27 segg.

39-40. – Sulle " azioni vanificate " vedi nota a IX, 53-4. Il secondo di questi due bellissimi versetti sembra antitesi al versetto della Luce. Tutto questo gruppo (35-57) di versetti è una smentita a quella opinione corrente in Europa che in modo troppo generico nega ogni bellezza e vigore di stile alle sure medinesi, riservandola (e con parsimonia) a quelle meccane.

45. – " Dall'acqua ". Vedi nota a XXI, 30.

60. – In questo versetto come nel 31 di cui è complemento, sembra che " parti belle " sian da intendersi quelle sessuali o almeno quelle che possano eccitare desideri sessuali.

61. – " Non vi sarà colpa pel cieco ecc." da sottintendere: " se mangeranno alle vostre tavole ". È però più probabile vedere nelle parole: " pel cieco, e non vi sarà colpa per lo zoppo, e non vi sarà colpa per il malato " una ripetizione, qui, per errore, di XLVIII, 17. Se si legge invece, come abbiam fatto, seguendo il testo vulgato, si devono intendere con questo verso abrogate alcune ripugnanze ancestrali degli arabi pagani a mangiare insieme con esseri come ciechi, zoppi ecc., dai popoli primitivi generalmente considerati come infausti e colpiti da maledizione.

XXV. LA SURA DELLA SALVAZIONE

Nöldeke-Schwally la considerano del secondo periodo meccano. Il Bl. vi distingue due gruppi di rivelazioni: 1-62 *e* 63-77. *Il titolo deriva dal v.* 1. *Su "Salvazione" si veda nota a II*, 53

NOTE

4. – Sulle accuse a *Muḥammad* d'essersi fatto aiutare, si veda ancora nota a XVI, 103.

5. – " Si è scritto sotto dettatura ". La frase, pur in bocca ad avversari del Profeta, è una prova che egli, contrariamente alla tradizione più diffusa che interpreta il termine *ummī* (su cui v. n. II, 78) come "analfabeta", sapeva invece leggere e scrivere. V. anche nota a XXIX, 48.

12. – Queste metafore han fatto sì che in alcune leggende posteriori l'Inferno fosse assimilato a un enorme animale con la bocca fiammeggiante che ingoia gli empi (v. anche LXXXIX, 23 dove l'Inferno sembra qualcosa di mobile, e LXVII, 7-8 dove mugghia come un mostro). Altrove nel Corano è invece descritto come un *luogo* con " porte " (XXXIX, 72; XV, 44).

23. – Cfr. nota a IX, 53-54.

31. – Forse generico. Alcuni vi vedono comunque designazioni più precise, Giuda per Gesù, *Sāmirī* per Mosè ecc. (v. XX, 85).

32. – Cfr. XVII, 106 e nota.

38. – Su questi popoli vedi note a VII, 65 e segg. La località di *ar-Rass* (letteralm. " il Pozzo "), che ritorna solo in L, 12, non è identificata dai commentatori. Secondo alcuni si troverebbe in Arabia, secondo altri presso Antiochia.

40. – Abbastanza chiara allusione alle carovane dei ricchi meccani che, recandosi in Siria, passavano accanto all'antico sito di Sodoma e

Gomorra. *Muḥammad* stesso, se sono esatti i dati della tradizione sulla sua vita di carovaniere di *Ḫadīǧa* prima della sua missione, deve esser passato di là.

53. – Ancora "i Due Mari" e la loro "confluenza" di cui è cenno anche nella leggenda di Mosè e di *Ḫaḍir* (v. XVIII, 60 segg.) e anche in XXVII, 61 e in LV, 19. I commentatori, qui, intendono o in senso generale l'acque dolci divise dalle salate e amare del mare, o (in maggioranza) l'acque dolci dell'Eufrate e del Tigri e quelle del Golfo Persico, o, ancora, le terre che si estendono fra i fiumi e il mare. Come si vede le spiegazioni sono qui diverse da quelle date per l'espressione simile di XVIII, 60, dove i due mari sono interpretati come ambedue salati, non seguendo là alcuna specificazione.

54. – Sull'"acqua" vedi XXI, 30 e nota.

61. – "Delle Torri" cioè delle costellazioni (specialmente zodiacali).

63. – Ho tradotto letteralmente la formula di saluto (*salām*). Ad evitare inopportune attribuzioni di pacifismo ricordo che significa semplicemente qualcosa come il nostro "Buongiorno!" o "Arrivederci!".

67. – Sull'antipatia della morale islamica per gli eccessi vedi nota a VII, 31.

70. – Sulla oggettività, la mancanza di valore soggettivo delle azioni, qui chiarissimamente espressa, vedi nota a IX, 53-54.

XXVI. LA SURA DEI POETI

Del secondo periodo meccano, secondo Nöldeke-Schwally e la maggior parte degli orientalisti. Apparterrebbe all'incirca al settimo anno della carriera profetica di Muḥammad *cioè verso il* 619. *Il Bl. vi distingue due parti*: 1-191 *e* 192-227. *Il titolo deriva dal v.* 224.

NOTE

8-9. – È ritornello che ricorre, avanti, identico ai vv. 67-68; 103-104; 121-122; 139-140; 158-159; 174-175; 190-191, al termine di ogni narrazione, e che conferma l'unità di questo lungo brano della sura, una delle più complete antologie coraniche di storie dei Profeti. Su queste storie di Profeti che ricorron con poche varianti spessissimo, si vedano note a VII, 59 e segg. e, per un quadro sinottico, l'indice dei nomi alla fine del volume.

14. – Mosè aveva ucciso un egiziano, cfr. Cor. XX, 40 e Es. II, 12 segg.

22. – Altra interpretazione possibile del versetto è questa: " mentre l'avermi allevato è favore che tu mi rinfacci, pagato con l'aver fatto schiavi i figli d'Israele ". Il " mentre " si contrappone alla bontà gratuita di Dio del versetto precedente.

128. – Può essere un cenno a *massebōt*, come anche, secondo altri, alle ricche ville dei Meccani nei dintorni di *Ṭā'if*.

155. – Vedi, per una migliore intelligenza del versetto, LIV, 28 e nota.

176. – Su *al-Ayka*, qui collegata col Profeta *Šu'ayb*, vedi nota a XV, 78.

189. – La Nuvola cioè ch'essi credevano apportatrice di pioggia ed era la loro fine (vedere i dettagli nelle narrazioni parallele).

192. – " Questo " cioè " il Corano ", ma forse anche " questo Corano che segue ", cioè questo brano (Corano si applica, vedi Introd., al tutto e anche alle parti del Libro Sacro).

193. – " Lo Spirito Fedele ". Qui è chiaramente l'arcangelo Gabriele. Su " Spirito " nel Corano vedi nota a XVI, 2.

196. – Il soggetto di " già si trovava " non è naturalmente l'intero Corano ma quei brani che ne prevedono la rivelazione, e l'invio del nuovo Profeta (vedi nota a VII, 157). Il versetto seguente mostra un certo ottimismo sui " Figli d'Israele " che andrà affievolendosi in sure più tarde (ad es. III, 75; IV, 46; V, 12 ecc.).

198. – È da intendersi: " Ti rimproverano, o *Muḥammad*, di essere un uomo qualsiasi dei loro, ma anche se Noi lo avessimo rivelato a qualche straniero, ecc.".

200. – A che cosa o chi si riferisce il " lo "? Alcuni sottintendono " la miscredenza ". Altri vi vedono il Corano stesso, la Parola Divina che viene introdotta anche nelle coscienze degli empi che pur sono incapaci di accoglierla e diviene così qualcosa di maligno entro di loro. Quest'ultima interpretazione mi sembra più corrispondente con certi fatti di esperienza religiosa.

211. – *Muḥammad* era accusato dai Meccani di essere un *mağnūn*, pazzo, lett. " invasato dai *ğinn* " o " un poeta " (vedi qui sotto).

223. – Sui discorsi che i dèmoni captano dal cielo vedi nota a XV, 18.

224. – È la famosa condanna dei poeti nel Corano, corretta dal v. 227, che sembra fosse aggiunto più tardi quando anche l'Islàm nascente ebbe i suoi poeti che polemizzarono con i pagani, quale *Ḥassān b. Ṯābit* e altri. Si ricordi, a diminuire il senso di stranezza che può far su di noi questo attacco antipoetico, che " poeta " *šā'ir* nel linguaggio e nella mentalità araba dell'epoca, aveva sfumature che il nostro " poeta " più non evoca. " Poesia " implicava una specie di ispirazione soprannaturale vicina a quella della formula magica, e, inoltre, la poesia araba classica (preislamica) ricchissima di forme ma di uno stereotipato contenuto obbligato (l'amata che parte, la descrizione della cavalcatura del poeta folle d'amore che la ricerca vagando per ogni valle, tratto cui il v. 225 sembra accennare, l'elogio del personaggio cui la poesia è diretta, ecc. ecc., su cui si veda Pareja, Bausani, Hertling, *Islamologia*, pagine 595-600) non può non aver dato a *Muḥammad*, poeta vero egli stesso, ma di uno " stile nuovo ", un'impressione di fatuità e di vanità, quella fatuità e vacuità contro cui egli ripetutamente si scaglia (il lettore

attento lo avrà notato da sé) nel Corano. Per una opinione di un acuto modernista islamico su questa critica coranica antipoetica si veda MUHAMMAD IQBAL, *Our Prophet's criticism to contemporary Arabic poetry*, in *The New Era*, Lahore, 1916, p. 251.

227. - Ho dovuto tradurre perifrasticamente "si difendono con l'aiuto divino" il difficilmente traducibile *intaṣarū* che implica "trovare in Dio aiuto al Trionfo", implica cioè un'azione *passiva* e un intervento *attivo di Dio.* V. anche nota a III, 152.

XXVII. LA SURA DELLA FORMICA

Posta dal Nöldeke-Schwally fra le ultime sure del secondo periodo meccano contiene, secondo altri, elementi anche più tardi e forse qualcuno anche medin. Il Bl. la divide in tre gruppi di vv. pur affermandone l'armonia unitaria: 1-6; 7-58; 59-93. *Il titolo deriva dal v.* 18.

NOTE

12. – Sui " nove segni " vedi anche VII, 133; XVII, 101 e note ivi.

16 segg. – Su Salomone e i suoi poteri miracolosi e fantastici vedi XXI, 81 segg.; XXXIV, 10 segg.; XXXVIII, 30 segg., ecc. Il racconto dell'upupa messaggera e dei rapporti fra Salomone e la regina *dei* Saba' (meglio che *di* Saba', inquantoché Saba' è, come *Ṯamūd*, *'Ād* ecc., un collettivo di popolo) si trova (pur avendo le sue origini bibliche in I Reg. X, 1-13) anche nel II *Targum*, parafrasi aramaica, del Libro di Ester. La leggenda ha avuto enorme fortuna, come è intuibile, nelle letterature musulmane, specie nella poesia persiana, in cui l'upupa è diventata una specie di *Leitmotiv* o di *cliché*, ed è fatta oggetto di spesso profonde interpretazioni mistiche.

I commentatori danno universalmente come nome della regina quello di *Bilqīs*. Le storie sui Saba' fan parte di quel ciclo di leggende riguardanti i popoli dell'Arabia Meridionale (Yemen) più civili di quelli del Ḥiǧāz, leggende già avidamente ascoltate alla Mecca all'epoca di *Muḥammad*. Vedi nota a VII, 65.

34. – Non è mancato qualche musulmano moderno che, estraendo queste parole della regina dei Saba' dal contesto, ha fatto di questo versetto una dichiarazione antimonarchica!

39. – *'Ifrīt* è ora considerato comunemente una particolare specie di *ǧinn* (sui *ǧinn* vedi nota a VI, 100) basandosi su questo passo, dove

però sembra che il termine abbia un valore generico di " forte, possente ", con sfumatura piuttosto di " maligno ", " ribelle ".

61. – Sui due mari e la barriera (*barzah*) si veda nota a XXV, 53.

65-66. – " Non presagiscono quando saranno suscitati a vita; anzi...." I traduttori vengono generalmente imbarazzati dall'*anzi* e pensano a correzioni del testo. A mio parere si tratta di una, oratoriamente ben riuscita, sequela di asserzioni in ordine inverso per ispirare a chi ascolta l'idea della assoluta nullità della scienza degli empi.

82. – Questa " bestia " escatologica è nota nella tradizione come *al-Ǧassāsa*, " Colei che acutamente spia ", e i commentatori ne danno vari strani particolari.

87. – Si noti che nel Corano nemmeno gli angeli (gli abitatori dei cieli) sfuggono al terrore dell'Ora. L'altezza sovrana di Dio è tale che di fronte ad essa quasi si affievoliscono le stesse distanze fra uomo e angelo. Vedi, a questo proposito, anche XVI, 49; XXXIX, 4; XXXIX, 68.

91. – " Questa Contrada ": la Mecca e adiacenze. *Muḥammad* considera la sacertà della Mecca un dato di fatto, che il paganesimo degli abitanti non infirma.

XXVIII. LA SURA DEL RACCONTO

I commentatori europei e islamici considerano quasi unanimemente questa sura come del terzo periodo meccano. Il titolo deriva dal v. 25, dove Mosè "narra la sua storia" al suo futuro suocero. Per evitare equivoci non ho tradotto il titolo con Sura della Storia. *Il Bl. distingue in questa sura due gruppi di rivelazioni*: 1-70; 71-88.

NOTE

3 segg. – Questa ennesima "storia di Mosè" si distingue dalle altre soprattutto per i particolari che dà della vita di lui prima della sua missione profetica.

6. – *Hāmān*, insieme a Core (*Qārūn*) è menzionato in XXIX, 39 e XL, 24 come facente parte del Consesso di Faraone. L'anacronismo può anche non stupir troppo ove si pensi che già nella letteratura talmudica e midrašica fan parte del Consesso di Faraone personaggi come Balaam, Giobbe e Jethro! È comunque notevole che l'esegesi islamica, che usa dare varianti e particolari infiniti delle leggende biblico-coraniche, ignori del tutto l'*Hāmān* persiano della storia di Esther.

38. – "Un fuoco sull'argilla" cioè "cuocimi dei mattoni". Il racconto ricorda la leggenda della torre di Babele, ma non è ben chiaro quale ne sia la fonte biblica o talmudica.

44. – Cfr. XIX, 52 e XX, 80, dove si parla di "fianco *destro* del Monte" e qui stesso, v. 30 "pendio *destro* della vallata". Come è noto, a diversità dell'antico sistema ebraico (v. G. SCHIAPARELLI, *Scritti sulla storia dell'Astronomia Antica*, vol. I, Bologna, 1925, pag. 180) il "di fronte", *qibla*, presso gli arabi non è, come ebr. *qedem*, l'oriente, bensì il sud. Quindi "occidentale" e "destro" si identificano.

48. – Cfr. la nota teoria "*de tribus impostoribus*" di cui il terzo è Gesù. Gli eresiografi musulmani attribuiscono ai Càrmati, la nota setta

che tanto filo da torcere diede ai califfi abbasidi nei secc. IX segg., affermazioni quali: " Il mondo fu rovinato da un pastore (Mosè), un medico (Gesù) e un mercante (Muḥammad) ".

52. – I commentatori islamici precisano che si alluderebbe qui alla conversione di una quarantina di cristiani etiopici e siriaci, e secondo alcune fonti, anche di ebrei. Sull'ottimismo di *Muḥammad* verso la Gente del Libro anteriormente alle delusioni che ne ebbe a Medina si veda nota a XXVI, 196.

59. – " Metropoli ", letteralm. " alla loro madre ". È chiaro abbastanza da questo passo che l'espressione *umm al-qurà* (madre delle città) riferito altrove alla Mecca non significa madre di *tutte* le città del mondo come vogliono i commentatori islamici, ma centro delle " città " arabe. Vedi nota a VI, 92.

73. – " Perché voi in essa (nella notte) riposiate e nel giorno vi industriate al lavoro (cerchiate della sua grazia) ".

76. – Sul racconto di Core cfr. Num. XVI. L'elemento " estrema ricchezza " di Core non è biblico, ma ricorre nel Talmud (esattamente anche l'iperbolico paragone delle chiavi). Core (*Qārūn*) sulla cui appartenenza al consesso di Faraone vedi qui sopra (v. 6) è divenuto nelle letterature musulmane appunto il " Ricco " per antonomasia, il prototipo del ricco ingiusto.

78. – " per una Scienza che io possiedo ". Non c'è cosa più antipatica agli occhi del Dio coranico che la troppa sicurezza di sé dell'uomo, la troppa fiducia in sé, come autonomo e staccato da Dio. Il lettore attento ne avrà visto già molti esempi nel linguaggio coranico. Basandosi sull'esile filo della parola " Scienza " citata nel Corano a proposito di Core, la più tarda tradizione ne ha fatto il fondatore dell'Alchimia, mentre il suo sprofondamento sotterra ha fatto sì che molte località lacustri d'Egitto prendano il nome da Core.

88. – " tutte le cose periscono salvo il Suo volto ". Alla bella frase, famosissima, molti mistici soglion dare un colorito panteistico, che nel testo coranico non ha.

XXIX. LA ṢURA DEL RAGNO

Del terzo periodo meccano secondo Nöldeke-Schwally. L'opinione degli esegeti islamici che fa medinesi i primi undici versetti è generalmente accettata dalla critica europea: secondo i critici più autorevoli essi sarebbero contemporanei alla sconfitta di Uḥud (625 *A. D.*, 3 *H.*). *Il titolo deriva dal v.* 41. *Il Bl. vi distingue tre parti*: 1-13; 14-43; 44-69.

NOTE

6. – Il versetto insieme al v. 8 è importante per una esatta comprensione del verbo *ǧābada* e del termine *ǧibād* (che, in mancanza di meglio, traduco in 6 " esser zelante " e in 8 " insistere ") generalmente tradotti per " combattere " e " guerra santa ". Come opportunamente annota Bl. qui si tratta di lotta con la parola o, in v. 8, di minacciosa insistenza.

14. – L'età di Noè qui corrisponde esattamente a quella data dalla Bibbia (Gen. IX, 28-29).

25. – " Voi avete preso in luogo di Dio.... ". Il senso dell'espressione non è chiarissimo. I commentatori offrono varie interpretazioni. Ad es. " per unirvi e sentirvi associati insieme nella loro adorazione " o " a causa dell'amicizia e dell'affetto che v'è tra di voi ".

31. – " i nostri messaggeri ": gli angeli che annunciavano la distruzione di Sodoma e Gomorra.

39. – Su *Qārūn* (Core) e *Hāmān* vedi note a XXVIII, 6, 76.

45. – " Preghiera ". Il termine arabo è qui *ḏikrà* anziché l'ordinario *ṣalāt*, ma i commentatori unanimi danno qui alla parola (che significa letteralm. " ammonizione ", " edificazione ") il senso di Preghiera canonica.

46. – " Nel modo migliore ". L'espressione ricorre anche altrove (XVII, 53 e nota) e, se comparata con quanto segue e con versetti come

VI, 91, 68 e altri, significa che il modo migliore di discutere con i non credenti è comunicar loro reciso e chiaro il messaggio divino e lasciarli poi cuocere nel loro brodo, nelle loro futili discussioni. Queste prescrizioni coraniche son forse una delle cause per cui così poco sviluppato è lo spirito "missionario" e proselitistico fra i musulmani, presso i quali l'istituzione di "missioni" per la conversione degli infedeli è solo fatto recentissimo. (Vedi PAREJA - BAUSANI - HERTLING, *Islamologia*, Roma, 1951, p. 484 segg.).

47. – Fa una certa difficoltà l'interpretazione dei pronomi in questo versetto. L'opinione più comune è: "Coloro (ad es. gli ebrei) cui fu data in antico la scrittura *vi* (nella loro scrittura) hanno creduto e anche ora vi è qualche ebreo di questi (contemporanei a te) che crede — come i suoi padri antichi credettero in quella di prima — nella Scrittura data a te". Si tratterebbe di qualche ebreo medinese di cui i commentatori islamici fanno anche il nome. Vedi anche nota a XXVIII, 52; XXVI, 196.

48. – Il versetto non implica affatto, come sostengono i commentatori musulmani, che *Muḥammad* non sapesse leggere né scrivere, bensì semplicemente che non lesse né copiò le Scritture giudaico-cristiane. Vedi anche nota a XXV, 5.

67. – Si riferisce alla sacralità, già preislamica, del territorio della Mecca. Vedi XXVII, 91.

XXX. LA SURA DEI ROMANI

Secondo Nöldeke-Schwally e la maggior parte degli esegeti occidentali appartiene al terzo periodo meccano, secondo altri (Bell) contiene anche numerosi passi medinesi. Il titolo deriva dal v. 2. Bl. vi distingue tre gruppi di rivelazioni: 1-27; 28-39; 40-60. *Su tutta questa sura si veda il preciso commentario moderno di* E. Beck, *cit. in Bibliografia.*

NOTE

2 segg. – Così, cioè "son stati vinti" e "vinceranno" è il testo canonico, che, secondo la tradizione, alluderebbe alla sconfitta dei bizantini (seguita dalla conquista persiana della Siria-Palestina) nel 613-14 e alla profezia di una rivincita bizantina che sarà quella, del 624 segg., di Eraclio sui Sassanidi. In tal caso il passo è piuttosto antico e implica ("si rallegreranno i credenti") una viva simpatia per i Bizantini (cristiani). Esiste comunque anche una lettura inversa, molto rara, "hanno vinto" e "saran vinti" che si potrebbe riferire, per l'"hanno vinto", alle vittorie del 624 già sopra accennate e per il "saran vinti" a una profezia generica, ovvero (cosa che porrebbe il passo ad una data molto tarda) alla sconfitta della spedizione musulmana di *Mut'a* da parte dei Bizantini nel 630. A mio parere sia la lettura che l'interpretazione tradizionali son in fondo le più probabili, poiché anche chi non accetti poteri profetici in *Muḥammad* può ben accettare l'idea di un augurio vago di vittoria. L'eco degli avvenimenti dei potenti stati di Bisanzio e di Persia, di cui tribù arabe di confine eran vassalle (vedi Introd.) doveva del resto esser molto viva anche in *Ḥiğāz*. Non è da escludere anche che i vv. 4-5 contengano una doppia previsione, cioè, "come i monoteisti romani vinceranno gli idolatri persiani, così i monoteisti mu-

sulmani vinceranno i pagani della Mecca ". Così interpretano anche vari esegeti musulmani, che pongono appunto questo versetto al momento della vittoria musulmana di *Badr* (624).

17-18. – Questi versetti potrebbero ben essere generici e non contenere alcuna allusione precisa a preghiere canoniche (specialmente quel " quando *riposate* al meriggio ") allusione che invece vi vedono i commentatori islamici. Sulla preghiera canonica nel Corano si vedano note a XI, 114 e XVII, 78-9.

23. – Sembra doversi intendere (seguendo altri passi paralleli; vedi ad es. XXVIII, 73) " il vostro dormire la notte e il vostro cercar la Sua grazia (cioè industriarvi in lavori utili) il giorno ".

27. – La " Simiglianza più eccelsa ". Vedi anche XVI, 60 e nota.

28. – Questo passo spiega meglio il senso di XVI, 71. Vedi nota ivi.

30. – " In purità di fede ", letteralm. " da *ḥanīf* ". Sul termine vedi nota a II, 135.

" Natura prima in cui Dio ha naturato gli uomini ". Natura (*fiṭra*) si intenda sempre con una sfumatura di " creazione " (la radice *faṭara* significa creare attivo di Dio *ab ovo*) diversa dal nostro " natura ", di più *autonoma* etimologia. Qui è posta la identità, che tanta fortuna ha avuto nella tradizione posteriore fino ai recenti apologeti modernisti dell'Islàm: " religione naturale " (*fiṭra*) = Islàm. A *Muḥammad* la tradizione attribuisce il detto famosissimo: " Ogni bambino nasce nella *fiṭra*; son poi i suoi genitori che lo fanno giudeo, cristiano, o zoroastriano ". Si badi bene però a non prender questa " religione naturale " in senso troppo razionalistico o rousseauiano. La concezione coranica di *fiṭra* è nettamente teocentrica (sì che giudiziosamente l'espressione " nella *fiṭra* " del sopra citato *ḥadīṯ* fu tradotta dal Mac Donald non " nella religione naturale " ma " secondo il piano di Dio ") così come il pensiero generale dei musulmani sulla origine delle religioni è nettamente profetocentrico (mi si scusi l'espressione) cioè all'origine anche delle più primitive religioni di cui non si conoscon nomi di Profeta c'è sempre la personalità fondatrice di un uomo scelto da Dio e che da Dio ricevette rivelazione diretta. Imparentato col concetto di *fiṭra* (che ha grande importanza anche per le discussioni sulla salvezza dei bambini morti in religioni diverse dall'Islàm, generalmente ammessa dai teologi), è quello del giorno di *a lastu*, del Patto pretemporale degli uomini tutti con Dio, su cui vedi nota a VII, 172-174.

31. – L'inizio del versetto è sospeso in aria, cosa non infrequente

nel linguaggio coranico, e non sempre imputabile a interpolazione come troppo spesso suppongono i commentatori occidentali.

32. – Vedi anche XXIII, 53 e nota.

39. – Sull'usura e la sua netta proibizione vedi nota a II, 275. Qui l'usura sembrerebbe solo fortemente sconsigliata.

XXXI. LA SURA DI LUQMĀN

Del terzo periodo meccano, da alcuni (Bell) considerata piuttosto rifacimento medinese di elementi meccani. Il Bl. vi distingue due gruppi di rivelazioni: 1-11; 12-34. *Il titolo deriva dal v.* 12.

NOTE

7. – "gli". Non si tratta di un personaggio determinato, ma è cenno generico all'Incredulo.

12. – La saga di *Luqmān*, già ampiamente diffusa nell'età preislamica in Arabia, è stata distinta in tre stadi di sviluppo storico dagli studiosi. Il periodo *precoranico*, dove *Luqmān* è l'eroe dalla lunga vita che visse "sette vite di falchi" (uccello considerato particolarmente longevo: vivrebbe 80 anni) quindi 560 anni. *Luqmān* allevava questi uccelli e, quando egli morì, l'ultimo morì con lui. Nella fase *coranica*, *Luqmān*, come si vedrà nei versetti che seguono, è soprattutto il Saggio e ha molti tratti dell'*Aḥiqar* della famosa leggenda cristiana. Da alcune tradizioni è considerato ministro di David. Nel periodo *post-coranico*, *Luqmān* diviene man mano anche favolista, l'Esopo degli Arabi, e si formano attorno a questo misterioso personaggio tratti nettamente derivati dall'Esopo greco (come Esopo, sarebbe stato uno schiavo e, in generale, è considerato d'origine etiopica). Le favole arabe di *Luqmān*, frequenti in tutte le antologie di questa lingua, son sorte nel tardo medioevo e sono probabile versione appunto delle storie di Esopo. Non si dimentichi infine che *Luqmān*, fu, già in epoca abbastanza antica, identificato anche col Balaam della Bibbia. Sulla etimologia del nome gli studiosi europei, malgrado ingegnosi e talora fantastici tentativi, non son giunti ad alcuna conclusione sicura.

14. – Cfr. XLVI, 15.

22. – Sull'espressione " impugnatura saldissima " cfr. II, 256 e nota.

32. – " chi segue una via di mezzo " (sottinteso: fra l'idolatria e la vera fede) è l'interpretazione pressoché universalmente data dai commentatori. Il Bl. traduce " sont en direction du but " (cioè nella via di Dio) senso lessicalmente anche possibile. Cfr., per l'espressione, V, 66 e XXXV, 32.

XXXII. LA SURA DELLA PROSTRAZIONE

Da Nöldeke-Schwally ritenuta del terzo periodo meccano. Altri (Bell) l'attribuiscono a periodo più tardo. Il titolo deriva dal v. 15.

NOTE

5. – Versetto importante per una definizione del difficile termine coranico *amr* su cui v. note a VII, 54; X, 3 e XVI, 2. Questo passo, integrato con LXX, 4, con la variante di 50.000 in luogo di mille, sembra far pensare ad una accezione di *amr* nel senso di "dispensazione" o "ciclo profetico". Così di fatto interpretano il versetto specialmente quelle scuole e tendenze teologiche della *šī'a* estrema che a tale dottrina ciclica delle rivelazioni successive, presente nel Corano, danno speciali e precisate accezioni. L'interpretazione *babā'ī* è ad esempio che il ciclo profetico dura in media un migliaio d'anni, ma v'è un più ampio ciclo comprendente vari sottocicli che durerebbe attorno ai 50.000 anni. (Il ciclo d'Adamo è quello terminato con *Muḥammad*, il ciclo *Babā'ī* cui essi appunto prevedono la durata di 50.000 anni, è cominciato nel 1844 con la manifestazione del *Bāb*. All'interno del primo grande ciclo vi sono i sottocicli ad es. mosaico, cristiano, muḥammadico, in quello *Babā'ī* vi saranno i futuri cicli profetici secondari che inizieranno fra circa mille anni).

11. – La Tradizione conosce il nome di questo angelo. È *Izrā'īl* (o *Azrā'īl*).

13. – Vedi XI, 119, e nota.

21. – "Il Tormento Inferiore" sono le disgrazie mandate da Dio agli uomini su questa terra, per farli ravvedere.

23. – Il "Lo" dell'inciso si riferisce chiaramente a Dio, sebbene non manchino commentatori islamici che riferiscono il pronome a Mosè,

deducendone un incontro celeste di *Muḥammad* con Mosè nella famosa "Ascensione" (su cui vedi XVII, 1 e nota).

28. – Vittoria *fatḥ*, termine nel contempo escatologico (Giudizio Finale) e storico (vittoria della comunità profetica sui miscredenti). Spesso nel Corano previsioni storiche hanno colorito escatologico e viceversa. Si veda nota a VII, 53; X, 47; XX, 15; XIII, 38-9; XXXIII, 22.

XXXIII. LA SURA DELLE FAZIONI ALLEATE

Questa sura che, secondo una tradizione, sarebbe stata originariamente molto più lunga, e fra l'altro avrebbe contenuto il famoso versetto della Lapidazione, poi scomparso dal testo del Corano (v. nota a V, 42) è universalmente considerata medinese. I dotti europei ne pongono la formazione nella primavera del 627 *(*5 *H.) e nei mesi seguenti. Il Bl. vi distingue tre gruppi di rivelazioni*: 1-27; 28-59; 60-73. *Il titolo deriva dal v.* 20.

NOTE

4. – Il *ẓihār* (su cui vedi anche LVIII, 2) termine derivato da *ẓahr*, "schiena", era un tipo di divorzio in uso nell'Arabia preislamica e consisteva nella pronunzia, da parte del marito, della seguente formula: "Possa tu esser per me (intangibile) come la schiena di mia madre". Qui, e ancor più chiaramente a LVIII, 2, questo tipo di divorzio troppo facile è proibito, benché alcuni commentatori (Bl.) vedono una effettiva proibizione solo in LVIII, 2, considerando questo passo solo come una dichiarazione di fatto (le vostre mogli non vi sono madri né i vostri figli adottivi veri figli). Il passo sui figli adottivi si riferisce al noto episodio di *Zayd* (figlio adottivo di *Muḥammad*) che ripudiò sua moglie *Zaynab*, che piaceva al Profeta, per fargliela sposare, mentre, secondo le usanze arabe dell'epoca, il figlio adottivo era a tutti gli effetti legali considerato vero figlio e quindi il matrimonio con sua moglie proibito come incestuoso. Qui, più precisamente al v. 37, la tradizione vede una rivelazione che permette a *Muḥammad* di sposare *Zaynab*, abolendo la figliolanza adottiva. Questo episodio è il pezzo forte della critica anti-muḥammadica cristiana, spesso notevolmente astiosa, che dimentica le speciali circostanze di luogo e di tempo. Il "due cuori" all'inizio del

versetto può significare che l'uomo non può avere uguale affetto per i figli adottivi e per quelli veri, ma tale senso non è da tutti accettato.

6. – Si noti come in queste sure medinesi il Profeta venga assumendo una posizione particolare verso i credenti, quasi di sovrano, sia pur patriarcalmente inteso. Questo versetto abrogherebbe, secondo i commentatori, gli speciali vincoli di fratellanza fra emigrati (*muhāğir*) e *anṣār* (" ausiliari " medinesi) stabiliti subito dopo l'emigrazione (vedi VIII, 72 segg.).

7. – Il concetto di " Patto " ha gran parte nelle concezioni religiose semitiche. Nel Corano v'è il concetto di Patto di Dio coll'umanità intera nel giorno di *a lastu* (v. VII, 172-174), Patto con Dio con tutti i profeti insieme (tratto talmudico, qui e a III, 81), Patto particolare con i singoli profeti e con il Profeta *Muḥammad* (vedi questo brano stesso), Patto dei credenti con Dio attraverso il loro Profeta (XLVIII, 10; V, 7).

9 segg. – I vv. si riferiscono alla spedizione delle " Fazioni Alleate " cioè le tribù idolatre confederate, contro Medina che venne cinta d'assedio nel 5 H. (627) con grande costernazione degli abitanti. La campagna è nota come " Campagna della Trincea " (*ḫandaq*) da una trincea scavata secondo la tradizione dal persiano convertito *Salmān* (su cui vedi cenno in nota a XVI, 103; la stessa parola *ḫandaq* è d'origine persiana) che sembrò insormontabile alle Fazioni, che si ritirarono. Come al solito gli Ipocriti, su istigazione degli ebrei di Medina (specialmente i *Banū Qurayẓa*) profittarono della mala parata per tramare contro *Muḥammad*. Ma ebbero da pentirsene perché, passato il pericolo, la vendetta dei musulmani, specialmente sui *Banū Qurayẓa* fu durissima. La tradizione parla di 600-900 uomini messi a morte; le donne e i bambini furono resi schiavi e i beni integralmente confiscati.

13. – *Yaṯrib* era il nome preislamico di Medina. Medina significa " Città " (sottinteso " la città del Profeta " *Madīnat an-Nabī*).

15. – Quel che più irritò i musulmani fu che gli ebrei di Medina avevano stretto un patto d'alleanza con la Comunità Musulmana (con Dio), patto che al momento buono tradirono.

21. – È uno dei versetti su cui si basa il concetto che bisogna cercar di imitare la condotta (*sunna*) del Profeta. Per realizzare tale imitazione son nate le grandi raccolte più o meno autentiche di tradizioni (*ḥadīṯ*), detti e fatti attribuiti esemplarmente al Profeta.

22. – " Questo è quel che Iddio e il Suo Messaggero ci avean minacciato ". Versetto che permette a certi commentatori di dare un signi-

ficato storico alle minacce escatologiche di *Muḥammad.* Si vedano note a VII, 53; X, 47; XX, 15; XIII, 38, 39; XXXII, 28.

26. – *Muḥammad* assediò i castelli degli ebrei traditori *Banū Qurayẓa* subito dopo la fuga delle " Fazioni Alleate " (vedi nota al versetto 9 segg.).

28. – Le mogli del Profeta, ormai capo di uno Stato a Medina, sembra avessero preso gusto agli ornamenti e al lusso. *Muḥammad*, della cui austera semplicità di vita anche i suoi peggiori critici lo lodano, minaccia di divorziarle se non riprendono una vita più semplice. Questa è l'interpretazione generalmente data dai commentatori a questo versetto. Qualcuno vi vede, mi sembra con meno probabilità, anche un rimprovero alla eccessiva gelosia di *'Ā'iša.*

32-33. – Questi due versetti sono l'unico passo coranico che viene a dare certi privilegi (d'altronde puramente morali) alla *ahl al-bayt* (" gente della Casa ", cioè gente della famiglia del Profeta). È su una accentuazione massima di questi privilegi in senso legittimista e sacrale che si basa tutta la *Šī'a.* Il maschile " liberi " di v. 33 indica chiaramente che l'esortazione è rivolta sia alle donne che agli altri membri della Famiglia del Profeta.

34. – Alcuni commentatori musulmani vogliono vedere in questo versetto un accenno al particolare ruolo di custodi e trasmettitori delle tradizioni riguardanti i detti e i fatti del Profeta (" la Sapienza " si riferirebbe a questo) avuto dai famigliari e specialmente dalle mogli del medesimo.

36. – Cfr. questo passo col consiglio dato al Profeta di consultarsi egli stesso coi credenti in III, 159, poco dopo la battaglia di *Uḥud* (3 H.) Là tuttavia " sul da farsi " può semplicemente intendersi " su questa particolare questione " senza porre un principio generale.

37. – Si tratta più davvicino dell'episodio di *Zaynab* su cui vedi nota a v. 4. " Colui che Iddio favorì " è *Zayd ben Ḥāriṯa*, figlio adottivo di *Muḥammad.* " Regolare con lei ogni cosa " che ricorre in questo versetto due volte sembra significare semplicemente " divorziare " o " interrompere i rapporti sessuali ", benché i commentatori arabi stessi siano incerti sul senso esatto dell'espressione.

40. – Passo importantissimo perché la frase " suggello dei profeti " che pur ricorre (e con valore non troppo chiaro) soltanto in questo unico passo coranico, è divenuta la base del dogma fondamentale dell'islamismo storico, ché cioè benché tutti i profeti antecedenti a *Muḥammad* siano dei veri inviati di Dio da rispettare e venerare, dopo *Muḥammad* ogni rivelazione è chiusa e ogni profeta che si presentasse sarebbe un

falso profeta. La tradizione precisa poi molto, e mette in bocca al Profeta fra l'altro il detto *lā nabiyya ba'dī*, " non vi sarà Profeta dopo di me ". Effettivamente *ḫātam*, " suggello ", potrebbe ben significare (come sostengono le correnti derivate dall'Islàm, *bahā'ī*, *aḥmadiyya* di *Qādyān* ecc., che ammettono profeti post-muḥammadici) semplicemente " conferma solenne ". Anche ammettendone il valore di " fine dei profeti " poi, alcuni polemisti di queste interessanti correnti sostengono che si tratti, con *Muḥammad*, della fine della *Profezia*, cui seguirà addirittura la *Manifestazione* di Dio, oppure " *fine dei Profeti di un grande ciclo* " (vedi nota a XXXII, 5).

43. – Che significa il " pregare " (vedi sotto anche v. 56) attribuito a Dio? Cogliamo qui il senso più profondo del verbo *ṣallà* arabo, che non è tanto quello di " invocare Dio " (senso centrale invece nel parallelo *da'à*) ma produrre una forza sacrale benefica, positiva, compiere un cùlto sacro, quindi nella fattispecie " Dio opera sacralmente su di voi per trarvi dalle tenebre alla luce ". Si confrontino del resto, nella religione indiana, i " sacrifici " attribuiti frequentemente agli dèi stessi. Il fatto che i commentatori musulmani, sempre attentissimi a togliere al Signore ogni pericolosa simiglianza con la creatura, non vedano nulla di strano nell'espressione è la prova migliore di quanto sopra abbiamo indicato quale senso di *ṣallà*. È per questo che la preghiera canonica, atto sacrale e rituale è *ṣalāt*, mentre *du'ā'*, " invocazione " è il nome della preghiera individuale di richiesta.

48. – " Disdegna la persecuzione ". Ho cercato di rendere così l'ambiguità del testo arabo che potrebbe essere interpretato sia nel senso di " non perseguitarli " o " non curare la loro persecuzione (di te) ".

49. – Complemento alle disposizioni sul divorzio, su cui si vedano testo e note a II, 227 e segg.; IV, 20 e 130; LVIII, 2-3; LXV, 1 segg.; LXVI, 5.

50-52. – Altro brano che ha suscitato le maggiori critiche alla persona di *Muḥammad* negli ambienti occidentali. Vi è chiaramente permesso al Profeta di superare personalmente il numero di *quattro*, altrove (IV, 3) dato come massimo per le mogli legittime, e di organizzare i turni delle spose al talamo come egli vuole (il che fra l'altro implica che v'era qualche usanza tradizionale sull'avvicendarsi delle spose al letto nuziale e che le raccomandazioni spesso fatte nel Corano di trattare le proprie mogli " con giustizia ", IV, 3, 129, si riferiscono anche in parte ad un trattamento *sessuale* eguale per tutte). Considerando che l'ultimo matrimonio del Profeta, con *Mulayka*, avvenne secondo i dati più attendibili, alla fine del 630 E. V. (8 H.) cioè quando *Muḥammad* aveva circa sessanta anni, questo brano coranico deve esser di data assai tarda. Questo entrar di Dio in simili questioni, che alla nostra mentalità può apparire molto strano, non lo era affatto per quella dell'epoca e del luogo, come del resto non lo è troppo nemmeno alla coscienza del musulmano moderno che ha generalmente una attitudine molto semplice e patriarcale di fronte alle questioni sessuali, mentre l'intervento totale di Dio in qualsiasi cosa umana è per lui fatto assolutamente normale. Lo stesso si dica per i versetti che seguono.

53. – Interessante in questo versetto la proibizione a chiunque di sposare le vedove o le divorziate da *Muḥammad*. Ha fatto pensare, a molti esegeti europei, a un carattere particolarmente geloso del Profeta arabo. I commentatori musulmani spiegano che il matrimonio col Profeta aveva conferito alle sue mogli un onore speciale, che esse avrebbero in certo senso insozzato sposandosi con altri. C'è già qui *in nuce* (vedi anche nota sopra, v. 32-33) il concetto, poi sviluppatissimo malgrado le ripetute asserzioni coraniche sulla umanità e addirittura peccabilità e fallibilità del Profeta (vedi nota a IV, 79), di una speciale *sacertà* della persona del Profeta e di quelle dei membri della sua famiglia, e di tutto ciò che ha avuto contatto con lui. Tutto questo brano 28-59, benché dalla tradizione posto a poco prima della " Campagna della Trincea " deve essere in molte parti (fra cui questi vv.) ancora più tardo.

55. – Sembra si tratti, in unione al " domandatelo restando dietro una tenda " di v. 53, di disposizioni particolari e speciali per le mogli del profeta. " Parlare " qui deve significare, confrontato con la frase suddetta, " parlare scopertamente, senza la tenda ".

56. – " Pregano per il Profeta ". Su " pregare " vedi nota al v. 43. È su questo brano che si basa la nota formula islamica che segue regolarmente il nome del Profeta in tutti i libri di pii autori musulmani " preghi Iddio per Lui e lo saluti (o gli dia salute) " *ṣallà 'llāh 'alayhi wa sallama* ".

59. – Si tratta di un grande velo che va dalla testa ai piedi. Non è ben sicuro se implica anche la copertura del volto (cfr. nota a XXIV, 31).

69. – Forse accenno a Num. XII, alle mormorazioni cioè di Maria e Aronne per la moglie cuscita che Mosè s'era preso. (Il tratto potrebbe quadrare bene con eventuali mormorazioni dei credenti a proposito di *Zaynab*).

72. – Versetto piuttosto misterioso e che quindi si presta, sotto la penna di teologi, modernisti ecc. a suggestive interpretazioni. *Muḥam-*

mad Iqbāl (cfr. *Six Lectures on the Reconstruction of Religious Thought in Islam*. Lahore, 1930, p. 134 segg.) interpreta "Pegno" come la "coscienza", il senso dell'Io. È possibile che si tratti della "Fede" come deposito fiduciario di cui l'Uomo è responsabile (Bl.) o della "Legge Divina" (Bonelli). Mi sembra meno accettabile l'interpretazione di "pegno" (*amānat*) come fiducia, lealtà. Per una possibile origine di tale immagine si veda Introduzione.

XXXIV. LA SURA DEI SABA'

Per Nöldeke-Schwally del terzo periodo meccano. Per altri (Bell) è un insieme di elementi meccani sistemato definitivamente a Medina. Il Bl. vi distingue due parti: i vv. 24-43, del terzo periodo meccano, inseriti in un insieme meccano-medinese. Il titolo deriva dal v. 15.

NOTE

10 segg. – Sulle prodigiose qualità di David e di Salomone si veda anche XXI, 78 segg., e XXVII, 16 segg.

12. – Origine della "Fonte di Liquido Rame" è il biblico "mar di rame" (II Chr. IV, 2). Non manca chi parla di "fonte di catrame" o di zolfo e come tale (con sottintesa idea di fetore) questa espressione coranica è scherzosamente applicata dal poeta persiano *Sa'dī* (m. 1291) in una sua curiosa storia nel "Roseto" (*Gulistān* ed. *Forūġī*, pag. 52).

14. – Il versetto si riferisce a una leggenda secondo la quale Salomone morì sul trono appoggiato al suo scettro e nessuno si sarebbe accorto della sua morte se un "animale della terra" (termite, verme?) non avesse rosicchiato il suo scettro facendo crollare a terra il cadavere e liberando così i poveri *ǧinn* dai loro lavori forzati.

15. – "La gente dei Saba'". Cfr. XXVII, 16 segg. La loro capitale era *Ma'rib*, l'aspetto delle cui rovine fece nascere una tradizione locale su due città. Con una diga, il ricordo del cui crollo o meglio guasto rimase vivissimo dopo secoli nelle tradizioni e leggende d'Arabia, i Saba' e poi gli Ḥimyariti avevano raccolto le acque di un *wādī* irrigandone la zona, la cui fecondità divenne proverbiale.

16. – La diga (*'arīm*, parola sudarabica) fu danneggiata nel 451 e nel 540 e poi restaurata nel 542.

18. – "Le città che benedicemmo". Le città della Siria. Questo

brano non troppo perspicuo sembra significhi in sostanza che, per avidità di guadagno, i fornitori di animali e viveri vollero fare allungare le tappe alle carovane che commerciavano fra le terre dei Saba' e la Siria, ma questo loro basso calcolo fu punito da Dio.

23. – Sull'intercessione vedi nota a XX, 109.

28. – " agli uomini tutti ". Malgrado quel che dicono in contrario alcuni orientalisti europei mi sembra che passi come questo (si vedano ancora note a IV, 90 e LXXXI, 27) siano indice chiaro che *Muḥammad*, almeno a una certa epoca già abbastanza antica, si ritenne profeta ecumenico e non solo arabo.

32-37. – Sul contrasto deboli-potenti e sulla antipatia verso i ricchi si veda nota a VI, 123.

37. – " Le Alte Stanze " sono le sale del Paradiso.

44. – " Non demmo loro ". Agli arabi non eran state date scritture sacre prima di *Muḥammad*.

46. – Il senso del versetto non è ben chiaro nemmeno ai commentatori musulmani. Probabilmente significa: " meditate sinceramente, soli con la vostra coscienza innanzi a Dio ".

49. – Sul concetto di Verità nel Corano si veda nota a X, 36; XIV, 19.

52. – Il " da lungi ", in questo versetto e nel seguente non è troppo chiaro. Nel primo probabilmente significa " ora che stanno nell'altro mondo " essendo la Fede qualità del credente sulla terra. Nel secondo significa che da luogo molto lontano (dalla terra), prima, calunniavano il distante mondo dell'Arcano (dell'Oltre, dell'Invisibile).

XXXV. LA SURA DEL CREATORE

Questa sura, nota anche col nome di Sura degli Angeli *è da Nöldeke-Schwally considerata appartenente cronologicamente al terzo periodo meccano. Il Bl. vi distingue i due brani 1-38 e 39-45.*

Il titolo deriva dal v. 1.

NOTE

1. – Versetto importante per l'angelologia coranica. "A due, a tre, a quattro" generalmente sentito dai commentatori come riferentesi al numero d'ali degli angeli, può intendersi anche come riferito agli angeli direttamente, cioè: "che invia gli angeli come messaggeri a due, a tre, a quattro". Per le ali degli angeli cfr. il noto passo di Isaia, VI, 2.

"Che aggiunge al Creato ciò ch'Ei vuole" tratto concettualmente importante che nega alla Natura ogni statica fissità di "Dato". (Vedi Introd.).

8. – Si sottintenda, dopo i puntini sospensivi, "sarà forse uguale a chi è credente e opera il bene?". Il parallelo è frequente nel Corano.

12. – Sui due mari vedi nota a XXV, 53.

19. – Ritorna il contrasto parallelo accennato al v. 8, ampliato al v. 12, e qui continuato.

25. – "Libro Lucente". Confrontando con XXXI, 20, dove ricorre la stessa espressione, sembrerebbe termine generico, ma qui i commentatori musulmani tutti vi veggono designato il *Vangelo*.

32. – "quei che prescegliemmo..." sono gli arabi convertiti all'Islàm, che ora, nel nuovo ciclo profetico, vengono a sostituire i portatori delle precedenti rivelazioni. Sembra poi si alluda alla triplice attitudine possibile dei contemporanei di *Muḥammad* verso il Profeta. "Quelli che seguono una via media" è espressione che ricorre anche in XXXI, 32 nello stesso senso di "tiepido nella fede" oppure "incerto fra l'incredulità e la fede". Probabilmente è da intendersi così l'espressione anche in V, 66.

39. – "eredi ùltimi". Vedi nota a VI, 165.

XXXVI. LA SURA YĀ-SĪN

Come la sura Ṭā-hā (*XX*), Ṣād (*XXXVIII*), Qāf (*L*) *prende il titolo dal nome di lettere dell'alfabeto* (*su cui vedi Introd.*) *che la iniziano. La presente sura — veneratissima — vien chiamata* il cuore del Corano *ed è un po' il* Dies irae *musulmano, perché è usualmente recitata al capezzale degli agonizzanti, o in servizi funebri, probabilmente per gli accenni e nel v.* 12 *e verso la fine* (*v.* 46 *segg.*) *al giudizio finale e alla sorte ultima degli uomini. È considerata da tutti gli esegeti europei come del secondo periodo meccano, pur contenendo qualche aggiunta più tarda, anche medinese. Il Bl. vi distingue due gruppi di rivelazioni*: 1-59; 60-83.

NOTE

13. – Questa leggenda, senza alcun nome di luogo e di persone, è universalmente collegata dai commentatori colla leggenda cristiana del santo personaggio da essi chiamato *Ḥabīb an-Naǧǧār* (Ḥabīb il falegname) di Antiochia e che non è altri che il "profeta" Agabo di cui ad Atti XI, 27-30 e XXI, 10 segg. I commentatori conoscono anche i nomi dei due apostoli cristiani (*Yaḥyà* e *Yūnus*) e naturalmente anche del terzo (*Šam'ūn*). L'uomo a corsa di v. 20 sarebbe appunto il falegname *Ḥabīb*, intagliatore d'idoli, convertito dagli apostoli. La sua ipotetica tomba viene ancor venerata dai musulmani sul monte Silpio ad Antiochia.

26. – "Gli fu detto". Sottintendi: "da coloro che lo martirizzavano". Le parole "entra nel Paradiso" sono naturalmente ironiche, ma il martire le prende gioiosamente come auspicio della felicità eterna.

31-32. – Questa interpretazione dei due versetti, che è anche quella del Bonelli, mi sembra più ovvia e fedele al testo che quella del Bl. che interpreta: "ce n'est point vers leurs Faux Dieux qu'ils reviendront" attribuendo il pronome personale ambiguo del versetto a "Falsi Dei", non prima nominati nel contesto, anziché, come facciamo noi, ai loro compagni sulla terra.

39. – Sulle " dimore " (*manāzil*) della Luna vedi n. a a X, 5.

45. – Cfr. XX, 110. È generalmente interpretato " questa vostra vita e la futura ". "Avanti " e " dietro " sono trasposizioni spaziali di sensazioni temporali, che, fatto interessante, sono in arabo e in varie lingue semitiche all'inverso di come le sentiamo noi (il dietro è cioè il futuro). Cfr. su questo l'interessante articolo di G. Meloni (cui sembra siano sfuggiti proprio questi passi coranici), *Alcuni studi sul tempo presso i Semiti. III Avanti-dietro, passato-futuro* in *Saggi di Filologia semitica*, Roma, 1913, pp. 147-150. Il Bl. preferisce collegare questo passo a quello escatologico di LXXXIV, 7-10 e spiegare così " le vostre azioni buone e cattive ".

69. – Ancora una critica della poesia. Vedi XXVI, 224 e nota.

XXXVII. LA SURA DEGLI ANGELI A SCHIERE

È considerata da Nöldeke-Schwally come appartenente agli ultimi tempi del primo periodo meccano. Il Bl. vi distingue tre gruppi di rivelazioni: 1-68; 69-148; 149-182. *Il titolo deriva dal v.* 1.

NOTE

1-3. – Si tratta di participi presenti femminili, quasi universalmente interpretati come riferentisi ad angeli. È la prima volta (nell'ordine attuale delle sure della Vulgata) che compaiono i caratteristici giuramenti iniziali per "esseri" vari, che sono tipici delle sure del primo periodo meccano, e fanno ancora sul lettore (e più ancora sull'*ascoltatore* di un'abile recitazione salmodiata) un potente e suggestivo effetto. Il soggetto di questi giuramenti, il protagonista di tutto il Corano, è, naturalmente, non *Muḥammad* ma Dio. Su questi "giuramenti di Dio" cfr. Nöldeke-Schwally, *Gesch. des Qor.*, pag. 75 e note.

5. – "Degli Orienti". Il plurale indicherebbe, secondo alcuni, i diversi punti dell'orizzonte dai quali, secondo le stagioni, sorge il sole.

6-10. – Vedi nota a XV, 18.

28. – "Da destra", cioè da amici, promettendoci cose buone.

49. – "bianche perle". Letteralm. "uova". I commentatori, forse urtati dal paragone, del resto efficace e plastico, se si vuole, e confrontando con LVI, 23 dove si ha effettivamente "perle", interpretano nella maggioranza il termine *bayḍ* (uova) come "perle". In caso che si legga "uova", bisogna intendere "fanciulle così ben custodite e caste come l'uovo dentro il suo guscio".

62-66. – *Zaqqūm*, è l'albero maledetto d'Inferno su cui si veda nota anche a XVII, 60. L'aggiunta "ne abbiam fatto tentazione" che si trova in forme simili (vedi nota a XVIII, 22; LXXIV, 31), fa pensare che si tratti di uno di quei passi " ambigui " (cfr. III, 7) sentiti forse già da *Muḥammad* come allegorici od esoterici.

65. – Così generalmente interpretano i commentatori. Letteralm. si ha " teste di *dèmoni* ".

79-80. – Ritornello che ricorre, conferendo unità armonica al racconto, ai vv. 110-111, 121-122, 131-132.

83. – Sembra la prima volta, cronologicamente, che compare nel Corano Abramo, come poi Giona ed Elia.

88-89. – Versetti, in questo contesto, pressocché indecifrabili. I commentatori generalmente la considerano un'altra pia menzogna di Abramo (vedi anche XXI, 63 e nota) per sottrarsi al partecipare ai sacrifici idolatrici del suo popolo. Il Bl. li toglie da questo contesto e li inserisce fra 99 e 100.

101. – Si tratta di Ismaele, non di Isacco. Anche nella Bibbia del resto (Gen. XVI, 15 e XXI, 2) Ismaele è più anziano di Isacco. Il Corano comunque attribuisce il sacrificio famoso ad Ismaele, non ad Isacco e collegherà nelle sure medinesi (vedi II, 124 segg.) tutta la storia (Ismaeliti, Arabi ecc.) con il santuario della *Ka'ba.*

123. – Elia, *Ilyās* (poco sotto, al v. 130, per ragioni di rima *Ilyāsīn*) è chiamato con tal nome solo due volte nel Corano, qui e a VI, 85. In effetti sono identificati da alcuni commentatori ad Elia anche altri due personaggi coranici, *al-Ḫaḍir* (vedi nota a XVIII, 60 segg.) e *Idrīs* (vedi nota a XIX, 56).

137. – Vedi nota a XXV, 40.

142. – Altra traduzione possibile " mentre egli biasimava se stesso ".

146. – Si tratta di quello che le nostre più accreditate traduzioni bibliche chiamano in Giona IV, 6 " ricino " (ebr. *kikayon* di senso del resto non ben certo).

147. – Cioè ai niniviti.

150. – Sugli dèi pagani identificati con angeli vedi nota a XVII, 40.

158. – " Pongono un'affinità....". Dio è, sì, spirito, ma non nello stesso modo come son spiriti gli esseri incorporei che non sono Dio.

161-166. – In questi versetti sembra siano gli angeli stessi a parlare in prima persona.

XXXVIII. LA SURA DEL ṢĀD

Per il nome, che è quello di una lettera dell'alfabeto arabo, che, isolata, inizia il primo versetto, vedi le sure XX, XXXVI, L. Ha anche un più raro e, sembra, più antico titolo: La sura di David (*dal v.* 17). *Secondo Nöldeke-Schwally è del secondo periodo meccano. Il Bl. vi distingue due gruppi di rivelazioni*: 1-66; 67-88.

NOTE

7. – " Nella religione ultima " cioè nel ciclo profetico immediatamente precedente a quello muḥammadico, il cristiano. Le parole messe in bocca al Consiglio o Consesso degli idolatri meccani significano: " nemmeno lo stesso cristianesimo abolisce del tutto il politeismo (accenno alla trinità come era intesa in Arabia) e questo profeta vorrebbe che voi abbandonaste i vostri dèi ancestrali! ". Secondo la tradizione si alluderebbe poi a un fatto storico, a quando cioè, immediatamente dopo la conversione di 'Omar (avvenuta, sembra, nel 616) gli Anziani della Mecca, preoccupati, cercarono di venire a un compromesso fra la loro idolatria e il culto muḥammadico, ma il compromesso fallì. Se questo fosse esatto si avrebbe un *terminus post quem* per la datazione della prima parte di questa sura a dopo il 616.

10. – " divine Corde (*asbāb*) al cielo ". La stessa espressione in XL, 36, 37 dove sembra indicare (malgrado la interpretazione di molti commentatori come " regioni " celesti) " mezzi, vie magiche per raggiungere il cielo ". La stessa espressione al singolare (*sabab*, corda) ricorre nei vv. 85, 89 e 92 di sura XVIII dove ho preferito, anche per la ambiguità del termine italiano, tradurre " Via " (forse una " Via magica " come propone il Bl.?).

12. – " Re dai saldi pilastri ". Letteralm. " quello dei piuoli ". " I commentatori non danno nessuna interpretazione che pienamente sod-

disfi e, in fondo, la mia traduzione a senso mi sembra la meno improbabile interpretazione. *Autād* sono i pioli che reggon la tenda, la casa dell'arabo d'allora, la base della solidità dell'edificio, e tutti del resto son d'accordo nel pensare che l'espressione deve in qualche modo indicare " potenza e forza nel mondo ".

13. – " Fazioni alleate ". Il termine stesso che nella sura XXXIII indica le tribù arabe idolatre confederate contro *Muḥammad*. Su tutti questi popoli vedi Indice Analitico.

21 segg. – Secondo la tradizione più vulgata i due litiganti sarebbero due angeli che, fingendo di ricorrere a David per risolvere la loro lite, gli rimproverarono il suo peccato, cioè l'adulterio con la moglie di Uria. L'apologo significa che David avrebbe anche lui, malgrado le sue ricchezze e i suoi agi, preso la " pecora " altrui (la moglie di Uria) per aggiungerla alle già numerose sue.

26. – " Vicario ". Qui, come nella storia d'Adamo a II, 30 segg., il termine mi sembra designare chiaramente " vicario di Dio ", non " successore e vicario di altri popoli " o Re (come altrove nel Corano). Il passo è importante per una definizione precisa del senso della parola, che in seguito designò il capo della comunità musulmana (califfo), sul quale si vedano gli articoli del Nallino raccolti in *Scritti editi ed inediti*, vol. III, Roma, 1941, pp. 227-283 e l'art. *Khalīfa* in *Handw. des Islam*.

31-33. – Episodio di non troppo facile comprensione, se non si ha presente la precisazione degli esegeti, secondo i quali si tratterebbe di Salomone, che, ammirato della bellezza delle sue cavalle, dimenticò per questo la preghiera della sera e, poscia, pentito, uccise questo " bene terreno " che pur tanto amava.

34. – Questo accenno si riferisce a I Re, XI, 11, dove Iddio, in punizione di una passeggera caduta di Salomone nell'idolatria, gli dice che gli toglierà il regno e lo darà a un suo servo. Benché la Bibbia poco dopo affermi che il fatto avverrà in realtà sotto il suo successore, pure il Talmud contiene un racconto simile a quello che i commentatori elaborano su questo breve passo del Corano. Si tratterebbe cioè della figura di un *ǧinn* (i *ǧinn* erano i servi di Salomone) che in punizione di una mancanza commessa dal Re prese il suo magico anello e regnò in forma di Salomone per quaranta giorni finché Salomone riuscì a riprendersi l'anello.

35. – " Un Regno ". Confrontando questo passo con II, 102 (" le invenzioni dei dèmoni contro il Regno di Salomone ") sembra chiaro che " Regno " ha, applicato a Salomone, un valore molto più " sacrale "

e profetico (ho rimediato con la maiuscola) di quanto la nostra parola italiana non suggerisca.

41 segg. – Allo stato attuale del testo questo racconto su Giobbe non è troppo chiaro. Probabilmente gli attuali versetti 42-43-44 debbono esser letti nell'ordine 42-44-43. Il fascio d'erbe passato sul corpo servirebbe (come i " cocci " biblici) a grattarsi le piaghe, mentre l'episodio dell'acqua ottenuta battendo il piede per terra è di provenienza incerta.

48. – Su *Ḏū'l-Kifl* vedi nota a XXI, 85.

71 segg. – Vedi nota a II, 30.

XXXIX. LA SURA DELLE SCHIERE

Mentre Bell ritiene la sura del primo periodo medinese, per lo più gli altri esegeti europei e orientali vi vedono una rivelazione del terzo periodo meccano. Il titolo deriva dal v. 71.

NOTE

4. – " Se Dio volesse....". Il ragionamento non è troppo chiaro. D'altra parte mi sembra non assolutamente certo interpretare, come risulta dal contesto della traduzione del Bl., " se Dio avesse voluto darsi dei figli (collettivo, riferendosi alle dèe del paganesimo preislamico) avrebbe scelto fra quel che ha creato ciò che egli ama di più (quindi semmai figli, non figlie) ". Il ragionamento coranico mi sembra semmai indicare che tutte le creature create sono alla pari, come diritto ad esser figli di Dio, e che se Dio voleva, nel suo arbitrario potere (seguono proprio dei versetti sull'onnipotenza) poteva anche scegliersi come figli degli esseri che a noi uomini potrebbero sembrare indegni di questo, magari esseri inanimati o animali. In altre parole si intende dire: " Non siete voi (senza rivelazione autorizzata) che potete dire *chi* Dio s'è preso per figlio, quasi sottoponendo Dio a un vostro ragionare ". Il concetto della parità assoluta di tutti, dall'angelo al sasso, di fronte allo strapotere sovrano di Dio è diffuso del resto per tutto il Corano (vedi ad es. cenni in nota a XXVII, 87).

6. – " Otto accoppiate ". Cfr. VI, 143, per una migliore intelligenza del testo.

12. – O: " il primo dei musulmani ".

17. – *Ṭāġūt*. Vedi nota a II, 256.

23. – " d'allegorie, testi....". Si seguono qui due termini (*mutašābihan* e *maṯānī*) che sfidano l'acutezza di commentatori orientali e occidentali. Eppure il passo è concettualmente importante per la retta intel-

ligenza del valore e delle qualità del Corano secondo il Corano stesso. Le traduzioni più comuni dei due termini sono, per *mutašābihan*, "(libro), conforme nelle sue singole parti", "self-resembling" (Bell) (?), senso dato già da *Ṭabarī*, e per *maṯānī* (sul quale termine si veda l'articolo corrispondente del Wensinck in *Enc. de l'Islam* e nota a XV, 87, unico altro passo coranico ove compare) "ripetizione", con allusione sia alle numerose ripetizioni che il Corano contiene, sia a "ripetizione di promesse e minacce" o "come ripetizione e ripresa di rivelazioni anteriori". La nostra traduzione di *maṯānī* come *testi* è stata giustificata in nota a XV, 87. Quanto al più difficile *mutašābihan* mi sembra che la soluzione del problema debba trovarsi in un confronto con l'altro passo III, 7 dove identico aggettivo ricorre, e applicato ai versetti del Libro Sacro, con evidente significato di "allegorico" o "parabolico". Ora mi sembra che una tendenza, nei commentatori musulmani più ortodossi, a voler evitare ogni forma di *ta'wīl* (interpretazione allegorica, esageratamente usata dai mistici, dagli sciiti e in genere dalle "sètte" eterodosse) li abbia portati a sottovalutare il significato più ovvio della forma *tašābaha* e dell'aggettivo *mutašābih* come "avente un senso che ne assomiglia a un altro", "ambiguo", "allegorico", in certo senso anche "ingannatore" e "ingannevole" (*fitna* infatti, "tentazione" è chiamato l'albero *Zaqqūm* in XVII, 63 e si veda anche nota a XVII, 60). A mio parere già molto prima delle interpretazioni "settarie", *Muḥammad* stesso deve aver avuto chiara coscienza della allegoricità di varie strane espressioni ed immagini che la sua intima esperienza di "rivelazione" gli dettava.

I commentatori europei sempre pronti a seguire, con talvolta una inconscia tendenza alla critica antiislamica, le interpretazioni più crassamente antropomorfistiche dell'ortodossia, hanno anch'essi in genere voluto negare questa "allegoricità" di parte almeno del Corano, che nessuna base di fatto storico-religiosa impedisce di credere abbia ammesso e creduto anche *Muḥammad* stesso.

42. – Su questo singolare concetto (già rabbinico) delle anime raccolte presso Dio durante il sonno, e quindi della relativa importanza dei sogni, vedi nota a VI, 60.

43-44. – Sul concetto di intercessione (*šafā'a*) vedi nota a XX, 109 e Indice Analitico.

47-48. – Questa materializzazione delle azioni malvagie in forma visibile (e quindi, parallelamente, delle buone) ha una singolare affinità con concetti esposti nei catechismi zoroastriani. Il pahlavi *Pandnāmak i Zartušt* (Libro dei Consigli di Zarathustra), o *Čītak Handarz i Pōryōt-*

kēlān (Brevi Consigli dei Padri della Fede) (ediz. NYBERG già citata) parla di una fanciulla bellissima, personificazione dell'insieme delle opere buone, che apparirà nell'aldilà ai Beati, e, parallelamente, di una fanciulla bruttissima che si mostrerà ai malvagi dichiarando di essere le loro malvagie azioni.

49. – L'uomo cioè non può pretender " diritti " di fronte a Dio. Il bene che gli capita è gratuito favore di Dio.

68. – Vedi anche nota a XVI, 49; XXVII, 87 e XXXIX,4.

74. – " Ci ha dato in retaggio la terra ". Frase che imbarazza un po' i commentatori perché ove la si interpreti realmente per *terra*, del Paradiso dopo il Giudizio si farebbe un paradiso terrestre, mentre d'altronde quei commentatori che riferiscono la maggior parte dei cenni escatologici del Corano al trionfo terreno della Rivelazione muḥammadica o (gli eterodossi) della ventura rivelazione, vi vedono una conferma delle loro spiegazioni allegoriche di Paradiso ed Inferno. Per simile espressione si veda anche Math. V, 5.

XL. LA SURA DEL PERDONATORE

Detta anche Sura del Credente *(dal v. 30). Considerata dai più autorevoli interpreti europei del terzo periodo meccano, era probabilmente la prima sura di un gruppo di sure (XL-XLVI) riunite in piccolo* corpus *parziale dalla sigla iniziale Ḥ.M. (Vedi Introd.). Il Bl. vi distingue due parti*: 1-56; 57-85. *Il titolo deriva dal v.* 3.

NOTE

5. – Su " Le Fazioni " vedi nota a XXXVIII, 13.

11. – Secondo alcuni la prima morte è quella delle tenebre del ventre materno, anteriore alla prima nascita. Vien poi la seconda morte naturale e infine la seconda nascita il dì della Resurrezione. Questa è l'opinione generale dei commentatori islamici. Secondo altri però la seconda morte è la condanna alla gehenna, la morte spirituale.

15. – " Gradi " qui, come il sinonimo " scale " (*ma 'ārig*) a LXX, 3 deve avere un senso particolare, che collega questo concetto con lo spirito della Rivelazione che vi ascende o discende (cfr. LXX, 4). Qui " Spirito " (su cui vedi nota a XVI, 2) è chiaramente la " Ispirazione " Profetica.

24. – Su *Hāmān* e *Qārūn* si veda nota a XXVIII, 6, 76.

28. – Questo uomo credente della famiglia di Faraone compare solo in questa narrazione.

36-37. – Sulle " corde del cielo " si veda nota a XXXVIII, 10. Il racconto sulla torre si trova anche a XXVIII, 38.

55. – Ancora un cenno chiarissimo alla peccabilità del Profeta. Vedi nota a IV, 79.

77. – Il versetto è importante. Infatti, se per Giudizio Finale ecc. si intendono gli avvenimenti della Fine del Mondo tradizionalmente intesi, bisogna concluderne che *Muḥammad* riteneva possibile che questa

avvenisse prima della sua morte (cosa che sembra piuttosto strana). Altrimenti si è riportati a dover accettare (e altri passi sembrano farne testimonianza, si veda anche nota a VII, 53) l'opinione di quei commentatori che vedono in almeno parte delle minacce escatologiche promesse di vittoria, sulla terra, alla comunità religiosa muḥammadica o, in genere, allegorie e simboli riguardanti la vittoria di rivelazioni profetiche e la fine di cicli profetici anteriori.

78. – " di altri nulla narrammo ". Questi altri profeti sarebbero, secondo la tradizione, numerosissimi. Si parla addirittura di decine di migliaia. " Quando la Causa di Dio si manifesterà " può intendersi anche " quando verrà l'Ordine di Dio ". Su Ordine si veda a VII, 54.

XLI. LA SURA DEI "CHIARI PRECISI"

Intitolata anche, come la XXXII, Sura della Prostrazione *o anche* Sura Hā-Mīm *dal nome delle due lettere iniziali. È del terzo periodo meccano, e il Bl. vi distingue due serie di rivelazioni:* 1-38; 39-54.

Il titolo (in arabo è la terza pers. femm. sing. del perfetto "furon precisamente chiariti") deriva dal v. 3, *o dal v.* 44.

NOTE

9-12. – Interessante brano cosmogonico, dove sembrerebbe che l'insieme terra-cielo sia stato creato in *otto* (due per la creazione della terra, quattro per la ripartizione dei cibi sulla terra, due per la creazione del cielo) anziché, come dice la Bibbia, e il Corano stesso altrove (per non citar che un esempio, L, 38), in *sei* giorni. La soluzione ortodossa è quella data da *Ṭabarī*, che sostiene che nei quattro giorni del v. 10 sono inglobati anche i due del v. 9, cosa del resto possibile. Sulle fasi della creazione del mondo è interessante un confronto coi testi cosmogonici zoroastriani (*Bundahišn*). Vedi I. GOLDZIHER, *Islamisme et Parsisme* in "Rev. de l'Hist. des Relig.", XLIII (1901), pp. 1-29.

12. – Sulle "torce" (gli astri) che proteggono l'entrata dei cieli dai demoni cfr. nota a XV, 18.

13. – "La folgore di *'Ād* e di *Ṯamūd*". Cfr. VII, 73 (e nota) dove si parla piuttosto di un terremoto.

25. – "Il loro futuro": letteralm. "quel che è dietro di loro". Su questa interessante rappresentazione visiva del futuro come *dietro* (per noi piuttosto "quel che è avanti") si veda la nota a XXXVI, 45. e l'articolo del MELONI ivi citato. Il Bl. non accetta tale interpretazione e traduce "le loro azioni presenti e passate".

29. – Sembra non riferirsi a nessuna persona determinata: il duale

deriva dalle due "categorie" (uomini e *ğinn*); quindi "mostraci quelli che ci han traviato", sieno essi *ğinn* o uomini.

34. – Cfr. XXIII, 96.

36. – "Tentazione al male": da intendere, collegando ai versetti precedenti, come "tentazione all'ira eccessiva contro l'offensore". Sul fatto che anche *Muḥammad* potesse aver tali "tentazioni", vedi nota a IV, 79.

44. – Più di una volta si accenna alla chiarezza araba del Corano come "segno". Cfr. Introd. Per "farmaco" (*šifā'*) vedi XVII, 82 e nota.

53. – "gli orizzonti del mondo" (*āfāq*) e "le anime loro" (*anfus*), indicano rispettivamente il mondo dell'estensione e il mondo psicologico; nella filosofia posteriore sono divenuti due termini tecnici, con relativi aggettivi, *āfāqī* e *anfusī*.

XLII. LA SURA DELLA CONSULTAZIONE

Dal Nöldeke-Schwally assegnata al terzo periodo meccano. La stessa esegesi islamica vi riconosce aggiunte medinesi ed alcuni studiosi europei (Bell) ne considerano alcune parti come intieramente medinesi. Il Bl. la divide in due gruppi di vv.: 1-35 e 36-53.

Il titolo (ma la sura ne ha anche talvolta un altro derivato dalle prime lettere isolate che formano i vv. 1-2) deriva dal v. 38.

NOTE

7. – "La Metropoli" del *Ḥiǧāz*, la Mecca. Vedi note a VI, 92; XXVIII, 59.

14. – Questo concetto ritorna spesso nel Corano (vedi ad es. III, 19; X, 93; XLV, 17) e, se per "scienza" si intende la Scienza delle cose divine portata dalla nuova Rivelazione, dovrebbe significare che la divisione in sètte ha la sua prima origine nell'invidia e nelle discussioni portate dal manifestarsi della nuova religione profetica fra le altre. Cfr. le analoghe dichiarazioni di Gesù: "Son venuto a portare la divisione" etc. (Luc., XII, 51).

17. – "La bilancia" è generalmente interpretata come "le disposizioni legislative" del Corano (vedi anche LVII, 25). La Bilancia è comunque anche un elemento simbolico escatologico (vedi anche LV, 7 ecc.) che il popolino, a ciò incoraggiato anche da molti teologi, interpreta in senso crassamente letterale.

23. – "L'amore pel prossimo". Si badi che i commentatori islamici non sono unanimi nell'interpretare, qui, "il prossimo" nel senso che ha comunemente nella frase corrispondente usuale fra noi. Oltre al senso da noi dato alcuni interpretano: "l'amore per il Profeta" che è più "prossimo" a voi di voi stessi (cfr. infatti XXXIII, 6), altri:

" l'amore per quello che vi approssima a Dio ", altri addirittura l'amore per *Abū Bakr*, il " prossimo " parente del Profeta e primo califfo secondo i sunniti.

24. – " Se volesse ". Sottintendi, " nel caso che così fosse, che cioè tu *inventassi* la Rivelazione ".

38. – " e delle loro faccende decidono consultandosi fra loro ". La frase che presupporrebbe (perché?) un abituale deliberare dei musulmani, ha fatto datare il versetto come medinese ad alcuni commentatori europei che non si spiegano come questa disposizione sia stata potuta dare a una piccola comunità di perseguitati alla Mecca. Dal canto loro i commentatori modernisti vi vedono addirittura le basi della democrazia moderna. Mi sembra vi siano esagerazioni da ambe le parti: in sé non v'è nulla di strano che il Libro Sacro, già a Mecca, abbia consigliato i credenti a risolvere, consultandosi amichevolmente, delle questioni, anche forse da intendere non necessariamente implicanti tutta la comunità (atti commerciali, liti, ecc.). Si intenda dunque " consultazione " in senso molto primario e non legale e amministrativo.

39-43. – Versetti importanti per la comprensione della morale islamica, morale che ha in particolare avversione un " eroismo " che spesso rimane solo teorico, ed è sempre disposta a fare *eccezioni* (" se però perdonate....") e sempre attenta a non generalizzare (gli " eccettoché " ecc. sono frequentissimi nei precetti morali del Corano).

51. – Versetto importante che stabilisce le modalità del contatto fra uomo e Dio. Si accenna qui a tre modi nei quali Iddio parla o si rivela all'uomo: 1) per *waḥy*, termine che in seguito indicherà tecnicamente " rivelazione ", ma che nel Corano, da uno studio dei passi nei quali compare, sembra piuttosto indicare " suggerimento senza parole ". Così esso è infatti forse da intendere in XIX, 11, se, come sostengono alcuni, il soggetto del verbo è Zaccaria muto: " suggerì a cenni ". (Noi abbiamo preferito, col Bl., per ragioni logiche, tradurre " Iddio rivelò "). In VI, 121 i dèmoni " ispirano " o suggeriscono ai loro seguaci cose peccaminose. In XVI, 68 Dio " suggerisce " alle api quel che debbono fare, e in XCIX, 5 Dio rivela (accenna, suggerisce) qualcosa alla terra e in XLI, 12 " rivela " ai sette cieli il loro specifico compito. Anche in altri passi dove tale " rivelazione " è fatta a uomini (ad es. XI, 37; XVII, 39; XX, 77; XXVI, 52; XXVI, 63; VII, 160; XVI, 123) sembra piuttosto trattarsi di ispirazione immediata, senza parole, " suggestione ". In seguito, già nel Corano stesso, il termine non esclude però formulazione verbale. 2) " Dietro un velame ", cioè per sogni o visioni allusive,

simboliche. 3) Mediante un angelo che rivela verbalmente al Profeta le parole divine: è quello che i teologi chiameranno *waḥy matlūw* " rivelazione recitata ", formulata verbalmente. Sembra chiaro però, comunque si interpretino queste tre formule, che in questo brano coranico s'intende ancora una volta ribadire la distanza fra uomo e Dio, scoraggiando ogni tendenza a concetti panteistici o di incarnazione.

52. – " Tu non sapevi cosa fosse Libro " (s'intenda Libro Sacro). È ancora una volta riaffermato chiaramente che il Profeta, prima della rivelazione, è uomo e solo uomo: tutto quel che ha in seguito è da Dio.

XLIII. LA SURA DEGLI ORNAMENTI D'ORO

Pressoché universalmente considerata dai commentatori europei del secondo periodo meccano. Il Bl. vi distingue tre serie di rivelazioni: 1-65; 66-80; 81-89. *Il titolo deriva dal v.* 35.

NOTE

4. – " Madre del Libro ". Vedi nota a III, 7.

15. – " Gli hanno attribuito ". Da sottintendere " come compagni ", o " come figli o figlie ". Gli " dèi " sembrano, come altrove (VI, 108; XVII, 40; XXXVII, 150) considerati come esseri in sé non necessariamente malvagi, servi di Dio. La malvagità sta in chi li attribuisce come compagni, od altro, a Dio. Cfr. anche le idee che i più antichi padri della chiesa si facevano sugli idoli pagani (dèmoni, ma obiettivamente esistenti).

18. – Sembra probabile che questa definizione, molto poco favorevole, della donna, sia quella che i pagani della Mecca le davano o voglia riprodurre un dato di fatto dell'epoca. Il ragionamento sarebbe dunque: " Come! Un essere che voi considerate così e che addirittura alla sua nascita considerate talmente turpe da ucciderlo, lo attribuite come figlio a Dio? ".

31. – Le due città sono Mecca e Ṭā'if o, secondo altri, Mecca e Yaṯrib (Medina).

32. – Si noti come l'origine delle disuguaglianze sociali sia chiaramente attribuita qui a Dio. Cfr. anche note a XVI, 71 e XXX, 28.

33. – " Una nazione sola.... ". Da sottintendere: di idolatri.

58. – Sembra riferirsi a discussioni con i politeisti meccani, ostili sia al cristianesimo che all'Islàm nascente e che si meravigliavano di veder *Muḥammad* parlar così bene di Gesù (da essi considerato un " idolo " dei cristiani, cfr. XXXVIII, 7) e così male dei loro dèi.

61. – " Egli non è che un presagio dell'Ora ". È su questo unico e piuttosto vago passo coranico che si basano tutte le leggende e le speculazioni escatologiche sul ritorno di Gesù prima della fine del mondo, molto diffuse fra i musulmani. Il passo, letteralmente tradotto, significa " in verità questo è una scienza dell'Ora " ove " questo " è riferito a Gesù per la vicinanza del versetto, mentre alcuni commentatori europei vogliono vedervi un riferimento ad altro (ad es. al Corano) e ritengono il versetto spostato dal contesto. Invece di " scienza dell'Ora " vi è anche la variante canonica " segno dell'Ora ". A mio parere, senza bisogno di presupporre spostamenti di versetti, potrebbe anche pensarsi che si accennasse qui al valore escatologico dato dai cristiani, e specie da alcune sètte cristiane, a Gesù come sostanzialmente ammonente a pentimento in attesa della fine del Mondo, fine del Mondo che *Muḥammad* può benissimo (vedi ad es. nota a VII, 53) aver collegato con la venuta e il trionfo della sua rivelazione. In tal caso la misteriosa frase significherebbe: " Gesù non è che un annunciatore della futura rivelazione che porrà un termine al ciclo profetico israelita ".

77. – *Mālik*. Nome dell'arcangelo preposto alla sorveglianza dell'Inferno.

86. – Versetto importante per il concetto di intercessione (*šafā'a*) sul quale si veda nota a XX, 109 e Indice Analitico.

88. – Malgrado gli sforzi dei commentatori questo versetto, sospeso in aria, è qui incomprensibile. È forse spostato dal suo vero contesto.

89. – " Pace! ". È il saluto più comune. Si intenda quindi "Addio! ".

XLIV. LA SURA DEL FUMO

Del secondo periodo meccano, e, nei vv. 43-59 con ogni probabilità del primo. Il titolo deriva dal v. 10.

NOTE

3. – " Una notte benedetta ". Secondo i commentatori si tratta della notte dal 26 al 27 *Ramaḍān*, chiamata in sura XCVII " la Notte del Destino ". Vedi nota ivi.

37. – *Tubba'* sembra sia stato il titolo reale degli antichi re himyariti o sabei dello Yemen.

43. – *Zaqqūm*. Cfr. note a XVII, 60; XXXVII, 62-66.

XLV. LA SURA DELLA GENUFLESSA

Dal Nöldeke-Schwally assegnata al terzo periodo meccano. Il Bl. vi distingue due gruppi di rivelazioni: 1-13 *e* 14-37. *Il titolo deriva dal v.* 28.

NOTE

14. – " i giorni di Dio ", vedi nota a XIV, 5. " Giorni destinati...." si può intendere anche " a che Iddio ricompensi gli uomini per quel che hanno operato ". " Perdonare ". Tale tollerante disposizione sarà poi " abrogata " da versetti medinesi quali VIII, 57 ed altri.

17. – " Ordine Nostro ". Su questa parola, che assume sfumature diverse in vari passi del Corano, vedi nota a VII, 54. Sul concetto espresso nel versetto e spesso altrove nel Corano si veda nota a XLII, 14. Nel versetto seguente l' " Ordine " è considerato la fonte della *šarī 'a*, la " legge " religiosa, il lato normativo e morale della religiosità.

18. – " Legge " *šarī 'a.* Sarà poi questo il nome tecnico della " legge canonica " dell'Islàm. Come sostantivo compare solo in questo passo coranico. Ṭabarī annota: " la *šarī 'a* abbraccia le *farā 'iḍ* (diritto ereditario) le pene *ḥadd* (su cui cfr. nota a II, 187), i comandi e le proibizioni ". Etimologicamente la parola significa " via (che conduce all'abbeveratoio) ".

24. – " Il Tempo ", *dahr*, più precisamente il corso fatale delle cose. Il " fatalismo " (ben diverso dall'ordine personale predestinante di Dio) è grave eresia per l'Islàm.

33. – Vedi nota a XXXIX, 47-48.

XLVI. LA SURA DI AL-AḤQĀF

Considerata dal Nöldeke-Schwally del terzo periodo meccano. Anche l'esegesi musulmana ammette aggiunte medinesi. Il titolo deriva dal v. 21.

NOTE

9. – " Un novatore ". Cioè non sono un essere miracoloso ed eccezionale. Sono uno come gli altri profeti tutti.

10. – " Qualcuno dei figli d'Israele....". I commentatori vi vedono un accenno a una personalità ben determinata, cioè a un certo *'Abd Allāh ibn Salām*, ebreo di Medina convertito poco prima o poco dopo l'emigrazione.

11. – Si accenna qui al disprezzo dei politeisti meccani aristocratici per i primi credenti nel messaggio muḥammadico, per lo più gente di bassa estrazione. Il tratto ricorre spesso nelle sure meccane, anche trasportato temporalmente all'epoca di Noè (v. ad. es. XI, 27).

15. – Trenta mesi. Cfr. anche II, 233 e XXXI, 14. Questo versetto, che pone a quarant'anni il " mezzo del cammin di nostra vita ", può dare, combinato con X, 16, qualche indicazione autobiografica.

21. – *al-Aḥqāf*, letteralm. " le dune ", è qui il luogo degli *'Ād* (vedi nota a VII, 65).

28. – " per mediatori ". Traduco così il non troppo chiaro *qurbān* del testo. L'espressione, altrimenti impiegata nel Corano come " sacrificio ", deve qui significare qualcosa come " mezzi per avvicinarsi " a Dio (dalla radice *q-r-b*, vicino, avvicinare, ecc.).

29 segg. – Cfr. anche LXXII, 1 segg. Sui *ǧinn* vedi nota a VI, 100. I commentatori modernisti fanno grandi sforzi per spiegare questi passi in senso simbolico. Normalmente l'esegesi pone questa predicazione ai

ğinn nell'anno 620, dopo uno sfortunato tentativo di *Muḥammad* di predicare la nuova religione a *Ṭā'if*, una delle più importanti città del *Ḥiğāz* dopo Mecca e Medina.

35. – " I messaggeri dotati di costanza " (*ūlū 'l-'azm*). Secondo alcuni commentatori si tratterebbe di una speciale categoria di profeti.

XLVII. LA SURA DI MUḤAMMAD

Appartiene molto probabilmente ai primi periodi dopo l'emigrazione a Medina, quando ancora l'atteggiamento dei musulmani (vedi vv. 20 segg.) era relativamente incerto. Il titolo deriva dal v. 2, ma la sura ha talvolta anche quello di Sura del Combattimento *dal v. 20.*

NOTE

1. – Sulla vanificazione delle opere vedi nota a IX, 53-54.

4. – Su un trattamento molto più duro dei prigionieri di guerra dopo *Badr*, vedi VIII, 67 e nota.

18. – Anche qui sembra che *Muḥammad* intenda l'Ora e il fatto escatologico come prossimo, il che porta ancora una volta a pensare a una possibilità di interpretare l'Ora, qui, come la vittoria definitiva dell'Islàm sui nemici meccani. Sui tre tipi di " Ora " vedi nota a XX, 15. Cfr. anche nota a VII, 53 e passi ivi citati.

19. – " Del tuo peccato " vedi nota a IV, 79.

27. – Cfr. nota a VIII, 50.

XLVIII. LA SURA DELLA VITTORIA

Cronologicamente posteriore al successo diplomatico-politico di Muḥammad *a* Ḥudaybiya (*vedi Introd.*), *è, secondo i più autorevoli commentatori, dell'anno* 628 *o anche* 629. *Il titolo deriva dal v.* 1.

NOTE

1. – "Vittoria". Molto probabilmente la tregua di *Ḥudaybiya*, benché non manchino commentatori che, riportando la sura ad epoca più tarda, voglion vedere nel versetto un'allusione alla conquista della Mecca.

2. – Vedi nota a IV, 79.

4. – "Pacificante Presenza", *sakīna*, su cui vedi nota a IX, 26.

10. – È qui descritta (con molto probabile allusione al giuramento di fedeltà dei credenti a *Muḥammad* a *Ḥudaybiya*) la *bay'a*, giuramento di fedeltà e riconoscimento come Capo, consistente nel posar la mano aperta sulla mano aperta di colui cui si giura fedeltà (a questo allude l'espressione "la mano di Dio era sulle loro mani"). La *bay'a* rimase per secoli (anche se poi in senso puramente simbolico) elemento fondamentale dell'elezione dei califfi sunniti.

11. – I "beduini rimasti indietro" sono, secondo i commentatori, quelle tribù arabe che preferirono attender gli eventi e nel 628 non seguirono *Muḥammad* e i credenti nella loro marcia sulla Mecca che terminò con la tregua di *Ḥudaybiya*.

15. – La tradizione vi vede una allusione alla spedizione contro la ricca colonia ebraica di *Ḫaybar*, di poco posteriore a *Ḥudaybiya*.

16. – "si daran tutti a Dio". Cioè si convertiranno all'Islàm. Secondo alcune opinioni di commentatori, si tratterebbe di un preannuncio delle imprese future contro gli imperi romano e persiano. Naturalmente i commentatori europei (e vari anche musulmani) vi vedono in-

vece allusioni a lotte contro tribù arabe o forse alla spedizione di *Tabūk* (anno 9 H., 630 E. V.) ai confini dell'Impero Bizantino (vedi Introd.).

18. – " L'Albero ". Ancora una allusione al giuramento di *Ḥudaybiya* che sarebbe appunto avvenuto sotto un albero (forse un albero sacro?). " Vicina vittoria " è, secondo i commentatori, la conquista dell'oasi ebraica di *Ḫaybar*, segno e premonizione della conquista della Mecca, vista già in sogno da *Muḥammad* nel 628.

21. – Questo altro bottino sarebbe quello da prendere al " popolo possente " di cui al v. 16. Cioè, secondo i più fra i commentatori, ai *banū Hawāzin* sconfitti nella spedizione di *Ḥunayn* (su cui vedi IX, 25).

22. – Si alluderebbe a un tentativo di sopraffazione fatto dai meccani durante le trattative di *Ḥudaybiya*, tentativo che fallì di fronte al contegno deciso dei musulmani.

24. – Secondo i più dei commentatori anche questo versetto farebbe allusione a un episodio delle trattative di *Ḥudaybiya*. Ma la " valle della Mecca ", difficilmente identificabile con *Ḥudaybiya*, ha fatto pensare altri commentatori, specialmente europei, a qualche altra ipotesi (la fortunata entrata di *Muḥammad* e suoi seguaci alla Mecca l'anno seguente per compiervi la visita, *'umra*, alla *Ka'ba*?).

25. – Si alluderebbe a una scaramuccia durante la quale i musulmani, assaliti da politeisti, li avrebbero respinti fin dentro le mura della Mecca, ma essendovi nella città, mescolati agli infedeli, dei credenti, venne loro raccomandato di astenersi dall'uccidere alcuno.

26. – I commentatori vedono in questo versetto una allusione al fatto che nel testo finale della tregua di *Ḥudaybiya* (che, fra l'altro, stipulava che l'anno seguente la città sacra della Mecca sarebbe stata evacuata dai politeisti per tre giorni per permettere ai musulmani di compiervi la visita, *'umra*, v. nota a II, 196, a patto che essi rispettassero tutte le loro proprietà) i politeisti non vollero accettare la formula iniziale " Nel nome di Dio, clemente misericordioso ", né vollero dare ufficialmente a *Muḥammad* il titolo di *rasūl Allāh*, " Messaggero di Dio ". *Muḥammad*, con fine intuito diplomatico, malgrado lo stupore di certi suoi compagni, si piegò a queste condizioni formalmente piuttosto umilianti e lasciò che si scrivesse " In nome di Allāh " e "*Muḥammad* figlio di *'Abd Allāh* ". La " Parola della Pietà " sarebbe dunque, secondo i commentatori, sia la formula " Nel nome ecc." sia il titolo " Messaggero di Dio " attribuito a *Muḥammad*. E " impose loro " si riferirebbe al giuramento solenne sotto l'albero a *Ḥudaybiya*, quando appunto i credenti si impegnarono solennemente a fedeltà per il " Messaggero di Dio ".

27. – " La visione ". Può significare anche " sogno ". Si tratterebbe di un sogno profetico avuto da *Muḥammad* a Medina prima di mettersi in viaggio per il progettato pellegrinaggio del 628 che terminò con l'apparente scacco (ma reale successo diplomatico) di *Ḥudaybiya.* Il versetto, che parla di *conferma* di questa visione, deve dunque esser posteriore al 629, quando cioè i Musulmani, in esecuzione delle clausole della tregua di *Ḥudaybiya* poterono compiere la *'umra* in massa al Tempio Sacro della Mecca. Le teste rasate e i capelli accorciati si riferiscono a pratiche rituali del pellegrinaggio su cui vedi nota a II, 196 e Introduzione.

Il testo può intendersi anche " con le teste rasate e con le unghie e la barba tagliate ". " Vicina Vittoria " è per i commentatori la conquista della ricca oasi ebrea di *Ḫaybar*, anteriore al pellegrinaggio trionfale del 629.

29. – " Segnati sul volto per le prostrazioni molte ". È cosa molto frequente nelle letterature islamiche e specialmente nelle biografie di pii personaggi, ricordare i " segni " delle molte prostrazioni sulla fronte o sulle ginocchia. Ad es. il noto *imām* alide *'Alī ibn al-Ḥusayn* noto col nome di *Zayn al-'Ābidīn* era noto come " quello dai ginocchi di cammello " per l'eccesso delle prostrazioni. " La loro descrizione nella *Tōrāh*, la loro descrizione nel Vangelo ". Non è ben chiaro a quale passo specifico della *Tōrāh* si riferisca il testo. Quanto al Vangelo si tratta della ben nota parabola del seminatore (Marc. IV, 3 segg.) o di quella della semenza (id. IV, 26 segg.).

XLIX. LA SURA DELLE STANZE INTIME

I più autorevoli commentatori europei pongono cronologicamente questa sura posteriormente alla visita ('umra) *dei credenti a Mecca nel* 629 *o forse anche posteriormente alla presa della Mecca l'anno seguente. Il titolo deriva dal v.* 4.

NOTE

6. – Si alluderebbe, secondo la tradizione, a un emissario del Profeta mandato a riscuotere la "Dècima" presso una tribù aderente all'Islàm ma poco sicura, i *banū Muṣṭaliq*. I membri della tribù gli vennero incontro per fargli omaggio ed egli, pensando con troppa precipitazione che volessero assassinarlo, riferì falsamente al Profeta che essi si eran ribellati e si rifiutavan di pagare la "Dècima". Tutti i versetti che seguono sono collegati dalla tradizione, con poca sicurezza, a determinati fatti storici, mentre possono benissimo essere inviti e raccomandazioni generiche.

12. – "Piacerebbe a qualcuno di voi....". Cioè la calunnia è come l'antropofagia.

13. – "Il più nobile fra voi....". Detto in polemica con i *Qurayš* della Mecca e in generale con gli arabi pagani, per i quali avevan grande importanza le genealogie e la nascita da famosi antenati. Sull'abolizione di ogni legame di sangue sotto l'egualitaria legge di Dio, e sulla poca simpatia di *Muḥammad* per i ricchi e i potenti si vedano note a III, 103; VI, 123.

14. – Molte tribù beduine, vista la sempre crescente potenza di *Muḥammad* a Medina, aderivano all'Islàm intendendo la loro adesione come semplice fatto di alleanza politica simile a quella fra tribù preislamiche e rescindibile come un qualsiasi patto. La tradizione precisa, ma

è superfluo, che si tratta di una parte della grande tribù beduina dei *Banū Asad*. Qui si distingue, ed è tratto interessante, fra *islām* come sottomissione a certe pratiche puramente rituali e *īmān*, personale e profonda " fede " del cuore.

L. LA SURA DEL QĀF

Come le sure Yā-sīn (*XXXVI*) Ṭā-Hā (*XX*) *e* Ṣād (*XXXVIII*) *questa sura prende il nome da quello di una lettera dell'alfabeto, il Q, che forma l'inizio del primo versetto. Secondo il Nöldeke-Schwally la sura apparterrebbe al secondo periodo meccano, con qualche aggiunta più tarda. Il Bl. vi distingue due serie di rivelazioni*: 1-35 *e* 36-45.

NOTE

3. – Dopo ...." polvere secca ", sottintendere " saremo suscitati a nuova vita? ".

12. – Sulla gente di *ar-Rass* cfr. nota a XXV, 38.

14. – Su *al-Ayka* cfr. XV, 78. Sul popolo di *Tubba'*, XLIV, 37.

16. – Il versetto, che implica il concetto del Dio più vicino ed intimo a noi di noi stessi, ha avuto grande fortuna specialmente nelle correnti mistiche, come ben si comprende. Eccone una bella parafrasi poetica del grande persiano *Sa'dī* (m. 1291) nel suo *Gulistān* (Il Roseto) (ed. *Forūġī*, Teheran, 1937, pag. 60). " L'Amico è più vicino a me di me stesso; strana cosa è invero ch'io me ne senta lontano! Che fare? A chi spiegare che Lui è in braccio a me, eppur soffro le pene della separazione? ". I commentatori ortodossi comunque tengono in genere a precisare che si tratta di una metafora ad indicare che Dio conosce le cose più intime dell'uomo: la vicinanza quindi non è da attribuirsi alla " essenza " di Dio ma a una sua " qualità " o attributo, cioè alla Sua *Scienza*.

17. – Si tratterebbe dei due angeli, Munkar e Nakīr (v. nota a VIII, 50) che registreranno la deposizione dell'uomo nel giudizio individuale al momento della morte. In una bella tradizione attribuita a *Muḥammad* gli si fa dire: " la loro penna è la tua lingua, inchiostro la tua saliva " e molti sono i commentatori che interpretano allegoricamente.

21. – Si tratta ancora di angeli.

39-40. – Sullo sviluppo della preghiera canonica (*salât*) vedi nota a XI, 114.

41. – "L'Araldo": l'arcangelo che annuncerà il Dì della Resurrezione.

LI. LA SURA DEI VENTI CHE CORRONO

Situata dal Nöldeke-Schwally verso la fine del primo periodo meccano, contiene forse qualche elemento un po' più tardo (secondo periodo meccano): *Il Bl. vi distingue quattro gruppi di versetti*: 1-6; 7-23; 24-46; 47-60. *Il titolo deriva dal v.* 1.

NOTE

1 segg. – Si tratta dei soliti giuramenti iniziali caratteristici delle più antiche sure coraniche, su cui si veda nota a XXXVII, 1. Molto difficile è la traduzione esatta dei participi femminili che formano i vv. 1-4. Dai commentatori vengono attribuiti ora a "venti" ora ad "angeli". Per la traduzione di *ḏāriyāt* del v. 1 ho seguito la interpretazione data al verbo dal Bl., mentre in generale i commentatori considerano il participio come significante "i (o le) disseminanti" (venti che disseminano qua e là le nubi).

7. – Letteralmente "solcato di disegni come quelli del fondo di una stoffa".

17. – Nelle sure meccane, specie le più antiche, si insiste molto sulla preghiera o preghiere e meditazioni *notturne*, che poi divennero "canonicamente" opere supererogatorie. Sulla preghiera (*ṣalāt*) vedi nota a XI, 114.

27. – Cfr. XI, 70 e nota.

34. – "Segnate di un marchio": secondo i commentatori il nome di chi volevan colpire.

LII. LA SURA DEL SINAI

Secondo il Nöldeke-Schwally del primo periodo meccano, secondo altri (Grimme) del secondo, secondo altri ancora (Bell) risultato di rimaneggiamenti ulteriori. Il Bl. vi distingue due serie di rivelazioni: 1-28 *e* 29-49. *Il titolo deriva dal v.* 1.

NOTE

1. – *Ṭūr* significa "monte" ma già all'epoca di *Muḥammad* doveva significare in particolare il monte Sinai.

2-3. – Si tratterebbe dell'Archetipo celeste del Corano, su cui vedi cenno in nota a III, 7.

4. – È il Tempio Sacro della Mecca, la *Ka'ba*.

5. – Probabilmente il cielo.

49. – Per la storia della preghiera canonica nel Corano vedi nota a XI, 114.

LIII. LA SURA DELLA STELLA

Secondo i più autorevoli esegeti europei, del primo periodo meccano, salvo qualche aggiunta posteriore. Il Bl. vi distingue quattro parti: 1-18; 19-25; 26-32 (*il brano più tardo, che forse contiene persino un versetto medinese*); 33-62. *Il titolo deriva dal v.* 1.

NOTE

1-18. – Versetti autobiografici preziosi perché, insieme con i brani XVII, 1 segg.; XVII, 60 e LXXXI, 19 segg., ci danno gli unici ragguagli autentici sull'esperienza mistico-religiosa di *Muḥammad* nel ricevere la rivelazione.

5. – " Potente di Forze " *šadīdu 'l-quwà*. Espressione simile, *ḏū quwwa*, si trova nella visione di cui a LXXXI, 19 e vi designa l'arcangelo Gabriele.

9. – Pare debba intendersi " a due lunghezze d'arco " non " tiri d'arco ".

13. – Si tratta dunque di due visioni differenti. Secondo la maggior parte dei commentatori la prima si riferisce alla Prima Rivelazione (vedi XCVI, 1 segg.), la seconda al viaggio notturno di cui a XVII, 1 segg.

14-15. – I commentatori musulmani unanimemente interpretano " il loto di *al-Muntahà* " (tradotto " il loto del Termine ") e " il giardino di *al-Ma'wà* " (asilo, ritiro, rifugio) come luoghi celesti. Il primo sarebbe il limite supremo oltre il quale la conoscenza umana non può andare, segnato da un misterioso Albero di Loto (così vien tradotto generalmente il termine, che effettivamente significa " albero di giuggiole "), il secondo uno dei giardini del Paradiso. Malgrado la mia abitudine di seguire in genere l'interpretazione accettata dalla maggioranza dei commentatori, son stato qui tentato di accettare la molto sensata congettura del Caetani che si trattasse cioè di luoghi determinati presso la Mecca, la menzione dei quali doveva contruibire a dar l'impressione di realtà al racconto della visione, e certamente dà anche a noi una più vivace impressione della sincerità del Profeta. Accettata questa versione, il versetto 16 verrebbe a significare forse, anziché, come sostengono i commentatori, " quando il loto era coperto di fioritura miracolosa d'angeli ", " quando l'albero di giuggiole era coperto dei suoi fiori o dei suoi frutti ", dando così una precisazione stagionale al tempo della visione. Testualmente " quando copriva l'albero di giuggiole quel che lo copriva ". Naturalmente, accettando tale interpretazione, cadrebbe l'identificazione generalmente accettata dall'esegesi islamica di questa visione con quella successiva al viaggio notturno di sura XVII, 1 segg. e si tratterebbe semplicemente di un'altra visione ispiratrice come la precedente.

19-20. – Note dèe del paganesimo preislamico cui già si è accennato in nota a IV, 117. Secondo alcune tradizioni, accettate con notevole onestà dalla stessa ortodossia (benché non tutti siano in questo d'accordo), a questi versetti avrebbero fatto seguito altri due che dicevano: " sono le Dèe sublimi — e l'intercession loro è augurabile certo ". *Muḥammad* avrebbe cioè in questo momento cercato un compromesso con la oligarchia meccana. Ma tali parole non erano, narra la Tradizione suddetta, che si appoggia per questo a XXII, 52 (vedi nota ivi), altro che ispirazione non di Dio ma di Satana e furono ben presto abrogate (sembra il giorno dopo), anzi poi i due " versetti satanici " scomparvero dal Corano. Fra gli studiosi europei c'è chi, come Caetani, ritiene tale tradizione non autentica e i due versetti " satanici " interpolazione, se pur poi scomparsa, posteriore a *Muḥammad*, altri che pensano che la stranezza stessa del racconto e il fatto che sia poco favorevole a *Muḥammad* ne confermi l'autenticità.

25. – Cioè questa e l'altra vita.

26. – Sul concetto di intercessione vedi nota a XX, 109.

28. – Su " congettura " contro " verità " cfr. nota a X,36.

40. – Il premio e il castigo come visibilizzata concretizzazione delle azioni. Meglio che il *karma* indiano questo concetto ricorda quello zoroastriano. Vedi nota a XXXIX, 47-48.

42. – Il modernista pakistano *Muḥammad Iqbāl*, già più volte citato, dà di questo versetto, che nell'originale sembra significare soprattutto: " a Dio tutto ritorna ", una acuta interpretazione per la quale nel teismo coranico la natura fisica è praticamente illimitata e il suo limite non sta

" nella direzione delle stelle " ma in una intima direzione metafisica, quella di Dio (*Six Lectures*, p. 183).

47. – Cioè la Resurrezione.

49. – *al-Ši'rà*, " Sirio ", è l'unica stella nominata nel Corano e nulla esclude che è a questa stella che si riferisca il v. 1. Sirio era, sembra, oggetto di culto presso gli antichi arabi ed ha grande importanza del resto anche in altre culture religiose (Egitto, ecc.).

53. – " Le Città Everse ": Sodoma e Gomorra. Il termine ricorre altre due volte nel Corano (IX, 70; LXIX, 9 ecc.), e Hirschfeld vi riconobbe un adattamento arabo dell'ebraico *mahpēkāb*, associato appunto, nell'Antico Testamento con la distruzione di Sodoma e Gomorra.

LIV. LA SURA DELLA LUNA

Secondo il Nöldeke-Schwally è la prima sura del secondo periodo meccano. Il titolo deriva dal v. 1.

NOTE

1. – Il "perfetto" arabo non indica solo il passato ma piuttosto azione certissima, anche nel futuro, e sembra da prendere qui in questo senso. La Tradizione comunque parla del "miracolo" (malgrado che altrove il Corano, ad es. XVII, 59, dichiari che *Muḥammad* non fa miracoli) clamoroso dello "spaccarsi della Luna", come segno della venuta prossima dell'Ora. (Nel qual caso comunque l'*Ora* è dai commentatori stessi considerata non nel suo senso strettamente escatologico, ma come la vittoria definitiva della nuova dispensazione. Cfr. nota a VII, 53).

6. – "Il Chiamante": l'angelo *Iṣrāfīl.*

16-17. – La frase-ritornello ricorre, dando unità all'insieme, anche ai vv. 18 (in parte), 21-22, 30, 32, 37, 39-40 (con variante). Sui popoli citati in questo contesto si vedano note a VII, 59 segg.

28. – Questa frase un po' oscura è spiegata abbastanza chiaramente dal passo parallelo in sura XXVI e precisamente dal v. 155. Alla cammella sacra spettava una porzione d'acqua come agli uomini, in giorni determinati in cui l'acqua veniva ad esser *tabu* per gli uomini.

LV. LA SURA DEL MISERICORDIOSO

Il 'Misericordioso' è nome divino che ricorre specialmente nelle sure del secondo periodo meccano, anzi è uno dei caratteri distintivi più sicuri di tali sure (vedi Introd.). Tuttavia questa sura, che Nöldeke-Schwally classifica fra quelle del primo e Grimme fra quelle del secondo periodo, può forse considerarsi come di transizione fra i due periodi. Assolutamente inaccettabile l'ipotesi di alcuni esegeti musulmani (espressa nel sottotitolo da noi riportato dall'edizione del Cairo) che ne fanno una sura addirittura medinese. La sura, il cui titolo deriva dal v. 1, *è tutta un bellissimo inno ritmato e cadenzato, il cui ritornello ricorre identico ben ventinove volte. È fra le sure più venerate del Corano ed è stata da studiosi europei avvicinata al salmo* 136, *dove un ritornello simile è più volte ripetuto.*

NOTE

13. – Nel testo il " voi negherete " è un duale e, per ragioni anche di rima, nomi duali ricorrono spesso nella sura. L'unanimità dei commentatori vi vedono una allusione ai *ǧinn* e agli uomini (vedi, v. 33), mentre nella poesia antica è documentato anche un duale con valore aumentativo.

15. – Sui *ǧinn* si veda nota a VI, 100.

17. – Oltre che a una ragione di parallelismo, il duale può qui indicare anche i due punti diversi in cui d'estate e d'inverno sorge e tramonta il sole.

19. – Sui " due mari " vedi nota a XXV, 53.

24. – La parola '*alam*, " segno ", " vessillo " è data dai lessici come significante anche montagna elevata e così in generale è tradotta e interpretata. Ho mantenuto, nella traduzione, il senso primario che mi sembrò più allusivo e suggestivo.

29. – " Ogni giorno Ei lavora a un'opera nuova ". Il Dio coranico è Dio personalmente attivissimo sempre-creante. La frase è stata sentita

da autori musulmani moderni (es. *Muḥammad Iqbāl*) come d'importanza centrale per comprendere il concetto di Dio nel Corano, e precisare quello della non definitività del Creato come dato fisso.

33. – " per Divina Potenza ", cioè " con l'aiuto di una Potenza, la Nostra, soprannaturale, che voi non possedete ", o anche " per Mia autorizzazione ". Sembra sostenersi (malgrado che sia molto pericoloso trarre conclusioni teologiche da versetti così puramente emozionali) che l'uomo acquista o può acquistare sovrumana potenza solo quando è incentrato in Dio e da Dio " autorizzato " e guidato; o anche, semplicemente: " Non potrete *mai* penetrare oltre i cieli ". (La frase si intenderebbe allora in senso di sfida).

35. – Allude probabilmente a quei *ǧinn* o uomini che vorranno penetrare oltre i cieli senza autorizzazione divina (Divina Potenza) e alla ben nota immagine che ricorre altrove (vedi XV, 18) dei dèmoni bombardati da stelle cadenti e fiamme perché non ascoltino i discorsi dei celesti.

39. – " Non verranno interrogati ", perché in quel giorno solo gli atti varranno e, come si dice a XXXVI, 65, " Ci parleranno allora le loro mani e daran testimonianza i piedi ".

46. – " Due giardini ". Generalmente si parla di " Giardino " o di " Giardini " indeterminatamente. Qui il *due* è probabilmente dovuto alla rima e al parallelismo. Il 62 segg. parla poi di altri due giardini, il che ha imbarazzato un po' i commentatori islamici. Alcuni studiosi europei ritengono trattarsi di due versioni della stessa narrazione che, al momento della formazione definitiva del testo, per rispetto verso la Parola Divina, vennero semplicemente giustapposte senza alcun tentativo di fusione o di scelta di una delle due. Personalmente non vedo, in sé, nessuna difficoltà, dato questo stile simbolico-allusivo, ad ammettere anche la versione tradizionale, pur senza voler sostenere, per spiegare " logicamente ", come vogliono i commentatori musulmani, che i secondi " due giardini " siano destinati ai meno meritevoli fra gli abitanti del Paradiso.

LVI. LA SURA DELL'ORA CHE CADE

Considerata pressoché unanimemente del primo periodo meccano. Il Bl. vi distingue tre serie di rivelazioni: 1-56; 57-74; 75-96. *Il titolo deriva dal v.* 1.

NOTE

1. – " La Cadente ". Il Participio femminile si riferisce a " Ora ", l'Ora del giudizio finale.

10. – Mentre è chiaro che " quelli della destra " sono i beati e " quelli della sinistra " sono i dannati, è ben più difficile decidere che cosa si intenda col terzo gruppo, quello dei " Precursori ", sul quale si veda la nota a IX, 100 e LVII, 10; LVII, 21 e note, dove effettivamente sembra contrassegnare i " credenti della prima ora ", che avrebbero quindi, anche in paradiso, una situazione speciale.

28. – " loto senza spina ". I botanici precisano che si tratta di *zizyphus lotus*, " giuggiolo senza spine ". L'acacia del versetto seguente è la *mimosa gummifera* dei luoghi desertici.

40. – " Molti delle moderne ". Non sembra in contraddizione col v. 14. Là infatti si parla dei " Precursori ", non di " quei della destra ".

52. – Su questo albero vedi nota a XVII, 60.

71-72. – Cfr. anche XXXVI, 80. Sembra sia stato uno speciale arbusto dallo strofinio di rami secchi del quale gli antichi arabi traevano fuoco.

78. – " L'archetipo celeste del Corano ", vedi III, 7.

79. – Prendendo alla lettera questa espressione puramente simbolica ed emozionale, e che del resto si riferisce al solo Esemplare Celeste del Testo Sacro, i canonisti pretendono che solo i musulmani in stato di purità rituale posson toccare un esemplare del Corano (sulla purità rituale e le abluzioni vedi nota a IV, 43). Di qui anche tutte le esitazioni, frequenti in paesi islamici, o almeno in certi ambienti, a dare esemplari el Libro Sacro nelle mani di non credenti.

LVII. LA SURA DEL FERRO

Alcuni commentatori islamici considerano la sura come meccana. Gli europei generalmente la considerano medinese, ma mentre ad es. Nöldeke-Schwally la pone a dopo la sconfitta di Uḥud (3 *H.*, 625), *Weil a poco dopo l'Emigrazione* (622), *Bell e Bl. vi scorgono elementi contemporanei all'emigrazione mescolati con altri anche posteriori a* Uḥud. *Il titolo deriva dal v.* 25.

NOTE

1. – Questo inizio, con solo qualche minima variante, è comune anche alle sure (medinesi) LIX, LXI, LXII e LXIV, che sono pertanto chiamate *al-musabbiḥāt* (Le Lodanti) e probabilmente formavano un *corpus* secondario (vedi Introduzione).

8. – Sul " Patto " vedi nota a XXXIII, 7.

10. – Si fa qui una discriminazione fra " credenti della prima ora " e gli altri, che può forse dar qualche luce per spiegare il termine " i Precursori " che ricorre altrove (vedi IX, 100; LVI, 10). Ma quale è la " Vittoria " cui si allude? Le opinioni di commentatori europei e orientali si possono riassumere così: *Ḥudaybiya* (anno 6 H., 628); conquista della Mecca (a. 8 H., 630); *Badr* (a. 2 H. 624). Non è escluso a mio parere che *Muḥammad* pensasse a un Successo o Vittoria definitiva sui miscredenti in un prossimo futuro, senza che per questo, in quest'epoca, l'Augurio di Vittoria debba necessariamente esser legato a un determinato fatto storico.

13. – Il tratto ricorda, sia pure solo vagamente, la parabola evangelica delle vergini folli e delle vergini stolte (Math. XXV, 1 segg.). Sulla muraglia fra Misericordia e Castigo vedi nota a XXIII, 100.

21. – " Correte a gara ", *sābiqū*. Non è escluso che, malgrado la

forma diversa, vi sia un elemento di questo "correre a gara" nel *Sābiqūn* (Predecessori) di IX, 100 e LVI, 10.

25. – Non deve stupire troppo vedere allineati come ugualmente "rivelati", "fatti scendere", libri, Bilancia (come in XLII, 17, significa "Precetti Morali e Legali" della legge religiosa; vedi anche nota ivi) e ferro. Natura e spirito, dati di fatto ed elementi che noi consideriamo frutto autonomo di attività umana (si veda ad es. il passo II, 164 e nota) sono, nell'assoluto teocentrismo coranico, alla pari, quasi appiattiti di fronte all'azione onnipotente e creante dell'unico sovrano, Iddio.

27. – Versetto interessantissimo e la cui doppia possibile interpretazione ha fatto molto discutere i commentatori sia musulmani che europei. Esso infatti, mancando in arabo ogni segno di interpunzione, oltre al modo come lo abbiam noi tradotto può anche interpretarsi: "ponemmo nei cuori di coloro che Lo seguirono mitezza e misericordia e il monachesimo che essi fondarono; Noi lo prescrivemmo loro solo perché ricercassero il compiacimento di Dio, ma essi non lo osservarono come andava osservato". Resta cioè il fatto che, per il Corano, il monachesimo cristiano, almeno così come è praticato, non è giusto. Ma mentre nella prima versione, da me accettata, il monachesimo è considerato pura invenzione umana, nella seconda (accettata nel campo islamico per lo più negli ambienti mistici e nel campo europeo anche da noti studiosi ammiratori del sufismo quali il Massignon) almeno all'inizio ne è attribuita a Dio stesso l'istituzione. Comunque l'Islàm ortodosso ha fatto sua piuttosto la prima interpretazione, rinforzata poi, nella tradizione, dal famoso detto attribuito al Profeta *lā rabbāniyyata fī 'l-islām*, "non v'è monachesimo nell'Islàm", il monachesimo dell'Islàm è la Guerra Santa (*ğihād*). Quello che mi spinge ad accettare la prima versione è soprattutto, dal punto di vista logico-sintattico, la difficoltà di combinare il "essi fondarono" col "ponemmo nei loro cuori", difficoltà sentita anche da quegli esegeti che accettano la seconda versione. Comunque su una possibile benevola attitudine iniziale di *Muḥammad* verso il sacerdozio e il monachesimo cristiano si veda il passo V, 82 e nota.

LVIII. LA SURA DELLA DISPUTA

Posteriore alla sura XXXIII, cioè posteriore al 5 H (627) *e probabilmente anche a* Ḥudaybiya. *Il titolo deriva dal v.* 1.

NOTE

1-4. – Questa rivelazione, secondo i commentatori, si riferirebbe a
ıa donna di Medina che, ripudiata dal marito con la formula del *ẓihār*
u cui vedi nota a XXXIII, 4) si appellò al Profeta, il quale respinse
ırmalmente in questa rivelazione il ripudio mediante *ẓihār*. Sui "ter-
ıini di Dio" di v. 4 vedi nota a II, 187.

7. – Il passo ricorda sia il ben noto brano evangelico (Math. XVIII,
ɔ), sia un passo dell'*Atharvaveda*. Vedi Introduzione.

8. – "Quando vengono a te ti salutano non come Dio ti saluta"
oè non usano la forma islamica di saluto, già allora in uso, *as-salām*
ılayka, "la *pace* sia su di te", ma (almeno così vuole la tradizione)
-sa'm 'alayka, "su te sia *disgrazia*". Si tratterebbe di ebrei di Medina
la deformazione sarebbe un po' qualcosa di simile a quelle rimprove-
ıte a IV, 46 (vedi nota).

11. – Altra possibile traduzione basata su una lettura lievemente
iversa (accettata dal Bl.): *quand il vous est dit: Prenez place à l'aise dans*
assemblée! Prenez place. Per "assemblea" allora si intenderebbe l'Assem-
lea o Consiglio di Stato di Medina presieduta dal Profeta.

12. – I beneficiari di questa elemosina non son designati e qualcuno ha
oluto vedervi il Profeta stesso personalmente. Secondo alcuni commen-
ıtori poi il versetto sarebbe abrogato da quello immediatamente sus-
eguente; citiamo questa opinione solo per mostrare con quanta singo-
ıre disinvoltura i commentatori applichino il principio del *nāsiḫ wa 'l*
ıansūḫ, su cui si veda nota a II, 106.

14. – Qui " coloro contro cui Dio è adirato " (cfr. I, 7) sembra designare, secondo tutti i commentatori, gli ebrei di Medina. Si tratterebbe di segreti conciliaboli fra alcuni " ipocriti " e la tribù ebrea dei *Banū Naḍīr*, verso il 625-626 (3-4 H.).

LIX. LA SURA DEL BANDO

Questa sura medinese è unanimemente collegata dai commentatori islamici alla sconfitta e al bando della tribù ebrea medinese dei banū Naḍīr, *che possedevano ricchi palmeti e ben muniti fortilizi a una mezza giornata da Medina. Dapprima ostili agli emigrati meccani, i* banū Naḍīr *avevano poi stretto un patto di alleanza con* Muḥammad *giungendo, pare, fino a riconoscerlo come profeta, dopo il successo di* Badr (2 *H.*, 624). *Ma dopo lo scacco di* Uḥud (3 *H.*, 625) *istigati anche dagli "ipocriti" passarono al nemico. Nel* 4 *H.* (626), Muḥammad *li assediò nei loro fortilizi e dopo sei mesi li sconfisse, confiscandone tutti i beni. I* banū Naḍīr *si ritirarono in massima parte nell'oasi di* Ḫaybar, *al nord di Medina, dove furono poi sconfitti nel* 7 *H.* (628). *Il titolo della sura deriva dal v.* 2.

NOTE

1. – Su questo esordio vedi nota a LVII, 1.

2. – "Al primo Bando". L'esegesi musulmana dà varie interpretazioni a questa espressione piuttosto oscura. L'opinione più frequente è che si tratti dell'espulsione dei *banū Naḍīr* nell'agosto 625 per ordine del Profeta che permise loro tuttavia di portarsi via i beni mobili e di tornare ogni anno per la raccolta dei datteri. Il Bl., seguendo una opinione meno diffusa ma presente anche fra gli esegeti islamici interpreta: *en prélude a leur rassemblement* (*pour le Jugement Dernier*). "Con le proprie mani": si riferisce a un episodio dell'assedio dei fortilizi dei *banū Naḍīr*.

5. – Fu soprattutto quando i musulmani cominciarono a tagliare spietatamente i loro preziosi palmizi che i *banū Naḍīr* si decisero alla resa.

6. – Sembra accenno al fatto che, eccezionalmente, *Muḥammad* ordinò che il bottino fosse diviso fra i soli *muhāğirūn* (emigrati musulmani dalla Mecca) e non fra gli *anṣār* (musulmani "ausiliari", medinesi). Sulla

divisione del bottino e sulle varie specie di bottino vedi nota a VIII, 1. Qui si tratterebbe di *fay'*, beni immobili non direttamente conquistati in combattimento con le armi in pugno.

Il " voi " di cui qui si parla sarebbero gli *anṣār* che, secondo la tradizione, non avrebbero partecipato alla spedizione.

8. – Questo versetto sembra piuttosto riferirsi al v. 6, mentre il 7 quasi certamente non si riferisce alla spedizione contro i *banū Naḍīr* (poiché vi si parla di "gente delle città", cioè degli ebrei delle "città", i cui beni furon confiscati nella spedizione del 630) bensì è una conferma di VIII, 41.

9. – Versetto che sembra rivelato per calmare qualche risentimento degli *anṣār* verso i *muhāǧirūn* più fortunati nella divisione del bottino.

24. – Sui " Nomi Bellissimi " o " Più Belli " di cui qui v'è un buon elenco, vedi nota a XVII, 110.

LX. LA SURA DELL'ESAMINATA

Posteriore, almeno in parte, alla tregua di Ḥudaybiya, *e pel resto probabilmente ancor più tarda. Il titolo deriva dal v.* 10.

NOTE

4. – " Ma non prendete ad esempio il dire di Abramo....". Vedi anche IX, 114. Per l'inimicizia fra credenti e miscredenti cfr. nota a V, 51, e qui sotto vv. 8-9.

8-9. – Questi versetti, più che una attenuazione, sono una precisazione dei precedenti e sembra distinguano fra amicizia personale fra credenti e non credenti " tranquilli ", ammessa, e rapporto giuridico di affiliazione e alleanza, proibito.

10. – I casi contemplati in questo versetto sono legati a condizioni posteriori alla tregua di *Ḥudaybiya*.

12. – " Vengano a te ", sottintendi " fuggendo dalla Mecca ", " fra le loro mani e i loro piedi " resta frase incomprensibile ai commentatori stessi. Alcuni fra i più autorevoli chiosano " a non avere figli illegittimi " intendendo in altro senso quel che abbiam tradotto " calunnia " (piuttosto " infamia ").

13. – Gente contro la quale Dio è adirato: probabilmente ebrei medinesi, v. nota a I, 7 e LVIII, 14.

LXI. LA SURA DEI RANGHI SERRATI

Comprende rivelazioni medinesi di datazione piuttosto incerta. Il titolo deriva dal v. 4.

NOTE

1. – Su questo esordio vedi nota a LVII, 1.

6. – Sulla cristologia coranica si vedano i passi elencati in Indice Analitico s. v. Gesù Cristo e rispettive note. Cfr. sulle predizioni di *Muḥammad* nelle Scritture giudeo-cristiane, nota a VII, 157. Questo passo è importante perché si stabilisce che *Muḥammad* (qui chiamato *Aḥmad*, nome della stessa radice, *ḥ-m-d*, che significa, come *Muḥammad*, " lodato ", " lodatissimo ") era esplicitamente previsto nel Vangelo. A quale passo, però, ci si riferirebbe? In generale i polemisti musulmani sostengono che si tratta di Joh. XIV, 16 e XVI, 7 dove la parola παράκλητος, Consolatore, sarebbe stata sostituita a un più originale περικλυτός, che appunto significa, più o meno, *Aḥmad*. Molti dei commentatori moderni tuttavia ammettono la profezia di *Muḥammad* in quei passi senza presupporre necessariamente la corruzione del testo.

10. – Sulle frequenti metafore commerciali nel Corano si veda la nota a IX, 112.

14. – "Ausiliari miei verso Dio ": stessa idea in III, 52.

XLII. LA SURA DELL'ADUNANZA

Questa breve sura, unanimemente considerata medinese, è da alcuni datata a verso la fine del 5 H. Weil vi vede elementi simili ad alcuni della sura II. Il titolo deriva dal v. 9.

NOTE

1. – Sull'esordio vedi nota a LVII, 1.

2. – Sul termine " gentili ", *ummiyyīn*, vedi nota a II, 78.

5. – " L'asino che porta libri ". È calco di una identica espressione ebraica.

6. – Il ragionamento (" auguratevi allora la morte! ") a prima vista piuttosto strano, è spiegato dall'analogo passo in II, 94 e ricorre abbastanza spesso nel Corano. Cioè " se credete che per voi ci sono in riserva con matematica sicurezza posti in cielo ad esclusione di tutti gli altri, dovreste augurarvi di morire subito e andare ad occuparli ".

9. – " Il Giorno dell'Adunanza " è, nell'arabo posteriore, il *Venerdì*, giorno in cui, secondo questa prescrizione coranica, la Preghiera (sarà la preghiera detta del *ẓuhr*, mezzogiorno) ha da farsi in comune nella moschea. Il venerdì è solo recentemente, per imitazione della domenica europea, giorno festivo nei paesi musulmani (esclusa la Turchia che ha per giorno festivo la domenica): il Corano dice esplicitamente che, finita la Preghiera, ognuno ritorna al suo lavoro. (" cercare d'ottener grazia di Dio " del v. 10 è, come altrove s'è fatto notare, termine tecnico per " lavorare ").

LXIII. LA SURA DEGLI IPOCRITI

Nöldeke-Schwally data questa sura alla spedizione di Muḥammad *contro i beduini* banū Muṣṭaliq (626, 4 *H.*). *Il titolo deriva dal v.* 1. *Sul termine "Ipocriti" che tanto spesso ricorre nelle sure medinesi si veda Introduzione.*

NOTE

8. – "I più potenti" sono i miscredenti.

LXIV. LA SURA DEL RECIPROCO INGANNO

Non tutti i commentatori islamici son d'accordo nel considerare medinese questa sura, poiché molti la assegnano alle rivelazioni meccane. Nöldeke-Schwally, pur ammettendone il tono generale meccano, finiscono, ~~dato il~~ sapore medinese dei versetti finali, per classificarla fra le prime medinesi. Sembrerebbe in ogni caso anteriore alla rottura con gli ebrei di Medina e di fondo quasi certamente meccano. Il titolo deriva dal v. 9.

NOTE

1. – Sull'esordio vedi nota a LVII, 1.

9. – " Il Giorno della Gran Raunanza ". Così è chiamato il dì del Giudizio solo qui e a XLII, 7. " Reciproco inganno ": nel senso, spiegano i commentatori, che i miscredenti credevano di aver giocato i credenti, godendo della vita terrena, mentre nel dì del Giudizio saranno i credenti ad averla fatta ai miscredenti. Riallaccerei anche il " reciproco inganno " alle discussioni e reciproci rimproveri fra deboli e potenti che si rinfacciano il loro tradimento in passi come XXXIV, 31-33.

LXV. LA SURA DEL DIVORZIO

Il Bl. divide la sura in due parti, la prima (vv. 1-7) unanimemente considerata complemento alle disposizioni della sura II, 226 segg., la seconda (8-12) di tono piuttosto meccano e attribuita da Bell ad epoca ancor vicina all'Emigrazione. Il titolo deriva dal v. 1.

NOTE

1. – Periodo d'attesa, *'idda*. È il periodo di tre mestruazioni di cui a II, 228. Sui "termini di Dio" vedi nota a II, 187.

7. – "Iddio non obbliga nessuno....". Si potrebbe chiamare, questa frase, il riassunto e l'essenza di tutta la morale coranica. Su cui si veda anche nota a VII, 31.

12. – Versetto importante per la definizione dello sfuggente termine di "Ordine", *amr*, qui quasi personalizzato o materializzato (forse l'angelo che lo porta?). Vedi comunque nota a VII, 54.

LXVI. LA SURA DELLA DICHIARAZIONE D'ILLICEITÀ

Formata, secondo i commentatori europei, di elementi eterogenei, tutti medinesi, ma difficilmente databili. La tradizione, ma non all'unanimità in quanto importanti autori non ne sanno nulla, riferisce i primi versetti della sura (che verrebbero così a esser datati a verso il 7 H., 629) ad un giuramento di Muḥammad *alla moglie* Ḥafṣa, *gelosa della schiava copta Maria inviata a* Muḥammad *dal "governatore"* (muqauqis, *termine di incerto senso*) *d'Egitto, di separarsi da lei.* Ḥafṣa *aveva parlato, malgrado la promessa del segreto, all'altra sposa del Profeta,* 'Ā'iša, *della cosa. Questa rivelazione viene così a sciogliere* Muḥammad *dal suo giuramento ad* Ḥafṣa. *Il titolo deriva dal v. 1.*

NOTE

2. – Cfr. V, 89. Se qui il testo si riferisce, cosa che non è sicura, a quel passo, se ne deduce che questi versetti iniziali sarebbero posteriori alla sura V.

3. – "ne la informò": cioè informò *'Ā'iša* che egli sapeva che il suo segreto era stato divulgato.

8. – "Correrà la loro luce....": identico tratto in LVII, 12.

10. – Mentre la Bibbia parla di una infedeltà della moglie di Lot, non fa cenno alcuno della infedeltà della moglie di Noè.

11. – Infatti secondo XXVIII, 9 la moglie di Faraone (che i commentatori chiamano *Āsiya* dando su di lei vari particolari più o meno leggendari) allevò e salvò Mosè.

12. – Si tratta della madre di Gesù. Sul termine "figlia di *'Imrān*" vedi nota a III, 33. Cfr. anche XIX, 17.

LXVII. LA SURA DEL REGNO

La sura, che ha anche altri titoli più rari (Sia benedetto, *dal v.* 1, *ecc.*), *è attribuita dal Nöldeke-Schwally al secondo periodo meccano. Il titolo attuale deriva dal v.* 1.

NOTE

1. – "il Regno": cfr. II, 102, XXXVIII, 35, ecc.

5. – Su questo passo vedi nota a XV, 18.

7-8. – Qui la gehenna sembra immaginata come qualcosa di mobile e di agitantesi, quasi immenso mostro che ingoia i peccatori; cfr. nota a XXV, 12.

LXVIII. LA SURA DEL CALAMO

Detta anche La sura del Nūn *dal nome della lettera iniziale isolata del primo versetto (v. sure XX, XXXVI, XXXVIII, L). I commentatori musulmani la considerano in genere la seconda sura rivelata a Mecca, dopo la XCVI. Nöldeke-Schwally anche la considera come del primo periodo meccano, almeno in parte. Il Bl. vi distingue tre gruppi di rivelazioni*: 1-16; 17-34; 35-52.

Il nome deriva dal v. 1.

NOTE

10. – I vv. 10 segg. o anche 8 segg. sono riferiti dai commentatori islamici al ricco idolatra meccano *al-Walīd ibn al-Muġīra* cui anche si riferirebbero le dure parole di LXXIV, 11 segg. La profezia del "marchio sul naso" si sarebbe avverata, secondo i commentatori, perché a *Badr* egli fu ferito al naso.

18. – Cioè senza dire *in šā'a 'llah* (vedi nota a XVIII, 23-24), "se Dio vuole". Su una simile espressione in simile contesto si veda XVIII, 39. La parabola sembra derivata da un racconto siriaco ed è molto simile a quella narrata a XVIII, 32 segg. *del* padrone di *due* giardini.

42. – "sarà denudata una coscia". I commentatori spiegano in generale "giorno di grande ira divina" o "calamità". Bl. intende: *ou l'on se disposera à l'action devant le danger.*

48. – "Quello del Pesce" è Giona.

52. – Vedi nota a LXXXI, 27.

LXIX. LA SURA DELL'INEVITABILE

Mentre Nöldeke-Schwally pongono questa sura fra le ultime del primo periodo meccano, altri (Grimme, Bell) ne fanno una sura più tarda. Il Bl. la divide in due parti: 1-37 *e* 38-52. *Il titolo deriva dal v.* 1.

NOTE

3. – " e come saprai mai ". Espressione che d'ora in poi ricorre spesso (dodici volte) nelle antiche sure del Corano. Tradotta letteralmente l'espressione significa: " che cosa ti farà comprendere che cosa è...." e introduce spiegazioni di termini misteriosi ed allusivi frequenti nelle parti più antiche del Corano.

4. – Su questi popoli vedi note a VII, 65 segg. " La Percotente " (sottint. " Ora ") è l'Ora del Giudizio e della Fine così chiamata anche alla sura CI.

9. – " Le Città Everse ": Sodoma e Gomorra; vedi nota a LIII, 53.

15. – " La Cadente " (sottinteso " l'Ora ") altro termine per la Fine del Mondo, è anche titolo della sura LVI.

17. – Su questi otto angeli i commentatori usano dare ulteriori fantasiosi particolari e alcuni parlano anzi di *ottomila* angeli.

22-23. – Ho cercato di mantenere l'antitesi laconica del testo. " Frutti bassi " significa frutti a portata di mano.

LXX. LA SURA DELLE SCALE

Chiamata anche Sura di Colui che Chiede *dal v. 1. Del primo periodo meccano. Il titolo presente deriva dal v. 3.*

NOTE

3. – " Il signor delle scale ", o " dei gradi " o " gradini ". Cfr. nota a XL, 15.

4. – Cfr. nota a XXXII, 5.

43. – Il Bl. preferisce intendere anziché genericamente " verso un vessillo " " *vers des bétyles* ". Ci si riferirebbe in tal caso a visite a corsa (residui delle quali son conservati nei riti del pellegrinaggio) a pietre sacre idolatriche.

LXXI. LA SURA DI NOÈ

Generalmente attribuita dai commentatori europei al secondo periodo meccano. Il titolo è tratto dal v. 1.

NOTE

1. – Su ulteriori ripetizioni e varianti della storia di Noè vedi Indice Analitico. Qui si accentua più che altro il contenuto morale-edificante della predicazione di Noè, anziché la sua avventura nel diluvio.

14. – I commentatori modernisti vi vedono un annuncio della teoria della evoluzione (vedi comunque nota a XXI, 30). Sembra cenno o agli stadi della vita intrauterina o agli stadi della vita umana.

23. – Con, del resto perdonabile, anacronismo didattico, son trasportati all'epoca di Noè i nomi di famosi idoli del paganesimo arabo preislamico, specialmente sudarabico. Infatti *Wadd* (letteralm. "Affetto" "Amore") era una divinità tribale dei *banū Kalb* con santuario a *Dūmat al-Ǧandal*. È divinità lunare maschile originaria dell'Arabia meridionale. *Suwā'* era una divinità invece femminile, anch'essa probabilmente di origine sudarabica, con santuario presso la tribù dei *banū Huḏayl* a *Ruhāt*, non lungi dalla Mecca.

Yaġūṯ (letteralm. "Egli soccorre") era idolo, secondo alcuni, della tribù meridionale dei *Murād* (Yemenita). *Ya'ūq* ("Egli difende") era divinità, sembra, della tribù yemenita dei *Hamdān*; *Nasr*, "l'Aquila", è anche idolo adorato all'epoca di *Muḥammad* nello Yemen. Sulle altre importanti dèe meccane si veda nota a IV, 117.

LXXII. LA SURA DEI ǦINN

Secondo il Nöldeke-Schwally, del secondo periodo meccano. Se si accettano i lati della tradizione relativi alla predicazione di Muḥammad *ai* ǧinn *al ritorno dallo sfortunato tentativo di propaganda a* Ṭā'if (*cfr. XLVI*, 29 *segg.*) *la data sarebbe all'incirca il* 620. *Il Bl. vi distingue due parti*: 1-15 (*relativa alla predicazione ai* ǧinn) *e* 16-28. *Il titolo deriva dal v.* 1.

NOTE

1 segg. – Si tratterebbe dello stesso episodio di cui parla XLVI, 29 segg.

6. – Questo " rifugiarsi " può bene intendersi, come fra altri commentatori fa *Zamaḫšarī*, in senso di " preghiera e invocazione di protezione ". Si dice che gli arabi pagani, quando li coglieva la sera in qualche *wādī* deserto, pronunciassero una formula come " chiedo rifugio nel Signore di questa valle (il Capo dei *ǧinn* locali) contro gli sciocchi del suo popolo ".

8-9. – Su questo concetto spesso ricorrente vedi nota a XV, 18.

14. – Importante per la conoscenza delle credenze sui *ǧinn* all'epoca del Profeta. V'erano dunque *ǧinn* buoni e *ǧinn* cattivi, *ǧinn* musulmani e *ǧinn* miscredenti. Vedi, sui *ǧinn*, nota a VI, 100.

18. – " I Templi ". I commentatori musulmani espongono parecchie divergenti interpretazioni, da quella per cui " i Templi " sarebbero l'intera terra " Tempio del Profeta ", fino a quella di " moschee " o " atti rituali di prostrazione " o " il Tempio Sacro " della Mecca.

19. – La maggioranza ma non tutti i commentatori interpretano *essi* come i *ǧinn*. Si potrebbe trattare anche in generale di un accenno alla feroce opposizione incontrata all'inizio della sua predicazione antiidolatrica da *Muḥammad* e in tal caso " essi " si riferirebbe a " idolatri ".

27. – Generalmente i commentatori intendono qui con "Messaggero" il Profeta. Ma il fatto che poco prima (v. 25) *Muḥammad* nega di sé la scienza dell'Ora, che attribuisce a questo "Profeta" speciale, se ne dovrebbe dedurre, o che si tratti qui di Messaggero nel senso di "angelo" o arcangelo, o (secondo interpretazioni più o meno eterodosse) di qualche Profeta passato o futuro diverso da *Muḥammad* e quasi a lui superiore.

LXXIII. LA SURA DELL'AVVOLTO NEL MANTO

Molto antica, e forse contemporanea ai primi versetti della sura LXXIV, è la prima parte della sura (1-4). *Più recente la seconda parte, anch'essa tuttavia del primo periodo meccano* (5-19), *mentre il versetto* 20 *è considerato da tutti i commentatori, anche musulmani, come medinese. Il titolo deriva dal v.* 1.

NOTE

1. – Vedi anche LXXIV, 1. Si tratta del Profeta in stato di estasi. La tradizione, che sembra in questo piuttosto attendibile, narra che al momento in cui il Profeta riceveva le rivelazioni, specialmente le prime, tremava tutto e sudava, era preso da brividi e chiedeva d'esser coperto da un mantello; e restava così per vari minuti a gemere e ad ansimare "come una cammella che sta per partorire" come si esprimono con plastica evidenza i racconti tradizionali.

2-7. – Sembra trattarsi qui di disposizioni speciali al Profeta sulla sua recitazione del Corano, e in questo senso il brano ha un notevole valore per la comprensione del meccanismo della sua ispirazione (è meglio disporvisi la notte perché allora le idee sono più chiare e più facilmente si trovano le parole adatte). I commentatori riferiscono il passo piuttosto alla preghiera notturna che, come è noto, aveva grande importanza nei primi tempi della carriera profetica di *Muḥammad*: si veda anche XI, 114; LI, 17 e note.

20. – Questo lunghissimo versetto medinese attenua un po' la durezza delle preghiere notturne che, come si disse, nell'Islàm attuale, non sono altro che raccomandabili opere supererogatorie. Sulla storia della preghiera canonica si veda XI, 114 e nota.

LXXIV. LA SURA DELL'AVVOLTO NEL MANTELLO

Il senso del titolo è più o meno identico a quello della sura precedente: la piccola variante del termine italiano non serve che a distinguere le due sure. Quasi unanimemente la tradizione considera i primi sette versetti di questa sura come il secondo brano rivelato del libro sacro dopo il XCVI, 1-5. *Fra il XCVI,* 1-5 *e questo brano vi sarebbe stato un periodo di tempo abbastanza lungo, un intervallo,* fatra, *durante il quale* Muḥammad, *disperato, avrebbe fin tentato di suicidarsi. Questi versetti quindi verrebbero ad esser i primi della rivelazione* ininterrotta *del Corano. In realtà molte tradizioni vi vedono la* prima *rivelazione, e la teoria suddetta sembra fatta per metter d'accordo le due versioni. I vv. seguenti sarebbero di non molto posteriori, mentre il lungo v.* 31 *sarebbe medinese e databile al* 623-624 *circa. Il titolo deriva dal v.* 1.

NOTE

6. – " Non esser generoso ", cioè in questo senso: " non rinfacciare la tua generosità (a Dio e agli uomini), con la speranza di ottenere mercede ".

11 segg. – Questi versetti si riferirebbero al ricco idolatra meccano *al-Walīd ibn al-Muġīra* come LXVIII, 10.

31. – Lungo versetto, probabilmente aggiunta e chiosa posteriore molto interessante perché ancora una volta vi si accenna a un significato allegorico di certe espressioni che sono una " tentazione " per chi voglia prenderle alla lettera. La stessa espressione " tentazione " in contesto simile si ritrova in XXXVII, 63, vedi anche nota a XVIII, 22. Si tratta di diciannove angeli custodi dell'Inferno sui quali i commentatori, malgrado l'ammonizione coranica, si sono ampiamente sbizzarriti in precisazioni e descrizioni fantastiche.

35. – " Esso " cioè l'Inferno o Forno d'Inferno, di cui sopra.

LXXV. LA SURA DELLA RESURREZIONE

Del primo periodo meccano. Il titolo deriva dal v. 1. *Il Bl. vi distingue i tre gruppi di vv.* 1-15; 16-19; 20-40.

NOTE

2. – " L'anima biasimatrice ". Uno degli stadi dello sviluppo spirituale dell'anima, su cui si veda nota a XII, 53.

5. – " viver da libertino ". Accetto l'interpretazione del Bl. L'interpretazione: " negare quel che è a lui dinanzi " nel senso di " il suo futuro ", mi sembra inaccettabile, anche perché il futuro è per lo più nel Corano, e in genere in molte lingue semitiche, sentito come " qualcosa che è *dietro* ". Cfr. nota a XXXVI, 45.

16-19. – È questo un passo di grande interesse dal quale si deduce: 1) che *Muḥammad* talvolta anticipava nell'estasi mistica, le parole sacre (da mettere forse anche in relazione con il fatto di cui a LIII, 19 segg.); 2) che non solo l'idea generale del Testo Sacro è, più o meno vagamente, ispirata da Dio, ma addirittura tutti i passaggi intermedi, dalla prima ispirazione, alla traduzione di questa in parole intelligibili sono opera obbiettiva e diretta di Dio; 3) che non solo la lettera del testo, ma anche la sua *interpretazione* deve essere autorizzata da Dio: su questo si basa tutto il concetto sciita per il quale solo l'*imām*, il discendente autorizzato divinamente del Profeta, ha diritto di spiegare autorevolmente il Corano, e quello di certe tendenze eterodosse poi formatesi in religione nuova (*Bābismo-Bahā'ismo* ad es.) per cui il nuovo Profeta sarà quello che porterà la " vera " vivente interpretazione (il *Bayān* del testo è anche il titolo del libro sacro del babismo) del Corano. Cfr. la nota tradizione attribuita al Profeta: " Chiunque parla del Corano facendo uso di sue opinioni, anche se coglie nel vero, sbaglia ". Il termine " raccoglierlo " del

v. 17 non deve interpretarsi nel senso che l'attuale raccolta delle sure così come sono abbia valore divino (come alcuni esegeti islamici ritengono) bensì nel senso di "raccoglierlo nel tuo cuore" (cfr. il nostro "raccoglimento" della mente ecc.). Tanto è vero che recitarlo *segue* il raccoglierlo. L'*a noi spetta spiegarlo* è naturalmente interpretato dall'ortodossia come riferentesi a occasionali spiegazioni di Dio al profeta *Muḥammad* di passi che potevan riuscirgli oscuri. È comunque da tener presente che *bayān* può qui significare anche solo traduzione in parole di un messaggio estatico, anziché "spiegazione" nel senso di interpretazione.

27. – Cioè: "chi è il mago sia pur potente che possa ricondurre, ora, l'anima nel corpo?".

LXXVI. LA SURA DELL'UOMO

Altro titolo Sura del Tempo (dahr, *anche* "*destino*") *dal contesto* (*la sura non contiene tale parola*). *Malgrado una tradizione molto diffusa che sostiene che questa sura sarebbe stata rivelata dopo una malattia di due nipoti di* Muḥammad, *e quindi medinese, lo stile e il contenuto hanno portato unanimemente i dotti europei a considerarla meccana, Nöldeke-Schwally e Grimme del secondo, e Bl. addirittura del primo periodo meccano. Il titolo deriva dal v.* 1. *Bl. vi distingue due gruppi di rivelazioni*: 1-22; 23-31.

NOTE

1. – Il senso più ovvio sembra che Iddio "menziona" l'uomo cioè lo tiene presente, ne ha cura, fin dal primissimo momento del suo formarsi nell'utero materno (vedi del resto vv. seguenti). Naturalmente è facile anche trarre dal versetto (ed è stato fatto dai mistici) deduzioni su una creazione *ab aeterno* dell'Uomo (*adam qedmōn* della tradizione giudaica) ecc.

5. – "Canfora" secondo alcuni commentatori sarebbe nome *proprio* di una fonte del Paradiso.

16. – "Cristallo d'argento". Espressione che può parer strana solo a chi non ha il gusto della poesia e ritenga questi testi "sacri" trattati di logica. Superflua è anche la spiegazione dei commentatori: "cristallo chiaro come l'argento" o, più profondamente, "*creato d'argento*, benché cristallo", dato che Dio è onnipotente.

18. – *Salsabīl*. Il senso della parola, di etimologia non perfettamente certa, è "liscio, scorrevole, piacevole a deglutirsi, dolce". Ricorre una sola volta nel Corano.

20. – "Regno". Non si dimentichi che a "Regno" coranico bisogna dare sempre una sfumatura di sacrale potenza o "maestà sacra".

23. – Ancora un cenno sulla frammentarietà della rivelazione coranica su cui si veda anche XVII, 106; XXV, 32 ecc.

25-26. – Sulla storia della preghiera canonica e sulla preghiera notturna si vedano note a LXXIII, 2-4; XI, 114; LI, 17.

LXXVII. LA SURA DEGLI ESSERI LANCIATI

Sura certamente del primo periodo meccano, resa molto unitaria dal ritornello ripetuto ai vv. 15, 19, 24, 28, 34, 37, 40, 45, 47, 48. *Il Bl., data l'alternanza semi-regolare di tali ritornelli, vi vorrebbe vedere una forma strofica. Il titolo deriva dal v.* 1.

NOTE

1. – Questi " esseri " menzionati qui come anche agli inizi di molte altre sure del primo periodo meccano si prestano a varie interpretazioni e fanno naturalmente la gioia degli allegoristi. Generalmente la tradizione più ortodossa li intende come angeli, benché non si escludano nubi cariche di pioggia, venti ecc.

6. – La parentesi sembra apposizione di " moniti " del versetto precedente.

29. – " Quella Cosa ": l'Inferno e il castigo minacciato.

33. – Vivace immagine che alcuni commentatori si sforzano di svirilizzare vedendovi un derivato della radice *ǧ-m-l* nel senso di *masse* o *massi*.

LXXVIII. LA SURA DELL'ANNUNCIO

Per la maggior parte degli esegeti è del primo periodo meccano (sebbene a torto il Bell vi veda addirittura anche brani medinesi). I vv. 37-40 sembrano però più tardi, quasi certamente del secondo periodo meccano, dato l'uso, tipico di quel periodo, di Raḥmān, *" il Misericordioso ", come nome proprio di Dio. Il titolo deriva dal v. 2.*

NOTE

2. – " L'Annuncio " è l'annuncio della Resurrezione.

38. – Su " Spirito ", che qui sembra designare chiaramente Gabriele, si veda la nota a XVI, 2. Il passo può essere importante per il concetto di " intercessione " *šafā 'a* (vedi nota a XX, 109), benché il " parlarGli " possa anche esser preso in senso generico.

LXXIX. LA SURA DEGLI ESSERI STRAPPANTI

Del primo periodo meccano. Bl. vi distingue i seguenti brani: 1-14; 15-26; 27-46. *Il titolo deriva dal v.* 1.

NOTE

1 segg. – Generalmente sono interpretati, questi esseri, come angeli. Talvolta anche come " cammelle " o altre cavalcature.

7. – La tradizione parla di *due* successivi squilli di Tromba. Su tutti questi particolari escatologici come son considerati da una notevole mente " ortodossa " come *al-Ġazzālī* si veda la sua opera *ad-Durra al-Fāḫira*, testo e traduz. GAUTIER, Paris, 1878.

15 segg. – È una delle prime storie di Mosè nel Corano, che è interessante confrontare stilisticamente con le innumerevoli che seguiranno (vedi Indice Analitico). Si noti lo stile rapido e nervoso, molto bello, di queste prime narrazioni.

16. – Su *Ṭuwà* vedi nota a XX, 12.

34. – " Catastrofe " *ṭāmma*. Da una radice che implica " traboccare " (d'acque). Curioso l'uso del plurale di questo termine nel linguaggio della poesia lirico-mistica persiana (anche in *Ḥāfiẓ*) *ṭāmmāt* o *ṭāmāt* nel senso di " chiacchiere vane ".

LXXX. LA SURA "S'ACCIGLIÒ"

Gli studiosi europei considerano la sura molto antica (primo periodo meccano) ma frammentaria. Il Bl. vi distingue tre brani: 1-10; 11-16; 17-42. *Il titolo deriva dalla prima parola del v.* 1.

NOTE

1-10. – La tradizione unanime narra di un povero cieco della Mecca che venne dal Profeta a fargli domande sulla nuova religione mentre questi si stava intrattenendo con ricchi notabili della città, che avrebbe desiderato convertire. *Muḥammad* non fece attenzione al cieco e, alle sue insistenti domande, gli volse le spalle irritato per la sua inopportunità. Questo brano è un rimprovero di Dio per tale contegno del Profeta. Veramente commovente nella sua sincerità, è prova evidente che il Profeta riteneva se stesso un mortale passibile di peccare come tutti gli altri (vedi nota a IV, 79). La tradizione conosce anche il nome del cieco, *'Abd Allāh ibn Šurayḥ* detto anche *Ibn Umm Maktūm*.

LXXXI. LA SURA DELL'AVVOLGIMENTO

Del primo periodo meccano. Il titolo deriva dal v. 1.

NOTE

1. – " ravvolto " da tenebre. Non è un caso che la ritmica potenza di questi versetti iniziali, descrittori del Dì della Fine, abbia attratto un grande poeta, il persiano *'Omar Ḫayyām* (o un suo imitatore) a inserirli in una sua bella quartina (L dell'ed., con trad., del NICOLAS, Paris, 1867) la quale contiene il v. 9 di questa sura e i vv. 1-2 della sura seguente (LXXXII).

8. – Sul barbarico uso, più volte rimproverato nel Corano, degli arabi preislamici di seppellir vivi i neonati di sesso femminile, si veda nota a VI, 137.

10. – Le " pagine " o meglio i " rotoli " di volume in cui son scritte le azioni dell'uomo.

20. – Il Messaggero sarebbe qui l'angelo Gabriele. " Potente di Forze " è chiamato anche a sura LIII, 5.

23. – Questa visione si riferisce alle prime rivelazioni ricevute da *Muḥammad*. Sulle visioni di *Muḥammad* vedi note a XVII, 1, 60; LIII, 1-18 e Introduzione.

24. – Il soggetto della frase è, per alcuni commentatori, *Muḥammad*, per altri Gabriele.

25. – " lapidati " (che del resto può intendersi anche genericamente come " maledetti ") son chiamati i dèmoni per quel che si è detto a XV, 18 (vedi nota ivi).

27. – " a tutto il creato ". A meno che non si voglia dare al termine o all'espressione un senso attenuato, tipo il francese *tout le monde*, bisognerebbe dedurne che, fin dalle più antiche sure, *Muḥammad* avesse avuto

il senso della universalità della sua rivelazione, cosa che molti orientalisti occidentali voglion negare. La stessa dichiarazione ricorre a LXVIII, 52 (sura anch'essa meccana) anzi, in questa forma perentoria, è tipica piuttosto delle sure meccane che medinesi, cioè del tempo in cui *Muḥammad* non intravedeva nessuna sostanziale differenza fra il suo Mònito e quello delle altre grandi religioni monoteistiche. Il che spiega molto bene l'apparente stranezza di questa ecumenicità all'inizio, piuttosto che nel periodo più tardo della sua predicazione. Il suo Mònito era " per tutto il Creato " proprio perché non intendeva dire nulla di diverso dagli altri rivelatori.

LXXXII. LA SURA DELLO SPACCAMENTO

Del primo periodo meccano. I vv. 6-19 (e specialmente il 19) sembrano leggermente più tardi dei primi cinque. Il titolo deriva dal v. 1.

NOTE

1 segg. – Vedi nota a LXXXI, 1.

3. – Si tratta probabilmente dell'improvviso crollo di quella barriera tra i "due mari" di cui si parla a XXV, 53.

10. – Si tratta di angeli che registrano le azioni umane. Più che "angeli custodi" (dal male) come nella tradizione cristiana, si tratta di angeli "sorveglianti" imparzialmente le azioni umane. Vedi anche VI, 61 e LXXXVI, 4.

19. – Sullo sfuggevole senso di "Ordine", si veda nota a VII, 54.

LXXXIII. LA SURA DEI FRODATORI

Malgrado l'opinione di molti esegeti musulmani, espressa dal sottotitolo, i più autorevoli interpreti europei pongono anche questa sura al primo periodo meccano. Il titolo deriva dal v. 1.

NOTE

7. – *Siǧǧīn*. Come dimostra il contesto, la parola appariva strana anche ai contemporanei di *Muḥammad*. In ogni caso i commentatori musulmani la considerano un nome *proprio*, ma le interpretazioni variano da quelle che implicano designazione di " località " (una roccia, o la dimora di Satana ecc.) a quelle di un " libro " o rotolo dove son scritte le azioni umane malvage. Il primo tipo di interpretazione è quello dei commentatori più antichi (anche del X sec. E. V.) e presuppone una " interpunzione " che porterebbe a una versione: " il libro delle azioni degli empi sarà, nel *Siǧǧīn*, (ma come saprai nai cos'è il *Siǧǧīn?*) una scrittura vergata ".

18. – Per *'Illiyyīn*, valgono le stesse osservazioni che sopra abbiam fatto per *Siǧǧīn*. Etimologicamente è lo stesso che ebr. *'ēlyōn* " (Iddio) Altissimo ". Qui forse piuttosto " Luogo Supremo " (del Paradiso).

21. – Traduco così (" Cherubini "), per la uguale radice del termine ebraico da cui il nostro deriva, la parola *muqarrabīn*, letteralm. " gli avvicinati " (a Dio) (angeli).

27. – *Tasnīm*. Nome di un'altra sorgente del Paradiso. Etimologicamente sembra significare " zampillo alto " o " acqua che cade dall'alto " e che irrigherebbe le zone più alte (appunto *'Illiyyīn*) del Paradiso.

LXXXIV. LA SURA DELLO SPACCARSI DEL CIELO

Del primo periodo meccano. Il v. 25 è comunque ritenuto dagli orientalisti una aggiunta posteriore. Il titolo deriva dal v. 1.

NOTE

19. – Versetto che è stato variamente interpretato, da simbolo o accenno all'Ascensione di cui a XVII, 1 segg. (nota) a presagio della teoria dell'evoluzione (da certi modernisti, cfr. nota a XXI, 30). L'opinione più ovvia sembra quella che vi vede un accenno ai passaggi successivi dal nulla prima della nascita, alla nascita ed alla vita, da questa alla morte, e dalla morte alla resurrezione.

LXXXV. LA SURA DELLE TORRI

Del primo periodo meccano. Il titolo deriva dal v. 1.

NOTE

1. – " Torri ". Ho tradotto letteralmente il termine come più poeticamente allusivo. " Torri " sono le costellazioni dello zodiaco.

3. – Senza dubbio allusione all'Ultimo Giorno. Il " testimoniante " è forse *Muḥammad*, il " testimoniato " è il complesso delle visioni escatologiche.

4-9. – Sembra vi sia qui una contaminazione fra l'episodio dei tre fanciulli nella fornace ardente narrato in Dan. III, 20 segg. e un episodio delle persecuzioni dei martiri ḥimyariti del Nağrān, uccisi dal re ebreo o filo-ebreo *Ḏū Nuwās* (523 A. D.). L'episodio è mirabilmente rielaborato e ampliato dal grande poeta mistico persiano *Maulānā Ğalāl ad-Dīn Rūmī* nel suo grande " Poema Spirituale " (*Maṯnavī-i Ma'navī*, I, 740-899).

18. – Sui *Ṯamūd* vedi nota a VII, 73.

22. – "L'Archetipo Celeste" del Corano, su cui vedi nota a III, 7.

LXXXVI. LA SURA DEL SOPRAVVENIENTE DI NOTTE

Una fra le più antiche sure del Corano, secondo il Bl. formata di due frammenti, 1-10 *e* 11-17 *(un po' posteriore al precedente). Il titolo deriva dal v.* 1.

NOTE

1. – "chi sopravviene di notte". Uno dei soliti aggettivi misteriosi, carichi di "numinoso", delle più antiche sure coraniche. Si tratta di un "astro", come pare dai vv. segg.

4. – Vedi nota a VI, 61 e LXXXII, 10.

LXXXVII. LA SURA DELL'ALTISSIMO

Una delle più antiche sure del primo periodo meccano secondo il Nöldeke-Schwally; secondo altri conterrebbe (escluso il v. 7 sulla cui data posteriore tutti gli orientalisti sono d'accordo) aggiunte posteriori, specie negli ultimi versetti. Il titolo deriva dal v. 1.

NOTE

6-7. – Letti assieme, questi versetti attesterebbero che l'idea del *nāsiḫ wa 'l-mansūḫ*, cioè dell' "abrogazione" di alcuni versetti mediante altri o di mutamenti di idea di Dio nella sua rivelazione (concetto di grandissimo interesse teologico, su cui vedi la nota a II, 106) era già molto antica e si trovava fin nelle prime sure meccane. Ma verrebbe allora naturale domandarsi: data la grande scarsità di rivelazioni a quell'epoca esistenti, a che cosa questo "dimenticare" e questa "abrogazione" poteva riferirsi? Gli orientalisti quindi ritengono il v. 7 come aggiunto posteriormente.

19. – *Muḥammad* riteneva, specialmente in quest'epoca più antica, la sua rivelazione come identica alle scritture giudaiche. L'idea della corruzione delle medesime da parte degli ebrei (vedi note a IV, 46) è più tarda, medinese. Stessa espressione, "le pagine antiche", in XX, 133.

LXXXVIII. LA SURA DELL'AVVOLGENTE

Del primo periodo meccano. Il titolo deriva dal v. 1.

NOTE

1. – L'aggettivo femminile sembra riferirsi a un sottinteso " Ora ", l'Ora del Giudizio e della Fine.

6. – *ḍarī'*, sarebbe, secondo i commentatori, il nome di un arbusto spinoso secco.

LXXXIX. LA SURA DELL'AURORA

Del primo periodo meccano, ma non troppo unitaria nel contenuto e nello stile, sì che il Bl. vi vede due gruppi di rivelazioni, 1-14 *e* 15-30. *Il titolo deriva dal v.* 1.

NOTE

2. – Si tratterebbe, secondo la maggior parte dei commentatori islamici, delle dieci notti ("giorni", dato il calendario lunare) del mese di *ḏū 'l-ḥiǧǧa*, durante le quali si compievano i riti solenni del Pellegrinaggio (anche di quello preislamico).

3. – "pari e dispari". Parole da molti commentatori intese come simboli di Dio (dispari perché uno) e delle creature (pari perché tutte create a coppie di maschio e femmina). Altri si sbizzarriscono in ulteriori interpretazioni.

6-7. – Qui gli *'Ād* (su cui vedi nota a VII, 65) sono considerati abitanti di *Iram*, forse nome più o meno leggendario della loro capitale. Questa città di "*Iram* dalle alte colonne" sommersa dal divino cataclisma è un po' nella tradizione islamica (che narra curiosi aneddoti su momentanei ritrovamenti nel deserto, da parte di beduini, delle incantate rovine) quel che nella nostra è l'Atlantide. Comunque non è troppo chiaro che cosa intendessero con questo nome i contemporanei di *Muḥammad*.

9. – Sui *Ṯamūd* vedi nota a VII, 73.

10. – "dai saldi pilastri". La stessa espressione ricorre a XXXVIII, 12, vedi nota ivi.

27. – "anima tranquilla". È lo stadio finale dello sviluppo morale dell'anima. Cfr. nota a XII, 53.

XC. LA SURA DELLA CONTRADA

Del primo periodo meccano. Il titolo deriva dal v. 1.

NOTE

1. – " contrada ". Si tratta della città e del territorio sacro della Mecca.

2. – Interpretando come ho fatto questo versetto, esso affermerebbe una previsione di conquista o almeno una intenzione di conquista, il che spinge (forse senza perentorie ragioni) alcuni commentatori europei a considerarlo posteriore alla conquista della Città nel 630 (8 H.). Può però anche interpretarsi: " E tu, o Profeta, risiedi in questo territorio " (Bonelli) oppure, come propone, con qualche esitazione, Bl., " or tu es sans liens en cette ville ".

3. – Anche senza vedere in questo versetto, come i commentatori musulmani, Adamo (o Abramo) e i suoi figli, si può ben ritenere che si accenni al mistero della generazione in generale, simbolo del mistero più grande della Resurrezione.

5 segg. – Alcune tradizioni vorrebbero riferire questi versetti, così chiaramente di senso generale, al ricco nemico di *Muḥammad*, *al-Walīd ibn al-Muġīra* su cui vedi nota a LXVIII, 10.

11. – L' " Erta ", o Salita, è toponimo frequente in Arabia (*al-'Aqaba* nel mar Rosso è uno dei più noti). Vi sarebbe qui forse (dato il concetto di via più scomoda) una somiglianza con la nota similitudine evangelica della " via stretta " della virtù?

13. – Dalle primissime alle ultime sure coraniche liberare schiavi è sempre sentito come opera altamente meritoria. Sugli schiavi e la schiavitù cfr. nota a IV, 3.

XCI. LA SURA DEL SOLE

Una fra le prime rivelazioni del primo periodo meccano. Il Bl. la considera composta di due frammenti: 1-10 *e* 11-15. *Il titolo deriva dal v.* 1.

NOTE

12. – "Fu mandato", sottintendi "a uccidere la cammella" sulla quale e sulla storia dei *Ṯamūd* vedi nota a VII, 73.

È questo, cronologicamente, il primo accenno che se ne faccia nel Corano.

XCII. LA SURA DELLA NOTTE

Anche questa è fra le sure più antiche del Corano. Il titolo deriva dal v. 1.

NOTE

4. – " disperso ". Qui è chiaramente da intendersi " diverso e divergente " nei suoi risultati metafisici, come si spiega nei versi seguenti

6. – " La Cosa Migliore " cioè la Ricompensa dell'Altra Vita.

XCIII. LA SURA DEL MATTINO

Secondo l'accordo unanime di tutti i commentatori, è fra le primissime sure rivelate del Corano, e con tutta probabilità del periodo pre-apostolico, cioè anteriore alla predicazione pubblica del Profeta; è quasi un commovente dialogo spirituale fra Lui e Dio (vedi i bei vv. 7-8 e segg.).

NOTE

3. – " Non t'ha abbandonato ". I commentatori spiegano che questa sura fu rivelata dopo una malattia del Profeta che da qualche tempo non aveva più rivelazioni da Dio, e ne era rattristato.

6-8. – Versetti autobiografici importanti, dai quali si deduce che *Muḥammad* era orfano, idolatra e povero al momento dell'inizio della sua missione. Mentre i commentatori islamici non hanno difficoltà ad ammettere la prima e l'ultima di queste tre qualità, negano recisamente, basandosi sul loro dogma della infallibilità e impeccabilità del Profeta (vedi a IV, 79), il secondo, giungendo alcuni fino a interpretare il v. 7 nel senso che *Muḥammad* avrebbe perso fisicamente la strada nel deserto. Gli sciiti correggono addirittura il testo in " Ti ha trovato un errante (soggetto) ed è stato messo sulla retta via ".

XCIV. LA SURA DELL'APERTURA

Anche frequentemente intitolata, dalle prime parole del v. 1 "Non t'abbiamo aperto?". *È rivelazione molto simile alla precedente e probabilmente più o meno della stessa epoca. Il titolo deriva dal v.* 1.

NOTE

1-3. – La tradizione, che pur non rifiuta la più ovvia spiegazione metaforica, si è affrettata a costruire su questo semplice e bel passo una leggenda secondo la quale a *Muḥammad* bambino, mentre pascolava le pecore, si sarebbe avvicinato un angelo, gli avrebbe fisicamente spaccato il petto, e, estrattone il cuore, ne avrebbe strizzato fuori un grumo nero (il male e il peccato) e, lavatolo con neve purissima, glie lo avrebbe riposto nel petto. Quindi questo passo, che, semmai, proverebbe una "chiusura" del petto di *Muḥammad* fino al momento della rivelazione, è diventato, con la tradizione annessa, una delle basi del dogma della impeccabilità del Profeta. (Sulle origini della leggenda vedi Introd. pag. X segg.).

7. – Altre interpretazioni possibili: *quand tu seras dolent prends de la peine* (Bl.), *Nun deine Drangsäle vorüber sind* (Sprenger), *when thou art free* (Bell), ecc.

XCV. LA SURA DEL FICO

Eccetto il v. 6, considerato dagli orientalisti aggiunta più tarda, i commentatori europei ed orientali ritengono questa una fra le più antiche sure del primo periodo meccano. Il titolo deriva dal v. 1.

NOTE

1. – Sull'olivo e la sua sacralità vedi nota a XXIII, 20 e XXIV, 35. Il fico è qui per la prima e unica volta nominato nel Corano. Senza prove assolutamente certe il Bl. vuole interpretare " Pel *monte dei* fichi e degli olivi! " cioè il Monte Oliveto e un altro monte non meglio identificato di Siria.

3. – " Contrada sicura " (perché sacra) è il territorio della Mecca.

5. – Il versetto è inteso come allusione o alla vecchiaia, o alla morte, o allo stadio penosamente abbietto dei miscredenti, o allo stadio di punizione oltre la morte. Il primo senso (una volta ammesso il versetto seguente come più tardo) è il più ovvio.

6. – " Non rinfacciato ". Si può anche intendere " ininterrotto ". Rinfacciare i propri favori al favorito è cosa estremamente di cattivo gusto per un arabo e duramente riprovata anche altrove dal Corano (vedi II, 262, 264; LXXIV, 6 e nota).

XCVI. LA SURA DEL GRUMO DI SANGUE

Secondo una quasi unanime opinione della tradizione, i vv. 1-5 di questa sura sarebbero la prima rivelazione ricevuta da Muḥammad. *Altri considerano tale i vv. 1-7 della sura LXXIV (vedi Introd. alla medesima). Abbastanza più tardi sono i vv. 6-19 che si riferirebbero, secondo la tradizione, al feroce nemico di* Muḥammad, *il notabile meccano* Abū Ǧahl (*soprannome che significa il "Padre dell'Ignoranza" datogli dai musulmani. Il suo vero nome era* Abū 'l-Ḥakam 'Amr ben Hišām ben al-Muġīra) *che avrebbe giurato (v. 10) di mettere i piedi in testa a* Muḥammad *se lo avesse trovato prostrato in preghiera. Sulle modalità che accompagnarono la prima rivelazione vedi Introduzione.*

NOTE

1. – " Grida! " Così, per il ritmo e una maggiore allusività, traduco il termine *iqra'*, che significa propriamente " proclama ", " predica " " leggi ad alta voce ".poi nella lingua più moderna comunemente " leggi ".

2. – " grumo di sangue ". È l'interpretazione generale dei commentatori. Bl. preferisce la traduzione " aderenza ".

4. – " L'uso del Calamo ". Interpretazione tradizionale. Potrebbe anche tradursi: " ha istruito gli uomini *mediante* il Calamo " (Bl.).

10. – " Servo di Dio ". Interpretazione dei commentatori. Il testo non ha " Dio ", potrebbe anche trattarsi di " uno schiavo ".

18. – " I custodi del Fuoco ", *az-Zabāniya*. Termine che compare una sola volta nel linguaggio coranico e che sembra da collegarsi coi diciannove misteriosi angeli custodi dell'Inferno di cui a LXXIV, 30.

XCVII. LA SURA DEL DESTINO

Non mancano esegeti orientali e occidentali (Sprenger) che fanno di questa sura una sura medinese. Altri la pongono nel terzo periodo meccano. L'opinione più sicura mi sembra quella del Nöldeke-Schwally, seguita dal Bl., che situa la sura fra le prime del primo periodo meccano. Il titolo deriva dal v. 1.

NOTE

1. – " La notte del Destino ". Questa " notte benedetta " è citata anche, se non col nome di " Notte del Destino ", in XLIV, 3. La tradizione concilia la contraddizione che v'è fra l'idea secondo la quale il Corano sarebbe " stato fatto scendere " completo in una notte ben determinata (si tratterebbe della notte dal 26 al 27 *ramaḍān*) e quella della rivelazione frammentaria del medesimo (cfr. XVII, 106), affermando che, dopo la prima rivelazione totale, il Corano sarebbe stato ripreso da Dio e poscia rivelato di nuovo in frammenti; o anche che il Corano, in quella notte, sarebbe stato calato dal cielo più alto al cielo inferiore, a disposizione di Gabriele. È molto più probabile che il pronome " lo " si riferisca sì a Corano (altri, dato che " rivelare " è in arabo " far discendere ", pensano che il " lo " si riferisca all'arcangelo Gabriele e il brano alla prima rivelazione soltanto) ma in senso generico, non nel senso di *corpus*, libro ben delimitato, bensì di Predicazione, Mònito. Che il Corano sia stato rivelato durante il mese di *Ramaḍān* è detto anche in II, 185.

4. – La tradizione sostiene, basandosi su questo versetto, che in questa notte vengono fissati i " destini " di tutte le cose per tutto un anno. Lo Spirito (sul cui significato molto ampio si veda nota a XVI, 2) è qui probabilmente l'angelo Gabriele.

XCVIII. LA SURA DELLA PROVA CHIARA

Considerata dagli studiosi più attendibili, ed anche da gran parte della tradizione musulmana, come medinese; secondo Nöldeke-Schwally ed altri, è immediatamente seguente alla sura II e quindi del primo periodo di Medina. Non manca, sia fra gli orientali che fra gli europei, chi la considera meccana, anzi addirittura del primo periodo meccano. Il titolo (la sura ne ha però anche altri più rari) deriva dal v. 1.

NOTE

1. – " Si sono spezzati ". Anche ammettendo questa interpretazione, il senso è sostanzialmente lo stesso di quello della versione del Bl.: *ne se trouvaient point deliés jusqu'à ce que leur vint la Preuve*, cioè i non musulmani a rigore non eran tenuti a staccarsi dalla loro religione prima che giungesse loro la Prova Chiara che ora è giunta, nella predicazione di *Muḥammad*. Quindi, " si sono spezzati ", o " scissi " in sètte fra loro discutenti, solo alla venuta di questa prova. Il concetto d'altronde ricorre spesso nel Corano: la " Scienza " certa, la Rivelazione nuova di Dio cioè, è causa di scissione fra gli uomini (cfr. X, 93; XLII, 14 e note).

XCIX. LA SURA DEL TERREMOTO

A torto questa sura, chiaramente appartenente per lo stile e il contenuto al primo periodo meccano, vien posta dagli esegeti musulmani al periodo medinese. Il titolo deriva dal v. 1.

NOTE

2. – " i suoi pesi morti ". I cadaveri dei defunti dalle tombe sconvolte, o, secondo altri, i tesori nascosti.

7. – " Grano ". La parola del testo significa in origine " formica ", poi atomo, granellino di polvere o pulviscolo.

C. LA SURA DELLE PULEDRE VELOCI

Anche questa sura è del primo periodo meccano. Il titolo deriva dal v. 1.

NOTE

1-5. – Se, come vuole il Bl., il soggetto dell'aggettivo " veloci correnti " non è " puledre " ma le cammelle che compion la *ifāḍa* o rapida corsa durante i riti del pellegrinaggio, il v. 5 è da tradursi " e penetrano nel centro di *Ǧam'* (nome *proprio*, anziché, come qui tradotto, col senso di " turba " nemica) ". *Ǧam'* sarebbe, forse, l'antico nome di *Muzdalifa*.

CI. LA SURA DELLA PERCOTENTE

Del primo periodo meccano. Il titolo deriva dal v. 1.

NOTE

1. – " La Percotente ", sottintendere " l'Ora " (del Giudizio).

9. – " per madre ", cioè " dimora ", " sede ". Altra versione accettata da molti commentatori musulmani ma poco probabile: " sua madre cadrà in abisso di disperazione ".

CII. LA SURA DELLA GARA DI RICCHEZZA

Del primo periodo meccano, benché qualche esegeta musulmano (seguito in parte da qualche europeo, ad es. Bell) ne faccia rivelazione molto più tarda, addirittura forse medinese. Il titolo deriva dal v. 1.

NOTE

1. – Sulla antipatia di *Muḥammad* per i ricchi e i potenti, che trova frequente espressione nel Corano, vedi nota a VI, 123.

CIII. LA SURA DEL POMERIGGIO

Del primo periodo meccano. È un frammento brevissimo, cui si aggiunse più tardi il v. 3, più lungo e di stile diverso dai due precedenti. Il titolo deriva dal v. 1.

NOTE

1. – Malgrado l'abbastanza antica glossa che dà a *'aṣr* il senso di *dahr* " tempo ", " destino ", mi sembra più parallela al contesto delle numerose sure di quest'epoca, contenenti giuramenti per momenti della giornata (aurora, alba ecc.), la interpretazione tradizionale di " pomeriggio ". La parola *'aṣr* indica in arabo un tratto della giornata, quando il sole inizia il suo declino, e non mi sembra di necessità legata alla preghiera canonica dello stesso nome, come sostiene il Bl.

CIV. LA SURA DEL DIFFAMATORE

Nöldeke-Schwally ne fanno una delle più antiche sure del primo periodo meccano. È una dura apostrofe contro un avversario non nominato, che secondo la tradizione sarebbe al-Aḫnas ibn Šarīq *o* al-Walīd ibn al-Muġīra. *Il titolo deriva dal v.* 1.

NOTE

4. – " Voragine ". *ḥuṭama.* Traduco così questo piuttosto raro nome dell'inferno nel Corano, che, essendo derivato da una radice che significa " consumare ", in senso lato " divorare ", suggerisce cerchie di idee vicine al nostro " Voragine ".

CV. LA SURA DELL'ELEFANTE

Una delle prime sure meccane, secondo il Nöldeke-Schwally. Il titolo deriva dal v. 1.

NOTE

1. – " Quelli dell'Elefante ". L'esercito abissino, secondo la tradizione contenente anche un elefante, che, guidato dal vicerè *Abraha*, verso il 530 E. V. (secondo altre tradizione meno attendibili nel 570, anno dato come quello della nascita del Profeta) si diresse in spedizione contro la Mecca, ma fu subitaneamente distrutto, quando già stava per entrare nel territorio sacro, da una epidemia. Racconti più o meno leggendari sull'avvenimento, che nelle linee generali è storico, erano diffusissimi nel *Ḥiğāz* al tempo di *Muḥammad.*

3. – Il termine *abābīl* che alcuni traducono " a schiere " (Bonelli) o *a vols* (Bl.), potrebbe anche essere un nome di una specie di uccello e come tale è restato in varie lingue musulmane. In persiano moderno ad es. significa " rondini ".

4. – " pietre indurite ", *siğğīl*, parola di origine persiana, che significa " argilla-pietra ". La leggenda narrava che l'esercito di *Abraha* era stato distrutto da misteriosi uccelli che gettavano pietre sui soldati abissini. Certe tradizioni conoscono persino il numero delle pietre gettate da ciascun uccello (due per ogni zampa e una col becco).

CVI. LA SURA DEI QURAYŠ

Sura fra le primissime, secondo alcuni (Nöldeke) la terza, rivelazione coranica. Alcuni esegeti occidentali ne vogliono fare un tutto con la sura precedente (il senso sarebbe: Iddio sconfisse Abraha *aggressore.... per l'unione concorde dei* Quraiš *ecc.). La sura sembra diretta a dissipare le preoccupazioni dei contribuli di* Muḥammad *che temevano che la loro pace e tranquillità fosse distrutta (come del resto accadde) dalla nuova predicazione. Il titolo deriva dal v.* 1.

NOTE

3. – " Questa Santa Casa " (o Sacro Tempio). La *Ka 'ba* fu sempre considerata sacra da *Muḥammad.* Le prime sure meccane, con l'accettazione di tre elementi così diversi, come la realtà della missione profetica personale di *Muḥammad*, la sacertà del tempio (pagano allora) della *Ka 'ba*, e la identità della predicazione muḥammadica con quella ebraica e cristiana, contengono gli elementi preparatori della geniale sintesi ulteriore: la *Ka 'ba* fondata da Abramo *ḥanif* (pre-musulmano e non giudeo né cristiano), i giudei e i cristiani traditori delle Scritture, le Scritture stesse riconfermate, abrogate e definitivamente suggellate da quella di *Muḥammad*, il Corano.

CVII. LA SURA DELL'ELEMOSINA

L'ipotesi degli esegeti musulmani espressa nel sottotitolo è accettata da Bl., negata da Nöldeke-Schwally che pone la sura nella sua totalità fra le primissime rivelate alla Mecca. Il Bl. comunque considera meccano anche il secondo frammento. Ammettendo la tesi del Nöldeke, il rito della ṣalāt, *preghiera canonica, per la prima volta nominato qui, viene ad esser posto in una fase antichissima della predicazione coranica.*

NOTE

7. - " elemosina " letteralm. " aiuto " (ai poveri), da non intendere comunque, nel senso poi precisato dalla tradizione, addirittura come dècima.

CVIII. LA SURA DEL KAUṮAR

Dal Nöldeke considerata fra le primissime sure meccane, dal Bl. un po' più tarda. Il titolo deriva dal v. 1.

NOTE

1. – Il *Kauṯar*. Il termine contiene l'idea di " copia ", " abbondanza ", ma quasi tutti i commentatori vi vedono il nome proprio di un fiume del paradiso.

3. – " privato d'ogni progenie ", *abtar*, letteralmente " senza coda ". Secondo la tradizione vi sarebbe qui la ritorsione da parte di *Muḥammad* di questo termine ingiurioso (che veniva attribuito a lui per la sua mancanza di figli maschi) ai suoi avversari che così lo chiamavano.

CIX. LA SURA DEI NEGATORI

Varie tradizioni collegano questa sura, dal Nöldeke-Schwally posta fra le più tarde del primo periodo meccano, con una proposta degli idolatri meccani a Muḥammad *di adorare alternamente "Allàh" e i loro dèi; con questa rivelazione* Muḥammad *avrebbe risposto negativamente, rompendo definitivamente ogni tentativo di accordo, cui forse talvolta (cfr. note a LIII,* 19) *poteva esser stato tentato. La sura è considerata da alcuni commentatori moderni un po' come la carta fondamentale della "tolleranza religiosa" nell'Islàm, unita ad altri passi che abbiam fatto notare al loro luogo. Il titolo deriva dal v.* 1.

CX. LA SURA DEL TRIONFO

Quasi unanimemente considerata medinese dagli esegeti musulmani e unanimemente considerata come riferentesi alla Conquista della Mecca nel 630. C'è fra gli orientalisti chi (ad es. Bell) inclina a vedervi accenno a qualche altro Trionfo o successo.

CXI. LA SURA DELLE FIBRE DI PALMA

Nota anche come sura Periscano, *dalle prime parole del v.* 1. *Qualche esegeta* (*Barth*) *interpretando il verbo non all'ottativo ma al passato definito* "*Son perite*" *e vedendovi l'annuncio della morte di* Abū Lahab, *zio e feroce nemico di* Muḥammad, *avvenuta nel* 624 *A. D.* (2 *H.*) *vi vede una rivelazione medinese. È l'unico passo coranico che contenga il nome o meglio il* "*soprannome*" (Abū Lahab *significa* "*il Padre della Vampa*") *di nemici del Profeta o in generale di suoi contemporanei, cosa molto notevole. Il vero nome di* Abū Lahab *era* 'Abd al-'Uzzà *e quello di sua moglie, cui si accenna al v.* 4, Umm Ğamīla *sorella di* Abū Sufyān, *altro feroce nemico del Profeta e notabile meccano.*

NOTE

4. – I commentatori interpretano questi plastici versetti, che danno un'idea visivamente evidente della sorte dei due dannati, nel senso che essa stessa dovrà raccoglier legna per bruciare all'Inferno. Puramente descrittivo sembra l'accenno alla corda di fibre di palma. La tradizione narra che la moglie di *Abū Lahab* nel suo odio pel Profeta cospargeva di spine la strada per cui doveva passare (tratto forse tolto dal " legna " *del v.* 4?).

CXII. LA SURA DEL CULTO SINCERO

Chiamata anche Dell'Eterno (*dal v.* 2) *o* Della Dichiarazione dell'Unità di Dio *dal contenuto, in genere. Non mancano gli esegeti musulmani che la considerano medinese e nemmeno quelli che ritengono sia stata rivelata due volte, una a Mecca e una a Medina (onore che avrebbe in comune con la* Sura Aprente). *Gli orientalisti europei la considerano in genere del primo periodo meccano, benché non manchi chi ne faccia una sura del terzo. È il credo musulmano, semplicissimo, e si attribuisce dalla tradizione un valore sacrale alla sua frequente ripetizione. Ha grande importanza nella liturgia. Il titolo deriva dal contenuto della sura.*

NOTE

2. – " L'Eterno ". La parola *aṣ-ṣamad* non presenta senso troppo sicuro nemmeno per i commentatori musulmani, che interpretano ora " unico " ora " incorporeo ", ora " compatto, omogeneo ", e un po' più tardi, e poi quasi universalmente, " eterno ", termine che ho ritenuto per la sua accezione più ecumenica e perché è il senso che gli dà il musulmano moderno quando usa pregando questa sura. Bl. sceglie nella sua traduzione *Allàh, le Seul*. Una discussione recente sui vari sensi di *ṣamad* si veda in Rosenthal, op. cit. in Bibl.

3. – Sembra essere una critica alla dottrina cristiana, il che è un buon argomento di coloro che non vedono in questo brano una rivelazione così primordiale e antichissima, ma posteriore a discussioni di *Muḥammad* con i cristiani.

CXIII. LA SURA DELL'ALBA

Questa e la sura seguente, che, come la Aprente, *non contengono tratti specificamente musulmani, mancavano in alcuni corpus canonici del Corano (vedi Introd.). Queste due sure finali hanno la forma di scongiuri o esorcismi e la tradizione dà loro grande valore appunto in questo senso. Son chiamate* Le due preservatrici *e si usa dal popolo portarle scritte anche in forma di amuleto, la prima contro mali fisici, la seconda contro mali spirituali. Cronologicamente i più autorevoli orientalisti le attribuiscono alla fine del primo o al principio del secondo periodo meccano, benché non manchi chi le considera medinesi (ivi compresi alcuni commentatori musulmani). Il titolo della presente deriva dal v.* 1.

NOTE

4. – Si allude a una pratica di magìa simpatica.
5. – Contro il malocchio, probabilmente.

CXIV. LA SURA DEGLI UOMINI

Vedi nota generale alla sura precedente. Il titolo deriva dal v. 1.

NOTE

4. – Plastica rappresentazione di Satana, che bisbiglia nell'orecchio dell'uomo la tentazione per poi scomparire rapidamente.

6. – Cfr. VI, 112: passo che potrebbe dar ragione a chi interpreta " sia che esso (= il Sussurratore) sia (uno) dei *ǧinn* o (uno) degli uomini ". Esseri satanici possono cioè essere sia uomini, sia genii. Un commentario al Corano di Avicenna dà ragione a quest'ultima interpretazione, che è quella accettata da Bl.

INDICI

NOTA

Questo indice si riferisce solo al testo del Corano, ad esclusione della introduzione e delle note.

I *nomi propri* sono citati sempre. Per quelli frequentissimi in tutto il Corano (es.: *Muḥammad*, Mosè, Dio) sono riportati solo i passi più significativi concettualmente o descrittivamente, tralasciando le menzioni di passaggio; qualora per l'abbondanza e la varietà delle menzioni si richieda, si hanno sottovoci (v. ad es. Dio, Mosè). Sono riportati anche quelli non citati esplicitamente nel testo, ma per allusione; il rimando è allora alla nota corrispondente, ovvero l'allusione è ricavabile intuitivamente (es.: Ezechiele, *al-Ḫiḍr*, Samuele).

In quanto ai *nomi comuni*, sono citati sempre i termini tecnici in arabo (es. *ḥanīf*, *baḥīra*) o tradotti in forma specifica e costante nel quale ultimo caso recano di regola l'iniziale maiuscola (es.: Trono di Dio). Altrimenti finché possibile sempre, con la limitaz. di quelli frequentissimi (es. Resurrezione, Giudizio, Inferno, Paradiso), per cui si danno i passi più significativi (cfr. nomi propri).

Cifre romane: indicano la sura.

Cifre arabe: indicano il versetto.

Virgola: separa versetti *non* contigui.

Tratto d'unione: separa i due estremi di serie di versetti contigui.

Punto e virgola: separa sure diverse (es.: XVII, 2; XIX, 18).

INDICE ANALITICO

SOMMARIO

COMMENTO

Finito di stampare nel febbraio 2021 presso
Grafica Veneta - via Malcanton, 2 - Trebaseleghe (PD)
Printed in Italy